欧洲法与比较法前沿译丛
丛书主编：李　昊

# 知识产权与欧盟竞争法

【英】乔纳森·特纳◎著
李　硕　李京泽◎译

# *Intellectual Property and EU Competition Law*

Jonathan D. C. Turner

中国法制出版社
CHINA LEGAL PUBLISHING HOUSE

# 总序
*Preface*

西法东渐，尔来百年。精卫填海，其得其失？

试举一例：清光绪二十八年，梁任公急心于救国而作《新民说·论权利思想》，仅述耶林权利思想之“崖略”；此后薪火相继，百余年间，译此名著者代有其人；而今海峡两岸，《为权利而斗争》汉译本频出，精品不断。年届期颐的潘汉典教授更是在新中国成立前和改革开放后两个节译本的基础上，准备结合德文原著的多个版本和多语译本，推出该书更新、更深思熟虑的全译本。真可谓不负耶林，不负任公！法律翻译界五世同堂，各尽其力，此诚文化之盛世，亦比较法之盛世也！

且不言严复先生所倡“信、达、雅”之标准，翻译本非鹦鹉学语、口耳之学，乃在新语言环境下之诠释与再造。法律翻译更是融汇东西方社会治理之经验，谋求古今中西仁人思想之汇通。故清末法学家沈家本修律，颇得益于同文馆之法学译著。梅仲协先生评价民国时期制定的民法典：“现行民法采德国立法例者，十之六七；瑞士立法例者，十之三四；而法、日、苏联之成规，亦曾撷取一二。”新中国的法制建设最初得益于苏联法学，改革开放后的法制重建，视野更为广阔，对欧美各国的法律关注不断加深。比较法学者也渐渐从宏大的法理阐释，走向微观的法律制度和判例研习；许多研究者也从单纯的以“西药寻中病”式研究，转向了谋求中西法学对于共同关切的重大社会问题之交流与反思。

德国法之译介，自20世纪90年代以来有法律出版社出版、米健教授主持的“当代德国法学名著”译丛以及吴越教授主持的“德国法学教科书”译丛，其影响之深远，在业界功不可没。然而德国法学著作汗牛充栋，法律更新更是日新月异，许多有特色、有深度的作品仍然值得我们继续挖掘。欧盟法的发展在近十年亦是异军突起，然而目前尚无特别全面、体系化的译丛。本丛书正是希望补时之缺，给更倾向于中文阅读的读者提供一批德国和其他欧盟国家最新的法学名作，力求让读者把握德国法和欧盟法的最新脉动，拓展比较法的视野。德国法部分沿袭人大社和北大社已有的德国法学教科书策划书目，大体分为基础教程、拓展教程以及部分专著，以查缺补漏和注重前沿交叉为特色；欧盟法部分在选材上则不拘一格，既有大部头的综合教材，也有针对某一领域、某一问题的专论。同时，丛书还部分涉猎英美学者的经典名著和前沿作品。

放眼世界，目下比较法学颇有“式微”之惑。恰如韩世远教授在其新版《合同法总论》序言中结合个人访学经历作出的观察：美国学者坦陈“不再注重欧洲的文字和思想”；而在德国司法实务中，比较法解释也缺乏权威性。进而得出，“在法体系的形成期，比较法最易发挥其作用；一旦法体系形成并日趋成熟，该体系已可为所遇到的法律问题提供成套的解决方案，自给自足，便成寻常”。另外，2018年6月底，英国退欧钟声敲响，欧元区财政一体化动议受挫，欧盟法的适用地域、深化层次也在缩减。此时在中国研究德国法和欧盟法还有意义吗？答案无疑是肯定的。比如，大数据时代的数据保护，德国、欧盟几乎是日新月异，它们的解决方案中有哪些经验和教训？对中国无疑颇具启迪意义。再如，德国民法典的编纂艺术，以及后法典时期如何续造法律、与时俱进，都对当下的民法典立法以及未来的法治建设意义深远。故而，在比较法越来越难以为我国法治提供现成答案的前提下，在比较法本身也无法在司法实务中自证其正当性和权威性的情况下，它带给人们的是超越法域的人类理解，以及对共同疑难问题的方案参考。从法律人自身修养而言，比较法带来的宏大视野和智慧启迪也是不可或缺的。在风景如画的阿尔斯特湖畔，在汉堡马克斯·普朗克比较与国际私法研究所的四层地下书库，我们再次感受到了比较法的力量。

本译丛自 2013 年动意以来，由北京航空航天大学李昊老师牵头，与明斯特大学、科隆大学、汉堡大学等德国著名学府的诸位在读博士共同遴选策划了德国部分书目；欧盟法书目则主要得益于毕业于中国政法大学中欧法学院的诸位留欧博士。译事不易，甘苦自知。前后弹指五年，其间多有波折，我们策划的部分书目已经在中国人民大学出版社、北京大学出版社先后出版，编委会在此衷心感谢。本次策划出版的四十余本译著，在规模、涵盖领域上可以说是盛况空前的。中国法制出版社的马颖主任及侯鹏、靳晓婷、王雯汀等多位编辑不仅在出版事宜上给予了大力支持，而且各位编辑老师的眼光、魄力也给我们留下了深刻的印象。本编委会在此对中国法制出版社和各位编辑老师致以深深的谢意。本丛书的译者虽然大部分都有留欧学习的经历，然而法律语言古奥，加之译者个人的经验和学养有限，有所讹误在所难免，望广大同人不吝指正赐教，欣欣为盼！

丛书编委会谨识

2018 年 6 月 28 日

# 译者说明

随着我国与国际接轨程度的加深，全民法律意识的提高，以及互联网经济的发展，知识产权法在近些年得到了长足的发展。另外，竞争法从2008年《中华人民共和国反垄断法》开始实施之后，也受到了越来越多的关注。

这两个部门法，作为民商经济法领域重要的组成部分，具有一些共同特征，如技术性强、专业度高、国际关注度高、与经济生产和市场创新息息相关等。特别是两个部门法的交叉领域，相关案件具有较高的复杂性，需要得到格外的关注。我国这两个部门法的实施都还处于吸收国内外经验，亟待发展和完善的阶段，而欧盟作为知识产权法和竞争法体系较为完善、实施时间较长、案例较为丰富的地区，能够为我国的知识产权法与反垄断法体系完善与司法实践提供重要的制度借鉴与优良的实践经验。另外，随着经济全球化的加深，我国“走出去”战略为企业的跨国经济活动提供了重要机遇。当前，越来越多的中国企业开始走出国门，在欧盟开展了越来越多的经济业务，而知识产权法和竞争法作为中外企业合规考察的重点领域，是企业经济活动不得不特别关注的领域。

本书作者乔纳森·特纳律师是英国出庭律师，具有丰富的法学理论和实践经验，活跃于英国知识产权领域与世界知识产权组织等国际组织，本书一经出版，便引起了强烈的反响，成为相关领域的权威性著作。在英文原著中，特纳律师提供了详细的案例列表和法规列表，因篇幅所限，这本译著省略了这一部分，仅在脚注中对所引案例进行了详细罗列。这本译著由两人合力完成，其中第一章、第二章、第三章、第四章、第六章、第七章由李硕负责翻译，第五章由李京泽负责翻译。

作为译者，我们十分有幸参与本书的翻译工作，我们首先要感谢乔纳森·特纳律师，他的著作对欧盟竞争法在知识产权领域的适用做了全面而详尽的介绍，为读者了解相关问题提供了一把钥匙。感谢中国政法大学中欧法学院的杜如益师兄，他为我们提供了参与欧洲法与比较法前沿译丛系列的机会。我们还要感谢译丛编委会的编辑们，特别是侯鹏编辑，他们的组织、编校和支持工作是完成本书不可或缺的条件。由于能力所限，这本译著仍然有许多不完善的地方，望各位读者不吝指正。我们衷心地希望本书的引进能够帮助对相关问题有兴趣的读者，有助于我国学者与法律从业人员了解相关欧盟立法与实践。

李硕　李京泽

2020 年 3 月

# 序言

*Preface*

在 2010 年 4 月为这本书的第一版写下序言时，我欣然看到本书作者针对一个复杂但非常重要的话题进行了详细的阐释，我认为这本书注定会成为这一话题领域内的重要参考作品。果然，第一版受到了读者的广泛好评。

自 2010 年 4 月以来，已经发生了很多事，因此创作第二版是完全合理的。本版极好地囊括了其中一些重要的变化：

（1）互联网快速发展，许多产品现在可以使用电子传输的方式提供，而不再以有形物品的形式供应。这一变化在第一章 1.59—1.64 以及第六章 6.23—6.24 中进行了讨论。

（2）自从《尼斯宪章》被纳入欧盟法之后，人们越来越重视人的基本权利。基本权利在第一章 1.47 以及其他地方有所讨论。

（3）欧盟法院的一系列判决表明，欧盟著作权法的相关指令已经在著作权法的大多数领域内进行了充分统一，从而基本确定了著作权的合法范围，在适用欧盟竞争法时应对其充分考虑。欧盟立法及解释相关立法的案例在第六章 6.02—6.25 中得到了讨论。

（4）欧盟法院在 *FAPL v QC Leisure*（C403，429/08）案中作出的重

要判决解释了欧盟著作权法律与竞争法项下的若干问题。这在第六章6.06—6.07、6.35—6.36以及其他部分得到了讨论。

（5）通过了一项重要的新指令来规制集体管理组织（Directive 2014/26）。指令中与竞争法有关的条款在第六章6.48—6.52中进行了讨论。

（6）欧盟竞争法已经得到了积极的实施，以限制药品专利权人对专利权的使用、滥用或延伸，从而限制仿制药品或替代药品的销售。这一方面在第三章3.25和3.36—3.39以及第五章5.103中有所涉及。

（7）与行业标准中的知识产权相关的安排，包括FRAND（公平、合理与无歧视）承诺，引起了大众的关注。欧盟委员会也通过《技术转让协议指南》（2014）和《横向合作协议指南》（2011），就行业标准相关的协议、为形成行业标准而集中知识产权的行为、为纳入行业标准的知识产权许可而订立的FRAND条款提供了广泛的指导。这些在第三章3.32、3.38和3.40以及第五章5.160—5.185中有所讨论。

（8）新的技术转让集体豁免以及相关指南（2014）在第五章中得到了详细讨论。在第一版中讨论了2004年的相关制度，当前规定与之前的主要变化在5.17中列出。

（9）新版还探讨了自第一版出版以来得到修改的有关于纵向协议（2010）、联合研发（R&D）（2010）以及专门化协议（2010）的集体管辖规定，另外还涉及在*Expedia*案之后最新通过的《微量允许协议指南》（2014）。

（10）随着欧盟竞争法现代化条例的广泛深入，在适用欧盟竞争法和与之相适应的成员国竞争法时，成员国法院和竞争主管机构的角色得到了极大的拓展，欧盟境内从南到北的一些重要案例在本版中得到了讨论。

David Vaughan CBE QC*

2014年10月

---

* 大卫·沃恩，大英帝国司令勋章获得者，御用大律师。

# 作者附言

在欧盟法的世界里，数字时常变化，而法律的发展则更为渐进和持续。在本书中，笔者主要使用了当前欧盟条约和欧盟立法的法规编号，包括在涉及对其早期版本的解释时，除非这种“预叙”方式可能引起读者的困惑。相关法规的关系载于本书前言部分。

另一方面，针对欧盟法院的判例，笔者坚持使用了更为大众熟悉的案件登记号码（这些号码仍然可以很容易地找到），而没有采用新的ECLI案件编码。在欧盟委员会的案例中本书提供了这种五位数的案件编码，如果有的话，本书亦提供了正式的裁决号码。

笔者通过略去引用相关案例和裁决的已发表报告并使用缩略语代表具体法庭名称来设法减少脚注的篇幅。包含这些出版物的参考列表和缩略语表在本书前言部分亦有提供。

在一些段落前面偶尔引用一些语录主要是为了引起读者的兴趣，或者娱乐读者，而并非为了表示现代法律的现状。

这本书的主要文本是在2014年11月初完成的，但笔者亦努力涵盖了出版过程中截止到2015年5月11日的相关发展。在那之后一个非常重要的判决是欧盟法院在 C–170/13 *Huawei v ZTE* 案中的决定。该判决基本与欧盟法院佐审官的观点一致，这在第三章 3.38 处的脚注 270 以及第五章 5.183 处的脚注 1004 中有所总结。

笔者希望借此机会感谢 David Vaughan CBE，QC，不仅因为他为本书的第一版以及这一版所作的序言，而且还因为正是他鼓励我对于这一话题进行写作，最初是为了 Halsbury's Laws of England and Vaughan's Law of the European Communities（现在的 Vaughan & Robertson's Law of the European Union），之后扩展到这一本单独成书。

笔者还要感谢家人的耐心。希望他们同意，"事情的结束总比它的开始要好"。

乔纳森·特纳

2015 年 8 月 11 日

# 目录
*Contents*

**缩略语表** / 1

**第一章　知识产权与欧盟竞争法交集的基本要素** / 1

一、简介 / 1

二、基本原则 / 2

三、知识产权的存在 / 10

四、知识产权在欧盟法中的正当范围 / 34

**第二章　《欧盟运行条约》第 101 条在知识产权相关协议中的适用** / 81

一、简介 / 81

二、企业之间的协议，企业联合组织的决定和联合行动 / 82

三、影响成员国之间的贸易（Effect on Trade between Member States）/ 86

四、禁止，限制或扭曲竞争 / 92

五、第 101 条第 3 款中规定的豁免条款 / 109

六、适用第 101 条的后果 / 128

**第三章　在涉及知识产权的行为中适用第 102 条** / 135

一、简介 / 135

二、市场支配地位 / 136
三、涉及知识产权的滥用行为 / 144
四、对成员国之间贸易的影响 / 171
五、适用第 102 条的后果 / 172

**第四章　涉及知识产权资产的经营者集中管控** / 178
一、简介 / 178
二、与知识产权有关的从属性限制 / 182
三、评估某操作是不是经营者集中：知识产权问题 / 189
四、经营者集中的评估：知识产权相关 / 192
五、影响知识产权的救济 / 193

**第五章　技术、科学、设计和软件** / 199
一、简介 / 199
二、技术转让 / 201
三、技术池，标准和合理无歧视原则 / 301
四、联合研发 / 318
五、分包和专门化协议：知识产权问题 / 325

**第六章　文化，传媒和体育** / 331
一、著作权、邻接权及文化、传媒和体育领域市场的其他法律特性 / 331
二、在这些领域利用知识产权方面适用欧盟竞争法的一般问题 / 361
三、集体管理组织 / 370
四、对主要体育赛事电视转播权的联合利用 / 384
五、其他在文化、传媒和体育领域关于知识产权的集体或联合安排 / 388

**第七章　品牌** / *392*

一、被商标和其他权利所保护的品牌的功能、存在和正当范围 / *392*

二、利用品牌横向分割市场 / *427*

三、商标冲突的解决 / *429*

四、分销协议中有关品牌的条款 / *432*

五、特许经营和授权销售 / *438*

六、其他情况下的商标许可 / *451*

**索　引** / *456*

# 缩略语表

| | | |
|---|---|---|
| AG | Advocate-General | 总法律顾问 |
| BE | block exemption | 集体豁免 |
| BGH | Bundesgerichtshof of Germany | 德国联邦最高法院 |
| BKartA | Bundeskartellamt（German competition authority） | 德国联邦竞争管理局 |
| CA Helsinki | Helsinki Court of Appeal | 赫尔辛基上诉法院 |
| Cass Belgium | Cour de Cassation of Belgium | 比利时最高法院 |
| CCLux | Conseil de la Concurrence, Luxembourg | 卢森堡竞争委员会 |
| CJ or CJEU | Court of Justice of the EU（previously European Court of Justice） | 欧盟法院 |
| CMO | Collective Management Organization | 集体管理组织 |
| CRM | Collective Rights Management | 集体权利管理 |
| DC | District of Columbia | 哥伦比亚特区 |
| DCAT | Danish Competition Appeal Tribunal | 丹麦竞争上诉法庭 |
| DCC | Danish Competition Council | 丹麦竞争委员会 |
| DMCC | Danish Maritime and Commercial Court | 丹麦海事和商业法院 |
| DTH | Direct-to-home | 直接到户 |
| EBA | Enlarged Board of Appeal of the European Patent Office | 欧洲专利局扩大上诉委员会 |
| EBU | European Broadcasting Union | 欧洲广播联盟 |

| | | |
|---|---|---|
| EEA | European Economic Area | 欧洲经济区 |
| EFTA | EFTA Court | 欧洲自由贸易联盟法院 |
| EPC | European Patent Convention | 欧洲专利公约 |
| EPO | European Patent Office | 欧洲专利局 |
| ETSI | European Telecommunications Standards Institute | 欧洲电信标准协会 |
| EU | European Union | 欧盟 |
| EuC | European Commission | 欧盟委员会 |
| EWCA | Court of Appeal of England and Wales | 英格兰与威尔士上诉法院 |
| EWCh | Court of Chancery of England and Wales | 英格兰与威尔士大法官法院 |
| EWHC | High Court of England and Wales | 英格兰与威尔士最高法院 |
| EWQB | Court of Queen's Bench, England and Wales | 英格兰与威尔士女王法庭 |
| FC | Federal Circuit | （美国）联邦巡回法院 |
| FCCA | Finnish Competition and Consumer Authority | 芬兰竞争与消费者管理局 |
| FIA | Fédération Internationale de l'Automobile | 国际汽车联合会 |
| FrAC | French Autorité de la Concurrence | 法国竞争委员会 |
| FRAND | fair, reasonable and non-discriminatory | 公平、合理与无歧视 |
| GC | General Court of the EU（previously Court of First Instance） | 欧盟普通法院 |
| HCC | Greek（Hellenic）Competition Commission | 希腊竞争委员会 |
| HRNL | Hoge Raad den Nederland（Supreme Court of The Netherlands） | 荷兰最高法院 |

| | | |
|---|---|---|
| ICC | Indian Competition Commission | 印度竞争委员会 |
| IHC | Irish High Court | 爱尔兰高等法院 |
| ICANN | Internet Corporation for Assigned Names and Numbers | 互联网名称与数字地址分配机构 |
| IP | Internet Protocol | 互联网协议 |
| IPR | intellectual property rights | 知识产权 |
| ISP | Internet service provider | 互联网服务提供商 |
| ItAGCM | Italian Autorità Garante della Concorrenza e del Mercato | 意大利竞争管理委员会 |
| ItCds | Italian Consiglio di Stato | 意大利行政终审法院 |
| LatCC | Latvian Competition Council (Konkurences Padome) | 拉脱维亚竞争委员会 |
| LRAIC | longrun average incremental cost | 长期平均增量成本 |
| LRO | Legal Rights Objection | 法定权利异议 |
| MFN | most favoured nation | 最惠国 |
| NLACM | Netherlands Autoriet Consument & Markt | 荷兰消费者与市场管理委员会 |
| OEM | original equipment manufacturer | 原始设备制造商 |
| OHIM | Office for Harmonization in the Internal Market | 内部市场协调办公室 |
| OLG | Oberlandesgericht | (德国)州高级法院 |
| PC | Privy Council | (英国)枢密院 |
| PoAC | Portuguese Autoridade de Concorrência | 葡萄牙竞争委员会 |
| PoCRSC | Portuguese Competition, Regulation, and Supervision Court | 葡萄牙竞争、监管和监督法院 |
| PUOKiK | Polish Office of Competition and Consumer Protection | 波兰竞争和消费者保护局 |
| R & D | Research and Development | 研发 |
| Rb | Arrondissementsrechtbank (District Court, The Netherlands) | 荷兰地区法院 |

| | | |
|---|---|---|
| SDNY | US Federal Court for Southern District of New York | 美国纽约南区联邦法院 |
| SEP | standard essential patent | 标准必要专利 |
| SloSC | Slovakian Supreme Court | 斯洛伐克最高法院 |
| SME | small or mediumsized enterprise | 中小企业 |
| SPC | supplementary protection certificate | 补充保护证书 |
| SpCNMC | Spanish Comisión Nacional de los Mercados y la Competencia ( previously Comisión Nacional de la Competencia ) | 西班牙国家市场与竞争委员会 |
| SpTS | Spanish Tribunal Supremo ( Supreme Court ) | 西班牙最高法院 |
| SSNIP | small but significant nontransitory increase in price ( test ) | 微小但重要，且非临时性的价格增长（测试） |
| SWD | staff working document | 内部工作文件 |
| TEU | Treaty on European Union | 欧盟条约 |
| TFEU | Treaty on the Functioning of the European Union ( previously Treaty of Rome ) | 欧盟运行条约（前身为罗马条约） |
| TLD | Top-level domain | 顶级域名 |
| TLT | WIPO Trademark Law Treaty | 世界知识产权组织商标法条约 |
| TRIPs | WTO Agreement on traderelated aspects of intellectual property rights | 世界贸易组织《与贸易有关知识产权》 |
| UDRP | Uniform Domain Name Dispute Resolution Policy | 统一域名争议解决政策 |
| UEFA | Union of European Football Associations | 欧洲足球协会联盟 |
| UKCAT | UK Competition Appeal Tribunal | 英国竞争上诉法庭 |

| | | |
|---|---|---|
| UKCMA | UK Competition and Markets Authority | 英国竞争与市场管理局 |
| UKOFCOM | UK Office of Communications | 英国通信管理局 |
| UKOFT | UK Office of Fair Trading（now part of UKCMA） | 英国公平交易委员会（现在是英国竞争与市场管理局的一部分） |
| UKOFTEL | UK Office of Telecommunications（now part of UKOFCOM） | 英国电信办公室（现在是英国通信管理局的一部分） |
| UKSC | UK Supreme Court（previously House of Lords） | 英国高等法院（之前是上议院） |
| UMTS | Universal Mobile Telecommunications System | 通用移动通信系统 |
| UPOV | Union Internationale pour la Protection des Obtentions Végétales（International Union for the Protection of New Varieties of Plants） | 国际植物新品种保护联盟 |
| URS | Uniform Rapid Suspension System | 统一快速暂停系统 |
| USCA | United States Court of Appeal | 美国上诉法院 |
| USDC | United States District Court | 美国地区法院 |
| USSC | United States Supreme Court | 美国最高法院 |
| Va | Virginia | 弗吉尼亚 |
| WCT | WIPO Copyright Treaty | 世界知识产权组织著作权条约 |
| WIPO | World Intellectual Property Organization | 世界知识产权组织 |
| WPPT | WIPO Performances and Phonograms Treaty | 世界知识产权组织表演和录音制品条约 |
| WTO | World Trade Organization | 世界贸易组织 |

# 第一章　知识产权与欧盟竞争法交集的基本要素

## 一、简介 1

### 1.01　概览

本章阐述了欧盟竞争法[1]与知识产权法之间关系的基本要素。首先讨论了应当适用的基本原则,[2]然后检验了知识产权存在[3]及其范围[4]的标准，以及相对应的限制竞争行为，人们认为该限制行为在适用欧盟竞争法时可以因为保护知识产权而正当化。

第二章到第四章检验了在此基本考量之上欧盟竞争法的准则及其在知识产权相关领域的适用，并依次讨论了欧盟竞争法适用于商业企业的三个 2
进路：[5]禁止违反《欧盟运行条约》（TFEU）第 101 条限制竞争的协议；[6]禁止违反《欧盟运行条约》第 102 条滥用支配地位的行为；[7]以及依据 2004 并购条例（the Merger 139/2004 条例）对经营者集中（企业合并和收购）进行限制。[8]

第五章到第七章更具体地检验了如何在与知识产权相关的以下领域适

---

[1]　本书旨在讨论欧盟竞争法，不考虑欧洲经济区（European Economic Area，EEA）或具体欧盟成员国的竞争法。在这些法律相应条款与欧盟竞争法相兼容，并且主管机构根据相关条款对知识产权的存在和合法范围会做出相似的评估的范围内，本书阐述的原则和建议可能同样适用于这些法律。关于英国竞争法的情况，参见 Jonathan D. C. Turner，'The UK Competition Act 1998 and private rights'[1999]EIPR 181。

[2]　1.02—1.08。

[3]　1.09—1.27。

[4]　1.28—1.75。

[5]　与国家援助（state aids）相关的规则（《欧盟运行条约》第 107—109 条）在本书中未讨论。

[6]　第二章。

[7]　第三章。

[8]　第四章。

用欧盟竞争法：工业技术、科学技术、工业设计和软件；[9] 文化、传媒和体育；[10] 商标。[11]

第五章主要关于专利、专有技术以及工业设计，但同样涉及软件著作权，并概括地探讨了通过出售著作权作品 [12] 而开发利用著作权的行为。[13] 第六章主要关于开发利用著作权及相关权利的行为。第七章涉及商标以及其他形式的商标保护，包括制止不正当竞争的相关法律。

对这些章节的安排体现了市场性质是怎样决定如何适用竞争法的，以及保护创新创意性作品和保护原产地名称及质量标志之间的重要区分。

## 二、基本原则

> 并非所有垄断行为都与自然法冲突，因为有时它们可以依据合法理由被最高权力所准许……[14]

### 1.02　首选进路：衡量不同形式的竞争

3 保护知识产权的专有权有时被认为天生与保护竞争相冲突。然而，一个更合理的观点是，这些知识产权对于确保竞争不被扭曲是必要的，它们有助于保证产品的创新及质量。[15] 因为如果没有对知识产权的保护，那么

---

[9] 第五章，本章具体讨论最新的技术专利集体豁免条例（316/2014 条例）以及欧盟竞争法对其他技术相关合同的适用，包括技术联合、标准协议、共同研发，以及专门化和分包安排中的相关知识产权条款。

[10] 第六章，本章集中讨论欧盟竞争法适用于在相关市场中开发利用著作权和邻接权的情形，包括集体管理组织的运营，关于邻接权这一术语，参见脚注 243。

[11] 第七章，本章关于欧盟法适用于商标权的特许、许可，解决商标争议的协议以及经销品牌和其他协议。

[12] 关于欧盟法中销售的概念，参见 1.61—1.65。

[13] 如何将在关于技术权利实践中发展出来的原则适用到通过出售著作权作品而开发利用著作权，参见第二章 2.25。

[14] Hugo de Groot（Grotius），*On the Law of War and Peace*（*De Jure Belli ac Pacis*）(1625)，第二本，第十二章第 16 段（作者从原始拉丁语翻译）。

[15] C-10/89 *HAG II* judgment §13，CJ；Opinion 1/94[《乌干达回合协议》（*Uruguay Round Treaties*）]，CJ；C-232/94 *MPA Pharma v Rhône-Poulenc* judgment §16，CJ；C-206/01 *Arsenal Football Club v Reed* judgment §47，CJ；C-228/03 *Gillette v LA-Laboratories* judgment §29，CJ；C-479/04 *Laserdisken v Kulturministeriet* judgment §§47–49，CJ；C-274，295/11 *Spain and Italy v Council* judgment §22，CJ；2014 年《技术转让协议指南》（Guidelines on technology transfer agreements）第 7 段。

一个企业就可以取得其对手付出努力所得到的利益，而无需自身付出努力提升产品品质。从这个角度来说知识产权与有形财产权利类似，它对于确保制成品生产中的竞争是必要的（因为若非如此，则取得制成品比生产制成品更合算），对于发现或开发自然资源也是必要的（因为若非如此则夺取资源比探索或开发资源更合算）。

合理的理解是，知识产权通过限制某些形式的竞争（在生产和分配方面）来确保或提升其他价值（在创新和质量方面），由于需要对这些不同形式的竞争进行权衡，所以两者不会产生太大冲突。[16]

更广义地来讲，这种权衡是由知识产权法的原则提供的，这些原则根据知识产权所保护的具体内容对知识产权保护的可用性及范围进行限制，并规定在某些特殊情况下可以对知识产权进行强制许可使用。[17] 但是，如果知识产权对竞争的限制是通过某种方式或某种程度进行的，而这种方式或程度不能根据知识产权所保护的具体内容正当化，那么在开发利用知识产权时适用欧盟（及成员国）竞争法是正确的。[18] 在这种情况下，适用竞争法规则与保护知识产权、禁止反竞争行为的经济职能是一致的。[19]

进一步来说，检验对知识产权的利用是不是以某种不能被其保护的具体内容所正当化的方式或程度来限制竞争的，通常来讲要通过比较以下情形中所有要素来进行，包括开发利用相关知识产权而形成的竞争情形（包括在创新和质量中的竞争）与如果不开发利用相关知识产权应当形成的竞
争情形（通过反事实推理），同时也要考虑到每个案件中相关知识产权的 4
存在、所有权及合理范围，具体分析将在下文中进一步讨论。[20]

---

[16] 例如纵向协议的例子，该协议可能限制品牌内竞争以提升品牌间竞争，参见案例如 26/76 *Metro v Commission* judgment §21，CJ。

[17] 参见如《与贸易有关的知识产权协定》（TRIPs 协议）第 31 条和欧盟 2006/115 指令第 8 条第 2 款（分别规定允许有限制的强制许可使用某些专利和已公开录音制品的广播权）；但应比较参见如《与贸易有关的知识产权协定》第 21 条和欧盟 93/83 指令第 8 条第 1 款（分别规定禁止强制许可使用商标和著作权相关作品有线电视转播权）。

[18] 56，58/64 *Consten and Grundig v Commission*，CJ；102/77 *Hoffman-La Roche v Centrafarm* judgment §16，CJ；238/87 *Volvo v Veng* judgment §8，CJ；T-69/89 *RTE v Commission* §§66–73，GC，在 C-241，242/91P *RTE and ITP v Commission*，CJ 中得到确认；T-198/98 *Micro Leader Business v Commission* §§34，54，GC。

[19] 2014 年《技术转让协议指南》第 7 段。

[20] 参见特别是第二章 2.16—2.19，第三章 3.11—3.14 以及第四章 4.26—4.27。

1.03　替代进路一：衡量创新与竞争

许多学者已经认识到权衡通过保护知识产权而获得的创新的提升与竞争法所保护的竞争这二者的必要性。[21] 尽管区分“创新”和“创新中存在的竞争”看上去是一个不错的标准，但有人提出，将存在于创新或质量中的“竞争”与存在于生产和/或分配中的“竞争”进行衡量，这一概念提供了一个更好的分析进路，原因可能包括如下几方面：

（1）它的比较标准更加具有可比性。

（2）它确保了在对比相关行为导致的竞争情形与不存在相关行为所导致的竞争情形时，将竞争的所有方面纳入考量。[22]

（3）它避免了将一个与保护生产或分配中的竞争标准相比更高的正当化标准强加于知识产权保护。相反，寻求平衡知识产权提升的创新与竞争法所保护的竞争倾向于要求证明保护知识产权将导致创新，而无需证明生产或分配中的竞争在这些因素中能否获得效率提升。

（4）它使竞争主管机构和法院无需预测评估相关行为带来创新的可能性及创新可能产生的效率提升——而这一预测是第二种替代进路所无法避免的。该预测违背了市场经济中这种评估应留给相关经营者进行这一一般原则。

（5）它与产权理论更加一致。[23]

（6）它更加符合欧盟法院以及欧盟委员会所持的观点。[24]

通常来讲，这一替代进路并不适用于商标相关问题，但如果问题涉及通过商标权利所提升的质量，则相似标准应被适用。

5 1.04　替代进路二：动态竞争

与关注当前的静态竞争相反，另一个考察进路关注动态竞争（随时间变化的竞争，尤其是未来的竞争）。[25] 这一考察进路承认保护知识产权可

---

[21] 参见例如 Anderman and Ezrachi（eds），*Intellectual Property and Competition Law: New Frontiers*，OUP 2011，特别是第一至四章，2014年《技术转让协议指南》第7段。

[22] 关于这一点的含义将进一步在脚注20指明的段落中讨论。

[23] 参见1.05。

[24] 参见脚注15所引用的案件以及材料。

[25] 参见例如 Anderman and Ezrachi（eds），*Intellectual Property and Competition Law: New Frontiers*，OUP 2011，特别是第六章、第十九章和第二十章，2014年《技术转让协议指南》第7—9段，2011年《关于横向合作协议的指南》（Guidelines on horizontal co-operation agreements）第269段。

能提升创新，从而提升未来的竞争，由此确保将知识产权保护所带来的利益纳入考量。

通过运用这一概念去解决竞争法与知识产权之间的关系，避免了上一段中第一种替代进路所面临的一些困难，[26] 但它仍然存在缺陷，需要竞争主管机构和法院对可能产生的创新及可能提升的效率或可能获得提升的其他竞争因素进行预测。另外，运用这一概念而非第一种替代进路无法确保将以下两点纳入考量，包括创新带来的除提升未来竞争外的其他利益，[27] 以及商标保护在确保或促成产品质量竞争中可能带来的利益。同时，这一进路也无法与产权理论 [28] 及至今以来的判例相协调。[29]

> 一个知识产权所有者享有的排除他人干涉的权利与其他形式的私有产权所有者享有的权利类似。[30]

### 1.05 尊重产权

从经济学的角度出发，欧盟竞争法与开发利用以及保护法定权利之间的关系应当建立在权利的实质特点及经济效应之上，而非建立在对该权利是否属于“知识产权”或其他财产权利的区别之上。[31] 再者，欧盟竞争法属于欧盟自主立法并应在欧盟内得到统一适用，[32] 即使不同成员国在划分

---

[26] 即权衡创新与竞争间关系，参见 1.03。

[27] 例如，通过发现一种新的无替代品的制药配方可能获取的健康利益；通过开发一种新的具备市场需求的电子设备所带来的娱乐或教育利益。

[28] 参见 1.05，在这种进路中，知识产权只有在可能提升未来生产或分配中的竞争时才被认可尊重。

[29] 参见脚注 15 所引用的案件以及材料。

[30] 美国司法部和联邦贸易委员会（US Department of Justice and the Federal Trade Commission），1995 年《关于知识产权许可的反垄断指南》（*Antitrust Guidelines for the Licensing of Intellectual Property*）第二章第一节。

[31] 这一观点被含蓄表达于 T-201/04 *Microsoft v Commission* final judgment §§227–299，GC 案中，该判决拒绝了适用第 102 条应根据微软拒绝提供的信息是否能依据 91/250 指令（现在的 2009/24 指令）受到著作权保护而有所不同这一观点。

[32] 参见例如 C-245/00 *SENA v NOS* judgment §23，CJ；and see also C-17/06 *Céline* judgment §15，CJ；C-306/05 *SGAE v Rafael Hoteles* judgment §31，CJ；C-5/08 *Infopaq International v Danske Dagblades* judgment §27，CJ；C-128/11 *UsedSoft v Oracle International* judgment §39。

及保护相应的知识产权方面的具体案例中有不同标准。[33]

6 但另一方面，被认定为知识产权可能会赋予某权利更多的合法性，[34]并使该权利有权受到保护产权的一般原则或条款（例如《欧盟运行条约》第 345 条[35]以及《欧盟人权公约》第一议定书第 1 条），[36]以及特有的知识产权规制（例如《尼斯宪章》第 17 条第 2 款，[37]《与贸易有关知识产权协定》，[38]以及其他保护知识产权的国际公约）[39]共同保护。关于知识产权的具体条款同样存在于一些欧盟立法中，例如集体豁免条例。[40]

欧盟法院试图在尊重产权的基础上协调欧盟竞争政策的经济标准，它建立在欧盟竞争法不能影响知识产权的存在（existence），但能对知识产权的具体行使（exercise）施加某些限制的基础上，前提是这些限制不能构成

---

[33] 例如，若某具体内容在英国被《反向假冒法》（the law of pass off）（被英国法认为是保护商誉从而认定为保护知识产权的法律）所保护，在其他某一成员国则被反不正当竞争法（反不正当竞争法尚未被认定为是保护工业或商业产权的法律）所保护，但在适用欧盟竞争法规则时不应有任何不同。参见第七章 7.40。这些不同已经随着欧盟一体化进程而逐渐减少，但仍未完全消除。

[34] 这一观点能够通过比较以下案例得到支持，177/83 *Kohl v Ringelhan & Rennett*, CJ 案（限制法国受让人凭某商号进口产品的行为不能依据不正当竞争这一理由而正当化）和 C-9/93 *Ideal-Standard*, CJ 案（限制法国受让人向德国出口某商标的产品的行为能够依据商标侵权这一理由而正当化），以及 C-315/92 *Verband Sozialer Wettbewerb v Clinique Laboratoires*, CJ 案（限制化妆品使用“Clinique”的行为不能依据消费者保护这一理由而正当化，因为不构成足够的误解）和一体化前判决的商标案例 119/75 *Terrapin*（*Overseas*）*v Terranova* judgment §§4，8，CJ，C-317/91 *Deutsche Renault v Audi*, CJ，和 C-9/93 *Ideal-Standard* judgment §§15–20，CJ（欧盟法院将评估可能造成混乱的风险的权利留给了成员国主管机构），另可参见 C-347/03 *Friuli-Venezia Giulia* judgment §§118–134，CJ（禁止使用通用名称，即使其未影响某些专有权利的使用）。比较而言，316/2014 条例（对技术转让合同的集体豁免）看上去在第 1 条第 1 款（b）项中区分了专有技术与知识产权，但对两项适用同样的实体条款。另参见 12/74 *Commission v Germany*（*Sekt and Weinbrand*），CJ（通用名称保护不能被合法化，即使其已被认定为某种形式的知识产权）。

[35] 56，58/64 *Consten and Grundig v Commission*，CJ.

[36] C-347/03 *Friuli-Venezia Giulia* judgment §§118–134，CJ.

[37] 《欧盟基本权利宪章》（Charter of Fundamental Rights of the European Union），在 1.47 中具体讨论。

[38] 在 1.26、1.43 和 1.44 中具体讨论。

[39] 关于其他保护知识产权的公约，参见 1.26、1.41 和 1.42。

[40] 例如 316/2014 条例（技术转让）第 1 条第 1 款（h）项，第 2 条第 3 款（参见第五章 5.189—5.193）；330/2010 条例（纵向协议）第 1 条第 1 款（f）项，第 2 条第 3 款（参见第二章 2.47—2.49 和第七章 7.76—7.77）。

对知识产权实质（substance）的过分干扰。[41] 这一方法如今已被写入《尼斯宪章》之中。[42]

这一协调可以统一归入上文讨论的首选路径中，[43] 它应当建立在通过竞争法规制开发利用知识产权并不会损害知识产权的“实质”这一基础上，如果不对开发利用知识产权的行为进行限制，则其可能会以一种不能被其所保护的具体内容（specific subject-matter）所正当化的方式或程度限制竞争。[44] 7

1.06　权衡规则与经济分析

更进一步的权衡通过以下两方面进行：一方面发展和适用一些规则，这些规则为某行为被欧盟竞争法所允许或禁止提供了足够清晰的指导；另一方面使用经济分析，来确定具体案例中某行为是否将产生或已经产生反竞争的效果。

原则上，对相关市场的经济分析应该能够作为标准，确定在具体场景中采取何种方式最能促进和权衡不同形式之间的竞争。然而，对企业甚至竞争主管机构来说，要获取评估分析所需要的信息通常是不可能或过分昂贵的；[45] 即使能够获取信息，对企业来说要可靠地预测竞争主管机构或法院如何评估这些信息也同样是不可能或过分昂贵的。

---

[41] 238/87 *Volvo v Veng* judgment §8 CJ；53/87 *CICRA v Renault* judgment §11，CJ；144/81 *Keurkoop v Nancy Kean Gifts*，CJ；56，58/64 *Consten and Grundig v Commission*，CJ；T-65/98 *Van den Bergh Foods v Commission* §§170–171，GC，上诉在 C-552/03P *Unilever v Commission*，CJ 中根据其他理由被驳回；90/38 *Bay-o-nox* §§57–61，EuC；另参见 C-347/03 *Friuli-Venezia Giulia* judgment §§118–134，CJ；C-306/93 *SMW Winzersekt* judgment §22，CJ；C-200/96 *Metronome Music v Musik Point Hokamp* judgment §21，CJ；T-6/01 *Matratzen Concord v OHIM* §54，GC；T-201/04 *Microsoft v Commission* final judgment §691，GC；37507 *Astra-Zeneca* §741，EuC，其上诉由于其他理由在 T-321/05 *AstraZeneca v Commission*，GC，C-457/10P *AstraZeneca v Commission*，CJ 中被驳回；39985 *Motorola* §509，EuC；C-314/12*UPC Telekabel v Constantin Film* judgment §§51，61–63，CJ。

[42] 第 52 条，参见 1.47。

[43] 参见 1.02。

[44] 56，58/64 *Consten and Grundig v Commission*，CJ；102/77 *Hoffman-La Roche v Centrafarm* judgment §16，CJ；238/87 *Volvo v Veng* judgment §8，CJ；T-69/89 *RTE v Commission* §§66–73，GC，在 C-241，242/91P *RTE and ITP v Commission*，CJ 中维持判决；T-198/98 *Micro Leader Business v Commission* §§34，54，GC。

[45] 即使是基本问题，如决定相关市场以及相关企业的市场占有率，通常也需要获取企业无法得到的数据，并且 / 或者（即使企业能够在一个可接受的成本内获取数据）也需要依赖对相关数据的评估，而该评估标准很不清晰。

因此，在个案中过度依赖经济分析是低效率的，同时也容易与应当由法律对商业行为及财产使用自由进行规制，而非由行政机关自由裁量这一原则相冲突，[46]这一原则规定应当有足够可理解的以及足够确定的规范，来确保经济参与者能够在合理范围内预测到其经济行为所产生的法律后果。[47]

这些考量在今天尤其重要，因为在欧盟竞争法改革进程中，一般来说除经营者集中案件[48]外，企业想提前获取竞争主管机构对相关行为的许可已经不大可能，当事人通常被要求自行评估其行为是否符合《欧盟运行条约》第 101 条和第 102 条的规定，[49]而不符合相关规定的行为可能
8 导致罚款或其他惩罚、[50]赔偿责任、无法行使权力[51]以及损失沉没投资[52]等后果。

### 1.07　在知识产权领域适用欧盟竞争法规则

欧盟竞争法的总体规则包括《欧盟运行条约》第 101 条和第 102 条、并购条例 139/2004、集体豁免条例（既可能是直接适用相关条款，也可能是通过适用源于这些条款的相关指示间接适用这些条款）、[53]源于法院判决和竞争主管机构决定的原则，以及欧盟委员会和其他竞争主管机构发布的

---

[46]　参见《尼斯宪章》第 16 条、第 17 条，在 1.47 中具体讨论。

[47]　参见 6538/74 *Sunday Times v UK*（*No. 1*）judgment §49, ECHR。

[48]　在欧盟范围内的经营者集中（并购）案件由一系列的事前同意所规制，而不涉及欧盟范围内的经营者集中案件则被成员国国内竞争法所规制；参见第四章。

[49]　欧盟委员会只有在某些例外情形中，才会裁定第 101 条和第 102 条不应被适用，例如当欧盟公共利益需要欧盟委员会发布某项裁定以明确立法，并确保该立法在欧盟范围内的统一适用时，特别是关于某些尚未被已存在的判例法和行政实践所解决新形式的协议或行为时；参见 1/2003 条例序言第 14 段，该条例第 10 条。

[50]　欧盟 1/2003 条例第 5 条规定，国内竞争主管机构拥有适用《欧盟运行条约》第 101 条和第 102 条，禁止限制竞争协议以及认定滥用支配地位的权力，为此目的，当有违反第 101 条和第 102 条的行为时，相关机构可以征收罚款或施加其他惩罚措施。违法处罚将在第二章和第三章中进一步讨论，参见 2.67 和 3.48。

[51]　关于在开发利用知识产权时违反欧盟竞争法而导致的赔偿以及其他民事救济，参见第二章 2.62—2.66，以及第三章 3.45—3.47。

[52]　沉没投资可能损失，由于合同无效或由于当事人被要求停止相关违法行为。关于禁止令，参见第二章 2.67 以及第三章 3.48。

[53]　关于适用集体豁免条例范围之外的相关指示，参见第二章 2.45、2.59；第五章 5.76、5.173；第六章 6.30 和第七章 7.78。

指南。[54]

在知识产权领域交叉适用欧盟竞争法时，进一步的规则由欧盟和成员国知识产权法以及可能影响到知识产权合法性和有效性的其他欧盟法构成，例如规定在内部市场货物以及服务自由流动的条款。

根据 1.02 段阐述的首选路径，这些与知识产权相关的规则条款为权衡创新和质量中的竞争提供了首要方法，但是当开发利用知识产权可能在某些方面或某种程度上限制竞争，而且其所保护的具体利益无法得到正当化的时候，这些知识产权相关条款应当被欧盟竞争法的相关条款补充规制，同时适当结合具体情况下的经济分析。

因此，相较于欧盟竞争法的其他方面，这些规则条款在适用于知识产权领域时更加重要。本书的主要目的即在于阐释这些规则及其在具体案例
中适用时受到的经济分析限制，从而帮助读者评估相关开发利用知识产权 9
的行为如何受欧盟竞争法规制。其他工作则着眼于在有必要时，为在具体情形中评估开发利用知识产权对竞争的影响的经济分析相关原则和方法提供指导。[55]

> 所有值得确立和保留的权利都源于相关义务的出色完成……其他的权利则可被视为不值得为之奋斗的僭越。[56]

---

[54] 关于欧盟委员会提供的指南的范围，参见第五章 5.21 和 5.75。一些评论可能将经济理论也列入其中，但由于经济理论的多样性，以及经济理论的适用多依赖于具体情况下的经济分析，与那些能够清晰指导何为允许何为禁止的法规相比，人们一般倾向于认为这些经济理论无法具有同样的功能。

[55] Joseph Shumpeter 的分析，尤其是 *Capitalism, Socialism and Democracy*（1942）这本书，被许多人认为是在该领域的开创性著作。要了解更多有用的总结性作品及最近的发展，参见 Frédéric Jenny, Ioannis Lianos, Herbert Hovenkamp, Frances Marshall, and Sivaramjani Tambisetty, 'Competition law, intellectual property rights and dynamic analysis: Towards a new institutional "equilibrium?"', *Concurrences Journal* 4-2013, Art 58789（英译本由 Institute of Competition Law 出版）和 Anderman and Ezrachi (eds), *Intellectual Property and Competition Law: New Frontiers*, OUP 2011，特别是 Mariateresa Maggiolino 所著的第四章，另可参见 Pierre Regibeau and Katherine Rockett, *Assessment of potential anticompetitive conduct in the feld of intellectual property rights and assessment of the interplay between competition policy and IPR protection* (November 2011)，为欧盟委员会所准备，COMP/2010/16。

[56] Mahatma Gandhi, letter to the Director-General of UNESCO (Dr Julian Huxley), 1948，再版于 UNESCO/PHS/3 (rev.)。

### 1.08　评估知识产权的需要

依照上文阐述的首选路径[57]以及尊重产权的要求，[58]当针对开发利用知识产权的行为适用欧盟竞争法时，通常[59]首先需要确定相关知识产权是否在欧盟法目的范围内合理地存在（exist），[60]如果存在，则需根据其实质（substance）和具体内容（specific subjec-matter）确定其合理范围。[61]

在某些情况下，确定何者拥有该权利，或如果没有相关安排或行为时何者本应拥有该权利，[62]以及这些安排对于知识产权的所有权以及相关市场的竞争情形有什么影响（如果存在影响的话）也是必要的。

这些问题在本章下文中将会依次得到阐述，并且将在第六章关于著作权、邻接权、数据库权[63]和第七章关于商标权利[64]中进行更具体的讨论。

10 阐述完这些问题后，通过比较由于相关安排或行为而导致的竞争情形（包括创新和质量中的竞争）以及如果不存在相关安排或行为而存在的竞争情形，就能够大体上确定使用欧盟竞争法的主要标准，同时应考虑知识产权的存在、所有权以及合理范围，这些将在之后的章节中讨论。[65]

## 三、知识产权的存在

### （一）简介

### 1.09　知识产权存在的要素

要确定知识产权是否在欧盟法目的范围内合理存在，必须考虑如下几方面：赋予该权利的法律是否与欧盟法兼容；[66]法律规定的该权利存在

[57]　参见 1.02。

[58]　参见 1.05。

[59]　在一些案例中，某些行为可能构成对欧盟竞争法的违反，不论该知识产权是否存在、是否合法，例如，T-201/04 *Microsoft v Commission* final judgment §§288–290，313，GC。同样，在某些其他案例中，无论知识产权处于何种情形，都不构成对欧盟竞争法的违反。

[60]　参见 1.09—1.27。

[61]　参见 1.28—1.75。

[62]　参见例如第二章 2.16、2.30；第三章 3.33；第四章 4.21、4.24—4.32 以及第六章 6.07、6.73。

[63]　参见 6.01—6.25。

[64]　参见 7.01—7.46。

[65]　参见特别是第二章 2.17—2.18；第三章 3.14 以及第四章 4.27。

[66]　参见 1.10–1.15。

和合法有效[67]的条件是否满足；[68]该权利能否被认定为具有保护知识产权的属性。[69]

这些问题将在以下几节中分别讨论。

关于最后一点，当某合法有效存在的权利与知识产权具有相似的经济效用，但并未被认定为知识产权时，[70]在其开发利用中如何适用竞争法可能很大程度上与知识产权案例相似。但是，它缺少知识产权所拥有的更强的合法性以及法律赋予知识产权的特殊保护，这可能影响到一些案例的最终结果。[71]

## （二）知识产权法与欧盟法的兼容性

### 1.10 欧盟知识产权立法

如今，知识产权的重要领域主要由欧盟法律进行规制，相关欧盟立法要么自主地赋予权利人欧盟层面的知识产权，要么对成员国立法进行统一，或者两者兼有。

被欧盟立法承认的知识产权，通常由欧盟法对成员国知识产权相关立
法（立法可能已在欧盟范围内进行统一，也可能没有）进行补充，而非替 11
代成员国立法。在相关案件中，被法律授权保护的当事人可以基于覆盖整个欧盟的欧盟法权利提起诉讼，也可以基于某特定成员国国内法权利提起诉讼，也可以两者同时进行。欧盟法禁止了由成员国相关立法对于特定原产地或地理标志进行国家层面的法律保护，[72]欧盟立法并未取代成员国国内知识产权立法。[73]

在注册商标[74]以及注册外观设计案件[75]中，欧盟立法既赋予了欧盟自

[67] 关于有效性相关问题，参见 2014 年《技术转让协议指南》第 29 段。

[68] 参见 1.16—1.24。

[69] 参见 1.25—1.27。

[70] 例如禁止滥用秘密信息或不正当竞争。

[71] 参见 1.05。

[72] 参见第七章 7.27。

[73] C-9/93 *Ideal-Standard* judgment §56，CJ，要了解对保留成员国知识产权立法实践的批评，参见 Laddie，'National IP Rights：A Moribund Anachronism in a Federal Europe？'［2001］EIPR 402。

[74] 207/2009 条例，2008/95 指令。在本章写作时，对该条例和该指令的修改意见正在欧盟立法机构进行审议，进一步讨论将在第七章 7.03—7.25 进行。

[75] 6/2002 条例，98/71 指令。在 6/2002 条例第 3 条（a）项以及 98/71 指令第 1 条（a）项中，外观设计（design）被定义为产品的全部或部分外观。同样的权利在美国以及一些其他非欧盟国家中通常被叫作外观设计专利（design patents）。

主立法权，也对成员国立法进行了统一。欧盟立法同时规定了未注册的外观设计权，[76] 但除了半导体拓扑图 [77] 外，尚未对成员国相关立法进行统一。欧盟立法尚未对成员国关于实用新型 [78] 立法进行统一。

欧盟立法规定了欧盟植物新品种专利权，[79] 但并未统一相关权利的成员国立法，尽管由于大部分成员国已加入《国际植物新品种保护公约》，[80] 各成员国立法已非常趋向一致。

至于著作权、邻接权 [81] 和数据库权，[82] 欧盟立法已经促使各成员国立法在很大程度上进行了统一，特别是通过欧盟法院在相关案例中的司法解释，[83] 但欧盟立法尚未针对这些设立单独的欧盟范围的权利。[84]

12 欧盟法业已统一了各成员国国内反不正当竞争法的重要方面。[85] 欧盟委员会已经提交了欧盟立法草案来统一各成员国间保护专项权利和商业秘密的立法。[86]

---

[76] 《关于欧盟外观设计的 6/2002 条例》第 1 条第 2 款（a）项。

[77] 87/54 指令，该指令第 4 条第 1 款允许欧盟成员国规定只有注册才能享有对该知识产权的保护。

[78] 98/71 指令序言第 7 段，该指令第 16 条。关于实用新型，参见脚注 256。

[79] 2100/94 指令，植物新品种权（plant variety rights）通常被叫作植物育种者权（plant breeders' rights）。

[80] 《国际植物新品种保护公约》，欧盟以及除塞浦路斯、希腊、卢森堡和马耳他外的其他欧盟成员国均已签署该条约。

[81] 2009/24 指令（计算机程序）2006/115 指令（出租权等），93/83 指令（卫星和电缆），2006/116 指令（已被 2011/77 指令修改）（期限），2001/29 指令（信息社会）以及 2012/28 指令（孤儿作品）。欧盟委员会在近期为关于欧盟著作权规则可能的修改举行了公众咨询，参见新闻稿 IP/13/1213。关于邻接权这一术语，参见脚注 243。

[82] 96/9 指令。

[83] C-5/08 *Infopaq*，CJ；C-393/09 *Bezpecnostni Softwarova Asociace*，CJ；C-403/08 *FAPL v QC Leisure*，CJ；C-145/10 *Painer*，CJ；C-604/10 *Football Dataco*，CJ；C-406/10 *SAS Institute v World Programming*，CJ，相关讨论参见 Eleonora Rosati，'Towards an EU-wide copyright？（Judicial）pride and（legislative）prejudice'，（2013）IPQ 47 以及第六章 6.02—6.25。

[84] 赋予著作权欧盟自治法权的可行性在欧盟委员会最近举行的审议欧盟著作权法规则的公众咨询中被讨论，参见新闻稿 IP/13/1213。

[85] 2005/29 指令（不公平的企业对消费者商业行为），2006/114 指令（误导性和比较性广告），1169/2011 条例（食品信息），1007/2011 条例（纺织纤维名称），1234/2007 条例（已被 491/2009 条例修改），第 118 条 a 款至 v 款（葡萄酒介绍），6072009 条例（葡萄酒原产地和地理标志授权的详细规定），110/2008 条例（酒精饮料），1151/2012 条例（农业产品和食品的质量计划），并参见第七章 7.31—7.33、7.39—7.44。

[86] COM（2013）813 final，EuC，欧洲理事会于 2014 年 5 月大体同意该草案。

欧盟立法也为如何执行知识产权保护、[87] 限制某些具体情形中信息社会服务提供者的责任[88] 以及海关查扣侵犯知识产权的产品[89] 提供了统一规则。然而，相关海关规则并未创建新的知识产权范围或改变欧盟法和成员国立法中规定的知识产权范围。[90]

> 我们环顾审视哪些国家是最强大的以学习它们，发展自己……我们问，是什么让美国成为如此强大的国家？然后我们调查发现是专利使其如此，于是我们也有了专利。[91]

## 1.11　专利以及补充保护证书

除一些保护生物技术发明的指令[92] 和一般知识产权立法外，[93] 欧盟尚未在欧盟范围内立法规定专利权，[94] 也未对成员国专利法进行统一。

当前所有欧盟成员国都已加入《欧洲专利公约》(European Patent Convention, EPC)，在该公约下，由签署国申请者委任的欧洲专利办公室 13
(European Patent Office, EPO) 通过统一的程序可以授予欧洲专利 (European Patent)。[95]《欧洲专利公约》也包含规定欧洲专利期限的条款[96] 并针对公约规

---

[87] 2004/48 指令，2000/31 指令（电子商务）第 18 条。关于在知识产权案例中如何适用这些条款，参见 C-324/09 *L'Oréal v eBay* judgment §§125–144, CJ,（针对网上虚拟市场的防止未来侵权的禁令救济必须可用、有效、合理、有劝诫性，并不能对合法贸易产生阻碍）。

[88] 2000/31 指令第 12—15 条，进一步讨论参见 1.57。

[89] 608/2013 条例。

[90] C-98/13 *Blomqvist v Rolex* judgment §25, CJ。

[91] 高桥是清（首任日本专利局局长，之后成为日本首相），被 Kenneth Dobyns 在 *History of the United States Patent Office*(1994) pp 198–199 中引用。

[92] 98/44 指令，生物技术发明这一术语的范围并不清晰，且由于其许多实体条款并未限定在生物技术发明领域中，该指令可能同样适用于其他发明。

[93] 参见 1.10。

[94]《欧洲专利公约》在 1975 年被当时所有的欧盟成员签署，但并未被所有欧盟成员国批准，且未生效。关于欧盟专利的一个条例草案在 2000 年被提出 [COM (2000) 412 final]，但并未被通过。

[95]《欧洲专利公约》第 52—57 条。

[96]《欧洲专利公约》第 63 条。

定的知识产权的保护范围寻求统一，[97] 同时规定了很多规制欧洲专利的其他方面。[98] 然而，《欧洲专利公约》并不是欧盟法的一部分，它也涉及欧盟境外的其他签署国，并建立了欧盟机构体系外的独立机构，即欧洲专利办公室。

大部分欧盟成员国已经同意建立一个统一专利体系，使欧洲专利能够在所有的参与国中拥有同样的权利主张；[99] 并同意建立一个统一的专利法庭，以处理关于欧洲专利侵权以及有效性的问题（可能是欧洲统一专利也可能不是）和成员国内签发的建立在这些专利权之上的补充保护证书问题。[100] 该统一专利法庭将根据《欧洲专利公约》决定专利的有效性、[101] 保护范围，[102] 并根据一般规则 [103] 和特定的成员国立法（在欧洲统一专利案件中）[104] 和应适用的国内立法（在非欧洲统一专利案件中）决定是否侵权。[105]

14 欧盟成员国保留国内专利体系，当专利仅覆盖该国范围时可授予它国

---

[97] 对权利主张的解释，具体指明了受保护的相关权利，参见《欧洲专利公约》第 69 条以及《解释欧洲专利公约第 69 条的议定书》。这些条款并不完全清晰，且人们广泛认为不同签署国的法院所遵循的规则仍然很不同，参见，如 Matthew Fisher，'New Protocol，same old story？ Patent claim construction in 2007；looking back with a view to the future'，（2008）IPQ 133。

[98] 例如取得欧洲专利（第 60 条），对使用相关方法直接获得的产品的扩展保护（第 64 条第 2 款），优先权（第 87—89 条）。

[99] 1257/2012 条例和 1260/2012 条例。一些成员国在建立统一专利保护领域的加强合作已被欧洲理事会 2011/167 决定授权。对该决定的一个质疑在 C-274，295/11 *Spain and Italy v Council*，CJ 中被否决，针对 1257/2012 条例和 1260/2012 条例的质疑在 C-146，147/13 *Spain v Council*，CJ 中被否决。著此书时，克罗地亚、意大利和西班牙并未参加该合作，且上述条例的相关条款尚未适用，等待统一专利法院协议生效。

[100] 《统一专利法院协议》2013/C175/01。关于该协议针对何种权利，具体参见第 3 条。关于统一专利法院对哪些争端具有管辖权，具体参见第 32 条。著此书时，克罗地亚、波兰以及西班牙尚未签署统一专利法院协议，且该协议尚未生效。该协议的草案在 Opinion 1/09，CJ 中被认定为与欧盟法兼容，并依据该判决进行了修改。该公约最终签署版本与欧盟法的兼容性尚未被质疑并进入法律程序，对相关欧盟条例合法性的质疑已被拒绝，参见脚注 99。关于补充保护证书，参见本节最后一小段。

[101] 《统一专利法院协议》第 65 条，《欧洲专利公约》第 138 条第 1 款、第 139 条第 2 款。

[102] 根据《统一专利法院协议》第 24 条，《欧洲专利公约》第 69 条以及《解释欧洲专利公约第 69 条的议定书》。关于这些条款以及国内法院如何适用的问题，参见脚注 97。

[103] 1257/2012 条例第 6 条（权利用尽），《统一专利法院协议》第 25—30 条（违法行为、例外和权利用尽）。

[104] 《统一专利法院协议》第 24 条，1257/2012 条例第 5 条和第 7 条。特定的成员国是指专利申请者的常住地、主营业地或提交申请时的营业地，如果都没有，则适用德国法律。这一法律也规制如何对待作为财产客体的统一专利。

[105] 《统一专利法院协议》第 24 条。

内专利。《欧洲专利公约》允许某一专利同时被认定为欧洲专利和国内专利加以保护，[106] 但一些成员国的国内立法禁止这一做法。[107]

另外，欧盟立法规定了补充保护证书，延长了针对药物[108] 和植物保护产品[109] 赋予的专利权保护期限。

### 1.12 欧盟知识产权立法与欧盟法的兼容性

依据其可能对内部市场贸易产生不正当的限制[110] 或其他理由，可以对欧盟知识产权立法提出质疑。这种质疑基本上以失败告终。[111] 早期，一个建立统一专利诉讼体系的欧盟草案基于宪法理由被判定为与欧盟立法不一致，[112] 但近期，针对一个规定主要欧盟成员国统一专利权的条例的质疑已经被驳回。[113]

关于原产地标志的执行欧盟立法的一些下位条例在一些案例中已经被认定为无效。[114] 这些案例相当于废止了某些特定的知识产权，但即使在这一领域，欧盟知识产权立法仍被赋予了广泛的自主权。[115]

---

[106] 《欧洲专利公约》第 139 条第 3 款。

[107] 例如英国，1977 年专利法案第 73 条第 2 款。

[108] 469/2009 条例。

[109] 1610/96 条例。

[110] C-108/01 *Consorzio del Prosciutto di Parma v Asda Stores* judgment §53，CJ；C-469/00 *Ravil v Bellon Import* judgment §86，CJ，即使根据《欧盟运行条约》第 263 条提出的质疑由于适用不具有合理理由或已过保护期限而被排除，当该法律根据《欧盟运行条约》第 277 条而执行时，其有效性仍然可能受到质疑。

[111] C-350/92 *Spain v Council*，CJ and C-127/00 *Hässle v Ratiopharm*，CJ（1768/92 条例，后被 469/2009 条例取代，针对医药产品的补充保护证书）；C-377/98 *The Netherlands v Parliament and Council*，CJ（98/44 指令，生物技术发明）；C-377/98 *The Netherlands v Parliament and Council*，CJ（92/100 指令，后被 2006/115 指令取代，出租权）；C-53/05 *Commission v Portuguese Republic*（*92/100* 条例，公共借阅权报酬）；C-479/04 *Laserdisken v Kulturministeriet* judgment §§28–82，CJ（2001/29 指令—信息社会中的著作权）；T-6/01 *Matratzen Concord v OHIM* §§54–61，GC（40/94 条例，后被 207/2009 条例取代，共同体商标）；C-306/93 *SMW Winzersekt*，CJ（2333/92 条例，后被 607/2009 条例取代，气泡酒介绍）；C-347/03 *Friuli-Venezia Giulia*，CJ（73/724 决议，欧盟和匈牙利关于酒名的协议，753/2002 条例，后被 607/2009 条例取代——关于酒的描述）。

[112] Opinion 1/09，CJ.

[113] 参见脚注 99。

[114] C-469/00 *Ravil v Bellon Import* judgment §§89–103，CJ，和 C-108/01 *Consorzio del Prosciutto di Parma v Asda Stores* judgment §§87–99，CJ（未公开的原产地名称条件对不知道该条件的经营者无效）；C-321–324/94 *Pistre*，CJ（保护通用术语作为原产地名称的规范无效）；C-309/89 *Codorniu v Council*，CJ（某些特定成员国产品描述性术语的保留无效）。

[115] C-343/07 *Bavaria v Bayerisches Brauerbund* judgment §§81–84，CJ（'Bayerisches Bier' 可以作为原产地名称保护，不能作为通用术语保护）。

15　欧盟知识产权立法的有效性能够被《欧盟运行条约》中所规定的目标所支持（例如促进文化繁荣、[116] 发展研究和技术 [117] 以及保护消费者），[118] 也能够被国际条约所支持。[119] 另一方面，如果它与欧盟或成员国所签订的国际条约相冲突，那么相关欧盟知识产权立法可能无效。但是，这些冲突不能是与《与贸易有关知识产权协定》或其他世界贸易组织协议之间的冲突，因为这些协议具有特殊的性质和构成，除非该立法的目的就在于执行世界贸易组织协议规定的特殊义务或指明涉及世界贸易组织协议的特定条款。[120]

> 我们是欧洲共同体的一部分，因此我们必须履行由此赋予我们的职责。[121]

### 1.13　成员国法与欧盟法的实质兼容性

在欧盟已经通过有效立法 [122] 对某些特定种类知识产权保护条件进行了全面规定的领域，成员国也可以立法对该知识产权进行保护，但其合法前提是有关国内法与欧盟法不冲突。[123] 因此，举例来说，一个图形用户界面不能被认定为计算机程序而受著作权保护，但可以被著作权法一般规则保

---

[116]　《欧盟运行条约》第 167 条，在 C-200/96 *Metronome Music v Musik Point Hokamp* judgment §23，CJ 一案中被讨论，为保护朋克音乐唱片出租权做出了解释，也在 C-479/04 *Laserdisken Kulturministeriet* judgment §§71–80 中被讨论，另参见 1.47。

[117]　《欧盟运行条约》第 179—190 条。

[118]　《欧盟运行条约》第 12 条和第 169 条。

[119]　C-200/96 *Metronome Music v Musik Point Hokamp* judgment §25，CJ（音乐作品复制品和录音被《与贸易有关知识产权协定》第 11 条、第 14 条所支持的出租权有效性），另查阅比较 C-347/03 *Friuli-Venezia Giulia* judgment §§103–117，CJ（《与贸易有关知识产权协定》并未要求保护不是地理标志的同名标志），另参见 1.41。

[120]　C-377/98 *Netherlands v Council* judgment §§50–56，CJ；C-149/96 *Portugal v Council* judgment §§34–52，另参见 1.43。

[121]　Robert Gascoyne-Cecil，3rd Marquess of Salisbury，英国外交大臣（后成为首相），于 1888 年 4 月 11 日发表的讲话。

[122]　关于欧盟立法的有效性，参见 1.12。

[123]　16/83 *Prantl* judgment §§12–17，CJ；C-129，130/97 *Chikiak & Fol* judgment §§29–30，CJ；C-87/97 *Consorzio per la Tutela del Formaggio Gorgonzola* judgment §18，CJ；C-61/05 *Commission v Portuguese Republic* judgment §§21–33，CJ。人们普遍认为这一立场已被《欧盟运行条约》第 2—4 条，以及议定书 25 关于共享权能的实践（后被《里斯本条约》修改）所加强。至于欧盟立法的解释以及执行，参见 1.39—1.47。

护，如果该作品具有原创性，且是作者自己的智力创作。[124]

在缺少具体的欧盟立法保护的领域中，知识产权的存在可以由国内法
有效赋予或承认[125]这一观点通常被欧盟法认可，但前提是该国内法满足得
以作为保护知识产权法律的最低标准。[126]因此，在有关注册外观设计的法 16
律被统一之前，一个被成员国国内法承认的注册外观设计应当被认定为工
业或商业产权，即使其本质上并不具有艺术创新性。[127]同样地，一国承认
的专利（在《欧洲专利公约》签署之前授予）应当被认定为工业或商业产
权，即使是其保护的具体内容已经可以被之前的作品所预见，但由于已经
超过 50 年，因而不能据此否定该专利的有效性的情况。[128]

另一方面，某些保护并未被欧盟法合法化：成为通用的地理标志[129]或事实上并不能识别任何地理定位的地理标志；[130]一成员国内生产商所用的瓶子形状，如果在符合某一公平的或传统的商业实践的情况下，相同的或

[124] C-393/09 *Bezpečnostní softwarová asociace v Ministerstvo kultury* judgment §§42，44–51，CJ，同时参见 1.21。

[125] 包括欧盟成员国间的双边条约，参见 C-3/91 *Exportur v LOR* judgment §8，CJ；C-87/97 *Conzorzio per la Tutela del Formaggio Gorgonzola v Kaserei Champignon Hofmeister* judgment §20，CJ；C-469/00 *Ravil v Bellon Import* judgment §37，CJ。

[126] 144/81 *Keurkoop v Nancy Kean Gifts* judgment §§11，15–20，CJ；35/87 *Thetford v Fiamma*，CJ；317/91 *Deutsche Renault v Audi* judgment §§22–28，CJ；另参见 6/81 *Industrie Diensten Groep v Beele*，CJ；查阅比较 T-201/04 *Microsoft v Commission* final judgment §695，GC，注意不存在没有发明的专利或没有原创性的著作权，这点可以被当作否认成员国立法所保护的相关知识产权的依据，因其不满足公认的条件。

[127] 144/81 *Keurkoop v Nancy Kean Gifts*，CJ，注册外观设计现在被总体统一的立法 98/71 指令所规制。

[128] 35/87 *Thetford v Fiamma*，CJ.

* 译者注：根据英国 1949 年专利法案，如果某专利因为某说明书而“可预见”（缺失新颖性），但该说明书是 50 年之前发布的，则不能只据此否认专利的新颖性从而否认专利的有效性，本段意在说明在缺少统一欧盟立法的情况下，成员国法律应当适用。

[129] 12/74 *Commission v Germany*（*Sekt and Weinbrand*），CJ；286/86 *Deserbais*，CJ；C-3/91 *Exportur v LOR* judgment §37，CJ；C-321–324/94 *Pistre* judgment §§35–36，CJ；C-87/97 *Conzorzio per la Tutela del Formaggio Gorgonzola v Kaserei Champignon Hofmeister* judgment §20，CJ；1151/2012 条例，第 6 条第 1 款和第 13 条第 2 款。

[130] C-216/01 *Budejovicky Budvar v Rudolf Ammersin* judgment §§107–111，CJ；C-478/07 *Budejovicky Budvar v Rudolf Ammersin* judgment §§77–83，CJ，然而相关权利可能因成员国加入欧盟之前签署的某一条约而有效。

类似的瓶子也被其他成员国生产商所用；[131]出租电子游戏；[132]制止依样模仿的行为，若该产品不模仿就无法切实被生产出来。[133]

成员国立法也可能因国际条约而被认定为与欧盟法兼容。[134]欧盟成员国在其加入欧盟之前与其他国家签署的条约中规定的承认知识产权的义务不能被欧盟法影响，即使该知识产权可能与欧盟法冲突，[135]除非非欧盟成员国国家的相关权利不受影响，在这种情况下欧盟法优先适用。[136]

17 1.14 成员国立法与欧盟法的程序兼容性

成员国新通过或修改的技术规范，若没有在规范通过的三个月前将其草案通知欧盟委员会，则依据欧盟法，该立法不具有有效性，若在 3 个月期限内出现异议，其通过也会被推迟。[137]这种意义上的技术规范包括关于销售产品的名称、详细描述、标志、包装、商标以及标签的要求。[138]

异议可以通过由欧盟委员会提出一个有理由的意见，或由其他成员国提出相关措施可能对货物或服务的自由流动产生阻碍（在这种情况下法案通过通常必须被推迟到通知之后的 6 个月），[139]或由欧盟委员会公布其已经提出或将要提出关于这一问题的欧盟条例、指令或命令（在这种情况下法案通过通常必须被推迟到通知之后的 12 个月）[140]这几种方式进行，但在紧

---

[131] 16/83 *Prantl* judgment §§34–38，CJ；比较参照 *Reckitt & Colman v Borden*，UKSC，并不确定这一主张是否适用于混淆可能出现的情况。

[132] C-61/05 *Commission v Portuguese Republic* judgment §§27–29，CJ，欧盟法院辨别了电子游戏（电影录像）和录音、电影本身的区别，专有的出租权被欧盟法承认，为满足补偿生产相关作品和创造新的作品所需要的风险和数额都很高的投资这一需求。

[133] 6/81 *Industrie Diensten Groep v Beele*，CJ，对相关权利保护理由更严格的审查可能反映出事实上其并不具有工业或商业财产的特点，另参见 1.05。

[134] C-9/93 *Ideal-Standard*，CJ（国内商标权的独立性）。

[135]《欧盟运行条约》第 351 条，参见 C-216/01 *Budejovicky Budvar v Rudolf Ammersin* judgment §§143–173，CJ。

[136] C-241，242/91P *RTE and ITP v Commission* judgment §84，CJ.

[137] 98/34 指令（经修订）第 1 条、第 8 条、第 9 条第 1 款，这几条如何适用参见 C-20/05 *Schwibbert* judgment §§33，42，44，CJ；C-159/00 *Sapod Audic* judgment §§49–53，CJ；C-194/84 *CIA Security v Signalson and Securitel* judgment §§40–55，CJ；C-443/98 *Unilever Italia v Central Food* judgment §§31–44，CJ。

[138] 98/34 指令（经修订）第 1 条第 3 款、第 11 款，另参见 C-20/05 *Schwibbert*，CJ 关于这几条如何适用于保护知识产权（要求著作权作品的复制品已被一个著作权集体管理组织盖章确认真实有效）的国内措施。

[139] 98/34 指令（经修订）第 9 条第 2 款。

[140] 98/34 指令（经修订）第 9 条第 3—6 款。

急的情况下可以有例外。[141]

该无效可以横向适用于私人当事人之间的对抗，[142] 也可以纵向适用于私人当事人对抗国家主管机构时，[143] 尽管由于该无效所导致的国内法施加的惩罚性后果（例如合同无效或不可执行）由国内法律规定，且满足该后果至少应与同等条件下违反国内法而导致的惩罚性相当，同时能够有效确保欧盟法赋予的权利得以实施这两个原则。[144]

1.15　因禁止歧视而存在的知识产权

某一知识产权可能通过国内法与欧盟法中的成员国间禁止歧视原则二者的共同作用而存在。非歧视原则可能导致不合理拒绝承认其他成员国国
民享受与本国公民同等保护的成员国法律无效，无论该法律是通过直接提 18
及某作者或表演者的国籍，[145] 还是通过间接规定关于产品或作品的地理原产地。[146]

反之，国内法规定的权利，其存在是否能够由于国内法规定不恰当地有利于本国公民而被否定尚不清楚。[147]

## （三）知识产权存在和有效的条件

1.16　权利的赋予、维持和有效

一些知识产权只有在国民、欧盟或政府间机构申请后才会被欧盟赋予，包括专利权、补充保护证书、[148] 植物新品种权、实用新型、[149] 注册外观设

[141]　98/34 指令（经修订）第 9 条第 7 款。

[142]　C-159/00 *Sapod Audic* judgment §§47–53，CJ；C-443/98 *Unilever Italia v Central Food* judgment §§45–52，CJ.

[143]　C-20/05 *Schwibbert* judgment §33，CJ；C-194/84 *CIA Security v Signalson and Securitel* judgment §§40–55，CJ.

[144]　C-159/00 *Sapod Audic* judgment §§47–53，CJ.

[145]　C-92，326/92 *Collins v Imtrat*，CJ；C-360/00 *Land Hessen v Ricordi*，CJ；STS 1401/2015 *Royal Literary Fund v Valdemar*，SpTS（保护外国作品权利的期限应当被延伸至与本国作品同样的期限）。

[146]　12/74 *Commission v Germany*（*Sekt and Weinbrand*），CJ；C-28/04 *Tod's v Heyraud*，CJ.

[147]　参见 341/87 *EMI Electrola v Patricia* judgment §13，CJ；C-317/91 *Deutsche Renault v Audi* judgment §27，CJ；以及 *British Sky Broadcasting Group v Lyons*，EWHC。

[148]　关于补充保护证书，见 1.11。

[149]　某种保护方法，又被叫作“小型专利”（petty patents），在某些欧盟成员国中被保护。

计、注册商标，以及注册原产地名称和地理标志。这些权利大部分也必须定期在缴纳规定费用后进行更新。[150]

这些权利是否有效可以通过查验相关注册来确定。然而，即使是生效的权利，根据赋予该权利的法律是否有效，在适用欧盟竞争法时其合法性仍然可以被质疑，尤其是在事实法律清晰的案件中。[151] 或者，如果该权利因其他有追溯力的程序而被撤销，[152] 同样可以在该权利从未存在这一基础上适用欧盟竞争法。

其他知识产权（和类似权利）无法在欧盟注册。这些权利包括著作权、数据库权、未注册外观专利、未注册商标、专有技术以及反不正当

19 竞争的保护措施。[153] 未注册权利在且只在相关标准被满足的情况下存在，因此在根据欧盟竞争法评估相关合同或行为时可能必须适用该相关标准。

以下小节列出了几种知识产权存在和有效的主要条件，这些知识产权被欧盟立法所管理，或已经一定程度上在欧盟范围内由欧盟立法或其他方式获得了统一。很多相关条件的适用已经有了详细的判例法，在涉及实体知识产权法时也应查阅具体的相关教科书。

> 现在我将向你展示此前法官是如何容许垄断性专利的，这些专利可能使任何人为自己及其行业，由他自己的才智或发明而将新的贸易带入王国，或带来能够促进推动从前未有的贸易的工具。为了王国的利益，在这种情况下，考虑到他通过该发明而给联邦带来的好处，国

---

[150] 例如在大部分成员国立法中专利需每年更新，注册外观设计需根据 6/2002 条例第 12 条和 98/71 指令第 10 条每五年更新，共同体商标根据 207/2009 条例第 46 条需每十年更新。

[151] 35/83 *BAT v Commission* judgment §35，CJ；比照关于专利范围的相关判决，193/83 *Windsurfing International v Commission* judgment §§23–36，CJ；2014 年《技术转让条例》第 29 段，第五章 5.43 和 5.182，另参见 C-87/97 *Consorzio per la Tutela del Formaggio Gorgonzola v Kaserei Champignon Hofmeister* judgment §§35–36，CJ。

[152] 对注册权利的撤销通常基于“不满足保护标准”这一条件是可追溯的，参见如 6/2002 条例第 26 条第 1 款。然而，注册商标可能自撤销生效当日起被撤销，也可能自更早撤销事由发生之日起被撤销，还可能被宣布自注册开始无效，参见如 207/2009 条例第 55 条第 1—2 款。

[153] 针对不正当竞争的保护并未被认定为知识产权，但可能被认定为一个应当在适用欧盟竞争法时被纳入考量的“法定要求”，在适用货物自由流通时也是同样情形，参见 1.25 和 1.27。

王可能会在一段合理时间内赋予他垄断性专利，直到国民得以学习该种技术，否则不予容许。[154]

## 1.17　专利

赋予有效的欧盟专利的主要条件是，[155] 申请所针对的具体内容必须是新颖的、[156] 有创造性的、[157] 可用于工业生产的发明。[158] 另外，相关发明必须在专利申请中进行充分、清楚、完全的公开，以使专利能够由掌握相关领域熟练技术的人员实行。[159]

发现、科学理论、数学方法[160] 和审美创作，[161] 为进行心理活动、玩游戏以及商业行为所设计的计划、规则和方法，计算机程序，[162] 以及信息展示[163] 不能被认定为发明，因而与这些内容相关的行为不能被赋予有效的欧 20
洲专利。[164]

以下这些活动也不能被赋予有效的欧洲专利：（1）对其的商业开发利

[154] Tomas Fuller，为 *Darcy v Allin*（*the Case of Monopolies*）（1602）的被告提供的辩护意见。

[155] 所有欧盟成员国都是《欧洲专利公约》的缔约国。一般认为所有或大部分的成员国专利法对国内专利的授予和有效性适用相似的条件，但可能出现一些成员国保留不同适用条件的情形，特别是对于成员国适用《欧洲专利公约》之前已申请或已授予的专利。

[156] 其判定要参照的新颖性和当前最新技术在《欧洲专利公约》第 54 条、第 55 条中有进一步的定义。被某工艺过程生产的、脱离其自然生长环境的生物材料可能被认定为发明，即使这一过程可能在之前已经自然产生过，见 98/44 指令第 3 条第 2 款。

[157] 创新步骤和当前最新技术在《欧洲专利公约》第 56 条中被进一步规定。

[158] 《欧洲专利公约》第 52 条第 1 款工业应用的进一步规定见《欧洲专利公约》第 56 条。98/44 指令第 3 条第 1 款规定发明必须满足这三个条件才能在欧盟成员国注册专利，至少在生物技术领域是如此（关于本指令的适用范围，参见脚注 92）。《与贸易有关知识产权协定》第 27 条要求世界贸易组织成员方，除少数例外情形外，在这些条件被满足的情况下认可专利，但并不禁止成员国在满足更少的条件下认可专利。

[159] 《欧洲专利公约》第 83 条。

[160] 《欧洲专利公约》第 52 条第 2 款（a）项。

[161] 《欧洲专利公约》第 52 条第 2 款（b）项。

[162] 《欧洲专利公约》第 52 条第 2 款（c）项。

[163] 《欧洲专利公约》第 52 条第 2 款（d）项。

[164] 《欧洲专利公约》第 52 条第 3 款。

用可能违背公共秩序或道德的发明；[165]（2）植物新品种或动物新品种；[166]（3）本质上是为了生产植物或动物产品的生物进程[167]（但这一排除并不适用于微生物进程及其产品）；[168]（4）治疗人类或动物身体的手术或治疗方法以及实践于人类或动物身体的诊断方法（但这一排除并不适用于在这些方法中使用的产品）。[169]

根据欧盟法，人类身体或只是发现身体元素中的一个，包括基因序列，并不能取得专利权；但某一独立于人类身体的元素或另外被某一技术方法制造出来的元素，包括基因序列，可以取得专利权，即使它的结构可能与一个自然元素完全相同。[170]

如果专利包含多重申请要求，它们中的一些有效而另一些无效，或它们中的一些可能在恰当地修改后有效，那么这些专利通常属于部分有效。

### 1.18　专有技术（knowhow）

21 专有技术的本质是保持其秘密性，[171]它只有在保持秘密（例如不能被人们周知或很容易获取）、重大（例如重要或有用）以及可辨认（能够足

---

[165]《欧洲专利公约》第 53 条（a）项，根据 98/44 指令第 6 条，这些发明也被排除依据《欧洲专利公约》或国内法取得专利权的可能，指令中提供了该条适用的例子（对人类或动物没有重大医学利益的克隆或改变人类遗传特征的方法，产业化或商业化使用人类胚胎）。这些排除被《与贸易有关知识产权协定》第 27 条第 2 款所允许。排除使用人类胚胎的范围在 C-34/10 *Brüstle v Greenpeace*，CJ 和 C-364/13 *International Stem Cell v Comptroller*，CJ 两案中得到进一步解释。

[166] 根据 98/44 指令第 4 条第 1 款（a）项的规定，这些发明也被排除依据《欧洲专利公约》或国内法取得专利权的可能。在植物新品种被专利权和 / 或一个特殊系统所保护的情况下，这些排除被《与贸易有关知识产权协定》第 27 条第 3 款（b）项所允许。这一例外欧洲专利局上诉委员会在 G2/12 *Tomatoes II* 和 G2/13 *Broccoli II* 两案中得到了狭义解释。

[167] 根据 98/44 指令第 4 条第 1 款（b）项，这些发明也被排除依据《欧洲专利公约》或国内法取得专利权的可能。98/44 指令第 2 条第 2 款规定一个方法"本质上是生物方法"如果其全部是由自然现象，例如杂交或生物选择构成，则这些排除被《与贸易有关知识产权协定》第 27 条第 3 款（b）项所允许。如果某生物方法的产品是另外被专利权保护的，则这一例外并未排除该产品可取得专利的权利。

[168]《欧洲专利公约》第 53 条（b）项，98/44 指令第 4 条第 3 款。微生物进程根据《与贸易有关知识产权协定》第 27 条第 1 款和第 3 款（b）项，必须被保护。

[169]《欧洲专利公约》第 53 条（c）项，被《与贸易有关知识产权协定》第 27 条第 3 款（a）项所允许。

[170] 98/44 指令第 5 条。

[171] 72/25 *Burroughs and Delplanque*，EuC；75/494 *Kabel- und Metallwerke Neumeyer and Etablissements Luchaire*，EuC；88/143 *Rich Products/Jus-rol* §§I.C.4，II.A（b）.32，EuC.

够全面地确认其秘密性和重要性)[172]的情况下才会被针对《欧盟运行条约》第 101 条第 1 款所规定的禁止限制竞争协议的集体豁免规则[173]纳入考量。

同样，必要设施包括秘密和有价值的技术这一事实可能在判定某一具有市场支配地位的企业拒绝向下游竞争者提供该技术行为的正当性时有影响，可能由此避免适用《欧盟运行条约》第 102 条对滥用市场支配地位的禁止性规定。[174]

一个保护未公开专项技术和商业信息[175]的指令草案要求欧盟成员国对“商业秘密”提供保护，其中将具有以下特点的信息定义为商业秘密：

在以下意义上是秘密，若该技术作为一个物体，或作为一个精确构造其组件的装配，在通常处理有关信息的圈子内相关人员中，并不一般为人所知或并不易于使用；由于其秘密性而具有商业价值；在这种情况下，合法控制该技术的人已经采取了合理的措施以保持其秘密性。[176]

### 1.19　外观设计、半导体拓扑图和实用新型

保护欧盟和成员国注册外观设计[177]以及欧盟未注册外观设计的主要条件是，该设计是新颖的（与之前的外观设计不相同，且并非只在不重要的细节上与之前设计有所不同），[178]并且具有单独特征[179]（能够使知情使

[172]　关于集体豁免，参见第二章 2.41 及下文。

[173]　316/2014 条例（技术转让）第 1 条第 1 款（i）项；1217/2010 条例（研究与开发）第 1 条第 1 款（i）—（l）项；330/2010 条例（纵向协议）第 1 条（g）项；另参见第五章 5.27。

[174]　37792 *Microsoft* prohibition decision §712，EuC；T-201/04 *Microsoft v Commission*，interim order §§207–224，GC，在欧盟法院最终裁决中根据其他理由维持判决。关于“必要设施”的定义，以及在何种情形下拒绝可能构成违反《欧盟运行条约》第 102 条的滥用行为，参照 3.17 及下文。

[175]　当前正在欧盟立法机关法案通过程序中，参见欧洲理事会文件 9870/14。

[176]　COM（2013）813 final 第 2 条第 1 款。

[177]　关于“外观设计”的定义，参见上文脚注 75。

[178]　6/2002 条例第 4 条第 1 款，98/71 指令第 4 条。另一个外观设计是否被认定为之前已存在的外观设计是根据 6/2002 条例第 5—7 条，以及 98/71 指令第 4—6 条决定的。

[179]　6/2002 条例第 5 条；98/71 指令第 3 条第 2 款；比较参照《与贸易有关知识产权协定》第 25 条第 1 款，该条要求世界贸易组织成员为独立创造的具有新颖性或原创性的工业外观设计提供保护，尽管，如果某一外观设计与已知外观设计或已知外观设计特征的组合相比没有明显区别，则成员国可以规定该设计不具有新颖性或原创性。

用者产生与之前的外观设计不同的总体印象，[180] 同时要考虑到设计者开发设计的自由程度）。[181]

22 以下几种不被保护：其外观特征仅由其技术功能决定；[182] 其外观特征必须以精确的形状和尺寸再生产，以使该产品能够机械地连接另一产品，或置于另一产品之内、周围或倚靠，以使两个产品能够实现其功能；[183] 以及，违背公共政策或公认道德原则的设计。[184]

当半导体拓扑图是创造者自己的智力成果且并非半导体行业内的常见设计时，欧盟成员国被要求为其提供保护。[185]

保护实用新型以及未注册外观设计的成员国法律（不包括保护半导体拓扑图的法律）尚未在欧盟范围内得到统一，不同的成员国立法针对这些权利的存在和有效性规定了不同的条件。在考虑针对开发利用这些权利适用欧盟竞争法时，如果成员国法律与欧盟法律兼容，则有必要检验其是否满足相关成员国规定的保护条件。[186]

### 1.20　植物新品种

欧盟和成员国对植物新品种权保护的主要条件与《国际植物新品种保护公约》（UPOV Convention）[187] 相一致，即该品种必须具有新颖性、特异性、一致性和稳定性。[188]

### 1.21　计算机程序中的著作权

任何形式——无论是源代码还是目标代码[189]——的计算机程序，若具

---

[180]　这一比较必须是与之前某一单个外观设计的比较，与一些不同之前的外观设计特征的组合（拼接）作对比是不允许的：C-345/13 *Karen Millen Fashions v Dunnes Stores* judgment §§23–35，CJ。

[181]　6/2002 条例第 6 条，98/71 指令第 5 条。关于这些标准的进一步讨论，见 1.52。

[182]　6/2002 条例第 8 条第 1 款；98/71 指令第 7 条第 1 款。

[183]　6/2002 条例第 8 条第 2 款；98/71 指令第 7 条第 2 款。

[184]　6/2002 条例第 9 条；98/71 指令第 8 条。

[185]　87/54 指令第 2 条第 2 款。一个包含常见元素的拓扑图，如果它作为一个整体是创作者自己的智力成果并且不常见，则必须被保护。《与贸易有关知识产权协定》第 35 条要求当满足这些条件时，半导体拓扑图必须被保护。

[186]　关于未统一的成员国立法与欧盟法的兼容性，见 1.13。

[187]　除了脚注 80 中标注的国家，所有欧盟成员国都是该公约的缔约国。

[188]　2100/94 条例第 6—10 条，《国际植物新品种保护公约》第 5—9 条。

[189]　C-393/09 *Bezpečnostní softwarová asociace v Ministerstvo kultury* judgment §§33–35，CJ；C-406/10 *SAS Institute v World Programming* judgment §38，CJ；《与贸易有关知识产权协定》第 10 条第 1 款。

有原创性，即它是创作者自己的智力创作，[190]则其可复制的表达[191]都被欧盟著作权法作为著作[192]所保护。

此处“计算机程序”也包括能够最终产生一个计算机程序的预备设计 23
素材[193]和植入硬件中的计算机程序。[194]另一方面，计算机程序并不包括计算机界面，即使当它作为作者自身的智力创作具有原创性时，可能被一般著作权法律所保护。[195]

构成计算机程序某一元素基础的想法或原理[196]不能根据2009/24指令作为著作权被保护。[197]计算机程序的功能性、程序语言以及计算机程序中用以开发利用其一些功能的数据文件形式不能构成计算机程序的表达形式，从而不被2009/24指令保护，[198]即使当一些程序语言以及数据文件形式属于作者自己的智力创作时，可能根据2001/29指令被著作权所保护。[199]

## 1.22　其他问题中的著作权、邻接权和数据库权

某一个作品或某作品的一部分能够作为著作权在欧盟获得保护，如果它是作者自身的智力创作，具有原创性，作者在作品创作过程中表达了自

[190]　2009/24指令第1条第2款，另参见1.22和第六章6.03，关于在除计算机程序外的其他作品中“自己的智力创作”的定义。

[191]　关于计算机程序的表达允许复制这一要求，参见C-393/09 *Bezpečnostní softwarová asociace v Ministerstvo kultury* judgment §§35，37，CJ；C-406/10 *SAS Institute v World Programming* judgment §§35，37，CJ。

[192]　2009/24指令第1条第1款。《与贸易有关知识产权协定》第10条第1款要求计算机程序根据《伯尔尼公约》作为著作权被保护。

[193]　2009/24指令第1条第1款；C-393/09 *Bezpečnostní softwarová asociace v Ministerstvo kultury* judgment §§36–37，CJ；C-406/10 *SAS Institute v World Programming* judgment §§36–37，CJ。

[194]　2009/24指令序言第7段；C-393/09 *Bezpečnostní softwarová asociace v Ministerstvo kultury* judgment §32，CJ。

[195]　C-393/09 *Bezpečnostní softwarová asociace v Ministerstvo kultury* judgment §§39–46，CJ.

[196]　另参见《与贸易有关知识产权协定》第9条第2款，规定著作权保护应当被延伸至表达而非想法、程序、实施方法或数学概念等；世界知识产权组织著作权条约（WCT）第2条，C-406/10 *SAS Institute v World Programming* judgment §§31–33，CJ。

[197]　2009/24指令第1条第2款，这一条款并未排除以根据本指令的著作权形式以外其他的保护方式。一个新颖、有创造性的想法或原理如果未构成计算机程序，仍可能作为专利权被保护，参见1.17；当其保持秘密性时，也可能作为未注册专利被保护，参见1.18。

[198]　C-406/10 *SAS Institute v World Programming* judgment §§39–44，CJ.

[199]　C-406/10 *SAS Institute v World Programming* judgment §45，CJ；判定“自己的智力创作”的标准，将在第六章6.03中进一步讨论。

身创作能力或作品的部分是通过作者作出自由且有创造性的选择而成。[200]

当对数据库内容的选择或安排构成作者自己的智力创作时，它可以作为著作权被保护，[201] 但这一保护不能超越其内容的范围。[202] 一个数据库可以进一步作为“特殊数据库权”（*sui generis* database right）被保护，前提是在数据库内容的获取、检验核实或表述输出方面，作者定性或定量地做出了实质性的投入。[203]

24 著作权、邻接权和数据库权存在的条件将进一步在第六章中讨论。[204]

### 1.23 商标权

一个标记作为注册商标在欧盟被保护的主要条件是它能够使一个企业的商品或服务与其他企业区分开来，[205] 具有独特性（固有或通过使用获得），[206] 没有落入一个更早于它的商标权范围（除非更早的商标权利人同意），[207] 并且不具有误导性。[208]

仅由一个图形构成的标记，且该标记是因产品性质形成的，或属于为取得某技术成果所必要的，或能够赋予货物以实质价值的，不能作为商标被保护。[209]

注册商标的存在条件以及其他的商标权利将在第七章中进一步讨论。[210]

---

[200] C-5/08 *Infopaq International v Danske Dagblades* judgment §§33–48，CJ；C-403，429/08 *FAPL v QC Leisure* judgment §§155–156，CJ；C-393/09 *Bezpečnostní softwarová asociace v Ministerstvo kultury* judgment §§45–50，CJ；C-145/10 *Painer v Standard Verlags* judgment §§87–94，CJ；另参见第六章 6.03。

[201] 96/9 指令第 3 条第 1 款。

[202] 96/9 指令第 3 条第 2 款。

[203] 96/9 指令第 3 条第 2 款。

[204] 6.03 和 6.24—6.25。

[205] 2008/95 指令第 2 条，207/2009 条例第 4 条。

[206] 2008/95 指令第 3 条第 1 款（b）—（d）项、第 3 款；207/2009 条例第 7 条第 1 款（b）—（d）项、第 7 条第 3 款、第 51 条第 1 款（b）项、第 52 条。另有适用这些法规的扩展判例法，应当参照相关的专门教材。

[207] 2008/95 指令第 4 条，207/2009 条例第 8 条、第 53 条，另参见第七章 7.07 及下文。对这些条款的一些修订在作此章时正在通过立法程序，特别是要确保欧盟立法关于原产地标志、地理标志，传统术语（traditional terms）和传统认证特产（traditional specialties guaranteed）的相关条款与国际协议的协调性。

[208] 2008/95 指令第 3 条第 1 款（g）项，207/2009 条例第 7 条第 1 款（g）项、第 52 条。

[209] 2008/95 指令第 3 条第 1 款（e）项，207/2009 条例第 7 条第 1 款（e）项、第 52 条。这一排除部分意在使欧盟立法在质量中的竞争和在生产和分配中的竞争间取得平衡，参见 1.02。

[210] 参见 7.07 及下文。

## 1.24 期限和废止

涉及创新和创造性工作的知识产权，其期限通常受限，即使支付了相关的更新费用，[211] 这属于知识产权法中平衡以下两方面竞争的一部分，一方面是创新和创造性工作中的竞争，另一方面是生产和分配中的竞争。[212]

欧盟法律规制的知识产权和欧盟范围内大部分得到统一的知识产权具有以下期限（如果需要更新，已更新至允许的最长期限）：专利：自提交申请之日起20年，[213] 药物专利 [214] 和植物保护产品 [215] 可能获得补充保护证书而最长延长 5 年；注册外观设计：自提交申请之日起 25 年；[216] 欧盟未注册 25
外观设计权：自该设计第一次在欧盟公开之日起 3 年，公开是指其合理地被专门从事相关行业的欧盟业内人士所知；[217] 半导体拓扑图：自第一次利用或注册（如果注册更早）的当年年末起 10 年；[218] 著作权：通常保护至作者死亡后 70 年；[219] 邻接权：通常自表演、制作（固定在载体之上）或播放之日起 50 年，但如果制作在这期间被出版或公开，则自第一次出版或公开之日起，音像制品形式则保护 70 年，其他形式则保护 50 年；[220] 数据库权：自数据库首次公开访问之日的次年初起算，若数据库未获公开访问则自其建立完成之日的次年初起算，15 年保护期。[221]

对于专有技术的保护通常规定了一个特殊的时间期限，但期间可能被

---

[211] 关于对注册权利的定期更新的要求，参见 1.16。

[212] 参见 1.02。

[213] 《欧洲专利公约》第 63 条第 1 款，为符合《与贸易有关知识产权协定》第 33 条要求。

[214] 469/2009 条例第 13 条第 2 款，当上市许可证申请中设计符合已批准的儿科调查计划的研究成果时，存在进一步延伸 6 个月保护期限的可能：469/2009 条例第 13 条第 3 款，1901/2006 条例第 36 条。

[215] 1610/96 条例第 13 条第 2 款。

[216] 6/2002 条例第 12 条；98/71 指令第 10 条。

[217] 6/2002 条例第 11 条。

[218] 87/54 指令第 7 条第 3 款，为符合《与贸易有关知识产权协定》第 38 条要求。

[219] 2006/116 指令第 1 条、第 2 条。有人认为著作权的较长期限有助于平衡创造性工作中的竞争以及生产和分配中的竞争（参见 1.02），这是由于著作权并不禁止相似作品的独立创作。另参见第六章 6.04。

[220] 2006/116 指令第 3 条（经 2011/77 指令修改）。关于邻接权一词，参见脚注 243。制作指的是制作录音或影片，具体讨论参见第六章 6.04。

[221] 96/9 指令第 10 条。定性或定量的实质性更改以及定性或定量的实质性新投资已经能够产生受保护的数据库，参见 96/9 指令第 10 条第 3 款。

终止，以判定除侵犯相关权利人的权利外，相关技术是否进入公共领域。[222]为某药品申请获得上市许可证而提供的临床数据，其知识产权期限受到欧盟立法规定的简化程序限制，[223]允许数据在 6 年后——如果申请仿制药物则为 10 年后——被使用。[224]

商标权通常没有一个具体的期限，[225]但在该商标涉及的部分或全部
26 的产品或服务无恰当理由不再使用五年起，[226]或由于商标所有权人的作为或不作为该商标成为该类产品的通用名称起，[227]或由于商标所有权人的使用或同意该商标开始具有误导性起，[228]注册商标被撤销。另一方面，欧盟注册在案的原产地标志或地理标志在其被有效注册之后，不能再成为通用名。[229]

反不正当竞争的保护措施通常在其主要条件不再满足时终止，例如当某地理标志丧失了它的独特性，不再具有一个特别的原产地或质量，以至于其他不同产地或质量的产品使用该地理标志时不会再误导消费者。

## （四）知识产权的特征

### 1.25　知识产权的含义和欧盟法中的相关术语

知识产权这一术语并未在欧盟法中得到清晰的界定，但其通常是指

---

[222]　见例如 2014 年《技术转让合同指南》第 67 段。

[223]　2001/83 指令第 10 条（取代 65/65 指令第 4 条第 8 款）。

[224]　C-457/10P *AstraZeneca v Commission* judgment §151，CJ. 人们认为这一结果并未受 2001/83 指令第 10 条限制性条款“不损害相关保护知识产权法律”的限制，尽管相关数据可能被作为数据库权或专有技术所保护。

[225]　注册商标通常需要定期在缴纳一定费用后更新，但无需再次检验或其他条件。例如，共同体商标必须每 10 年更新，207/2009 条例第 46—47 条。

[226]　207/2009 条例第 51 条（a）项；2008/95 指令第 10 条第 1 项、第 12 条第 1 项。与特殊货物或服务相关的使用可以支持其申请其所属的类别或子类别的注册商标，但不支持其延伸注册为可视为独立的子类别商标。T-126/03 *Reckitt Benckiser v OHIM*（*ALADIN*）§§45–46，GC；T-256/04 *Mundipharma v OHIM*（*RESPICUR*）§§23–24，29，GC；T-307/13 *Capella v OHIM*（*ORIBAY*）§§21–25，GC.

[227]　207/2009 条例第 51 条（b）项；2008/95 指令第 12 条第 2 款（a）项。

[228]　207/2009 条例第 51 条（c）项；2008/95 指令第 12 条第 2 款（b）项。

[229]　参见第七章 7.26。

一些不同的排他性[230]权利，[231]其功能包括奖励创新和创造性成果，[232]保护对无形资产的投资[233]或者防止对产品、服务产地或质量的欺骗性或误导性描述。[234]

《欧盟运行条约》在规定成员国间货物自由流通的条款[235]中使用了较早的表达方式“工业和商业产权”。[236]这一表达被认为覆盖了专利、[237]植物新品种、[238] 27

[230] 排他性可能是一个甚至禁止独立创作者利用该知识产权（如专利）的垄断或反对复制的权利（如著作权）。

[231] 这一术语同样被用于指代这些权利所保护的具体资产，有些时候更广义的包括其他无形资产，例如某公司员工的经验和能力、会计意义上的商誉，即作为持续经营的业务价值和其具体资产价值之间的区别（参见英国会计准则委员会发布的财务报告准则 10，商誉和无形资产）。

[232] 例如在专利权、植物育种者权、实用新型、补充保护证书、专有技术、外观设计和著作权案件中，参见例如 15/74 *Centrafarm v Sterling Drug* judgment §9，CJ；187/80 *Merck v Stephar* judgment §4，C。

[233] 例如在根据 96/9 指令保护的数据库权案例中，另参见 C-200/96 *Metronome Music v Musik Point Hokamp* judgment §24，CJ（由于投资要求而正当化保护录音制品行为）。

[234] 例如在商标权、原产地标志和地理标志案件中，参见例如 C-317/91 *Deutsche Renault v Audi* judgment §30，CJ；C-9/93 *Ideal-Standard* judgment §16，CJ。互联网域名被美国联邦上诉法院在 *Kremen v Cohen* 案中认定为专有权，Hoffman 法官在 *OBG v Allan* §101，UKSC 案中认为该结果“不难接受”；即使基于合同取得的域名，仍可被认定为是专有的，参见 *The Trustees in the CB Simkin Trust v The Commissioner of Inland Revenue of New Zealand* §17，PC。另参见第七章 7.35 关于域名的性质部分。

[235] 《欧盟运行条约》第 36 条。相应的《欧洲经济区协定》（EEA Agreement）第 13 条同样使用“工业和商业产权”这一表达。然而，《欧洲经济区协定》第 65 条第 2 款，条款具体适用在增补 28 和附录 XVII，规定“知识、工业和商业产权”，增补 28 规定“知识产权包括被第 13 条所包含的保护工业和商业产权”。“工业和商业产权”一词同样被 2001/83 指令第 10 条所使用。

[236] 传统意义上，工业产权指的是被《保护工业产权巴黎公约》规制的专利、实用新型、外观设计和商标。商业产权在此语境下并不常用，但可能被《罗马公约》第 36 条所包含，以确保《罗马公约》覆盖商标权，以防工业产权被狭义解释为仅指代技术方面的权利（专利、实用新型和外观设计）。著作权（作者权利）由《伯尔尼公约》单独规制，通常不被认定为“工业产权”，即使欧盟法院随后判定著作权的经济方面被《罗马公约》第 36 条规定的“工业和商业产权”一词所包含：55，57/80 *Musik-Vertrieb membran v GEMA*，CJ。

[237] 15/74 *Centrafarm v Sterling Drug*，CJ；187/80 *Merck v Stephar*，CJ；19/84 *Pharmon v Hoechst*，CJ；C-267，268/95 *Merck v Primecrown*，CJ.

[238] 235/89 *Commission v Italy* judgment §17，CJ. 另参见 258/78 *Nungesser v Commission*（*Maize Seeds*）judgment §43，CJ。

外观设计、[239]商标、[240]地理标志和原产地标志[241]以及著作权[242]和邻接权[243]的商业部分。[244]这一术语还被认为可能包括组织市场和集市的排他性权利。[245]

28 相对的，反不正当竞争的措施并未被认定为“工业和商业产权”，但正当的禁止性措施被广泛认定为“法定要求”，优先于货物自由流通原则适用。[246]尚不清楚被某些成员国立法所保护的人格权利能否作为知识产权

---

[239] 144/81 *Keurkoop v Nancy Kean Gifts* judgment §14，CJ；53/87 *CICRA v Renault* judgment §§9–13，CJ；23/99 *Commission v France*，CJ.

[240] 16/74 *Centrafarm v Winthrop*，CJ；102/77 *Hoffmann-La Roche v Centrafarm*，CJ；3/78 *Centrafarm v American Home Products*，CJ；1/81 *Pfzer v Eurim-Pharm*，CJ；337/95 *Parfums Christian Dior v Evora*，CJ.

[241] C-47/90 *Delhaize v Promalvin*，CJ；C-3/91 *Exportur v LOR*，CJ；C-388/95 *Belgium v Spain* judgment §54，CJ；C-469/00 *Ravil v Bellon Import* judgment §49，CJ；C-108/01 *Consorzio del Prosciutto di Parma v Asda Stores* judgment §64，CJ；C-216/01 *Budejovicky Budvar v Rudolf Ammersin* judgment §99，CJ；8/74 *Procureur du Roi v Dassonville* judgment §7，CJ；比较参照 12/74 *Commission v Germany*（*Sekt and Weinbrand*），CJ；另参见第四章 4.21—4.26。

[242] 55，57/80 *Musik-Vertrieb membran v GEMA*，CJ；158/86 *Warner Bros v Christiansen* judgment §11，CJ；341/87 *EMI Electrola v Patricia*，CJ；337/95 *Parfums Christian Dior v Evora* judgment §§55–57，CJ；C-200/96 *Metronome Music v Musik Point Hokamp* judgment §23，CJ；C-479/04 *Laserdisken* judgment §65，CJ；C-275/06 *Promusicae v Telefónica de Espana* judgment §§43，62，CJ；另参见 62/79 *Coditel v Ciné Vog Films* judgment §15，CJ（电影中的著作权被认定为“知识产权”从而使其对经济活动的限制正当化，否则可能违背《欧盟运行条约》第 56 条规定的禁止限制跨境提供服务的自由）。著作权和邻接权同样在 2006/115 指令的标题中被描述为知识产权。

[243] 341/87 *EMI Electrola v Patricia*，CJ；邻接权（“related rights”和“neighbouring rights”）是指为录音、表演、广播和其他并非原始智力创作的产品提供的类似于著作权的保护。相对于《伯尔尼公约》，该权利更多被《罗马公约》和其他知识产权所保护。根据 96/9 指令规定的对数据库的特殊保护同样可以认为是著作权相关权利的一种，特别是在该指令实施以前数据库的内容就已经被英国和一些其他欧盟成员国作为著作权保护。

[244] 与作者的精神权利相反，例如身份表示权和反对歪曲、割裂作品权。

[245] *South Pembrokeshire v Wendy Fair Markets*，EWHC.

[246] 6/81 *Industrie Diensten Groep v Beele*，CJ（对可能引起误解的不必要盲目模仿的禁止是合法的）；C-255/97 *Pfeiffer Grosshandel v Lowa Warenhandel*，CJ（对误导性商号的禁止是合法的）；比较参照 12/74 *Commission v Germany*（*Sekt and Weinbrand*），CJ（不允许成员国产品保留大产区名称）；77/83 *Kohl v Ringelhan & Rennett*（不允许仅以产地国造假为依据禁止使用商号）；16/83 *Prantl*，CJ（如果通过标签能够避免混淆，或者该形状在传统上或合法惯例上在其他成员国内被使用，则不允许禁止使用特定瓶子的形状）；另参见 60–61/84 *Cinéthèque*，CJ（录像带和电影的延迟发布原则上是合法的）；58/80 *Dansk Supermarked v Imerco*（不允许禁止次品进口，但可能允许限制其销售）比较参照 C-300，392/98 *Parfums Christian Dior v Tuk Consultancy* judgment §§55–63，CJ（便利成员国法院决定一部关于违法行为，例如非法竞争等的一般国家法律是否在《与贸易有关知识产权协定》第 50 条的规定内对知识产权进行了保护）。目前尚不清楚英国和爱尔兰关于假冒商标的立法能否被认定为保护工业和商业产权的法律，它们在其他成员国实现了与反不正当竞争法相似的功能，但被成员国立法认为是以保护商誉的形式保护私有财产：参见 *Warnink v Townend*，但比较参照 76/743 *Reuter/BASF* §II.3（a），EuC（商誉被认为更接近一个事实，而非一项权利）。另参见第七章 7.39 及下文。

的一种或作为“法定要求”的一种而被合法化。使用一般描述的自由被认定为不能构成一个知识产权。[247]

欧盟委员会认定专有技术不能被知识产权法保护，[248] 但在适用欧盟竞争法时专有技术与知识产权被同等对待，[249] 这一做法同样被欧盟法院采取。[250]

另一方面，存在私人通过注销某药物产品的上市许可证，使得仿制等效药在通过欧盟立法规定的简化程序申请许可证时无法使用私人提交的用于获取上市许可证的实验数据这一可能性，[251] 但这一做法不被知识产权法
保护。[252] 因可能构成滥用支配地位而禁止在没有客观正当理由的情况下注 29
销许可证，这并不属于剥夺权利或强制许可，而仅仅是对欧盟法赋予私人选择权的限制。[253]

关于知识产权执行范围的 2004/48 指令界定了“知识产权”这一术语。[254] 欧盟委员会宣称其认定该指令至少覆盖以下范围：著作权、邻接权、数据库权、半导体拓扑图、商标权、外观设计权、专利权以及补充保护证

---

[247] C-306/93 *SMW Winzersekt* judgment §23，CJ；C-347/03 *Friuli-Venezia Giulia* judgment §122，CJ。然而，他可能被认定为是经营业务的基本自由的一部分，参见 C-314/12 *UPC Telekabel v Constantin Film* judgment §49，CJ 及 1.47。

[248] 72/25 *Burroughs/Delplanque* §B（c），EuC；75/494 *Kabel- und Metallwerke Neumeyer and Etablissements Luchaire* §1.8（iv），EuC；76/743 *Reuter/BASF* §§II.3（b）–II.4（e），EuC；88/143 *Rich Products/Jus-rol* §32，EuC；《关于通过保护未公开专有技术和商业信息（商业秘密）指令的建议》[Proposal for a Directive on the protection of undisclosed knowhow and business information（trade secrets）]，COM（2013）813 final，解释备忘录第 3 页，指令草案序言第 18 段。遗传资源和传统知识，某种程度上执行《生物多样性公约名古屋议定书》（the Nagoya Protocol to the Convention on Biological Diversity），通过 511/2014 条例被保护，可能被视为与专有技术相同。

[249] 316/2014 条例（技术转让集体豁免）第 1 条第 1 款（b）—（c）项；2014 年《技术转让合同指南》第 44—45 段，在第五章中进一步讨论，参见 5.26—5.27；2005 年《关于企业集中直接相关和必要的限制的委员会公告》第 27—31 段、第 42—43 段；330/2010 条例（纵向协议集体豁免）第 1 条第 1 款（f）项；2010 年《纵向限制指南》（Guidelines on Vertical Restraints）第 34 段。

[250] T-201/04 *Microsoft v Commission* final judgment §289，interim order §§207，212–224，GC.

[251] 65/65 指令，已被 2001/83 指令所取代。

[252] C-457/10P *AstraZeneca v Commission* judgment §149，CJ.

[253] C-457/10P *AstraZeneca v Commission* judgment §150，CJ.

[254] 2004/48 指令第 2 条第 1 款。

书、[255] 地理标志、实用新型、[256] 植物新品种权和根据相关成员国法律作为排他性财产权利受到保护的商号。[257]

关于知识产权海关执法的 608/2013 条例同样为实现条例目标而界定了知识产权，包括商标、外观设计、著作权和邻接权、地理标志、专利、补充保护证书、植物新品种权、半导体拓扑图、实用新型和作为排他性知识产权受到保护的商号。[258]

1.26　国际公约中知识产权的界定

许多国际公约中都包含关于知识产权的部分定义或相关表达的条款。因此，《建立世界知识产权组织公约》（WIPO Convention）规定“知识产权应当包括以下相关权利：文学、艺术和科学作品，表演、唱片和广播，人类一切活动领域内的发明，科学发现，工业品外观设计，商标、服务标记及商业名称和标志，制止不正当竞争，以及在工业、科学、文学或艺术领域内由于智力活动而产生的一切其他权利”。[259]

这一公约建立起了世界知识产权组织，来接替以前由《保护工业产权巴黎公约》和《伯尔尼公约》分别设立的国际局。

30 《巴黎公约》规定：“工业产权的保护对象有专利、实用新型、工业品外观设计、商标、服务商标、厂商名称、产地标志或者原产地名称和制止不正当竞争”和“对工业产权应当作最广义的理解，它不仅适用于工业和商业本身，而且也应同样适用于农业和采掘业，适用于一切制成品或者天然产品……”[260]

《伯尔尼公约》规定：“‘文学艺术作品’一词包括科学和文学艺术领域内的一切作品，不论其表现方式或形式如何。”并进一步指明翻译作品、改编作品、改编乐曲以及其他改变应得到与原著同等的保护，且文学或艺术作品的汇集本，诸如百科全书和选集，由于对其内容的选择和整理而成为智力创作品，应得到与此类作品同等的保护。[261]

世界知识产权组织也负责一些其他公约的执行，包括《保护表演者、

---

[255]　关于补充保护证书，参见 1.11。

[256]　实用新型是一些国家法律规定的有限范围的权利，用以保护某些创造性不足以被授予专利的技术发展。

[257]　欧盟委员会 2005/295 关于 2004/48 指令第 2 条的声明。

[258]　608/2013 条例第 2 条第 1 款。

[259]　第 2 条（viii）项。

[260]　第 1 条。

[261]　第 2 条。

音像制品制作者和广播组织罗马公约》、《世界知识产权组织商标法条约》（TLT）、《世界知识产权组织著作权条约》（WCT）、《世界知识产权组织表演和录音制品条约》（WPPT），[262] 尽管这些条约并未明确界定其对象为"知识产权"。

作为世界贸易组织的主要条约之一的《与贸易有关知识产权协定》规定："就本协定而言，'知识财产'一词系指第二部分第一节至第七节所提到的所有类别的知识财产。"[263]

这些章节的题目为：著作权和相关权利、商标、地理标志、工业设计、专利、集成电路布图设计（拓扑图）和对未披露信息的保护。世界贸易组织要求其成员依照章节规定承认并保护这些权利。

1.27　欧盟法对于国际知识产权公约的认可

在相对早期的一个案件中，欧盟法院拒绝认定制止不正当竞争为工业产权形式的一种，尽管它已被《巴黎公约》承认，由于该公约规定要求缔约方为制止不正当竞争提供保护，欧盟法院将其认定为优先于内部市场商品自由流通原则适用的法定要求。[264]

另一方面，一项国家法律规定的权利，即使其并未满足《巴黎公约》 31
或者尚未被批准的《欧洲专利公约》[265] 中有效专利存在的条件，也并不妨碍该权利在欧盟法律保护工业产权的基础上被认定为合法。[266]

近些年欧盟自身成为国际知识产权公约的缔约方，所缔结的公约包括《与贸易有关知识产权协定》《世界知识产权组织著作权条约》《世界知识产权组织表演和录音制品条约》。欧盟法院如今更加可能采用这些条约，也可能包括其他国际公约中对知识产权的认定。[267]

然而，欧盟委员会在其最近的统一成员国关于保护专有技术和商业秘密的建议中拒绝接受《与贸易有关知识产权协定》认定专有技术为一种知

---

[262] 国际公约中知识产权相关的具体条款可以在 WIPO 网站 http：//www.wipo.int 中找到。

[263] 第 1 条第 2 款。

[264] 6/81 *Industrie Diensten Groep v Beele*，CJ.

[265] 一个规定适用欧盟全境的认定欧盟专利的《欧洲专利公约》已经在 1975 年被所有成员国同意制定，并在 1989 年得到修改，但并未被全部成员国批准，也并未生效。

[266] 35/87 *Thetford v Fiamma*，CJ.

[267] 参见 C-300，392/98 *Parfums Christian Dior v Tuk Consultancy* judgment §§55–63，CJ，欧盟法院决定由成员国法院决定一个规定禁止复制外观设计的行为作为制止不正当竞争行为的一般国家立法是否属于依据《与贸易有关知识产权协定》第 50 条保护知识产权的法律。

识产权的做法。[268]

国际公约在知识产权领域对欧盟立法的影响将进一步在 1.12 和 1.41—1.44 中讨论。

## 四、知识产权在欧盟法中的正当范围

### （一）简介

#### 1.28　使用的依据和概念

如上文所述，[269] 当某一知识产权合法存在后，下一步要考虑的就是其正当限制范围以保护知识产权的实质或具体内容。

关于建立在知识产权之上的哪些范围内的限制是正当的，欧盟法内的相关规定首先可以在其关于成员国间自由贸易和知识产权立法的条文中找到。然而，同样的原则也适用于欧盟竞争法，[270] 也可能在没有竞争法具体规定时，从自由贸易的判例法以及知识产权立法的解释中识别出相关规定。

32 在判例法中，"具体内容"（'specific subject-matter'）作为基本概念用于决定建立于保护知识产权之上的相关限制是否合法。[271] 但是，那些原则上构成具体内容一部分的限制可能在某些特定情况下是不合法的，例如当权利所有人的合法利益已经得到保护，而该限制可能促成划分内部市

---

[268]　COM（2013）813 final，Explanatory Memorandum page 3，draft Directive recital 18，EuC.

[269]　1.01—1.09。

[270]　40/70 *Sirena v Eda* judgment §5，CJ；102/77 *Hoffman-La Roche v Centrafarm* judgment §16，CJ；258/78 *Nungesser v Commission*（*Maize Seeds*），CJ；262/81 *Coditel v Ciné Vog Films* judgment §13，CJ；193/83 *Windsurfing International v Commission* judgment §§23-36，45，57，67，72，85，CJ；238/87 *Volvo v Veng* judgment §8，CJ；T-69/89 *RTE v Commission* §§66-73，GC；在 C-241，242/91P *RTE and ITP v Commission*，CJ；T-198/98 *Micro Leader Business v Commission* §§34，54，GC 中被确认；2014 年《技术转让协议指南》第 7 段；另参见 341/87 *EMI Electrola v Patricia* judgment §8，CJ；C-228/03 *Gillette v LA-Laboratories* judgment §29，CJ；C-403，429/08 *FAPL v QC Leisure* judgment §145，CJ（以缺少作为限制提供跨境服务自由的合法理由为由排除了第 101 条第 3 款的适用）。

[271]　即使已经通过了欧盟立法的地方，其解释还是参照了建立在具体问题概念之上的早期判例法：参见 C-427，429，436/93 *Bristol-Myers Squibb v Paranova* judgment §40，CJ；C-349/95 *Loendersloot v Ballantine* judgment §18，CJ；C-379/97 *Pharmacia & Upjohn v Paranova* judgment §30，CJ；C-337/95 *Parfums Christian Dior v Evora* judgment §§37，53，CJ；比较参照 Jonathan D. C. Turner，*Glaxo v Dowelhurst—Plus Royaliste que le Roi*，[2000] EIPR 434。

场时。[272]

1.29 竞争主管机构的评估

欧盟竞争主管机构可以评估知识产权的范围，以适用欧盟竞争法，即使该问题尚在成员国专家法庭等待判决的过程中。[273]

评估通常应当根据客观因素进行，并且可能需要某些特别有说服力的证据来证明某一特定产品被有效的知识产权所保护，需要当事方具有其声称的共同利益，例如被许可方已经向许可方实质性付款的情况。[274]

当欧盟委员会做出评估后，欧盟法院的审查将仅限于认定欧盟委员会是否根据相关法律做出了一个合理的评估。[275]

1.30 章节安排

以下问题将依次得到讨论：影响具体内容范围的考虑因素；[276] 立法和
判例中建立的针对具体内容的范围，[277] 包括在欧盟经济区内首次销售则权 33
利用尽这一重要原则；[278] 尽管如此，原则上构成具体内容一部分的限制在特定情境中并不能被正当化。[279]

## （二）影响具体内容的考量

1.31 相关考量总结

评估在欧盟法下具体内容保护的正当范围，应考虑：相关知识产权的功能[280] 和质量；[281] 建立一个单一内部市场这一基本原则；[282] 欧盟立法；[283]

---

[272] 参见 1.74 和第七章 7.18 及下文。另参见 *Doncaster Pharmaceuticals Group v The Bolton Pharmaceutical Company* §78, EWCA（通过向不同公司转让商标来人为分割市场的可能性）。

[273] 193/83 *Windsurfing International v Commission* judgment §§23–36, CJ；另参见关于商标划界协议的相关案件，在第七章 7.53 及下文中有所讨论；但要比较参照 C-87/97 *Consorzio per la Tutela del Formaggio Gorgonzola v Kaserei Champignon Hofmeister* judgment §§35–36, CJ。

[274] 2014 年《技术转让协议指南》第 33 段；参见第五章 5.43 和 5.103。

[275] 193/83 *Windsurfing International v Commission* judgment §28, CJ.

[276] 1.31—1.47。

[277] 1.48—1.73。

[278] 1.59—1.73。

[279] 1.74—1.75。

[280] 1.32—1.34。

[281] 1.35—1.36。

[282] 1.37。

[283] 1.38—1.40。

国际公约；[284] 欧盟竞争政策；[285] 欧盟其他目的和基本权利。[286]

1.32　功能：概述

决定知识产权具体内容所正当化的范围，应当酌情考虑其实质功能和其他功能，[287] 根据知识产权的类型会有不同变化；特别是传统上对于保护创造性具体内容的权利（如专利、外观设计和著作权）[288] 和保护品牌权利 [289] 两方面有很大区别。然而，鉴于最近欧盟法承认的商标功能的发展，这一区别已在一定程度上淡化。[290]

34 成员国知识产权的功能，其评估要参考成员国知识产权所覆盖的区域范围。[291] 但是，评估时同样必须衡量建立单一内部市场这一基本原则，[292] 并且不能保证其在欧盟法下所有案例中均得到保护。[293]

> 法律并不妨碍贸易自由；而是保护财产。它并不意在干涉贸易，而更多的是要反对盗窃。自由贸易并不要求一个人应当被允许在不付费的情况下盗用别人劳动果实，无论是有形的还是无形的。[294]

---

[284]　1.41—1.44。

[285]　1.45。

[286]　1.46—1.47。

[287]　C-487/07 *L'Oréal v Bellure* judgment §§58, 63, CJ，法院认定对于不属于实质功能的其他功能的保护也是正当的。早期判例则只认可“实质功能”；参见 119/75 *Terrapin v Terranova* judgment §6, CJ；102/77 *Hoffmann-La Roche v Centrafarm* judgment §7, CJ；3/78 *Centrafarm v American Home Products* judgment §§12–16, CJ；62/79 *Coditel v Ciné Vog Films* judgment §14, CJ；C-10/89 *HAG II* judgment §§14–16, CJ；C-9/93 *Ideal-Standard* judgment §§37, 45, CJ；427, 429, 435/93 *Bristol-Myers-Squibb v Paranova* judgment §47, CJ；C-349/95 *Loendersloot v Ballantine* judgment §24, CJ；C-379/97 *Pharmacia & Upjohn v Paranova* judgment §16, CJ；C-143/00 *Boehringer Ingelheim v Swingward* judgment §12, CJ。

[288]　参见 1.33。

[289]　参见 1.34。

[290]　C-487/07 *L'Oréal v Bellure*, CJ；参见第七章 7.03—7.05。

[291]　C-10/89 *HAG II* judgment §18, CJ；C-9/93 *Ideal-Standard* judgment §48, CJ；另参见 C-3/91 *Exportur v LOR* judgment §12, CJ。

[292]　1.37。

[293]　例如，在创造性相关权利由于在其他成员国的首次销售而用尽，然而权利人的报酬是受限的情况，见 1.69。

[294]　Lord Devlin, *Ladbroke v Hill*（1964）, UKSC.

1.33　在创造性具体内容中的权利功能

专利的实质功能是奖励发明者的创新性工作，[295] 而非保护公众不受产品缺陷的影响。[296]

同样地，著作权和邻接权的实质功能 [297] 是为作者提供一定的酬金 [298] 以及保护在作品产生过程中的投资；[299] 它还包含（至少在一些案件中）为所提供的演出、广播、表演、比赛或出租索取费用的权利。[300] 为一般公众利益而激发创造力同样是著作权保护的实质目标。[301] 另一方面，著作权和邻接权的实质功能也包括保证受保护的具体内容每一次被使用都会获得合理的报酬，而并非保证权利人有机会获得可能的最高酬金，这是合理的，因其与所提供服务的经济价值相关。[302]

96/9 指令规定的特殊数据库权，目的在于提高和保护在数据存储和处 35
理系统中的投资，以利于信息市场的发展。[303]

1.34　品牌权利的功能

商标的实质功能是针对在某特定市场供应的商品或服务，确保其实际

---

[295]　例如 15/74 *Centrafarm v Sterling Drug* judgment §9, CJ；T-201/04 *Microsoft v Commission* final judgment §695, GC。

[296]　15/74 *Centrafarm v Sterling Drug* judgment §§26–30, CJ. 另参见 C-324/09 *L'Oréal v eBay* judgment §82, CJ（犯罪行为并不影响欧盟知识产权规则的适用）。

[297]　关于邻接权的含义，见脚注 243。

[298]　55, 57/80 *Musik-Vertrieb membran v GEMA* judgment §13, CJ；T-69/89 *RTE v Commission* §71, GC，在 C-241, 242/91P *RTE and ITP v Commission*, CJ 中维持判决；2006/115 指令，序言第 5 段。

[299]　C-200/96 *Metronome Music v Musik Point Hokamp* judgment §24, CJ；C-61/05 *Commission v Portuguese Republic* judgment §§24–25, CJ.

[300]　62/79 *Coditel v Ciné Vog Films* judgment §14, CJ；262/81 *Coditel v Ciné Vog Films* judgment §12, CJ；402/85 *Basset v SACEM*, CJ；158/86 *Warner Bros v Christiansen*, CJ；395/87 *Ministère Public v Tournier*, CJ；C-200/96 *Metronome Music v Musik Point Hokamp*, CJ；比较参照 C-61/05 *Commission v Portuguese Republic* judgment §§27–28, CJ（录音录像制品没有出租权，因为其生产不要求大量风险投资）。

[301]　37792 *Microsoft* prohibition decision §711, EuC，该问题在上诉 T-201/04 *Microsoft v Commission*, GC 中未被提及。

[302]　C-403, 429/08 *FAPL v QC Leisure* judgment §§108–109, CJ. 这些观察是关于具体问题的，但是普遍认为其与实质功能特别相关。它们通常指的是“某知识产权”并可以适用在其他创造性的知识产权上。

[303]　96/9 指令序言第 8 段、第 10 段和第 12 段；C-203/02 *The British Horseracing Board v William Hill* judgment §30, CJ；C-46/02 *Fixtures Marketing v Oy Veikkaus* judgment §33, CJ。

或至少潜在地在一个单一企业控制下，该企业为其质量负责，[304] 并确保其产品在未经该企业同意的情况下不受任何随后介入的损害，[305] 同时也保护商标的所有人不受企图不正当利用商标人地位或名誉的竞争者影响。[306]

另外商标的实质功能也包括为消费者保证商品或服务的来源，商标还具有其他功能，特别是保证货物或服务的质量、[307] 传播、投资和广告。[308]

36 人们普遍承认商标所有人具有合理展示和提升在此商标下再销售的产品这一合法利益，但是对其属于实质功能还是其他功能尚不明确。[309] 不符

---

[304] C-9/93 *Ideal-Standard* judgment §37, CJ; C-10/89 *HAG II* judgment §13, CJ; 427, 429, 435/93 *Bristol-Myers-Squibb v Paranova* judgment §43, CJ; C-349/95 *Loendersloot v Ballantine* judgment §§22, 24, CJ; C-379/97 *Pharmacia & Upjohn v Paranova* judgment §21, CJ; C-299/99 *Philips v Remington* judgment §30, CJ; C-143/00 *Boehringer Ingelheim v Swingward* judgment §12, CJ; C-206/01 *Arsenal Football Club v Reed* judgment §§48, 51, CJ; C-16/03 *Peak Holding v Axolin-Elinor* judgment §38, CJ; C-228/03 *Gillette v LA-Laboratories* judgment §26, CJ; C-59/08 *Copad* judgment §45, CJ; C-324/09 *L'Oréal v eBay* judgment §80, CJ. 另参见 78/253 *Davide Campari-Milano* §II.C, EuC, and 84/381 *Carlsberg Beers* §II（4）, EuC（商标许可协议中关于维持质量的条款被认为与相关权利的存在有关，从而不受第 101 条规制），但比较参照 266, 267/87 *R v Royal Pharmaceutical Society*, CJ（禁止化学家根据指明特定品牌的处方调配等效药是依据保护工业或商业产权而正当化的，而非依据保护健康）。集体商标和认证商标的功能有轻微不同，见第七章 7.34 和 7.90。

[305] 102/77 *Hoffmann-La Roche v Centrafarm*, CJ; 1/81 *Pfzer v Eurim-Pharm*[1981]ECR 2913 at 2926,[1982]1 CMLR 406, CJ; 427, 429, 435/93 *Bristol-Myers-Squibb v Paranova* judgment §§47, 67, CJ; C-232/94 *MPA Pharma v Rhône-Poulenc*, CJ; C-349/95 *Loendersloot v Ballantine* judgment §§24–25, CJ; C-143/00 *Boehringer Ingelheim v Swingward* judgment §§12–13, CJ.

[306] 16/74 *Centrafarm v Winthrop* judgment §8, CJ; 427, 429, 435/93 *Bristol-Myers-Squibb v Paranova* judgment §44, CJ; C-349/95 *Loendersloot v Ballantine* judgment §22, CJ; C-379/97 *Pharmacia & Upjohn v Paranova* judgment §15, CJ; C-63/97 *Bayerische Motorenwerke v Deenik* judgment §52, CJ; C-206/01 *Arsenal Football Club v Reed* judgment §50, CJ; C-487/07 *L'Oréal v Bellure* judgment §§31–50, opinion §§50–58, CJ. 这方面经常被欧盟法院引用认定为具体问题的一部分，但这是关于商标功能的陈述。

[307] C-487/07 *L'Oréal v Bellure* judgment §58, CJ. 有别于保证产地功能，商标权本身所具有的保证货物质量这一功能与早期判例法很难一致，早期判例法似乎认为某一商标给予消费者的保证只确保该货物或服务的质量是经过商标所有人的管控的，但并不确保质量总是一样的，商标所有人如果愿意，就有权改变质量：参见例如 C-9/93 *Ideal-Standard*, CJ；以及第七章 7.04。

[308] C-487/07 *L'Oréal v Bellure* judgment §58, CJ; C-206/01 *Arsenal Football Club v Reed* opinion §§41–48, CJ；参见第七章 7.04—7.05。在可能影响商标保证原产地这一功能的案件中，欧盟委员会建议限制通过在同一货物或服务上使用相同标志对商标进行侵犯，这一建议在目前提出的草案中未被采纳，参见第七章 7.05，脚注 51。

[309] 427, 429, 435/93 *Bristol-Myers-Squibb v Paranova* judgment §75 CJ; 337/95 *Parfums Christian Dior v Evora* judgment §§39–48, CJ; C-324/09 *L'Oréal v eBay* judgment §§78–83, CJ; 75/73 *Bayerische Moteren Werke* §§3（xii）, 21, EuC.

合一般法律规定的标签要求并不影响欧盟商标法的适用。[310]

原产地标志的功能是确保具有该标志的产品确实源自指定的地理区域，并展示某些特殊的性质，[311] 以确保生产商不受不正当竞争的损害，消费者不受误导性信息的损害。[312]

> 英国音像工业协会（BPI）试图提高法案赋予的权利的质量，他们指出……Atkinson 法官认为，侵权者违背了“禁止偷窃”禁令。法官大人，这些考虑不能提高著作权所有者的权利或扩大侵权的范围。BPI 的权利是源于法律，而不是源于十诫。这些权利是被议会规定的，而不是被神职人员或司法人员规定的。[313]

### 1.35　不同类型的知识产权的质量

从前有些人认为，欧盟关于贸易自由和竞争的法律规定中，有一些形式的知识产权不如其他形式的知识产权值得保护。但是，这一论点并未经受住时间的考验。

因此，早期欧盟法院一些判决中表达出的商标权不如其他知识产权值得法律保护，[314] 而且更有可能损害贸易自由 [315] 这一观点已经在近期的判例中被推翻，这些近期的判例强调商标在确保质量竞争不被扭曲中的重要性。[316]

---

[310]　C-324/09 *L'Oréal v eBay* judgment §82，CJ.

[311]　C-47/90 *Delhaize v Promalvin* judgment §17，CJ；C-388/95 *Belgium v Spain*[ 2000 ]judgment §54，CJ；C-469/00 *Ravil v Bellon Import* judgment §49，CJ；C-108/01 *Consorzio del Prosciutto di Parma v Asda Stores* judgment §64，CJ.

[312]　12/74 *Commission v Germany*（*Sekt and Weinbrand*）judgment §7，CJ；C-347/03 *Friuli-Venezia Giulia* judgment §128，CJ.

[313]　Lord Templeman，*CBS v Amstrad*，UKSC.

[314]　参见例如 40/70 *Sirena v Eda* judgment §7，opinion §1，CJ[ 从人类的角度考虑，社会所亏欠发明“Prep Good Morning（一种乳膏）”这一名称的人与发现青霉素的人肯定从本质上就不同，退一步讲，至少程度上有所不同 ]。

[315]　192/73 *HAG I* judgment §11.

[316]　C-10/89 *HAG II* judgment §13，CJ；C-9/93 *Ideal-Standard* judgment §45，CJ；*Opinion 1/94*（乌拉圭回合条约），CJ；C-232/94 *MPA Pharma v Rhône-Poulenc* judgment §16，CJ；C-349/95 *Loendersloot v Ballantine* judgment §22，CJ；C-206/01 *Arsenal Football Club v Reed* judgment §47，CJ；C-228/03 *Gillette v LA-Laboratories* judgment §25，CJ。

37 同样，尽管欧盟委员会并未将专有技术的保护认定为知识产权的一种，[317] 但在集体豁免规定和关于技术转让[318] 以及纵向协议的指南[319] 中对其与其他知识产权进行几乎同等的保护，欧盟普通法院也是如此。[320] 另一方面，与其他必须向公众公开的专利技术相比，保密技术在欧盟竞争法中并没有理由享有更高程度的保护。[321]

成员国著作权法在为电视节目单提供正当保护时面临困难，一些人认为这可以部分解释 *Magill* 案[322] 的判决。[323] 然而，这一观点还没有被欧盟法院的判决[324] 或欧盟委员会的决定[325] 所采纳。有一种观点认为依据著作权对肖像照的保护程度应当低于其他作品，因为肖像照具有更少的创作自由度，但这一观点已被驳回。[326]

1.36 个案中知识产权的质量

个案中知识产权的质量可能间接与适用欧盟竞争法相关，因为根据适用的知识产权法，它可能对知识产权所保护的适当范围有影响。[327]

例如，对产品收取使用费或进行合同限制是否与欧盟竞争法兼容，可能取决于相关产品是否落入被许可专利有效请求的范围内，相应地取

---

[317] 参见 1.25。

[318] 316/2014 条例第 1 条第 1 款（b）项，2014 年《技术转让协议指南》在第五章 5.26—5.27 中具体讨论。另参见 T-201/04 *Microsoft v Commission*, interim order, §§207, 212–224, GC，以及 2005 年《关于对经营者集中直接且必要的限制的通知》（Notice on restrictions directly related and necessary to concentrations）第 27—31 段、第 42—43 段。

[319] 330/2010 条例第 1 条第 1 款（f）项；2010 年《纵向限制指南》第 34 段。

[320] T-201/04 *Microsoft v Commission* final judgment §289, GC.

[321] T-201/04 *Microsoft v Commission* final judgment §693. GC.

[322] C-241, 242/91P *RTE and ITP v Commission*, CJ.

[323] C-7/97 *Oscar Bronner v Mediaprint* opinion of Jacobs AG §63, CJ; *Philips Electronics v Ingman* §66, EWHC；另参见 T-201/04 *Microsoft v Commission* final judgment §695, GC。关于此问题的实体法律现在被 96/9 指令所规制，并在 C-203/02 *The British Horseracing Board v William Hill*, CJ 案中被限制性解释；C-444/02 *Fixtures Marketing v OPAP*, CJ；参见第六章 6.24。

[324] 参见例如 C-418/01 *IMS Health v NDC Health* judgment of 29/4/2004, CJ（没有迹象表明分析受到相关具体内容有限的创新性的影响，其具体内容是为方便将一个国家领土划分为若干地区，每一地区包含若干邮政编码区，以便于市场研究）。

[325] 参见例如 37792 *Microsoft* prohibition decision, EuC（在上诉 T-201/04 *Microsoft v Commission*, GC 中得到支持），特别是 §§709–712（驳回了由于主要投资目的在于创造相关知识产权，因而拒绝提供互操作性规范应被正当化这一论点）。

[326] C-145/10 *Painer v Standards Verlag* judgment §§95–99, CJ.

[327] 这一主张与在脚注 314 中引用的 Dutheillet de Lamothe AG 的观点一致。

决于这些请求所指明的相关具体内容在专利的优先日是否具有新颖性和 38
创造性。[328]

同样，对于商标划界协议的评估可能要判断相关商标保护的真实范围，[329] 相应地取决于这些商标的独特性和名誉。[330]

> 自由贸易，这一政府能够赋予人民最大的福祉之一，却几乎在每个国家都不受欢迎。[331]

## 1.37 单一市场

能够被欧盟法正当化的知识产权保护范围，必须考虑到在欧盟[332] 和欧洲经济区[333] 领域内建立单一内部市场这一基本原则。知识产权提供的保护不能被用于合法化隔离成员国市场或者人为分割《罗马条约》意图建立的单一市场。[334] 因此，针对欧盟和欧盟以外其他国家间贸易的某些合法限制，可能对于欧盟内贸易是不合法的。[335]

---

[328] 见 193/83 *Windsurfing International v Commission*，CJ，见第五章 5.91、5.110、5.112、5.116 和 5.118 中的讨论；2014 年《技术转让协议指南》第 32 段、第 33 段、第 236 段。

[329] 82/987 *Toltecs and Dorcet*，§II.3.A（f），EuC 在 35/83 *BAT v Commission*，CJ 中根据其他理由被支持。

[330] C-251/95 *SABEL v Puma* judgment §24，CJ；C-39/97 *Canon v Metro-Goldwyn-Mayer* judgment §18，CJ；2008/95 指令第 5 条第 2 款；207/2009 条例第 9 条第 1 款（c）项。

[331] Tomas B Macaulay，*On Mitford's History of Greece*（1824）.

[332] 《欧盟运行条约》第 26 条第 2 款；15/74 *Centrafarm v Sterling Drug* judgment §8，CJ；119/75 *Terrapin v Terranova* judgment §5，CJ；3/78 *Centrafarm v American Home Products* judgment §10，CJ；427，429，435/93 *Bristol-Myers-Squibb v Paranova* judgment §40，CJ；C-349/95 *Loendersloot v Ballantine* judgment §§21，29，CJ；337/95 *Parfums Christian Dior v Evora* judgment §42，CJ；C-379/97 *Pharmacia & Upjohn v Paranova* judgment §§14，30，CJ；23/99 *Commission v France* judgment §37，CJ；C-143/00 *Boehringer Ingelheim v Swingward* judgment §12，CJ；C-115/02 *Rioglass* judgment §23，CJ；82/987 *Toltecs and Dorcet Trade Marks* §II.3.A（e），EuC，在 35/83 *BAT v Commission*，CJ 中根据其他理由被支持。

[333] 《欧洲经济区协定》第 1 条。

[334] 55，57/80 *Musik-Vertrieb membran v GEMA* judgment §14，CJ；270/82 *Polydor v Harlequin Records* judgment §17，CJ；C-200/96 *Metronome Musik* judgment §14，CJ；C-61/97 *FDV* judgment §13，CJ；C-403，429/08 *Football Association Premier League* judgment §106，CJ；C-128/11 *UsedSoft v Oracle* judgment §62，CJ. 另参见 2010 年《纵向限制指南》第 7 段（"在成员国国家间的壁垒已经被成功消除的情况下，公司不应当被允许重新建立私人壁垒"）。

[335] 270/82 *Polydor v Harlequin Records* judgment §19，CJ.

这一考量与覆盖成员国全境的国内知识产权特别相关。[336] 成员国间贸
39 易壁垒可能是由于不同成员国间相应或冲突的知识产权导致所有权人有所不同，[337] 或者由于相关国内法及相关判决不一致，[338] 或者由于成员国立法未能同等对待在本国与在其他成员国进行的产品销售行为而造成的。[339]

## 1.38　欧盟立法

如上文所述，欧盟已经通过广泛的立法来避免或减少前几段中所讨论的困难，即通过统一的欧盟体系来授予欧盟知识产权或通过统一成员国立法授予的知识产权保护。[340]

当欧盟统一立法意在全面规范一种特定形式的知识产权的保护范围时，成员国知识产权的保护只有在符合欧盟立法的范围内才是正当的。[341] 另一方面，如果欧盟立法授予或允许一项知识产权的保护，而它根据《欧盟运行条约》第 101 条和第 102 条的目标是不正当的，后者属于更高级别，必须优先适用。[342]

---

[336]　延伸至比利时、荷兰和卢森堡领土的外观设计和商标被统一的比荷卢联盟法律规制，在这三个国家与其他欧盟或欧洲经济区成员国之间的贸易中可能引起相同问题。

[337]　56，58/64 *Consten and Grundig v Commission*，CJ（根据与供应商的合同由经销商注册的商标）；144/81 *Keurkoop v Nancy Kean Gifts* judgment §22，CJ（不同企业注册的同一设计）；C-10/89 *HAG II*，CJ（征用商标）；C-9/93 *Ideal-Standard* judgment §§5，40–60，CJ（自愿转让商标）；35/83 *BAT v Commission*，CJ（有不同企业注册的可能冲突的商标）。

[338]　在 *Windsurfing* 案中，法院支持了德国专利，但仅在有限范围内（见 83/400 *Windsurfing International*，EuC，在 193/83 *Windsurfing International Inc v Commission*，CJ 中得到判决支持），然而在相应的案件中，英国专利由于额外的现有技术，且申请人未能及时提出修改申请而被撤销（见 *Windsurfing International v Tabor Marine*，EWCA）。

[339]　例如通过拒绝承认权利已经因所有人在另一成员国内的市场营销而用尽，参见例如 15/74 *Centrafarm v Sterling Drug* judgment §10，CJ；16/74 *Centrafarm v Winthrop* judgment §9，CJ，1.59 及下文。

[340]　主要立法在 1.10 和 1.11 中有所讨论。

[341]　C-355/96 *Silhouette v Hartlauer* judgment §§25–26，CJ；C-61/05 *Commission v Portuguese Republic* judgment §§21–33，CJ；C-428/08 *Monsanto Technology v Cefetra* judgment §§51–63，CJ；C-172/09 *Coty Prestige Lancaster Group v Simex Trading* judgment §27，CJ；C-466/12 *Svensson v Retriever Sverige* judgment §§33–41，CJ；C-419/13 *Art & Allposters International v Stichting Pictoright* judgment §30，CJ. 人们认为经《里斯本条约》修订，《欧盟运行条约》第 2—4 条和议定书 25 关于共享权能的实践强化了这一立场。

[342]　T-201/04 *Microsoft v Commission* final judgment §227，GC. 有疑问的是在 139/2004 条例规定下，相同的原则是否同样适用于对经营者集中的控制，该条例作为法律文件，与授予共同体知识产权的欧盟条例和统一成员国知识产权法的指令同等级别。另参见 1.12 关于欧盟立法可能无效的情况。

成员国法院必须尽可能以符合所适用的欧盟立法的措辞和目的的方式对可适用的成员国立法进行解释，以实现欧盟立法所追求的结果，无论成员国法律是在欧盟立法之前还是之后通过的，[343] 也无论成员国法律是不是为了实施欧盟立法而专门设立的，[344] 甚至即使成员国法律的准备文件指示的是相反的解释。[345] 但是，这一义务本身不能决定或 40
加重刑事责任。[346]

1.39　欧盟立法的解释

如果欧盟立法的规定没有明确地提及成员国的法律，那么它们通常必须适用于整个欧盟范围的统一的解释。[347] 如果欧盟立法中没有穷尽地定义一个概念，则必须根据相关背景和立法目的来解释。[348] 解释时经常需要参照立法前言，偶尔也会参照立法准备文件，[349] 但这些资料与法律条文有冲突时实体条文优先适用。[350]

要减损欧盟立法所设立的一般原则，例如针对一项授予受保护作品所有人的一般权利的例外情况，必须对其进行严格解释，[351] 但这种解释也必

---

[343]　C-106/89 *Marleasing* judgment §8，CJ（指令）；C-232/94 *MPA Pharma v Rhone-Poulenc Pharma* judgment §12，CJ（指令）；C-355/96 *Silhouette* judgment §36，CJ（指令）；C-63/97 *BMW v Deenik* judgment §22，CJ（指令）；C-60/02 *X* judgment §59，CJ（条例）。

[344]　C-342/09 *L'Oréal v eBay* judgment §137，CJ.

[345]　C-371/02 *Bjornekulla Fruktindustrier v Procordia Food* judgment §13，CJ.

[346]　C-60/02 *X* judgment §61，CJ（条例）。

[347]　C-306/05 *SGAE v Refael Hoteles* judgment §31，CJ；C-5/08 *Infopaq International v Danske Dagblades* judgment §27，CJ；C-403，429/08 *FAPL v QC Leisure* judgment §154，CJ；C-467/08 *Padawan v SGAE* judgment §§29–37，CJ；C-128/11 *UsedSoft v Oracle International* judgment §§39–41；C-201/13 *Deckmyn v Vandersteen* judgment §§14–17，CJ.

[348]　C-156/98 *Germany v Commission* judgment §50，CJ；C-53/05 *Commission v Portugal* judgment §20，CJ；C-306/05 *SGAE v Refael Hoteles* judgment §34，CJ；C-403，429/08 *FAPL v QC Leisure* judgment §§184–185，CJ；C-607/11 *ITV Broadcasting v TVCatchup* judgment §22，CJ；C-201/13 *Deckmyn v Vandersteen* judgment §19，CJ（需要同时考虑日常用语的一般含义以及语义背景和目的）；C-41/14 *Christie's France v SNA* judgment §§26–29，CJ（当不同语言版本之间有差别时，条款的解释必须参考语义背景和目的）。语义背景可能包括关于知识产权的其他欧盟立法：C-431，432/09 *Airfeld and Canal Digitaal* judgment §44，CJ，但比较参照 C-128/11 *UsedSoft v Oracle* judgment §60，CJ。

[349]　例如 C-403，429/08 *FAPL v QC Leisure* judgment §§163，192，CJ。

[350]　见第五章 5.21。

[351]　C-5/08 *Infopaq International v Danske Dagblades* judgment §§56–57，CJ；C-403，429/08 *FAPL v QC Leisure* judgment §162，CJ.

须保证例外的有效性，并允许其目的得到遵守。[352]

欧盟立法还必须尽可能得到与国际法一致的解释，特别当该规定是为了使欧盟作为签署国的国际协议生效时。[353]

原则上，欧盟立法应在其生效时立即针对当前情况的未来结果得到适用，即使当前情况是在新的立法之前出现的，[354] 但对合法期望的适当保护是允许的。[355]

41 欧盟立法的解释将在第五章 5.21 中进一步讨论。

所吩咐你们的话，你们不可加添，也不可删减。[356]

## 1.40 欧盟立法的实施

在实施欧盟条例时，只有在属于为正确适用条例所必需，且不会损害条例的范围或效力的情况下，才允许以诉诸成员国立法的形式实施。此外，成员国措施必须帮助条例的实施，而不应妨碍其实施。[357]

当欧盟立法引入了一套统一而详尽的制度时，成员国没有权利通过诉诸成员国立法来填补空白；任何问题都必须根据相关条款和立法整体的计划、目标和目的来解决。[358] 另一方面，如果欧盟立法未提供足够明确的标准来界定其规定的义务，成员国必须在欧盟法律的范围内为其本国领土确定最相关的标准。[359]

---

[352] C-403，429/08 *FAPL v QC Leisure* judgment §163，CJ；C-201/13 *Deckmyn v Vandersteen* judgment §§22–23，CJ.

[353] 见 1.42—1.43。

[354] C-60/98 *Butterfly Music* judgment §24，CJ；C-428/08 *Monsanto Technology v Cefetra* judgment §§64–69，CJ；C-120/08 *Bavaria v Bayerische Brauerband* judgment §§40–41，CJ；C-168/09 *Flos v Semeraro* judgment §§51–53，CJ. 另参见 C-4，27/10 *BNIC* judgment §§25–26，CJ（在特殊情况下，当存在明确、必要和合法的受保护期待时，存在欧盟措施在公布之前即发生效力的可能性）。

[355] C-168/09 *Flos v Semeraro*judgment §§53–65，CJ；C-60/98 *Butterfly Music*judgment §§25–30，CJ.

[356] Deuteronomy 4：2.

[357] C-223/98 *Adidas* judgment §25，CJ.

[358] C-120/08 *Bavaria v Bayerische Brauerband* judgment §59，CJ；C-355/96 *Silhouette v Hartlauer* judgment §25，CJ；C-414 to 416/99 *Zino Davidoff v A&G Imports* judgment §§32，39，CJ；*Oracle America v M-Tech Data* §12，UKSC.

[359] C-53/05 *Commission v Portuguese Republic* judgment §39，CJ；C-293/98 *Egeda v Hoasa* §§24–25，CJ；C-145/10 *Painer v Standard Verlags* judgment §§103–110，CJ.

在执行欧盟立法时，成员国还必须在欧盟法律秩序所保护的一系列基本权利之间达成公正的平衡，[360] 包括保护知识产权和获得有效救济的权利 [361] 以及保护个人资料和私人生活。[362] 在实施根据欧盟指令转换的成员国措施时，成员国的主管机关和法院必须确保这些措施并非基于与基本权利或其他欧盟一般原则（如比例原则）相冲突的指令解释。[363]

1.41 国际公约：概述

确定特定知识产权具体内容的合理范围会被国际公约的条款所影响或支持，[364] 例如《巴黎公约》、[365]《伯尔尼公约》、[366]《马德里协定》、[367]《与 42
贸易有关知识产权协定》、[368]《世界知识产权组织版权条约》[369] 和《世界知

---

[360] C-275/06 *Promusicae v Telefónica de España* judgment §§61–70，CJ. 同时参见 C-53/05 *Commission v Portuguese Republic* judgment §§38–40，CJ。

[361] 被《尼斯宪章》第 17 条和第 47 条承认。

[362] 根据关于处理个人资料的 95/46 指令和关于隐私和电子通信的 2002/58 指令。

[363] C-314/12 *UPC Telekabel Wien v Constantin Film* judgment §46，CJ.

[364] 关于知识产权的国际公约具体细节可以在 WIPO 网站〈http：//www.wipo.int〉找到。

[365] C-9/93 *Ideal-Standard* judgment §§25–32，CJ（国家商标独立原则，被《巴黎公约》第 6 条第 3 款认可）。另参见 6/81 *Industrie Diensten Groep v Beele*，CJ（防止依样模仿的保护范围被当作强制性要求而具有正当性）。

[366] C-306/05 *SGAE v Refael Hoteles* judgment §40，CJ；C-5/08 *Infopaq International v Danske Dagblades* judgment §34；C-403，429/08 *FAPL v QC Leisure* judgment §189，CJ；C-145/10 *Painer v Standard Verlags* judgment §§126–128，CJ；2009/24 指令第 6 条第 3 款。如果《伯尔尼公约》不同语言版本出现不同之处，则以法语版为准：C-145/10 *Painer v Standard Verlags* judgment §126，CJ。

[367] C-9/93 *Ideal-Standard* judgment §§25–32，CJ（国家商标权独立原则，在《马德里协定》第 9 条第 2 款中被承认）。

[368] C-200/96 *Metronome Music v Musik Point Hokamp* judgment §25，CJ（商业出租排他权必须与《与贸易有关知识产权协定》第 11 条和第 14 条规定一致，并且不能因出售实际物资而被认为权利用尽）；C-316/95 *Generics v Smith，Kline & French* judgment §20，CJ（专利给予的保护扩展至根据《与贸易有关知识产权协定》第 28 条所主张的方法直接获得的产品）；C-306/05 *SGAE v Refaeles Hoteles*，CJ；C-393/09 *Bezpečnostní softwarová asociace v Ministerstvo kultury*，CJ［根据 91/250 指令（现被 2009/24 指令取代）保护计算机程序扩展至任何形式的表达，这与《与贸易有关知识产权协定》第 10 条第 1 款一致，但不包括图形用户界面］。另参见 C-89/99 *Schieving-Nijstad v Groeneveld* judgment §35，CJ；C-49/02 *Heidelberger Bauchemie* judgment §§19–21，CJ；C-275/06 *Promusicae v Telefonica de Espana* judgment §60，CJ；*Electrocoin Automatics v Coinworld* §70，EWHC；比较参照 C-428/08 *Monsanto v Cefetra* judgment §§7–77，CJ。

[369] C-456/06 *Peek & Cloppenburg v Cassina* judgment §31，CJ；C-306/05 *SGAE v Rafael Hoteles* judgment §43，CJ；C-128/11 *UsedSoft v Oracle International* judgment §52，CJ；C-419/13 *Art & Allposters International v Stichting Pictoright* judgment §38，CJ.

识产权组织表演和录音制品条约》[370] 等。对这些公约的解释可以从 WIPO 发布的指南中获得帮助。[371]

另一方面，一个措施被国际公约所允许这一事实并不意味着它必然在欧盟法保护特定知识产权具体内容规定中具有正当性，[372] 也不意味着欧盟成员国可以据此采取与该欧盟法律相反的措施。[373] 相对的，保护超过了国际公约的要求这一事实也不妨碍其在欧盟法中的正当性。[374]

对于尚未批准的《欧盟专利公约》条款在决定专利具体内容范围时的相关性，欧盟给出了不同指示。[375] 如果《伯尔尼公约》修正案未被相关
43 成员国在加入欧盟之前批准，欧盟竞争法的适用被判定不受该修正案的影响。[376] 但是，甚至在这些条约被欧盟以及一些成员国批准之前，《世界知识产权组织著作权条约》和《世界知识产权组织表演和录音制品条约》就曾被用于决定欧盟立法 [377] 的范围是否与其一致。[378]

### 1.42 国际公约与欧盟立法解释

欧盟立法必须得到与国际法一致的解释，特别是欧盟签署的目的在于

---

[370] C-456/06 *Peek & Cloppenburg v Cassina* judgment §31, CJ.

[371] C-306/05 *SGAE v Rafael Hoteles* judgment §41, CJ; C-162/10 *Phonographic Performance v Ireland* judgment §34, CJ; C-403, 429/08 *FAPL v QC Leisure* judgment §201, CJ; C-135/10 *SCF v Marco Del Corso* judgment §85, CJ.

[372] 235/89 *Commission v Italy*, CJ; 30/90 *Commission v UK*, CJ; C-277/10 *Luksan* judgment §62, CJ; C-466/12 *Svensson v Retriever Sverige* judgment §39, CJ; and see also C-347/03 *Friuli-Venezia Giulia*, CJ.

[373] C-277/10 *Martin Luksan v Petrus van der Let* judgment §§62–64, CJ.

[374] 例如在 1151/2012 条例第 13 条第 1 款（b）项以及后续继承条款中针对地理标志提供的广泛保护，如同 C-87/97 *Consorzio per la Tutela del Formaggio Gorgonzola v Kaserei Champignon Hofmeister*, CJ 中的解释（见第七章 7.30），比较参照《巴黎公约》第 10 条之二，以及《与贸易有关知识产权协定》第 22—23 条，尽管这一扩展保护与欧盟国际义务可能的冲突欧盟法院未在判决中涉及。

[375] 19/84 *Pharmon v Hoechst* judgment §20, CJ; 235/89 *Commission v Italy* judgment §28, CJ; 30/90 *Commission v UK* judgment §32, CJ; C-316/95 *Generics v Smith, Kline & French* judgment §20, CJ. 另参见 35/87 *Thetford v Fiamma*, CJ（专利存在相关）以及 288/82 *Duijnstree v Goderbauer* judgment §27, CJ（管辖相关）。《共同体专利公约》并未被批准，并被规定大部分成员国中统一专利的条例和统一专利法院的协议所取代，见 1.11 中的讨论。

[376] C-241, 242/91P *RTE and ITP v Commission* judgment §85, CJ.

[377] 2001/29 指令。

[378] C-456/06 *Peek & Cloppenburg v Cassina*, CJ; C-306/05 *SGAE v Rafael Hoteles*, CJ.

实施该协议的国际协议。[379]

当前欧盟是以下协议的签署国：（1）《与贸易有关知识产权协定》，[380] 包含直接关于知识产权范围，[381] 执行程序和救济等的若干条款，[382] 并且要求缔约国遵守《伯尔尼公约》、[383]《巴黎公约》[384] 和《华盛顿条约》[385] 的特定条款；（2）《欧洲经济区协定》，要求缔约国遵守《巴黎公约》、《伯尔尼公约》和《罗马公约》，[386] 以及其他若干保护知识产权的国际协议；[387]（3）《世界知识产权组织著作权条约》和《世界知识产权组织表演和录音制品条约》；（4）《国际植物新品种保护公约》。[388] 欧盟也签署了，但尚未批准的条约包括《商标法条约》和《视听表演北京条约》。[389]

44

1.43 《与贸易有关知识产权协定》《世界知识产权组织著作权条约》《世界知识产权组织表演和录音制品条约》：对欧盟和成员国法律的影响

《与贸易有关知识产权协定》、《世界知识产权组织著作权条约》和《世界知识产权组织表演和录音制品条约》对于欧盟法律没有直接影响，也未

---

[379] C-306/05 *SGAE v Refael Hoteles* judgment §35，CJ；C-456/06 *Peek & Cloppenburg* judgment §30，CJ；C-5/08 *Infopaq International v Danske Dagblades* judgment §32；C-403，429/08 *FAPL v QC Leisure* judgment §§189–192，CJ；C-135/10 *SCF v Marco Del Corso* judgment §51，CJ；C-145/10 *Panier v Standard Verlags* judgment §§124–128，CJ；C-128/11 *UsedSoft v Oracle* International judgment §52，CJ.

[380] 关于《与贸易有关知识产权协定》，另见 1.26 和 1.43—1.44。

[381] 《与贸易有关知识产权协定》第 9 条第 2 款、第 10 条第 2 款、第 11—34 条，以及第 36—39 条。

[382] 《与贸易有关知识产权协定》第 41—61 条。

[383] 《与贸易有关知识产权协定》第 9—10 条，要求遵守《伯尔尼公约》（1971）第 1—21 条。

[384] 《与贸易有关知识产权协定》第 16 条，要求针对服务和扩展保护适用《巴黎公约》（1967）第 6 条之二。

[385] 《与贸易有关知识产权协定》第 35 条，要求根据《保护集成电路知识产权的华盛顿公约》（Washington Treaty on Intellectual Property in Respect of Integrated Circuits），除第 6 条第 3 款以外的第 2—7 条、第 12 条和第 16 条第 3 款（并不独立生效）给予保护。

[386] 《保护表演者、唱片制作者和广播组织罗马公约》（International Convention for the Protection of Performers，Producers of Phonograms，and Broadcasting Organizations）（罗马，1961 年）。

[387] 议定书 28，第 5 条；见 C-13/00 *Commission v Ireland*，CJ。忠诚义务依赖于欧盟和/或其成员国各自的权能：见《欧洲经济区协定》第 2 条（c）项。

[388] 《保护植物新品种国际公约》（International Convention for the Protection of New Varieties of Plants）。

[389] 《北京条约》尚未生效。

赋予任何个人可以直接在法庭上援引该法律的权利。[390] 但是，欧盟立法和成员国法律在欧盟已经立法的领域中应当尽可能与这些条约一致地进行解释和适用，[391] 对《伯尔尼公约》《巴黎公约》《罗马公约》中要求缔约国遵守的条款也是如此。[392]

另一方面，有人认为，这种一致解释的原则不适用于欧盟法律的主要条款，例如《欧盟运行条约》第 101 条和第 102 条，原因是国际协定并不能优先于这些条款。[393] 此外，欧盟机构的行为，其合法性不能基于未遵守《与贸易有关知识产权协定》而受到质疑，除非该行为旨在实施或明确提及《与贸易有关知识产权协定》的具体条款。[394]

> 在富裕国家，人们过度热衷于通过过分严格的知识产权主张来保护知识，尤其是在卫生保健领域。[395]

### 1.44 《与贸易有关知识产权协定》：与竞争法有关的条款

45 《与贸易有关知识产权协定》要求世界贸易组织成员方遵守特定的知

[390] C-300，392/98 *Parfums Christian Dior v Tuk Consultancy* judgment §44，CJ；C-428/08 *Monsanto v Cefetra* judgment §§71–72，CJ；C-135/10 *SCF v Marco Del Corso* judgment §§43–48，CJ. 尽管这些案例并未关于这一点针对《世界知识产权组织著作权条约》作出判决，但看上去很明确立场应当是一致的。

[391] C-300，392/98 *Parfums Christian Dior v Tuk Consultancy* judgment §47，CJ；C-89/99 *Schieving-Nijstad v Groeneveld* judgment §35，CJ；C-49/02 *Heidelberger Bauchemie* judgment §§19–21，CJ；C-53/96 *Hermès International v FHT Marketing Choice* judgment §28，CJ；C-428/08 *Monsanto v Cefetra* judgment §72，CJ；T-201/04 *Microsoft v Commission* final judgment §798，GC.

[392] C-306/05 *SGAE v Refael Hoteles* judgment §§35，40–41，CJ；C-5/08 *Infopaq International v Danske Dagblades* judgment §32，CJ；C-403，429/08 *FAPL v QC Leisure* judgment §§189–192，CJ；C-393/09 *Bezpečnostní softwarová asociace v Ministerstvo kultury* judgment §30，CJ；C-135/10 *SCF v Marco Del Corso* judgment §§49–56，CJ；C-145/10 *Panier v Standard Verlags* judgment §§124–128，CJ.

[393] T-201/04 *Microsoft v Commission* final judgment §798，GC. 然而在混合权能领域 C-300，392/98 *Parfums Christian Dior v Tuk Consultancy* judgment §47，CJ，and C-89/99 *Schieving-Nijstad v Groeneveld* judgment §35，CJ，这一观点与针对成员国法律适用这一原则的实践很难调和，因此人们认为欧盟法院可能不会采取这一观点。立场也可能被《里斯本条约》修订案所影响，见《欧盟运行条约》第 2—4 条和议定书 25 关于共享权能的实施部分。

[394] T-201/04 *Microsoft v Commission* final judgment §§801–802，1189–1190，GC；C-149/96 *Portugal v Council* judgment §49，CJ；C-93/02P *Biret International v Council* judgment §53，CJ.

[395] Pope Benedict XVI，Encyclical，*Caritas in Veritate*（2009）§22（官方英文版本）。

识产权保护最低标准，但允许成员方进行更加广泛的保护。[396]

同时，《与贸易有关知识产权协定》承认可能需要采取适当措施来防止知识产权滥用或不合理限制贸易、对国际技术转让产生不利影响，前提是这些措施符合其规定。[397] 特别的，它规定世界贸易组织成员方可以采取适当的措施来防止或控制反竞争的许可行为或条件，例如排他性返授，不质疑条款和强制性的一揽子许可。[398] 然而，这项规定并不包括所有与知识产权有关的反竞争行为，例如，它似乎没有涵盖反竞争的拒绝许可行为，专利强制许可则由另一个更专业的协议条款所规制，[399] 而商标强制许可是被其禁止的。[400]

《与贸易有关知识产权协定》还规定为了实现世界贸易组织争议解决程序的目的，[401] 除了与其国民待遇和最惠国待遇要求有关的部分外，它将不能被用于解决知识产权用尽问题。[402]

针对遗传物质在其中发挥功能的产品，对其专利保护范围进行限制被认为与《与贸易有关知识产权协定》是一致的。[403]

---

[396] 《与贸易有关知识产权协定》第 1 条第 1 款。

[397] 《与贸易有关知识产权协定》第 8 条第 2 款。在 39985 *Motorola* 第 34 段中被引用。

[398] 《与贸易有关知识产权协定》第 40 条；适用于 T-201/04 *Microsoft v Commission* final judgment §1192，GC；在 39985 *Motorola* 脚注 28 中被引用。欧盟竞争法对于这一条中提到的特定行为在第五章 5.132、5.133—5.141、5.119—5.121 中分别讨论。适用该条款可能的考量在 Hiroko Yamane，*Competition Analyses of Licensing Agreements*，ICTSD and UNCTAD 2015 中有所讨论。

[399] 《与贸易有关知识产权协定》第 31 条；另参见《与贸易有关知识产权协定》第 13 条和第 26 条第 2 款，允许针对著作作品和工业设计保护有限的例外。在 T-201/04 *Microsoft v Commission* 中，欧盟法院避免引用关于拒绝许可的第 40 条，见最终判决 §§794–812，比较参照 §1192。

[400] 《与贸易有关知识产权协定》第 21 条。

[401] 即建立世界贸易组织的协议附件中《关于争端解决规则与程序的谅解》所设立的程序。这可能最终导致专家组给出调查结果和建议，并通过对违规成员国中止世界贸易组织协议所赋予的优惠（例如贸易制裁）来执行。

[402] 《与贸易有关知识产权协定》第 6 条，在 C-535/13 *Honda v Patmanidi*，CJ 中适用［针对未被《与贸易有关知识产权协定》影响的平行进口适用欧盟商标指令 89/104 指令（现 2008/95）］。国民待遇要求在有关知识产权保护方面，其他世界贸易组织成员方的国民必须被所在国法律给予不低于本国国民的待遇（第 3 条）。最惠国待遇要求（除一些例外外）针对知识产权保护，世界贸易组织成员方给予任何一个国家的优惠必须同样给予其他所有世界贸易组织成员方（第 4 条）。

[403] C-428/08 *Monsanto v Cefetra* judgment §§75–76，CJ.

46 1.45 欧盟竞争政策

评估知识产权的合法范围应当考虑到欧盟的活动包括确保内部市场竞争不被扭曲的制度这一点，但不需要考虑全球范围的自由竞争原则。[404]

1.46 其他欧盟目标、原则和基本权利及自由

评估知识产权的救济措施和合法范围，还必须考虑到欧盟其他诸如文化多样性[405]和消费者保护[406]的目标，诸如比例原则等，[407]以及基本权利及自由。[408]

一个欧盟委员会适用欧盟竞争法的决定可以基于没有考虑上述目标这一理由而受到质疑，但如果已经考虑到这些因素，基于它们的申辩将被拒绝，除非有证据显示相关考虑被错误评估。[409]

当对竞争的限制在客观上是不必要的，或者对著作权保护并非固有的时，不能根据促进文化多样性这一目标排除欧盟竞争法的适用。[410]

> "是的"，他们说，"我们支持这些权利，但是是在不言自明的情况下。"[411]

1.47 基本权利和《尼斯宪章》(the Nice Charter)

当前基本权利在《欧盟基本权利宪章》(Charter of Fundamental Rights of the European Union，即《尼斯宪章》)[412]中有所规定。

《尼斯宪章》中规定的权利、自由和原则与《欧盟条约》(TEU)和《欧

[404] C-479/04 *Laserdisken v Kulturministeriet* judgment §§44–51, CJ.

[405] 《欧盟运行条约》第167条，特别是第167条第4款，要求欧盟"在根据条约的其他条款行动时考虑文化方面，特别是要尊重和提升文化多样性"：C-479/04 *Laserdisken v Kulturministeriet* judgment §§75–97, CJ; T-451/08 *STIM*, GC; 39847 *E-Books* §§125–126, EuC。

[406] 《欧盟运行条约》第4条(f)项、第12条(消费者保护要求应当在理解和实施其他欧盟政策和行动时纳入考量)，以及第114条第3款、第169条。

[407] C-479/04 *Laserdisken v Kulturministeriet* judgment §§52–59, CJ.

[408] 1.47。

[409] T-451/08 *STIM* §§73–97, GC.

[410] T-451/08 *STIM* §88, GC.

[411] Jacques Maritain, *Human Rights, Comments and interpretations, A symposium edited by UNESCO*(1948), UNESCO/PHS/3 (rev.), Introduction, page I.

[412] C-131/12 *Google Spain* judgment §68, CJ.《尼斯宪章》中包括的符合被《欧洲人权公约》所保护的权利必须与该公约使用同样含义和范围:《尼斯宪章》第52条第3款。

盟运行条约》（TFEU）具有同等法律价值，[413]在某些条件下具有可诉性。[414] 47
欧盟的立法必须根据这些基本权利进行解释，[415]欧盟成员国在实施欧盟立法时也必须将它们考虑在内并且避免任何与它们的冲突。[416]

《尼斯宪章》中承认的基本权利包括保护产权（包括知识产权）、[417]一个人的基本权利或自由受侵犯时受到法庭有效救济的权利、[418]表达自由和信息自由、[419]对个人信息和私人生活的保护[420]以及开展业务的自由。[421]开展业务的自由包括任何企业在其责任范围内自由使用可利用的经济、技术和财政资源的权利。[422]

宪章还规定财产的使用可能受到法律的规制，只要其对于一般利益是

---

[413] 《欧盟条约》第 6 条。关于它们是否间接适用以及是否优先于与之冲突的成员国法律，见 C-144/04 *Mangold* judgment §§74–78，CJ；C-555/07 *Kücükdeveci* judgment §§50–56，CJ；and C-176/12 *Association de mediation sociale* judgment §§41–51，CJ。

[414] 《欧盟条约》议定书 30，《欧盟运行条约》规定《尼斯宪章》并不扩展欧盟法院或波兰或英国的任何法院或法庭认定法律、法规或行政措施与这些权利不相符的能力，第 IV 章（团结）的内容也没有在这些成员国中设立任何法庭裁决的权利，除了到目前为止成员国法律已经规定的相关权利。

[415] C-131/12 *Google Spain* judgment §68，CJ.

[416] C-275/06 *Promusicae v Telefonica de Espana* judgment §§61–70，CJ；C-314/12 *UPC Telekabel Wien v Constantin Film* judgment §§46–47，CJ；C-463/12 *Copydan Båndkopi v Nokia Danmark* judgment §§31–32，CJ（平等对待原则）。对于被认定为实施欧盟法的成员国立法，它必须与欧盟法律的一项措施有联系，而不能仅仅是涉及紧密相关的问题或仅仅属于欧盟具有权力的领域：C-198/13 *Hernández* judgment §§34–37，CJ. 然而，当一个成员国依赖优于其他的公共利益要求来正当化某些阻碍跨境服务的规则时，这些规则必须与基本权利相符：C-390/12 *Pfleger* judgment §§30–37，C。

[417] 《尼斯宪章》第 17 条；《欧洲人权公约》议定书 1 第 1 条；C-360/10 *SABAM v Netlog* judgment §41，CJ；C-277/10 *Martin Luksan v Petrus van der Let* judgment §68，CJ. 另参见 Christophe Geiger，'Intellectual Property Shall be Protected！？ Article 17（2）of the Charter of Fundamental Rights of the European Union：a Mysterious Provision with an Unclear Scope'［2009］EIPR 113。

[418] 《尼斯宪章》第 47 条；《欧洲人权公约》第 6 条；C-386/10P *Chalkor* judgment §§50–52，CJ；T-111/96 *ITT Promedia v Commission*，GC；T-119/09 *Protégé International v Commission* §48，GC；39985 *Motorola* §§504–505，EuC。

[419] 《尼斯宪章》第 11 条；C-360/10 *SABAM v Netlog* judgment §§48–51，CJ。

[420] 《尼斯宪章》第 8 条；95/46 指令；C-360/10 *SABAM v Netlog* judgment §§48–51，CJ。

[421] 《尼斯宪章》第 16 条；C-479/04 *Laserdisken v Kulturministeriet* judgment §§60–66，CJ；C-275/06 *Promusicae v Telefónica de España* judgment §§61–70，CJ；C-314/12 *UPC Telekabel v Constantin Film* judgment §§42–64，CJ；39985 *Motorola* §§506–507，EuC。

[422] C-314/12 *UPC Telekabel v Constantin Film* judgment §49，CJ.

必要的。[423] 它还更广泛地宣称，对行使它所承认的权利和自由的任何限制必须由法律规定，限制必须尊重这些权利和自由的实质，并且（受原则和呈比例性管制）是为实现欧盟认可的一般利益或为尊重他人的权利和自由，只有真正为达到这些目标且属必需时才能设置。[424]

48 根据这些规定，知识产权的权利不是不可侵犯的，必须在所有适用的基本权利之间找到一个平衡。[425] 在一个案例中，欧盟委员会认定，一个遵循 FRAND（公平合理无歧视）承诺的标准必要专利，其持有者通过获得针对真正参与许可谈判当事人的禁令，构成了滥用其支配地位，欧盟委员会认为它尊重了这一平衡。[426] 根据《欧盟运行条约》第 101 条和第 102 条对行使知识产权的限制是基于法律之上的，符合欧盟所追求的一般利益目标，即一个确保竞争不被扭曲的制度。[427]

在欧洲经济区之外的市场上投放著作权作品的复本并不会用尽著作权，为保护知识产权，这一规则是正当的，即使它被认为可能会限制言论自由。[428] 另一方面，否认导演作为作者或联合作者享有电影著作权这一原则是与《尼斯宪章》的要求不符合的。[429]

要求互联网服务提供商（ISP）监控所有通信，阻止非法 p2p 文件共享的禁令没有尊重这一平衡的要求，[430] 也与欧盟立法的具体条款不符合。[431]

---

[423] 《尼斯宪章》第 17 条第 1 款；另参见 C-347/03 *Friuli-Venezia Giulia* judgment §119，CJ；C-200/96 *Metronome Musik v Music Point Hokamp* judgment §21，CJ。

[424] 《尼斯宪章》第 52 条；C-347/03 *Friuli-Venezia Giulia* judgment §125，CJ；C-479/04 *Laserdisken v Kulturministeriet* judgment §64，CJ；39985 *Motorola* §§508–509，EuC。

[425] C- -275/06 *Promusicae* judgment §§62–68，CJ；C-70/10 *Scarlet Extended* judgment §§43–46，CJ；C-360/10 *SABAM v Netlog* judgment §§41–43，CJ；C-314/12 *UPC Telekabel v Constantin Film* judgment §§61–63，CJ；T-55/08 *UEFA v Commission* §§177–184，GC，在 C-209/11P *UEFA v Commission*，CJ 中维持判决；C-201/13 *Deckmyn v Vandersteen* judgment §§26–32，CJ（在模仿这一著作权例外中公正权衡表达自由和无论种族出身平等对待的要求）；39985 *Motorola* §503，EuC；C-170/13 *Huawei v ZTE* opinion §59，CJ（未决）；*GS Media v Sanoma*，HRNL（参考欧盟法院未决案件）。

[426] 39985 *Motorola* §§510 及下文，EuC。另参见 39939 *Samsung* §§72–73，EuC。

[427] 39985 *Motorola* §§512–515，EuC. 另参见 C-347/03 *Friuli-Venezia Giulia* judgment §128，CJ。

[428] C-479/04 *Laserdisken v Kulturministeriet* judgment §65，CJ.

[429] C-277/10 *Martin Luksan v Petrus van der Let* judgment §§68–71，CJ.

[430] C-70/10 *Scarlet Extended* judgment §§47–54，CJ；C-360/10 *SABAM v Netlog* judgment §§38，45–52，CJ.

[431] 2000/31 指令关于电子商务的第 15 条第 1 款；2004/48 指令关于知识产权执行的第 3 条第 1 款；C-70/10 *Scarlet Extended* judgment §§40，48，CJ；C-360/10 *SABAM v Netlog* judgment §§33–34，38，CJ；另参见 1.57。

另一方面，欧盟法认可的基本权利并未阻止某项禁令的颁布，该禁令禁止一个互联网服务提供商允许其客户访问某显示受知识产权保护的在线内容的网站，禁令并未指明必须采取的措施，网络服务提供商可以通过证明已经采取了所有合理的措施来避免因违反禁令而受到强制性处罚，这些措施没有不必要地剥夺互联网用户合理访问可用信息的可能性，但确实对于访问未授权的内容造成影响，严重阻碍了访问通过侵犯知识产权提供的内容。[432]

### （三）不同权利具体内容已确立的范围 49

#### 1.48　具体内容的基本范围

知识产权的具体内容包括第一次将受保护产品或附着受保护标志[433]的相关[434]产品在欧洲经济区市场[435]上投放的排他性权利，这可能是直接投放或通过向第三方授予许可投放。[436]

在保护创新或创意工作[437]权利的情况下，具体内容还包括创作一个受

[432] C-314/12 *UPC Telekabel v Constantin Film* judgment §64，CJ.

[433] 不同权力的范围，以及从而产生的是什么构成一个受保护产品或受保护标志，在1.50—1.56中讨论。

[434] 关于何种产品是相关产品，见1.56。

[435] 关于何种构成向市场投放，见1.61—1.66。如果一项专利是针对某种具有特定用途的产品（瑞士型权利要求或类似要求），那么受保护的权利不包括将用于不同用途的该产品在市场上投放，见 *Warner-Lambert v Actavis Group*，EWHC and *Novartis v Sun Pharmaceuticals*，Gerechtshof den Haag。

[436] 15/74 *Centrafarm v Sterling Drug* judgment §9，CJ（专利）；16/74 *Centrafarm v Winthrop* judgment §8，CJ（商标）；187/80 *Merck v Stephar* judgment §4，CJ（专利）；19/84 *Pharmon v Hoechst* judgment §26，CJ（专利）；238/87 *Volvo v Veng* judgment §8，CJ（外观设计）；C-10/89 *HAG II* judgment §14，CJ（商标）；235/89 *Commission v Italy* judgment §17，CJ（专利和植物育种者权利）；427，429，435/93 *Bristol-Myers-Squibb v Paranova* judgment §40，CJ（商标）；C-349/95 *Loendersloot v Ballantine* judgment §22，CJ（商标）；C-115/02 *Rioglass* judgment §25，CJ（外观设计）；C-16/03 *Peak Holding v Axolin-Elinor* judgment §35，CJ（商标）；87/54指令第5条（半导体拓扑）；2009/24指令第4条（c）项（计算机程序）；2001/29指令第4条（著作权）；2006/115指令第9条第2款（邻接权）；2008/95指令第5条（商标）；207/2009条例第9条（商标）；96/9指令第7条第1款、第7条第2款（a）项（数据库权）；98/71指令第12条（外观设计）；6/2002条例第19条（外观设计）；《统一专利法院协议》第25条（a）项。

[437] 专利、植物育种者权利、实用新型、外观设计、著作权和邻接权。

保护产品[438]和开展被相关权利保护的一些其他行为的排他性权利，例如使用受专利[439]或设计权[440]保护的产品或方法，或将受著作权或邻接权保护的具体内容出租[441]或向公众展示。[442]

如果没有被特定例外排除，[443]具体内容还可能包括修复受保护产品或替换产品的部分，该替换可能构成或包括制造一个受保护的产品。[444]

50 数据库权进一步包括将受保护数据库的内容提供给公众的排他性权利，包括通过发行、出租或传输以及以任何方式将其传送给另一媒体等。[445]

在商标权案例中，具体内容原则上还包括在相关产品上附加或重加标志[446]的排他性权利，但当产品已经被所有权人或经所有权人同意投放于欧洲经济区市场中时，这些权利受到某些限制性条款的限制。[447]

这些排他性权利都受到一些例外和限制的规制，在下文中列出了这些

---

[438] 15/74 *Centrafarm v Sterling Drug* judgment §9，CJ（专利）；187/80 *Merck v Stephar* judgment §4，CJ（专利）；238/87 *Volvo v Veng* judgment §8，CJ（外观设计）；235/89 *Commission v Italy* judgment §17，CJ（专利和植物育种者权利）；C-316/95 *Generics v Smith*，*Kline & French* judgment §20，CJ（专利）；23/99 *Commission v France* judgment §42，CJ；87/54 指令第 5 条；2009/24 指令第 4 条（a）项、（b）项；2006/115 指令第 6 条、第 7 条；98/71 指令第 12 条；6/2002 条例第 19 条；《统一专利法院协议》第 25 条（a）项。

[439] 《统一专利法院协议》第 25 条（a）项、（b）项；《与贸易有关知识产权协定》第 28 条第 1 款（a）项。

[440] 98/71 指令第 12 条第 1 款；6/2002 条例第 19 条第 1 款。

[441] 2006/115 指令第 3 条（见第六章 6.17）；2009/24 指令第 4 条第 1 款（c）项（计算机程序）。

[442] 2001/29 指令第 3 条第 1 款，见 6.12。

[443] 关于维修和部分替换的例外，见 1.53（外观设计），1.54（计算机程序），1.72（商标），以及第六章 6.16q（著作权和邻接权）。

[444] 见 *Schutz v Werit*，UKSC，包括引用的德国案例。

[445] 96/9 指令第 7 条；C-304/07 *Directmedia Publishing v Albert-Ludwigs-Universität Freiburg* judgment §§34–36，CJ；C-545/07 *Apis-Hristovich v Lakorda* judgment §41，CJ；见第六章 6.24。

[446] 2008/95 指令第 5 条第 3 款（a）项；207/2009 条例第 9 条第 2 款（a）项；51/75 *EMI v CBS* judgment §23，CJ；102/77 *Hoffmann-La Roche v Centrafarm* judgment §8，CJ；3/78 *Centrafarm v American Home Products* judgment §17，CJ；C-349/95 *Loendersloot v Ballantine* judgment §§26–27，CJ；C-379/97 *Pharmacia & Upjohn v Paranova* judgment §17，CJ；C-143/00 *Boehringer Ingelheim v Swingward* judgment §§13–14，29，CJ；比较参照 1/81 *Pfzer v Eurim-Pharm*（具体内容不包括反对在不附加所有人标志的情况下使用额外外部包装的权利）。

[447] 见下文第七章 7.20—7.24。

例外和限制，通常需要参照涉及的具体权利[448]和一般知识产权，[449]包括在本章下节中讨论的权利用尽这一重要原则。

1.49 反对侵权的权利

知识产权的具体内容进一步包括在未经所有权人或与所有权人有经济联系的企业同意的情况下，针对投放于欧洲经济区市场的受保护产品或附着受保护标志的产品，反对侵权行为的权利。上述未经同意而投放于欧洲经济区市场的产品包括：[450]

a. 被第三方非法投放于欧洲经济区市场的产品；

b. 合法投放于欧洲经济区市场的产品，但被另一欧洲经济区成员国内的一个未经许可的第三方投放，所有权人并没有相应权利，[451]或者被另一 51
欧洲经济区成员国内某第三方根据某针对该所有权人的相应权利的强制许可而投放的，[452]或者被第三方依据不为所有权人或与所有权人有经济联系的企业所拥有的相应权利而投放的[453]（即使相应权利具有共同的根源，因为两者曾被同一企业所有）；[454]

c. 合法或经所有权人或与所有权人具有经济联系的企业同意投放于欧

[448] 1.51（专利），1.53（外观设计和半导体拓扑图），1.54（计算机程序），第六章 6.10—6.11 以及 6.14—6.17（著作权和邻接权），6.24（数据库权），以及第七章 7.13 和 7.18—7.25（商标）。

[449] 1.58（范围外利用的准备活动），1.57（信息社会例外），1.59—1.73（权利用尽），以及 1.74—1.75（人为划分市场和歧视）。

[450] 15/74 *Centrafarm v Sterling Drug* judgment §9，CJ；187/80 *Merck v Stephar* judgment §4，CJ.

[451] 24/67 *Parke, Davis v Probel*，CJ；15/74 *Centrafarm v Sterling Drug* judgment §11，CJ（相应权利根据成员国立法无法使用）；341/87 *EMI Electrola v Patricia*，CJ（相应权利过期）。有人认为当另一成员国的保护是可获得的，但所有人并未寻求，并未维持，或并未执行时情况可能有所不同（见 Oliver, *Free Movement of Goods in the European Community*, 4th edn, §8.207, note 648 and §8.208），但这很难与 C-9/93 *Ideal-Standard*，CJ 的判决相一致（除非它根据的是违反《欧盟运行条约》第 101 条和第 102 条的合同或滥用支配地位）。人们认为，欧盟法院更倾向于认为决定性因素是所有人是否真的同意在 EEA 市场中进行销售，见 1.67。

[452] 19/84 *Pharmon v Hoechst*，CJ.

[453] 15/74 *Centrafarm v Sterling Drug* judgment §11，CJ.

[454] C-10/89 *HAG II*，CJ（推翻了 192/73 *HAG I*，CJ）；C-9/93 *Ideal-Standard*，CJ；但要比较参照 177/83 *Kohl v Ringelhan & Rennett*，CJ，关于不正当竞争，以及 *Doncaster Pharmaceuticals Group v The Bolton Pharmaceutical Company* §78，EWCA。

洲经济区以外市场，但未经该等同意进口到欧洲经济区市场的产品。[455]

当受保护的产品或附着受保护标志的产品未经所有权人同意被带入欧洲经济区，并继续进行针对欧洲经济区消费者的商业行为，例如向欧洲经济区消费者销售，提供销售或广告，也将侵犯欧洲经济区的知识产权。[456]

当基于正当权利的强制许可对于第三方是可获取的时，知识产权的实质内容会有明显的改变。在这种情况下，所有权人只保留获取公平回报的权利，其反对侵权行为的权利受到相应限制。[457] 这一概念可适用于受FRAND承诺约束的专利[458] 以及著作权和邻接权，这些行为在向所有权人付出公平报酬之后将会被允许。[459]

> 要使其完美就需要侵犯某些权利。[460]

### 1.50　专利：受保护的产品和方法

可以将合同限制正当化的专利的范围扩展至在其有效请求范围之内的
52 产品，[461] 但不包括有效请求范围之外的产品，即使向未经授权利用专利的

---

[455] C-355/96 *Silhouette v Hartlauer*, CJ; C-173/98 *Sebago v GB-Unic* judgment §21, CJ; C-414, 415, 416/99 *Zino Davidoff v A&G Imports* judgment §33, CJ; C-244/00 *Van Doren + Q* judgment §26, CJ; C-16/03 *Peak Holding v Axolin-Elinor* judgment §36, CJ; *Sony Entertainment v Nuplayer*，关于何种程度构成统一，见1.67，比较参照11-697 *Kirtsaeng v John Wiley*, USSC（美国的著作权在著作权所有者美国以外子公司的图书销售中用尽），11-57137 *Omega v Costco Wholesale*, USCA9 EWHC（在手表上雕刻作品的美国著作权在向美国以外的授权经销商销售中用尽）。

[456] C-98/13 *Blomqvist v Rolex* judgment §§32–35, CJ.

[457] 434/85 *Allen & Hanburys v Generics*, CJ.

[458] C-170/13 *Huawei v ZTE* opinion §65, CJ（未决案件）；另参见第三章3.38和3.46。

[459] 见第六章6.16和6.17。

[460] Mathély, *Le Nouveau Droit Français des Brevets d'Invention*（1991）423（作者翻译）。

[461] 193/83 *Windsurfing International v Commission* judgment §§23–36, 54–59, CJ，另参见第五章5.112。专利索赔请求的范围经过了一些争议，尽管在《欧洲专利公约》第69条及其解释的议定书中尝试统一意见，但传统上英国法院采取比德国和荷兰法院更加狭义的观点；见*Kirin Amgen v Hoechst Marion Roussel*, UKSC; *PLG Research v Ardon*, EWCA; Alastair Wilson, Jonathan D. C. Turner, Rory Sullivan, Marks, & Clerk, *European Patent Infringement Cases*（Trenton, 1999）; Jonathan D. C. Turner, 'Purposive construction: seven reasons why Catnic is wrong'[1999]EIPR 531; Matthew Fisher, 'New Protocol, same old story? Patent claim construction in 2007; looking back with a view to the future'[2008]IPQ 133。

人供应它们可能构成间接侵犯专利权。[462]

专利的具体内容也包括体现在权利请求中的方法[463]和直接使用该方法制造的产品。[464]

当一个诉讼请求是针对具有发明特性的生物材料或能产生具有发明特性的生物材料的方法时，欧盟法对其的保护扩展至任何通过对该生物材料进行繁殖或增殖而获得的具有同样特性的生物材料，或者通过该方法直接获得的生物材料。[465]

当诉讼请求针对的产品包含遗传信息时，欧盟法对其的保护扩展至所有与该产品结合在一起的、含有该基因信息且执行其功能的所有材料，但不扩展至基因信息已经不再执行功能的材料。[466]

然而，这种保护[467]并不会扩展至通过繁殖或增殖获得的生物材料，如果它是已进入市场的生物材料应用的必然结果，但如此获得的材料其后不能用于其他繁殖或增殖。[468]

另外，植物繁殖材料、种畜或其他动物繁殖材料，由其专利权所有人 53
或经所有人同意，向农民出售或进行商业化的行为，意味着授权农民在自己农场上为繁殖或增殖而使用其收获的产品，农民可以将受保护的牲畜为农业目的而使用，但授权不包括在该范围内销售或为商业性繁殖活动目的

[462] 193/83 *Windsurfing International v Commission* §§23–36 and 54–59，CJ，支持 83/400 *Windsurfing International* §B.I.1（b）（cc），EuC 判决。另参见 *Syntex*，EuC。当第三方向一个未经授权利用已注册专利发明的人为实施发明供应或提出供应手段，该手段与发明的实质因素相关，第三方知道或应该知道该手段适合或目的在于将发明付诸实施时，根据《统一专利法院协议》起诉的欧盟和统一专利被间接侵犯，见第 26 条。

[463] 这在《与贸易有关知识产权协定》第 28 条第 1 款（b）项中有所规定，在《统一专利法院协议》第 25 条（b）项关于统一专利的部分也有所规定。关于针对制造药物用于治疗应用中使用的一种物质的“Swiss form”请求和针对在治疗应用中使用的一种物质的 EPC 2000 请求的范围，见 *Warner-Lambert v Actavis*，EWHC，和 *Novartis v Sun Phamaceuticals*，Gerechtshof den Haag，discussed by Mike Snodin，‘When public policies collide：the battle to enforce second medical use patents for drugs in Europe’，*Scrip Regulatory Affairs*，March 2015，page 1。

[464] C-316/95 *Generics v Smith*，*Kline & French* judgment §20，CJ；15/74 *Centrafarm v Sterling Drug* judgment §9，CJ；《欧洲专利公约》第 64 条第 2 款；《与贸易有关知识产权协定》第 28 条第 1 款（b）项；98/44 指令第 8 条第 2 款；《统一专利法院协议》第 25 条（c）项。

[465] 98/44 指令第 8 条。

[466] 98/44 指令第 9 条；C-428/08 *Monsanto Technology v Cefetra*，CJ。

[467] 如 98/44 指令第 8 条、第 9 条中规定，见下文两小段。

[468] 98/44 指令第 10 条。

而使用的行为。[469]

1.51　专利：保护的例外

《统一专利法院协议》[470] 规定专利授予的排他性权利不能延及以下内容：

a. 为非商业目的而私下进行的行为。[471]

b. 为与专利发明具体内容有关的实验目的而采取的行动。[472]

c. 为培育、发现或开发其他植物品种而对生物材料的使用。[473]

d. 为建立等价于人和动物药物的仿制药而进行的研究、试验和测试，该药物已经获得了在欧盟成员国销售的授权，因此安全测试、临床前和临床试验无需再重复。[474]

e. 药房根据某一个个案的医疗处方临时制备药物。[475]

f. 在专利尚未生效的国家的船舶、航空器或车辆的机器中使用已注册为专利的发明，当它们属于暂时或意外地进入该专利生效的国家的水域、领空或领土时。[476]

g. 在满足某些条件和限制的情况下，农民在自己农场上为繁殖而利用其收获的产品，当植物繁殖材料是被专利权所有人或经其同意以农业使用为目的向农民销售或用于商业化的。[477]

54 h. 农民为农业用途（不用于商业再生产）使用受保护的牲畜，只要该种畜或生产材料是由专利权所有人或经其同意向农民出售或进行商业化行

---

[469] 98/44 指令第 11 条，另参见 1.51g—h。

[470] 关于《统一专利法院协议》，见 1.11。

[471] 《统一专利法院协议》第 27 条（a）项。

[472] 《统一专利法院协议》第 27 条（b）项。

[473] 《统一专利法院协议》第 27 条（c）项。

[474] 《统一专利法院协议》第 27 条（d）项。参考 2001/82 指令（经修订）第 13 条第 6 项，以及 2001/83 指令（经修订）第 10 条第 6 款。在关于安全测试、临床前和临床试验的数据中保护秘密信息这一条款也受到这一指令的规制：见 1.24。防止仿制药供应商从这些条款中获益的努力可能导致支配地位的滥用：见第三章 3.39。

[475] 《统一专利法院协议》第 27 条（e）项，这种例外也扩展至如此准备的药物的相关行为。

[476] 《统一专利法院协议》第 27 条（f）—（h）项；《国际民用航空公约》（*Convention on International Civil Aviation*）第 27 条；《保护工业产权巴黎公约》第 5 条之三。

[477] 《统一专利法院协议》第 27 条（i）项，条件和限制在 2100/94 条例第 14 条中有所规定。另参见 1.51（最后一小段）。

为的。[478]

i. 2009/24 指令所允许的有关计算机程序和源自计算机程序信息的行为。[479]

j. 98/44 指令所允许的有关生物材料的行为。[480]

根据成员国专利法可能存在类似的例外。

当专利和植物新品种权发生冲突时，欧盟法律还以支付适当使用费为条件，规定了强制许可和交叉许可。[481] 下文中将讨论对专利权的进一步限制。[482]

1.52　外观设计和半导体拓扑图：受保护的产品

在欧盟注册的外观设计或未注册的共同体外观设计所授予的保护范围[483] 包括无法使知情用户产生总体不同视觉印象[484] 的外观设计，同时也要将设计者在开发设计时的自由度纳入考量。[485] 看上去这一标准与决定某设计是否符合受保护条件的标准是等同的。[486]

在这一语境中“知情用户（informed user）”的概念是介于商标事项的一般消费者（他们无需具有特定知识，一般来说也不需要对相冲突的商标

---

[478] 《统一专利法院协议》第 27 条（j）项，见 1.51（最后一小段）。

[479] 《统一专利法院协议》第 27 条（k）项，见 1.54 和 1.58。

[480] 《统一专利法院协议》第 27 条第 1 款，见 1.50。

[481] 98/44 指令第 12 条。

[482] 1.58（范围外利用的准备活动），1.57（信息社会例外），1.59—1.73（权利用尽），以及 1.74—1.75（人为划分和歧视）。

[483] 对于未注册的共同体外观设计，保护仅限于保护范围之内的外观设计，必须限于从受保护外观设计中复制的，与注册外观设计相反，它们被保护以防止之后的外观设计侵权，只要属于其保护范围之内的，即使是独立创造的：6/2002 条例第 19 条。

[484] 关于标准的视觉性质，见 T-9/07 *Grupo Promer Mon Graphic v OHIM* §50，GC（在 C-281/10P，CJ 中被支持）。

[485] 98/71 指令第 9 条；6/2002 条例第 10 条；T-9/07 *Grupo Promer Mon Graphic v OHIM* §§71–85，GC（在 C-281/10P，CJ 中被支持）；T-357/12 *Sachi Premium-Outdoor Furniture v OHIM* §§19–24，GC。成员国法院在使用这些条款时有所不同，见 David Stone，‘Some clarity，some confusion：12 *P&G v Reckitt Benckiser* decisions help explain registered Community designs’（2008）JIPLP 376。

[486] 见 C-101，102/11P *Neuman v OHIM*，CJ. 人们认为 *Procter & Gamble v Reckitt Benckiser* EWCA 的决定在这一点上是错误的。关于外观设计的保护标准见 1.19。

进行直接比较）以及本行业具有详细技术专长的专家之间的用户群体。[487]
55 设计者的自由度可以受到技术功能或者法定要求的限制，而受到这些限制的特点将不会引起知情用户的注意，[488] 但与是否受到设计趋势的“限制”无关。[489]

外观设计也可能受到未统一的保护未注册外观设计的法律[490] 以及著作权法律[491] 和不公平竞争法律[492] 的成员国立法保护。如果外观设计通过欧盟著作权法保护的条件得到满足，这种保护不能基于它属于已经注册为或者可以注册为外观设计而被排除。[493] 但是，根据欧盟法律，施加对于达成相关保护的合法目标非必要的限制是不正当的。[494]

在欧盟内，必须对半导体拓扑图加以保护，以防止其全部或任何原创[495] 部分[496] 被复制，但该保护不能扩展至拓扑图本身以外的任何概念、过程、系统、技术或编码信息；[497] 也不包括为分析、评估或教学目的而复

---

[487] C-281/10P *Grupo Promer Mon Graphic v OHIM* judgment §§53–61，CJ；C-101，102/11P *Neuman v OHIM* judgment §§53–68，CJ；T-337/12 *El Hogar Perfecto dle Siglo XXI v OHIM* §§21–30，GC；T-83，84/11 *Anthrax It v OHIM* §§36–42，GC.

[488] T-9/07 *Grupo Promer Mon Graphic v OHIM* §§66–70，78，GC（upheld in C-281/10P，CJ）；T-337/12 *El Hogar Perfecto dle Siglo XXI v OHIM* §§31–39，GC；T-83，84/11 *Anthrax It v OHIM* §§44–52，GC.

[489] T-357/12 *Sachi Premium-Outdoor Furniture v OHIM* §§19–24，GC.

[490] 在英国，外形或结构的原始特征（未被“必须适用”“必须相配”或其他例外排除适用）可以得到 10 年的保护，从其首次销售那一年的年底算起（或 15 年，从其首次记录那一年的年底算起，如果后者更早），以防止精确或实质上复制相同外观设计：见 1988 年《版权、外观设计和专利法》Part Ⅲ。

[491] C-168/09 *Flos v Semeraro*，CJ.

[492] 6/81 *Industrie Diensten Groep v Beele*，CJ.

[493] 98/71 指令第 17 条；C-168/09 *Flos v Semeraro* judgment §§36–44，CJ。关于根据欧盟著作权法保护的条件，见 1.22 和第六章 6.03。

[494] 6/81 *Industrie Diensten Groep v Beele* judgment §§10–13，CJ（只有在侵权没有任何理由的与原创产品实际上相同，从而引起不必要的误导时，才能根据反不正当竞争法来合法禁止模仿）。

[495] 就是其创作者自身的智力工作成果，并且不属于半导体行业平常存在的。

[496] 87/54 指令第 5 条第 1 款和第 2 条第 2 款。相同条款在《保护集成电路知识产权的华盛顿条约》中也有规定，并且必须被世界贸易组织成员方根据《与贸易有关知识产权协定》第 35 条适用。

[497] 87/54 指令第 8 条。

制的行为；[498] 也不包括在该分析或评估基础上创造的原创拓扑图。[499]

1.53 外观设计和半导体拓扑图：保护的例外

不能援引一个欧盟或成员国的注册外观设计以及欧盟未注册外观设计来对抗：

a. 为非商业目的而私下进行的行为。[500]

b. 为实验目的而采取的行动。[501]

c. 为引用或教学目的的再生产，前提是符合公平贸易惯例，不过分损 56
害外观设计的正常使用，并注明出处。[502]

d. 在另一个国家注册的船舶和航空器上使用的设备，在其临时进入外观设计生效的欧盟或成员国时，为维修该设备或进行维修而进口的备件和配件。[503]

如同 1.19 所述，外观设计专利提供的保护不适用于外观特征仅由其功能决定，或外观特征必须如此设计以匹配共同操作的产品这两种情形。此外，在进一步的欧盟立法出台之前，对于一个共同体注册的或未注册的外观专利的保护并不包括对某个复杂产品的一个组成部分设计的保护，如果该部分是为修复该产品而复原其原始外观，[504] 欧盟成员国在成员国注册外观设计的保护中对于这一部分必须保持与上述一致的例外，只有在目的是为这一部分的市场自由化时才能做出改变。[505]

根据欧盟法，对外观设计权利的进一步例外和限制将在下文中讨论。[506]

1.54 计算机程序：受保护标的具体内容和例外

根据欧盟法，计算机程序中的著作权包括做出或授权针对计算机程序的永久或临时复制的排他性权利，无论程序以何种形式表达，是部分或整

[498] 87/54 指令第 5 条第 3 款。

[499] 87/54 指令第 5 条第 4 款、第 2 条第 2 款、第 5 条第 3 款。

[500] 98/71 指令第 13 条第 1 款（a）项；6/2002 条例第 20 条第 1 款（a）项。

[501] 98/71 指令第 13 条第 1 款（b）项；6/2002 条例第 20 条第 1 款（b）项。

[502] 98/71 指令第 13 条第 1 款（c）项；6/2002 条例第 20 条第 1 款（c）项。

[503] 98/71 指令第 13 条第 2 款；6/2002 条例第 20 条第 2 款。

[504] 6/2002 条例第 110 条。

[505] 98/71 指令第 14 条。

[506] 1.58（范围外利用的准备活动）、1.57（信息社会例外）、1.59—1.73（权利用尽），以及 1.74—1.75（人为划分和歧视）。

体，涉及范围包括加载、显示、运行、传输或存储，只要它们是复制所必需的。[507] 它还包括作出或授权作出针对计算机程序的任何变更[508]，复制程序结果，以及进行任何形式发行的排他性权利，包括向公众出租该程序或程序复本。[509]

但是，在没有具体合同条款的情况下，某合法获取计算机程序的人根据其意图的使用目的，为使用计算机程序所必需，所作出的复制和变更，包括纠正错误，不需要著作权所有权人的授权。[510] 此外，拥有合法使用权的人为使用计算机程序而作出的必要的备份副本行为，合同不能禁止。[511]

57 保护计算机程序的例外将在下文中进一步讨论。[512]

1.55　著作权、邻接权和数据库权：保护内容和例外

著作权保护通常会延伸至受保护作品的任何部分，因为它们属于作者自己的智力创作。[513] 根据欧盟法，邻接权也延伸至受保护具体内容的某些部分，[514] 尽管确定这些具体内容中哪些部分受保护的标准并未得到详细说明。

对数据库权的保护主要涉及对数据库内容的实质性部分进行利用的行为，判定是不是实质性内容应经定性或定量检验，根据作者在获取、检验核实或表述输出方面所作出的投入来判定。[515]

在第六章中进一步讨论了根据欧盟法对著作权、邻接权和数据库权保护的合法范围以及例外。[516] 下文列出的信息社会例外[517] 和本章下一节所

---

[507]　2009/24 指令第 4 条第 1 款（a）项。

[508]　2009/24 指令第 4 条第 1 款（b）项。

[509]　2009/24 指令第 4 条第 1 款（c）项。

[510]　2009/24 指令第 5 条第 1 款。

[511]　2009/24 指令第 5 条第 2 款。

[512]　1.58（范围外利用的准备活动）、1.57（信息社会例外）、1.59—1.73（权利用尽）和 1.74–1.75（人为划分市场和歧视）。

[513]　C-5/08 *Infopaq International v Danske Dagblades* judgment §§39，44–48，CJ；C-406/10 *SAS Institute v World Programming* judgment §65，CJ；C-355/12 *Nintendo v PC Box* judgment §22，CJ. 见第六章 6.03。

[514]　2001/29 指令第 2 条。关于邻接权，见脚注 243。

[515]　96/9 指令第 3 条、第 7 条；C-203/02 *The British Horseracing Board v William Hill*，CJ；C-46/02 *Fixtures Marketing v Oy Veikkaus*，CJ；C-545/07 *Apis-Hristovich v Lakorda* judgment §§61–62，CJ。

[516]　6.08—6.25。

[517]　1.57。

讨论的权利用尽[518]也同样适用。

1.56　品牌的保护：范围

一个注册商标保护的具体内容涉及与其足够相似以至于可能产生混淆风险的其他标志和产品。[519]如果商标具有声誉，其合法范围也可能延伸至不会引起混淆风险的标志，以及具有相同标志的不同产品，[520]对标志的使用在没有合理原因的情况下不合理利用了或有损于受保护标志的显著特征或声誉。[521]

在下列情况下，商标的合法保护同样包括在比较广告中使用相同或类似标志：有可能出现混淆；或败坏或诋毁该标志；或不正当地利用该标志的 58
声誉，包括其他产品或服务被表述为在该商标下出售的产品或服务的仿制品或复制品。[522]

根据欧盟法，依据保护原产地标志来限制以下行为是正当的：使用受保护的名称，并伴随例如“方式（style）”或“方法（method）”等表达；[523]在同类产品中使用受保护的名称；在不具有可比性的产品上使用受保护的名称；[524]以类似名称来唤起消费者印象，即使没有造成混淆的可能。[525]

---

[518]　1.59—1.73。

[519]　2008/95 指令第 5 条第 1 款；207/2009 条例第 9 条第 1 款（a）—（b）项。另参见 82/987 *Toltecs and Dorcet Trade Marks* §II.3.A（d）-（f），EuC，在 35/83 *BAT v Commission* §§40-44，CJ 中根据其他理由得到支持（可能要求严重的混淆风险来正当化一个合同限制）。

[520]　在分别的标志之间可能有足够的视觉、听觉或观念上的相似，以至于相关行业的公众可能在双方之间建立起一个联系：C-408/01 *Adidas-Saloman v Fitness World* judgment §§28-31，CJ。

[521]　根据 2008/95 指令第 5 条第 2 款，这一保护在成员国商标案例中是允许的，在共同体商标案例中，被 207/2009 条例第 9 条第 1 款（c）项授权允许，然而 C-10/89 *HAG II* judgment §15，CJ 可能被引用来支持具体内容限于可能引起混淆的相似产品这一观点。关于不正当利用或破坏显著特点或声誉的概念，见 C-487/07 *L'Oréal v Bellure*，CJ，以及第七章 7.14—7.17。

[522]　2006/114 指令第 4 条（d）项、（f）项、（g）项和（h）项；C-487/07 *L'Oréal v Bellure* judgment §§66-80，CJ；见第七章 7.17—7.18。

[523]　1151/2012 条例第 13 条第 1 款（b）项，在 C-306/93 *SMW Winzersekt*，CJ 中被支持（之前的条款）。《与贸易有关知识产权协定》第 23 条要求世界贸易组织成员方为葡萄酒或烈酒地理标志提供这类保护。

[524]　1151/2012 条例第 13 条第 1 款（a）项；见 T-53 to 56，58，59/04 *Budejovicky Budvar v OHIM* §§175-176，GC。

[525]　1151/2012 条例第 13 条第 1 款（b）项；C-87/97*Consorzio per la Tutela del Formaggio Gorgonzola v Kaserei Champignon Hofmeister* judgment §§25-30，CJ；C-216/01 *Budejovicky Budvar v Rudolf Ammersin* judgment §§99-103，CJ。这一保护相比对商标的保护更加广泛（见 C-87/97 *Consorzio per la Tutela del Formaggio Gorgonzola v Kaserei Champignon Hofmeister* judgment §§40-42）或《巴黎公约》第 10 条之二或者《与贸易有关知识产权协定》第 22 条的要求。

原产地标志要求在生产地区进行装瓶、切割或包装的条件可能是正当的。[526]

品牌权利的合法范围将在第七章中进一步讨论。[527]适用于品牌权利以及其他知识产权权利的进一步例外或限制将在下文讨论。[528]

## 1.57 信息例外

欧盟立法规定，信息社会[529]服务提供者对以下活动没有责任：

a. 信息传输（包括自动、中间性和短暂存储），[530]如果服务提供者仅仅
59 是“纯粹提供途径（mere conduit）”，只要在传输过程中其非主动传输，或选择接收者，或修改包含的信息。[531]

b. 缓存，即单纯为了继续传输更加有效的目的自动、中间性和短暂存储信息，前提是其没有更改信息，遵守了获得信息的条件和更新信息的行业惯例，不干预为获得有关信息使用的数据而合法使用标准技术，以及在得知原始信息已经被移除或禁止访问，或法院或行政机关已下令移除或禁止访问时迅速地移除或禁止访问该信息。[532]

c. 根据信息存储服务接受者的请求存储信息（托管），前提是服务的接受者并非在提供者的授权或控制下进行活动，[533]且服务提供者对非法活动或信息不知情，就损害赔偿而言，提供者没有意识到存在明显的违法活动或信息的事实或情况；并且其在得知或意识到之后迅速地移除了或禁止访问该信息。[534]

最后一个例外适用于当服务仅仅是具有技术性的、自动的以及被动的性质时。[535]这包括搜索引擎条款，搜索引擎在人们使用广告客户选择

---

[526] 见第七章 7.29。

[527] 7.08—7.46。

[528] 1.58（范围外利用的准备活动）、1.57（信息社会例外）、1.59—1.73（权利用尽），以及 1.74—1.75（人为划分市场和歧视）。

[529] 例外包括不由服务接受者付款的信息社会服务，只要它们构成一个经济活动：2000/31 指令序言第 17—18 段；C-291/13 *Papasavvas*, CJ；C-484/14 *McFadden*, CJ（未决）。

[530] 2000/31 指令第 12 条第 2 款。

[531] 2000/31 指令第 12 条第 1 款。

[532] 2000/31 指令第 13 条第 1 款。

[533] 2000/31 指令第 14 条第 2 款。

[534] 2000/31 指令第 14 条第 1 款；C-324/09 *L'Oréal v eBay* judgment §§118-124, CJ。

[535] C-236 to 238/08 *Google France and Google* judgment §113, CJ；C-324/09 *L'Oréal v eBay* judgment §112, CJ.

的关键词进行搜索时，显示赞助商广告，也包括电子交易平台条款，平台在人们使用卖方选择的关键词进行搜索时，显示所提供的销售；除非服务提供商在选择使用的关键词、起草广告[536]或提供销售促销时也发挥了作用。[537]

这些条款并不妨碍法院或主管机构要求服务提供商终止侵权，[538]欧盟成员国在这种服务被用于侵犯知识产权时，必须提供此类救济。[539]然而，欧盟成员国不能对这些服务的提供者施加一般性的义务，要求他们监控其传输或存储的信息，或要求他们搜寻表明非法活动的事实或情况。[540]

欧盟成员国可以为服务提供商设立义务，要求他们及时将可疑非法活 60
动或服务接受者提供的服务信息通知公共主管机构或在公共主管机构要求识别存储服务的接受者时，将信息传达给主管机构。[541]

1.58 范围外利用的准备活动

对于能否合法限制与知识产权具体内容相关的活动，如果该活动本身不构成商业利用，或者构成商业利用但不属于受知识产权保护的范围（如在知识产权保护的领土范围以外或在知识产权保护期过期之后），不同人有不同看法。

一方面，人们认为知识产权的具体内容不包括反对通过一个欧盟成员国将产品运输到产品不会侵犯任何相应权利的市场的权利，[542]尽管产品的制造侵犯了原产地国家的相应权利。[543]另一方面，人们认为具体内容包括在权利仍然有效的时候，反对他人向监管当局提供受保护产品以在权利过

---

[536] C-236 to 238/08 *Google France and Google* judgment §§114–120, CJ.

[537] C-324/09 *L'Oréal v eBay* judgment §116, CJ.

[538] 2000/31 指令第 12 条第 3 款、第 13 条第 2 款、第 14 条第 3 款。

[539] 2001/29 指令第 8 条第 3 款；2004/48 指令第 11 条；C-314/12 *UPC Telekabel Wien v Constantin Film* judgment §37, CJ；C-324/09 *L'Oréal v eBay* judgment §§125–144, CJ。

[540] 2000/31 指令第 15 条第 1 款，这一义务也与 2004/48 指令第 3 条第 1 款以及《尼斯宪章》规定的基本权利冲突，见 1.47 讨论。

[541] 2000/31 指令第 15 条第 2 款，见 1.47。

[542] 23/99 *Commission v France*, CJ；C-115/02 *Rioglass*, CJ；C-405/03 *Class International v Colgate-Palmolive*, CJ；C-281/05 *Montex v Diesel*, CJ；C-446 and 495/09 *Koninklijke Philips Electronics and Nokia* judgment §§55–57, CJ；比较参照 C-383/98 *Polo/Lauren*, CJ；C-446 and 495/09 *Koninklijke Philips Electronics and Nokia* judgment §§58–78, CJ（过境货物必须被海关当局暂时扣留，在此期间，知识产权所有者有理由怀疑在欧盟境内可能被侵权而等待对其索赔要求的决定）。

[543] C-281/05 *Monte v Diesel* judgment §§33–41, CJ.

期后立即获取产品销售授权的权利。[544] 欧盟立法随后规定当一项专利仍然有效的时候，进行研究和试验以研制受专利保护的制药产品的等效药，意图一旦专利过期，就获取销售通用药授权的行为必须被允许。[545]

欧盟立法还规定，在计算机程序中拥有著作权的人不能反对有权使用该程序的人 [546] 来观察、研究或测试其功能，以确定其背后的想法和原理；[547] 在不会对著作权所有者的权利造成不合理的损害或与最初的程序正常使用冲突时，也不能反对由有权使用它的人进行复制，只要复制是为获
61 取实现其与另一个独立创建的程序相互操作的信息所必要的。[548] 两种软件之间可相互操作意味着它们之间相互交换信息以使它们能够按照设想的所有方式，而不限于它们之间单向关系来运行的能力。[549] 然而，实践中，要使逆向技术在可相互操作的程序中形成有效竞争可能太困难或太昂贵。[550]

### （四）权利用尽

#### 1.59 欧洲经济区内权利用尽原则

一旦一个产品被知识产权所有权人或经其同意或被与所有权人有经济联系的人合法投放 [551] 在欧洲经济区市场，[552] 根据欧盟法 [553] 销售的排他性

---

[544] C-316/95 *Generics v Smith, Kline & French*, CJ.

[545] 2001/82 指令（经修订）第 13 条第 6 款；2001/83 指令（经修订）第 10 条第 5 款。

[546] 有权使用的人即当其在许可范围内进行活动时，即使它做出这些活动的目标可能超出许可范围：C-406/10 *SAS Institute v World Programming* judgment §§47–62，CJ。

[547] 2009/24 指令序言第 14 段，该指令第 5 条第 3 款。

[548] 2009/24 指令序言第 15 段，该指令第 6 条；37792 *Microsoft* prohibition decision §§743–763，EuC 以及上诉案 T-201/04 *Microsoft v Commission*，interim order §213，final judgment §§225–226，GC。

[549] T-201/04 *Microsoft v Commission* final judgment §225；2009/24 指令序言第 10 段和第 12 段。

[550] 37792 *Microsoft* prohibition decision §§454–456，683–687，EuC，判决在上诉 T-201/04 *Microsoft v Commission*，GC 中被维持。

[551] 关于同意和联系的概念，见 1.67—1.68。在本段及之后段落中提及的被所有人或经其同意销售应当被认为也包括了被与所有人有经济联系的人销售。

[552] 欧盟领域内权利用尽原则扩展适用至整个欧洲经济区是通过《欧洲经济区协定》第 6 条、第 8 条、第 11 条和第 13 条以及议定书 28，对已存在欧盟知识产权立法的修改根据《欧洲经济区协定》第 65 条第 2 款和附件 17。

[553] 用尽原则针对不同权利在不同程度上被成员国立法所接受。除了国民待遇和最惠国待遇条款外，《与贸易有关知识产权协定》第 6 条排除了该协定针对这一问题的适用见 1.44。

权利已经用尽；使用知识产权来对该产品[554]在欧洲经济区内之后的销售[555]行使进一步控制，或获取额外的报酬，通常是不正当的。[556]

欧盟领域内用尽原则最初是通过欧盟法院在适用《罗马条约》中成员国间产品自由流通条款时确立的，即现在的《欧盟运行条约》第34条和第36条，[557]随后被《欧洲经济区协定》扩展至整个欧洲经济区适用。[558] 62
自那之后，它就被写入了统一成员国知识产权[559]和授予欧盟知识产权的立法[560]中，相关条款关于用尽的规定通常与《欧盟运行条约》第34条和第36条及其前身法律通过同种方式进行解释。[561]

这一重要原则在欧盟竞争法中也有所反映，它是针对被适用知识产权的所有权人或经其同意而投放于欧洲经济区市场的产品，通过认定针对该产品欧盟成员国间平行进口的合同限制为通常不符合《欧盟运行条约》第

---

[554]　只有关于被所有人或经其同意投放在市场的特定产品时权利才会用尽，并非针对所有产品都会权利用尽，因为所有人也会在欧洲经济区市场投放其他相似产品：C-173/98 *Sebago v GB-Unic*。

[555]　为此目的，销售行为也包括广告行为：337/95 *Parfums Christian Dior v Evora* judgment §§32-38, 49-59, CJ。

[556]　见脚注557中引用的案例以及脚注559和560中引用的立法；2014年《技术转让协议指南》第6段。关于本规则的例外，见1.69—1.70以及第七章7.20及下文。

[557]　78/70 *Deutsche Grammophon v Metro*, CJ; 15/74 *Centrafarm v Sterling Drug*, CJ; 16/74 *Centrafarm v Winthrop*, CJ; 58/80 *Dansk Supermarked v Imerco* judgment §11, CJ; 144/81 *Keurkoop v Nancy Kean Gifts* judgment §25, CJ; C-10/89 *HAG II* judgment §12, CJ; C-349/95 *Loendersloot v Ballantine* judgment §23, CJ; C-379/97 *Pharmacia & Upjohn v Paranova* judgment §13, CJ; C-355/96 *Silhouette v Hartlauer* judgment §18, CJ; C-63/97 *Bayerische Motorenwerke v Deenik* judgment §§29, 57, CJ; C-61/97 *FDV v Laserdisken judgment* §13, CJ; C-403, 429/08 *Football Association Premier League* judgment §§105-106, CJ; C-128/11 *UsedSoft v Oracle International* judgment §63, CJ.

[558]　见脚注552。

[559]　87/54指令第5条第5款（半导体拓扑图）；2009/24指令第4条第2款（计算机程序）；2008/95指令第7条（商标）；96/9指令第7条第2款（b）项（数据库权）；98/71指令第15条（外观设计）。

[560]　207/2009条例第13条（商标）；6/2002条例第21条（外观设计）；1257/2012条例第6条（统一专利）；《统一专利法院协议》第29条（欧盟专利包括统一专利）。

[561]　C-427, 429, 436/93 *Bristol-Myers Squibb v Paranova* judgment §§25-41, CJ; C-349/95 *Loendersloot v Ballantine* judgment §18, CJ; C-379/97 *Pharmacia & Upjohn v Paranova* judgment §30, CJ.但是，见1.61—1.62，针对2009/24指令关于计算机程序中的用尽条款可能有不同解释。共同体立法中的不同体系和术语，与《欧盟运行条约》第34条和第36条以及C-337/95 *Parfums Christian Dior v Evora* 判决相比，可能根据欧盟法支持一个关于用尽更宽泛的概念；见Jonathan D. C. Turner, 'Plus Royaliste que le Roi' [2000] EIPR 434, 439-440。

101 条的核心限制进行的。[562]

1.60　合同权利的用尽原则

欧盟法院 *UsedSoft* 案的决定可以被解读为认定权利用尽原则不仅排除了依赖知识产权来反对产品转售的权利，也排除了依赖任何合同权利来达成这一结果的权利。[563] 然而，更合理的观点为权利用尽是知识产权法的一项原则，在没有具体的立法规定的情况下，它不会直接使针对转售的合同限制无效。[564]

63 另一方面，如果适用的知识产权已经用尽，关于合同中对于转售的限制是否符合欧盟竞争法，必须在保护知识产权具体内容是不正当的这一基础上进行评估。[565] 如果没有这样的正当理由，对转售的限制在大多数情况下被认定为核心限制，[566] 尽管规定事先通知 [567] 和确认转卖人没有保留受保

---

[562]　56，58/64 *Consten and Grundig v Commission*，CJ；28/77 *Tepea v Commission*，CJ；258/78 *Nungesser v Commission*（*Maize Seeds*），CJ；90/38 *Bay-o-nox* §§57–61，EuC；第五章 5.96；第六章 6.30；以及第七章 7.60。关于"核心"这一术语见第二章 2.21，脚注 145。

[563]　C-128/11 *UsedSoft v Oracle International* judgment，特别是第 77 段，CJ。其他该判决的履行在 1.61—1.64 中讨论。如同在 1.62 中提到的，该判决中的判决和观察可能只适用于根据 2009/24 指令及其前身 91/250 指令关于计算机程序的案件，这些案件被法院认定为是关于 2001/29 指令的特别法（lex specialis）。

[564]　这一观点被事实支持，欧盟法院在 C-128/11 *UsedSoft v Oracle International* 判决中反复提及发行权的用尽，明显指的是根据 2009/24 指令第 4 条第 1 款（c）项由成员国著作权法授予的权利，而非一个甚或是根据合同限制而来的反对转售的一般权利。判决 §77 论及 UsedSoft 的情况，其从第一个收购人手中购买到产品，并不受第一个收购人合同义务的限制，这一段可以被理解为宣告 UsedSoft 是一个合法的收购人，有权转售该产品，尽管 Oracle 和第一个收购人签订的许可中的合同条款禁止转让许可，宣称许可是不能转让的（并非这些合同条款全部无效）。权利用尽直接使关于转让的合同限制无效的观点看起来缺少法律依据，并且与纵向协议集体豁免 330/2010 条例（以及其前身的相关条款）第 4 条（b）项（i）—（iv）目不符，这些条款允许针对转售的合同限制在某些特定情况下可以被豁免，不适用《欧盟运行条约》第 101 条第 1 款。这一观点也与欧盟竞争法长期以来接受的选择性分销体系不符，该体系中的授权经销商根据合同被限制向未授权经销商转让合同产品。相关案例见例如 26/76 *Metro v Commission* §§20–22，CJ；31/80 *L'Oréal v De Nieuwe AMCK* judgment §§15–16，CJ；C-349/09 *Pierre Fabre* judgment §§40–41，CJ；107/82 *AEG v Commission* judgment §§33–35，CJ；75/84 *Metro v Commission* judgment §45，54，CJ；T-88/92 *Leclerc v Commission* §§106–117，GC。

[565]　见 1.08。特别是，应该参考合同限制后果评估的反事实是转售不受知识产权限制的情况，参见第二章 2.16—2.17 的讨论。另参见第三章 3.14 以及第四章 4.26—4.27。

[566]　见脚注 562 中引用的主管机构，关于"核心限制"这一术语，见第二章 2.21，脚注 145。

[567]　对于因无法通知而构成侵权的实质性损害要求赔偿是符合欧盟法的，如果它反映了索赔人所遭受的损失：C-348/04 *Boehringer Ingelheim v Swingward* judgment §§55–64，CJ。

护产品的复本的要求可能在某些情况下是正当的，与欧盟竞争法相符。[568]

2009/24 指令的一个序言中指出，合法获取计算机程序的人对其的使用或改正不能被合同禁止，[569] 但这一指示似乎与该指令的实质性条款相抵触。[570] 另一方面，这一指令确实禁止了阻止合法取得人制作备份，观
察、研究或测试程序的功能来决定其要素背后的想法或原理，或在为获取 64
达到与另一独立创作的程序可互操作所必要的信息而进行反编译的合同限制。[571]

96/9 指令看上去禁止了可能阻止一个数据库的合法使用者为任何目的提取或重新利用其内容的非实质性部分的合同限制。[572]

1.61　对从网络上下载的计算机程序的适用

根据欧盟法，当一份计算机程序是从网上下载的，赋予下载者无期限[573] 地使用它的权利，作为报答，下载者需支付一定费用，以使著作权所

---

[568]　在 C-12/11 *UsedSoft v Oracle International* judgment §79，CJ 中，法院指出著作权所有者可以使用技术手段来制止转售人继续使用受保护产品的复本，有理由认为对这一效果的合同要求应当同样被认定为是正当的。

[569]　2009/24 指令序言第 13 段，在 C-12/11 *UsedSoft v Oracle International* judgment §76，CJ 中被引用。

[570]　2009/24 指令第 5 条第 1 款以“在没有具体合同条款的情况下……”开始，同样被 C-12/11 *UsedSoft v Oracle International* judgment §74，CJ 引用。另外，2009/24 指令第 8 条规定违反其第 5 条第 2 款、第 5 条第 3 款、第 6 条的合同条款应当是无效的，但并未规定违反第 5 条第 1 款时如何。相关的声明和实质性条款与其前身 91/250 指令一致，没有改变。看来在 91/250 指令立法通过期间对于实质性条款作出的修改并没有在前言中得到准确的反映：见 COM（88）816 final，Proposal for a Council Directive on the legal protection of computer programs；89/C 329/02，Opinion on the proposal for a Council Directive on the legal protection of computer programs；以及 COM（90）509 final，Amended proposal for a Council Directive on the legal protection of computer programs。在 COM（2000）199 final，Report from the Commission to the Council，the European Parliament and the Economic and Social Committee on the implementation and effects of 91/250 指令 / EEC on the legal protection of computer programs 中，欧盟委员会表达了这一观点，该指令目的在于允许控制合法取得人对计算机程序使用的合同条款，但不允许阻止符合其预期目的的使用的合同条款。但是，这一观点并未被最终通过的指令的实质性条款支持，关于欧盟立法中声明和实质性条款的法律层级，见第五章 5.21。

[571]　2009/24 指令第 5 条第 2 款、第 5 条第 3 款、第 6 条、第 8 条，见 1.54 和 1.58。

[572]　96/9 指令第 8 条第 1 款。由于这些活动不能被数据库权所限制，看上去这一条款必须指的是合同限制。

[573]　人们认为对于超出预期使用寿命的针对特定时期的软件许可将被同等对待，因为从经济角度考虑它相当于无期限。见 C-128/11 *UsedSoft v Oracle International* judgment §61，CJ。另一方面，如果许可具有更短的期限，则看上去情况会有所不同。

有者获取与该程序经济价值相当的报酬，这一份计算机程序被认定为是以用尽为目的进行销售的，尽管没有有形物品被转让，[574] 尽管所赋予的使用它的权利被表示为是不可转让的。[575]

当这样做是在计算机程序著作权所有权人同意的情况下时，其发行权（distribution right）已用尽，在转让方没有保留该计算机程序的可用副本的情况下，[576] 它不能再援引计算机程序中的著作权[577] 来反对向另一个用户转让这一份程序，也不能反对后一用户对这份程序的后续使用，[578] 也不能反对取得人出于使用它的需求而再下载新的版本。[579]

人们认为在这些情况中构成计算机程序著作权一部分的发行权的用尽不能依赖相关程序中的其他知识产权而被规避，欧盟立法中关于商标的
65 用尽条款[580] 和关于专利以及专有技术的用尽概念也应当据此进行相应解释，[581] 但这一点尚未被解决。

1.62　对从网络上下载的其他产品的适用

目前还不清楚同样的原则是否适用于从互联网上下载的计算机程序以外的产品。在 *UsedSoft* 案件中，欧盟法院驳回了针对下载的计算机程序的权利用尽被排除在 2001/29 指令的相应条款之外，因为 2009/24 指令的条款和其前身 91/250 指令关于合法保护计算机程序的条款构成了特别法这一论辩。[582] 这表明所下载的产品如果被 2001/29 指令或其他知识产权所保护

---

[574] C-128/11 *UsedSoft v Oracle International* judgment §72, CJ.

[575] C-128/11 *UsedSoft v Oracle International* judgment §§23, 77, 84, CJ.

[576] C-128/11 *UsedSoft v Oracle International* judgment §§70, 78, CJ. 著作权所有者被授权适用技术手段来确保它：*UsedSoft v Oracle International* judgment, §§79, 87, CJ。

[577] 关于合同权利的效果，见 1.60。关于这一原则是否适用于计算机程序以外的产品，见 1.62。

[578] C-128/11 *UsedSoft v Oracle International* judgment §§59, 77, 81, 84, CJ.

[579] C-128/11 *UsedSoft v Oracle International* judgment §85, CJ.

[580] 207/2009 条例第 13 条；2008/95 指令第 7 条。

[581] 见脚注 596，以及 C-337/95 *Parfums Christian Dior v Evora* judgment §58, CJ（瓶子和包装设计中的著作权可以被用于规避商标权用尽）。下载的计算机程序通常附着商标，并且经常包含机密专有技术。在一些案件中计算机程序受专利所保护，当其是关于将专利付诸实践的发明时，尽管根据 EPC（当前所有欧盟成员国都是缔约国）第 52 条第 2 款和第 3 款，总体上这些计算机程序在欧盟成员国中不能注册为专利：见 1.11 和 1.17。

[582] C-128/11 *UsedSoft v Oracle International* judgment §§51, 56, 60, CJ. 2009/24 指令是 2001/29 指令的特别法这一观点参见 C-355/12 *Nintendo v PC Box* judgment §23, CJ。比较参照 C-431, 432/09 *Airfeld and Canal Digitaal* judgment §44, CJ 中被重申（由于欧盟法令统一性和一致性的要求，93/83 指令必须根据关于知识产权的其他指令所建立的规则和原则来解释）。

时，情况可能有所不同。[583]

德国上诉法院随后的判决确认了受其他知识产权保护的产品不能被认定为权利用尽，该判决认为当电子版本被下载时，非计算机程序的其他作品的著作权并未用尽。[584] 这一观点似乎也被欧盟法院随后的裁决所支持，欧盟法院判定当某一图像的原始基底被销毁，但该图像已转移至另一基底的情况下，针对该图像的著作权仍然未用尽。[585] 但是，荷兰的一个一审法院得出了相反的结论。[586]特别是，2001/29 指令的序言第 29 段似乎拒绝承认当一个著作权作品（除计算机程序以外）被下载时，其著作权被用尽这一观点。然而，这一条款的效果可能大打折扣，因为其属于序言中的一段而不是实质性法律条款，[587]并且该条款模糊不清，或很难按照字面解释；[588] 66
而区别对待计算机程序和其他作品将很难用经济理由来解释，[589] 在实践中也容易引起适用困难。就此而论，或许可以说即使附着于计算机程序当中，图形作品、文字和音乐作品看上去依然应当被 2001/29 指令所保护；[590] 因此，区别对待计算机程序和其他作品，可能导致不同制度被适用于软件的不同要素。

同样，在涉及其他知识产权，如商标、专利和专有技术的权利用尽问题时，如何区别包含它们的计算机程序和包含它们的其他产品也同样很困

[583] 这一点在关于 3D 打印商业可用性的设计方面可能具有相当大的意义。

[584] 22 U 60/13 *Audio-books*, OLG Hamm.

[585] C-419/13 *Art & Allposters International v Stichting Pictoright* judgment §§32–47, CJ.

[586] *Nederlands Uitgeversverbond and Groep Algemene Uitgevers v Tom Kabinet*, Rb Amsterdam（随后被 Gerechtshof Amsterdam 根据其他理由推翻）。C-174/15 *Vereniging Openbare Bibliotheken*, CJ（未决），可能进一步阐明相关问题，但并非必须如此，因为它实质上是关于其他问题的：见第六章 6.17。另见 12 Civ 95 *Capitol Records v ReDigi*, SDNY（根据美国著作权法，当通过复制和删除重新销售数字化录像时，不适用权利用尽）；*Vernor v Autodesk* USCA9, 2010, cert den（根据禁止转让的许可供应打包软件时，美国著作权不能用尽）；比较参照 *UMG Recordings v Augusto* USCA9, 2011（供应仅为个人使用目的的促销光碟时，美国著作权用尽）。

[587] 见第五章 5.21。

[588] 顾问 Bot 在 C-128/11 *UsedSoft v Oracle International*, opinion §76, CJ 中将其描述为“不是没有歧义”，并且注意到如果按照字面解释将会太过分，因为它将不允许对实体媒体上提供的作品的线上销售适用权利用尽。

[589] 关于这一考量的意义，见 C-128/11 *UsedSoft v Oracle International* judgment §61, CJ。

[590] C-393/09 *Bezpečnostní softwarová asociace v Ministerstvo kultury*, CJ；C-355/12 *Nintendo v PC Box* judgment §§21–23, CJ.

难。[591] 如果像第1.61段所述，由于下载者根据相应的经济价值支付了对价，相关权利在下载计算机程序时已经用尽，下载者获得无限期的使用权，则可以合理推定针对包含知识产权的其他产品时也应如此，下载者同样根据相应的价值支付了对价，从而获得了类似的使用权，其他产品中的有关知识产权也必须同样用尽。

1.63　计算机程序的用尽和许可

计算机程序销售（无论是通过下载还是通过在物理媒介上进行传输）不能通过订立单独地赋予买方不可转让使用权的许可协议来避免，因为下载或传输程序和订立许可协议形成了一个不可分割的整体，因此必须以这样的整体来审查。[592]

另一方面，发行权的用尽并未允许一个为许多单个用户设立的单独许可的取得人分割该许可，向较少数量的用户转售该程序的使用权利。[593]

另外，权利用尽只允许程序的买方在转售时以其形式转售或使用；但
67 用尽并不适用于服务合同，例如维修协议，即使该合同是无期限的，且买方并没有获得任何由供应商维护或更新的权利，除非它与供应商订立一个新的达成此类后果的合同。[594]

1.64　只有在买方获得无期限的使用权，并支付与其经济价值相应的报酬作为回报时才会用尽

根据欧盟法院在*UsedSoft*案中的裁决，如果第一个取得人获得无期限的使用权，作为回报支付与其经济价值相应的报酬时，计算机程序的发行权用尽。[595] 看上去在许可有期限限制的情况下，权利并不会用尽。然而，人们认为，不能通过让该许可具有转让期限或具有一个有时间限制但超过

[591]　没有理由区分商标立法中用尽条款的不同（207/2009条例第13条；2008/95指令第7条），至于专利和保护专有技术欧盟立法，关于用尽没有具体的规定。也许可以认为计算机程序具有特别的特点，体现在关于其存在特定欧盟立法，因此当适用于计算机程序时，这些权利可能具有不同的具体内容。

[592]　C-128/11 *UsedSoft v Oracle International* judgment §44，47，84，CJ.

[593]　C-128/11 *UsedSoft v Oracle International* judgment §§69–71，86，CJ.

[594]　C-128/11 *UsedSoft v Oracle International* judgment §§66–68，CJ.

[595]　C-128/11 *UsedSoft v Oracle International* judgment §§45，49，63，72，CJ.

程序的使用寿命的期限来避免权利用尽。[596]根据惯例，在第一个取得人破产的情况下，许可是可终止或自动终止的，目前尚不清楚在这种情况中权利是否用尽。

另一方面，显然当第一个取得人使用程序的权利是有条件的，需要持续支付使用费[597]时，发行权并未用尽，因为这相当于出租，从而被明确排除适用用尽，[598]在这种情况下最初支付的价格并不构成与程序的经济价值相应的报酬。

1.65 只有在欧洲经济区内销售时才用尽

只有在一个产品实际上[599]在欧洲经济区内向一个独立企业出售时，其才被认定为以用尽为目的投放在市场。[600]下面几种情况不足以构成知识产权的用尽：以在欧洲经济区销售为目的进口到一个成员国；在欧洲经济区内公开发售；[601]经由欧洲经济区成员国运输；[602]在欧洲经济区内某商店橱
窗中展示；[603]作为促销产品免费提供；[604]在授权的零售网点以向消费者展 68
示为目的作为样品提供。[605]

1.66 向欧洲经济区以外的市场投放

当一个产品被欧盟知识产权所有权人或经其同意投放于欧洲经济区以外的市场时，欧盟法的一般原则并不要求因为销售而认定其为权利用尽；在欧洲经济区内对此类产品的进口和转售的限制原则上被认定为是为保护

---

[596] C-128/11 *UsedSoft v Oracle International* judgment §49，欧盟法院指出会使 2009/24 指令第 4 条第 2 款容易规避的解释应该被驳回。

[597] 假设它们是真实的，不是名义上的，它们是为了程序使用的，至少代表了其经济价值的一部分，而不是为了维护和更新。

[598] 2009/24 指令第 4 条第 2 款。

[599] 关于举证责任，见 C-244/00 *Van Doren + Q*, CJ；C-405/03 *Class International v Colgate-Palmolive* judgment §74, CJ。

[600] I ZR 92/78 *Musik-Vertrieb membran v GEMA*, BGH；HC05C02842 *Leofelis v Lonsdale Sports* §§190–200, EWHC（在之后 EWCA 的上诉中并未处理此问题）。

[601] C-16/03 *Peak Holding v Axolin-Elinor*, CJ.

[602] 23/99 *Commission v France*, CJ；C-115/02 *Rioglass*, CJ；C-405/03 *Class International v Colgate-Palmolive*, CJ.

[603] C-456/06 *Peek & Cloppenburg v Cassina*, CJ.

[604] C-495/07 *Silberquelle* judgment §§20–22, CJ；C-324/09 *L'Oréal v eBay* judgment §71, CJ.

[605] C-127/09 *Coty Prestige Lancaster Group* judgment §§43, 46–48, CJ；C-324/09 *L'Oréal v eBay* judgment §§72–73, CJ.

权利的具体内容而合法正当的。[606]

此外，统一成员国知识产权[607]或授予共同体知识产权[608]的现行欧盟立法要求不因在欧洲经济区外销售而被认定为权利用尽。[609]

这一立场不受产品是被投放在与欧盟有自由贸易协定的国家市场上这一事实影响。[610]另一方面，当欧盟统一立法不做相反要求时，欧盟或欧洲经济区成员国授予的国家知识产权，当产品在欧盟以外进行销售时，可能被认定为权利用尽。[611]欧盟可能会在将来通过立法，规定因在其他国家销售而知识产权用尽。[612]

69 1.67　同意

根据欧盟法，要导致权利用尽，所有权人同意在欧洲经济区内出售的行为必须明确表明其放弃排他性权利的意图。[613]当他是因强制许可而出售

---

[606]　51/75 *EMI v CBS*, CJ; T-198/88 *Micro Leader Business v Commission* §34, GC.

[607]　C-355/96 *Silhouette v Hartlauer*, CJ; C-173/98 *Sebago v GB-Unic*, CJ; C-414, 415, 416/99 *Zino Davidoff v A&G Imports*, CJ; C-172/09 *Coty Prestige Lancaster Group v Simex Trading* judgment §30, CJ［根据 89/104 指令（现 2008/95）第 7 条商标部分］; T-198/98 *Micro Leader Business v Commission* §§34, 54, GC［软件中的著作权根据 91/250 指令（现 2009/24），第 4 条（c）项软件中的著作权部分］; C-479/04 *Laserdisken v Kulturministeriet* judgment §§17–27, CJ（根据 2001/29 指令信息社会中的著作权和邻接权部分）; 比较参照 E-2/97 *Mag Instrument v California Trading Co*, EFTA［商标权在非欧盟国家但属欧洲经济区内的国际用尽问题，在未被 89/104 指令（现 2008/95）排除的情况下由成员国立法决定］; 以及 *Kirtsaeng v John Wiley*, USSC（因美国之外的著作权所有人销售而使美国著作权用尽）。

[608]　207/2009 条例第 13 条（商标）; 6/2002 条例第 21 条（外观设计）; 2100/94 条例第 16 条（植物新品种权）。人们认为这些条款应当与统一立法中的相应条款进行相同解释，关于此见脚注 607 中引用的案例。关于商标，这一点在 C-172/09 *Coty Prestige Lancaster Group v Simex Trading* judgment §46, CJ 中得到确认。

[609]　这一立法被认为与《与贸易有关知识产权协定》相一致，其第 6 条规定："就本协定项下的争端解决而言，在遵守第 3 条和第 4 条规定（国民待遇和最惠国待遇）的前提下，本协定的任何规定不得用于处理知识产权的权利用尽问题。"

[610]　C-270/80 *Polydor v Harlequin*, CJ.

[611]　例如，根据 EFTA 法院在 E-2/97 *Mag Instrument v California Trading Co* 中的裁定，在非欧盟成员国的欧洲经济区成员国中的商标案例。

[612]　C-355/96 *Silhouette v Hartlauer* judgment §30, CJ.

[613]　C-414, 415, 416/99 *Zino Davidoff v A&G Imports* judgment §45, CJ; C-59/08 *Copad v Christian Dior* judgment §42, CJ; C-324/08 *Makro v Diesel*, CJ; C-172/09 *Coty Prestige Lancaster Group v Simex Trading* judgment §§29, 36, CJ. 尽管这些案例是特别关于 89/104 指令（现 2008/95）第 7 条和 40/94 条例（现 207/2009）第 13 条第 1 款有关注册商标的，人们认为统一原则应当适用于其他知识产权的用尽问题。

时（即使其获得了使用费），[614] 或是因某真实存在的、现行的法律（而非仅仅是道德的）义务而出售时，所有权人不被认定为同意出售该产品。[615] 尚不清楚所有权人的雇员或代理人表面上在其权限范围内，但实际上在其权限范围外的情况下所作出的同意是否足够。[616]

举证责任通常落在主张同意存在的一方身上，[617] 但是如果被告证明其承担举证责任可能会导致分割国家市场的真实风险时，举证责任可能就已经被满足了。[618] 适用一般证明标准。[619]

同意通常被明确表示，但也可能根据实际情况推断，[620] 包括具有出口到欧洲经济区国家证明 [621] 或向全世界包括欧洲经济区出口，[622] 达到商业数量的销售。然而，不能仅仅根据所有权人沉默、没有作出警告、在欧洲经济区之外销售产品且不针对在欧洲经济区内转售进行合同限制，[623] 或者在欧洲经济区内销售或同意销售类似或相同产品 [624]，或者在另一个成员国内转让相应权利 [625] 就推断其同意。另一方面，产品包装上的“非卖品”声明，在其反映了所有权人认为产品不应被销售的意图的情况下，不符合在欧洲 70

[614] 19/84 *Pharmon v Hoechst*, CJ；比较参照 *Musik-Vertrieb membran v GEMA* §［5］, BGH。

[615] 267, 268/95 *Merck v Primecrown*, CJ.

[616] 见 *Mastercigars Direct v Hunters & Frankau* §28, EWCA。

[617] C-414, 415, 416/99 *Zino Davidoff v A&G Imports* judgment §54, CJ; C-405/03 *Class International v Colgate-Palmolive* judgment §74, CJ.

[618] *Van Doren +Q v Lifestyle sports* judgment §§37–42, CJ（商标权所有人需要证明产品最初是被投放在欧洲经济区以外的市场的，如此，举证责任转移回被告）。

[619] *Mastercigars Direct v Hunters & Frankau* §§17–23, EWCA; *Honda Motor Co v Neesan* §57, EWHC.

[620] C-414, 415, 416/99 *Zino Davidoff v A&G Imports* judgment §46, CJ; C-172/09 *Coty Prestige Lancaster Group v Simex Trading* judgment §§36–38, CJ.

[621] *Mastercigars Direct v Hunters & Frankau* §§45–50, EWCA.

[622] *Honda Motor Co v Neesan*, EWHC.

[623] C-414, 415, 416/99 *Zino Davidoff v A&G Imports* judgment §§55–57, CJ; C-172/09 *Coty Prestige Lancaster Group v Simex Trading judgment* §39, CJ; *Mastercigars Direct v Hunters & Frankau* §§16–17, EWCA.

[624] C-173/98 *Sebago v G-B Unic*, CJ; C-172/09 *Coty Prestige Lancaster Group v Simex Trading* judgment §§31, 35, CJ; C-661/11 *Martin y Paz Diffusion v Depuydt*, CJ（撤回同意）; C-419/13 *Art & Allposters International v Stichting Pictoright* judgment §§32–47, CJ（经同意销售海报并未用尽反对将海报上的图像转移到画布上的权利）。

[625] C-9/93 *Ideal-Standard* judgment §43, CJ.

经济区内出售的同意。[626]

可以撤销同意以进行进一步销售，在这种情况下，即使撤销违反了合同义务或其他义务，权利也没有用尽。[627]

1.68　经济联系

当产品是被与所有权人有经济联系的一方，例如在同一集团内的公司，[628]被许可方[629]或独家经销商，[630]投放在欧洲经济区市场时，知识产权也同样根据欧盟法可能用尽。商标也会因同样方式用尽，即使所有权人事实上并没有控制该商标之下销售的产品的质量；决定性的因素是控制的可能性。[631]然而，仅仅是国有经济中的一个组织允许在欧洲经济区内出售产品这一事实并不必然导致该国有经济的另一组织拥有的知识产权用尽。[632]

当一个将产品投放到欧洲经济区市场的许可违反了欧盟立法中指定的某些许可的规定时，商标权在欧盟内没有用尽。[633]这些规定包括关于许可的期限、标志的使用形式、许可包括的产品或服务范围、附加标志的领土范围、制造的产品的质量以及被许可方提供的服务。[634]

这些条件是已经穷尽列举的，当一个许可将产品投放在欧洲经济区市场时，违反商标许可的其他条款并不会排除权利用尽。[635]这似乎意味着当产品事实上由被许可方投放在欧洲经济区市场时，违反产品销售区域的条款，包括产品不能在欧洲经济区内销售的条款，将不会阻止在欧

---

[626]　C-172/09 *Coty Prestige Lancaster Group v Simex Trading* judgment §45, CJ.

[627]　C-661/11 *Martin y Paz Diffusion v Depuydt*, CJ.

[628]　C-352/95 *Phytheron International v Jean Bourdon* judgment §§21, 24, CJ. 另参见 *Honda Motor Co v Neesan*, EWHC。

[629]　15/74 *Centrafarm v Sterling Drug* judgment §§18–21, CJ; C-59/08 *Copad v Christian Dior* judgment §§43–46, CJ; C-172/09 *Coty Prestige Lancaster Group v Simex Trading* judgment §29, CJ.

[630]　C-9/93 *Ideal-Standard* judgment §34, CJ; 56, 58/64 *Consten and Grundig v Commission*, CJ. 还不清楚这些是否应当被认定为同意的例子，还是用尽的一种单独模式。

[631]　C-9/93 *Ideal-Standard* judgment §38, CJ; C-59/08 *Copad v Christian Dior* judgment §45, CJ; *Mastercigars Direct v Hunters & Frankau* §30, EWCA.

[632]　*Mastercigars Direct v Hunters & Frankau* §§29–30, EWCA.

[633]　C-59/08 *Copad v Christian Dior* judgment §§47–51, CJ.

[634]　2008/95 指令第 8 条第 2 款；207/2009 条例第 22 条第 2 款。这可能包括对折扣商店销售奢侈品的限制，如果这种销售可能损害其质量：见第七章 7.12。

[635]　C-59/08 *Copad v Christian Dior* judgment §§49–50, CJ.

盟内权利用尽。[636]但是，这样的违约行为可能为所有权人提供了根据欧 71
盟立法反对产品进一步商业化的合法理由，例如当可以证明其损害了标志的声誉时。[637]

尚不清楚这些考虑是否适用于其他欧盟立法中没有类似规定的其他知识产权。

根据欧盟法律，当产品是被一个已经断绝经济联系的代理人投放在欧盟或欧洲经济区的另一成员国市场时，商标权没有用尽。[638]

### 1.69　即使权利功能受损仍然用尽

欧洲经济区范围内权利用尽原则即使在以下情况也依然适用：（1）所有权人的回报受到价格控制的限制，[639]缺少相应保护，[640]或在产品投放市场的成员国受到强制许可的威胁；[641]（2）产品质量未达标或仅适合某一特定国家市场，且所有权人只同意在欧洲经济区的特定区域销售；[642]（3）产品在欧洲经济区内销售，条件是产品不能在欧洲经济区内转售。[643]

然而，当所有权人有合法理由反对产品的进一步商业化时，特别是当商品投放在市场上之后状态发生改变或受损时，[644]或当折扣商店的转售损害了奢侈品商标的声誉时，[645]商标权没有用尽。

[636] 比较参照 *Quicksilver v Charles Robertson*, EWHC，本案中没有涉及欧盟商标立法的相关条款。

[637] 2008/95 指令第 7 条第 2 款；207/2009 条例第 13 条第 2 款；C-59/08 *Copad v Christian Dior* judgment §§54–59, CJ。尚不清楚是否这一违约本身就构成合法理由还是在其他情况下才能构成。另参见 *Oracle America v M-Tech Data* §22, UKSC（只有在产品被投放在欧盟市场上时，这些条款才适用）。

[638] C-9/93 *Ideal-Standard* judgment §§40–60, CJ；15/74 *Centrafarm v Sterling Drug* judgment §11, CJ；比较参照 *Doncaster Pharmaceuticals Group v The Bolton Pharmaceutical Company*, EWCA（当证据并未排除由最初所有人维持质量控制而构成持续经济联系的可能性时）。

[639] 15/74 *Centrafarm v Sterling Drug* judgment §§22–25, CJ；16/74 *Centrafarm v Winthrop* judgment §§15–18, CJ；427, 429, 435/93 *Bristol-Myers-Squibb v Paranova* judgment §46, CJ.

[640] 187/80 *Merck v Stephar*, CJ.

[641] 55, 57/80 *Musik-Vertrieb membran v GEMA* judgment §§20–27, CJ.

[642] 58/80 *Dansk Supermarked v Imerco*, CJ；C-9/93 *Ideal-Standard* judgment §38, CJ；另参见 16/74 *Centrafarm v Winthrop* judgment §§19–23, CJ。

[643] C-16/03 *Peak Holding v Axolin-Elinor* judgment §§50–66, CJ.

[644] 2008/95 指令第 7 条第 2 款；207/2009 条例第 13 条第 2 款。

[645] C-59/08 *Copad v Christian Dior* judgment §§52–59, CJ.

72 1.70　其他权利不能用尽

在欧洲经济区内被所有权人或经其同意出售产品并不必然导致权利的用尽，例如以下排他性权利：产品的商业出租权；[646]产品中记录的作品的表演、演出、[647]展览、广播或有线电视分配；[648]运行产品中的计算机程序，[649]除了被合法取得人根据其预期目的[650]或根据其他例外情况使用的必要时；[651]传输产品中记录的数据库；[652]或控制原种子的使用和目的。[653]

根据欧盟法，这一权利的所有权人原则上有权对利用该权利的行为进行反对，收取使用费，或附加限制，即使出租或使用的产品是被其或经其同意投放在欧洲经济区市场的。

未因欧洲经济区内首次销售而用尽的其他权利包括作者因向公众出借著作权作品而获得合理报酬的权利，[654]以及艺术家因原创艺术作品被转售而获取版税的权利。[655]

1.71　欧盟法律关于用尽的发展

在这一领域，欧盟法随时间推移而不断发展，最近的案例与早期的案例很难一致。特别是，在之前某一阶段认定通过物质支持流通商业化的作品和通过表演或展览商业化的作品之间存在区别，[656]现在已经被认定是站

---

[646] 158/86 *Warner Bros v Christiansen*, CJ; C-200/96 *Metronome Music v Musik Point Hokamp*, CJ; C-61/97 *FDV v Laserdisken*, CJ; C-53/05 *Commission v Portuguese Republic* judgment §34, CJ; 2009/24 指令第 4 条（c）项；96/9 指令第 7 条第 2 款（b）项。

[647] 402/85 *Basset v SACEM*, CJ; 395/87 *Ministère Public v Tournier*, CJ; 337/95 *Parfums Christian Dior v Evora* judgment §56, CJ.

[648] 62/79 *Coditel v Cine Vog Films*, CJ.

[649] 2009/24 指令第 4 条（a）项。在当前技术条件下，计算机程序的运行需要在动态内存中进行临时复制。

[650] 2009/24 指令第 5 条第 1 款。C-128/11 *UsedSoft v Oracle International* judgment §§82–83, CJ.

[651] 见 1.54 和 1.58。

[652] 96/9 指令第 7 条第 2 款（b）项。

[653] 1999/6 *Sicasov* §II.A（a）, EuC; 27/87 *Erauw-Jacquery v La Hesbignonne*, CJ.

[654] 2006/115 指令第 5 条和第 1 条第 4 款；C-53/05 *Commission v Portuguese Republic* judgment §34, CJ。

[655] 2001/84 指令中规定的追及权（Droit de suite）。

[656] 见 62/79 *Coditel v Ciné Vog Films*, CJ。

不住脚的。[657]

尽管其他权利没有用尽的情况涉及著作权和邻接权，但很难将其与其 73
他权利（例如专利等）区别对待正当化。许多专利对于产品及其使用都有要求，在任何情况下未经许可对专利产品的使用本身通常就侵犯了产品要求。[658]

1.72　替换部件、维修、维护和配件

如果根据适用的成员国立法或欧盟立法存在该权利，[659]在欧洲经济区内出售产品并未使反对第三方制造和出售维修所需的替换部件的权利用尽。[660]

然而，根据欧盟法，在某一标志下一个产品被出售以识别替换部件、附件或维修或维护服务的目的时，假如该使用为此目的是必要的并且遵守了涉及所有权人合法利益时公正行事的义务，则反对使用该标志是不正当的。[661]当实践中不可能在不使用标志的情况下传达产品或服务的目的时，使用该标志是“必要的”。[662]公正行事的义务在第七章中讨论。[663]

在计算机程序中对著作权范围的限制，使改正错误和开发可互操作程序成为可能，[664]在注册外观设计和共同体未注册外观设计中对著作权范围

---

[657] 158/86 *Warner Bros v Christiansen*, CJ; 395/87 *Ministère Public v Tournier*, CJ; 2009/24 指令。关于物质支持和记录在其上的软件之间的关系，见 C-79/89 *Brown Boveri v Hauptzollamt Mannheim*, CJ。

[658] 见 1.48。关于美国法的情况，见 2014/1196 *Helferich Patent Licensing v The New York Times*, USCA FC（许可移动电话的销售用尽关于使用它们的方法的专利要求，但并未用尽关于提供它们内容的方法的专利要求）。

[659] 关于该权利是否存在，见 1.48（一般情况和专利），1.53（外观设计）和 1.54（软件），以及第六章 6.16q（著作权）。

[660] 53/87 *CICRA v Renault*, CJ; 238/87 *Volvo v Veng*, CJ; C-38/98 *Renault v Maxicar*; 比较参照 6/81 *Industrie Diensten Groep v Beele* judgment §14, CJ。

[661] 2008/95 指令第 6 条第 1 款（c）项；207/2009 条例第 12 条（c）项；C-63/97 *Bayerische Motorenwerke v Deenik* judgment §§56–64, CJ; C-228/03 *Gillette v LA-Laboratories* judgment §§30–49, CJ。另参见 C-500/14 *Ford Motor Company*, CJ（未决）关于是否一个标志可以在修复产品初始外观时的替换部件中使用。

[662] C-228/03 *Gillette v LA-Laboratories* judgment §35, CJ; C-63/97 *Bayerische Motorenwerke v Deenik* judgment §60, CJ.

[663] 7.19。

[664] 1.54 和 1.58。

的限制，使机械可互操作用品和替换部件的生产成为可能，[665]这在上文中已经有所讨论。

1.73 被所有权人或经其同意投放在欧洲经济区市场的产品的广告、更换品牌、重新贴标、重新包装和移除商标

这些话题专门与品牌有关，将在第七章中讨论。[666]

74 （五）人为划分内部市场和歧视

1.74 人为划分

即使行使知识产权属于其具体内容的范围，如果它将导致对内部市场的人为划分，那么根据欧盟法它可能仍然是不正当的。

大部分相关案例是关于更换品牌、重新贴标和重新包装的，在第七章中进行讨论。[667]其他案例涉及平行进口商证明产品一开始是被投放在欧洲经济区的举证责任[668]以及向不同成员国内单独的企业转让国家商标。[669]

尽管所有这些案例都是关于商标权的，但在涉及其他权利时，同样的原则可能适用。

1.75 歧视

针对不同欧盟成员国的国民或生产者，或者针对不同成员国间的直接进口商和平行进口商[670]，歧视性地适用知识产权[671]或者强制许可规定[672]，是不合法的。[673]

[665] 1.19 和 1.53。

[666] 7.19—7.25。

[667] 7.19—7.25。

[668] C-244/00 *Van Doren + Q*, CJ.

[669] *Doncaster Pharmaceuticals Group v The Bolton Pharmaceutical Company* §78, EWCA.

[670] 8/74 *Procureur du Roi v Dassonville* judgment §§6–9, CJ.

[671] 119/75 *Terrapin v Terranova* judgment §4, CJ; C-317/91 *Deutsche Renault v Audi* judgment §27, CJ; C-191/90 *Generics and Harris Pharmaceuticals v Smith Kline & French* judgment §21, CJ; 316/95 *Generics v Smith, Kline & French* judgment §§21–22, CJ. 歧视看上去也成为欧盟法院在 78/70 *Deutsche Grammophon v Metro*, CJ 中开创性判决的一个因素：见 judgment §12。另参见 6/81 *Industrie Diensten Groep v Beele*, CJ 以及 177/83 *Kohl v Ringelhan Rennett*, CJ 判决中关于不正当竞争的内容。

[672] 235/89 *Commission v Italy*; 30/90 *Commission v UK*.

[673] 在授予知识产权时对不同欧盟成员国国民间的歧视也违反欧盟法：见 1.08。

# 第二章 《欧盟运行条约》第101条在知识产权相关协议中的适用

## 一、简介 75

2.01 概述

本章首先阐述《欧盟运行条约》在知识产权相关协议中的适用问题，依次讨论了第101条第1款中禁止行为的三个适用条件：

a. 企业之间的协议、企业联合组织的决定和联合行动。[1]

b. 影响成员国之间的贸易。[2]

c.（行为）目的或效果会阻碍、限制或扭曲内部市场竞争。[3]

之后本章探讨了在知识产权相关领域运用条约第101条第3款中的豁免制度对第101条第1款规定的禁止行为进行豁免的可能性，[4]并对第101条第1款及第101条第3款进行了综合评估。[5]最后本章考量了条约第101条在知识产权相关领域的适用结果。[6] 76

并购协议[7]相关问题在第四章中单独探讨。

---

[1] 2.02—2.07。

[2] 2.08—2.15。

[3] 2.16—2.40。

[4] 2.41—2.59。

[5] 2.60—2.61。

[6] 2.62—2.67。

[7] 即欧盟竞争法中的“经营者集中”（“concentration”）。

## 二、企业之间的协议，企业联合组织的决定和联合行动

### 2.02　概述

适用《欧盟运行条约》第 101 条第 1 款的第一个条件是存在企业之间的协议，企业联合组织的决定或联合行动（Agreement between Undertakings, Concerted Practice, or Decision of Association of Undertakings）。[8]

本条款中协议（Agreement）的概念以行为人的合意为中心。只要行为人如实表达了相关合意，表达的形式并不重要。[9] 此外，协议在行为人达成限制竞争的合意时即宣告成立，即使具体限制内容仍在商议中。[10]

另一方面，一个企业单方面表示限制竞争的行为不能被第 101 条第 1 款所规制，[11] 即使其属于核心（hardcore）限制竞争行为，例如防止成员国之间平行进口的行为。[12] 然而，一些看上去明显属单方的行为仍然可能构成本条款中所规制的“协议”，如果该行为实际上是两方或多方行为人合意的表达。[13] 这种情形可能发生在一方当事人的行为被协议所授权或规定，
77 或者被另一方默许。[14]

当双方协议存在时，一方当事人的单方行为可以作为判断该行为是否存在会阻碍、限制或扭曲内部市场竞争的目的或效果，以及能否适用第 101 条第 3 款豁免制度的考量依据。[15]

---

[8]　尽管第 101 条第 1 款区分这三种情况，其主要目的在于规制企业间针对市场不同形式的协同行为，从而防止企业采用协同行为的方式来规避竞争法。C-382/12P *MasterCard* judgment §63, CJ. 关于“企业”（‘undertaking’）的定义，参见 2.06。

* 译者注：作者意在说明第 101 条规制企业间所有可能影响市场竞争的合作共谋，这不只局限于所列出的三种情况，之所以列出三种情况，是为了提供更具体有效的规定防止企业规避法律。

[9]　T-41/96 *Bayer v Commission* §69, GC.

[10]　T-380/10 *Wabco v Commission* §36, GC.

[11]　C-353/13 *Honda Giken v Maria Patmanidi*, CJ.

[12]　C-2, 3/01 *Bundesverband der Arzneimittel-Importeure* judgment §101, CJ. 企业的单方行为只有在企业违反第 102 条，滥用市场支配地位，或构成被欧盟并购条例（139/2004 条例）所禁止的经营者集中时才可能违反欧盟竞争法。关于“核心行为”（“hardcore”）的定义，参见 2.21，以及脚注 145。

[13]　C-2, 3/01 *Bundesverband der Arzneimittel-Importeure* judgment §97, CJ; C-74/04P *Commission v Volkswagen* judgment §37, CJ.

[14]　C-74/04P *Commission v Volkswagen* judgment §§39–48, CJ; 2010 年《纵向限制指南》第 25 段（a）项；*Unipart v O2* §§97–108, EWCA。

[15]　C-2, 3/01 *Bundesverband der Arzneimittel-Importeure* judgment §§105–109, CJ.

2.03 联合行动

第 101 条第 1 款中的联合行动（concerted practice）是企业间采取的一种协作方式：企业间尚未到订立限制竞争协议的阶段，而是在各方明知的情况下替代性地采取了一种实质上的合作来规避竞争风险。[16]“联合行动”的定义包含市场竞争者之间任何直接或间接的接触，只要该行为目的或效果在于影响实际竞争对手或潜在竞争对手的市场行为，或在于向竞争对手透露该企业已经决定或正在考虑采取的市场行为过程。[17]

2.04 企业联合组织的决定

企业联合组织的成员规则[18]或组织规章[19]构成满足第 101 条第 1 款的企业联合组织的决定（decision of an association）。[20]同样，企业联合组织提供的合同范本也可能构成该类“决定”，即使这些合同范本对其组织成员并没有约束力。[21]

2.05 企业之间的协议，企业联合组织的决定和联合行动以及知识产权的行使

知识产权本身只是在满足相关条件时，国家或欧盟赋予的一种法律地位的表达，[22]通常并不构成适用《欧盟运行条约》第 101 条第 1 款的条件，即“企业之间的协议，企业联合组织的决定和联合行动”。[23]

但是，企业在联合使用知识产权的过程中可能会受到《欧盟运行条约》第 101 条第 1 款中一个或多个概念的规制。[24]的确，当利用知识产权的行

---

[16] T-380/10 *Wabco* §37, GC.

[17] 39847 *E-Books*（*Penguin*）§71, EuC.

[18] T-528, 542, 543, 546/93 *Métropole v Commission*, GC.

[19] 2001/478（37576）*UEFA's broadcasting regulations* §48, EuC; 2003/778（37398）*Joint selling of the commercial rights of the UEFA Champions League* §109, EuC; C-519/04P *Meca-Medina and Majcen v Commission* judgment §38, CJ.

[20] 参见 2.01 的定义。

[21] 38698 *CISAC* §§91–92, EuC，在 T-442/08 *CISAC v Commission*, GC 中部分被根据其他理由宣告无效。无论如何，企业间必须有足够的共同利益才能构成企业联合组织：C-382/12P *MasterCard* judgment §§64–77, CJ。

[22] 欧盟赋予的法律权利，参见第一章 1.10—1.11。

[23] 24/67 *Parke Davis v Probel*, CJ; 40/70 *Sirena v Eda* judgment §9, CJ; 51/75 *EMI v CBS* judgment §26, CJ; 144/81 *Keurkoop v Nancy Kean Gifts* judgment §27, CJ; T-198/98 *Micro Leader Business v Commission* §§30–34, GC; C-535/13 *Honda v Patmanidi*, CJ.

[24] 24/67 *Parke Davis v Probel*, CJ.

78 为是企业间限制竞争协议或企业间联合行动的主题、手段或结果时，该行为可能会落入第 101 条的规制范围。[25] 例如，当一个注册[26]、让与[27]或许可使用[28]知识产权的协议或者企业间行使知识产权的联合行动[29]在成员国内部市场或成员国间产生阻碍、限制或扭曲竞争的后果时，第 101 条可能适用于该协议或行为。

第 101 条也适用于当某一些限制竞争的协议形式上已经停止生效，然而协议各方仍然采取协同或并行的行为，使得其限制竞争的效果仍然得以继续的情况。[30] 但是，若该后续效果是企业间正常行使知识产权的结果，并未超过合理限制，[31] 或者企业间存在可能由其他因素导致的并行行为时，例如多个企业不得不采取同一行动以有效防止知识产权被侵犯，则不能被认定为是企业间联合行动。[32]

2.06　企业（Undertakings）

第 101 条中的术语“企业”定义覆盖所有从事经济活动的实体（entity），[33] 举例来说，包括：个体发明者，[34] 植物育种工作者[35]或演员；[36]

---

[25] 40/70 *Sirena v Eda* judgment §9，CJ；51/75 *EMI v CBS* judgment §27，CJ；144/81 *Keurkoop v Nancy Kean Gifts* judgment §27，CJ；T-504/93 *Tiercé Ladbroke v Commission* §146，GC.

[26] 56，58/64 *Consten and Grundig v Commission*，CJ；144/81 *Keurkoop v Nancy Kean Gifts* judgment §§26–29，CJ.

[27] 40/70 *Sirena v Eda* judgment §§9–11，CJ；51/75 *EMI v CBS* judgment §§30–31，CJ；C-9/93 *Ideal-Standard* judgment §59，CJ.

[28] 第 101 条在科技领域中针对许可使用的适用将在本书第五章详细探讨。

[29] *Glaxo Group v Dowelhurst*，EWHC；*Sportswear Company v Stonestyle* §§58–70，EWCA.

[30] 51/75 *EMI v CBS* judgment §§30–31，CJ，这一原则在 40/70 *Sirena v Eda* judgment §12，CJ 中重申改进；243/83 *Binon* judgment §17，CJ；T-59/99 *Ventouris v Commission* §182，GC；T-442/08 *CISAC v Commission* §123，GC；74/432 *Advocaat Zwarte Kip*，EuC。

[31] 51/75 *EMI v CBS* judgment §32，CJ；395/87 *Ministère Public v Tournier* judgment §24，CJ；110，241，242/88 *Lucazeau v SACEM* judgment §18，CJ；T-198/98 *Micro Leader Business v Commission* §§33–37，GC. 另参见本书第七章 7.50。

[32] T-442/08 *CISAC v Commission* §181，GC，另参见第六章 6.64—6.65。

[33] C-41/90 *Höfner and Elser v Macrotron* judgment §21，CJ；C-309/99 *Wouters* judgment §§45–49，CJ；C-113/07P *SELEX v Commission* judgment §§69–70，CJ.

[34] C-320/87 *Ottung v Klee & Weilbach*，CJ；76/29 *AOIP/Beyrard*，EuC；76/743 *Reuter/BASF*，EuC；79/86 *Vaessen v Moris*，EuC.

[35] 258/78 *Nungesser v Commission*（*Maize Seeds*），CJ；85/561 *Royon/Meilland*，EuC.

[36] 78/516 *RAI/Unitel*，EuC. 另参见 *Society of Lloyd's v Clementson*，EWCA（Lloyd's Name）。

体育俱乐部，即使该俱乐部不以营利为目标；[37] 公共机构，如研究机构；[38] 著作权集体管理组织；[39] 广播机构；[40] 或从事商业活动的体育组织。[41] 79

然而，行使公共权力的行为，由于本质上并非经济行为，因此并不适用欧盟竞争法规，实施这些行为的机构也并非竞争法针对的对象。[42] 这些行为可能包括协助其他公权力机关开展招标程序，[43] 为制定技术标准做准备，[44] 以及进行包括管理知识产权在内的研发工作 [45] 等。

对于某些受委托为总体经济利益提供服务的企业，在适用竞争法规可能对其执行被分配的特殊任务造成阻碍，并且这些企业的行为不会影响欧盟贸易发展或产生违背欧盟利益的后果的情况下，这些企业不受欧盟竞争法的规制。[46] 但是，这一规定必须受到严格解释的限制，欧盟已有当事人在知识产权应用的相关案件中援引这一规定而被法院拒绝的先例。[47]

---

[37] 2003/778（37398）*Joint selling of the commercial rights of the UEFA Champions League* §106，EuC；2001/478（37576）*UEFA's broadcasting regulations* §47，EuC.

[38] 258/78 *Nungesser v Commission*（*Maize Seeds*），CJ；比较参照 C-205/03P *FENIN v Commission*，CJ。

[39] 127/73 *BRT v SABAM*，CJ；7/82 *GVL v Commission*，CJ；110，241，242/88 *Lucazeau v SACEM*，CJ；71/224 *GEMA*，EuC.

[40] 155/73 *Italy v Sacchi*，CJ；93/403 *EBU/Eurovision System* §45，EuC，在 T-528，542，543，546/93 *Métropole v Commission*，GC 中依据其他理由宣告无效；89/536 *Degeto Film* judgment §§38–40，CJ。

[41] C-519/04P *Meca-Medina and Majcen v Commission* judgment §38，CJ；*Attheraces v British Horseracing Board*，UKHC；2003/778（37398）*Joint selling of the commercial rights of the UEFA Champions League* §106，EuC；2001/478（37576）*UEFA's broadcasting regulations* §47，EuC；2000/12 *The 1998 World Cup* §65，EuC；92/521 *World Cup 1990 Package Tours* §§43–58，EuC；*English Football League*，EuC.

[42] C-113/07P *SELEX v Commission* judgment §70，CJ.

[43] C-113/07P *SELEX v Commission* judgment §§71–85，CJ.

[44] C-113/07P *SELEX v Commission* judgment §§86–104，CJ.

[45] C-113/07P *SELEX v Commission* judgment §§108–123，CJ.

[46] 《欧盟运行条约》第 106 条第 2 款。

[47] 258/78 *Nungesser v Commission*（*Maize Seeds*）judgment §§8–9，CJ（research institute）；127/73 *BRT v SABAM*，CJ；7/82 *GVL v Commission*，CJ；C-351/12 *OSA v Léčebné lázně Mariánské Lázně* judgment §81，CJ；第六章 6.26 和 6.44（公共广播公司和集体著作权组织）；T-69/89 *RTE v Commission* §§82–84，GC，在 C-241，242/91P *RTE and ITP v Commission*，CJ 中被确认；93/403 *EBU/Eurovision System* §78，EuC，在 T-528，542，543，546/93 *Métropole v Commission* §§114–123，GC 中这一点得到确认；89/536 *Degeto Film* §§38–40，EuC（广播公司）；*Attheraces v British Horseracing Board* §210，UKHC，EWCA 根据其他理由推翻原判（体育组织）；第七章 7.90（回收组织）。人们认为这一立场不受经《里斯本条约》附加于《欧盟运行条约》中的《关于一般利益服务的议定书》（Protocol on services of general interest）的影响。

2.07　企业内部安排

几个公司组成的一个经济单位，其组织管理内部不同部门之间关系的决定并不能构成第 10 条第 1 款规定的“企业之间的协议”。[48] 一个主管及其辖下的几个公司，当他们共同作为合同的一方缔结协议并为实现协议目
80 的而构成一个经济单位时，被认为是一个单一的“企业”（undertaking）。[49]

同样，当与第三方缔结协议时，一个委托人和其代理人被认为是一个单一的企业，此时代理人被视为构成委托人整体的必要附属部分，不承担任何因代理委托人进行合同谈判而产生的不可忽略的商业风险。[50] 另一方面，第 10 条第 1 款可以适用于委托人和代理人之间，双方作为独立的经济经营者而订立的，关于双方关系的某些合同条款，例如合同中的排他性条款和竞业禁止条款。[51]

## 三、影响成员国之间的贸易（Effect on Trade between Member States）

### （一）相关原则

2.08　该要求的目的

欧盟竞争法要求合同必须对成员国之间的贸易产生影响，其目的在于界定欧盟竞争法与成员国国内竞争法各自管辖的界限。因此，判定合同是否会对成员国之间的贸易自由构成直接或间接、实质或潜在威胁，[52] 以至于可能损害构建欧盟内部单一市场这一目标，是非常重要的。[53]

然而，影响成员国间贸易这一概念必须与严重干扰共同市场正常功能

---

[48] T-198/98 *Micro Leader Business v Commission* §38, GC.

[49] 170/83 *Hydrotherm v Compact* judgment §§10–12, CJ.

[50] C-266/93 *Volkswagen and VAG Leasing* judgment §19, CJ; T-325/01 *Daimler-Chrysler v Commission* §§85–120, GC; C-217/05 *CEPSA* judgment §§39–63, CJ; C-279/06 *CEPSA* judgment §§33–44, CJ; 2010 年《纵向限制指南》第 12—21 段。

[51] C-217/05 *CEPSA* judgment §§62–63, CJ; C-279/06 *CEPSA* judgment §41, CJ; 2010 年《纵向限制指南》第 19—20 段。

[52] 成员国包括一些适用欧盟竞争法的非欧盟国家，参见 Bellamy & Child, *European Union Law of Competition*, 7th edn, OUP 2013, §1.084。

[53] 56, 58/64 *Consten and Grundig v Commission*, CJ; 22/78 *Hugin Kassaregister v Commission* judgment §17, CJ; 42/84 *Remia v Commission* judgment §22, CJ; *Panayatiou v Sony Music Entertainment* §B2.7, EWHC.

的行为区别开来。前者决定了欧盟竞争法是否适用于相关行为，后一概念则可能构成评判欧盟委员会是否有足够利害关系来主动展开调查的标准之一。某一行为可能符合前者“足以影响成员国之间的贸易”这一概念，但不符合后者“严重干扰共同市场正常功能的行为”的概念。[54]

2.09 “贸易”的含义 81

《欧盟运行条约》第101条中的“贸易（trade）”这一概念覆盖了广泛的范围，[55]包括：获取、[56]开发以及管理知识产权；[57]个人提供的表演、[58]顾问[59]以及专业性服务；[60]广播；[61]在电视频道购买广告时间；[62]货币交易；[63]利润流通；[64]跨境成立企业[65]或雇佣；[66]跨境供应同一集团内公司。[67]

---

[54] C-425/07P *AEPI v Commission* judgment §§48–64，CJ.

[55] 172/80 *Züchner v Bayerische Vereinsbank*，CJ；2004年《关于影响贸易概念的指南》（Guidelines on the effect on trade concept）第19段，（建议定义应覆盖所有跨境经济活动，即使这一建议并未被欧盟法院的案例所明确支持）；39985 *Motorola* §537，EuC（关于《欧盟运行条约》第102条的相应要求）。

[56] 93/403 *EBU/Eurovision System* §II.A.3，因其他理由在T-528，542，543，546/93 *Métropole Télévision v Commission*，GC；95/188 *Coapi*，EuC中被判定无效，另参见C-76/90 *Säger v Dennemeyer*，CJ（限制提供）。

[57] 7/82 *GVL v Commission* judgment §§34–39，CJ；22/79 *Greenwich Films v SACEM* judgment §§11–12，CJ；C-52/07 *Kanal 5 v STIM* judgment §23，CJ（关于《欧盟运行条约》第102条的相应要求，但普遍认为对适用《欧盟运行条约》第101条的要求应当进行相同解释）；T-528，542，543，546/93 *Métropole v Commission*，GC。

[58] 78/516 *RAI/Unitel*，EuC.

[59] 76/743 *Reuter/BASF*，EuC.

[60] C-309/99 *Wouters* judgment §95，EuC.

[61] T-528，542，543，546/93 *Métropole v Commission*，GC；91/130 *WH Smith and Son/European Broadcasting Union*，EuC；C-52/07 *Kanal 5 v STIM* judgment §23，CJ（关于与《欧盟运行条约》第102条相同的要求）。

[62] C-52/07 *Kanal 5 v STIM* judgment §23，CJ（关于与《欧盟运行条约》第102条相同的要求）。

[63] 172/80 *Züchner v Bayerische Vereinsbank*，CJ；C-215，216/96 *Bagnasco* judgment §51，EuC.

[64] 45/85 *Verband der Sachversicherer v Commission* judgment §48，CJ；比较参照 *Chiron v Murex Diagnostics*，EWCA。

[65] 161/84 *Pronuptia* judgment §26，CJ；C-475/99 *Ambulanz Glockner* judgment §§49–50，CJ（关于《欧盟运行条约》第102条的相应要求）。

[66] C-55/96 *Job Centre* judgment §37，CJ；C-41/90 *Hofiner and Elser* judgment §33，CJ（关于《欧盟运行条约》第102条的相应要求）。

[67] T-7/93 *Langnese-Iglo v Commission* §§119–124，GC，比较参照 *Chiron v Murex Diagnostics*，EWCA，以及 *Fyffes v Chiquita Brands*，EWHC。另参见I ZR 92/78 *Musik-Vertrieb membran v GEMA*，BGH（同一集团公司间跨境交易并未用尽知识产权）。

### 2.10 对整体合同适用该要求

如果某一合同作为整体能够对成员国间贸易产生影响，则《欧盟运行条约》第 101 条第 1 款不再要求合同中存在能够单独对成员国之间贸易产生影响的限制竞争独立条款或部分。[68]

82 ### 2.11 “影响”的属性

要满足影响成员国间贸易这一要求，合同必须在足够程度上有可预见的可能性，即该合同可能直接或间接、实际或潜在地影响贸易模式，以至于可能阻碍欧盟单一市场这一目标的实现，这一可能性需要建立在法律或事实的客观因素之上。[69]

合同的影响必须建立在如果没有该合同，成员国之间很可能会形成另外的贸易模式这一基础上，[70] 但是并不要求已存在的成员国间贸易必须受到影响。[71]

贸易受到影响一般是一系列因素共同作用的结果，拆开来看，各因素可能都不是决定性的。[72] 非直接的以及潜在影响必须被考虑在内，但该影响一定不能是远期的、假设的或推理的。[73]

某合同促使了大量成员国间贸易增长这一因素并不能排除其受到《欧盟运行条约》第 101 条第 1 款关于影响贸易这一规定规制的可能性。[74] 某关于原材料的合同可能因为其制成品而对成员国之间的贸易产生影响。[75]

---

[68] 93/83 *Windsurfing International v Commission* judgment §§95–97, CJ; T-77/94 *VGB* §126, GC; 2004 年《关于影响贸易概念的指南》第 14 段、第 16 段，比较参照 27/87 *Erauw-Jacquery v La Hesbignonne* judgment §16, CJ，此案可以被解释为暗示了要求限制条款与对贸易的影响之间必须有关联。

[69] 5/69 *Völk v Vervaeke* judgment §§5–7, CJ; 1/71 *Cadillon v Höss* judgment §6, CJ; 99/79 *Lancôme v Etos* judgment §23, CJ; 103/80 *Musique Diffusion Française v Commission* judgment §84, CJ; C-306/96 *Javico v Yves Saint Laurent* judgment §16, CJ.

[70] 22/78 *Hugin Kassaregister v Commission*, CJ; 2004 年《关于影响贸易概念的指南》第 23—43 段。

[71] 7/82 *GVL v Commission* judgment §§34–39, CJ; 19/77 *Miller v Commission*, CJ; 61/80 *Cooperative Stremsel- en Kleurselfabriek v Commission*, CJ.

[72] C-250/92 *Gottrup-Klim v Danks Landbrugs* judgment §54, CJ.

[73] 2004 年《关于影响贸易概念的指南》第 36—43 段。

[74] 56, 58/64 *Consten and Grundig v Commission*, CJ.

[75] 123/83 *BNIC v Clair*, CJ; 6, 7/73 *Commercial Solvents v Commission*, CJ; *Panayatiou v Sony Music Entertainment* p 414 §B2.8, EWHC.

## 2.12 “影响”的扩展

要满足《欧盟运行条约》第 101 条的适用条件，合同对于成员国间贸易的影响必须是“可察觉”[76]的而非“微不足道”[77]的。“影响”的大小可以根据相对条件（如合同双方的市场份额）判定，也可以根据绝对条件（例如合同双方受影响的营业额）判定。[78]

欧盟委员会采用了一个可反驳的推定，即推定以下情况不构成影响成 83
员国间贸易：

（1）若所有合同方均为微型、小型或中型企业（SMEs）[79]且合同方不从事跨境贸易活动。[80]

（2）合同各方在欧盟境内受该合同影响的任一相关市场[81]的总计市场份额不超过 5% 并且相关欧盟境内营业总额不超过四千万欧元。[82]在许可使用合同中，相关营业总额包括许可方以及被许可方所有使用被许可技术生产的产品；[83]在横向协议中，相关营业总额包括相关企业合同涉及的所有产品；在纵向协议[84]中，相关营业总额包括供应方合同涉及的所有产品。[85]

如果相关市场份额不超过 7% 且相关欧盟境内营业额在两个连续日历

---

[76] 123/83 *BNIC v Clair*, CJ; 6, 7/73 *Commercial Solvents v Commission*, CJ; *Panayatiou v Sony Music Entertainment* p 414 §B2.8, EWHC; 2004 年《关于影响贸易概念的指南》第 44—57 段。

[77] 5/69 *Völk v Vervaeke* judgment §§5-7, CJ; 1/71 *Cadillon v Höss* judgment §9, CJ; 100-103/80 *Musique Diffusion Française v Commission* judgment §85, CJ; C-306/96 *Javico v Yves Saint Laurent* judgment §17, CJ; 2004 年《关于影响贸易概念的指南》第 44—57 段。

[78] 2004 年《关于影响贸易概念的指南》第 47—48 段；99/79 *Lancôme v Etos* judgment §24, CJ。为确定企业的市场占有率，首先要确定相关市场的定义，参见脚注 81。

[79] 参照在 2003/61 案中定义的关于微、小、中型企业的含义，即雇用少于 250 人并且年度营业额不超过五千万欧元或资产负债表不超过四千三百万欧元的企业。

[80] 2004 年《关于影响贸易概念的指南》第 50 段。

[81] 《关于影响贸易概念的指南》（2004）没有规定任何相关市场的定义，而是在注释 41 中指明参考《欧盟委员会关于相关市场界定的通知》（EU Commission's Notice on the definition of the relevant market）（1997）。进一步的讨论参见第三章 3.04—3.08。

[82] 2004 年《关于影响贸易概念的指南》第 52 段。

[83] 普遍认为对包含许可技术的产品的界定并不完全适用于一个较大的产品中只有很小的部件使用了许可技术的案件。

[84] 关于纵向协议的含义，见脚注 286。横向协议应当被理解为与之相对。

[85] 2004 年《关于影响贸易概念的指南》第 52 段。相关营业额的定义也与联合采购协议和一个买家与多个供应商间的协议相关。2004 年《关于影响贸易概念的指南》第 54 段包含进一步对相关营业额定义的指导。

年内不超过四千四百万欧元，欧盟委员会也推定其不构成影响成员国间贸易的行为，但该推定不适用于各方尚未形成相关营业额或市场份额的新兴市场。在这种情况下，影响的可察觉性要根据合同各方在相关产品市场所处的市场地位或者其在协议相关技术方面的实力来评判。[86]

反过来，欧盟委员会还采用了一个可反驳的推定，即以下情况推定满足影响成员国间贸易这一条件：如果相关营业总额超过四千万欧元且合同天然地能够影响成员国间贸易，例如合同涉及不同成员国或属于进出口相关合同；或者如果合同方市场份额超过 5%，该合同只涉及某一成员国部分区域的情况除外。[87]

84 是否满足对成员国之间贸易产生可察觉的影响的条件与是否对内部市场的竞争产生可察觉的影响是紧密相关的，该问题将在之后 2.22—2.23 中讨论。

### （二）涉及知识产权的案例

#### 2.13　知识产权转让

成员国内某供应商向经销商转让知识产权以限制平行进口通常可能构成违反《欧盟运行条约》第 101 条第 1 款中影响成员国间贸易的行为，即使该行为是某排他性销售协议的一部分，而该协议目的在于提高生产于另一成员国的产品在本国的销量。[88]

平行进口商能够根据《欧盟运行条约》第 34 条对这一违法行为进行抗诉，但这一点并不能使相关协议免受第 101 条第 1 款的规制。[89] 然而，当合同双方在相关产品市场只拥有较为弱势的市场地位时，合同可能由于对成员国贸易之间的影响太轻微而不受第 101 条第 1 款规制。[90]

对于共同市场的参与人和来自第三国的竞争者之间缔结的协议，当该

---

[86]　2004 年《关于影响贸易概念的指南》第 52 段。

[87]　2004 年《关于影响贸易概念的指南》第 53 段；适用于 C-439/11 *Ziegler* judgment §96，CJ 案中。对于年营业额介于四千万欧元到四千四百万欧元之间，或两年内市场份额介于 5%—7% 之间的案件似乎存在争议，但总体认为应优先认定其对贸易不具有显著影响。

[88]　56，58/64 *Consten and Grundig v Commission*，CJ. 另参见 C-9/93 *Ideal-Standard* judgment §59，CJ。

[89]　258/78 *Nungesser v Commission*（*Maize Seeds*）judgment §§62–63，CJ.

[90]　5/69 *Völk v Vervaeke*，CJ；1/71 *Cadillon v Höss* judgment §9，CJ；100–103/80 *Musique Diffusion Française v Commission* judgment §85，CJ；C-306/96 *Javico v Yves Saint Laurent* judgment §17，CJ.

协议通过区分并行知识产权的所有权而分割作为一个整体的共同市场时，可能构成影响成员国间贸易，尤其是当位于第三国的知识产权所有权人拥有能够在不同成员国销售相关产品的子公司的时候。[91]

2.14 影响整个成员国领土的协议

某限制竞争的协议或协同行为，如其影响覆盖某一成员国的全部领土，则这一行为天然地可能在国家基础上产生加强市场分割的后果，因此可能影响欧盟成员国间的贸易。[92]

2.15 其他案例

其他可能影响成员国间贸易的知识产权相关交易行为包括：不同成员国企业间合资收购和 / 或共享知识产权的协议；[93] 同一成员国内企业间相
互许可对方使用在不同成员国受保护的知识产权的行为；[94] 许可在一个成 85
员国内生产可能出口到另一成员国的产品的行为；[95] 共同研发可能在成员国间交易的新产品的行为；[96] 在欧盟成员国境内的独占许可和 / 或限制从被许可国境内出口的行为；[97] 禁止缔约方在其他成员国安排销售[98] 或提供用于跨境贸易技术的行为；[99] 在某一成员国内设立全行业标准或证书，从而妨碍从其他成员国进口的协议；[100] 以及在全欧盟范围内进行交易的企业，它们之间互相交换秘密信息的行为。[101]

在关于欧盟是否拥有出台统一法律的权力这一问题上，欧盟法院裁定知识产权天然地拥有可能影响货物贸易或服务贸易以及欧盟境内竞争关系

[91] 51/75 *EMI Records v CBS United Kingdom*, CJ; 93/252 *Warner-Lambert/Gillette*, EuC. 另参见 C-306/96 *Javico v Yves Saint Laurent* judgment §§19–28, CJ。

[92] 42/84 *Remia v Commission* judgment §22, CJ; C-309/99 *Wouters* judgment §95, CJ.

[93] 93/403 *EBU/Eurovision System* §II.A.3, EuC, 在 T-528, 542, 543, 546/93 *Métropole Télévision v Commission*, GC 中根据其他理由宣告该决定无效; 82/71(29972)*Hachette/Langenscheidt* §II.A.3, EuC; 78/156 *Video Cassette Recorders*, EuC。

[94] 65/86 *Bayer v Süllhöfer* judgment §20, CJ.

[95] 87/100 *Mitchell Cotts/Sofltra*, EuC.

[96] 79/298 *Beecham/Parke Davis* §II.D, EuC; 93/49 *Ford/Volkswagen* §III.A, EuC.

[97] 85/410 *Velcro/Aplix*, EuC; 87/123 *Boussois/Interpane*, EuC; 1999/6 *Sicasov* §II.A (c), EuC.

[98] 161/84 *Pronuptia* judgment §26, CJ; 42/84 *Remia v Commission* judgment §§23–24, CJ; 87/123 *Boussois/Interpane*, EuC.

[99] 83/669 *Carbon Gas Technologie* §II.A.2, EuC.

[100] 2004 年《关于影响贸易概念的指南》第 84 段。

[101] 87/1 *Unilever*(*Fatty Acids*)§II.A, EuC, 以及在 2.40 中引用的案例。

的特点，因此已经满足《欧盟运行条约》规定的条件，属于其适用范围内。[102]

## 四、禁止，限制或扭曲竞争

### （一）相关原则

2.16　基本测试

要决定适用《欧盟运行条约》第 101 条第 1 款的第三个条件是否满足，必须首先对比合同生效情况下以及合同未生效情况下的竞争情形（反事实推理），评估在共同市场范围内的竞争是否已经或可能被明显地[103]禁止、限制或扭曲。[104]

86 对于正在进行市场自由化的市场以及新兴市场，检验合同未生效情况下的竞争情形尤其必要。[105]

在评估中，必须考虑到经济和法律背景，[106]包括知识产权的存在和合理范围[107]及其所有权。[108]

另一方面，合理原则（rule of reason）并不适用于第 101 条第 1 款。如果考虑到经济和法律背景，对比协议不存在的情形，生效的协议明显可能禁止、限制或扭曲竞争，那么适用第 101 条第 1 款时衡量该协议是否有利于竞争或

---

[102] C-53/05 *Commission v Portuguese Republic* judgment §31，CJ；C-92，326/92 *Collins v Imtrat* judgment §22，CJ. 人们认为与《里斯本条约》相比并未发生改变。

[103] 关于要求禁止、限制或扭曲竞争必须显著可见，参见 2.22—2.23。

[104] 56/65 *Société Technique Minière v Maschinenbau Ulm*，CJ；22/71 *Béguelin Import v GL Import* judgment §17，CJ；31/80 *L'Oréal v De Nieuwe AMCK* judgment §19，CJ；42/84 *Remia v Commission* judgment §18，CJ；161/84 *Pronuptia*，CJ；C-7/95P *John Deere* judgment §76，CJ；C-215，216/96 *Carlo Bagnasco v Banca Popolare* judgment §33，CJ；C-382/12P *MasterCard* judgment §§161–175，CJ；T-328/03 *O2 v Commission* §§66–72，GC；93/403 *EBU/Eurovision System* §II.A.2（a），EuC，在 T-528，542，543，546/93 *Métropole Télévision v Commission*，GC 中被依据其他理由宣告决定无效；2014 年《技术转让协议指南》第 11 段、第 12 段、第 28 段；*Panayatiou v Sony Music Entertainment* §§A10，C2.19，EWHC。

[105] T-328/03 *O2 v Commission* §72，GC.

[106] 8/74 *Procureur du Roi v Dassonville* judgment §13，CJ；C-234/89 *Delimitis* judgment §§27，30，31，CJ；C-399/93 *Oude Luttikhuis* judgment §10，CJ；T-77/94 *VGB* §140，GC；T-112/99 *Métropole Télévision*（*M6*）*v Commission* §76，GC；C-519/04 *Meca-Medina* judgment §42，CJ.

[107] 8/74 *Procureur du Roi v Dassonville* judgment §13，CJ；35/83 *BAT v Commission*，CJ；193/83 *Windsurfing International v Commission* judgment §§23–36，45，57，67，72，85，CJ. 关于知识产权存在和合法范围，参见第一章 1.09—1.76。

[108] 2003/778（37398）*Joint selling of the commercial rights of the UEFA Champions League* §§118–124，EuC.

不利于竞争的效果并不合适。在这种情况下，有利于竞争的效果只有在决定该协议是否能够被第 101 条第 3 款免责时才可以被纳入考量范围内。[109]

## 2.17 需要考虑当合同或合同某一具体条款不存在的情形

对合同生效所导致或可能导致的竞争情形以及合同未生效或合同中某些特定的、限制性的条款未生效可能导致的竞争情形进行比较是必要的。[110] 如果在合同不存在或合同存在但具有不同条款的情况下，市场竞争更激烈，则可以说竞争被该合同限制。尤其需要考虑的是，合同某一方当 87
事人是否能够接受比已存在合同中更少的限制竞争的条款。[111]

反之，客观上必要并且适当的，可能有利于竞争或中立的，对于某些行为进行限制的合同条款并不构成限制竞争，否则的话这类合同将无法存在。[112] 然而，在欧盟委员会看来，这一原则只有在合同对竞争的限制客

[109] T-112/99 *Métropole Télévision*（*M6*）*v Commission* §§72–79，104–114，GC；161/84 *Pronuptia* judgment §24，CJ；T-65/98 *Van den Bergh v Commission* §107，GC 上诉根据其他理由被驳回 C-552/03P *Unilever Bestfoods*（*Ireland*）*Ltd v Commission*，CJ；2004 年《适用〈欧共体条约〉第 81 条第 3 款的指南》[Guidelines on the application of Article 81（3）of the Treaty] 第 30 段，EuC；但比较参照 C-309/99 *Wouters* judgment §§86，97，CJ，该案可能支持一个更广泛的方式。关于第 101 条第 3 款的适用，参见 2.41—2.61。

[110] 2014 年《适用〈欧共体条约〉第 81 条第 3 款的指南》第 18 段；《纵向限制指南》第 97 段。根据 2014 年《技术转让协议指南》第 12 段，前一种比较关于对技术内部竞争的影响，后一种比较关于对技术间竞争的影响；这一观察看上去是不正确的，由于两种比较都可能同时与技术内部竞争和技术间竞争有关。同样的错误在 2004 年《适用〈欧共体条约〉第 81 条第 3 款的指南》第 18 段中也能找到。

[111] 262/81 *Coditel v Ciné Vog Films* judgment §§19–20，CJ；35/83 *BAT v Commission*，CJ；C-382/12P *MasterCard* judgment §§108–111，CJ；2011 年《横向合作协议指南》（Guidelines on horizontal co-operation agreements）第 30 段。比较参照 *Chemidus Wavin v TERI*，EWHC and EWCA[《罗马条约》第 85 条（现《欧盟运行条约》第 101 条）并未"意图以任何方式改变任何人的交易"，这一声明看上去和欧盟法院在引用的 262/81 一案的决定冲突，且原则上是错误的 ]，另参见 320/87 *Ottung v Klee & Weilbach* judgment §10，CJ。

[112] 258/78 *Nungesser v Commission*（*Maize Seeds*），CJ；262/81 *Coditel v Ciné Vog Films*，CJ；42/84 *Remia v Commission* judgment §§19–20，CJ；C-382/12P *MasterCard* judgment §§89–95，CJ（确认若仅仅由于没有一个条款，执行操作将更加困难或利润更低，则该条款不是必要的）；88/143 *Rich Products/Jus-rol* §II.A（27），EuC；87/100 *Mitchell Cotts/Sofltra* §II.A，EuC；2003/778（37398）*Joint selling of the commercial rights of the UEFA Champions League* §124，EuC；38698 *CISAC* §115，EuC，在 T-442/08 *CISAC v Commission*，GC 案中，部分决定基于其他理由被宣告无效；但比较参照 83/390 *Rockwell/Iveco*。161/84 案的判决中，欧盟法院似乎在第 15—23 段中排除了这一原则，但看上去与 §24 矛盾。另参见 C-309/99 *Wouters* judgment §§97–110，CJ（专业性规则适当的目标中固有的限制）；*Racecourse Association v Office of Fair Trading* §167，UKCAT；*Bookmakers Afternoon Greyhound Services v Amalgamated Racing* §§96，109，112–123，EWCA。

观上对于该合同存在是必要的情况下才能适用：只有基于当事人以外的客观因素，而非当事人的主观观点或主观特点之上，《欧盟运行条约》第 101 条才可以被排除适用。正如欧盟委员会所说，问题不在于当事人基于其特殊立场能否拒绝达成一个较少限制竞争的合同，而在于基于合同本身的性质和市场的特点，处于同等情况下的企业能否拒绝达成一个较少限制竞争的合同。[113] 英国法院观察认为，限制竞争是否必要必须经过实际的评估，并包含一定程度的灵活性。[114]

2.18　需要考虑不同形式的竞争

88 考量竞争时必须既包括合同当事人，也包括第三方，例如可能被合同影响的平行进口商。[115] 同时，考量时必须既考虑到使用不同知识产权的企业间竞争（技术间竞争或品牌间竞争），也考虑到使用相同知识产权的企业间竞争（技术间竞争或品牌间竞争）。[116]

2.19　需要考虑到创造和开发知识产权的费用和风险

必须考虑到的是，创造和开发知识产权通常需要大量资金并面临很大风险。如果当事人被不恰当地限制开发知识产权，可能导致动态竞争（dynamic competition）受损，而动态竞争是具有宝贵价值的。[117] 特别是，考虑到项目失败的可能，创新者应当拥有获取足够补偿研发成功项目费用的自由，以保持激励其继续投入创新。

---

[113] 2004 年《适用〈欧共体条约〉第 81 条第 3 款的指南》; 38698 *CISAC* §115, EuC, 该决定基于其他理由在 T-442/08 *CISAC v Commission* 案中被部分宣告无效, GC; 比较参照 Racecourse Association v Office of Fair Trading §167, UKCAT，后者提出了一个实质性因素。另参见 2010 年《纵向限制指南》第 60 段; 90/38 *Bayo-n-ox* §§40–42, EuC; *Kathon Biocide*, EuC 和第五章 5.96。

[114] *Racecourse Association v Office of Fair Trading*§167, UKCAT; *Bookmakers Afternoon Greyhound Services v Amalgamated Racing* §§355, 472–473, EWHC，EWCA 维持原判。

[115] 56, 58/64 *Consten and Grundig v Commission*, CJ; 40/70 *Sirena v Eda*, CJ; 258/78 *Nungesser v Commission*（*Maize Seeds*）, CJ; T-504/93 *Tiercé Ladbroke v Commission* §156, GC; 2014 年《技术转让协议指南》第 10 段。比较参照 65/86 *Bayer v Süllhofer*, CJ，本案中欧盟法院似乎并未将合同对于第三方竞争者的影响纳入考量（一个规定了不质疑条款的专利许可）。对其的批判参见 Ferry，'Patent Agreements: No-Challenge Clauses'[1989]4 EIPR 138。另参见《关于竞争政策的第 18 份报告》（18th Report on Competition Policy）第 104 段。

[116] 2014 年《技术转让协议指南》第 11 段; 56, 58/64 *Consten and Grundig v Commission*, CJ。

[117] 2014 年《技术转让协议指南》第 8 段; 258/78 *Nungesser v Commission*（*Maize Seeds*）judgment §§55–57, CJ。

## 2.20 目的或效果

（行为具有）禁止、限制或扭曲竞争的目的或效果是适用《欧盟运行条约》第 101 条的条件。[118]

一个协议如果天然地具有禁止、限制或扭曲竞争的目的，则满足条件。换句话说，若该协议具有足够程度的可能导致伤害竞争的目的，则无需再论证其是否具有伤害竞争的结果。[119] 要评估一个协议是否具有此类目的，应当基于合同条款的内容，协议的客观目的，经济法律背景以及合同的实施情况。[120] 合同当事人的主观目的是相关条件，但并非决定性的考量因素。[121]

即使协议同时追求合法目的，同样可以被认为具有限制竞争的目 89
的。[122] 由于第 101 条不仅保护消费者和竞争者的利益，也保护市场结构和市场竞争等目标，因此协议是否剥夺消费者享有市场有效竞争而造成的供应或价格上的利益，从而实现该协议不利于竞争的目的并不是判断其是否具有限制竞争目的的必要条件。[123]

---

[118] 56/65 *Société Technique Minière v Maschinenbau Ulm*, CJ; C-234/89 *Delimitis* judgment §13, CJ; C-501/06P *GlaxoSmithKline Services v Commission* judgment §55, CJ; C-439/09 *Pierre Fabre* judgment §34, CJ.

[119] 56, 58/64 *Consten and Grundig v Commission*, CJ; C-501/06P *GlaxoSmithKline Services v Commission* judgment §55, CJ; T-401/08 *Säveltäjäin Tekijänoikeustoimisto Teosto v Commission* §§62–63, GC; C-32/11 *Allianz Hungaria Bistozito* judgment §§33–34, 38, CJ; C-439/09 *Pierre Fabre* judgment §34, CJ; C-67/13P *Groupement des cartes bancaires*（*CB*）*v Commission* judgment §§48–52, 57, CJ（在第 58 段中也声明具有限制竞争的目的这一概念必须进行限制性解释）; 2014 年《技术转让协议指南》第 14 段; 2004 年《适用〈欧共体条约〉第 81 条第 3 款的指南》第 20—21 段。

[120] 2014 年《技术转让协议指南》第 14 段; 2011 年《横向合作协议指南》第 25 段; C-32/11 *Allianz Hungaria Bistozito* judgment §36, CJ; C-403, 429/08 *FAPL v QC Leisure* judgment §136, CJ; C-501/06P *GlaxoSmithKline Services v Commission* judgment §58, CJ; 78/156 *Video Cassette Recorders*, EuC; C-439/09 *Pierre Fabre* judgment §35, CJ; C-67/13P *Groupement des cartes bancaires*（*CB*）*v Commission* judgment §53, CJ; 比较参照 56/65 *Société Technique Minière v Maschinenbau Ulm*［1966］ECR 235 at 249, CJ, 该案可能认为必须在合同条款中找到禁止、限制或扭曲竞争目的的条款。

[121] 2014 年《技术转让协议指南》第 14 段; 2011 年《横向合作协议指南》第 25 段; 29–30/83 *CRAM and Rheinzink v Commission* judgment §26, CJ; C-501/06P *GlaxoSmithKline Services v Commission* judgment §58, CJ; T-401/08 *Säveltäjäin Tekijänoikeustoimisto Teosto v Commission* §64, GC; C-32/11 *Allianz Hungaria Bistozito* judgment §37, CJ; C-67/13P *Groupement des cartes bancaires*（*CB*）*v Commission* judgment §54, CJ。

[122] 2014 年《技术转让协议指南》第 14 段; C-209/07 *Competition Authority v Beef Industry Development Society* judgment §21, CJ。

[123] C-501/06P *GlaxoSmithKline Services v Commission* judgment §63, CJ.

某条款可以被认为具有禁止、限制或扭曲竞争的目的，即使该条款并未被实施，该条款本身的存在就足以产生可见的或心理上可能阻止竞争的环境。[124] 然而，普遍认为一个不具有明显限制竞争目的的条款不应当被解释为意在限制竞争，这一理解可能否定该条款具有限制竞争的目的。[125]

在许多案例中，对知识产权开发利用的相关限制条款已经被认定为具有不利于竞争的目的。[126]

当一个协议不具有禁止、限制或扭曲竞争的目的时，则有必要判断其是否具有实际上或潜在的禁止、限制、扭曲竞争的后果。[127] 举证责任应由主张该协议具有限制后果的当事方或主管机构承担，[128] 其必须证明基于一个合理程度的可能性，该合同将导致一个明显不利于竞争的结果。[129]

要查明某协议的目的或后果，必须同时将合同条款所规定的权利和义
90 务，以及协议实施的经济法律背景纳入考量，[130] 后者可能包括可适用的保护知识产权以及禁止不正当竞争的相关法律规定。[131]

2.21 《具有限制竞争目的的指南》

欧盟委员会为哪些行为将被认定为具有禁止、限制或扭曲竞争的目的

---

[124] 38698 *CISAC* §130, EuC, annulled in part on other grounds in T-442/08 *CISAC v Commission*, GC; 19/77 *Miller v Commission* judgment §7, CJ; 32, 36, 82/78 *BMW Belgium v Commission* judgment §§27–36, CJ; 246/86 *Belasco v Commission* judgment §15, CJ.

[125] 38698 *CISAC* §152, EuC，在 T-442/08 *CISAC v Commission*, GC 中根据其他理由被部分推翻。

[126] 参见例如 *Erauw-Jacquery v La Hesbignonne* judgment §15, CJ（被许可产品的最低销售价格）; 56, 58/64 *Consten and Grundig v Commission*, CJ（对于使用商标强化的分销商的绝对领土保护）; 258/78 *Nungesser v Commission*（*Maize Seeds*）judgment §61, CJ（对于被许可人的绝对领土保护）; C-403, 429/08 *FAPL v QC Leisure* judgment §§139–146, CJ（对于其他被许可人的绝对领土保护）; 78/156 *Video Cassette Recorders*, EuC（对于专利池成员使用竞争技术的限制）; T-401/08 *Säveltäjäin Tekijänoikeustoimisto Teosto v Commission* §§61–66, 73, GC（对于集体管理组织成员资格和排他代理的限制）。

[127] 56/65 *Société Technique Minière v Maschinenbau Ulm*［1966］ECR 235 at 249, CJ; C-501/06P *GlaxoSmithKline Services v Commission* judgment §55, CJ; C-403, 429/08 *FAPL v QC Leisure* judgment §135, CJ; 2014 年《技术转让协议指南》第 15 段。

[128] 1/2003 条例第 2 条。

[129] 2014 年《技术转让协议指南》第 15 段。

[130] C-501/06P *GlaxoSmithKline Services v Commission* judgment §58, CJ.

[131] 56, 58/64 *Consten and Grundig v Commission*［1966］ECR 299 at 343, CJ; 22/71 *Béguelin Import v GL Import* judgment §§12–14, CJ; 8/74 *Procureur du Roi v Dassonville* judgment §§10–15, CJ.

提供了指南（具有限制竞争目的“restrictions by object”）。[132] 根据这一指南，除例外情况，以下行为原则上构成具有限制竞争的目的：

– 在竞争者间缔结的横向协议中：限制合同当事人进行研发或利用他们自己的技术，[133] 划分市场或消费者，[134] 限制产量，[135] 限定价格，[136] 共享关于未来的定价或产量的信息，[137] 操纵投标 [138] 以及联合抵制等行为；[139]

– 在非竞争者间缔结的纵向协议中：维持转售价格 [140] 和通过限制被许可方、[141] 采购方 [142] 和销售商 [143] 而限制针对具体国家或消费者群体的销售。[144]

在欧盟关于集体豁免的条例、指南或公告中 [145] 被认为是“核心”限制的行为，[146] 欧盟委员会通常认为其属于适用该类条例、指南或公告的具有 91

---

[132] 2004 年《适用〈欧共体条约〉第 81 条第 3 款的指南》第 21—23 段；2014 年《具有限制竞争目的的指南》（Guidance on restrictions of competition by object for the purpose of defining which agreements may benefit from the De Minimis Notice），后一文件声明欧盟委员会打算定期更新该公告，见第一章第 5 页，关于《微量允许通知》，参见 2.23。

[133] 2014 年《具有限制竞争目的的指南》第二章第七节。

[134] 2004 年《适用〈欧共体条约〉第 81 条第 3 款的指南》第 23 段；2014 年《具有限制竞争目的的指南》第一章第 4 页和第二章第二节第 1 条。

[135] 2004 年《适用〈欧共体条约〉第 81 条第 3 款的指南》第 23 段；2014 年《具有限制竞争目的的指南》第一章第 4 页和第二章第三节第 1 条。

[136] 2004 年《适用〈欧共体条约〉第 81 条第 3 款的指南》第 23 段；2014 年《具有限制竞争目的的指南》第一章第 4 页和第二章第一节第 1 条。

[137] 2014 年《具有限制竞争目的的指南》第二章第六节。关于在竞争者共享保密信息案件中适用第 101 条的情形，参见 2.40。

[138] 2014 年《具有限制竞争目的的指南》第二章第四节。

[139] 2014 年《具有限制竞争目的的指南》第二章第五节。

[140] 2004 年《适用〈欧共体条约〉第 81 条第 3 款的指南》第 23 段；2014 年《具有限制竞争目的的指南》第一章第 4 页，第三章第四节。

[141] 2004 年《适用〈欧共体条约〉第 81 条第 3 款的指南》第 23 段；2014 年《具有限制竞争目的的指南》第一章第 4 页，以及脚注 142—144 中所引用的相关段落。

[142] 2014 年《具有限制竞争目的的指南》第三章第二节第 1 条。

[143] 2014 年《具有限制竞争目的的指南》第三章第一节第 1 条。

[144] 2014 年《具有限制竞争目的的指南》第三章第三节。

[145] 关于在与技术转让合同、研发合同和专业化合同相关的集体豁免条例中被认定为“核心”限制的行为，分别参见第五章 5.57—5.68、5.192 和 5.205。关于在纵向协议集体豁免中被认定为“核心”限制的行为，参见 2.51。330/2010 条例并未使用“核心”这一术语（正如 C-439/09 *Pierre Fabre* judgment §32，CJ 案中所观察的那样），但在其第 4 条中具体指明的限制在 2010 年《纵向限制指南》第 47 段及下文中被描述为“核心”限制。

[146] 关于欧盟委员会相关指南和公告中认定的核心限制行为，参见第五章 5.89（技术转让）和 5.173（技术池）。

限制竞争目的的行为。[147]

反之，那些在集体豁免条例、指南或公告中[148]被认定为与《欧盟运行条约》第 101 条相兼容或能够兼容的条款，其实施并不被认定为具有限制竞争目的，即使这些条款属于上文中提到的原则上构成具有限制竞争目的的行为的范畴。[149]

2.22　禁止、限制或扭曲竞争的外延

协议对市场竞争的禁止、限制或扭曲必须是“可察觉的（appreciable）”[150]“可感知的（perceptible）”[151]或“非无足轻重的（not insignificant）”[152]才能够适用《欧盟运行条约》第 101 条。这一原则既适用于考量具有限制竞争目的的行为，也适用于具有限制竞争后果的行为。[153]但当一个协议可能在显著程度上影响成员国间贸易，[154]并具有不利于竞争的目的时，该协议天然地构成可察觉的限制竞争行为。[155]

可察觉的后果可能在至少一方当事人拥有或将获取一定程度的市场支配力，[156]而该协议有助于创造、维持或增强这一市场支配力或有助于当事人利用其市场支配力时产生。然而，违背第 101 条对“一定程度的市场支配力”所要求的程度通常比第 102 条中认定市场支配地位的要求要低。[157]

---

[147]　2004 年《适用〈欧共体条约〉第 81 条第 3 款的指南》第 23 段；2014 年《具有限制竞争目的的指南》第一章第 4 页。

[148]　关于在条例、指南或公告中被认定为与《欧盟运行条约》第 101 条相兼容或潜在兼容的条款，参见第五章 5.89（技术转让）、5.168（技术池）、5.186（研发）和 5.195（转包和专业化）。

[149]　参见 2014 年《具有限制竞争目的的指南》第二章第一节第 2 条、第二章第二节第 2 条、第二章第三节第 2 条、第二章第七节第 2 条、第三章第一节第 2 条、第三章第二节第 2 条。

[150]　56/65 *Société Technique Minière v Maschinenbau Ulm*, CJ; 22/71 *Béguelin Import v GL Import* judgment §16, CJ; C-306/96 *Javico v Yves Saint Laurent* judgment §12, CJ.

[151]　C-226/11 *Expedia* judgment §17, CJ.

[152]　5/69 *Völk v Vervaecke* judgment §§5–7, CJ; C-215, 216/96 *Bagnasco* judgment §34, CJ; C-226/11 *Expedia* judgment §16, CJ.

[153]　5/69 *Völk v Vervaecke* judgment §§5–7, CJ（即使是绝对地域保护，若对市场只具有微小的影响，也可能不受第 101 条的规制）；1/71 *Cadillon v Hoss* judgment §9, CJ（同上）。

[154]　关于这一要求，见 2.12。

[155]　C-226/11 *Expedia* judgment §37, CJ.

[156]　关于市场支配力的概念，见 5.83—5.84。要建立市场支配力的概念首先必须定义相关市场，参见第三章 3.04—3.08。

[157]　2014 年《技术转让协议指南》第 15 段，2010 年《纵向限制指南》第 97 段。关于支配地位的概念，见第三章 3.02—3.08。

考量一些在特定市场范围内相似的生效协议时，必须考虑到其累积起来的对竞争的作用。但一个协议只有在该协议或一系列相似协议当事人是相同的企业且具有显著的限制竞争的后果时，才会被第 101 条所禁止。[158] 92

2.23 《微量允许通知》( the De Minimis Notice ) 和其他指导

欧盟委员会发布了一个关于对竞争仅具有微小影响的协议的通知，为在何种情况下欧盟委员会将认定该协议、协同行为或企业联盟的决定不具有可察觉的禁止、限制或扭曲竞争的后果提供了指导。[159] 该公告并不适用于具有禁止、限制或扭曲竞争目的的协议。[160]

当行为属于通知的范畴时，欧盟委员会将不会提起调查程序。当证据显示企业善意地认为其行为不超过通知中规定的市场占有率时，欧盟委员会将不会对企业进行罚款。[161] 该通知对成员国法院和主管机构并无约束力，[162] 而是意在为其提供指导。[163]

根据通知，当协议当事人合计拥有的市场份额不超过以下数额时，协议将不具有《欧盟运行条约》第 101 条第 1 款规定的可察觉的限制竞争后果：当销售某种货物或提供某种服务的不同供应商或分销商之间达成的多个协议或平行协议，其累积影响可能限制市场竞争时，任何可能被协议影响的相关市场[164]5% 的市场份额；[165] 当当事人是实质的或潜在的竞争者时，任何可能被协议影响的相关市场 10% 的市场份额；在其他情况下，相关市

[158] C-234/89 *Delimitis* judgment §§10–27，CJ；C-241/99 *Neste* judgment §§25–27，CJ；C-279/06 *CEPSA* judgment §43，CJ；2010 年《纵向限制指南》第 134 段、第 140—141 段；另参见第五章 5.156。

[159] 2014 年《微量允许通知》。

[160] 2014 年《微量允许通知》第 2 段、第 13 段。关于目的和影响的区别，见 2.20。欧盟委员会已发布一份内部职员工作文件 [Staff Working Document，SWD（2014）198 final]，为判断具有限制竞争目的的行为提供指南，界定了哪些合同可能被《微量允许通知》豁免。

[161] 2014 年《微量允许通知》第 5 段。欧盟委员会的自主裁量权受其自身规定所限制：C-226/11 *Expedia* judgment §28，CJ。

[162] C-226/11 *Expedia* judgment §24-33，CJ.

[163] 2014 年《微量允许通知》第 5 段。

[164] 《微量允许通知》并未包括任何关于相关市场的定义，但提到了 1997 年《欧盟委员会关于相关市场界定的通知》第 12 段中的相关定义。关于相关市场的进一步讨论见第三章 3.04—3.08。

[165] 2014 年《微量允许通知》第 10 段。

场 15% 的市场份额。[166]

93 当在两个连续日历年内，市场份额增长不超过 2%，且不会改变欧盟委员会对其仅具有微小影响的观点时，可以超过 5%、10%、15% 的门槛标准。[167]

这一通知不适用于那些包含“核心限制竞争”条款的合同，包括任一被集体豁免条例[168]列出的核心限制行为和可能直接或间接地具有向第三方固定销售价格、限制产量或销量，以及分割市场或消费者目的的行为。[169]

欧盟委员会进一步认为，存在于中小企业间[170]的纵向协议[171]很少能够显著限制竞争或限制成员国间贸易，该观点同样被累积影响[172]和核心限制竞争原则所限制。并且，即使这些纵向协议可能显著限制竞争或限制成员国间贸易，欧盟委员会通常也不会提起调查程序，除非协议相关方在欧盟共同市场的重要组成部分中具有市场支配地位。[173]

### 2.24 诉讼和解

侵权诉讼的和解原则上和其他协议的和解评判标准并无不同，即使该和解被写入法院指令中。[174]在技术转让[175]和商标冲突领域[176]内产生的特殊问题将分别在第五章和第七章中讨论。

---

[166] 2014 年《微量允许通知》第 8 段。当界定合同类型有困难时，适用 10% 这一门槛规定。2014 年《微量允许通知》第 9 段。

[167] 2014 年《微量允许通知》第 11 段。

[168] 关于在集体豁免条例中的核心限制，见 2.51（纵向协议），以及第五章 5.57—5.68（技术转让）、5.192（研发）、5.205（专业化）。

[169] 2014 年《微量允许通知》第 13 段。

[170] 关于纵向协议的含义，见脚注 286。

[171] 在欧盟委员会建议（Commission's Recommendation）2003/361 中将微、小中型企业定义为具有以下条件的企业：（a）少于 250 个员工且年营业额少于五千万欧元；（b）年资产负债表小于四千五百万欧元。

[172] 这可能指的是一个中小企业可能与其他多个中小企业达成类似合同，这些中小企业的综合营业额可能数量巨大。

[173] 2014 年《微量允许通知》第 11 段。

[174] 258/78 *Nungesser v Commission*（*Maize Seeds*）judgment §§80–90，CJ；65/86 *Bayer v Süllhofer* judgment §§14–15，CJ；35/83 *BAT v Commission*，CJ；75/570 *Zuid-Nederlandsche Bronbemaling v Heidemaatschappij Beheer*，EuC；*Neilson-Hordell/Richmark*，EuC. 比较参照 *WWF-World Wide Fund for Nature v World Wrestling Federation Entertainment*，EWCA（27/2/2002）。

[175] 见第五章 5.86、5.103 和 5.136。

[176] 见第七章 7.53。

## 2.25　技术转让协议指南

欧盟委员会发布了一个宽泛的指南，该指南针对的是在技术转让合同中如何适用《欧盟运行条约》第 101 条的标准。[177] 在此领域内进一步的指引可能在 316/2014 条例关于技术转让集体豁免的规定中获得。[178] 特别是，其中包含一个详细的列表，列出了欧盟委员会认定可能具有禁止、限制或扭曲竞争目的[179]的技术许可协议或具有与技术许可协议同等后果的其他转让协议的标准。[180]

316/2014 条例适用于技术许可以及某些特定的转让“技术产权”的协 94
议，“技术产权”被定义为专有技术及一系列其他的特定权利，包括专利，工业设计权以及软件著作权。[181] 316/2014 条例同样适用于有关于其他知识产权的技术转让合同中的条款，如果这些条款与在被许可的技术权利之上产生的产品数量或产品销量直接相关。[182] 另外，一般来说，针对为生产合同产品而许可使用著作权[183]的行为，欧盟委员会也会适用技术转让集体豁免规定以及技术转让合同指南中的原则。

另一方面，在表演中许可使用的权利以及其他关于著作权的权利[184]也被欧盟委员会认为构成特殊问题，该作品及其利用方式的特殊性必须被纳入考量。因此，据此推断，欧盟委员会不会针对许可使用这些权利的行为适用技术转让集体豁免规定以及技术转让协议指南。[185]

欧盟委员会同样指出，其不会针对商标许可扩展适用技术转让集体豁

---

[177]　在第五章进行具体讨论。

[178]　316/2014 条例，在第五章进行具体讨论。

[179]　316/2014 条例第 4 条，见第五章 5.50—5.68。

[180]　316/2014 条例覆盖的转让类型，见第五章 5.50—5.68。

[181]　316/2014 条例第 1 条第 1 款（b）项；完整定义见第五章 5.26—5.28。

[182]　316/2014 条例第 2 条第 3 款；见第五章 5.35。

[183]　2014 年《技术转让协议指南》第 48 段。应当如何理解“合同产品（contract products）”这一名词并不清楚。同样的术语在 316/2014 条例第 1 条第 1 款（f）项和（g）项中被定义为在被许可的技术权利基础之上生产出的商品或服务（具体参见第五章 5.29）。据推测该指南第 48 段目的更多在于规制基于被许可的著作权之上而产生的产品，而非基于技术权利之上而产生的产品，但并不清楚该规定是否同样针对产生的服务。生产（production）的定义在这一规定中同样不甚清晰，鉴于欧盟委员会认为该规定不包括用于发行的软件再复制的行为；参见第五章 5.32。

[184]　关于邻接权这一术语的含义，参见第一章 1.25，脚注 243。

[185]　《技术转让协议指南》第 49 段。

免规定以及技术转让协议指南中列出的原则。[186]

2.26　其他指南

一系列欧盟委员会发布的其他公告可能也会有所帮助，例如针对纵向限制、[187]横向合作协议、[188]分包合同、[189]影响较小的协议，[190]以及相关市场的定义。

相关的指引也能够通过之前欧盟在开发利用知识产权领域适用《欧盟运行条约》第 101 条的决定获取，尽管需要注意的是相关原则可能
95 随着时间推移而有所发展，因此在援引较为老旧的案例时应当特别小心。[191]

## （二）知识产权领域的案例

2.27　简介

上文中介绍的几个原则在一些涉及知识产权领域中的应用将在下文中进行简要的讨论，并在接下来关于科学、技术、工业设计和软件，[192]文化、传媒和体育，[193]以及商标[194]的几章中分别进行更加具体的讨论。

2.28　分割单一市场的转让和独占许可行为

当一个在不同的成员国间拥有平行的知识产权的企业，在某一个或某几个成员国向另一企业转让该知识产权或许可该企业实施独占使用权时，竞争可能受到阻碍，符合适用《欧盟运行条约》第 101 条的标

[186]　《技术转让协议指南》第 50 段。

[187]　在 2.47—2.53 以及第七章 7.76—7.79 中关于纵向协议集体豁免部分进行了讨论；在第五章 5.64—5.65 中关于线上销售部分其他各处进行了讨论。

[188]　在第五章标准（5.177—5.185）和研发（5.186—5.194）中进行了讨论。

[189]　在第五章 5.195—5.201 中进行了讨论。

[190]　在 2.23 中进行了讨论。

[191]　欧盟竞争政策关于技术转让合同的发展在第五章 5.11—5.17 中进行了讨论。关于用尽的概念的发展在 1.71 中进行了讨论。关于品牌公认的作用的发展，在第七章 7.03—7.05 中进行了讨论。

[192]　第五章。

[193]　第六章。

[194]　第七章。

准。[195] 即使这一交易在知识产权领域外并不包含任何限制竞争的内容，并且许可方只是转让一些之前由其享有的独占权利，这一交易同样可能阻碍竞争，因为若没有此交易，则可能存在平行进口商，[196] 或该交易可能产生不能以行业需求为理由正当化的人为壁垒，或该交易可能使被索取的费用超过合理的投资回报，或该交易可能维持一个与其要求不成比例的期间。[197]

另一方面，一个“开放”的排他性许可，即仅仅限制知识产权所有权人自己利用或行使许可其他成员国中的其他人使用该知识产权的行为，并不一定限制竞争，如果这一许可并不影响平行进口商，并且对于这一许可潜在的被许可方，除非确定他们不会在被许可国境内遭遇其他被许 96
可方或许可方自身的竞争，否则可能因承担开发或出售相关产品所承担的风险而慎重接受许可，并且这一许可不会产生人为壁垒或过多费用或过长期间。[198]

---

[195] 56, 58/64 *Consten and Grundig v Commission*, CJ（trademark）; 40/70 *Sirena v Eda* judgment §§8–11, CJ（商标）; 51/75 *EMI v CBS*, CJ（商标）; 258/78 *Nungesser v Commission*（*Maize Seeds*）, CJ（植物育种者权利）; 262/81 *Coditel v Ciné Vog Films*, CJ（电影著作权）; T-504/93 *Tiercé Ladbroke v Commission* §§154–162, GC（赛马比赛影片中的著作权）; C-403, 429/08 *FAPL v QC Leisure* judgment §§139–146, CJ（足球比赛广播权）。欧盟法院的判例似乎并不区分转让（assignments）和许可（licences），但比较参照 *Panayatiou v Sony Music Entertainment* pp 425–6, EWHC 的判决。

[196] 56, 58/64 *Consten and Grundig v Commission*, CJ; 40/70 *Sirena v Eda* judgment §§8–11, CJ; 258/78 *Nungesser v Commission*（*Maize Seeds*）, CJ; 262/81 *Coditel v Ciné Vog Films*, CJ; T-504/93 *Tiercé Ladbroke v Commission* §§146–162, GC; 比较参照 320/87 *Ottung v Klee & Weilbach* judgment §10, CJ。

[197] C-403, 429/08 *FAPL v QC Leisure* judgment §§108–121, 139–146, CJ; 262/81 *Coditel v Ciné Vog Films* judgment §19, CJ; *Knoll/Hille-Forme*, EuC; 89/536 *Degeto Film*, EuC; 另参见第六章 6.35 和 6.36。

[198] 258/78 *Nungesser v Commission*（*Maize Seeds*）, CJ（种植和销售一种不为被许可领土内农民所知的新培育的杂交物种面临风险，由于这种风险，排他性被正当化）; 262/81 *Coditel v Ciné Vog Films*, CJ（原始电影的发行人为不同语言群体的观众对电影进行配音或加字幕面临风险，由于这种风险，排他性被正当化）; C-403, 429/08 *FAPL v QC Leisure* judgment §§137–138, CJ（原则上允许在某一时间段内从某一成员国排他性的许可对被保护的内容进行卫星广播）; 但比较参照 161/84 *Pronuptia*, CJ（排他性对于准加盟商承担加盟的投资风险是不是必需的应当根据第 101 条第 3 款判断，而非第 101 条第 1 款）; T-504/93 *Tiercé Ladbroke v Commission* §§146–162, GC（欧盟委员会的决定被宣告无效，由于其未调查横向排他许可是否对禁止、限制或扭曲竞争负有责任）。限制对跨国电视或网络内容的访问很可能被认为是不正当的，进一步讨论见第六章 6.07 和 6.73。

2.29　分隔欧盟与其他市场的转让或独占许可

某一在所有成员国境内转让知识产权的行为，当该行为可能将欧盟作为一个整体市场与其他市场分割开来的时候，即使该行为并未分割欧盟内部市场，该行为仍然可能构成限制竞争。[199] 在某些约定中，一个企业获取了关于欧盟市场和美国市场的某一重要商标下的知识产权，另一企业则获取了其余市场该商标下的知识产权，欧盟委员会认定这些约定可能限制或扭曲竞争，因为这些企业拥有提升该商标竞争力的共同利益。[200] 然而，一个关于欧盟以外市场的独占许可协议，如果该市场不大可能向欧盟出口相关产品的话，则不被认定为可能影响竞争。[201]

2.30　加强市场支配力的转让或独占许可

若转让或独占许可行为会显著地增强受让人或被许可人的市场支配力时，该行为可能会禁止、限制或扭曲竞争。例如要求被许可人将发展后的相关技术允许许可人使用，[202] 或许多企业向同一个企业转让知识产权。[203] 要判定这种情况是否发生，则有必要确定如果该行为不存在，哪一或哪些企业将获得相关知识产权。[204]

2.31　限制欧盟市场内产品的转售或使用

97 已投放于欧盟市场的具有知识产权的产品，在合同中对其使用或转售进行限制，通常被认为可能禁止、限制或扭曲竞争，[205] 因为知识产权在首次销售中已经用尽。[206] 在某些例外情形下，如果这种限制只会阻碍非法贸

[199] 51/75 *EMI v CBS*, CJ.

[200] 93/252 *Warner Lambert/Gillette*, EuC.

[201] 72/238 *Raymond* §II, EuC.

[202] 参见第五章 5.132。

[203] 2003/778（37398）*Joint selling of the commercial rights of the UEFA Champions League* §§118–124, EuC.

[204] 2003/778（37398）*Joint selling of the commercial rights of the UEFA Champions League* §§118–124, EuC；进一步讨论参见第六章 6.07 和 6.73。

[205] 56, 58/64 *Consten and Grundig v Commission*, CJ（商标）；40/70 *Sirena v Eda* judgment §§8–11, CJ（商标）；28/77 *Tepea v Commission*（商标）；258/78 *Nungesser v Commission*（*Maize Seeds*）, CJ（植物育种者权利）；C-501/06P *GlaxoSmithKline Services v Commission* judgment §§59–64, CJ（专利，但已撤销对豁免的拒绝）；*Ernest Benn*, EuC（著作权）；*STEMRA*, EuC（著作权）；2014 年《技术转让协议指南》第 6 段。

[206] 见 1.59—1.73。

易[207]或基于其他理由是客观必要的，[208]则该限制可能不受《欧盟运行条约》第 101 条第 1 款规制。

另一方面，当使用本身合理地被知识产权所保护时，[209]例如商业租赁，[210]某作品的表演、[211]演出或广播，[212]或控制原种使用和目的的排他性权利，[213]情况有所不同。在这些情形中，有必要考虑该协议是否会导致人为和不正当的壁垒、过高费用或不相称的排他性期限，以及在通常所有情形中，它是否会在共同市场范围内产生禁止、限制或扭曲竞争的后果。[214]

2.32 在合法权利正当范围之外对其他活动的限制

合同中当事人对知识产权正当范围以外的其他活动设立限制通常被认为符合《欧盟运行条约》第 101 条第 1 款中禁止、限制或扭曲竞争的定义。[215]同样，当被限制的行为属于或曾经属于该当事人知识产权的范围，但该知识产权无效[216]或已过期[217]时也是如此，例如“有偿迟延（pay for delay）”案件。[218]

2.33 对权利范围内行为的限制 98

被某一有效知识产权所有权人设立的，在权利合法范围内，针对未许

[207] 90/38 *Bayo-n-ox* §§40–42，EuC（在上诉 T-12/90 *Bayer v Commission*，GC，C-195/91P *Bayer v Commission*，CJ 中未被接受）；*Kathon Biocide*，EuC；2014 年《技术转让协议指南》第 127 段。但比较参照 C-68/12 *Protimonopolný úrad Slovenskej republiky v Slovenská sporiteľňa* judgment §21，CJ；见第五章 5.96。

[208] 见第五章 5.96。

[209] 见第一章 1.70—1.71，以及第六章 6.22 和 6.23。

[210] 158/86 *Warner Bros v Christiansen*，CJ；C-200/96 *Metronome Music v Musik Point Hokamp*，CJ；C-61/97 *Pedersen*，CJ；2009/24 指令第 4 条（c）项；见第六章 6.17。

[211] 402/85 *Basset v SACEM*，CJ；395/87 *Ministère Public v Tournier*，CJ；337/95 *Parfums Christian Dior v Evora* judgment §56，CJ；2014 年《技术转让协议指南》第 49 段。

[212] 62/79 *Coditel v Ciné Vog Films*，CJ；262/81 *Coditel v Ciné Vog Films*，CJ；第六章 6.12。

[213] 1999/6 *Sicasov* §II.A（a），EuC；27/87 *Erauw-Jacquery v La Hesbignonne*，CJ；第五章 5.146。

[214] 262/81 *Coditel v Ciné Vog Films* judgment §19，CJ；C-403，429/08 *FAPL v QC Leisure* judgment §§134–146，CJ；见第六章 6.36。

[215] 193/83 *Windsurfing International v Commission*，CJ；82/987 *Toltecs/Dorcet* §II.3.A.（f），EuC，判决在 35/83 *BAT v Commission*，CJ 中基于其他理由被支持；见第五章 5.91 和 5.112。比较参照 *WWF-World Wide Fund for Nature v World Wrestling Federation Entertainment*，EWCA（27/2/2002）。

[216] 35/83 *BAT v Commission* judgment §35，CJ.

[217] 320/87 *Ottung v Klee & Weilbach* judgment §18，CJ；85/410 *Velcro/Aplix* §II.1，EuC；见第五章 5.149。

[218] 见第五章 5.103。

可行为的限制，其本身不能被认定为符合《欧盟运行条约》第 101 条第 1 款禁止、限制或扭曲竞争的定义。[219] 然而，有必要考虑所有权人是否能够授予一个具有更少限制的许可，[220] 在某些情况下，许可合同中属于有效权利合法范围的限制也可能被第 101 条所管制。[221]

2.34　使用费

针对许可方在有效知识产权合法范围内的行为设置使用费，通常不被认为属于禁止、限制或扭曲竞争。[222] 然而，在某些特殊情形下，它们可能被认定为属于禁止、限制或扭曲竞争，例如在竞争对手之间的交叉许可协议中设置互惠特许使用费，[223] 或某一具有支配地位的企业索取不公平使用费等情形。[224]

相反，对许可方知识产权范围之外的行为收取使用费通常可能禁止、限制或扭曲竞争。[225] 然而，欧盟委员会已经承认在权利到期之后继续支付使用费的义务通常不属于《欧盟运行条约》第 101 条规制的范围。[226]

2.35　搭售和捆绑

《欧盟运行条约》第 101 条在针对不同产品或技术的搭售或捆绑合同中的适用在第五章中进行讨论。[227]

2.36　不质疑条款

不质疑知识产权有效性的义务通常被《欧盟运行条约》第 101 条规制，（但只有）当它们对竞争具有显著影响时。[228]

---

[219]　320/87 *Ottung v Klee & Weilbach* judgment §10, CJ.

[220]　见 2.17。

[221]　见第五章 5.89—5.150。

[222]　见第五章 5.90。

[223]　见第五章 5.93。

[224]　在 *DSD* 案中，根据第 102 条进行判决的讨论，见第七章 7.88—7.97。

[225]　193/83 *Windsurfing International v Commission* judgment §§65–67, CJ；见第五章 5.91。

[226]　见第五章 5.92，比较参照 320/87 *Ottung v Klee & Weilbach*, CJ，判决认定如果被许可人不能在合理通知后终止使用费，许可权利过期之后继续支付使用费的行为可能限制竞争。

[227]　5.119—5.121（技术转让双方合同）；5.160—5.176（专利池）。

[228]　193/83 *Windsurfing International v Commission* judgment §§75–81（商标），§§89–94（专利），CJ；65/86 *Bayer v Süllhöfer* judgment §§16–21, CJ（专利，当没有可支付的使用费且技术过时时，没有显著影响）；90/186 *Moosehead/Whitbread* §II.4（a），EuC（商标，由于商标并不显著周知而无法构成值得注意的进入壁垒，从而没有显著影响）；75/94 *Goodyear Italiana* §I, EuC（商标）；见第五章，5.133—5.136 和 5.174，以及第七章 7.57 和 7.64。

允许许可人在被许可人质疑被许可权利有效性时中止许可的条款以前 99
通常被视为不受第101条规制，但欧盟委员会在其最近的指南和针对技术转让的集体豁免规定，特别是关于技术池专利和标准必要专利中，已经采取了一种更严格的观点。[229]

有限制的不质疑条款，当其对实现合法商标划界协议的目标是必要的时，可能不被第101条规制。[230] 针对质疑联合研发相关的知识产权的限制看上去被认定为符合研发合同集体豁免条件，[231] 虽然并不清楚它们是被认定为不受第101条第1款管辖还是被认定为适用第101条第3款例外条款。

质疑权利有效性的一方当事人因撤销质疑而收到了一大笔金钱或实质性好处，达成诉讼和解，可能违反第101条。[232]

基于无论哪一方拥有权利，第三方对于竞争的影响都是相同的这一点，欧盟委员会认为不质疑知识产权所有权的义务不构成禁止、限制或扭曲竞争。但是，在某些情况下，这些条款可能会限制竞争。[233]

### 2.37 通过协同行为拒绝许可、执行或定价

通过协议或协同行为拒绝许可知识产权可能侵犯《欧盟运行条约》第101条。[234] 通过协同行为执行某知识产权同样可能侵犯该条。[235]

最惠国（MFN）条款要求供应商提供与其他平台相同或更优惠的条件，基于该条款，通过协同行为针对受知识产权保护的产品向消费者索取更高价格的行为可能被认定违反第101条。[236]

### 2.38 拒绝提供独立经营者所需的技术信息

制造商在分销合同文本中拒绝为独立经营者在提出要求后无延误地提
供其要求的技术维修、维护的信息、工具和培训，可能导致该分销合同违 100

[229] 见第五章5.139—5.141、5.174、5.18。

[230] 见第七章7.57。

[231] 1217/2010条例第6条（a）项；见第五章5.193。

[232] 39612 *Perindopril*（*Servier*）, EuC；见第五章5.103。

[233] 90/186 *Moosehead/Whitbread* §II.4（a）, EuC（商标）；2014年《技术转让协议指南》第135段；第五章5.142；第七章7.86。

[234] 395/87 *Ministère Public v Tournier*, CJ.

[235] *Glaxo Group v Dowelhurst*, EWHC.

[236] 39847 *E-Books*（*Penguin*）§§87–93, EuC.

反《欧盟运行条约》第 101 条。[237]

此条中，独立经营者包括独立维修人员和测试人员，培训他们的人员，以及零部件制造商和分销商，维修设备和工具的制造商，技术信息的发布者和用户协会。[238]

影响独立经营者提供的技术维修和维护信息可能包括电子控制单元的软件、故障代码和其他参数，标识号码或方法，部件目录，维修和维护程序，从实际经验中获得的典型问题的解决方案，以及召回和其他通知。[239] 工具包括电子诊断和其他修理工具，以及软件和售后服务。[240] 另一方面，规定并不要求制造商向独立经营者提供商业信息。[241]

拒绝向独立经营者提供上述辅助市场的信息，也可能违反第 102 条的规定，如果该市场构成一个单独的相关市场，且制造商在该市场具有支配地位。[242]

2.39　对保护专有技术和 / 或商誉的限制

在一项有利于竞争的交易中，对于被转让或被保留的专有技术和 / 或商誉保护的必要限制不属于《欧盟运行条约》第 101 条第 1 款中禁止、限制或扭曲竞争的定义。

这些限制包括业务供应商对竞争的限制，只要其期限和范围严格限于
101 保护所出售业务专有技术和商誉的目的之内；[243] 加盟商在协议期间及协议终止后合理的时间内对竞争的限制；要求加盟商 / 被许可人遵守授权商 /

[237] 2010 年《关于销售、维修机动车合同中纵向限制的补充指南》(Supplementary guidelines on vertical restraints in agreements for the sale and repair of motor vehicles) 第 61—62 段、第 68 段。这一指南特别针对机动车部门，但也适用于其他行业。单方行为本身并不被第 101 条所规制，但可能导致一个违反该条款的协议，协议或者通过具有禁止、限制或扭曲竞争的目的或影响，或扭曲竞争到显著的程度而导致违反该条款，或者通过剥夺其作为豁免正当化的利益而导致违反该条款，见 2.02。另外，715/2007 条例第 6 条要求汽车制造商通过网络向独立运营商提供无限制、标准化汽车维修和维护访问信息，要求使用标准化格式，并且必须以可访问且及时的方式，与提供给授权经销商和维修工的信息相比是无差别的。根据该条例第 7 条，可以收取合理和适当的费用。

[238] 2010 年《关于销售、维修机动车合同中纵向限制的补充指南》第 62 段。

[239] 2010 年《关于销售、维修机动车合同中纵向限制的补充指南》第 66 段。

[240] 2010 年《关于销售、维修机动车合同中纵向限制的补充指南》第 68 段。

[241] 2010 年《关于销售、维修机动车合同中纵向限制的补充指南》第 65 段（a）项。

[242] 见第三章 3.07（相关市场）和 3.17—3.25（拒绝供应的滥用）。

[243] 42/84 *Remia v Commission* judgment §20, CJ；见 4.13—4.14 和 4.17—4.18。

许可人的指示，如方法、陈述、质量控制和广告等；[244] 要求许可人对所有被许可方实施类似的质量标准和规范；[245] 以及在任何情况下对披露专有技术的限制，只要专有技术仍然保持秘密性。[246]

反之，超出了保护机密信息的必要条件针对交易的限制，可能违反第 101 条第 1 款。[247]

针对基本种子或其他植物繁衍材料销售或出口的限制，已经在类似基础上被判定为不属于第 101 条管辖范围。[248]

2.40　交换机密信息

在竞争对手之间交换商业机密信息，可能会在其竞争的市场上引起妨碍、限制或扭曲竞争的后果，[249] 即使它可能是间接的（例如通过一个共同的承包商）而不是互惠的。[250]

## 五、第 101 条第 3 款中规定的豁免条款

### （一）总则

2.41　自动豁免

《欧盟运行条约》第 101 条第 1 款所规制的协议以及其他商业安排，

---

[244] 161/84 *Pronuptia*, CJ; 193/83 *Windsurfing International v Commission* judgment §§45–46 and 86, CJ; 78/253 *Davide Campari-Milano*, EuC; 88/143 *Rich Products/Jus-rol*, EuC; 75/73 *BMW* §§20, 30, EuC.

[245] 84/381 *Carlsberg Beers*, EuC.

[246] 90/186 *Moosehead/Whitbread*, EuC; 78/253 *Davide Campari-Milano* §II.C, EuC; 75/494 *Kabel- und Metallwerke Neumeyer and Etablissements Luchaire* §8（iv）, EuC; 87/100 *Mitchell Cotts/ Sofltra* §21, EuC; 90/410 *Odin Developments* §35, EuC; 87/69 *X/Open Group* §［39］, EuC; 88/143 *Rich Products/Jus-rol*, EuC; 2014 年《技术转让协议指南》第 183 段（a）项；1978 年《关于分包协议的通知》(Notice on subcontracting agreements)；另参见第五章 5.146 和 5.200。

[247] *Jones v Ricoh* §§42–43, EWHC.

[248] 27/87 *Erauw-Jacquery v La Hesbignonne* judgment §§10–11and opinion §§10–12, CJ; 1999/6 *Sicasov*, EuC; *CBA*, EuC.

[249] C-7/95P *Deere v Commission*; C-8/95P *New Holland Ford v Commission*; T-380/10 *Wabco v Commission* §§38–41, 78–79, GC; 39847 *E-Books*(*Penguin*)§§71–72, EuC; 2011 年《横向合作协议指南》第 55—110 段。

[250] 39847 *E-Books*(*Penguin*)§§71–80, EuC(通过能够将相关内容向公众开放的平台运营商向供应商提供的信息)。

如果被发现满足第 101 条第 3 款适用于指定类别协议的所有条件，[251] 或者满足针对特定协议类型适用第 101 条第 3 款所产生的集体豁免条例的条件，则可以豁免该禁止性规定。

102 在 2004 年 5 月 1 日之后成立的协议或商业安排，不要求任何事先通知或决定，[252] 所有相关法院和竞争主管机构有权通过现代化程序，在个案中适用第 101 条第 1 款和第 101 条第 3 款。[253]

这与 2004 年 5 月 1 日之前的情况形成了对比，[254] 当时个案豁免只能被欧盟委员会授予，[255] 并且只有在向欧盟委员会发出通知后的指定期限内才能获得豁免，[256] 除非该协议属于相对较窄的不需要通知的类别之一。[257]

2.42　针对整个合同适用

通常情况下，协议只能作为一个整体豁免，这导致了某一单一的违法条款可能会妨碍该合同的豁免，若没有这一条款则协议其余部分将得到豁免。[258] 然而，技术转让和纵向协议集体豁免条例中规定这些豁免仅不适用于那些"被排除的"条款；欧盟委员会的意图是，如果条例的其他条件得到满足，并且与第 101 条不相容的条款与其他条款可分割，则可以豁免合同的其余条款。[259] 还有人建议设立一项具体的合同规定，使阻碍豁免的某

---

[251] T-528，542，543，546/93 *Métropole Télévision v Commission* §93，GC；T-185，216，299，300/00 *Métropole Télévision v Commission*（*M6*）*v Commission* §86，GC. 举证责任由申请豁免的人承担：1/2003 条例第 2 条。

[252] 1/2003 条例第 1 条第 2 款。

[253] 1/2003 条例第 5 条、第 6 条。

[254] 关于如何对待 2004 年 5 月 1 日之前成立，但在 2004 年 5 月 1 日之后执行，或意图在之后执行的合同，见 2.61。

[255] 17 条例第 9 条第 1 款。

[256] 17 条例第 4 条第 1 款、第 6 条第 1 款。

[257] 17 条例第 6 条第 2 款。17 条例第 4 条第 2 款，不要求通知的豁免，包括两个企业之间只对知识产权代理人或使用者行使权利施加限制的协议。然而，这不包括独占许可，因为其限制了许可人利用相关具体内容、许可以及进一步授予他人许可。在 2004 年 5 月 1 日以前由于新成员加入而落入第 101 条第 1 款规制的协议（现已被 *EEA Agreement* 第 53 条规制）可以经成员国双方同意豁免，前提是在新成员国加入 6 个月内进行了及时充分的通知：17 条例第 5 条第 1 款、第 6 条第 2 款和第 25 条。更多关于之前通知系统的讨论，见 Bellamy & Child，*European Community Law of Competition*，5th edn（2001）chapter 11。

[258] 10/86 *VAG France v Etablissement Magne*；C-234/89 *Delimitis* judgment §40，CJ；*Richard Cound v BMW*，EWCA；*Clover Leaf Cars v BMW*，EWCA；*First County Garages v Fiat Auto*，EWHC.

[259] 见第五章 5.52，以及第二章 2.52 和 2.62—2.63。

项条款被分割开来，以便于其他条款得到豁免。[260]

2.43 随时间推移的适用 103

豁免只有在第 101 条第 3 款的条件或集体豁免的要求得到满足的情况下才能适用。[261] 但是，个案评估必须考虑到任何一方所作出的初始投资和承担的风险，以及提交和偿还促进效率的投资所需的时间和所受的限制。[262]

在许多情况下，只有具有期限限制，该限制竞争行为才能与第 101 条第 3 款相兼容。[263] 但是，当前欧盟委员会关于技术转让协议限制期限的政策与过去相比已经宽大了很多。[264]

如果一个协议是不可逆的，例如它规定放弃一个研究项目，则必须在其执行时的事实基础之上对其进行评估。但是，可逆的方面必须根据不断发展的情况，在持续的基础之上对其进行评估。[265]

2.44 豁免并不排除其他禁止性规定

《欧盟运行条约》第 101 条第 3 款规定的豁免，其存在并不排除该行为可能被认定为违背第 102 条滥用市场支配地位的规定，[266] 例如一个具有支配地位的企业收购了一个针对唯一替代性的技术具有独占许可的竞争对手，该许可根据第 101 条第 3 款得到豁免。[267] 然而，在针对个案适用第

---

[260] 在 *Courage v Crehan* §155，EWCA 中保留了这一可能性，法院判定（最高法院随后推翻）某项一般的可分割的条款为此目的可以是无效的。可以起草一个适当条款："各方认为，本协议被《欧盟运行条约》第 101 条第 3 款豁免，不适用《欧盟运行条约》第 101 条第 1 款。然而，如果本协议的任何条款妨碍了该豁免，则这一条款或这些条款应被无视，视为无效，各方当事人将受到协议的奇遇条款约束，这些剩余的条款将构成当事人之间的完整协议。"然而，当前观点尚不明确，这一规定的效力无法确定。

[261] 2004 年《适用〈欧共体条约〉第 81 条第 3 款的指南》第 44 段；2010 年《纵向限制指南》第 123 段；2014 年《技术转让协议指南》第 175 段；*Passmore v Morland*，EWCA。

[262] 2004 年《适用〈欧共体条约〉第 81 条第 3 款的指南》第 44 段；2014 年《技术转让协议指南》第 175 段。

[263] 2004 年《适用〈欧共体条约〉第 81 条第 3 款的指南》第 44 段、第 81 段；112/99 *Métropole Télévision（M6）v Commission* §§156–161，GC。

[264] 见第五章 5.71。

[265] 2004 年《适用〈欧共体条约〉第 81 条第 3 款的指南》第 45 段。

[266] C-395，396/96P *Compagnie Maritime Belge* judgment §130，CJ；39985 *Motorola* §477，EuC；2004 年《适用〈欧共体条约〉第 81 条第 3 款的指南》第 106 段；2014 年《技术转让协议指南》第 2 段、第 179 段。

[267] T-51/89 *Tetra Pak Rausing v Commission* §25，GC.

101 条第 3 款时，必须也考虑到第 102 条的适用。[268]

《欧盟运行条约》的其他条款，例如第 34 条（成员国之间货物自由流动）和第 56 条（提供跨境服务的自由），同样可能限制一个协议中知识产权的行使，[269] 或甚至整个协议的执行，[270] 尽管根据第 101 条第 3 款其已被豁免。[271]

104 （二）关于知识产权的集体豁免

政治家的艺术是预见必然性并加速其发生。[272]

2.45　技术转让集体豁免

如果满足条件，那么一个广泛范围内的技术许可协议，包括设计和软件，将被 316/2014 条例中技术转让集体豁免的规定所豁免。[273] 这一条例覆盖授权许可专有技术、专利、实用新型、设计权利、半导体拓扑、补充保护证书、植物育种者权利、软件著作权等及其应用的协议。[274] 该条例还扩展到授权许可上述具体内容的技术权和知识产权的协议，如果后者的条款与商品或服务的生产或销售直接相关。[275]

欧盟委员会通过类推适用将技术转让集体豁免制度所建立的原则适用于目的在于合同产品生产的著作权使用许可合同，[276] 但不包括许可出租权

---

[268] T-51/89 *Tetra Pak Rausing v Commission* §28, GC.

[269] 见 1.28—1.75，第六章 6.08—6.25，以及第七章 7.08—7.25、7.29—7.30、7.32 和 7.38。

[270] C-309/99 *Wouters* judgment §120, CJ.

[271] 见 Jonathan D. C. Turner, 'Competition and the Common Market after Maize Seeds'［1983］ELR 103; 167/73 *Commission v France*, CJ; 74/76 *Iannelli and Volpi v Meroni*, CJ; 177, 178/82 *Van de Haar*, CJ; 58/80 *Dansk Supermarked v Imerco* judgment §17, CJ; 2010 年《纵向限制指南》第 127 段，脚注 1; 2014 年《技术转让协议指南》第 179 段，脚注 81。

[272] 归功于 Charles Maurice de Talleyrand-Périgord（1754–1838）。

[273] 316/2014 条例取代了 772/2004 条例，在本书第一版第二章中有所讨论 316/2014 条例的修改在第五章 5.17 中进行了总结。

[274] 第五章 5.26—5.28。

[275] 第五章 5.35。

[276] 2014 年《技术转让协议指南》第 49 段。关于“合同产品”这一术语，见 2.25，脚注 183。

或被著作权所保护的表演权,[277] 或许也可以适用于商标。[278] 技术转让集体豁免将在第五章中进行详细讨论。[279]

## 2.46　其他集体豁免

当分别的条件被满足时，许多包含知识产权相关条款的协议被研发[280]
或专门化[281] 集体豁免规定（两者都在第五章中进行讨论），或纵向协议集
体豁免规定（在本章以及第七章中讨论）[282] 所规制。[283] 另一方面，知识产
权的行使，例如以防止平行进口为目的的行使知识产权等，基于该协议可能
有不符合第 101 条第 3 款的影响，可能会妨碍本应适用[284] 的集体豁免，或 105
可能导致个案中撤销集体豁免的获益。[285]

## 2.47　在纵向协议知识产权相关条款中适用集体豁免

主要[286] 是关于在何种条件下协议双方可以购买、出售或转售货物或服务[287] 的纵向协议,[288] 如果集体豁免的其他所有要求都被满足,[289] 即使该协

---

[277] 2014 年《技术转让协议指南》第 49 段，另参见 2.25。

[278] 2014 年《技术转让协议指南》第 50 段，另参见 2.25。

[279] 第五章 5.11—5.73。

[280] 1217/2010 条例；见第五章 5.189—5.193。

[281] 1217/2010 条例；见第五章 5.203—5.205。

[282] 关于纵向协议的 330/2010 条例和关于机动车行业纵向协议的 461/2010 条例；见 2.47—2.53 和第七章 7.61—7.65、7.76—7.79 以及 7.87。

[283] 关于集体豁免条例的解释，见第五章 5.21。

[284] 参见例如 330/2010 条例第 4 条。早期排他性经销协议集体豁免相应条款特别提出了知识产权的行使：见 1983/83 条例第 3 条（d）项；67/67 条例第 3 条；以及 40/70 *Sirena v Eda* judgment §6，CJ。

[285] 1/2003 条例第 29 条；关于技术转让的 316/2014 条例第 6 条，以及其他集体豁免条例中的相应条款；另参见第五章 5.72。集体豁免的撤销是很少见的。

[286] 2010 年《纵向限制指南》第 32 段、第 33 段、第 35 段、第 44 段。

[287] 330/2010 条例第 1 条第 1 款（a）项；461/2010 条例 第 1 条第 1 款（a）项。被认定为并未满足这一条件的知识产权协议例子，参见 2.49。出租合同不包括在内，参见 2010 年《纵向限制指南》第 26 段。一个供应商和一个为买方提供建议的企业之间的协议不符合这个条件：参见 *Jones v Ricoh* §46，EWHC。

[288] 即在生产或销售链条不同环节经营的企业之间的协议，330/2010 条例第 1 条第 1 款（a）项；461/2010 条例第 1 条第 1 款（a）项。

[289] 相关要求见 2.50—2.51。

议包含关于知识产权的条款，[290] 也将被纵向协议集体豁免所豁免从而不受《欧盟运行条约》第 101 条规制，[291] 只要这些条款满足以下要求：[292]

a. 条款不构成协议的主要目标。[293]

b. 条款内容关于相关知识产权如何转让给协议中货物或协议的买方，或买方如何使用相关知识产权。[294]

c. 条款与买方或其客户的使用、销售或转售商品或服务直接相关。[295]

d. 条款具有与纵向限制不被条例豁免情况下相同的目的或影响，没有包含对竞争的限制，无论是阻碍其被豁免的核心限制[296] 还是只排除该条例适用的一般限制。[297]

106 2.48　与纵向协议集体豁免相兼容的知识产权条款示例

被纵向协议集体豁免覆盖的关于知识产权的条款（如果它们的其他条件满足的话）包括如下几个方面：（1）允许分销商使用商标的许可；[298]（2）特许加盟商使用商标和专有技术的许可，协议的主要目的是特许权人向加盟商提供用于使用该商标或专有技术以便转售的商品和 / 或服务，[299] 以及保护特许权人知识产权的相关条款；[300]（3）买方只有在客户不侵犯产品著作权的条件下才可转售的义务；[301]（4）买方为转售而购买软件，其本

[290] 为实现集体豁免的目的，知识产权包括工业产权、专有技术、著作权和邻接权：330/2010 条例第 1 条第 1 款（f）项。专有技术被定义为一系列未注册为专利的供应者从经验和实验中获得的实用信息，该信息是秘密的、重大的，并且是可辨认的：330/2010 条例第 1 条第 1 款（g）项。“秘密的”“重大的”“可辨认的”的定义反过来与技术转让集体豁免中的相似术语实质上相同，见第五章 5.27。

[291] 330/2010 条例第 2 条第 1 项，461/2010 条例第 3 条、第 4 条。

[292] 330/2010 条例序言第 3 段，该条例第 2 条第 3 款；461/2010 条例第 4 条；2010 年《纵向限制指南》第 31—45 段。

[293] 2010 年《纵向限制指南》第 31 段（c）项、第 32 段、第 35 段、第 44 段；*Viacom*, DCC（集体豁免不能适用于电视频道经销合同，因为其条款主要关于著作权许可）。

[294] 向“供应商”转让技术与这些集体豁免不一致，见 2.49。

[295] 欧盟委员会关于这一条件的解释，进一步讨论见 2.49。

[296] 即 330/2010 条例第 4 条，或 461/2010 条例第 5 条。

[297] 即 330/2010 条例第 5 条：见 2010 年《纵向限制指南》第 37 段。

[298] 2010 年《纵向限制指南》第 39 段。

[299] 2010 年《纵向限制指南》第 36 段、第 43—44 段；另参见第七章 7.76—7.77，以及 7.87。

[300] 2010 年《纵向限制指南》第 45 段；另参见第七章 7.76 及下文。

[301] 2010 年《纵向限制指南》第 40 段。

身不使用软件的义务；[302]（5）硬件的购买者不能通过复制、转售或在其他硬件上使用而侵犯附带软件的著作权的义务；[303]（6）不使用或不泄露在本协议终止后尚未进入公共领域的专有技术的义务；[304]（7）规定客户不通过带有第三方平台品牌的网站访问分销商网站的要求，这既是分销商的义务也是选择性分销系统成员资格的标准；[305]（8）捆绑义务，条件是要购买一种受知识产权保护的产品（结卖品）必须购买另一种不同的产品（搭卖品）。[306]

2.49 不被纵向协议集体豁免覆盖的与知识产权有关的协议

纵向协议集体豁免不适用于不用于购买或销售货物或服务的协议，例如：单纯为经营推销而允许使用商标的许可；赞助或广播合同；[307] 制造货物的 107
许可；乙方提供并许可另一方使用配方、模具或技工的协议。[308]

反之，这些集体豁免可以适用于另一种协议，即如果其他条件都满足的话，一方供应浓缩物，并允许另一方稀释、装瓶并出售的协议。[309]

欧盟委员会还认为，集体豁免不适用于与购买、出售或转售条件无关的义务，例如组织各方进行独立研发的义务，即使该协议其他方面属于纵向协议。[310]

纵向协议集体豁免也不适用于合同具体内容落入另一个集体豁免范围的纵向协议，[311] 例如技术转让、研发或专门化。[312]

2.47 段的 b 条件将由买方向供应商提供知识产权的合同从集体豁免中

---

[302] 关于相关软件作为“拆封许可”被销售，见 2010 年《纵向限制指南》第 41 段。

[303] 2010 年《纵向限制指南》第 42 段。

[304] 330/1010 条例第 5 条第 3 款。

[305] 2010 年《纵向限制指南》第 54 段。关于纵向协议集体豁免针对有选择性分销系统的一般适用，见 2.51b。

[306] 2010 年《纵向限制指南》第 218 段。

[307] *Viasat*, DMCC.

[308] 2010 年《纵向限制指南》第 33 段。

[309] 2010 年《纵向限制指南》第 36 段。关于纵向协议集体豁免的其他条件，见 2.50—2.51。

[310] 2010 年《纵向限制指南》第 26 段。关于纵向协议的定义，见脚注 288。

[311] 330/2010 条例第 2.5 条。

[312] 2010 年《纵向限制指南》第 46 段。关于这些集体豁免在本书中所覆盖的范围，见 2.45—2.46。

排除，例如涉及向分包商转让专有技术的转包合同。[313] 另一方面，如果合同的其他条款可以适用集体豁免，则仅仅是买方向供应商提供详细描述的条款不能将该合同从集体豁免适用中排除。[314]

欧盟委员会进一步认为，该段中条件 a 和 c 要求知识产权条款必须服务于纵向协议的执行；[315] 便利买方或其客户使用、销售或转售商品或服务；[316] 并使产品或服务的使用、销售或转售更有效。[317] 然而，这些要求似乎并没有得到条例文本的支持。

零件供应商若能够限制汽车制造商将其商标或标语有效地、明显地放
108 置在原装部件或零部件上，属于核心限制行为，将排除集体豁免的适用。[318]

2.50　纵向协议集体豁免的一般要求

纵向协议集体豁免不适用于以下情形：

a. 供应商在其销售合同产品或服务的相关市场上所占有的市场份额或者买方在购买合同产品或服务的相关市场上所占有的市场份额超过 30%。[319]

b. 双方是相互竞争的企业，[320] 除非该协议不是互惠的且满足以下任一条件：（1）供应商是产品的生产商和销售商，买方仅为销售商，而在生产环节上与供应商不存在竞争；（2）供应商在一些环节是服务的提供者，而买方只在零售环节提供产品或服务，且双方在购买合同服务的环节不存在竞争。

---

[313]　关于分包合同，见第五章 5.195—5.205。

[314]　2010 年《纵向限制指南》第 34 段。

[315]　2010 年《纵向限制指南》第 35 段、第 38 段。

[316]　2010 年《纵向限制指南》第 36 段。

[317]　2010 年《纵向限制指南》第 32 段。

[318]　461/2010 条例第 5 条（c）项，另参见 2.51 和第七章 7.65。

[319]　330/2010 条例第 3 条第 1 款。条件应用的进一步细节在 330/2010 条例第 1 条第 2 款、第 3 条第 2 款、第 7 条、第 8 条中规定，并在 2010 年《纵向限制指南》第 87—95 段中有所讨论。关于特许经营合同的相关市场，见第七章 7.79。一个制造商可能在单独的辅助市场中占有超过 30% 的市场份额，为其产品提供备件或易耗品，在这种情况下，该豁免将不适用于有关部件或易耗品的经销协议：2010 年《纵向限制指南》第 91 段；T-427/08 *CEAHR v Commission* §§130–142，GC；第三章 3.07。

[320]　“相互竞争的企业”在 330/2010 条例第 1 条第 1 款（c）项中被定义为实际的或潜在的竞争对手；“活跃竞争对手”被定义为活跃在相同相关市场的企业；“潜在竞争对手”被定义为那些在短期内可能进入相关市场，以应对相对价格小幅但永久增长的企业。为“自主品牌”产品提供详细产品说明的经销商不被视为在其生产中竞争：2010 年《纵向限制指南》第 27 段。

集体豁免只有在所有成员都是零售商，并且没有成员营业额超过五千万欧元时[321]才能适用于企业联合组织与其成员之间或企业联合组织与其供应商之间的纵向协议。[322]然而，这并不能阻碍针对企业联合组织的决定或其成员间横向协议适用《欧盟运行条约》第101条。[323]

2.51 纵向协议中的核心限制

纵向协议集体豁免并不适用[324]于直接地或间接地、独立地或与当事人可控的其他因素综合地，[325]以具有以下任何核心限制作为目的[326]的 109
协议：

a. 限制买方决定其销售价格的能力（但最大价格和建议价格是被允许的，如果其不会由于压力或刺激而形成一个固定价格或最小价格）。[327]

b. 限制合同产品或服务的销售地域或买方[328]转售客户，[329]除非是以下

---

[321] 330/2010条例第2条第2款。330/2010条例第8条包含关于营业额限制的进一步规定。

[322] 关于纵向协议的定义，见脚注286。

[323] 330/2010条例第2条第2款。不清楚这一条是否意味着企业联合组织决定订立本身被集体豁免覆盖的协议无论如何都会被第101条规制，见2010年《纵向限制指南》第30段。

[324] 330/2010条例第4条，461/2010条例第5条；2010年《纵向限制指南》第70段。关于"核心"限制这一术语的应用，见脚注145。

[325] 这可能包括协议各方的知识产权，但可能不包括反不正当竞争的法律，如果它们是由主管机构或第三方援引的话。另参见8/74 *Dassonville* judgment §§10–15，CJ（排他分销合同授权或不禁止经销商利用反不正当竞争立法来阻碍平行进口这一事实本身并不导致协议违反第101条禁止性规定）。间接限制的例子在2010年《纵向限制指南》第48段、第50段中给出。

[326] 关于合同"目的"的定义，见2.20以及第五章5.53。这一标准可能明显地缩小这一排除的范围。

[327] 330/2010条例第4条；2010年《纵向限制指南》第48—49段；（强调与本规定相抵触的维持转售价格可以通过多种间接方式来实现）何种情况下可以对规定维持转售价格的协议给予个案豁免在2010年《纵向限制指南》第225段中有所规定。

[328] 限制卖方供应相似产品的地域或客户不能被认定为核心限制，除了本段e点中提到的情况。

[329] 330/2010条例第4条（b）项。本条款不适用于规定转售人标识供应商品牌名称或转售人所在地义务的情况，这些义务不能被认定为核心限制：2010年《纵向限制指南》第50段。

限制（这些限制被允许），包括限制：（1）向某一单独区域[330]主动销售[331]
和/或供应商保留的客户群体或向另一买家分配的客户群体，前提是买方客
户的进一步销售是不被允许的；[332]（2）批发商向最终用户销售；[333]（3）选择
110 性分销系统的成员向未授权的经销商销售，[334]但要符合 f 点；（4）为组装
目的，[335]向客户销售零部件，而客户意在将零部件用于生产与供应商生产
的产品相同类型的产品。[336]

---

[330] 分配某一排他地域内的排他客户群体是允许的：2010 年《纵向限制指南》第 51 段。

[331] “主动销售（active sales）”的定义以及反过来“被动销售（passive sales）”（通常被动销售必须受限），以及它们可以以何种方式被间接限制在 2010 年《纵向限制指南》第 51—54 段中有所讨论；两者区别的进一步细节，见第五章 5.64 及下文。当经销商需要大量投资来进入新的地域或客户群体的，其他经销商针对该地域或客户群对被动销售进行限制长达两年的，通常被欧盟委员会认定为不属于《欧盟运行条约》第 101 条规制范围：2010 年《纵向限制指南》第 61 段、第 107 段（b）项。在网上销售的产品，对其收取更高的价格，通常被认为是地域或客户群体之外的买方针对被动销售的核心限制，但在网上销售结果导致供应商成本大幅提升的情况下，可能得到个案豁免：2010 年《纵向限制指南》第 52 段（d）项、第 64 段。

[332] 330/2010 条例第 4 条（b）项（i）目。在经销商地域或客户群体以外的主动销售，当新产品仅在有限地域或客户群体内得到测试时，或当其介绍是不稳定的时，在所必需的期限内，尽管可能不会落入《欧盟运行条约》第 101 条第 1 款规定的范围，但仍受其他规定限制：2010 年《纵向限制指南》第 62 段。

[333] 330/2010 条例第 4 条（b）项（ii）目这一可能性包括向部分或所有最终客户销售的限制：2010 年《纵向限制指南》第 55 段。

[334] 330/2010 条例第 4 条（b）项（iii）目。“选择性分销系统”在 330/2010 条例第 1 款（e）项和 461/2010 条例第 1 条第 1 款（i）项中被定义为无论直接或间接，供应商承诺仅向在特定标准智商被选择出的经销商销售合同产品或服务，这些经销商也承诺为运营该系统，在供应商保留的地域内，不向未授权的其他经销商销售该产品或服务的体系。供应商为运营该系统而保留的地域包括其运营的地域以及运营商尚未销售合同产品的地域。参见 2010 年《纵向限制指南》第 55 段。看来特定标准可能是性质上的和/或数量上的限制，以便于该定义既包括数量选择性分销也包括质量选择性分销：见 2010 年《纵向限制指南》第 57 段、第 176 段；2010 年《关于销售、维修机动车合同中纵向限制的补充指南》第 46 段；以及 C-493/09 *Pierre Fabre* judgment §§48–59，CJ（本案中暗示支持这一观点，因为申请集体豁免是基于其他理由被排除的）。关于有关互联网的各种标准的合法性，进一步指导见 2010 年《纵向限制指南》第 54 段、第 56 段。

[335] 欧盟委员会认定“零部件”包括任一中间产品，“组装”包括使用任何投入来生产产品：2010 年《纵向限制指南》第 55 段。

[336] 330/2010 条例第 4 条（b）项（iv）目。欧盟委员会 2010 年《纵向限制指南》第 55 段。指的是对转售给供应商的竞争对手的更广泛的限制，而不提及任何对使用组件制造相同类型产品的客户的限制。尚不清楚条例这一规定是否意在规制买方客户复制这些部件以制造与其供应商生产的相同类型的部件，或将其组装进（也被）供应商生产的某种更大类型的产品。

c. 限制零售选择性分销系统的成员向最终用户主动销售或被动销售[337]（但允许禁止选择性分销系统的成员在未授权的营业地运营）。[338]

d. 限制在一个选择性分销系统中的分销商[339]（包括不同环节的分销商）之间交叉供应。[340]

e. 在零部件的供应商和将这些零部件组装成其产品的原始设备制造商（original equipment manufacturer，OEM）之间订立的合同中，限制供应商将零部件作为配件向产品的最终用户、独立修理商和独立服务商销售。[341]

f. 在配件、修理工具或诊断及其他设备供应商和机动车生产商之间 111
的合同中，限制供应商向最终用户或授权或独立的分销商和修理商销售产品。[342]

g. 限制选择性分销系统的成员向独立维修商[343]销售机动车[344]配件，

---

[337] 关于选择性分销系统的定义，见脚注 334。

[338] 330/2010 条例第 4 条（c）项；2010 年《纵向限制指南》第 56—57 段。该规定通过不允许集体豁免适用于互联网，实际上禁止了向最终客户进行网上销售，由于不允许在授权运营地以外的地域运营：C-493/09 *Pierre Fabre* judgment §§55-59，CJ。这一条款具有限制竞争的目的，但在这种条件下如果满足第 101 条第 3 款的条件，可能被个案豁免：C-493/09 *Pierre Fabre* judgment §§34–47，57–59。

[339] 关于选择性分销系统的定义，见脚注 334。

[340] 330/2010 条例第 4 条（d）项；2010 年《纵向限制指南》第 58 段。如果实践中批发商无法指定，从而确保每个批发商都做出类似工作，当豁免对禁止某一批发商在另一批发商促销工作基础上“搭便车”是必需的时候，批发商对向其他地域授权零售商主动销售的限制可能被个案豁免：2010 年《纵向限制指南》第 63 段。

[341] 330/2010 条例第 4 条（e）项；2010 年《纵向限制指南》第 59 段。限制零部件供应商向原设备制造商授权的（非独立）维修商或服务商销售是允许的（2010 年《纵向限制指南》第 59 段），除非机动车备件（见 f 点）的案例，一个机动车制造商可以要求其供应的备件在保修期内保修、免费服务和召回操作（甚至是被独立维修商或服务商）中被使用：461/2010 条例序言第 17 段。

[342] 461/2010 条例第 5 条（b）项。授权经销商在销售未获授权的机动车时，同样被认为包括在独立经销商的定义范围内：461/2010 条例第 1 条第 1 款（f）项关于独立维修商的定义，见脚注 343。机动车制造商可以要求授权维修商使用与原始制造中使用的同等质量的备件：461/2010 条例序言第 17 段。

[343] “独立维修商”被定义为包括授权维修商为其没有获得授权的机动车辆实施维修或维护：461/2010 条例第 1 条第 1 款（e）项。

[344] 备件被定义为包括使用机动车所必需的产品，例如润滑油等，但燃料除外：461/2010 条例第 1 条第 1 款（h）项。“机动车”被定义为一种具有三个或更多轮子的用于公共道路的自动驾驶的车辆。

以用于修理或维护。[345]

h. 限制机动车原设备制造商零部件的供应商进行品牌推广。[346]

但是，根据欧盟委员会关于分包协议的公告，当必要技术（知识产权、专有技术或工具）由原设备生产商供应时，上文中 e 点和 f 点中指出的限制可能不受《欧盟运行条约》第 101 条第 1 款的规制。[347]

2.52　纵向协议集体豁免排除的条款

纵向协议集体豁免[348]并不适用于以下义务（无论是直接还是间接）：[349]

a. 导致买方不生产、购买、销售或转售与合同产品或服务竞争的产
112 品或服务的义务，或要求买方向供应商或供应商指定的企业，购买超过其对合同产品和替代产品在过去一日历年中总购买量 80% 的义务，[350] 该义务必须持续超过五年或永久持续[351]（除非合同产品是经由供应商所拥有或租用的处所销售的，在这种情况下只要卖方占有该处所，义务就将持续）。[352]

b. 导致买方在本协议终止后不能生产、购买、销售或转售商品或服务的义务［但该义务将被豁免，如果该义务：（1）和与合同产品或服务竞争

[345] 461/2010 条例第 5 条（a）项。

[346] 见 2.49，以及第七章 7.65。

[347] 见第五章 5.195—5.201。欧盟委员会 2010 年《关于销售、维修机动车合同中纵向限制的补充指南》第 23 段似乎确认了在真实的分包安排中，某些根据 1978 年《关于分包协议的通知》不受第 101 条第 1 款规制的限制不能被认定为属于阻碍集体豁免适用的核心限制。

[348] 可以认为，这些限制并没有被关于机动车售后市场的纵向协议集体豁免所排除，因为 461/2010 条例第 4 条指的是那些满足 330/2010 条例规定的豁免要求的协议。然而，有人认为，规定意图是将这些条款排除在这一市场和其他市场之外，并应据此解释 461/2010 条例。

[349] 例如，如果在不竞争义务结束时，买方不能够以市场资产价值接手供应商提供的非关系性专用的设备，则可能会产生间接限制：2010 年《纵向限制指南》第 66 段。

[350] 330/2010 条例第 5 条第 1 款（a）项和 第 1 条第 1 款（d）项。80% 的限制是基于行业实践标准的价值或体量计算的。要求的最优估值可以在第一年中使用：2010 年《纵向限制指南》第 66 段。

[351] 一个超过五年之后默认续期的合同被认定为永久合同：330/2010 条例第 5 条第 1 款（最后一段）。如果有效终止存在阻碍，一个不竞争义务可能被认定为持续超过五年，例如在不竞争义务结束时，买方无法以市场资产价值接手供应商提供的通用设备：2010 年《纵向限制指南》第 66 段。

[352] 330/2010 条例第 5 条第 2 款。当处所是由供应商出租的时，它们必须是通过与买方无联系的第三方出租的，由于适用的但书以及虚假安排不受该条规制：330/2010 条例第 5 条第 2 款以及 2010 年《纵向限制指南》第 67 段。

的产品或服务有关；（2）限于买方在合同期间所经营的处所；（3）对于保护供应商转让给买方的专有技术是必不可少的；[353]（4）在协议终止后持续不超过一年]。[354]

c. 导致选择性分销系统[355]的成员不能销售特定竞争供应商的品牌的义务。[356]

这些被排除的限制，其与《欧盟运行条约》第101条是否符合必须进行个案评估，但如果协议是可分割的，则不能阻止该协议的其余部分被豁免。[357]

转让实质的专有技术通常能够使在整个合同期限内不竞争的义务正 113
当化。[358]

2.53 申请时间与撤销

当前集体豁免和欧盟委员会相应指南从2010年6月1日起开始适用，[359]关于新机动车的购买、销售或转售除外，在该领域内从2013年6月1日起适用。[360]在这些日期之前的情况，读者可以参照本书第一版及其他著作。

纵向协议集体豁免在并行的类似纵向限制网络的覆盖范围超过50%相关市场的情况下不适用，[361]欧盟委员会或成员国竞争主管机构也可以在发

[353] 专有技术必须是“秘密的”“重大的”以及“可辨别的”，在330/2010条例第1条第1款（g）项中有所规定；另参见2010年《纵向限制指南》第68段和第五章5.27。

[354] 330/2010条例第5条第3款；2010年《纵向限制指南》第68段。

[355] 关于选择性分销系统的定义，见脚注334。

[356] 330/2010条例第5条第1款（c）项。这一条款规制集体抵制行为：2010年《纵向限制指南》第69段。这些义务不太可能通过个案评估五个最大的供应商（CR5）的市场净占有率进行豁免，除非规定该义务的任一供应商都不属于这五个：2010年《纵向限制指南》第182段。

[357] 这是条例所追求的结果：2010年《纵向限制指南》第65段、第71段。关于这一结果可能的合法目的，见2.42和第五章5.52。

[358] 2010年《纵向限制指南》第148段。

[359] 330/2010条例第10条，461/2010条例第4条。从2010年5月31日起生效的符合2790/1999条例的合同将继续被豁免，直到2011年5月31日：330/2010条例第9条。

[360] 461/2010条例第3条。1400/2002条例的规定对这些合同继续适用，直到根据461/2010条例第2条所规定的该日期。

[361] 330/2010条例第6条；461/2010条例第6条；2010年《纵向限制指南》第79—85段。欧盟委员会已经接受了一个使集体豁免不适用的条例在其适用之前必须允许六个月的过渡期：2010年《纵向限制指南》第84段，参照19/65条例，即使后者第2条第2款并未具体规定特定期限。

现合同具有与《欧盟运行条约》第 101 条第 3 款不兼容的后果的特定案例中撤销豁免。[362] 在过去，撤销集体豁免是很少见的，但是欧盟委员会近期的指南表明其更多使用这种可能性的意愿，特别是当竞争明显受到并行的类似纵向限制网络累积影响的限制时。[363]

## （三）包括知识产权的个案豁免

### 2.54　个案豁免的标准

豁免的标准在《欧盟运行条约》第 101 条第 3 款中有所规定，即，协议有助于改善生产或分配或促进技术或经济的发展（欧盟委员会称其为“效率改进”）；[364] 消费者被允许公平分享由此产生的益处；[365] 不会施加要达
114 到这些目的并非绝对必要的限制；[366] 以及企业不会被给予针对相关产品实质部分的消除竞争的可能性。[367]

这四个条件对豁免是必要且充分的。如果不是每一个条件都满足，则被第 101 条第 1 款规制的协议不能使其确保公平竞争的理由正当化。[368] 反之，如果每一个条件都满足，则被第 101 条第 1 款规制的协议也不应当基于其他理由拒绝豁免。[369]

《欧盟运行条约》第 106 条第 2 款 [370] 规定，如果企业属于受委托从事为一般经济利益服务的业务，在一定条件下可以不适用欧盟竞争法，但如果不能适用第 106 条第 2 款，在没有其他正当理由的情况下，那些实质上

---

[362]　1/2003 条例第 29 条；2010 年《纵向限制指南》第 74—78 段。一个成员国主管机构要行使该权力，则其影响力必须局限在构成该国领土或领土范围内的特定地理市场。在个案中撤销集体豁免暗含发现了不符合第 101 条规定的行为，但撤销不具有追溯效应：2010 年《纵向限制指南》第 77 段、第 80 段。

[363]　2010 年《纵向限制指南》第 74—78 段、第 134 段、第 154 段、第 166 段、第 176 段、第 179 段、第 188 段、第 196 段、第 226 段。

[364]　见 2.55。

[365]　见 2.56。

[366]　见 2.57。

[367]　见 2.58。

[368]　2004 年《适用〈欧共体条约〉第 81 条第 3 款的指南》第 47 段；T-528，542，543，546/93 *Métropole Télévision v Commission* §93，GC；T-185，216，299，300/00 *Métropole Télévision v Commission*（*M6*）*v Commission* §86，GC。

[369]　2004 年《适用〈欧共体条约〉第 81 条第 3 款的指南》第 42 段；T-17/93 *Matra Hachette v Commission* §§48，56，84–86，GC；但比较参照 2010 年《纵向限制指南》第 47 段。

[370]　关于该条款的适用，见 2.06，第六章 6.26 和 6.44 以及第七章 7.90。

属于第 106 条第 2 款规定的条件不能构成判断是否适用第 101 条第 3 款的标准。[371] 但是，根据《欧盟运行条约》第 167 条第 4 款，将文化利益纳入考量可能是恰当的。[372] 在根据第 101 条第 3 款评估时，国家援助条款可能是一个相关因素。[373]

不构成对竞争的限制则不构成豁免，[374] 而严重的限制，例如在相关的集体豁免条例中被列为核心限制的，[375] 也不太可能得到豁免。[376] 另一方面，并不能推定一个不被集体豁免所包含的协议就是不符合第 101 条的。[377]

证明满足标准的举证责任落在寻求豁免的当事人身上。[378] 对豁免请求 115
的审查应当根据申请当事方提供的相关事实论据和证据进行，不这样做可能导致决定无效。[379]

2.55 第一个条件：效率改进

《欧盟运行条约》第 101 条第 3 款规定的第一个条件被认为涵盖了所有的客观经济效率，[380] 特别是包括由于新技术的发展和互补技术的结合而产生的成本效率和质量效率。[381]

适用第 101 条第 3 款时，合同对客观效率的改进必须能抵消 [382] 或超

---

[371] T-528, 542, 543, 546/93 *Métropole v Commission* §117, GC.

[372] 1993 年《欧盟委员会关于竞争政策的第 23 份报告》(23rd Report on Competition Policy) 第 172—177 段；欧盟议会答复（Parliamentary Answer）E-1401/99；另参见 C-200/96 *Metronome Music v Musik Point Hokamp* judgment §23, CJ。

[373] T-17/93 *Matra Hachette v Commission* judgment §48, GC.

[374] T-17/93 *Matra Hachette v Commission* judgment §85, GC；2010 年《纵向限制指南》第 47 段。

[375] 关于相关集体豁免，见 2.45—2.46。纵向协议、技术转让、联合研发和专门化集体豁免中的核心限制分别在 2.51，第五章 5.57—5.59、5.192 和 5.205 中列出。

[376] 2004 年《适用〈欧共体条约〉第 81 条第 3 款的指南》第 46 段、第 79 段。2014 年《技术转让协议指南》第 18 段。比较参照 C-501/06 *GlaxoSmithKline Services v Commission*, CJ（对平行出口的限制不能被豁免），另参见 C-468/06 *Sot Lelos v GlaxoSmithKline*, CJ（拒绝供应以停止平行出口不是滥用支配地位）。

[377] 2010 年《纵向限制指南》第 73 段（a）项。

[378] 1/2003 条例，第 2 条；C-501/06P *GlaxoSmithKlineServices v Commission* judgment §§82–83, CJ. 这反过来又有重要的程序后果，例如关于要求当事各方根据什么进行抗辩等，详见 2.65。

[379] C-501/06P *GlaxoSmithKline Services v Commission* judgment §§103–104, CJ.

[380] 2004 年《适用〈欧共体条约〉第 81 条第 3 款的指南》第 59 段。

[381] 2004 年《适用〈欧共体条约〉第 81 条第 3 款的指南》第 64—65 段、第 70—71 段。

[382] C-501/06P *GlaxoSmithKline Services v Commission* judgment §§92, 128, CJ.

过[383]其反竞争效果。因此，当事人必须援引第 101 条第 3 款来证实：所辩称的效率的性质，协议与效率之间的因果关系，每一项所辩称的效率的可能性和幅度，每一项所辩称的效率将如何以及何时达成。[384]

另一方面，如果已经有证据证明通过限制竞争获得的额外利润将导致更多的研发支出，那么没有必要证明企业将所有的额外资金都投入于研发之中，因为已经构成满足条件的足够的客观效率提升。[385]

2.56 第二个条件：公平分配给消费者

在第二个条件下，消费者被认为包括交易客户以及最终消费者。[386]

根据欧盟委员会的说法，向消费者让与的利益必须至少能够补偿他们
116 由于竞争被限制所受到的损害，从而使协议的最终效果在他们看来至少是中立的。[387]对竞争的限制越大，要正当化对其进行豁免所需的消费者受益必须越明显。[388]另一方面，消费者获得每一份效率改进的利益是不必要的，也不需要每个消费者都受益。[389]产生的未来改进必须进行适当折算。[390]

这一要求可以通过改变有关企业的成本结构来满足，从而激励他们降低价格，或者向消费者提供新颖的或改进的产品，以补偿任何可能的价格上涨。[391]

2.57 第三个条件：限制是必不可少的

为了满足《欧盟运行条约》第 101 条第 3 款的第三个条件，合同限制

---

[383] 2004 年《适用〈欧共体条约〉第 81 条第 3 款的指南》第 50 段；2003/778（37398）*Joint selling of the commercial rights of the UEFA Champions League* §137，EuC。也有人认为欧盟委员会在上述材料中所提供的标准比欧盟法院在 C-501/06P *GlaxoSmithKline Services* 案中提供得更加严格。欧盟委员会 2014 年《技术转让协议指南》第 18 段更中立地提及了需要衡量一个被第 101 条第 1 款规制的协议促进竞争的效果与适用第 101 条第 3 款背景下协议产生的限制竞争效果。

[384] 2004 年《适用〈欧共体条约〉第 81 条第 3 款的指南》第 51—58 段。

[385] C-501/06P *GlaxoSmithKline Services v Commission* judgment §120，CJ.

[386] 2004 年《适用〈欧共体条约〉第 81 条第 3 款的指南》第 84 段。

[387] 2004 年《适用〈欧共体条约〉第 81 条第 3 款的指南》第 85 段，参照 56/64 *Consten and Grundig v Commission*，CJ；2014 年《技术转让协议指南》第 178 段。也有人认为此案暗含了一个太低的标准。2011 年《横向合作协议指南》第 143 段，规定不可避免的限制获取的效率改进必须让与消费者，且它的程度必须超过该限制对竞争的影响。

[388] 2004 年《适用〈欧共体条约〉第 81 条第 3 款的指南》第 90 段。

[389] 2004 年《适用〈欧共体条约〉第 81 条第 3 款的指南》第 86—87 段。

[390] 2004 年《适用〈欧共体条约〉第 81 条第 3 款的指南》第 88 段。

[391] 2014 年《技术转让协议指南》第 178 段。

和单个限制对于所声称的效率都必须是合理必要的。[392] 必须能够证明与缺少它们的情况相比，协议和限制能够产生更大效率。[393] 然而，在只是简单的两方许可合同的情况下，如果能够证明单个限制是必要的，一般不需要证明合同作为整体是必要的。[394]

如果有现实的和明显更少限制的选择，该限制就不能被认定为符合要求，除非能够证明更少限制的选择将会明显地降低效率。另一方面，合同当事人并不需要考虑假设和理论上的替代方案，欧盟委员会也不会对他们的商业判断进行事后猜测，除非这些替代选择明显是现实可行的。[395] 例如，如果能够合理地认定一个合资生产企业将实现重要的学习经济，而这一学习经济是无法仅仅通过技术许可获得的，该合资企业能够被认定为符合这一要求。[396]

如果合同的有关条款不足以确定地评估合同对竞争产生的限制是不是必不可少的，则不能认定为满足这一条件。[397]

2.58　第四个条件：没有消除竞争 117

在适用第四个豁免条件时，必须考虑到实际和潜在的竞争。[398] 对潜在竞争的评估需要考虑进入壁垒，包括获得技术的机会。[399]

当技术池导致一个行业标准的产生，而减少了技术形式的竞争时，即使竞争范围被大幅削弱，也可能满足该条件。[400] 然而，如果它消除了竞争中最重要的表达形式之一，例如价格竞争或新产品的创新与开发，则无法满足这一条件。[401]

---

[392]　2004 年《适用〈欧共体条约〉第 81 条第 3 款的指南》第 73 段。要寻找必须考虑合同是不是必要的案件，见第五章 5.170（包含在技术池中辅助但非核心的科技）。

[393]　2004 年《适用〈欧共体条约〉第 81 条第 3 款的指南》第 74 段。

[394]　2014 年《技术转让协议指南》第 177 段。

[395]　2014 年《技术转让协议指南》第 177 段；2004 年《适用〈欧共体条约〉第 81 条第 3 款的指南》第 75—76 段。上述两个指南在这一点上所强调的似乎有所不同。

[396]　2004 年《适用〈欧共体条约〉第 81 条第 3 款的指南》第 77 段。

[397]　T-528, 542, 543, 546/93 *Métropole v Commission* §95, GC.

[398]　2004 年《适用〈欧共体条约〉第 81 条第 3 款的指南》第 108 段。

[399]　2004 年《适用〈欧共体条约〉第 81 条第 3 款的指南》第 114—115 段。

[400]　2014 年《技术转让协议指南》第 180 段，但也要参照 2.55。

[401]　2004 年《适用〈欧共体条约〉第 81 条第 3 款的指南》第 110 段。2014 年另参见《技术转让协议指南》第 180 段（协议必须不能不合理地限制竞争或未来创新）。

## 2.59　指南

欧盟委员会在技术转让合同指南中为如何在技术转让[402]（包括侵权纠纷的解决方案）、[403]技术池[404]以及生产和销售著作权作品复本许可[405]的个案中适用《欧盟运行条约》第 101 条第 3 款提供了广泛的指导。

同样，欧盟委员会在纵向协议[406]和横向合作协议领域，例如与标准、[407]联合研发[408]和专门化[409]协议等，为适用第 101 条第 3 款提供了指南。欧盟委员会《适用〈欧共体条约〉第 81 条第 3 款的指南》[Guidelines on the application of Article 81（3）of the Treaty（2004）] 中提供了更普遍的指导。

那些源于集体豁免的原则和指示也可能它们并不涉及，但被视为与它们类似的交易提供帮助，例如生产和销售著作权作品复本案件可以参照技
118 术转让集体豁免，[410]特许经营协议可以参照纵向协议集体豁免。[411]在集体豁免条例中被认定为核心限制的条款通常也不符合个案豁免的条件，但这一推定不是确定的，在特殊情况下可能会变化。[412]

进一步的指南可以从过去的案例判决中获得，但每一个案件都是由其自身事实决定的，在涉及过去主管机构的案件中，应当特别注意，因为欧盟竞争政策在过去的这些年中已经有了相当大的发展。[413]

---

[402] 2014 年《技术转让协议指南》第 156—243 段；第五章 5.74—5.159。

[403] 2014 年《技术转让协议指南》第 234—243 段；第五章 5.86、5.103、5.133—5.136、5.141。

[404] 2014 年《技术转让协议指南》第 244—273 段；第五章 5.160—5.176。

[405] 2014 年《技术转让协议指南》第 156—243 段；第五章 5.76，以及第六章 6.30。

[406] 2010 年《纵向限制指南》；参见 2.47—2.53。

[407] 2011 年《横向合作协议指南》，特别是第 308—335 段；在第五章 5.177—5.185 中有所讨论。

[408] 2011 年《横向合作协议指南》，特别是第 141—149 段；在第五章 5.186—5.194 中有所讨论。

[409] 2011 年《横向合作协议指南》，特别是第 183—193 段；在第五章 5.195—5.205 中有所讨论。

[410] 见 2.25 和 2.45；第五章 5.26 和 5.76；以及第六章 6.30。

[411] 见第七章 7.78。

[412] 2010 年《纵向限制指南》第 47 段、第 60 段、第 225 段；2010 年《关于销售、维修机动车合同中纵向限制的补充指南》第 17 段。

[413] 见第五章 5.11—5.17；另参见第七章 7.03—7.06，关于欧盟法认定的品牌的功能的发展。

## （四）根据第 101 条第 1 款、第 3 款进行综合评估

### 2.60 分别评估的困难

合同条款可能基于其不会对竞争产生限制而不受第 101 条第 1 款规制，从而符合《欧盟运行条约》第 101 条，也可能基于其满足了第 101 条第 3 款所设定的集体豁免标准而符合第 101 条。但是，对于具体知识产权相关的合同条款具体适用哪一类可能特别难以确定。这些合同条款可能被认定为对竞争不产生限制，因为知识产权的存在本身已经对竞争产生了限制（合同条款不受第 101 条第 1 款规制），或被认定为它们对于保护知识产权意图保护的经济效益是必要的（因此可以根据第 101 条第 3 款得到豁免）。

欧盟委员会关于技术转让协议的指南并不总是明确规定某些被认定为符合第 101 条的条款是基于它们不受第 101 条第 1 款规制还是基于它们满足了第 101 条第 3 款的要求，这一点使得这一困难更加复杂。[414]

因此在很多案件中，比起判断具体适用哪一条款，根据第 101 条第 1 款和第 101 条第 3 款进行综合评估以判断其是否符合法规是更容易的。由于现在取消了预先通知欧盟委员会的要求，这种综合评估在许多案件中是更为实际可行的。[415]

### 2.61 要求根据第 101 条第 1 款和第 101 条第 3 款分别进行评估的情况

但是，根据《欧盟运行条约》第 101 条第 1 款和第 101 条第 3 款分别进行考量可能仍然是必要的，特别是在法庭诉讼中，因为根据第 101 条第 1 款质疑合同有效性的一方负有举证责任，而根据第 101 条第 3 款支持合 119
同成立的一方负有举证责任。[416]

此外，如果一个合同包含受第 101 条第 1 款规制，且无法根据第 101 条第 3 款豁免的条款，但合同是可分割的，那么如果合同的其他条款不受第 101 条第 1 款的规制，合同仍然是有效的，[417] 但如果合同的其他条款也

[414] 见第五章 5.74 及下文。

[415] 见 2.41，以前大部分案件中，根据第 101 条第 3 款的豁免无法在通知欧盟委员会之前的任何时期内获得，因此确定一个合同是否被现在的第 101 条第 1 款规制是很关键的，据此可以决定是否应当通知欧盟委员会或者即使不通知合同也依然有效。

[416] 1/2003 条例第 2 条；C-501/06P *GlaxoSmithKlineServices v Commission* judgment §§82–83，CJ。这反过来具有重要的程序后果，例如要求合同各方根据什么进行抗辩等，参见 2.65。

[417] 2.62—2.63。

受第 101 条第 1 款规制，那么即使没有上述其他条款根据第 101 条第 3 款得到豁免，通常合同也是无效的。[418] 因此，在这种情况下很有必要确定其他条款是否属于受第 101 条第 1 款规制的范围，即使它们自身根据第 101 条第 3 款是可接受的。

在评估 2004 年 5 月 1 日之前订立的合同时也很可能需要分开考虑第 101 条第 1 款和第 101 条第 3 款，[419] 因为人们认为对于在此日期之前需要通知但并未通知欧盟委员会的合同，1/2003 条例并不能回溯性地使其有效。[420]

## 六、适用第 101 条的后果

> ……如果有一件事比任何其他公共政策都必要，那就是具有完全民事行为能力的成年人应当具有最大的订立合同的自由，如果是自由且自愿订立合同，则该合同应当是神圣的，应当由法院强制执行。[421]

### 2.62　违法合同的无效：原则

当一个合同违反了《欧盟运行条约》第 101 条时，[422] 其限制性条款在
120 欧盟法律下是无效的，但如果该限制性条款根据适用的成员国法律是可分

---

[418]　2.42。

[419]　人们认为，在 2004 年 5 月 1 日之前无效的合同（因为合同被第 101 条第 1 款规制，应通知欧盟委员会但未通知）可能在该日期之后成为有效的（根据 *Passmore v Morland*，EWCA 案中建立的原则，如果它满足第 101 条第 3 款的条件）。

[420]　如果涉及 1/2003 条例生效之前时期的合同根据该条例能够生效，则将使原本非法的行为（不符合被第 101 条第 1 款规制的合同，应当通知委员会但未通知）合法化，通知在当时应当是合法的义务，从而违反了立法不应溯及既往的一般原则。反对观点认为，对于豁免的限制只是程序限制，应当在删除相关条款之后的法庭程序中停止适用，这一观点被 *Days Medical Aids v Pihsiang Machinery Manufacturing Co* §251 per Langley J，EWHC 的意见支持，但其意图也可能是参考了在相关合同根据 1216/99 条例修改的 17 条例不再承担通知义务的立场；且无论如何这些意见是有限权力机关的附带意见。

[421]　Sir George Jessel MR，*Printing and Numerical Registering Co v Sampson*，EWCH（1875）.

[422]　即它被第 101 条第 1 款规制，未获得第 101 条第 3 款豁免，并且没有根据其他豁免排除第 101 条的适用，例如第 106 条第 2 款（见 2.06）或关于经营者集中控制的 139/2004 条例（见第四章 4.01—4.02）。

割的，则合同的其他条款应当是有效的。[423] 根据英国法，当限制性条款文本上可分割时，合同分割是允许的，[424] 除非割除的后果是合同因缺少对价或别的方式而不成立，或合同性质上将产生很大的变化以至于合同将不再是双方意图订立的那种合同。[425]

基于违法合同的交易，其有效性也将根据适用的成员国法律来确定。[426]

所有违背第101条第1款的条款通常是无效的，即使它们中的一些条款根据第101条第3款可以被豁免，除非合同作为一个整体能够被豁免，但这一原则似乎也有例外。[427]

当一个合同停止违反第101条时，由于情况发生变化，其限制性（或以前具有限制性）条款可能根据使用的成员国法律在此后被认定为有效。[428]

目前尚不清楚一个根据某违反第101条合同所做出的法院指令是否能作为司法行为而有效，尽管其依据的合同是无效的。[429]

2.63 违法合同的无效：示例

根据英国法律，在技术许可合同中规定支付使用费的义务是有效的，尽管该合同中的不竞争条款、不质疑条款和回授条款可能是无效的。但是，如果授予使用费可支付的许可被解释为限制被许可地域外利用行为而使得该行为无效，则使用费义务可能无效。[430]

另一方面，商标划界协议中的出口限制不能根据英国法执行，如果欧盟委员会已经做出了初步评估，认为该合同违反了《欧盟运行条约》第

---

[423] 56/65 *Société Technique Minière v Maschinenbau Ulm*, CJ; 234/89 *Delimitis* judgment §40, CJ.

[424] "蓝铅笔"测试（the 'blue pencil' test）。

[425] *Chemidus Wavin v TERI*, EWCA; *Courage v Crehan* §§157–160, EWCA.

[426] 319/82 *Société de vente de ciments et bétons de l'Est v Kerpen & Kerpen*, CJ; *Bookmakers Afternoon Greyhound Services v Amalgamated Racing* §§394–410, EWHC，被EWCA根据其他理由维持判决。

[427] 见2.42。

[428] *Passmore v Morland*, EWCA；但比较参照 *Crehan v Inntrepreneur* §144, EWCA。

[429] 258/78 *Nungesser v Commission* judgment §§80–90, CJ; 65/86 *Bayer v Süllhöfer* judgment §§14–15, CJ; *Adobe Systems v Netcom Online.co.uk*, EWHC.

[430] *Chemidus Wavin v TERI*, EWCA；比较参照 *Dymond v Britton*, EWHC; and see also *Higgins v Marchant & Elliott*, EWCA。

121 101 条。[431] 也有人认为，一个机动车经销商协议如果没有获得集体豁免，就应当完全是无效的，因为它的许多条款都是无效的，如果分割该合同将改变整个合同的范围和意图。[432]

在一个德国案例中，工程车辆的生产商已经同意专门生产在同一品牌下销售的补充产品，知识产权条款被认定为是无效的，因为除非根据合同的限制条款消除竞争，否则单一品牌战略是没有意义的。[433]

也有人认为，在根据英国法关于产品分销[434]和运输服务供应[435]的案例中，如果排他性义务是一个合同的核心，构成了合同的基础，则为不可分割的条款。

2.64 非违法合同的有效性

如果合同根据《欧盟运行条约》第 101 条第 1 款规定没有限制竞争，或者根据第 101 条第 3 款得到豁免，则这些可能影响欧盟成员国间贸易的合同不能被成员国竞争法所禁止。[436] 这一点在英国既适用于限制贸易的普通法也适用于成文的竞争法；可能影响欧盟成员国间贸易的合同条款不能因在普通法中被认定为限制贸易而被认定为无效。[437]

> 当当事人站在你面前时，应假定他们都有罪，当他们离开你的法庭，接受了你的判决时，应当认定他们是同样正直的。[438]

2.65 对实施知识产权的影响

如果实施知识产权是某一被《欧盟运行条约》第 101 条禁止的限制性

[431] *Sirdar v Les Fils de Louis Mulliez*, EWHC.

[432] *Richard Cound v BMW*, EWCA.

[433] 13 U 227/02 OLG Celle.

[434] *Days Medical Aids v Pihsiang Machinery Manufacturing Co* §228, EWHC; *James McCabe v Scottish Courage* §§55–67, EWHC. 另参见 *Courage v Crehan* §§166–168, EWCA（最低购买义务对于更新向雇工出租的合同是不可分割的，推翻了 *Byrne v Inntrepreneur*, EWHC 判决）。

[435] *English Welsh and Scottish Railway v E.ON*, EWHC.

[436] 1/2003 条例第 3 条第 2 款；C-226/11 *Expedia* judgment §20, CJ。

[437] *Jones v Ricoh* §49, EWHC; *Days Medical Aids v Pihsiang* §§265–266, EWHC.

[438] Ethics of the Fathers（Pirkei Avot）, 1:8.

合同或行为的目的、手段或后果，则它应当被禁止。[439] 因此，违反第 101 条的规定可能为侵犯某项知识产权的主张提供了辩护理由，前提是其被充 122
分地申辩[440] 并得到证明，[441] 并且在违反第 101 条规定和执行知识产权之间具有足够的联系。[442]

例如，当不同企业根据一个协议或协同行为在不同成员国为同一设计注册，以分割欧盟市场时，一个针对其中一个注册设计的侵权索赔可能被第 101 条所禁止。[443] 否则如果根据各自索赔人之间的限制性协议提起或继

---

[439] 40/70 *Sirena v Eda* judgment §9，CJ；15/74 *Centrafarm v Sterling Drug* judgment §40，CJ；51/75 *EMI v CBS* judgment §27，CJ；144/81 *Keurkoop v Nancy Keen Gifts* judgment §27，CJ. 另参见 *Oracle America v M-Tech Data* §11，UKSC 的建议，知识产权所有人不应当被允许从其自身的非法行为中获取利润。

[440] 关于英国法院的立场，见 *Intergraph v Solid Systems CAD Services*（*No 2*），EWHC；*Sandvik v Pfiffner*，EWHC；*Intel v Via*，EWCA；*Sportswear v Stonestyle*，EWCA；*Bookmakers Afternoon Greyhound Services v Amalgamated Racing*，EWHC，EWCA。根据其他理由维持判决；以及第三章 3.46 中讨论的关于第 102 条的案例。但是，当一个表面上看很可能违反第 101 条的案件引起法庭注意时，法院可能必须考虑该案件，即使并没有人申诉；*Bim Kemi v Blackburn Chemicals* §§59，62，EWHC，被 EWCA 依据其他理由维持判决。看上去援引第 101 条第 1 款的一方当事人没有必要申辩第 101 条第 3 款不适用，因为举证责任属于依赖第 101 条第 3 款得到豁免的一方。

[441] 证明合同受第 101 条第 1 款规制的举证责任属于主张违法的一方当事人，但如果证明存在违法行为，否认违法的一方当事人如果根据第 101 条第 3 款寻求正当化，则承担相关举证责任；EC 1/2003 条例第 2 条。声称限制不受第 101 条第 1 款规制的一方当事人可能承担证明该限制对于某促进竞争的安排属必要的举证责任（见 2.17）：*Society of Lloyd's v Clementson*，EWHC；*The Racecourse Association v Office of Fair Trading* §§132–133，UKCAT。关于证明标准，另参见 *Chiron v Organon*［1993］FSR 324，EWHC；*Panayatiou v Sony Music Entertainment*，EWHC；*JJB Sports v Office of Fair Trading*，UKCAT；*Bookmakers Afternoon Greyhound Services v Amalgamated Racing* §§392–393，EWHC，被 EWCA 根据其他理由维持判决；比较参照 *Shearson Lehman Hutton v Maclaine Watson*，EWHC；以及在第三章 3.46 中讨论的关于第 102 条（或相应成员国立法）的案例。

[442] 144/81 *Keurkoop v Nancy Kean Gifts* judgment §26，CJ；C-349/95 *Loendersloot v Ballantine* judgment §43，CJ；*British Leyland Motor Corporation v Armstrong Patents*，EWCA，该判决随后因其他理由被英国最高法院（UKSC）推翻；*British Leyland Motor Corporation v TI Silencers*，EWCA；*Philips v Ingman*，EWHC；*Sandvik v Pfiffner*，EWHC；*Sportswear v Stonestyle*，EWCA；*Coditel v Ciné Vog Films*，Cass Belgium；*Oracle America v M-Tech Data* §§30–32，UKSC；*Kalwar/Plast Control v Kabelmetal*，EuC；另参见第三章 3.46 中讨论的关于第 102 条的相似案件。《欧盟运行条约》的其他条款，例如第 34 条和第 56 条禁止限制欧盟内部市场内货物的自由流通和服务的自由提供也可能为知识产权侵权索赔提供辩护理由，见第一章 1.28 及下文。

[443] 144/81 *Keurkoop v Nancy Keen Gifts* judgment §28，CJ；比较参照 51/75 *EMI v CBS*，CJ，该案中转让是在《罗马条约》之前完成的，并且没有证据显示《罗马条约》实施之后有任何协同行为。

续索赔，合理的侵权索赔可能会被禁止。[444]

当提起索赔的目的是强迫被告订立违反第 101 条的合同，[445] 或让供应
123 商能确保分销协议中的违法限制被遵守，[446] 或根据某协同行为限制平行进口时，[447] 知识产权的侵权索赔也可能被禁止。独家经销商在一个不正当竞争侵权索赔中不能将平行进口作为一个证明被告的行为不正当的因素。[448]

另一方面，有人认为当被告是被许可人，且声称该许可违反了第 101 条时，不能认定为有足够的联系，因为即使没有该许可，任何侵犯许可方知识产权的行为将仍然是侵权行为。[449] 同样，当一个供应商被质疑通过保留平行进口来源的信息这一策略加强了分销协议的限制性后果时，也不能认定为有足够的联系。[450]

2.66　损害赔偿

因违反第 101 条的规定而遭受损失的人，可以要求损害赔偿。[451] 然而，如果被禁止的合同一方当事人被发现需为扭曲竞争承担重要责任时，国内法可能禁止其要求损害赔偿。[452] 欧盟委员会已经发布了量化违反第 101 条所造成的损失的指南，[453] 最近还通过了一项指令，以便对违反欧盟和国家竞争法的损害赔偿要求，统一成员国立法和程序关于损害赔偿的

---

[444] *Glaxo Group v Dowelhurst*, EWHC.

[445] *British Leyland Motor Corporation v TI Silencers*, EWCA; *Philips v Ingman*, EWHC; *Intel v Via* §§75–87, EWCA; *Coditel v Ciné Vog Films*, Cass Belgium; 比较参照 *British Leyland Motor Corporation v Armstrong Patents*, EWCA, UKSC 推翻；另参见 *Holleran v Daniel Twaites*, EWHC。

[446] C-349/95 *Loendersloot v Ballantine* judgment §43, CJ; *Sportswear v Stonestyle*, EWCA.

[447] *Glaxo Group v Dowelhurst*, EWHC; *Sportswear Company v Stonestyle*, EWCA.

[448] 22/71 *Béguelin* judgment §15, CJ.

[449] *Sandvik v Pfiffner*, EWHC（尽管提出了一个更广泛的针对其他侵犯第 101 条禁止行为的反竞争行为请求，来为专利侵权索赔提供辩护）; *Kalwar/Plast Control v Kabelmetal*, EuC。然而，很难将一个被告拒绝接受违反第 101 条的许可，另一个尽管不愿意还是接受了两者之间的区别正当化。

[450] *Oracle America v M-Tech Data* §§30–32, UKSC.

[451] C-453/99 *Courage v Crehan* judgment §§25–29, CJ.

[452] C-453/99 *Courage v Crehan* judgment §§31–34, CJ.

[453] 《欧盟关于量化因违反〈欧盟运行条约〉第 101 条或第 102 条所造成损失的实践指南》（Practical Guide, Quantifying harm in actions for damages based on breaches of Article 101 or 102 of the Treaty on the Functioning of the European Union）（2013）。

各方面问题。[454]

## 2.67 竞争主管机构的权力

欧盟委员会和国家竞争主管机构有权要求企业终止违反《欧盟运行条约》第 101 条的行为。[455] 为此目的，它们可以采取任何必要的措施来终止违法行为，包括做出临时[456] 或最终命令，或接受企业限制行使知识产权[457] 的承诺，[458] 或要求转让这些权利。[459] 它们也可以禁止一方当事人根据 124
一项违法协议采取行动，即使法院已经根据该协议作出了指令。[460]

欧盟委员会可以施加任何与违法行为比例相称的，对终止是必要的行为性救济或结构性救济，但只有在同等有效的行为性救济是无法使用的或可能对相关企业造成更大负担时，才能采取结构性救济。[461]

终止违法行为可能包括恢复违法行为之前存在的竞争情形，因此欧盟委员会可以接受企业不从事某些行为的承诺，前提是如果不为违法目的，该行为是符合第 101 条的。[462]

欧盟委员会和成员国竞争主管机构也可能会处以巨额罚款，[463] 因为巨

---

[454] 2014/104 指令。该指令必须在 2016 年 12 月 27 日之前在成员国得到适用（第 21 条）；适用该指令实质条款的措施必须没有追溯力，其他措施必须不适用于 2014 年 12 月 26 日之前开始的行为（第 22 条）。

[455] 1/2003 条例第 5 条、第 7 条。

[456] 1/2003 条例第 5 条、第 8 条。

[457] 56，58/64 *Consten and Grundig v Commission*，CJ；77/129 *Teal/Watts*，EuC，在 28/77 *Tepea v Commission*，CJ 被支持；78/823 *Maize Seeds*，EuC，在 258/78 *Nungesser v Commission*（*Maize Seeds*），CJ 中因其他理由部分被宣告无效。比较参照 T-7/93 *Langnese-Iglo v Commission*§§205–210，GC，上诉在 C-2795/P *Langnese-Iglo v Commission*，CJ 中被驳回。

[458] 89，104，114，116，117，125–129/85 *Ahlström Osakeytiö v Commission* judgment §181，CJ. 1/2003 条例第 9 条授予欧盟委员会一个具体的在初步评估之后，最终决定之前接受企业承诺的权力，但人们认为这并不会损害欧盟委员会在作出决定之后接受相关企业承诺的权力，该权利依据 17 条例第 3 条在判例法中得到确认，在 1/2003 条例第 5 条和第 7 条相关部分中有相同表述。

[459] 93/252 *Warner Lambert/Gillette*，EuC 参见第三章 3.48 引用的关于第 102 条的案例。

[460] 258/78 *Nungesser v Commission* judgment §§80–90. 关于法庭指令本身的有效性，见 2.62。

[461] 1/2003 条例第 7 条。

[462] 39847 *E-Books*（*Penguin*）§108，EuC（内容提供者为平台提供不差于提供给任何其他平台更好条款的义务）。

[463] 1/2003 条例第 5 条、第 23 条和第 24 条，欧盟委员会只能对国际或过失违法行为施以罚款。

额罚款将对相关当事人和第三方产生震慑作用。[464] 在设置违反第 101 条或第 102 条的罚款金额时，欧盟委员会可以参考与违法行为有关的销售产品或服务的价值，作为制定罚款数额的基础，并考虑违法行为的持续时间以及一个与持续时间无关的因素，来调整加重 [465] 或减轻 [466] 情节。[467]

关于违反《欧盟运行条约》第 102 条的救济决定也可能是相关的。[468]

---

[464] 100-103/80 *Musique Diffusion Française v Commission* judgment §106，CJ；2006 年《确定反垄断案件罚款金额的指南》( Guidelines on the method of setting fines ) 第 4 段。

[465] 例如在被发现违法后仍然重复，拒绝合作或阻挠、领导或煽动违法，以及对其他企业的报复，以强制其参与违法行为。

[466] 例如在欧盟委员会介入后立即终止 ( 除非违法是秘密的 )，过失而非故意违法，有限参与，与欧盟委员会合作，或属公共权力机关或立法授权或鼓励的违法行为。

[467] 2006 年《确定反垄断案件罚款金额的指南》第 4 段。

[468] 见第三章 3.48。

# 第三章　在涉及知识产权的行为中适用第102条

## 一、简介 125

因此，违背联邦法律的每一个垄断都有三个不可分割的事件；同一种商品的价格将会提高，因为拥有任何唯一商品销路的人，都可以并且将会按照他的意愿来定价；在垄断被授予之后，商品就不会像以前那样品质良好和适销，对于专利权人来说，拥有唯一的销路，就只需留意他的私人利益而非联邦的利益；垄断往往会使形形色色的工匠和其他人变得贫穷，那些以前可以在自己的行业或贸易中通过劳动来维持生活和家庭的人，现在必然被限制在失业和赤贫的生活中。在这一点上，普通法与上帝之衡平法是一致的，正如申命记第二十四章第六节（Deut. c.24，v.6）所说的那样，这也与民法是一致的。[1]

### 3.01　概述

本章主要内容是关于《欧盟运行条约》第102条在涉及知识产权的行为中的适用。依次讨论了适用第102条的三个条件：

a. 一个或多个企业在共同市场的重要部分中拥有市场支配地位。[2] 126

b. 滥用该支配地位。[3]

c. 将影响欧盟成员国间贸易。[4]

---

[1] Popham CJ 在 *The Case of Monopolies*, *Darcy v Allin*（1602），EWQB 案中，是从 Webster's Patent Cases Vol. 1, p 1 的简短报告中引用。这一引用并不意图说明它适用于对正当排他性权利的正常利用，因为正常利用将促进创新或质量方面的竞争，见第一章1.02—1.08中的讨论。

[2] 3.02—3.10。

[3] 3.11—3.43。

[4] 3.44。

之后本章将探讨在知识产权相关中适用第 102 条的后果。[5]

## 二、市场支配地位

人们说上帝总是站在更强大的军队一方。[6]

### 3.02　基本测试

如果一个企业 [7]（undertaking）占据有经济实力的地位，使其能够充分独立于竞争对手、客户和消费者行事，[8] 或者通过行使法定或以其他方式取得的垄断地位，[9] 从而能在欧盟内的相关市场 [10] 上阻碍有效竞争，则认为其具有市场支配地位。

如果因为经济联系或可能导致两个或两个以上企业之间产生联系的其他因素，使它们能够在市场上采取共同策略，在很大程度上独立于竞争对手、客户和消费者行事，以至于可能在欧盟内的相关市场上显著地阻碍有

[5]　3.45—3.48。

[6]　Voltaire，Letter to AM Le Riche（1770）（原文从法文翻译而来）。

[7]　关于企业的定义，见第二章 2.06 这一概念在第 102 条和第 101 条中有相同含义，见 T-68，77，78/89 *Società Italiano Vetro*（*SIV*）*v Commission* §358，GC；C-395/96P *Compagnie Maritime Belge v Commission* judgment §35，CJ。

[8]　27/76 *United Brands v Commission* judgment §65，CJ；85/76 *Hoffmann-La Roche v Commission*，CJ；31/80 *L'Oréal v De Nieuwe AMCK*，CJ；322/81 *Michelin*（*NBIM*）*v Commission*，CJ；247/86 *Alsatel v Novasam*，CJ；30/87 *Bodson v Pompes Funèbres*，CJ；C-457/10P *AstraZeneca v Commission* judgment §175，CJ；T-30/89 *Hilti v Commission* §90，GC；T-201/04 *Microsoft v Commission* final judgment §229，GC.

[9]　26/75 *General Motors v Commission* judgment §9，CJ；226/84 *British Leyland v Commission* judgment §9，CJ；311/84 *CBEM* judgment §18，CJ；C-41/90 *Höfner and Elser v Macrotron* judgment §28，CJ；C-260/89 *ERT v DEP* judgment §31，CJ；C-179/90 *Merci Convenzionali Porto di Genova v Siderurgica Gabrielli* judgment §14，CJ；C-320/91 *Corbeau* judgment §9，CJ；C-323/93 *Centre d'Insemination de la Crespelle v Cooperative de La Mayenne*，CJ；C-18/93 *Corsica Ferries*，CJ；C-241，242/91P *RTE and ITP v Commission* judgment §47，CJ；39592 *Standard & Poor's* §§16，24–25，EuC（国家机关拥有分配安全码的排他性权利）。

[10]　78/70 *Deutsche Grammophon v Metro* judgment §17，CJ；40/70 *Sirena v Eda* judgment §16，CJ；40–48，50，54–56，111，113，114/73 *Suiker Unie v Commission* judgment §§456–457，CJ；C-241，242/91P *RTE and ITP v Commission* judgment §47，CJ；91/299，300 *Soda Ash*，EuC；以及脚注 8—9 中引用的案例。

效竞争，则认为它们具有联合支配地位。[11]

支配地位并不要求对其完全没有任何竞争约束，[12] 仅仅一个公司必须在促销以及研发上投入资金这一事实本身并不排除其具有支配地位的可能，[13] 但是在促销和营销上较低的支出可能是其具有支配地位的指示标志之一。[14] 一个具有市场支配地位的企业也有可能亏损。[15] 一个新产品开始平缓地被市场接受并不必然代表现有产品对竞争进行了限制，因为缓慢地接受也可能是因为对新产品安全性的担心导致的。[16] 127

《欧盟运行条约》第 102 条适用于具有市场支配地位的企业，无论该地位是由于其本身的行为还是由于不允许竞争或只允许非常有限竞争的法律规定所导致的。[17]

3.03　知识产权相关

知识产权可能有助于市场支配地位的存在。[18] 仅仅是拥有知识产权并不会授予当事人市场支配地位，但拥有知识产权可能在某些情况下导致这

---

[11] T-68，77，78/89 *Società Italiano Vetro（SIV）v Commission* §§357–358，GC；C-395/96P *Compagnie Maritime Belge v Commission* judgment §§39–45，CJ；T-464/04 *Impala v Commission* §245，GC；C-68/94，C-30/95 *France v Commission（Kali und Salz）*judgment §221，CJ；39116 *Coca-Cola*，EuC.

[12] 27/76 *United Brands v Commission* judgment §§113–121，CJ；T-395/94 *Atlantic Container Line v Commission* §330，GC；2009 年《关于适用〈欧共体条约〉第 82 条查处具有市场支配地位的企业排他性滥用行为的执法重点指南》（Guidance on Commission's enforcement priorities in applying Article 82 to exclusionary conduct）第 10 段。

[13] 37507 *AstraZeneca* §§514，562，EuC，在上诉 T-321/05 *AstraZeneca v Commission*，GC，C-457/10P *AstraZeneca v Commission*，CJ 中维持原判。

[14] 37507 *AstraZeneca* §§514，562，EuC，在上诉 T-321/05 *AstraZeneca v Commission*，GC，C-457/10P *AstraZeneca v Commission*，CJ 中维持原判。人们认为这一考虑在支配地位的整体评估中只能占很小的一部分比重。

[15] 39985 *Motorola* §§248–253，EuC.

[16] C-457/10P *AstraZeneca v Commission* judgment §§46–52，CJ.

[17] 311/84 *CBEM* judgment §18，CJ.

[18] 24/67 *Parke，Davis v Probel*，CJ（专利）；T-30/89 *Hilti v Commission* §93，GC（专利）；27/76 *United Brands v Commission* judgment §§91–94，CJ（品牌）；C-241，242/91P *RTE and ITP v Commission* judgment §47，CJ（著作权）；*Microsoft*（1994），EuC（著作权）；集体管理在下文第六章 6.42—6.63 中有讨论（著作权）；72/21 *Continental Can*，EuC（专有技术），在 6/72 *Europemballage and Continental Can v Commission*，CJ；*IBM*（1984），EuC 中根据其他理由被宣告无效（著作权和秘密信息）；37507 *AstraZeneca* §§517–540，EuC，在上诉 T-321/05 *AstraZeneca v Commission*，GC，and C-457/10P *AstraZeneca v Commission*，CJ 中维持原判（专利、补充保护证书和数据）。另参见 2009 年《关于适用〈欧共体条约〉第 82 条查处具有市场支配地位的企业排他性滥用行为的执法重点指南》第 17 段；2010 年《纵向限制指南》第 114 段、第 117 段。

样的支配地位。[19]

如果知识产权的使用对于符合相关行业标准是必要的，特别是当对符合该标准有一个商业或法律要求的时候，知识产权所有权人在相关的技术市场可能具有支配地位。[20] 为此，如果未被宣布为无效，专利将被推定为
128 有效，[21] 并且宣布该专利对于标准是必要的企业不能反对其被遵守该标准的企业使用。[22]

当企业具有强大的专利地位，且竞争对手不具有可以与其协商交叉许可协议的其他专利时，专利权对于该企业支配地位的贡献可能特别重要。[23] 但另一方面，如果没有替代技术，另一企业基于其拥有可交叉许可的专利而具有的重要的、综合的谈判能力，并不会影响该企业在技术市场上具有的支配地位。[24]

人们认为，在一个成员国中，某个商标的独占被许可人在市场上具有支配地位，因为其可以在该国内授权他人使用该商标。[25]

3.04　需要定义相关市场

为了确定企业在某一时段市场支配地位是否存在，必须确定该时段[26]企业产品和地理范围[27]的相关市场，[28]从而确定企业所面临的竞争限制。[29] 另一方面，在某些情况下，确定竞争限制可能有助于定义相关

---

[19] C-241, 242/91P *RTE and ITP v Commission* judgment §46, CJ（著作权）; C-457/10P *AstraZeneca v Commission* judgment §186, CJ（专利和补充保护证书）; 39985 *Motorola* §§223, 226, EuC（专利）; 39230 *Rio Tinto Alcan*, EuC（专有技术）。

[20] 39985 *Motorola* §§181–270, EuC. 然而，拥有标准必要专利（SEP）并不必然导致一个企业具有支配地位，见：C-170/13 *Huawei v ZTE* opinion §57, CJ（等待判决）。

[21] 39985 *Motorola* §262, EuC.

[22] 39985 *Motorola* §261, EuC.

[23] 37507*AstraZeneca*§§519, 526, EuC，在 T-321/05*AstraZeneca v Commission* §271, GC, and C-457/10P *AstraZeneca v Commission* judgment §187, CJ 中被支持。

[24] 39985 *Motorola* §§237–270, EuC.

[25] *ENVI-PAK*, SloSC.

[26] 关于确定相关市场的重要性，以及由此在滥用的时间内确立支配地位，见 C-457/10P *AstraZeneca v Commission* judgment §§36–45, CJ。

[27] 247/86 *Alsatel v Novasam* judgment §13, CJ; *Tetra Pak v Commission* §91, GC.

[28] 31/80 *L'Oréal v De Nieuwe Amck* judgment §25, CJ; T-61/99 *Adriatica di Navigazione v Commission* §27, GC; C-7/97 *Oscar Bronner v Mediaprint* judgment §32, CJ; C-52/07 *Kanal 5 v STIM* judgment §19, CJ.

[29] 1997 年《欧盟委员会关于相关市场界定的通知》第 2 段。

市场。[30]

在许多案件中，可能有两个或更多的相关市场，如一个投入市场（例如技术许可市场或替代市场）和一个最终产品市场（例如包含技术的产品市场或替代市场）。[31]

在一些案例中，当竞争的条件随时间而变化时，相关市场的时间维度也可能很重要。[32]

3.05 相关产品市场

就满足消费者需求的客观特点以及竞争和供求结构的条件而言，相关
产品市场包括可替代相关产品或服务的，或与之可充分可互换的产品或服 129
务的市场。[33]SSNIP 测试[34]通常用于确定相关产品市场的界限。[35]消费产品的品牌化可能影响可替代性。[36]

两种产品之间的显著价格差异可能会支持认为它们属于不同的产品市场的调查结果，但主要应基于其他因素确定。[37]反之，不能对不同产品进行适当的价格比较并不会影响相关市场的确定，因为判定主要是基于其他因素，例如药物案件中，主要应基于治疗效率。[38]

当供给替代与需求替代在有效性和及时性方面的影响相等时，它也可能会被纳入考量，因为供应商能够在不需增加重大额外成本或风险的情况下，转换相关产品的生产并且在短期内销售它们，以应对相关价格的小额

---

[30] C-457/10P *AstraZeneca v Commission* judgment §46, CJ.

[31] 参见例如 39985 *Motorola* §§182–184, EuC。

[32] *Bell Pepper Growers Cooperatives and Sales Organizations*, NLACM.

[33] C-7/97 *Oscar Bronner v Mediaprint* judgment §33, CJ; T-504/93 *Tiercé Ladbroke v Commission* §81, GC; T-30/89 *Hilti v Commission* §64, GC; T-83/91 *Tetra Pak v Commission* §63, GC; T-321/05 *AstraZeneca v Commission* §§147–222, GC（在 C-457/10P *AstraZeneca v Commission*, CJ 中维持判决）; 1997 年《欧盟委员会关于相关市场界定的通知》。

[34] Small but signifcant non-transitory increase in price，即如果一个小但重要，且非临时性的价格增长，将会导致对产品的需求转向其他产品以避免不合算，则产品是可替代的。

[35] 1997 年《欧盟委员会关于相关市场界定的通知》第 15—18 段; 2014 年《技术转让协议指南》第 22 段; 2011 年《横向合作协议指南》第 117 段; T-201/04 *Microsoft v Commission* §484, GC; 39985 *Motorola* §192, EuC。

[36] 1997 年《欧盟委员会关于相关市场界定的通知》第 41 段; 2010 年《纵向限制指南》第 104 段; M.2097 *SCA/Metsa Tissue* §§20–28, 33, EuC（出售给消费者的品牌纸巾和自有品牌纸巾具有不同的市场）。

[37] T-201/04 *Microsoft v Commission* §§516–521, GC.

[38] C-457/10P *AstraZeneca v Commission* judgment §§55–60, CJ.

永久变化。[39]但是，某一特定时段内的相关产品市场并不包括未来可能出现的实验过程或潜在的替代品。[40]

在相对狭义的条件下定义相关市场是合适的，特别是当存在因合法权利而产生的重大进入壁垒的时候。[41]然而，从一个活动中获取价值的资格并不是一个相关市场。[42]

130 3.06　商品、服务、信息、技术、知识产权或创新的市场

根据情况不同，供应受知识产权规制的特定商品、[43]服务[44]或信息[45]的市场及同时存在的可替代它的商品、服务或信息的市场可能构成相关市场，[46]为管理特定知识产权而提供服务也可能存在相关市场，[47]在技术及其替代技术方面也可能存在相关市场，[48]根据知识产权授予许可也

[39] T-201/04 *Microsoft v Commission* §484，GC；1997 年《欧盟委员会关于相关市场界定的通知》第 20 段。

[40] 6–7/73 *Commercial Solvents v Commission* judgment §§15–16，CJ；37792 *Microsoft* prohibition decision §§465–470，EuC（在上诉 T-201/04 *Microsoft v Commission*，GC 中未提及）；但参见 3.06 以及第 5 章 5.39、5.82，以及 5.177 关于在技术或创新方面单独相关市场的可能。

[41] 26/75 *General Motors v Commission*，CJ；22/78 *Hugin v Commission*，CJ；87/500 *Brass Band Instruments v Boosey & Hawkes*，EuC.

[42] *Attheraces v The British Horseracing Board* §152，EWHC，EWCA 根据其他理由推翻原判。

[43] 40/70 *Sirena v Eda*，CJ；78/70 *Deutsche Grammophon v Metro*，CJ；51/75 *EMI v CBS*，CJ；27/76 *United Brands v Commission*，CJ；T-30/89 *Hilti v Commission*，GC；*British Leyland v Armstrong Patents*，EWCA，UKSC 根据其他理由推翻原判；*Chiron Corporation v Murex Diagnostics*，EWCA；*Intergraph v Solid Systems*，EWHC。

[44] T-504/93 *Tiercé Ladbroke v Commission* §§81–89，GC.

[45] C-241，242/91P *RTE and ITP v Commission* judgment §47，CJ. 另参见 26/75 *General Motors Continental v Commission*，CJ；226/84 *British Leyland v Commission*，CJ。

[46] 特别参见 T-504/93 *Tiercé Ladbroke v Commission* §§81–89，GC（转播的法国赛马电视画面和评论可以被转播的其他国家赛马电视画面和评论替代）。

[47] 见集体管理组织案例，在第六章 6.42 及下文的讨论。

[48] 39985 *Motorola* §§182 及下文，EuC；2014 年《技术转让协议指南》第 22 段；2011 年《横向合作协议指南》第 116—118 段；316/2014 条例第 1 条第 1 款（k）项；1217/2010 条例第 1 条第 1 款（v）项。技术市场在第五章 5.39 和 5.82 中进一步讨论。

可能存在相关市场，[49] 在知识产权 [50] 或授权许可使用知识产权方面也可能存在相关市场，[51] 在特定领域还可能存在创新的相关市场。[52]

有时，"相关技术市场"与"相关产品市场"形成对比。[53] 其他时候，"相关产品市场"则被用于指代包含技术条款的产品或服务的市场，比如通过许可知识产权，在这种情况下，其与"相关地理市场"相对。[54]

3.07　辅助市场 131

在备件、为产品提供维修服务、在产品中使用的耗材、[55] 关于产品的信息 [56] 或文件记录 [57] 或由某一特定企业提供的服务中，可能会存在一个单独的相关市场（"辅助市场"），因为这些备件、维修服务、耗材、信息或文件记录可能与那些由其他企业提供的相关产品或服务是不可互换的。[58] 这些备件、耗材、信息或文件记录通常受属于主要产品或服务提供商的知

---

[49] 71/224 *GEMA*, EuC; 82/204 *GEMA Statutes*, EuC; *Shell/Montecatini*, EuC; 38698 *CISAC* §54, EuC（根据第 101 条的判决，在 T-442/08 *CISAC v Commission*, GC 中根据其他理由被部分宣告无效）; *ENVI-PAK*, SloSC（*Green Dot* 标志，在第七章 7.97 中讨论）; 39230 *Rio Tinto Alcan* §§14, 21–25, EuC（铝冶炼技术的相关市场不包括不能许可的内部技术）。比较参照 *British Leyland v Armstrong Patents*, EWCA, UKSC 根据其他理由推翻原判; *Chiron Corporation v Murex Diagnostics*, EWHC, EWCA 根据其他理由维持判决。

[50] 93/403 *EBU/Eurovision System*, EuC（根据第 101 条的判决，在 T-528, 542, 543, 546/93 *Métropole Télévision v Commission*, GC 中根据其他理由被宣告无效）。

[51] *ENVI-PAK*, SloSC.

[52] 2011 年《横向合作协议指南》第 119—122 段; 2014 年《技术转让协议指南》第 26 段。创新的市场在第五章 5.39 和 5.82 中进一步讨论。

[53] 参见例如 2014 年《技术转让协议指南》第 20—22 段; 2011 年《横向合作协议指南》第 113—118 段; 316/2014 条例第 1 条（j）—（m）项。

[54] 参见例如 39985 *Motorola* §§181-186, EuC。关于相关地理市场，见 3.08。

[55] 22/78 *Hugin Kassaregister v Commission*, CJ（备件）; C-53/92P *Hilti v Commission*, CJ（耗材）; T-427/08 *CEAHR v Commission* §§65–121, GC（备件和维修）; 1997 年《欧盟委员会关于相关市场界定的通知》第 56 段（备件）; 2010 年《纵向限制指南》第 91 段（备件）; 2010 年《关于销售、维修机动车合同中纵向限制的补充指南》第 39 段、第 57 段（机动车备件和维修服务）; 比较参照 238/87 *Volvo v Veng*, CJ，关于备件的观点悬而未决。

[56] C-241, 242/91P *RTE and ITP v Commission* judgment §47, CJ; T70/89 *BBC v Commission* §§49–50, GC; *Attheraces v British Horseracing Board*, EWHC, EWCA 根据其他理由推翻原判; 39692 *IBM Maintenance Services* §§26–30, EuC。

[57] 26/75 *General Motors Continental v Commission*, CJ; 226/84 *British Leyland v Commission* judgment §5, CJ.

[58] 1997 年《欧盟委员会关于相关市场界定的通知》第 56 段; 2010 年《纵向限制指南》第 91 段; 2010 年《关于销售、维修机动车合同中纵向限制的补充指南》第 39 段、第 57 段; 以及脚注 55—57 所引用的案例。

识产权约束，由此可能赋予企业阻碍竞争的力量，从而使其在辅助市场中具有支配地位。[59]

但是，当主要产品处于有效竞争环境中，典型用户要考虑产品的整体寿命成本，包括备件、维修、耗材和/或配件，在附属市场中可能因而存在对有效竞争的限制，或者也有可能人们认为并不存在单独的附属市场，由此（在这两种情况下）供应商并不具有支配地位。[60]

人们还认为，当制造商授权其他公司来生产备件，而其自身并没有在这个市场中占有很大份额时，该制造商在备件市场并不具有支配地位。[61]

132 在定义辅助市场时，主要市场的竞争条件也会纳入考量，例如当主要市场服务的可替代性导致相应辅助服务可替代时。[62]

3.08　相关地理市场

相关地理市场包括竞争条件充分同质，且可以与竞争条件明显不同的邻近地区区分的地区。[63]

在一些主要欧洲国家注册的欧洲专利，它所提供的对技术的保护可能会支持相关地理市场包括整个欧洲经济区这一结论。[64] 反之，在不同成员国内国家知识产权的存在或所有权中的差异可能对各自国家的竞争条件产生重大影响，导致相关地理市场被限制在国家领土内。当在相关产品市

---

[59] 见脚注 55—58 中引用的案例和指南。

[60] 34330 *Pelikan/Kyocera*, EuC; 36431 *Info-Lab/Ricoh*, EuC; 39391 *EFIM*, EuC（在上诉 T-296/09 *EFIM v Commission*, GC, and C-56/12P *EFIM v Commission*, CJ 中被否决）; 91/595（M.12）*Varta/Bosch*, EuC; M.1094 *Caterpillar/Perkins Engines*, EuC; M.768 *Lucas/Varity*, EuC; 2010 年《纵向限制指南》第 91 段;《关于销售、维修机动车合同中纵向限制的补充指南》第 57 段注释 1; *Swan Solutions / Avaya ECS*, UKOFTEL。比较参照 T-427/08 *CEAHR v Commission* §§65–121, GC（欧盟委员会没有单独辅助市场这一临时性调查结果被推翻）。See also *Eastman Kodak Co v Image Technical Services, Inc*, USSC（为高容量影印机的零件和服务是否存在单独市场，被认为是有争议的）; 03/2011 *Kataria* §20.5, ICC（汽车零部件和维修保养服务的单独相关市场的调查结果，OEMs 具有支配地位）。

[61] *British Leyland v Armstrong Patents*, EWCA, UKSC 根据其他理由推翻原判；批判性观点见 Jonathan D. C. Turner, 'Euro-defences misunderstood'[1984] EIPR 320。另见 37792 *Microsoft* prohibition decision§413, EuC, 在上诉 T-201/04 *Microsoft v Commission*, GC 中没有作为一个问题讨论。

[62] T-504/93 *Tiercé Ladbroke v Commission* §§83, 103, GC［押注不同国家的赛马比赛（主要市场）和不同国家赛马比赛的影片（辅助市场）］。

[63] 27/86 *United Brands* judgment §44, CJ; T83/91 *Tetra Pak v Commission* §91, GC; T-504/93 *Tiercé Ladbroke v Commission*§102, GC; 1997 年《欧盟委员会关于相关市场界定的通知》。

[64] 39985 *Motorola* §216, EuC.

场中的经营者援引知识产权来防止从欧洲经济区之外的平行进口时，相关地理市场不太可能扩展到欧洲经济区之外。[65] 辅助产品市场的地理限制通常取决于主要市场，因为这将影响到辅助市场的竞争条件。[66]

国家医疗卫生系统的组织方面以及药品价格的管控和补偿方面的差异，使这些产品的相关地理市场通常限于该国。[67]

3.09　共同市场的重要部分

根据《欧盟运行条约》第 102 条的规定，要适用其禁止条款，必须在共同市场的重要部分存在支配地位。为此，一个成员国领土区域被认为构成了共同市场的重要部分。[68]

3.10　市场份额和超级支配地位

在例外情况下，拥有超过 50% 的市场份额，并持续一段时期，可以构成存在市场支配地位的证据。[69] 拥有 70% 到 80% 之间的市场份额，可以推 133
定为拥有支配地位。[70]

有人建议，拥有 90% 以上的市场份额，特别是如果这种情况维持了很多年，表明具有“超级支配地位”，可能导致相关企业被科以特别繁重的特别义务。[71] 然而，在《欧盟运行条约》第 102 条当中没有表达这种概念，因

---

[65]　2003/675 *PO Video Games* §62，EuC.

[66]　T-504/93 *Tiercé Ladbroke v Commission* §103，GC.

[67]　37507 *AstraZeneca* §503，EuC，在上诉 T-321/05 *AstraZeneca v Commission*，GC，and C-457/10P *AstraZeneca v Commission*，CJ 中被支持。

[68]　C-52/07 *Kanal 5 v STIM* judgment §22，CJ；C-7/97 *Oscar Bronner v Mediaprint* judgment §36，CJ；322/81 *Michelin v Commission* judgment §28，CJ；C-323/93 *Centre d'Insémination de la Crespelle* judgment §17，CJ.

[69]　C-62/86 *Akzo v Commission* judgment §60，CJ（三年）；C-457/10P *AstraZeneca v Commission* judgment §176，CJ；T-228/97 *Irish Sugar v Commission* §70，GC；T-342/07 *Ryanair v Commission* §41，GC；37792 *Microsoft* prohibition decision §§435，514，EuC，在上诉 T-201/04 *Microsoft v Commission*，GC 中没有讨论；39230 *Rio Tinto Alcan* §§36–42，EuC。另参见 2009 年《关于适用〈欧共体条约〉第 82 条查处具有市场支配地位的企业排他性滥用行为的执法重点指南》第 13—15 段。关于在技术市场中市场份额的评估，见第五章 5.47 和 5.83。

[70]　C-85/76 *Hoffmann-La Roche v Commission*judgment §§53–56，CJ；T-30/89*Hilti v Commission* §§91–92，GC，在 C-53/92P，CJ 中维持判决；T-228/97 *Irish Sugar v Commission* §70，GC；T-342/07 *Ryanair v Commission* §41，GC；37792 *Microsoft* prohibition decision §435，EuC，在上诉 T-201/04 *Microsoft v Commission*，GC 中没有讨论；39985 *Motorola* §223，EuC。

[71]　395，396/96P *Compagnie Maritime Belge Transports v Commission* opinion §137，CJ；37792 *Microsoft* prohibition decision§§435–436，EuC 在上诉 T-201/04 *Microsoft v Commission*，GC 中并未直接提及，但参见脚注 73。

此人们认为一个非常高的市场份额只有在评估下列情况时才相关：（1）根据确认的标准，一个企业是否具有支配地位；[72]（2）在声称的排他性滥用的情况下，企业的行为是否显著排除竞争；[73]（3）有关行为是否对成员国之间的贸易有显著影响。

## 三、涉及知识产权的滥用行为

### （一）一般进路

#### 3.11 滥用的概念

一个企业具有市场支配地位这一发现本身不是一种指责，而仅仅意味着，无论是什么导致了该支配地位，企业有一种特殊的义务，不允许其行
134 为（包括其使用监管程序的行为）损害共同市场真实的、未被扭曲的竞争。[74] 拥有支配地位的企业，准备一种策略来使其销售所受损害最小化以及使其应对竞争，是合法的，属于正常竞争过程的一部分，前提是其所设想的行为依据法律不会背离竞争范围内的惯例。[75]

在《欧盟运行条约》第 102 条当中并没有针对术语“滥用”的一般定义，它涵盖了与禁止行为相抵触的广泛行为。第 102 条规定了一些滥用的例子，但它们并不是穷尽的。[76] 在大多数情况下，滥用行为涉及正常竞争条件下不会发生的行为，它要么限制竞争（排他性滥用），要么不公正地利用了

---

[72] 39985 *Motorola* §240，EuC（当供应商控制了 90% 以上的市场时，一个或更多大客户的存在并不影响其支配地位）。关于支配地位的标准，见 3.02。

[73] 见 3.12、3.22—3.23、3.25 以及 3.30。这一观点看上去与 GC 在 T-201/04 *Microsoft v Commission* 中的判决一致，其中并未提及超级支配地位的概念，但提到了 Microsoft 在个人计算机操作系统市场的高市场份额，在评估其行为对竞争的实际影响时相关。参见例如第 1038 段、第 1075 段。另参见 C-395，396/96P *Compagnie Maritime Belge Transports v Commission* §119，CJ；T-228/97 *Irish Sugar v Commission* §186，GC。

[74] 322/81 *Michelin v Commission* judgment §57，CJ；C-202/07P *France Télécom v Commission* judgment §105，CJ；C-457/10P *AstraZeneca v Commission* judgment §§134，188，CJ；T-201/04 *Microsoft v Commission* §§229，775，GC；2001/463 *DSD* prohibition decision §98，EuC，在上诉 T-151/01，C-385/07P *Der Grüne Punkt*，GC and CJ 中被支持；C-351/12 *OSA v Léčebné lázně Mariánské Lázně* judgment §83，CJ；39985 *Motorola* §272，EuC。

[75] C-457/10P *AstraZeneca v Commission* judgment §129，CJ.

[76] 这很明显，因为使用了“特别是（in particular）”一词，在 T-201/04 *Microsoft v Commission* §860，GC；6/72 *Europemballage and Continental Can v Commission* judgment §26，CJ；C-359，396/96P，*Compagnie Maritime Belge v Commission* judgment §112，CJ；39985 *Motorola* §276，EuC 中也被确认。

他人对支配企业的依赖（剥削性滥用）。[77]

根据欧盟立法属于被允许的行为这一事实并不能防止其构成滥用支配地位；违反第 102 条规定的滥用支配地位的违法性与是否遵守其他法律规定无关。[78]

### 3.12　排他性滥用

在排他性滥用的情况中，欧盟法院声称“滥用的概念是一个客观的概念，与具有支配地位企业的行为有关，该行为可能影响市场结构，正是由于相关企业的存在，导致竞争的程度被削弱，产品或服务的一般竞争条件建立在商业运营商交易的基础上，而支配企业通过借助与一般竞争条件限制不同的方法，对于维持市场现存的竞争程度或竞争的增长产生阻碍后果”。[79]

《欧盟运行条约》第 102 条因此禁止支配企业限制竞争，以及由 135
此通过使用除了依据法律在正常竞争范围之内的方法来加强其地位的行为。[80]

欧盟委员会已经就其在排他性滥用行为中适用《欧共体条约》第 82 条（现《欧盟运行条约》第 102 条）时执行的优先考量发布了指南，指南中也规定了委员会在这些案件中适用该条款若干实质方面的进路。

欺压穷人以增加自己财富的，送礼给财主的，必致穷乏。[81]

---

[77]　关于将滥用分为排他性和剥削性两种类别，见 2001/463 *DSD* prohibition decision§§110–116，EuC，在上诉 T-151/01，C-385/07P *Der Grüne Punkt*，GC and CJ 中决定被支持；2004 年《关于影响贸易概念的指南》第 73 段；2009 年《关于适用〈欧共体条约〉第 82 条查处具有市场支配地位的企业排他性滥用行为的执法重点指南》第 5—7 段。

[78]　C-457/10P *AstraZeneca v Commission* judgment §132，CJ；39985 *Motorola* §275，EuC.

[79]　85/76 *Hoffman-La Roche v Commission* judgment §91，CJ；C-62/86 *AKZO v Commission* judgment §69，CJ；C-52/07 *Kanal 5 v STIM* judgment §25，CJ；2001/463 *DSD prohibition decision* §99，EuC，在上诉 T-151/01，C-385/07P *Der Grüne Punkt*，GC and CJ 中决定被支持；C-457/10P *AstraZeneca v Commission* judgment §74，CJ。

[80]　C-62/86 *AKZO v Commission* judgment §70，CJ；C-52/07 *Kanal 5 v STIM* judgment §26，CJ；C-202/07 *France Télécom v Commission* judgment §106，CJ；C-457/10P *AstraZeneca v Commission* judgment §75，CJ.

[81]　圣经旧约箴言第二十二章第十六节（圣经新译本）。

3.13 剥削性滥用

在剥削性滥用的情况中，欧盟法院提到了需要“确定支配企业是否利用由其支配地位而导致的机会，来获取贸易利益，这种利益是在存在正常和充分有效的竞争时支配企业无法获得的”。[82]

3.14 对知识产权的适用

如果知识产权的行使根据《欧盟运行条约》第 36 条是合法的，以及没有作为滥用支配地位的工具被使用，那么该行为不能仅仅因为其属于具有支配地位企业的行为，就被认定为第 102 条定义的滥用行为。[83] 另一方面，在某些例外情况下，知识产权的行使可能包含滥用行为。[84]

几种类型的滥用现在已经在很大程度上被判例法以及欧盟委员会的指南识别以及定义出来，如同本章下面几节中列出的一样，[85] 这有助于在规则和经济分析之间取得平衡，正如第一章中所讨论的那样。[86] 在这些类型
136 之外，第一章中讨论的基本原则也可能提供指导，特别是其中当知识产权行使行为以不能被其具体内容所正当化的方式或程度限制竞争时，竞争法可以适用于该行为这一原则。[87]

在许多情况下，根据上文识别的排他性滥用和剥削性滥用概念，[88] 通过比较支配企业的行为和收益以及如果没有支配地位时该企业可能从事的行为和获得的收益，同时考虑到个案中相关知识产权的存在、所有权和正

---

[82] 27/76 *United Brands v Commission* judgment §249, CJ; C-52/07 *Kanal 5 v STIM* judgment §27, CJ.

[83] 102/77 *Hoffmann-La Roche v Centrafarm*, CJ; 402/85 *Basset v SACEM* judgment §18, CJ. 另参见 T-65/89 *BPB Industries and British Gypsum v Commission* §69, GC（在目的不是增强和滥用支配地位时，具有支配地位的企业不能被剥夺采取合理措施以保护其商业利益的权利）; 2001/463 *DSD* prohibition decision §144, EuC，在上诉 T-151/01, C-385/07P *Der Grüne Punkt*, GC and CJ 中决定被支持。

[84] C-418–01 *IMS Health v NDC Health* judgment §35, CJ; T-198/98 *Micro-Leader v Commission* §56, GC; C-241, 242/91P *RTE and ITP v Commission* judgment §50, CJ; 238/87 *Volvo v Veng* judgment §9, CJ; C-7/97 *Bronner* §39, CJ; T-198/98 *Micro Leader Business v Commission* §58, GC; 39985 *Motorola* §278. EuC.

[85] 3.17—3.43。

[86] 1.06—1.07。

[87] 1.02、1.05 和 1.08。

[88] 3.11—3.13。

当范围，可以适用这一原则。[89] 这通常可以在知识产权本身不导致支配地位的情况下进行，这样就可以处理案件包含知识产权，但同时企业不具有支配地位的情况。

然而，在那些支配地位与知识产权不能分离的案例中，[90] 考虑到在创新中的竞争和知识产权所保护的质量以及生产和 / 或分配竞争之间取得一个合理平衡这一根本目标，在不借助这种比较的情况下评估何种行为和受益能够被知识产权具体内容正当化可能是必要的。[91]

### 3.15 支配地位与滥用行为之间需要有联系

《欧盟运行条约》第 102 条的适用预设了支配地位与所声称的滥用行为之间有联系，当某行为只在另一个不同于具有支配地位的市场上产生影响时，通常不存在滥用行为。但是，滥用所要求的联系可能存在几个联合市场中，特别是如果企业在第一个市场中具有垄断或类似垄断地位时。[92]

### 3.16 与其他规定的关系

集体豁免条例的可适用性并不排除发现企业滥用支配地位，而且并不要求收回在这一发现之前集体豁免带来的好处。[93] 因此，如果一个支配企业收购了另一个具有唯一可行竞争技术独占许可的企业，即使这一许可根据当时有效的专利许可合同集体豁免规定能够被豁免，仍被认为违反了当前《欧盟运行条约》第 102 条的禁止性规定。[94] 137

如果《欧盟运行条约》第 106 条第 2 款的特定减损规则不适用，则支配地位的滥用并不能因它与为一般经济利益服务的条款有关这一事实而被否定。[95]

---

[89] 例如，通过比较某个被行业标准所包含的专利而获得的使用费以及如果没有被行业标准所包含，该专利应获得的使用费；见 3.32 和第五章 5.182。

[90] 例如在没有有效替代物的制药专利案件中。

[91] 见第一章 1.02。

[92] C-333/94P *Tetra Pak v Commission* judgment §§21–31, CJ; 37792 *Microsoft* prohibition decision §§526–540, EuC，在上诉 T-201/04 *Microsoft v Commission* 中没有讨论，GC; 39985 *Motorola* §277, EuC。

[93] Cases 395, 396/96P *Compagnie Maritime Belge v Commission* judgment §§130–136, CJ.

[94] T-51/89 *Tetra Pak Rausing v Commission*, GC.

[95] *Attheraces v The British Horseracing Board* §308, EWHC, EWCA 根据其他理由推翻。关于《欧盟运行条约》第 106 条第 2 款，见第二章 2.06；第六章 6.26 和 6.44；以及第七章 7.90。

根据欧盟和成员国法律，针对不正当取得的知识产权存在其他救济这一事实并不能阻碍这种行为成立滥用支配地位。[96]

## （二）拒绝许可或供应产品或信息

### 3.17 基本测试

拒绝[97]许可知识产权[98]本身并不能构成滥用市场支配地位，因为许可的义务可能剥夺所有权人实质上排他性的权利。[99]然而，支配企业拒绝许可知识产权和 / 或[100]拒绝提供属于知识产权范围的信息或产品[101]在特殊情况下可能构成滥用。[102]特别是当满足下列条件时，这样的拒绝构成滥用：[103]

a. 拒绝阻碍了他人使用知识产权范围内的特定信息或产品。[104]

138 b. 该信息或产品是一项“基本设施”，因为它是相邻市场进行某项活动所不可缺少的。[105]

---

[96] 37507 *AstraZeneca* §§744–745，EuC，在上诉 T-321/05 *AstraZeneca v Commission*，GC，C-457/10P *AstraZeneca v Commission*，CJ 中得到支持。

[97] 关于什么构成拒绝，见 3.20。

[98] 包括专有技术和其他机密信息中的权利，见 T-201/04 *Microsoft v Commission* §289，GC。然而，撤销对某制药产品的市场销售许可，使为获得它而提交的临床数据不能被用于通用等效药的销售许可不能与拒绝授予使用专有技术或数据库权中相关数据的许可相提并论。

[99] 238/87 *Volvo v Veng* judgment §8，CJ；C-241，242/91P *RTE and ITP v Commission* judgment §49，CJ；C-7/97 *Oscar Bronner v Mediaprint* judgment §39，CJ；C-418/01 *IMS Health v NDC Health* judgment §34，CJ；T-201/04 *Microsoft v Commission* §§331，691，GC；*Lederle-Praxis*，EuC；根据一个协议或协同行为拒绝许可，可能违反第 101 条，见 2.37。

[100] 拒绝许可和拒绝供应之间的联系在 1.122 中讨论。

[101] 包括服务。

[102] 238/87 *Volvo v Veng* judgment §9，CJ；C-241，242/91P *RTE and ITP v Commission* judgment §50，CJ；T-201/04 *Microsoft v Commission* §§331，691，GC. 40099 *Google Android*，EuC（未决）可能给出关于适用原则的进一步考虑。

[103] C-418/01 *IMS Health v NDC Health*，CJ；C-7/97 *Oscar Bronner v Mediaprint* judgment §§40–41，CJ；C-241，242/91P *RTE and ITP v Commission* judgment §§53–57，CJ；T-504/93 *Tiercé Ladbroke v Commission* §131，GC；T-201/04 *Microsoft v Commission* §332–333，GC；*IBM*（1984），EuC；*Policy Guidelines*（1989），EuC. 另参见第六章 6.37（拒绝向新的广播平台许可）如果拒绝提供发生在一个合同的背景下，也可能违反第 101 条：见第二章 2.06。

[104] 这一标准在 3.19—3.20 中进一步讨论。

[105] 这一标准在 3.21 中进一步讨论。

c. 拒绝是为了排除相邻市场上的任何有效竞争。[106]

d. 拒绝阻碍了一种新产品的出现，对该产品有潜在的消费者需求，或者拒绝限制了技术发展，可能伤害消费者。[107]

e. 拒绝不能被客观正当化。[108]

这些标准已经被大家接受，当一个支配企业从事它们提及的滥用行为时，对其处以高额罚款可能是适当的。[109]

3.18　知识产权相关性

3.17 中列出的标准与支配企业拒绝提供不受知识产权保护的产品时适用的标准类似，除了标准 d，该标准只在拒绝许可知识产权或拒绝提供知识产权范围内的产品或信息的案件中才是必要的。[110]

标准 d 认可了即使是一个支配企业，原则上也被赋予了在其知识产权合理范围内排除竞争的权利，除非它将阻碍新产品的产生，限制技术发展，或存在其他例外情况。[111]

然而，一些成员国主管当局认为当拒绝提供机密信息阻碍了其他企业供应与支配企业所供应产品等效的产品时，它是滥用行为。[112]

3.19　许可或提供

在某些案例中，只有支配企业才能提供所需的信息或产品，例如生产
产品所必需的技术信息。在这些案例中，若支配企业拒绝提供所需的信息 139
或产品，则 3.17 段所列出的标准 a 被满足。支配企业并不是必须行使知识产权来阻碍他人使用所需的信息或产品，尽管它可能——至少理论上可

[106]　这一标准在 3.22 中进一步讨论。

[107]　这一标准在 3.18 和 3.23 中进一步讨论。关于其限制技术发展的范围，见 T-201/04 *Microsoft v Commission* §647，GC。比较参照 14-D-09 *Nespresso* FrAC（由于未预先提供关于生产竞争性消耗品所要求的设计变更信息而得出有滥用行为的暂时结论，即使它并未阻碍新产品的出现或者技术发展）。

[108]　这一标准在 3.24 中进一步讨论。

[109]　T-201/04 *Microsoft v Commission* §§1333，1336，GC. 关于罚款，见 3.48。

[110]　T-201/04 *Microsoft v Commission* §334，GC.

[111]　238/87 *Volvo v Veng* judgment §8，CJ. 关于其他例外情况，见 3.25。

[112]　见例如 14-D-09 *Nespresso* FrAC（有竞争关系的耗材供应商要求预先提供机器设计更改的信息）；*Bayer Cropscience* 28/6/2011，ItAGCM（更新市场销售许可所需要的有关动物研究的信息，竞争对手对其的复制被动物保护立法所禁止）；14-D-06 *Cegedim*，FrAC（歧视性拒绝出售含有医疗信息和医生联系方式的数据库）；14-MC-02 *Direct Energie v GDF Suez* 9/9/2014，FrAC（前垄断企业客户的名称和地址，以及他们消费的技术特征）。

能——提供所需信息或产品，但不提供使用它的许可，然后行使知识产权来阻碍他人使用。[113] 在这些案例中，拒绝提供可能被视为类似于拒绝许可，信息或产品属于知识产权范围内时，要得出企业有滥用行为的结论，第 3.17 段列出的标准 d 必须被满足。[114]

在其他案例中，所需的信息或产品，例如替换的部件，可以从其他渠道获得，支配企业只有在拒绝提供产品的同时行使相关知识产权阻碍他人生产或供应该产品，才能阻碍对其的适用。如果支配企业自身拒绝提供产品或信息，同时拒绝许可他人生产或供应产品或信息，3.17 段中的标准 a 就被满足。然而，如果支配企业选择在合理条件下自己提供信息或产品，这一标准将不能被满足。这原则上反映了一个知识产权所有权人有权通过自己保留生产而非许可他人生产来行使知识产权。[115]

3.20 请求和拒绝

支配企业拒绝的先决条件是有人已经针对所需提供的信息或产品提出了一个足够明确的请求，但即使这一请求在某些方面比要认定支配企业的拒绝是滥用所需的条件更宽泛，请求仍能被认定为足以达到这一目的。[116] 支配企业如何理解这一请求可能被纳入考量。[117] 要求获得构成基本设施的信息的请求，不需要特别要求其中包含在支配企业知识产权范围内使用的许可。[118]

对这一请求的反映必须根据请求的背景、提出者的身份、提出者对相关技术的知识范围，以及支配企业至今遵循的方法等进行评估，以确定是否应被解释为拒绝提供所需信息和产品。[119] 若答复仅让请求者求助于由支
140 配企业提供的一般可获得的设施，并提供与其相关的额外支持，但没有处理所请求的具体事项的情况，则可能被视为一种拒绝。[120] 不适当的延迟或

[113] 关于知识产权控制由供应商提供的产品使用的可能性，见第一章 1.70—1.71。

[114] T-201/04 *Microsoft v Commission* §332–334, GC.

[115] 238/87 *Volvo v Veng* judgment §8, CJ.

[116] T-201/04 *Microsoft v Commission* §§737–749, GC.

[117] T-201/04 *Microsoft v Commission* §746, GC.

[118] T-201/04 *Microsoft v Commission* §774, GC.

[119] T-201/04 *Microsoft v Commission* §751, GC.

[120] T-201/04 *Microsoft v Commission* §§758, 763, GC.

以其他方式减少所需信息或产品的供应，或者强加不合理的条件[121]或过高的使用费，[122]也可能等同于拒绝。表明企业有意通过拒绝提供必要信息排除竞争对手的内部文件，也可能被纳入考量。[123]

当一个在上游市场占支配地位的企业针对上游产品的要价与下游产品相比过高时，可能会导致价格挤压，而如果价格差异低于支配企业综合下游部门的长期平均增量成本（Long-Run Average Incremental Cost，LRAIC），价格挤压将与拒绝供应上游产品同等对待。[124]

3.21　必要设施

在 3.17b 这一标准中，产品或信息是必不可少的指的是如果技术、法律或经济障碍使其他企业不可能——或至少会造成不合理的困难——来创造或获取一个替代产品或信息，[125]并且没有该产品或信息其他企业不能在市场上保持竞争力。[126]看上去这些标准既适用于拒绝提供之前没有提供的产品或信息，也适用于中断现有的供应安排，尽管在后一情况中要证明产品或服务是不可缺少的更容易些。[127]

为了保持在市场上的竞争力，竞争对手在相邻市场出售的产品可能不 141

[121]　2009 年《关于适用〈欧共体条约〉第 82 条查处具有市场支配地位的企业排他性滥用行为的执法重点指南》第 79 段；欧盟在 2005 年 11 月和 2006 年 6 月 12 日 37792 *Microsoft* EuC 中决定对企业不合规行为处以罚款（不准确和不完整的互操作信息），Microsoft 通过 T-271/06 案向 GC 上诉，后撤回上诉；39692 *IBM Maintenance Services* §§31 及下文，EuC。

[122]　37792 *Microsoft*, penalty payment decision, 2008 年 2 月 27 日，EuC（对互操作信息收取过高费用和使用费），在 T-167/08 *Microsoft v Commission*, GC 中被实质性支持。

[123]　T-201/04 *Microsoft v Commission* §771, GC.

[124]　2009 年《关于适用〈欧共体条约〉第 82 条查处具有市场支配地位的企业排他性滥用行为的执法重点指南》第 80 段。

[125]　C-418-01 *IMS Health v NDC Health* judgment §§28–30，CJ；C-7/97 *Oscar Bronner v Mediaprint* judgment §§41–46，CJ；T-504/93 *Tiercé Ladbroke v Commission* §132，GC（电视转播赛马比赛对于赌博并非必不可少）；37792 *Microsoft* prohibition decision §§666–687，EuC，在上诉 T-201/04 *Microsoft v Commission* §§760–762，GC 中被支持（开放的行业标准，客户端软件的分配和逆向工程都不足以替代交互操作性规范）。2009 年《关于适用〈欧共体条约〉第 82 条查处具有市场支配地位的企业排他性滥用行为的执法重点指南》第 83 段增加了"在可预见的未来"这一条件，但普遍认为在当时竞争对手无法在市场上保留竞争力时，这一条件是不正确的。

[126]　T-201/04 *Microsoft v Commission* §§229，369–377，GC；T-504/93 *Tiercé Ladbroke v Commission* §§130–132，GC；2009 年《关于适用〈欧共体条约〉第 82 条查处具有市场支配地位的企业排他性滥用行为的执法重点指南》第 83 段。

[127]　2009 年《关于适用〈欧共体条约〉第 82 条查处具有市场支配地位的企业排他性滥用行为的执法重点指南》第 84 段。

得不保持与支配企业在主要市场出售产品的可互操作性，从而确保获得与支配企业自身产品相同的待遇。[128] 特别是在竞争对手的产品与支配企业的产品一起使用，而支配企业的产品占有非常高的市场份额，以至于其代表了类似于市场标准的存在时，很高程度的可互操作性对于保持商业竞争力是必要的。[129] 然而另一方面，在这一意义上，如果其他企业在市场上可以保持竞争力，那么使其能够生产出与支配企业相同产品的进一步产品或信息就并不属于必不可少的。[130]

如果支配企业停止提供相关产品或信息，当在相邻市场上的竞争对手正逐渐被淘汰时，这些竞争对手的继续存在与产品或信息对商业竞争力是必不可少的这一点并不矛盾。[131]

上游产品或信息不需要被单独销售，能够通过在企业寻求进行业务的下游市场部分中存在对上游产品或信息的需要，识别一个潜在的或假设的市场，换句话说，两个不同的生产阶段是相互联系的，上游产品对于供应下游产品是必不可少的，这一点已经足够了。[132]

3.22　在相邻市场上排除竞争

在考量拒绝许可或供应根据 3.17 段 c 标准是否属于为排除在相邻市场的竞争时，应当以正常的标准定义市场。[133] 即使相关企业在相邻市场不具有其在主要市场上所具有的支配地位时，这一标准也可能被满足，[134] 尽管当相关企业在相邻市场已经具有很高的市场份额和强势地位时，相邻市场上的有效竞争更可能被排除。[135]

只要在这个市场上存在所有有效竞争可能被消除的风险就已经足够满
142 足条件了，即使这一消除可能不是立即完成的，特别是在消除很难逆转的

[128] T-201/04 *Microsoft v Commission* §§374, 377, 381, GC（工作组服务器操作系统与微软的主要客户端 PC 操作系统的交互操作性）。

[129] T-201/04 *Microsoft v Commission* §§386–388, 392, GC.

[130] T-201/04 *Microsoft v Commission* §§229–242, GC.

[131] T-201/04 *Microsoft v Commission* §428, GC.

[132] C-418-01 *IMS Health v NDC Health* judgment §§40–47, CJ; 2009 年《关于适用〈欧共体条约〉第 82 条查处具有市场支配地位的企业排他性滥用行为的执法重点指南》第 79 段。

[133] C-241, 242/91P *RTE and ITP v Commission* judgment §54, CJ; T-201/04 *Microsoft v Commission* §§480–532, GC.

[134] T-201/04 *Microsoft v Commission* §559, GC.

[135] T-201/04 *Microsoft v Commission* §619, GC; 2009 年《关于适用〈欧共体条约〉第 82 条查处具有市场支配地位的企业排他性滥用行为的执法重点指南》第 85 段。

情况下。[136]相邻市场存在最低限度的竞争与消除该市场上所有有效竞争并不矛盾。[137]

3.23 阻碍新产品或限制技术发展

第3.17段中所列出的d标准展示了《欧盟运行条约》第102条（b）项中滥用的例子，即限制产品、市场或技术发展，以至于损害消费者。[138]因此，它并不局限于阻碍新产品的出现，正如在之前的案例中所建议的那样，[139]它扩展到了限制技术发展，[140]也许还包括对产品或市场的可能损害消费者的其他限制。

在执行此标准时，当一种产品本质上并非复制在下游市场中已经被知识产权所有权人供应的产品时，它被认为是新产品[141]。覆盖不同广播公司频道的每周电视导播节目被认定为既与覆盖不同频道的每日电视列表有足够的不同，也与覆盖单一广播公司频道的每周导播节目有足够的不同。[142]

当越来越多的消费者被局限在一个企业提供的单一的技术解决方案时，企业可能被认定为限制了技术发展。[143]当消费者不得不放弃相邻市场上具有更优特点的替代产品，因为这些产品不能与主要市场上支配企业生产的产品兼容时，消费者尤其受到损害。[144]当由于主要市场上的支配企业保留了在互相操作性上的人为优势，因而阻碍了替代供应商开发具有创新特征的产品时，[145]或者当一个有效的竞争结构受到损害时，消费者也可能受到损害。[146]

如果支配企业被要求使其技术可以被竞争对手获得，那么支配企业可

[136] T-201/04 *Microsoft v Commission* §§560–564, GC.

[137] T-201/04 *Microsoft v Commission* §593, GC.

[138] T-201/04 *Microsoft v Commission* §643, GC.

[139] C-241, 242/91P *RTE and ITP v Commission* judgment §54, CJ; C-418-01 *IMS Health v NDC Health* judgment §48, CJ.

[140] T-201/04 Microsoft v Commission §647, GC.

[141] C-418-01 *IMS Health v NDC Health* judgment §49, CJ; 37792 *Microsoft* prohibition decision §§693–701, EuC，在上诉T-201/04 *Microsoft v Commission* §§643–665, GC中根据其他理由被支持。另参见S/0153/09 *Mediapro*, SpCNMC（拒绝为收费电视节目提供电视转播权）。

[142] C-241, 242/91P *RTE and ITP v Commission* judgment §§52–54, CJ.

[143] T-201/04 *Microsoft v Commission* §650, GC.

[144] T-201/04 *Microsoft v Commission* §652, GC.

[145] T-201/04 *Microsoft v Commission* §§653–654, GC.

[146] T-201/04 *Microsoft v Commission* §664, GC.

143 能具有更少的动力来发展技术，但这一可能性与该标准无关；这是在考量客观正当理由时需要考虑的一个问题。[147]

3.24　缺少客观正当理由

如果 3.17 段的其他标准得到满足，则基本设施是秘密技术或知识产权所涵盖的事项这一事实并不构成拒绝向竞争对手提供的客观正当理由。[148] 信息对竞争对手具有很大价值这一事实也不能构成，因为如果它是必不可少的那么这是必然的；[149] 该信息是不是创新的或原创的也不重要，因为这是知识产权保护的固有属性。[150]

如果向竞争对手披露构成基本设施的技术，将会对支配企业的创新动力产生重大的消极影响，这可能构成拒绝披露的客观正当理由；但要否定其属于滥用行为，支配企业必须足够充分地证明这一点，因而支配企业承担最初的举证责任。[151] 为此，模糊、笼统和理论上的辩由是不足够的。[152] 然而，如果强制披露将对支配企业的创新动力产生重大负面影响的可能性被证实，那么试图在这种负面影响以及对整个行业创新的积极影响之间进行权衡可能是不恰当的。[153] 在评估对支配地位的企业创新动力的影响时，可能要考虑到支配企业实现适当回报的必要性，将失败项目的风险纳入考量，也要考虑到被迫披露可能导致的结构变化。[154]

有人提出拒绝许可是客观正当的，因为支配企业不能获得双份的垄断利润，这一辩论理由基于上游和下游产品并非完全互补，限制下游市场的竞争加强了上游市场的进入壁垒这一理由而被驳回。[155] 如果支配企业之前

[147] T-201/04 *Microsoft v Commission* §659, GC. 关于客观正当理由，见 3.24。

[148] T-201/04 *Microsoft v Commission* §§690, 693, GC.

[149] T-201/04 *Microsoft v Commission* §694, GC.

[150] T-201/04 *Microsoft v Commission* §695, GC.

[151] T-201/04 *Microsoft v Commission* §697, GC.

[152] T-201/04 *Microsoft v Commission* §698, GC.

[153] T-201/04*Microsoft v Commission*§710, GC；比较参照 37792*Microsoft*prohibition decision §§709–712, 724–725, 783, EuC（在 T-201/04 中根据其他理由被支持），以及 2009 年《关于适用〈欧共体条约〉第 82 条查处具有市场支配地位的企业排他性滥用行为的执法重点指南》第 30 段、第 90 段。

[154] 2009 年《关于适用〈欧共体条约〉第 82 条查处具有市场支配地位的企业排他性滥用行为的执法重点指南》第 89 段。

[155] 37792 *Microsoft* prohibition decision §§764–768, 783, EuC，在上诉 T-201/04 *Microsoft v Commission*, GC 中未讨论。

提供了投入，这一点在衡量拒绝继续提供是否能依据效率理由被正当化时可以被纳入考量。[156]

3.25 其他示例 144

拒绝提供知识产权范围内的信息或产品，在其他特殊情况下也可能构成滥用支配地位。例如：无理由拒绝向独立维修人员提供备件；[157] 停止生产仍在广泛流通的产品的备件；[158] 拒绝提供欧盟成员国之间平行进口所需的证书；[159] 在专利保护期满后收回一种制药产品，迫使医生开处方时采用另一种受专利保护的替代品；[160] 在没有客观正当理由的情况下拒绝满足现有客户的普通订单，而这将导致淘汰作为竞争对手的客户[161]或将限制平行进口。[162]

意图避免所有平行出口的做法不能被客观正当化，但一个具有支配地位的制药公司有权对抗威胁其自身商业利益的平行出口，如果平行出口是来自一个价格被国家机关采取合理和适当的措施而设定在相对较低水平的国家，特别是如果价格通过不供应例外订单的方式来设定。[163] 尚不确定客户的贸易不能导致消费者利益增长的情况能否构成拒绝向该客户供应的客观正当理由，但在任何情况下，即使在价格受到国家当局监管的情况下，平行贸易也不太可能对消费者没有好处。[164] 在药品受专利保护的情况下，可能存在于生产者与其经销商之间或者不同分销商之间的价格竞争，通常

---

[156] 2009年《关于适用〈欧共体条约〉第82条查处具有市场支配地位的企业排他性滥用行为的执法重点指南》第90段。据推测，欧盟委员会认为如果支配企业已经提前提供了投入，则更加难以证明拒绝提供是正当的。

[157] 238/87 *Volvo v Veng* judgment §9, CJ; 53/87 *CICRA v Renault* judgment §16, CJ; *Deutz* 12/6/2013, DCC.

[158] 238/87 *Volvo v Veng* judgment §9, CJ; 53/87 *CICRA v Renault* judgment §16, CJ.

[159] 26/75 *General Motors v Commission*, CJ; 226/84 *British Leyland v Commission*, CJ.

[160] CA98/02/2011 *Reckitt Benckiser*( *Gaviscon* ), UKOFT.

[161] 6-7/73 *Commercial Solvents v Commission* judgment §25, CJ; 27/76 *United Brands v Commission* judgment §183, CJ; C-468/06 *Sot. Lelos v GlaxoSmithKline* judgment §§34–36, CJ; 87/500 *Brass Band Instruments v Boosey & Hawkes*, EuC; 39692 *IBM Maintenance Services* §36, EuC.

[162] C-468/06 *Sot Lelos v GlaxoSmithKline* judgment §§37–39, CJ.

[163] C-468/06 *Sot Lelos v GlaxoSmithKline* judgment §§58–77, CJ.

[164] C-468/06 *Sot Lelos v GlaxoSmithKline* judgment §§52–57, CJ.

是可以设想竞争的唯一形式。[165]

拒绝许可知识产权的行为可能与其他滥用行为有关，例如拒绝供应或不公平定价。如果是这种情况，知识产权的行使可能被《欧盟运行条约》
145 第 102 条所禁止，[166] 而如果对于停止违法行为是必要的且适当的，竞争主管机构可以要求知识产权被许可。[167]

## （三）搭售和捆绑

### 3.26　术语解释

搭售通常发生在甲方要求乙方在购买甲方或甲方指定某企业的一个不同的技术或产品（搭卖品）的条件之上才能购买甲方某技术或产品（结卖品）时。搭售可能在技术基础上发生（当结卖品的设计要求它只有连同搭卖品一起才能正常使用时）或者合同基础上发生（当客户要购买结卖品，则必须同意购买搭卖品时）。[168]

捆绑发生在当两种不同的技术、两个不同的产品，或一种技术与一个产品，仅以共同供应方式提供，[169] 或与分开销售相比以一个较低价格共同供应的时候。[170]

为此，如果对于每个方面的需求是独立的，技术之间、产品之间以及技术和产品之间可被认为是独立区分的；但当它们不能被分开单独利用时，

---

[165] C-468/06 *Sot Lelos v GlaxoSmithKline* judgment §64, CJ. CJ 认为当某一药物专利有效时，分销中的竞争是唯一可能的竞争形式。人们普遍认为这一观点较为过分，因为在某些案例中存在一定程度的可互换性，从而引起替代专利药物之间的竞争。

[166] 238/87 *Volvo v Veng* judgment §9, CJ; 53/87 *CICRA v Renault* judgment §16, CJ.

[167] 见 3.48。

[168] 2014 年《技术转让协议指南》第 221 段；2009 年《关于适用〈欧共体条约〉第 82 条查处具有市场支配地位的企业排他性滥用行为的执法重点指南》第 48 段；2010 年《纵向限制指南》第 214 段。

[169] 2014 年《技术转让协议指南》第 221 段；2009 年《关于适用〈欧共体条约〉第 82 条查处具有市场支配地位的企业排他性滥用行为的执法重点指南》第 48 段。

[170] 2009 年《关于适用〈欧共体条约〉第 82 条查处具有市场支配地位的企业排他性滥用行为的执法重点指南》第 48 段。相关概念性分析，参见 Barry Nalebuff, *Bundling, Tying and Portfolio Effects*, Dti Economics Paper No 1, Part 1（2003）。Dr Nalebuff 的分析在 2014-FO-07 *EPT*（13/11/2014）, CCLu 中得到应用。

通常不能被认定为是独立区分的。[171]

3.27 基本测试

当下列条件满足时，一个企业违反《欧盟运行条约》第102条，构成滥用支配地位：[172]

a. 企业要求具有支配地位的某一产品（结卖品）[173]的购买者必须购买另外一种产品（搭卖品）或者收取的增价低于将搭卖品与结卖品一起销售时应当收取的增价；[174]

b. 结卖品和搭卖品是单独的产品；[175] 146

c. 竞争被排除；[176]

d. 搭售或捆绑不能被客观正当化。[177]

如果这些条件被满足，支配企业不收取所提供搭卖品费用这一事实不能否定构成滥用支配地位，因为如果可能破坏竞争的结构，或剥夺顾客的选择，或两者同时存在，那么搭售行为是可以被反对的。[178]同样，滥用行为也不能因搭售行为符合正常的商业使用这一事实而被排除，因为可以剥夺一个支配企业采取非支配企业难以反对的行动方针的权利，除非该行动可以被客观正当化。[179]大家公认这些条件所界定的支配企业的行为是滥用

---

[171] 2014年《技术转让协议指南》第221段；2009年《关于适用〈欧共体条约〉第82条查处具有市场支配地位的企业排他性滥用行为的执法重点指南》第51段；2010年《纵向限制指南》第215段。

[172] 37792 *Microsoft* prohibition decision §§794–795, EuC; T-201/04 *Microsoft v Commission* §§842, 862, 869, GC; 39530 *Microsoft* commitments decision §33, EuC; 39116 *Coca-Cola*, EuC; 39230 *Rio Tinto Alcan* §59, EuC; 39592 *Standard & Poor's* §§34–38, EuC; S/0153/09 *Mediapro*, SpCNMC; 2009年《关于适用〈欧共体条约〉第82条查处具有市场支配地位的企业排他性滥用行为的执法重点指南》第50段。关于适用原则的进一步考虑可能在40099 *Google Android*, EuC（未决）中给出。

[173] "产品"这一术语在这一节中用于指代商品、服务或技术。

[174] 3.28。

[175] 3.29。

[176] 3.30。

[177] 3.31。

[178] 37792 *Microsoft* prohibition decision §§830–833, 835, EuC，在上诉T-201/04 *Microsoft v Commission* §§960–961, 968–970, GC中被支持，另见85/76 *Hoffmann-La Roche* judgment §§90, 111, CJ。

[179] C-333/94P *Tetra Pak International v Commission* judgment §37, CJ; 37792 *Microsoft* prohibition decision §961, EuC，在上诉T-201/04 *Microsoft v Commission*中被支持，GC；另参见T-111/96 *ITT Promedia v Commission* §139, GC。

行为；因此，在发现这种滥用行为时，可以对其处以高额罚款。[180]

3.28　强制

如果消费者不能在不购买搭卖品的情况下购得结卖品，则满足 3.27 段中的标准 a，即使他们没有为两者分开支付，也没有被强迫使用额外功能，也没有被禁止获得和使用搭卖品的竞争产品。[181] 这种强制可能是合同性的（即使有消费者同意购买搭卖品时才供应结卖品），或者技术性的（结卖品的设计要求其只有在和搭卖品一起时才能正常运行），或者两者都有。[182]

当一个产品的支配企业将其与另一个产品捆绑或者分开销售，但收取的针对捆绑的第二个产品的加价少于其平均增量成本，从而阻止与第二个产品拥有同样效率的竞争对手在竞争中盈利时，同样满足标准。[183]

147 然而，一个企业看上去是在通过捆绑另一个产品（浏览器），来滥用一个产品（PC 操作系统）的支配地位，但欧盟委员会已经准备接受仅仅确保第一种产品能够很容易被客户或消费者禁用并替换（包括通过选择屏幕）的承诺，而不打算禁止支配企业继续在提供第一个产品时免费提供第二种产品。[184]

3.29　单独的结卖品和搭卖品

在适用 3.27 段标准 b 时，如果存在独立的需求，结卖品和搭卖品是单独的，从而存在一个不同的搭卖品市场，即使两者是互补的或两者之间存在天然的联系 [185] 且与结卖品竞争的产品同样提供搭卖品的替代产

---

[180]　T-201/04 *Microsoft v Commission* §§1339，1354，GC. 关于罚款，见 3.48。

[181]　T-201/04 *Microsoft v Commission* §§960–961，968–970，GC.

[182]　T-201/04 *Microsoft v Commission* §§963，965，GC；2009 年《关于适用〈欧共体条约〉第 82 条查处具有市场支配地位的企业排他性滥用行为的执法重点指南》第 48 段。

[183]　2009 年《关于适用〈欧共体条约〉第 82 条查处具有市场支配地位的企业排他性滥用行为的执法重点指南》第 59—61 段。

[184]　39530 *Microsoft* commitments decision，EuC. 不清楚欧盟委员会是否考虑承诺会避免捆绑（标准 a）或排除后果（标准 c）或使行为被客观正当化（标准 d）。

[185]　C-333/94P *Tetra Pak International v Commission*（*Tetra Pak II*）judgment §36，CJ；T-30/89 *Hilti v Commission* §§66–67，GC；T-201/04 *Microsoft v Commission* §§917–923，942，GC；39230 *Rio Tinto Alcan* §§60–65，EuC；2009 年《关于适用〈欧共体条约〉第 82 条查处具有市场支配地位的企业排他性滥用行为的执法重点指南》第 51 段；2010 年《纵向限制指南》第 215 段。

品。[186] 相反，如果对搭卖品没有单独需求，则产品不是独立的，因此合并售卖不构成滥用行为。[187]

当一个行业处于快速发展阶段时，最初独立的产品可能随后被认定为一个单一产品，[188] 或者可能反过来。评估产品是不是独立的应当在声称有滥用行为的同时进行。[189]

如果存在独立生产商专门生产与搭卖品竞争的产品，这表明搭卖品是一种单独的产品，[190] 特别是如果尽管搭卖品已经和主导的结卖品捆绑销售，仍存在相当数量的客户继续购买竞争产品的情况下。[191]

搭卖品与结卖品之间功能上存在明显差异，[192] 或者搭卖品被独立于结卖品的升级、提供和/或促销，[193] 或者搭卖品以不同于结卖品的条件供 148
应，[194] 或搭卖品可以与结卖品的其他竞争产品一起使用，[195] 或者有证据显示在有选择时客户会从不同渠道分别购买结卖品和搭卖品或具有较小市场支配力的企业不会搭售或捆绑相同的产品，[196] 都可以支持搭卖品是单独产品这一结论。

结卖品与搭卖品采取技术集成的形式并不能防止认定搭卖品为单独产品，特别是当技术集成是不必要的时候。[197]

---

[186] T-201/04 *Microsoft v Commission* §941, GC. 然而，如果具有较少市场支配力的企业倾向于不搭售或捆绑相关产品，可能是产品是独立的证据：2009年《关于适用〈欧共体条约〉第82条查处具有市场支配地位的企业排他性滥用行为的执法重点指南》第51段。

[187] T-201/04 *Microsoft v Commission* §918, GC.

[188] T-201/04 *Microsoft v Commission* §913, GC.

[189] T-201/04 *Microsoft v Commission* §914, GC.

[190] C-333/94P *Tetra Pak International v Commission*（*Tetra Pak II*）judgment §36, CJ; T-30/89 *Hilti v Commission* §§66–67, GC; T-201/04 *Microsoft v Commission* §927, GC; 2009年《关于适用〈欧共体条约〉第82条查处具有市场支配地位的企业排他性滥用行为的执法重点指南》第51段；2010年《纵向限制指南》第215段。

[191] T-201/04 *Microsoft v Commission* §932, GC; 2009年《关于适用〈欧共体条约〉第82条查处具有市场支配地位的企业排他性滥用行为的执法重点指南》第51段。

[192] T-201/04 *Microsoft v Commission* §§926, 938–939, GC.

[193] T-201/04 *Microsoft v Commission* §§929–930, GC.

[194] T-201/04 *Microsoft v Commission* §931, GC.

[195] T-201/04 *Microsoft v Commission* §928, GC.

[196] 2010年《纵向限制指南》第215段。

[197] T-201/04 *Microsoft v Commission* §§935–937, GC.

## 3.30 排除竞争

尽管《欧盟运行条约》第 102 条中没有提及排除竞争，但除非搭售行为有能力限制竞争，否则不能被视为滥用行为。[198] 欧盟委员会通常认为将某一特定产品与主导产品一起搭售的行为，天然地具有排除效果。[199] 然而，如果搭卖品被不是支配企业的一方生产制造，而由支配企业基于其为市场上最有竞争力的商品而选择，[200] 或可能市场上支配企业结卖品的替代产品足够优秀，以至于它们的竞争地位不能被搭售行为严重伤害，[201] 则搭售行为并不必然排除竞争。

另一方面，当搭售行为为搭卖品带来了显著的竞争优势时，排除后果足以构成滥用行为，即使支配企业并没有成功地消除竞争。[202] 当普遍存在搭卖品与结卖品共同销售，具有极高的市场份额，导致相邻市场的运营商
149 只能提供与搭卖品一致的产品，从而进一步加强结卖品市场支配企业的地位，并提高了结卖品和搭卖品市场的进入壁垒时，竞争也可能被排除。[203]

如果搭售策略是持久的，那么排除竞争的风险就更大，例如当涉及技术搭售 [204] 时，可能需要较大花费才能消除影响，且会限制对产品进行单独转售的机会；[205] 或者当企业在多于一种的捆绑产品上具有支配地位时（企业在越多的产品上具有支配地位，排除竞争的风险越大，特别是如果其他

---

[198] T-201/04 *Microsoft v Commission* §867, GC; T-203/01 *Michelin v Commission*（*Michelin II*）§237, GC; 39230 *Rio Tinto Alcan* §§59, 66–85, EuC.

[199] T-201/04 *Microsoft v Commission* §868, GC; 39530 *Microsoft* commitments decision§34, EuC; 比较参照 39230 *Rio Tinto Alcan* §§66–85, EuC。

[200] 37792 *Microsoft* prohibition decision §818, EuC，在上诉 T-201/04 *Microsoft v Commission*, GC 中没有涉及。

[201] 37792 *Microsoft* prohibition decision§§819–820, EuC，在 T-201/04 *Microsoft v Commission*, GC 中被确认，判决没有明确处理这一点，但 GC 确认了搭卖品替代产品的竞争地位事实上受到损害的结论：见 §§1078–1090。即使搭卖品替代产品的竞争地位没有受到伤害，也可能对竞争结构产生其他的损害性后果：见 GC 在 *Microsoft* 案判决中 §1088。

[202] 37792 *Microsoft* prohibition decision §§946, 979–984, EuC，在上诉 T-201/04 *Microsoft v Commission* §1034–1058, 1088–1089, GC 中被支持。

[203] T-201/04 *Microsoft v Commission* §1060–1077, GC.

[204] 关于“技术搭售”的概念，见 3.26。

[205] 2009 年《关于适用〈欧共体条约〉第 82 条查处具有市场支配地位的企业排他性滥用行为的执法重点指南》第 53 段。

公司很难复制捆绑产品）。[206]

3.31　缺少客观正当理由

虽然整体举证责任归于声称有滥用支配地位行为的主管机构或相关人，但如果在第 3.27 段中提到的其他标准都已经成立，那么支配企业就有责任提出其具有客观正当理由的辩护并证明。[207] 未经证实的、假设的或推定的辩由是不够的。[208] 在欧盟委员会看来，不扭曲的竞争本身就是一种价值这一点在衡量客观正当理由是否优先于反竞争的后果时必须考虑到。[209]

技术集成带来的好处并不能构成只提供集成产品以及在没有搭卖品的情况下不出售结卖品的客观正当理由。[210] 搭售行为不能以其可以通过消除搭卖品的替代产品来鼓励采用标准化平台为理由正当化；尽管标准化可能有好处，但支配企业不能被允许通过搭售的方式单方面实施标准化。[211] 此外，维持、造成或加强市场地位以至于接近垄断的地位，通常不能基于提 150
升效率为理由正当化。[212]

但是，引起排除竞争效果的行为，例如搭售等，应满足以下几方面，在可证实的证据基础上可以证明有足够程度的可能时，才能被正当化：

---

[206]　2009 年《关于适用〈欧共体条约〉第 82 条查处具有市场支配地位的企业排他性滥用行为的执法重点指南》第 54 段。

[207]　T-201/04 *Microsoft v Commission* §1144，GC. 另参见 3.24。

[208]　T-201/04 *Microsoft v Commission* §§1160，1166，GC；2009 年《关于适用〈欧共体条约〉第 82 条查处具有市场支配地位的企业排他性滥用行为的执法重点指南》第 30 段。

[209]　37792 *Microsoft* prohibition decision §969，EuC，在 T-201/04 *Microsoft v Commission* §§1144–1167，GC 中依据其他理由得到支持。GC 看上去在避免依赖扭曲竞争优先于任何客观正当理由的观点，无论是在本判决上下文中还是在关于拒绝提供交互操作信息的情况中（关于这一点见 3.24），都更倾向于依赖缺少客观正当理由，则构成滥用这一观点。如果针对某一特定行为，存在真实的客观正当理由，不确定法院是否会要求支配企业作出某种平衡措施来确定该行为是否构成滥用行为。然而，在 2009 年《关于适用〈欧共体条约〉第 82 条查处具有市场支配地位的企业排他性滥用行为的执法重点指南》第 30—31 段中，欧盟委员会重申如果要为排他性行为提出客观正当理由，则所提升的效率必须胜于对竞争和消费者福利的负面影响这一观点。

[210]　T-201/04 *Microsoft v Commission* §§1146–1150，GC.

[211]　37792 *Microsoft* prohibition decision §969，EuC，在 T-201/04 *Microsoft v Commission* §§1151–1153，GC 中被确认。

[212]　2009 年《关于适用〈欧共体条约〉第 82 条查处具有市场支配地位的企业排他性滥用行为的执法重点指南》第 30 段。

（1）效率已经或将会因为相关行为而实现；（2）相关行为对于实现效率是必不可少的，因为没有具有更少反竞争后果的替代方案能够产生同样的效率；（3）可能的效率超过了可能对竞争和消费者福利造成的负面影响；（4）行为不会消除有效竞争。[213]

对于支配企业，要求出租给他人的设备必须由支配企业提供相关服务，以保护其专有技术和设备状况，这一要求是可以被客观正当化的。[214]

## （四）不合理的使用费或价格

我的天呀！主席先生，此刻我对我自己的节制感到惊讶。[215]

### 3.32　不合理的高额使用费

对使用知识产权收取不合理的高额使用费[216]可能是滥用支配地位行为，特别是在一致的基础上进行比较，使用费明显并且不合理地高于在其他成员国使用类似相应知识产权所收取的费用时。[217]比较合适的做法是根据其所提供服务的经济价值确定支配企业所收取的使用费是否合理。[218]

151 当支配企业鼓励行业标准纳入其技术，但未提及企业所拥有的该技术相关专利权的存在时，如果企业收取的使用费高于在技术尚未被纳入行业

---

[213]　2009年《关于适用〈欧共体条约〉第82条查处具有市场支配地位的企业排他性滥用行为的执法重点指南》第30段；39230 *Rio Tinto Alcan* §§86–94，EuC。这些标准看上去源于《欧盟运行条约》第101条第3款，关于此见第二章2.54—2.59。

[214]　37761 *Euromax v IMAX*，EuC. 比较参照39230 *Rio Tinto Alcan* §§89–93，113（4），121，134，139，EuC（在许可熔炼技术的同时搭售起重机的行为不能以提升效率或保护技术声誉为理由正当化，但当许可人在冶炼中拥有25%或更多的所有权利益时，该行为是可以接受的）。

[215]　Robert Clive（前英国东印度公司总督）1773年在国会中。

[216]　即针对知识产权范围内的允许行为，包括保护专有技术和其他保密信息。

[217]　395/87 *Ministère Public v Tournier*，CJ；见T-114/92 *BEMIM v Commission*，GC，关于之后的程序；110，241，242/88 *Lucazeau v Commission* judgment §§21–33，CJ；39592 *Standard & Poor's* §§31，38，EuC。比较参照 *British Leyland v Armstrong Patents*，EWCA（UKSC根据其他理由推翻原判），该判决看上去认为支配企业要求被许可方支付已经准备好支付的使用费不属于滥用；但是人们认为该理由是错误的。

[218]　C-52/07 *Kanal 5 v STIM* judgment §29，CJ；39592 *Standard & Poor's* §§34–38，EuC（见脚注219）。

标准时应收取的使用费，使用费可能被认定为高得不合理。[219]

某一成员国内，“Green Dot”标志的独占被许可人，为许可使用这一标志，向使用与其竞争的回收服务的公司收取高于向使用其自身回收服务的公司收取的许可使用费，被认定为滥用市场支配地位。[220]

3.33　对所有产品收取使用费

对出售的所有产品收取使用费，无论它们是否包含许可方权利范围内的事项，均可以构成滥用行为。[221] 然而，在缺少作品创作人保护的替代方法，不会不成比例地增加管理和监管成本，[222] 且被许可人的活动是基于对著作权作品的播放[223]或者使用费也与使用的著作权作品数量成比例时，[224] 基于被许可方营业总额收取使用费是可以接受的。作为被许可方生产其他产品所需的另一个许可的授权条件，对某些已经被一个许可项下使用费涵盖的产品收取额外的使用费，可能是滥用行为。[225]

当使用费实际上是为许可方的承包商所提供的收集和回收服务而支付的，但这些服务并未由被许可方在所有承载该商标的产品中使用，并且要求被许可方只在使用许可方的承包商所提供服务的产品上应用该商标是不切实际的时，对所分销的承载一个商标的所有产品收取使用费被认定为滥用行为。[226] 然而，人们认为，根据实际使用的所提供服务的费用收取

[219] 38636 *Rambus*, EuC（在上诉 T-148, 149/10 *Hynix v Commission*, GC 中该决定被撤回）。另参见 2011 年《横向合作协议指南》第 289—290 段，以及 39592 *Standard & Poor's* §§39–42, EuC（被授予实施ISO标准的排他性权利的企业，要求他人支付高于ISO费用恢复原则的费用，是滥用行为）。

[220] *ENVI-PAK*, SloSC.

[221] *Microsoft*（1994）, EuC; 71/224 *GEMA*, EuC; *ENVI-PAK*, SloSC. See also 39592 *Standard & Poor's* §§39–42, EuC（为他人使用支配企业没有知识产权的数据而收取的使用费，如果高于分布该数据的费用，则属于滥用）。

[222] 402/85 *Basset v SACEM*, CJ; 395/87 *Tournier* judgment §45, CJ; C-52/07 *Kanal 5 v STIM* judgment §§32–41, CJ; 另见第六章 6.59。

[223] 402/85 *Basset v SACEM*, CJ; 395/87 *Tournier* judgment §45, CJ.

[224] C-52/07 *Kanal 5 v STIM* judgment §§38–41, CJ.

[225] 39985 *Motorola* §§384 及下文, EuC。

[226] 2001/463 *DSD* prohibition decision §§98–154, EuC，在上诉 T-151/01 *Der Grüne Punkt* §§119–122, GC 以及 C-385/07P *Der Grüne Punkt* judgment §§141–143, CJ 中被支持；关于这一点以及相关案例，见第七章 7.88 及下文。

使用商标的使用费，[227] 并且将其与使用商标的使用费区分开来，以向消费
152 者传达这些服务可用的信息是可以的，尽管后者不能以服务费用为基础收取。[228]

3.34　不合理的低额使用费

对于在一个市场上拥有垄断地位或支配地位的企业来说，针对在相关市场上运营的子公司或分支使用其标志，向其收取低得不合理的使用费，从而给予后者一个与其竞争对手相比不合理的优势，可能构成滥用行为。[229]

3.35　定价

支配企业对某一产品[230] 定价过高，是一种滥用行为，因为该价格与所提供产品的经济价值没有一个合理的关系。[231] 将支配企业是不是在获取如果存在正常和充分有效的竞争则其无法获取的贸易利益纳入考量是适当的。[232] 因此，将支配企业的定价与生产成本，[233] 与欧盟内外有可比性和竞争性的市场上相同或类似产品的定价，[234] 和 / 或与如果存在正常和充分有效的竞争将会采取的价格进行比较是有用的。[235]

但是，仅仅是存在高利润率这一点并不必然导致价格不合理以至于存

[227] 2001/463(34493) *DSD* prohibition decision 第 161—167 段，第 3—7 条，在上诉 T-151/01，C-385/07P *Der Grüne Punkt*，GC and CJ 中被支持。

[228] T-151/01 *Der Grüne Punkt* §194，GC；C-385/07P *Der Grüne Punkt* judgment §§75–77，131，CJ.

[229] 14-D-04 *PMU* FrAC.

[230] 无论是产品还是服务，也包括信息提供。

[231] 26/75 *General Motors v Commission* judgment §12，CJ；27/76 *United Brands v Commission* judgment §250，CJ；226/84 *British Leyland v Commission* judgment §27，CJ；C-52/07 *Kanal 5 v STIM* judgment §28，CJ；T-198/98 *Micro Leader Business v Commission* §54，GC；*Attheraces v The British Horseracing Board* §152，EWCA.

[232] 27/76 *United Brands v Commission* §249，CJ；*Napp Pharmaceuticals* §§390–403，UKCAT.

[233] *United Brands v Commission* judgment §§251，254，255，CJ；*Napp Pharmaceuticals* §402，UKCAT；37761 *Euromax v IMAX*，EuC；36568 *Scandlines Sverige v Port of Helsingborg* §§145–147，EuC；but 比较参照 *Attheraces v The British Horseracing Board* §§203–218，EWCA。

[234] T-198/98 *Micro Leader Business v Commission* §§54–55，GC；36568 *Scandlines Sverige v Port of Helsingborg* §§145–147，162–207，EuC；*Napp Pharmaceuticals* §392，UKCAT；另参见 1.134。

[235] *Napp Pharmaceuticals* §§390–403，UKCAT.

在滥用行为。[236] 知识产权所有者对于产品的定价高于其他供应商收取的或可能收取的价格这一点并不必然构成滥用行为，因为发明者、设计者或创造者有权收回其工作和投入的成本，并获得回报。[237] 高档品牌的更高定价并不必然是滥用行为。[238] 另一方面，受知识产权保护的产品的定价如果特别高并且不能被任何客观标准合理化，应当属于滥用行为。[239] 153

针对某一特定产品，在一个成员国内维持与另一成员国相比或与欧盟外某一国家相比更高的价格，并不必然构成滥用行为，[240] 但表明可能存在滥用行为。[241] 不公平的价格歧视也构成滥用行为。[242]

## （五）取得、维护、获得和执行权利

### 3.36 取得和维护知识产权

仅仅取得知识产权[243] 和解决质疑它们的争议[244] 不能被认定为滥用支配地位。但是，滥用知识产权保护可能构成滥用支配地位，例如注册一个已经被其他成员国内竞争对手所使用的商标，[245] 或在几个国家的市场中，向质疑知识产权有效性的人支付大量欠款或授予其许可的和解方案，通过

---

[236] 27/76 *United Brands v Commission* judgment §252, CJ; 36568 *Scandlines Sverige v Port of Helsingborg* §150, EuC; *Attheraces v The British Horseracing Board* §218, EWCA.

[237] 24/67 *Parke, Davis v Probel* judgment p 72, opinion p 78, CJ; 78/70 *Deutsche Grammophon v Metro* judgment §19, CJ; 53/87 *CICRA v Renault* judgment §17, CJ; 238/87 *Volvo v Veng* opinion §§32–33, CJ.

[238] 27/76 *United Brands v Commission* judgment §266, CJ；但比较参照 37761 *Euromax v IMAX*, EuC，该案看上去认为支配企业收取高于其竞争对手在相同条件下针对相同产品收取的价格可以被认定为滥用。

[239] 40/70 *Sirena v Eda* judgment §17, CJ; 78/70 *Deutsche Grammophon v Metro* §19, CJ; 238/87 *Volvo v Veng*, CJ. 另参见 *British Leyland v Armstrong Patents*, EWCA 根据其他理由推翻原判；*Chiron v Murex Diagnostics*, EWHC and EWCA; *IGR*, EuC（违反了第 101 条，针对联合所有专利收取过高使用费）。

[240] 40/70 *Sirena v Eda*, CJ; 78/70 *Deutsche Grammophon v Metro*, CJ.

[241] T-198/98 *Micro-Leader v Commission* §§54–55, GC.

[242] 226/84 *British Leyland v Commission* judgment §28, CJ; T-198/98 *Micro-Leader v Commission* §§54–55, GC; *Lansing Bagnall v Buccaneer*, EWCA; *Pitney Bowes v Francotyp-Postalia*, EWHC; *SPORT TV* 4/6/2014, PoCRSC.

[243] *AstraZeneca* §741, EuC, upheld on appeal in T-321/05 *AstraZeneca v Commission*, GC, and C-457/10P *AstraZeneca v Commission*, CJ.

[244] 39612 *Perindopril*（*Servier*）, EuC.

[245] *Oy Airam/Osram*, EuC.

它来解决对知识产权有效性的质疑。[246]

一种误导性陈述模式，可能诱使公共主管机关授予或维持药物的补充保护证书，从而排除竞争，改变市场结构，这种模式依照法律可能与保护竞争不兼容并构成滥用。[247] 即使一个如此获得的补充保护证书在生效之前就被取消，它还是可能会对潜在的竞争产生足够不利的影响，从而构成滥用。[248]

一份对专利主管机关的声明可能是误导性的，如果其基于一份尚未
154 披露的立法解释，并且申请人知道该解释与专利主管机关使用的法律不同。[249] 然而，这并不意味着即使错误陈述是无意作出并且立即得到纠正，支配企业对专利主管机关作出的每一份存在客观错误的陈述都构成滥用；也不意味着作出一项被拒绝的专利申请会导致违背《欧盟运行条约》第 102 条的法律责任。[250]

对所有微小的技术特点或技术改进都注册专利的政策被认定为加强滥用支配地位的行为。[251] 当处方药的制造商获得一种特定盐和特定药品指征的补充专利，并且在药品的基本专利期满后在没有任何证据的情况下暗示补充专利之外的一般等效药可能有害，从而阻止医生和药剂师允许或进行通用药的替换时，制造商被认定为滥用其支配地位。[252]

3.37　获得知识产权

具有支配地位的企业仅仅获得知识产权或者获得知识产权的独占许可本身并不构成对《欧盟运行条约》第 102 条意义上的滥用；必须考虑到获

---

[246] 39612 *Perindopril*（*Servier*），EuC. 和解协议同样违背了《欧盟运行条约》第 101 条，见第五章 5.103。

[247] C-457/10P *AstraZeneca v Commission* judgment §§74–100，105–113，CJ. 另参见 9181/2012 *Pfzer*，ItCdS（要获取母专利的补充保护证书已经晚了，而通过获取一个另外的专利和基于它的补充保护证书来延长专利保护，被认定为滥用支配地位），批评意见见 Christopher Stothers and Marleen Van Kerckhove，'Is winter coming？ The competition chill continues in the Italian Antitrust Authority v Pfzer（Xalatan）'［2014］EIPR 729。

[248] C-457/10P *AstraZeneca v Commission* judgment §109，CJ.

[249] C-457/10P *AstraZeneca v Commission* judgment §81，CJ.

[250] C-457/10P *AstraZeneca v Commission* judgment §99，CJ.

[251] 92/163 *Tetra Pak II* §117，EuC，在 T-83/91 *Tetra Pak International v Commission*，GC，C-333/94P *Tetra Pak International v Commission*，CJ 中获得支持。

[252] 13-D-11 *Sanof-Aventis* FrAC（上诉未决）。See also 13-D-21 *Schering-Plough*（*Buprénorphine*），FrAC.

得知识产权的周边情况，特别是其在相关市场上对竞争结构的影响。[253]

另一方面，通过获取额外的知识产权或在其之下的独占许可来加强企业支配地位的，可能构成滥用行为，当一个支配企业：收购具有某专利独占许可的公司，而该专利控制着唯一可行的竞争技术；[254] 获得最先进的替代技术，但不打算使用它，目的在于阻止竞争对手；[255] 安排收购企业主要竞争对手的业务和技术，可以由企业自己收购或安排企业具有重大影响力的另一竞争对手收购；[256] 针对受企业委托开发的作品所产生的任何专利，要求确保企业获得无限制权利的授权；[257] 利用其作为体育监管机构的地位获得电视或出版权；[258] 获得所有主要国家电视频道的独家卫星广播权；[259] 或者获得高端品牌的独家经营权。[260] 155

在诸如此类的案件中，滥用可能会一直持续到排他性权利被放弃为止。[261] 集体管理组织从其成员那里获得过多的权利也可能被认定为滥用。[262]

3.38 知识产权行使：概述

根据欧盟法，如果仅仅基于行使该知识产权的企业具有支配地位，那么并不违背《欧盟运行条约》第 102 条，除非该知识产权被用作滥用支配地位的一个工具。[263] 此外，权利的拥有者，即使其是支配企业，通常也有

[253] 53/87 *CICRA v Renault* judgment §15, CJ; T51/89 *Tetra Pak v Commission* §23, GC; T-111/96 *ITT Promedia v Commission* §139, GC.

[254] 88/501 *Tetra Pak I*, EuC，在 T-51/89 *Tetra Pak Rausing v Commission*, GC 中得到确认；比较参照 *Pitney Bowes v Francotyp-Postalia*, EWHC（看上去在这一点上判决错误）。欧盟竞争政策对收购的适用现在被 139/2004 条例所规制，见第四章。

[255] 39612 *Perindopril*（*Servier*）, EuC.

[256] 93/252 *Warner Lambert/Gillette*, EuC.

[257] *Eurofma*, EuC.

[258] 35163, 36638, 36776 *Notification of FIA Regulations etc*, EuC; S/0345/11 *ANCEE*（9/9/2014）, SpCNMC.

[259] *Forthnet* 26/3/2012, HCC.

[260] *Carlsberg/Interbrew*, EuC.

[261] 88/501 *Tetra Pak I*, EuC，在 T-51/89*Tetra Pak Rausing v Commission* 中得到确认；另参见 3.48。

[262] 见第六章 6.54。

[263] 102/77 *Hoffmann-La Roche v Centrafarm* judgment §16, CJ; 238/87 *Volvo v Veng*, CJ; C-241, 242/91P *RTE and ITP v Commission* judgment §49, CJ; C-7/97 *Oscar Brunner v Mediaprint* judgment §39, CJ; T-111/96 *ITT Promedia v Commission* §60, GC; 37507 *AstraZeneca* §741, EuC，在上诉 T-321/05 *AstraZeneca v Commission*, GC, C-457/10P *AstraZeneca v Commission*, CJ 中被支持；C-535/13 *Honda v Patmanidi*, CJ。

权获得限制侵犯知识产权行为的禁令。[264]

另一方面，在特殊情况下，知识产权的行使可以成为滥用支配地位的一部分。[265] 该行为符合成员国立法并由其促进行使这一点并不阻碍其构成滥用支配地位或有助于滥用支配地位，只要支配企业并没有任何义务从事该行为。[266]

特别是，支配企业将限制性合同强加给他人作为终止侵权诉讼程序的条件，可能构成滥用行为。[267] 当标准必要专利[268] 的所有人已经做出了
156 FRAND 承诺[269]，寻求针对从事真正谈判要获得许可的当事人的禁令，[270] 以强迫当事人接受许可中的不利条款，是滥用市场支配地位的行为，[271] 不利条款例如：出现任何对所有人所持标准必要专利有效性质疑的时候终止合同，[272] 许可中包含（并因此支付使用费）可能被另一个许可包含的产品，[273]

---

[264] 39985 *Motorola* §§278，283，EuC；39939 *Samsung* §55，EuC；但另参见 3.46 以及第五章 5.183 和 5.185。

[265] 39985 *Motorola* §§280 及下文，EuC；39939 *Samsung* §§56 及下文，EuC；T-119/09 *Protégé International v Commision* §48，GC；C-170/13 *Huawei v ZTE* opinion §§60-67，CJ（未决）。

[266] 39985 *Motorola* §§465–472，EuC.

[267] *Yoshida Kogyo*，EuC；比较参照 *British Leyland v Armstrong Patents*，EWCA，UKSC 根据其他理由推翻原判；*Pitney Bowes v Francotyp-Postalia*，EWHC。

[268] 关于标准必要专利，见第五章 5.165。

[269] 关于 FRAND 承诺，见第五章 5.140、5.168、5.175、5.177、5.179 和 5.181—5.185。

[270] 39985 *Motorola* §§279 及下文，EuC；39939 *Samsung* §68，EuC。另见 3.46，有关成员国法院关于这些情况中禁令的可行性的决定。在 C-170/13 *Huawei v ZTE* opinion §§83 及下文，CJ（未决），AG Wathelet 建议 CJ 在这些情况中企业要避免构成滥用支配地位：标准必要专利的所有人必须：（a）使声称的侵权人充分认识到侵权行为，说明理由，特别是涉及的专利及它怎样被侵权；以及（b）出示适用 FRAND 条款并包含所有一般合同条款的书面许可要约，特别是使用费的精确数额和如何计算出该数额的；声称的侵权人应当随之作出勤勉认真的答复，如不接受该要约，应作出合理的还价，也可以向法庭或仲裁庭提出不同意见，前提是如果被专利权人要求，侵权人也会向法庭提供银行担保或存入一定的临时数额；如果生成的侵权人没有根据这些准则勤勉地做出反应，那么专利权人寻求禁令的行为不是滥用。

[271] 39985 *Motorola* §§279 及下文，EuC。

[272] 39985 *Motorola* §§829 及下文；C-170/13 *Huawei v ZTE* opinion §95，CJ（未决）。比较参照早期 Oberlandesgericht Karlsruhe 的判决，在对专利有效性提出质疑的情况下，被告发出不包含终止条款的许可合同的要约，不足以侵权人根据 the Orange Book 判决反对限制其侵权行为的禁令。欧盟委员会在 39985 *Motorola* 中的判决要求 Motorola 不从当有效性被质疑时终止的条款中获取任何利益：见第五章 5.140 和 5.183。关于当有效性被质疑时终止的条款对竞争的影响，见第五章 5.139—5.141。

[273] 39985 *Motorola* §§384 及下文，EuC。

以及承认关于这些产品的损害赔偿责任等。[274]

反之，根据 FRAND 承诺行使标准必要专利是客观正当的，因此不是滥用，行使专利是为了对抗潜在的无力偿还债务的被许可方，或被许可方资产在无法提供足够执行手段的司法管辖范围内，或对抗不愿意接受包含 FRAND 条款许可协议的被许可方。[275]

支配企业提起执行程序，如果该行为不能合理地被认定为属于试图建立知识产权的行为，而是属于在一项消除竞争的计划框架内构想出来的，则构成滥用。[276] 但是，这些标准必须加以严格解释和适用，以避免损害当事人诉诸司法的基本权利。另一方面，当知识产权的行使根据其他理由构 157
成滥用时，不需要满足这些条件。[277]

行使某一产品的排他性权利来获取针对不被该知识产权所覆盖的其他产品的不公平优势，可能构成滥用支配地位。[278]

3.39 妨碍强制使用

对于寻求获取某项专利许可的人，根据适用的法律可以获得专利，如果支配企业阻碍或拖延授予该项专利的许可，被认定为构成滥用专利权人的支配地位。[279]

医药产品的市场营销授权，在注册人使用提交的测试结果来获得营销授权的排他性权利期满后，在没有客观正当理由的情况下被注销，如果它会造成阻碍仿制药品的引进或平行进口，[280] 则在此范围内，它依照法律与

---

[274] 39985 *Motorola* §§397 及下文，EuC。但是，专利权人为恢复侵权损害而诉诸法律程序不属于滥用：C-170/13 *Huawei v ZTE* opinion §102，CJ（未决）。另见 *Apple Japan v Samsung Electronics*，Tokyo DC（由已经做出 FRAND 承诺的标准必要专利的所有人提出超出 FRAND 使用费的损害赔偿请求是滥用行为，但未超出该数额的不是滥用行为）。

[275] 39985 *Motorola* §§427 及下文，EuC；39939 *Samsung* §67，EuC。

[276] T-111/96 *ITT Promedia v Commission* §§55–57，60–61，GC；T-119/09 *Protégé International v Commision* §§48–49，GC；比较参照 *Pitney Bowes v Francotyp-Postalia*，EWHC（在这一点上该判决看上去是错误的）。另参见 87/500 *Brass Band Instruments v Boosey & Hawkes*（通过著作权侵权和模仿行为的无理缠诉构成声称的滥用）。关于在诉诸司法的权利和知识产权行使规制之间的衡量，见第一章 1.47。

[277] 39985 *Motorola* §§531–534，EuC.

[278] 《欧盟委员会关于竞争政策的第 18 份报告》（18th Report on Competition Policy）第 42 段。

[279] T-30/89 *Hilti v Commission*，GC.

[280] T-321/05 *AstraZeneca v Commission* §§840–861，GC，在上诉 C-457/10P *AstraZeneca v Commission* judgment §§194–203，CJ 中被支持。

竞争不符合，在该产品的市场上构成滥用市场支配地位。[281] 但是，当药物警戒义务足够重要并且是注销营销授权的真正原因时，可能为该行为提供客观正当理由。[282]

## （六）其他包含知识产权的滥用行为

### 3.40　在标准制定机构中扰乱决策过程的行为

一个支配企业可能通过在标准制定机构中扰乱决策过程的行为来滥用支配地位，例如没有披露企业建议纳入技术标准的技术已经被企业专利或专利申请所包含。[283]

### 158 3.41　滥用机密信息、商标或内容

某在职的铁路经营者，为其自身的商业目的，利用竞争对手的战略和商业行为机密信息，而该信息是通过其在管理和维护网络基础设施方面的职责获取的，被认定为滥用支配地位。[284] 同样，某在职的电力分销商，利用其拥有的获取关于供应应用信息的特权来在安装竞争中获取竞争优势，被认定为滥用支配地位。[285]

当在职电力供应商利用其从前任垄断企业获得的客户数据库（从而获得针对附属服务竞争对手的重要优势）以及商标（从而引起对其作为在职供应商地位的混淆）来销售自身附属服务时，被认定为滥用支配地位。[286]

具有支配地位的互联网搜索引擎运营商使用从竞争对手网站上摘取的内容，未经网站同意，或省略网站名字，或在搜索报告中未经同意降低网站排名，可能构成或有助于滥用支配地位，即使竞争对手针对相关内容并

---

[281] C-457/10P *AstraZeneca v Commission* judgment §§129–141, CJ.

[282] C-457/10P *AstraZeneca v Commission* judgment §§135–138, CJ.

[283] 38636 *Rambus* commitments decision §39, EuC（在上诉 T-148, 149/10*Hynix v Commission*, GC 中被撤回）。根据《欧洲专利公约》或类似成员国程序进行的专利申请将不会被公开，直到提交申请后 18 个月，且企业可以依靠优先提交获取额外的一年保密期限，因此其他各方不可能知道某企业在寻求延长专利保护期限。公开之后，专利申请或已授予的专利原则上可以被其他各方获取，尽管在相关领域有大量专利的情况下，获得清晰的图景可能是困难和昂贵的。关于《欧洲专利公约》，见第一章 1.11。

[284] 12-D-25 *SNCF*, FrAC. See also 10/0052F *SNCF*, FrAC（原告声称相同类型的滥用，企业提供了承诺）。

[285] S/0211/09 *ENDESA*, SpCNMC.

[286] 13-D-20 *EDF—Electricité photovoltaique*, FrAC，另参见 12-D-25 *SNCF*, FrAC. See also 10/0052F *SNCF*, FrAC（原告声称有相同类型的滥用，企业提供了承诺）。

不拥有著作权。[287]

3.42　过长期限的许可

支配企业施加过长期限的许可被认为是滥用。[288]

3.43　集体管理组织

集体管理组织向其成员或其所管理作品的使用者强加不合理、歧视性或不必要的义务条款，可能构成滥用支配地位，在第六章中将进行讨论。[289]

## 四、对成员国之间贸易的影响

3.44　对贸易的影响和第 102 条

当滥用行为能够影响成员国之间的贸易时，《欧盟运行条约》第 102 条中关于对欧盟成员国之间贸易的影响这一要求得到满足，显示其已经对成员国间贸易产生影响不是必要的。[290] 但是，在第 101 条的案例中，影响 159
一定不能属于不重要的影响。[291]

如果欧盟之内的竞争结构受到滥用行为的影响，可能认定为对成员国之间贸易有影响，即使滥用行为意在针对欧盟以外国家的贸易。[292] 然而，在欧洲经济区之外行使标准必要专利不必然对欧盟境内的竞争具有明显影响。[293]

欧盟委员会观察认为，当支配企业在不止一个成员国之内从事滥用行为时，滥用行为通常天然地能够影响成员国间的贸易。[294]

---

[287]　39740 *Google*, EuC（第三方提供了使用者意见）。

[288]　*Microsoft*（1994），EuC（强迫保证将许可限制在一年之内），但是，人们认为该判决不同寻常的严苛。另参见 262/81 *Coditel v Ciné Vog Films*，CJ（过长期限的独占许可可能违反第 101 条）。

[289]　6.53—6.63。

[290]　C-241，242/91P *RTE and ITP v Commission* judgment §§69–71，CJ；C-41/90 *Höfner and Elser v Macrotron* judgment §32，CJ；7/82 *GVL v Commission* judgment §§34–39，CJ.

[291]　C-475/99 *Ambulanz Glockner* judgment §§48–49，CJ；2004 年《关于影响贸易概念的指南》第 13 段、第 44 段。关于第 101 条中显著的要求，见第二章 2.12。

[292]　6，7/73 *Commercial Solvents v Commission*，CJ；22/79 *Greenwich Film Production v SACEM*，CJ；30/87 *Bodson v Pompes Funèbres* judgment §24，CJ；T-65/89 *BPB Industries and British Gypsum v Commission*，GC；91/299–300 *Soda Ash*，EuC；39985 *Motorola* §537，EuC.

[293]　39939 *Samsung* §114，EuC.

[294]　39985 *Motorola* §538，EuC.

更进一步的指引可以从第 101 条第 1 款相似要求的适用中获得，[295] 尽管应当注意的是第 102 条针对的是可能影响成员国间贸易的滥用行为（abuse），而第 101 条第 1 款中针对的是可能影响成员国间贸易的协议（agreement）（而不仅是限制性条款）。[296]

## 五、适用第 102 条的后果

> 经济学已经有所发展。法律已经有所发展。我们现在知道市场不会自动更正自身错误。没有反垄断行动，淘汰法则将不复存在，垄断者的法律将取而代之。[297]

### 3.45　滥用行为的有效性

滥用支配地位的行为并不必然无效。[298] 如果滥用行为被揭露，成员国法院将决定其是否以及在多大程度上会影响相关当事人的利益，并且就其有效性和争议中的合同影响来决定结果。[299] 另一方面，根据英国法，当一
160 个合同条款因违反《欧盟运行条约》第 102 条而无效时，该条款与合同其余部分的可分割性应当基于与第 101 条所适用同样的原则来决定。[300]

然而，成员国必须不能引起、方便或为违反第 102 条的滥用行为制造可能性，也不能采取或维持任何可能剥夺本条款有效性措施。[301]

### 3.46　对知识产权行使的影响

当支配企业行使知识产权的行为包括或可能引起滥用时，可能被《欧

---

[295] 见第二章 2.62—2.63。

[296] 见 2004 年《关于影响贸易概念的指南》第 17 段。

[297] Joel Klein（美国前首席检察官助理，在 98-1232 *United States v Microsoft* USDC DC 案中领导了公诉方），摘录自 *The Sunday Times*, 20/6/1999。

[298] 第 102 条与第 101 条第 2 款没有相应条款，一个滥用行为属无效的一般规则是不可行的，另见 72/21 *Continental Can*, EuC，在 6/72 *Europemballage and Continental Can v Commission*, CJ 中根据其他理由被宣告无效：如果并购无效，则没有命令企业剥离的必要。

[299] 127/73 *BRT v SABAM*, CJ；22/79 *Greenwich Film Production v SACEM*, CJ.

[300] *English Welsh & Scottish Railway v E.ON UK* §27, EWHC. 关于当条款根据《欧盟运行条约》第 101 条无效时可分割的标准，见第二章 2.62–2.63。

[301] 13/77 *GB-INNO-BM v Vereniging van de Kleinhandelaars in Tabak*, CJ；C-41/90 *Höfner and Elser v Macrotron* judgment §29, CJ；C-260/89 *ERT v DEP* judgment §35, CJ；C-179/90 *Merci Convenzionali Porto di Genova v Siderurgica Gabrielli*, CJ；C-320/91 *Corbeau* judgment §11, CJ.

盟运行条约》第 102 条禁止。[302] 因此当侵犯知识产权的行为得到充分的辩护[303]和证明,[304]并且行使知识产权与滥用行为具有充分的联系时,[305]第 102 条可以为一个侵犯知识产权的行为提供辩护理由。

对于知识产权所有者曾经或当前被认定为滥用支配地位，可能是通过过高或歧视性要价或通过无理由拒绝提供，法院已经就如何适用这些原则给出了不同指示。[306]

德国最高法院认为，被告可以拒绝遵从限制其使用已获取专利的发明
的禁令，前提是专利权人通过拒绝在非歧视和非限制条款基础上授予被告许
可权来滥用支配地位，且被告已经提出了无条件的要约来缔结许可协议，[307]
而专利权人在不滥用支配地位的情况下无法拒绝该协议,[308]如果被告已经开 161
始使用该发明，则必须是在遵从其提出的要约协议条件下使用。[309] 如果专

---

[302] 238/87 *Volvo v Veng* judgment §9，CJ(“包括”)；53/87 *CICRA v Renault* judgment §16，CJ(“引起”)；*Lansing Bagnall v Buccaneer Lift Parts*；*Pitney Bowes v Francotyp-Postalia*，EWHC。

[303] *Application des Gaz v Falks Veritas*，EWHC；*Intergraph v Solid Systems*，EWHC；*British Horse Racing Board Enterprises v Victor Chandler(International)*，EWHC.

[304] *Napp Pharmaceutical Holdings v Director General of Fair Trading* §§104–113，UKCAT；*Attheraces v British Horseracing Board* §§126–127，EWHC.

[305] *Imperial Chemical Industries v Berk Pharmaceuticals*，EWHC；*Ransburg-Gema v Electrostatic Plant Systems*，EWHC；*Chiron v Murex Diagnostics*，EWCA；比较参照 *Pitney Bowes v Francotyp-Postalia*，EWHC(不需要联系这一点是可争论的)；*Morton Salt v Suppiger*，USSC。另参见 *Oracle America v M-Tech Data* §11，UKSC(提出不能允许知识产权所有人因其不法行为获利)。

[306] 238/87*Volvo v Veng*judgment §9，CJ，以及 53/87*CICRA v Renault*judgment §16，CJ(指示对注册专利侵权被告有利)；*Lansing Bagnall v Buccaneer Lift Parts*，EWCA(注册著作权侵权是可争论的辩护，但假冒不是)；*Intel v Via Technologies*，EWCA，和 *Pitney Bowes v Francotyp-Postalia*，EWHC(对专利侵权的可争论的辩护)；比较参照 *Chiron v Murex Diagnostics* per Staughton LJ，EWCA(与专利侵权没有联系)；*ICI v Berk Pharmaceuticals*，EWHC(与假冒没有联系)；*Sandvik v Pfiffner*，EWHC(在专利侵权诉讼请求和过高价格之间没有联系，但当抗辩延伸到歧视性许可，固定价格卡特尔以及其他反竞争行为时，是可争论的辩护)。

[307] 发现有侵权行为时，如果要在这一基础上提供辩护理由，该要约不能是附条件的：KZR 39/06 *Orange Book* §32，BGH。

[308] The Oberlandesgericht of Karlsruhe(Karlsruhe 地区法院)认为专利权人有权拒绝未规定当专利有效性受到质疑时终止条款的许可：6 U 136/11 *Motorola v Apple*，OLG Karlsruhe。但是，欧盟委员会认为在这种情况下行使专利以及施加在人和专利权人标准必要专利受到质疑时终止合同的条款构成滥用支配地位：39985 *Motorola*，EuC(在 3.38 段中进一步讨论)。混合技术或标准必要专利的所有人通常负有根据 FRAND 条款授予许可的义务，关于这点参见第五章 5.140、5.168、5.175、5.177、5.179 和 5.181—5.185。

[309] KZR 39/06 *Orange Book*，BGH. 这些要求的适用在随后 Motorola 和 Apple 的诉讼中被考虑，见 9985 *Motorola* §§110 及下文，EuC 讨论。

利权人要求过多的使用费或拒绝量化使用费，被告可以提出一个特定的比率，或提出一个合理范围的比率交由专利权人决定。[310] 若被告已经开始使用发明，则必须已经遵从协议要求，这一点是指被告说明和支付了使用费，必要时引入第三方托管。[311]

反之，海牙地方法院则认为，如果存在拒绝许可的滥用行为，一个未获得许可的被告不能基于这一理由拒绝限制专利侵权的禁令，并且应当提出一个单独的滥用支配地位的诉讼请求，必要时可以寻求临时救济。[312] 然而，随后同一法院拒绝向标准必要专利 [313] 的所有人发出临时禁令，该所有人已经做出了 FRAND 承诺，[314] 当事方正在就达成协议的条款进行磋商，法院拒绝的理由是这一授予禁令的请求是滥用职权，违背了专利权人善意协商的义务。[315] 大巴黎地区法院基于这种情况中禁令是不相称的措施这一理由做出了相似的判决。[316]

杜塞尔多夫地区法院现在正在请求欧盟法院来说明在何种情况下应当发出强制执行标准必要专利的禁令。[317]

如果诉讼本身属于滥用行为，即当诉讼不能被合理地认定为试图建立原告权利，而是在消除竞争的计划框架中设立的，[318] 或者当诉讼意在
162 强迫被告缔结反竞争的协议时，可以认定行使知识产权与滥用具有充分的联系。[319]

---

[310] KZR 39/06 *Orange Book* §39, BGH.

[311] KZR 39/06 *Orange Book* §36, BGH.

[312] 316533/HA ZA 08-2522, 316535/HA ZA 08-2524 *Koninklijke Philips Electronics v SK Kassetten*, Rb's-Gravenhage.

[313] 关于标准必要专利，见第五章 5.165。

[314] 关于 FRAND 条款，见第五章 5.182—5.185。关于 FRAND 承诺，见第五章 5.140、5.168、5.175、5.177、5.179 和 5.181。

[315] 400367/HA ZA 11-2212, 400376/HA ZA 11-2213, 400385 / HA ZA 11-2215 *Samsung Electronics v Apple*, Rb's-Gravenhage.

[316] 12/14922 Ericsson v TCT Mobile, TGI Paris.

[317] 4b O 104/12 *Huawei v ZTE*, LG Dusseldorf（提起至 CJ, C-170/13 *Huawei v ZTE*，未决；AG 的观点总结见 3.38 和该段脚注）。

[318] T-111/96 *ITT Promedia v Commission* §§55–57, 60–61, GC.

[319] *British Leyland v TI Silencers*, EWCA; *British Leyland v Armstrong*, EWCA, UKSC 根据其他理由推翻原判；*Philips Electronics v Ingman*, EWHC; *Intel v Via Technologies*, EWCA。

### 3.47　禁令和损害赔偿

一个被滥用支配地位行为损害的企业可以向成员国法院寻求临时和/或最终的禁令来限制违法行为。[320]

因违反《欧盟运行条约》第102条而引起的损失，承担了该损失的人可以请求损害赔偿。[321]欧盟委员会公布了量化违反第102条的损害赔偿指南。[322]一个方便当事人针对违反欧盟和成员国竞争法提出损害赔偿请求以及便利统一成员国相关立法和程序的指令最近已经通过。[323]

> 因此，在任何一个民法优先的地方，垄断都会得到被没收商品以及被驱逐的惩罚。[324]

### 3.48　竞争主管机构执行第102条的权力

欧盟委员会和成员国竞争主管机构拥有要求企业终止违反《欧盟运行条约》第102条行为的权力。[325]为此它们可以采取任何必要和恰当的措施来终止违法行为以及排除任何相似违法行为。[326]然而，只有在等效的行为性救济不可用或对相关企业更加难以承担时，欧盟委员会才能施加结构性救济。[327]

---

[320]　*Adidas-Saloman v Lawn Tennis Association*, EWHC; *Garden Cottage Foods v Milk Marketing Board*, UKSC.

[321]　C-453/99 *Courage v Crehan* judgment §§25–29, CJ(关于《罗马条约》第81条，现在的《欧盟运行条约》第101条；人们认为根据《欧盟运行条约》第102条也应当适用相同原则); *Garden Cottage Foods v Milk Marketing Board*, UKSC; T 33-00 *Luftfartsverket v Scandinavian Airlines System*, CA Gota。

[322]　2013年《欧盟关于量化因违反〈欧盟运行条约〉第101条或第102条所造成损失的实践指南》(Practical Guide, Quantifying harm in actions for damages based on breaches of Article 101 or 102 of the Treaty on the Functioning of the European Union)。

[323]　2014/104指令，见第二章脚注454，关于实施日期以及实施措施的不溯及既往性。

[324]　Lord Chief Justice Jefferies, *The Great Case of Monopolies*, *East India Company v Tomas Sandys* (1684).

[325]　1/2003条例第5条和第7条。

[326]　T-83/91 *Tetra Pak v Commission* §220, GC; 39985 *Motorola* §§552, 557, EuC.

[327]　1/2003条例第7条。

竞争主管机构可能采取的措施包括作出命令或接受承诺[328]来限制任何
163 与已发现的滥用行为具有相同或相似目的或影响的行为的重复出现；[329]或者可以要求企业许可知识产权，[330]或披露商业秘密，[331]或在合理和非歧视条款基础上，不附加任何其他产品[332]地供应知识产权项下的产品，[333]或移除通过滥用行为和滥用行为的其他反竞争效果强加的条款。[334]然而，救济的范围和违法行为必须相符，[335]并且救济一定不能是不相称的。[336]

竞争主管机构可以要求支配企业提交报告，其中载明如何使其与第 102 条的要求相符合，[337]以及如何抑制具有与已经发现的滥用行为相同效果的其他措施。[338]也可以为向支配企业寻求许可或供应的企业设立条件。[339]

欧盟委员会接受的承诺条款中可能包含要求监管受托人对企业遵守承诺的情况作出报告的内容。[340]然而，欧盟委员会将其决定的执行监督权力

---

[328] 89，104，114，116，117，125–129/85 *Ahlström Osakeytiö v Commission* judgment §181，CJ；*IBM*（1984），EuC. 1/2003 条例第 9 条授予欧盟委员会一项特定的权利，在初步评估之后，最终决定之前，有权接受企业的承诺，人们通常认为这并不减损欧盟委员会在作出决定之后接受承诺（企业）的权力，根据 17 条例，第 3 条相关的判例法已经确认了这一点，其与 1/2003 条例第 5 条和第 7 条的相关部分采用了相似表述。

[329] 39985 *Motorola* §557，EuC；39230 *Rio Tinto Alcan* §§113（1），139，EuC.

[330] C-241，242/91P *RTE and ITP v Commission* judgment §§88–94，CJ；37792 *Microsoft* prohibition decision §§546，995，1006，EuC，在上诉 T-201/04 *Microsoft v Commission*，GC 中被支持；*IBM*（1984），EuC；另参见第二章 2.67 中引用的关于第 101 条的案例。

[331] 37792 *Microsoft* prohibition decision §§546，999–1010，EuC，在上诉 T-201/04 *Microsoft v Commission*，GC 中被支持；*IBM*（1984），EuC；92/163 *Tetra Pak II* §3（5），EuC，在 T-83/91 §139，GC，and C-333/94P，CJ；39230 *Rio Tinto Alcan* §§113（2），139，EuC 中被确认。

[332] 37792 *Microsoft* prohibition decision §1011，EuC，在上诉 T-201/04 *Microsoft v Commission* §§1216–1229，GC 中被支持。

[333] 87/500 *Brass Band Instruments v Boosey & Hawkes* §24，EuC.

[334] 39985 *Motorola* §558，EuC.

[335] T-201/04 *Microsoft v Commission* §§246–266，GC.

[336] T-201/04 *Microsoft v Commission* §1216，GC；39939 *Samsung* §§119 及下文，EuC。

[337] 6，7/73 *Commercial Solvents v Commission* judgment §45，CJ；37792 *Microsoft* prohibition decision§995，EuC，在上诉 T-201/04 *Microsoft v Commission*，GC 中被支持。

[338] T-83/91 *Tetra Pak v Commission* §220，GC；37792 *Microsoft* prohibition decision§§996，1012–1014，EuC，在上诉 T-201/04 *Microsoft v Commission*，GC 中被支持。

[339] 87/500 *Brass Band Instruments v Boosey & Hawkes* §25，EuC.

[340] 39939 *Samsung*，final commitments §§17–26，EuC；39230 *Rio Tinto Alcan* §§113（6），128，135，EuC.

委派给独立受托人，或要求违反第 102 条的企业承担在欧盟委员会决定的监管执行中发生的费用，都是不允许的。[341]

欧盟委员会和成员国竞争主管机构可能也会对滥用行为或不遵守命令及承诺的行为处以罚款，[342] 罚款数额可能巨大。[343] 欧盟委员会和法院尚未就特定行为属滥用作出明确判决这一点并不能阻止企业被处以罚款，但缺少欧盟判例法或欧盟委员会命令以及成员国法院不同的观点可能成为不处以罚款的理由。[344] 164

[341] T-201/04 *Microsoft v Commission* §§1260–1278, GC.

[342] 1/2003 条例第 5 条、第 23 条和第 24 条。欧盟委员会只有在国际违法行为或过失违法行为中适用罚款。

[343] 要参考欧盟委员会遵循的指南，见第二章 2.67。在 T-201/04 *Microsoft v Commission*, GC 中，针对滥用行为的近 5 亿欧元罚款被支持。该案中针对进一步因未能遵守委员会命令而处以的 2.805 亿欧元罚款的上诉被撤回（T-271/06）。在 T-167/08 中，GC 将同一案件中因进一步未能遵守委员会命令而处以的额外罚款从 8.99 亿欧元减少到 8.6 亿欧元。在随后的 *Microsoft* 案中（欧盟委员会 39530 号案件），欧盟委员会做出了罚款决定，认定 Microsoft 因未能遵守承诺被处以 5.61 亿欧元罚款，尽管存在减轻情形。在 *Intel* 案中（欧盟委员会 37990 号案件，该滥用支配地位的行为并不涉及知识产权），企业被处以超过 10 亿欧元的罚款，并在 T-286/09 *Intel v Commission*, GC 中被法院支持，进一步的上诉 C-413/14P *Intel v Commission*, CJ 仍然未决。

[344] 39985 *Motorola* §§560–561, EuC.

# 第四章　涉及知识产权资产的经营者集中管控

## 165 一、简介

戒贪求，但传统赞成所有形式的竞争。[1]

### 4.01　欧盟范围的经营者集中

经营者集中[2]（包括成立全功能的合资企业）[3]根据139/2004条例（并购条例），[4]由欧盟竞争法的特殊制度进行规制。

166 根据这一制度，欧盟范围的经营者集中[5]是否与欧盟竞争法相符只能由欧盟委员会[6]根据其是否会严重阻碍共同市场或共同市场重要部分的有效竞争来进行评估，特别是阻碍可能是由市场支配地位的产生或加强

[1] Arthur Clough, *The Latest Decalogue*（1862）.

[2] 即因两个或更多之前独立的企业或企业部分的合并，或因某（些）企业或之前已经控制某（些）企业的当事人通过直接或间接地控制全部或部分的另一（些）企业来收购该企业，而在持续的基础上产生的控制权变化：139/2004条例第3条第2款、第3条第3款；进一步讨论见4.20—4.25。

[3] 即在持续的基础上运作一个独立自主的经济实体全部功能的合资企业，139/2004条例第3条第4款；进一步讨论见4.25。

[4] 替代条例4064/89条例（经修订）自2004年5月1日起生效：139/2004条例第25条和第26条。

[5] “欧盟范围”的定义以及被认定为或当作属于欧盟范围的经营者集中案件，见4.03。

[6] 139/2004条例序言第17段和该条例第21条第2款。在特殊情况下，根据139/2004条例第4条第4款或者第9条，一个欧盟范围的经营者集中案件可能被整体提起至欧盟委员会或被部分提起至成员国主管机构由其根据成员国竞争法进行评估。

引起的。[7]

然而，当几个保持独立的企业建立合资企业，且该行为具有协调竞争行为的目的或后果时，这种协调属于欧盟范围的经营者集中范围，但应由欧盟委员会根据《欧盟运行条约》第 101 条的标准进行评估。[8]

欧盟范围的经营者集中必须通知欧盟委员会，[9] 并且除非得到委员会的批准，或因委员会未能在规定期限内作出决定而被视为得到批准，否则不得实施。[10]

4.02　不属于欧盟范围的经营者集中

不具有欧盟范围影响的经营者集中，根据适用的成员国竞争法，由成员国竞争主管部门所规制。其他执行《欧盟运行条约》第 101 条和第 102 条的欧盟立法不适用于经营者集中，除非是案件涉及不具有欧盟范围影响的合资企业，当行为具有协调几个保持独立的企业的竞争行为的目的或后果时，相关立法可以适用。[11]

然而，当案件涉及协议或协同行为时，成员国主管机构仍然可能有权力针对没有欧盟范围影响的经营者集中案件适用《欧盟运行条约》第 101
条，且如果案件涉及滥用支配地位，第 102 条同样可能直接适用于这些经 167
营者集中案件。[12]

4.03　欧盟范围的定义

某经营者集中属于或者被认定为是欧盟范围的案件，[13] 当其有下列情

[7]　139/2004 条例第 2 条第 2 款和第 2 条第 3 款。根据 139/2004 条例第 6 条，欧盟委员会被要求首先做出初步审查，初审主要关于经营者集中（如有任何修改，则在当事方作出修改后）是否引起对其是否符合法律的严重怀疑，并宣布其与共同市场兼容（如没有怀疑），或者提起一个完整调查（如有怀疑），根据 139/2004 条例第 8 条，调查（如有任何修改，则在当事方作出修改后）将导致一个其与法律兼容的决定或者相反。在一些案件中则根据《简易程序通知》（Simplifed Procedure Notice）（2013）使用简易程序。

[8]　139/2004 条例第 2 条第 4 款和第 2 条第 5 款。

[9]　139/2004 条例第 4 条。

[10]　139/2004 条例第 7 条。欧盟委员会还可以做出将案件指定给成员国竞争主管机构管辖的决定。

[11]　139/2004 条例第 21 条第 1 款。

[12]　66/86 *Ahmed Saeed Flugreisen*, CJ; 209–213/84 *Ministère Public v Asjes*（*Nouvelles Frontières*）judgment §§60–68, CJ.

[13]　基本定义在 139/2004 条例第 1 条中，定义营业额的进一步条款在 139/200 条例第 5 条中。

形之一：

（a）所有相关企业世界范围内的综合营业额超过 50 亿欧元，并且其中至少两个企业在欧盟范围内的营业额超过两亿五千万欧元。

（b）（i）所有相关企业世界范围内的综合营业额超过 25 亿欧元；（ii）在至少三个成员国中的每一个成员国范围内，所有相关企业的综合营业额超过 1 亿欧元，并且至少两家相关企业中的每一家企业的营业额都超过 2500 万欧元；（iii）至少两家相关企业中的每一家企业在欧盟范围内的综合营业额超过 1 亿欧元。

除非 [ 在（a）或（b）的情况中 ] 每一个相关企业都是在同一个成员国内获取其 2/3 以上的欧盟营业额。

（c）当至少三个成员国具有管辖权，并且没有一个成员国反对时，经营者集中案件在当事人请求的情况下，根据 139/2004 条例第 4 条第 5 款可以被提起至欧盟委员会。

一个不属于欧盟范围的经营者集中案件可以被成员国根据 139/2004 条例第 22 条提起至欧盟委员会，这些案件与属于欧盟范围的经营者集中案件同等对待。

在考量一个本不属于欧盟范围的经营者集中案件是否应当根据 139/2004 条例第 4 条第 5 款或第 22 条被提起至欧盟委员会时，应考虑被行为所影响的市场是否涉及欧洲或国际范围的品牌或其他知识产权，从而使欧盟委员会在处理案件时处于更恰当的位置，包括采取救济性行为。[14]

4.04　从属性限制

与经营者集中直接相关并对其实施属必要的限制同样被 139/2004 条例所规制。[15] 因此，当欧盟委员会认定某欧盟范围的经营者集中案件根据
168 139/2004 条例与共同市场相兼容时，这些限制自动被该结论所涵盖。[16]

相反，当限制与经营者集中并没有直接联系，对其实施也不是必要的

[14] 2005 年《关于经营者集中案件移送的通知》（Notice on Case Referral in respect of concentrations）注释 31。

[15] 139/2004 条例序言第 21 段；T-112/99 *Métropole Télévision*（*M6*）*v Télévision française 1*（*TF1*）§115–117，GC。

[16] 139/2004 条例第 6 条第 1 款（b）项、第 8 条第 1 款和第 8 条第 2 款；《从属性限制通知》（Ancillary restrictions notice，即 Notice on restrictions directly related and necessary to concentrations）（2005）§1，EuC；T-112/99 *Métropole Télévision*（*M6*）*v Télévision française 1*（*TF1*）§117，GC。

时，该限制受《欧盟运行条约》第 101 条和第 102 条的一般适用所规制。[17] 当一个限制超出被认为对于经营者集中是必要的范围时，将有很大风险触犯第 101 条第 1 款，[18] 但并不能推定其违反该条款，[19] 并且在任何情况下它也可能被第 101 条第 3 款所豁免。[20] 在考虑这一限制是否应当被第 101 条第 3 款所豁免时，将其背景，包括其与经营者集中的联系纳入考量是恰当的。[21]

4.05　与知识产权的相关性

许多经营者集中案件中涉及或伴随着知识产权相关条款。因此必须考虑这些条款是否与经营者集中直接相关，对经营者集中的实施是不是必要的，从而判定其是否应根据并购条例进行评估或者必须根据《欧盟运行条约》第 101 条和第 102 条进行单独的评估。[22]

知识产权及相关条款也可能是决定某一操作是否属于经营者集中[23] 以及（如果属于并且属于欧盟范围时）该操作是否与共同市场相兼容的相关因素。[24]

最后，欧盟委员会可以要求做出与知识产权相关的处置或其他安排来使经营者集中与共同市场兼容，这可能被当事人作出的承诺所包含，该承诺可能在欧盟委员会的决定中附条件或附义务地得到执行。[25] 169

[17]　2005 年《从属性限制通知》第 7 段。在这一点上如果不存在合理怀疑，这一结论不能通过诸如“在法律许可的范围之内”等条件来避免：39839 *Telefonica* §§425–432，EuC。

[18]　欧盟委员会之前的指南（现已被当前 2005 年《从属性限制通知》取代）指出的限制，与前并购控制条例（4064/89 条例，随后被当前 139/2004 条例取代）出台之前适用《欧盟运行条约》第 101 条发展出来的限制相同：见 76/743 *Reuter/BASF*，EuC；85/78 *Mecaniver/PPG*，EuC；92/427 *Quantel*，EuC；42/84 *Remia v Commission*，CJ，在 83/670 *Nutricia*，EuC 中被确认；13th Report on Competition Policy §88，EuC；*Allied/VIL*，EuC。

[19]　见 4.14 段中关于保密条款的讨论。

[20]　特别是因为有助于竞争或反竞争的影响可以根据《欧盟运行条约》第 101 条第 3 款进行衡量，有别于对限制是不是从属性的衡量：T-112/99 *Métropole Télévision（M6）v Télévision française 1（TF1）*§107，GC。

[21]　T-112/99 *Métropole Télévision（M6）v Télévision française 1（TF1）*§149，GC.

[22]　4.06—4.19。

[23]　4.20—4.25。转让给合资企业的知识产权价值也可能影响是否根据简易程序进行评估：《简易程序通知》第 5 段（a）项和注释 8。

[24]　4.26—4.27。

[25]　4.28—4.32。

## 二、与知识产权有关的从属性限制

### （一）概述

4.06　指南和决定

欧盟委员会已经为哪些限制被认定为与经营者集中直接相关并对其实施是必要的给出了指导。[26]

欧盟委员会通常不会在其经营者集中的决定中判定某一特定限制是否满足测试标准。但是，在相关企业要求的情况下，欧盟委员会可以这样做，以防止出现新的或未解决的，可能引起不确定性的问题，这是因为它们可能未被欧盟委员会的指南或者一个已公开的决定所涵盖。[27] 如果企业做出这一要求，欧盟委员会将不会遵照简易程序来判定该经营者集中案件。[28]

如果欧盟委员会没有解决问题，关于某些限制是否与经营者集中直接相关并对其实施是必要的争议将交由成员国法院解决。[29]

4.07　基本进路

执行一个经营者集中主要目标的协议，例如出售某一企业的股权或资产，属于该经营者集中的必要组成部分。[30] 其他协议中不构成经营者集中必要组成部分的限制，如果它们与经营者集中直接相关（directly related）并且对其实施是必要（necessary）的，则也被认定为是经营者集中的一部分。[31] 这些标准是客观的，限制并不能仅仅因为当事方认为它们是直接相关且必要的就被认定满足条件。[32]

要满足直接相关的条件，这些限制必须与经营者集中密切关联，它们
170 应与该经营者集中在经济上存在联系，并且意在帮助向改变后的结构平稳

---

[26]　2005 年《从属性限制通知》。欧盟委员会被该指南约束，除非该指南与《欧盟运行条约》或并购条例规定有冲突：T-112/99 *Métropole Télévision*（*M6*）*v Télévision française 1*（*TF1*）§143，GC。

[27]　139/2004 条例序言第 21 段，正文第 2—6 条。

[28]　2013 年《关于特定经营者集中案件简易程序的通知》（Notice on a simplifed procedure for treatment of certain concentrations）第 28 段。

[29]　2005 年《从属性限制通知》第 2 段。

[30]　2005 年《从属性限制通知》第 10 段；M.206 *Rhone-Poulenc/SNIA* §8.3，EuC；M.113 *Courtaulds/SNIA* §35，EuC；M.102 *TNT/Canada Post/DBP Postdienst/La Poste/PTT Poste and Sweden Post* §46，EuC。

[31]　2005 年《从属性限制通知》第 10 段。

[32]　2005 年《从属性限制通知》第 11 段；39839 *Telefónica* §400，EuC。

过渡。[33] 它们必须从属于该经营者集中的实施。[34] 如果它们仅仅是与相关经营者集中在同一背景、同一时间内达成同意的，则不足以满足直接相关的条件。[35]

要满足必要的条件，这些限制必须同时满足其对经营者集中的实施是必要且相称的。[36] 如果在缺少它们的情况下，经营者集中无法实施，或只能在相当不确定的条件下，付出相当高的费用，在相当长一段时间内，或具有相当大的困难才能实施，则这些限制被认为是必要的。另一方面必须考虑到这些限制的性质，[37] 同时它的持续时间、具体内容和地理范围不得超过实施经营者集中所需的合理范围。[38] 如果有同样有效的替代方案，那么必须选择对竞争限制最少的方案。[39]

对附属性限制的必要性的评估相对来说比较抽象，不涉及权衡协议对支持或反对竞争的效果。问题在于这些限制对经营者集中的实施是不是必要的，而不在于这些限制对于商业成功是不是必不可少的。[40] 因此，一个条款对于使合资企业在长期基础上能在市场上立足是不是必要的这一点与其是否被分类为附属性限制无关。[41]

4.08　阶段性实施的经营者集中

当经营者集中被阶段性实施时，在获得控制之前的阶段中所做的安排通常不能被认定为与经营者集中直接相关并对其实施是必要的，[42] 但也存在例外，例如承诺避免目标业务发生重大变化的协议或联合买方之间避免

---

[33]　2005 年《从属性限制通知》第 12 段。39839 *Telefónica* §368，EuC.

[34]　T-112/99 *Métropole Télévision*（*M6*）*v Télévision française 1*（*TF1*）§105，GC；39839 *Telefónica* §368，EuC.

[35]　2005 年《从属性限制通知》第 12 段。

[36]　T-112/99 *Métropole Télévision*（*M6*）*v Télévision française 1*（*TF1*）§106，GC；42/84 *Remia v Commission* judgment §20，CJ；39839 *Telefónica* §369，EuC.

[37]　2005 年《从属性限制通知》第 13 段；M.1863 *Vodafone/BT/Airtel JV* §20，EuC。

[38]　2005 年《从属性限制通知》第 13 段；39839 *Telefónica* §371，EuC。

[39]　2005 年《从属性限制通知》第 13 段；39839 *Telefónica* §372，EuC。

[40]　T-112/99 *Métropole Télévision*（*M6*）*v Télévision française 1*（*TF1*）§§107–109，GC；42/84 *Remia v Commission* judgment §19，CJ；1999/329（30373，37143）*P & I Clubs* §77，EuC.

[41]　T-112/99 *Métropole Télévision*（*M6*）*v Télévision française 1*（*TF1*）§§119–121，GC.

[42]　2005 年《从属性限制通知》第 14 段；M.1226 *GEC/GPTH* §22，EuC；M.984 *Dupont/ICI* §55，EuC；M.1057 *Terra Industries/ICI* §16，EuC；M.861 *Textron/Kautex* §§19，22，EuC；M.727 *BP/Mobil* §50，EuC。

做出单独的竞争性的出价，否则直到结束才能获得目标控制权的协议。[43]

4.09　便利联合收购控制权的协议

171 便利联合收购控制权的协议与经营者集中直接相关并对其实施是必要的。通常包括在共同收购者之间分割目标公司的商标、经销网络、生产设施和其他资产的协议以及在合理条件下分割目标公司的协议。[44]

4.10　收购与合资企业

附属性限制根据经营者集中是收购[45]还是组成一个全功能的合资企业[46]会有不同的考量，这两种情况依次在下面章节中讨论。

（二）收购

4.11　收购方和被收购方之间的区别

一般来说，企业的收购方保护企业的需求相比被收购方要更加强烈，因为收购方需要确认其将获得所收购业务的全部价值。[47]因此，要满足这一结果，对被收购方有利的限制要么天然地不能被认定为与经营者集中直接相关并对其实施属必要，[48]要么必然是相比于对收购方有利的同样条款，它们在范围和期限上更加受限。[49]

4.12　知识产权许可

收购企业一般包括转让业务中使用的知识产权。但是，在某些情况下，被收购方可能希望在未转让的业务活动中继续使用知识产权。在这些情况中，要么被收购方保留知识产权的所有权，并向收购方授予许可，要么被收购方转让所有权，由收购方向被收购方授予许可。[50]

知识产权的简单或独占许可[51]可以被认为是一项收购中不可分割的

[43]　2005 年《从属性限制通知》第 14 段。

[44]　2005 年《从属性限制通知》第 15—16 段。

[45]　4.11—4.15。

[46]　4.16—4.19。

[47]　2005 年《从属性限制通知》第 17 段。

[48]　M.1226 *GEC/GPTH* §24，EuC.

[49]　M.319 *BHF/CCF/Charterhouse* §16，EuC（保留在被收购方部分业务的保护条款）。

[50]　2005 年《从属性限制通知》第 27 段。

[51]　包括具有秘密性、实质性和可辨别性的专有技术，其定义在关于技术转让集体豁免 772/2004 条例第 1 条第 1 款（i）项［现 316/2014 条例第 1 条第 1 款（i）项］，关于此，见第五章 5.27；2005 年《从属性限制通知》第 28 段以及注释 29。

一部分，或者说是与其直接相关并对其实施是必要的部分。这类许可可能被限制在与企业所转让权利相对应的使用领域，而不需要在时间上进行限制。[52] 但是，表达所转让活动地域的生产地域限制不被认定为对于并购的实施是必要的，对购买方的地域限制只有在与不竞争条款相同条件下才被 172
认为满足了要求。[53]

在许可中对知识产权更宽泛的限制不被认定为与经营者集中直接相关并对其实施属必要，必须根据欧盟竞争法的一般规定进行评估。[54]

在不同国家中相互竞争企业之间的平行商标的区别，可能引起它们之间在转让之后继续合作，这可能被《欧盟运行条约》第 101 条有关一般适用的规定所规制。[55]

### 4.13　竞业禁止条款

为了获得所转让资产的全部价值，包括商誉和专有技术，收购方必须获得一些保护来对抗来自被收购方的竞争，从而获取客户忠诚和吸收利用专有技术。因此，针对被收购方的竞业禁止条款可能与经营者集中直接相关并对其实施是必要的，因为如果没有这样的条款，出售就不能全部完成。[56]

然而，竞业禁止条款只有在受其约束的期限、地理范围、具体内容和人员不超过为了这一目的的合理必要范围时，才能合法客观地正当化。[57]

如果商誉和专有技术被同时转让，则被收购方的竞业禁止条款在三年之内被认为是正当的，[58] 或者如果只有商誉被转让，那么在两年之内被认

[52] 2005 年《从属性限制通知》第 28 段、第 31 段。M.1980 *Volvo/Renault VI* §54，EuC.

[53] 2005 年《从属性限制通知》第 29 段。竞业禁止条款在 4.13 中讨论。

[54] 2005 年《从属性限制通知》第 30 段。

[55] 93/252 *Warner-Lambert/Gillette*，EuC；40/70 *Sirena v Eda*，CJ；51/75 *EMI v CBS*，CJ.

[56] 2005 年《从属性限制通知》第 18 段。

[57] 2005 年《从属性限制通知》第 19 段；42/84 *Remia* judgment §20，CJ；T-112/99 *Métropole Télévision—M6* §106，GC。

[58] 2005 年《从属性限制通知》第 19 段；M.1127 *Nestlé/Dalgety* §33，EuC；M.2077 *Clayton Dubilier and Rice/Iteltel* §15，EuC；M.2305 *Vodafone Group PLC/EIRCELL* §§21–22，EuC，早前如果同时转让专有技术和商誉，5 年的期限被认为是正当的：见 1990 年《从属性限制通知》第三章第 A 节第 2—6 段（5 年被认为是正当的）；42/84 *Remia*（4 年被认为是正当的）。

为是合理的，[59] 尽管在一些特殊情况下，更长期限也可能被正当化。[60] 要适用该规则，[61] 专有技术必须是秘密的、实质性的和可辨别的。[62]

173 竞业禁止条款在转让仅限于有形资产或专有的工业和商业产权时不被认为是必要的，如果被收购方侵权，收购方可以强制执行。[63]

竞业禁止条款的地理范围必须限定在被收购方在转让之前已经供应相应产品的区域，或者其计划并已作出投资准备进入的区域，因为收购方不需要在被收购方之前未曾渗透的区域受保护以对抗来自被收购方的竞争。[64]

同样地，竞业禁止条款所覆盖的产品必须限于那些形成企业已转让活动的产品，包括处于开发后期阶段的产品，或者已开发但尚未投入市场的产品，以及这些产品的改进、更新和后来的型号。[65]

在这些限制以内约束被收购方，其子公司和代理商的竞业禁止条款被认为是直接相关和必要的；但约束其他各方的条款，例如限制转售方或用户的进出口行为，不被认为是直接相关和必要的。[66] 竞业禁止条款可能限制被收购方购买或持有在这些限制以内与转让业务有相互竞争关系公司

---

[59] 2005 年《从属性限制通知》第 19 段；M.1482 *KingFisher/Grosslabor* §26, EuC；M.884 *KNP BT/Bunzl/Wilhelm Seiler* §17, EuC。

[60] M.1980 *Volvo/Renault VI* §56, EuC；M.612 *RWE-DEA/Enichem Augusta* §37, EuC；M.1298 *Kodak/Imation* §74, EuC；《欧盟委员会关于竞争政策第 13 份报告》（13th Report on Competition Policy）第 87—88 段（向不同商标转让商誉）。

[61] 2005 年《从属性限制通知》第 18 段。

[62] 具体含义可以在关于技术转让集体豁免 772/2004 条例第 1 条第 1 款（i）目找到［现 316/2014 条例第 1 条第 1 款（i）项］，关于此，见第五章 5.27。

[63] 2005 年《从属性限制通知》第 21 段。

[64] 2005 年《从属性限制通知》第 22 段；M.884 *KNP BT/Bunzl/Wilhelm Seiler* §17, EuC；M.1482 *KingFisher/Grosslabor* §27, EuC；M.2355 *Dow/Enichem Polyurethane* §28, EuC；M.1979 *CDC/Banco Urquijo/JV* §18, EuC。具有更广泛地理范围的条款在早期的案例中被认为是正当的：76/743 *Reuter/BASF*［1976］2 CMLR D44 at D76, EuC（转让业务所在的市场事实上是竞争性的或者在转让日期当天明显可能是竞争性的，则市场相关限制被认为是可允许的，至少保存了专有技术的价值）；85/78 *Mecaniver/PPG*, EuC（赋予法律确定性的限制是合法的，尽管在这种环境中不太可能存在竞争）；83/670 *Nutricia*, EuC，在 42/84 *Remia v Commission*, CJ 中得到确认（针对在订立合同时相关产品被制造或销售的市场的限制可以被允许）。

[65] 2005 年《从属性限制通知》第 23 段；M.884 *KNP BT/Bunzl/Wilhelm Seiler* §17, EuC；M.2305 *Vodafone Group PLC/EIRCELL* §22, EuC；M.2355 *Dow/Enichem Polyurethane* §28, EuC；M.1979 *CDC/Banco Urquijo/JV* §18, EuC。

[66] 2005 年《从属性限制通知》第 24 段。

的股票的权利，前提是它不影响被收购方购买或持有只为财务投资而没有管理职能或竞争企业内任何实质影响的股票的权利。[67]

4.14　招揽禁止和保密条款

招揽禁止和保密条款以类似于竞业禁止条款的方式进行评估。[68] 因此，
关于客户详细信息、价格和数量的保密条款，只有在限于特定期限时，才 174
被认为是与经营者集中直接相关并对其实施属必要，如上文中所讨论的那样。根据欧盟委员会，关于专有技术的保密条款可能“例外地”在更长时期内被正当化。[69]

然而，即使保密条款并不满足与经营者集中直接相关并对其实施属必要时，它仍然可能符合欧盟竞争法规制范围，应当根据《欧盟运行条约》第 101 条和第 102 条进行评估。不披露或使用专有技术和其他保密信息的义务通常不触犯第 101 条第 1 款，并且通常也不会违反第 102 条构成滥用，只要该信息尚未进入公共领域。[70]

4.15　购买和供应义务

时限在五年之内，对买方或卖方有利，目的在于保证经营者集中之前供给数量的购买和供应义务，可以被正当化，前提是该义务不是排他性的，不会授予两方优先地位，也不是数量上无限制的条款。[71]

### （三）合资企业

4.16　知识产权许可

在其成立时，由母公司向全功能合资企业授予一个独占的或非独占的知识产权许可可能被认定为是与经营者集中直接相关并对其实施属必要的。许可可能限于与合资企业活动相应的使用领域。[72] 欧盟委员会指南

---

[67]　2005 年《从属性限制通知》第 25 段；M.301 *Tesco/Catteau* §14，EuC；M.884 *KNP BT/Bunzl/Wilhelm Seiler* §19，EuC；M.1482 *Kingfsher/Grosslabor* §27，EuC；M.1832 *Ahold/ICA Forbundet/Canica* §26，EuC。

[68]　2005 年《从属性限制通知》第 26 段。

[69]　2005 年《从属性限制通知》第 26 段，citing M.1167 *ICI/Williams* §22，EuC；M.197 *Solvay-Laporte/Interox* §50，EuC。

[70]　见第五章 5.146 和 5.200。然而，强加不披露或不使用信息的义务可能构成滥用支配地位，如果该信息是必要设施：见第三章 3.17—3.24。

[71]　2005 年《从属性限制通知》第 32—34 段。

[72]　2005 年《从属性限制通知》第 42 段。

建议，这种许可可以是有期限的或者无期限的。[73] 然而，向合资企业授予过长期限的独占广播权被判定是不必要的，因此并不从属于合资企业的成立。[74]

由合资企业向母公司或交叉许可企业授予的许可，在与收购案件同等条件下，可以被认定为与经营者集中直接相关并对其实施是必要的。[75] 合资企业母公司之间的许可协议不被认为与经营者集中直接相关并对其是必要的。[76]

### 4.17 竞业禁止条款

合资企业与母公司之间订立的在其存续期间的竞业禁止条款，当其符
175 合合资企业协议或章程所覆盖的产品和区域范围时，被认定为与经营者集中直接相关并对其实施必要。[77]

竞业禁止条款的地理范围通常仅限于母公司在成立合资公司之前供应相关产品的地区或者它们正在计划并已作出投资准备进入的区域。[78] 竞业禁止条款可以涵盖在合资企业设立时已经处于开发后期的产品和已开发但尚未投入市场的产品。[79]

当一个合资企业的设立目的在于进入一个新的市场时，竞业禁止条款可以涉及其根据该合资企业合同或章程所运营的产品和地域。但是，有一种推定认为在除合资企业从一开始就积极参与的市场以外的市场，不需要这种竞业禁止保护。[80]

非控制性母公司及其合资企业之间的竞业禁止条款并非与经营者集中直接相关并对其实施必要。[81]

---

[73] 2005 年《从属性限制通知》第 42 段。

[74] 1999/242 *TPS* §§35–36，EuC，在 T-112/99 *Métropole Télévision*（*M6*）*v Commission* §§122–135，GC 中被支持；见第六章 6.80。

[75] 2005 年《从属性限制通知》第 43 段。见 4.12。

[76] 2005 年《从属性限制通知》第 43 段。

[77] 2005 年《从属性限制通知》第 36 段；M.1042 *Eastman Kodak/Sun Chemical* §40，EuC；M.727 *BP/Mobil* §51，EuC；M.751 *Bayer/Huls* §31，EuC；M.1832 *Ahold/ICA Forbundet/ Canica* §26，EuC。

[78] 2005 年《从属性限制通知》第 37 段；M.1913 *Lufthansa/Menzies/LGS/JV* §18，EuC；M.2243 *Stora Enso/Assidoman/JV* §49，EuC。

[79] 2005 年《从属性限制通知》第 38 段。

[80] 2005 年《从属性限制通知》第 39 段。

[81] 2005 年《从属性限制通知》第 40 段。

4.18　招揽禁止和保密条款

关于全功能合资企业的招揽禁止和保密条款与竞业禁止条款以同样的方式进行评估。[82]

4.19　购买和供应义务

如果母公司在合资企业的上游市场或下游市场保留存在，那么购买和供应合同受到与收购案件中合同适用的相同规则规制。[83]

## 三、评估某操作是不是经营者集中：知识产权问题

4.20　经营者集中的定义

根据 139/2004 条例所设立的控制体系只适用于其定义的经营者集中。[84] 不属于经营者集中的操作，当它可能影响成员国间贸易时，受《欧盟运行条约》第 101 条 [85] 和第 102 条 [86] 适用的一般规则规制。 176

当在持续基础上，由于以下事项发生控制权变化时，被认为出现经营者集中：两个或更多之前独立的企业或企业部分之间的合并；或者某（些）企业或之前已经控制某（些）企业的当事人通过直接或间接地控制全部或部分的另一（些）企业的收购行为。[87]

控制（control）可以由赋予对企业产生决定性影响可能性的任何方式构成，特别是通过所有权，或通过对全部或部分企业资产的使用权，或通过对企业组织的构成、投票或决定产生决定性影响的权利或合同等方式。[88]

在持续基础上成立一家具有自主经济实体全部功能的合资企业（全功能合资企业 full-function joint venture）被认为是经营者集中。[89]

[82] 2005 年《从属性限制通知》第 41 段。见 4.17。

[83] 2005 年《从属性限制通知》第 44 段。见 4.15。

[84] 139/2004 条例第 1 条第 1 款。

[85] 第二章。

[86] 第三章。

[87] 139/2004 条例第 3 条第 1 款。在某些特定的金融投资和清算时存在例外：139/2004 条例第 3 条第 5 款。

[88] 139/2004 条例第 3 条第 2 款。

[89] 139/2004 条例第 3 条第 4 款。

欧盟委员会已经为这些标准的适用提供了指南。[90]

4.21 知识产权收购

经营者集中可能发生在只有企业的一部分被收购的情况下。这可能发生在当知识产权资产被收购或独占许可时，[91] 如果该知识产权资产——例如品牌、专利、著作权或商誉——可以构成一项业务，且一项市场营业额明显归功于该业务的市场存在。[92] 对于独占许可来说，只有具有足够的持续时间来形成持续性的市场结构变化时，它才可能构成经营者集中。[93]

4.22 特许经营协议

特许经营协议通常不授予特许人对加盟者业务的控制权，因此也不受
177 合并条例规制，因为加盟者通常利用其自身账户的企业资源，即使该资产的重要部分已经属于特许人。[94]

4.23 外包

如果外包合同中所转让的资产使收购方立即或在短时间内（通常不超过三年）开拓进入市场，为第三方服务，该合同可能构成经营者集中。[95] 为实现这一情形，专有技术和品牌或商誉通常必须被转让。[96]

4.24 控制关键技术

少数股东否决使用关键技术或否决公司依赖其专有技术的权利，可能对认定该股东对子公司是否具有联合控制权，[97] 从而认定是否发生了经营者集中是一个重要因素。当两个或更多的少数股东为合资企业作出了可能包括必要技术或专有技术在内的决定性贡献时，他们可能在涉及策略决定时必须合作，如果他们联合起来获得多数股权，就对企业具有了

---

[90] 2007 年《合并管辖通知》(Consolidated Jurisdictional Notice）第 7—123 段。关于其法律效果，见 4.06，注释 26。

[91] M.2857 *ECS/IEH*, EuC（客户基础）。

[92] 2007 年《合并管辖通知》第 24 段；M.3867 *Vattenfall/Elsam and E2 Assets*, EuC。

[93] 139/2004 条例第 3 条第 1 款；2007 年《合并管辖通知》第 18 段、第 24 段、注释 31。

[94] 2007 年《合并管辖通知》第 19 段；M.940 *UBS/Mister Minit*, EuC。

[95] 2007 年《合并管辖通知》第 26 段、第 97 段。

[96] 2007 年《合并管辖通知》第 26 段；M.1841 *Celestica/IBM*, EuC；M.1849 *Solectron/Ericsson*, EuC；M.2479 *Flextronics/Alcatel*, EuC；M.2629 *Flextronics/Xerox*, EuC；M.560 *EDS/Lufthansa*, EuC；M.2478 *IBM Italia/Business Solutions/JV*, EuC。

[97] 2007 年《合并管辖通知》第 77 段；JV.55 *Hutchison/RCPM/ECT*, EuC；M.553 *RTL/Veronica/Endemol*, EuC。

联合控制权。[98]

> 我们知道我们有一个强大的邻居，他既有经验又勤奋，在这个行业重视我们的竞争对手；我希望我们也像他一样勤奋，一样勤勉；他们通过长期的经验发现，合资企业是他们进行贸易的唯一途径，我指的是荷兰。众所周知，如果不是合资企业，贸易将不会像现在这样获利。[99]

### 4.25 全功能合资企业

如上所述，[100] 并购条例适用于创建全功能合资企业的情况，全功能合资企业即在持续基础上履行基本的自主经济实体所有功能的合资企业。

为了履行一个自主经济实体的所有功能，一个合资企业必须能够获得所需要的知识产权以在持续基础上经营其业务。[101] 当两个企业收购一个已存在的自主企业，但目的在于使其向它们转让它的专利、专有技术和商标，并回授给被收购的企业一个独占许可，这种回授将是长期的，但短于专利 178
的全部期限，并可以通过双方同意终止，该行为被认为是剥夺了被收购企业的自主权，可能导致这一操作不构成经营者集中，而是根据《欧盟运行条约》第 101 条和第 102 条进行评估。[102]

如果一个合资企业只接管其母公司活动的一个功能，例如研发等，而没有出现在市场上，其不能被称为是全功能的，[103] 当合资企业的母公司继续制造大部分产品并作为分包商进行大部分研发工作，合资企业的设立被认为不能构成经营者集中。[104]

另一方面，一个合资企业依靠其母公司来进入市场或保持初始启动期

---

[98] 2007 年《合并管辖通知》第 77 段；JV.55 *Hutchison/RCPM/ECT*，EuC；M.553 *RTL/Veronica/Endemol*，EuC。

[99] Jefferies LCJ，*East India Company v Tomas Sandys*（*the Great Case of Monopolies*）（1684）.

[100] 4.01。

[101] 2007 年《合并管辖通知》第 94 段；M.527 *Tomson CSF/Deutsche Aerospace*，EuC；M.560 *EDS/Lufthansa*，EuC；M.585 *Voest Alpine/Davy International*，EuC。

[102] M.58 *Baxter/Nestlé/Salvia* §8，EuC.

[103] 2007 年《合并管辖通知》第 95 段。

[104] M.58 *Baxter/Nestlé/Salvia* §6，EuC.

（通常不超过三年）的供应，并不会阻止其成为全功能合资企业。[105] 当初始发现研究是由母公司独立进行，但早期阶段的产品开发是由合资企业完成时，并不能阻止合资企业被认定为经营者集中。[106]

如果向一个已经存在的合资企业转让额外的知识产权，该知识产权构成一项业务，且一项市场营业额明显可以归因于该业务的市场存在时，可能构成一个新的经营者集中。[107]

## 四、经营者集中的评估：知识产权相关

### 4.26　适用原则

必须根据是否会严重阻碍共同市场或其重要部分中的有效竞争来评估一项具有欧盟范围影响的经营者集中是否符合法律，特别是当经营者集中是由创造或加强了一个市场支配地位引起时。[108]

要评估经营者集中对竞争的影响，必须比较经营者集中所导致的竞争情形以及当没有经营者集中时应当存在的竞争情形，同时考虑到相关知识产权的存在、所有权和合法范围，[109] 并应将可以合理预测的未来变化纳入考量。[110]

179 创造或加强市场支配地位是通过经营者集中来严重阻碍有效竞争的一个主要（如果不是唯一）方式。[111] 因此，在第三章中讨论的《欧盟运行条约》第 102 条评估市场支配地位时使用的标准 [112] 与根据并购条例所要求的评估是相关的。[113] 市场占有率和集中度为市场结构和当事方及其竞争对手的竞争重要性提供了有用的第一指标，同时也是整体评估的重要因素，但它们不是结论性的。[114]

---

[105]　2007 年《合并管辖通知》第 97 段。

[106]　M.72 *Sanof/Sterling Drug*, EuC.

[107]　2007 年《合并管辖通知》第 106—108 段、第 24 段；见 4.21。

[108]　139/2004 条例第 2 条第 2 款和第 2 条第 3 款。

[109]　2004 年《横向兼并评估指南》（Guidelines on the assessment of horizontal mergers）第 9 段；参见第一章 1.02—1.08，以及第二章 2.16—2.19。例如，参见 4.27。

[110]　T-102/96 *Gencor v Commission* §§247—263, GC; T-342/07 *Ryanair v Commission* §§42–44, GC; 98/526（M.950）*Hoffmann La Roche/Boehringer Mannheim* §13, EuC; M.1846 *Glaxo Wellcome/SmithKlineBeecham* §§70–72, EuC; M.2547 *Bayer/Aventis Crop Science* §§324ff, EuC.

[111]　2004 年《横向兼并评估指南》第 2 段。

[112]　3.02—3.10。

[113]　T-342/07 *Ryanair v Commission* §41, GC.

[114]　2004 年《横向兼并评估指南》第 14—21 段、第 27 段。

若要将效率提升作为一项经营者集中促进竞争的影响纳入考量，那么效率提升必须是经营者集中的直接后果，并且一项具有更少反竞争影响，不具有经营者集中性质的替代方案，[115] 例如许可协议，不能达到相似程度的效率。然而，只有真实的、可实现的、在当时的商业情况中合理可行的（考虑到已确立的本行业商业惯例）替代方案才是必须考量的。[116]

4.27　对知识产权的适用

企业在经营者集中案件中所集中的知识产权资产可能使竞争对手更难扩张或更难进入市场，从而导致严重阻碍有效竞争。[117] 特别是，当创新很重要，对新的竞争对手进入市场构成壁垒时，拥有先进的技术可能有助于企业的支配地位。[118] 合并公司的品牌力量，或者特定市场中建立新品牌的难度，也可能导致严重阻碍竞争。[119]

相反地，专利已过期 [120] 或只涉及技术的一小部分 [121] 这一点可能代表 180
有效竞争不太可能被经营者集中阻碍；当被许可的技术同样向其他竞争对手许可，并且该技术与其他被许可的技术可能产生竞争时，许可人和被许可人之间的经营者集中可能符合欧盟竞争政策。[122]

---

[115]　2004 年《横向兼并评估指南》第 85 段。该条例看上去给当事人设置了举证责任，但这与 T-87/05 *EDP v Commission* §62，GC 案判决不一致。

[116]　2004 年《横向兼并评估指南》第 85 段。

[117]　2004 年《横向兼并评估指南》第 36 段、第 71 段；T-114/02 *Babyliss v Commission*（*Seb/Moulinex*）§§343 ff, GC（品牌）；2001/684（M.1671）*Dow Chemical/ Union Carbide* §§107–114，EuC（专利）；96/435（M.623）*Kimberley-Clark/Scott*，EuC（品牌）；92/553（M.190）*Nestlé/Perrier*，EuC（品牌）；93/9（M.214）*Dupont/ICI*，EuC（专有技术）；M.737 *Ciba-Geigy/Sandoz*，EuC（满足监管要求所需的专有技术）；M.6459 *Sony/ EMI*，EuC（音乐的线上权利的许可）。

[118]　97/610（M.774）*Saint-Gobain/Wacker-Chemie/NOM* §§184–187，EuC；94/811（M.269）*Shell/Montecatini* §32，EuC；93/9 *Du Pont/ICI*，EuC；M.430 *Procter & Gamble/Schickedanz*；《欧盟委员会关于竞争政策的第 24 份报告》（24th Report on Competition Policy）第 301 段。

[119]　96/435（M.623）*Kimberley-Clark/Scott*，EuC；98/327（M.833）*Coca-Cola/Carlsberg* §§72–73，EuC；2002/156（M.2097）*SCA/Metsa Tissue* §§83–84，EuC；*Orkla/Volvo*，EuC；比较参照 *Henkel/Schwarzkopf*，EuC（合并企业和其他两个企业已经集中了市场占有率的 70%，但仅具有相对低的品牌忠诚度并存在其他潜在的市场参与人；合并被允许）；《欧盟委员会关于竞争政策的第 24 份报告》（24th Report on Competition Policy）第 301 段。

[120]　M.587 *Hoechst/Dow Chemical*，EuC；M.457 *La Roche/Syntex*，EuC；M.631 *Upjohn/Pharmacia*，EuC.

[121]　M.719 *Röhm/Rohm & Haas*，EuC；M.751 *Bayer/Huls*，EuC.

[122]　M.440 *GE/ENI/Nuove Pignone*，EuC；M.631 *Upjohn/Pharmacia*，EuC.

## 五、影响知识产权的救济

### 4.28　基本原则

当经营者集中引起可能违背并购条例，严重阻碍有效竞争的问题时，当事人可以设法修改以解决竞争问题并获得允许。[123]修改（通常称为“救济”）可能在作出允许决定之前执行，但通常更多的是在决定之后由各方当事人提交执行修改的承诺。如果承诺解决了相关问题，[124]欧盟委员会必须允许经营者集中，但其可能（通常会）在决定中附加条件和/或义务，[125]以确保当事人遵守承诺。[126]

这些承诺必须由当事人提出，尽管欧盟委员会可以给予建议。欧盟委员会不能基于单边条件即授权经营者集中。[127]如果经营者集中将会严重阻碍有效竞争并且当事人不修改或不承诺修改以消除这种担忧，经营者集中必须被禁止。[128]

181 承诺必须消除对竞争的全部担忧，[129]并且必须证明它能够在短时间内

---

[123]　139/2004 条例序言第 30 段、第 6 条第 2 款和第 8 条第 2 款。在初始审查阶段根据 139/2004 条例第 6 条或全面调查阶段根据 139/2004 条例第 8 条可以作出修改：2008 年《救济措施通知》（Notice on remedies）第 18 段；T-212/03 *My Travel v Commission* §§116–118，GC；T-342/07 *Ryanair v Commission* §449，GC。

[124]　如果承诺没有在适用的时间期限内提交，欧盟委员会可以（但并非必须）忽视它们。T-114/02 *Babyliss v Commission* §§127–150，GC. 欧盟委员会 2008 年《救济措施通知》第 88 段声明其只有在特殊情况下才会考虑在时间期限以外提交的承诺，如果当事人在时间期限内提交请求，并且欧盟委员会有足够时间来作出恰当的评估并咨询成员国。第 89 段规定当提交承诺晚于规定时限时，欧盟委员会可以延长决定的时间期限。关于如何对待晚提交的承诺，另参见 T-342/07 *Ryanair v Commission* §455，GC。

[125]　指明要达到目的的条件，例如剥离某项业务；指明达到目的的手段的义务等。如果没有达到条件，委员会不可以给予授权，经营者集中应被禁止，欧盟委员会可以采取临时措施并处以罚款。如果没有完成义务，委员会授权可以撤回，欧盟委员会可以处以罚款。见 2008 年《救济措施通知》第 19—20 段。

[126]　139/2004 条例序言第 30 段，该条例第 6 条第 2 款和第 8 条第 2 款；T-212/03 *My Travel v Commission* §§116–118，GC；T-342/07 *Ryanair v Commission* §450，GC。

[127]　T-210/01 *General Electric v Commission* §52，GC；T-97/05 *EDP v Commission* §105，GC.

[128]　2008 年《救济措施通知》第 6 段。

[129]　139/2004 条例序言第 30 段；T-282/02 *Cementbouw v Commission* §307，GC；T-210/01 *General Electric v Commission* §555，GC；T-342/07 *Ryanair v Commission* §452，GC。

被有效执行。[130] 结构性救济，特别是剥离，是首选。[131] 关于未来行为的承诺，包括移除品牌，只有在某些特殊情况下才是可接受的。[132]

### 4.29　业务剥离

最有效的救济方式是剥离一个可行的、有竞争力的业务。[133] 如果提出这种救济，当事人必须提供对该业务的完整描述，包括业务中的知识产权、专有技术和商誉。[134] 如果所提议的购买者不能建立一个足够强势的品牌，被剥离的业务可能没有竞争力。[135] 如果不太可能及时获得所要求的现有加盟商的同意，企业所提出的包括转让特许经营协议在内的剥离可以被拒绝。[136]

对于过去不构成一项可行业务的特定资产组合的剥离，可能引起对相关业务的可行性和竞争力产生质疑的风险。[137] 只有在该业务的可行性得到保证时，该救济才可能被接受，要么是因为资产已经构成了一项可行的、有竞争力的业务，[138] 要么是因为在特殊情况下，由诸如品牌和支持产品以及分销资产等组成的剥离一揽子计划足以为有效竞争创造条件。[139]

业务剥离通常比授予知识产权许可更受欢迎，因为一项许可包含更多的不确定性，无法使被许可人在市场上立即展开竞争，将形成一个可能使许可方影响被许可方竞争行为的持续的关系，且可能引起对许可范围和期
限的争议。因此，当业务剥离可行时，授权许可这一救济将被认为是不适 182

---

[130] 2008 年《救济措施通知》第 9 段；T-210/01 *General Electric v Commission* §555，GC；T-342/07 *Ryanair v Commission* §453，GC。

[131] 2008 年《救济措施通知》第 15—17 段。

[132] 2008 年《救济措施通知》第 17 段；但比较参照 T-102 *Gencor v Commission* §319，GC；T-114/02 *Babyliss v Commission* §170，GC。

[133] 2008 年《救济措施通知》第 22—24 段；M.6663 *Ryanair* §1784，EuC（上诉案件 T-260/13，GC 未决）。

[134] 2008 年《救济措施通知》第 22—24 段；M.6663 *Ryanair* §§1797–1801，EuC（上诉案件 T-260/13，GC 未决）。

[135] M.6663 *Ryanair* §§1861–1878（appeal pending in T-260/13，GC），EuC.

[136] M.6663 *Ryanair* §§2113–2119（appeal pending in T-260/13，GC），EuC.

[137] 2008 年《救济措施通知》第 37 段；M.6663 *Ryanair* §1787，EuC。

[138] M.1806 *AstraZeneca/Novartis*，EuC；M.1628 *TotalFina/Elf*，EuC；M.603 *Crown Cork & Seal/CarnaudMetalbox*，EuC.

[139] M.2544 *Masterfoods/Royal Canin*，EuC；M.2337 *Nestlé/Ralston Purina*，EuC；M.623 *Kimberly-Clark/Scott Paper*，EuC；M.3779 *Pernod Ricard/Allied Domecq*，EuC.

当的。[140]

欧盟委员会的决定有可能要求指定独立受托人来监管资产剥离，并在等待剥离期间管理业务。如果是这种情况，当受托人事实上不独立于当事人时，无论他与当事人关系是否影响他的行为，该决定都是不合法的，将会是无效的。[141]

4.30　剥离或许可知识产权

当竞争担忧是因知识产权而导致的当事人市场地位所引起的时，知识产权剥离是优先的救济方式，因为它可以避免合并后的实体与其竞争对手之间产生一种持续的关系。[142] 可能要求企业向可靠的竞争对手处置资产，[143] 在等待处置期间，还要履行独立管理和保存价值的义务。[144]

当剥离会阻碍效率、持续研究或因业务性质而不可能达成时，可能采取许可安排。[145] 这些许可必须能使被许可人与当事人之间竞争有效得如同进行了资产剥离一样。他们通常是独占许可，[146] 没有使用领域或地理上的限制。[147] 当许可的范围或期限不确定时，该知识产权必须被剥离，其中很可能包含向合并后企业的回授许可。如果对一项许可是否能够被授予给合适的被许可人有怀疑，在并购控制程序期间达成该许可可能是必需的。[148]

---

[140]　2008 年《救济措施通知》第 38 段。然而，这很难与 T-114/02 *Babyliss v Commission* §§170，191，GC 判决一致，该案似乎认为问题在于救济是否避免了对有效竞争的严重阻碍，而不是是否存在一个更优或更有利于竞争的解决方式。

[141]　Cases C-553，554/10P *Commission v Editions Odile Jacob*，CJ.

[142]　2008 年《救济措施通知》第 38 段；M.6459 *Sony/EMI*，EuC（通过无需征求作者同意条款剥离音乐作品中的权利）；M.5721 *Otto/Primondo Assets* §103，EuC（将在家购物业务的客户数据与商标、商标申请和域名整体打包出售构成一个清晰的结构性救济承诺）；但比较参照 T-102/96 *Gencor v Commission* §319，GC；T-114/02 *Babyliss v Commission* §170，GC（初步看行为承诺可能有效防止创造或加强支配地位）。

[143]　92/553 *Nestlé/Perrier*，EuC；93/252 *Warner-Lambert/Gillette*，EuC.

[144]　96/435（M.623）*Kimberley-Clark/Scott*，EuC；M.430 *Procter & Gamble/Schickedanz*，EuC；M.5721 *Otto/Primondo Assets*，EuC（见附录）；2008 年《救济措施通知》第 108—112 段。

[145]　M.2972 *DSM/Roche Vitamins*，EuC；M.1378 *Hoechst/Rhone-Poulenc*，EuC；M.1601 *Allied Signal/Honeywell*，EuC；M.1671 *Dow/UCC*，EuC. 但是，参照脚注 140 关于这一进路是否正确。

[146]　然而，如果某独占许可可以被授予，很难解释为什么权利不能被整体剥离。

[147]　2008 年《救济措施通知》第 38 段。

[148]　2008 年《救济措施通知》第 38 段。

4.31 重树品牌 183

在特殊情况下，欧盟委员会可能接受在有限期限内授予品牌许可的承诺，以使被许可人将被许可品牌的客户转化为其自身商标的客户，从而允许许可人保有该品牌。[149] 重树品牌为恢复有效竞争带来的风险要比剥离高得多，因为被许可人可能无法在重树品牌产品的基础上成功将其建立成活跃的竞争力量。[150] 然而，当品牌被广泛使用，并且其很高比例的营业额是来自所识别的竞争担忧所在市场以外的市场时，重树品牌救济是可以接受的；尽管即使在这种情况下，如果品牌可以按照行业管理进行拆分，重树品牌救济也可能不是最适当的。[151]

为了使重树品牌成为一种可行的救济，所使用的品牌必须是有知名度的；专有技术、知识产权和与产品生产和分销有关的资产可能需要被转让；许可必须是独占的且不能限于特定范围的产品（尽管通常限于某一特定市场）；合并企业必须被禁止再使用可能破坏重树品牌效果的相似词语或标志；在许可方可以自由地在相关市场上恢复使用之前，许可必须伴随着一个"限制买卖期"（"black-out period"）；许可和限制买卖期必须都足够长，以使重树品牌具有与剥离相似的效果。[152]

由于对是否存在合适的被许可方可能有疑问，在合并控制程序期间，双方达成一个许可协议可能是必要的。[153]

4.32 允许使用知识产权

允许竞争对手使用专利、专有技术、所需的交互操作信息、[154] 电视内容[155] 或其他知识产权的可能被欧盟委员会接受作为相关竞争问题的救济方案，但只是在当其在恢复竞争方面至少与剥离同等有效的情况

---

[149] 2008 年《救济措施通知》第 39 段。M.2337 *Nestlé/Ralston Purina*，EuC；T-114/02 *Babyliss v Commission* §§205 及下文，GC；96/435（M.623）*Kimberley-Clark/Scott*，EuC；M.7292 *DEMB/ Mondelēz*，EuC。

[150] 2008 年《救济措施通知》第 40 段。

[151] M.3544 *Bayer Healthcare/Roche*（*OTC*）§59，EuC.

[152] 2008 年《救济措施通知》第 41 段。T-114/02 *Babyliss v Commission* 第 210 段及下文，GC；M.7292 *DEMB/Mondelēz*，EuC（有关咖啡滤片品牌，五年许可伴随着五年的限制期）。

[153] 2008 年《救济措施通知》第 42 段。

[154] M.3083 *GE/Instrumentarium*，EuC；M.2861 *Siemens/Draegerwerk*，EuC.

[155] M.2876 *Newscorp/Telepiù* 第 225 段及下文，EuC（获取付费电视网的内容、平台和技术服务）；JV.37 *BskyB/Kirch Pay TV*，EuC，在 T-158/00 *ARD v Commission*，GC 中被确认；M.7194 *Liberty Global/Corelio/W&W/De Vijver Media*，EuC。

下，或者当其作为减少进入壁垒措施的综合一揽子计划中的一部分时才可行。[156]

184 当相关竞争问题最好通过在非歧视基础上向所有第三方授予或保持[157]可用性来解决时，这一救济是合适的。[158]然而，透明性、保密性、争议解决[159]和监管等问题必须得到满意处理。[160]指定一个监管受托人并建立快速的仲裁程序通常是必要的。[161]

[156] 2008 年《救济措施通知》第 61—65 段；但也需参见脚注 140。

[157] 如在 M.3998 *Axalto/Gemplus*，EuC。

[158] T-102 *Gencor v Commission* §319，GC；M.7194 *Liberty Global/Corelio/W&W/De Vijver Media*，EuC（在 FRAND 条款基础上获取电视频道）。

[159] T-158/00 *ARD v Commission* §§212，295，352，GC；T-177/04 *EasyJet v Commission* §186，GC；M.2876 *Newscorp/Telepiù*，EuC；M.3916 *T-Mobile Austria/tele.ring*，EuC.

[160] 2008 年《救济措施通知》第 65—66 段。

[161] 2008 年《救济措施通知》第 130 段；M.7194 *Liberty Global/Corelio/W&W/De Vijver Media*，EuC；但也要参照 3.48，欧盟委员会将其监管委员会决定实施的权利委托给独立的监管受托人是不合法的。在经营者集中案件中，基于委员会在评估经营者集中是否会严重阻碍有效竞争时可以将当事方企业是否受独立受托人监管纳入考量这一原则，指定独立监管受托人可以与这一原则一致。

# 第五章 技术、科学、设计和软件

## 一、简介

5.01 涉及技术权利的交易和其他行为的类型 185

如以下各段所述，涉及技术权利[1]的交易和其他行为在适用欧盟竞争 186
法时应区分不同类别。

在某些情况下，一项交易或行为可以被归类于多个类别，这可能取决于其结构和实现方式。在这种情况下，在最终完成交易之前，最好能够考虑几个可选方案来安排交易或实现商业目标，因为欧盟竞争法的适用可能会根据评估的类别而有所不同。

> 专利制度为天才之火添上利益之油。[2]

5.02 许可协议及类似协议

技术许可协议及类似协议，通常被称作“技术转让”，它们是技术转让集体豁免条例 316/2014（Regulation 316/2014）和欧盟委员会发布的一个详细的《技术转让协议指南》（Guidelines on technology transfer agreements）的主题。本章第二部分将讨论技术转让。[3]

5.03 特许经营许可

特许经营通常涉及商标许可、专有技术以及可能的其他技术。在第七章中将会对其与有关品牌的其他事项一起讨论。[4]

---

[1] 本章的文字中广泛使用“技术”一词，扩展到科学、设计和计算机程序的实际应用。本章的标题旨在引起人们对其范围的注意，而不是限制“技术”一词所传达的含义。

[2] Abraham Lincoln, *Second Lecture on Discoveries and Inventions*（1859）.

[3] 5.11—5.159。

[4] 7.69—7.87。

5.04　技术池，标准和公平合理无歧视原则

专利池是将两个或多方技术汇集成一个技术包，许可给第三方使用，并在很多情况下也允许当事人自己使用的商业安排。[5] 专利池通常（但并非必须）支持行业标准。[6]

建立和运营专利池以及授予许可使用专利池的协议可能引起特殊的欧盟竞争法问题，[7] 包括公平合理无歧视（FRAND）条款的必要性及其具体可操作性。这些问题将在本章第三部分讨论。[8]

协议双方交叉许可的协议有时也被称为池，但是在欧盟竞争法下它被认为是互惠协议将在本章第二部分讨论。[9]

5.05　联合研发

187 联合研发以及联合利用研发成果的协议通常包含知识产权相关条款。这些协议将在本章第四部分讨论。[10]

5.06　分包协议

分包协议可能包括许可协议承包商使用分包商的技术来完成分包的条款。关于这些条款的讨论将在本章第五部分进行。[11]

5.07　专门化协议

生产专门化协议，其中一个或多个缔约方同意停止生产某种产品或将某些产品的生产委托给合资企业，[12] 可能包含有关技术许可的条款。专门化协议和分包协议之间有不少重叠部分。二者将在本章第五部分一起讨论。[13]

5.08　纵向协议

在生产或分销链的不同层级之上经营的企业之间签订的纵向协议，涉及协议各方可以购买、出售或转售某些商品或服务的条件，将在第二章[14]

---

[5] 2014 年《技术转让协议指南》第 56 段、第 244 段。

[6] 2014 年《技术转让协议指南》第 245 段。

[7] 316/2014 条例序言第 7 段。

[8] 5.160—5.185，FRAND 的含义，见缩略语表。

[9] 5.11—5.159。

[10] 5.186—5.194。

[11] 5.195—5.205。

[12] 专门化协议的定义，见集体管辖条例 1218/2010，在 5.204 中有所讨论。

[13] 5.195—5.205。

[14] 2.47—2.53。

以及第七章关于品牌要素时进行概括介绍。[15]

5.09　经营者集中

经营者集中（合并，收购或设立全功能合资企业）可能包括或可能伴随有与技术权利有关的条款。如果这些条款与实现该经营者集中直接相关且必要，它们将作为经营者集中的一部分从而根据合并条例 139/2004[16] 有关经营者集中的特别规定进行评估；否则，将根据《欧盟运行条约》第 101 条和第 102 条以及第二章、第三章和本章讨论的原则对它们进行评估；并同时考虑欧盟委员会《横向合作协议的指南》（Guidelines on horizontal co-operation agreements）。

第四章讨论了与知识产权有关的条款与经营者集中[17]实施是否直接相关和必要，以及在集中环境下与知识产权有关的其他问题。

5.10　滥用市场支配地位

在某些情况下，占支配地位企业中与技术有关的交易和其他行为可构成违反《欧盟运行条约》第 102 条的滥用市场支配地位。这在第三章中有所讨论。

## 二、技术转让 188

### （一）欧盟政策的发展以及根据现行制度的评估方法

5.11　简介

本章的这一部分考虑了《欧盟运行条约》第 101 条对技术许可和类似协议的适用。通过审查欧盟政策在该领域的发展情况，包括 2014 年的最新更改，以及根据现行制度[18]建议评估此类协议的一般方法后，本部分依次考虑了 316/2014 条例[19]中的技术转让集体豁免的适用和根据第 101 条对此类协议进行的个案评估。[20]

5.89 提供了一份表格，其中概述了技术转让协议中常见不同条款的处

[15]　7.60—7.68。

[16]　139/2004 条例序言第 21 段，该条例第 6 条第 1 款（b）项、第 8 条第 1 款、第 8 条第 2 款、第 21 条第 1 款；2005 年《与经营者集中直接相关且必要的限制的通知》；同时参见第四章。

[17]　参见 4.06—4.19。

[18]　5.12—5.18。

[19]　5.19—5.73。

[20]　5.74—5.159。

理方式，并交叉参考了详细讨论的段落。

第三章和第四章分别讨论了《欧盟运行条约》第 102 条和欧盟合并条例对技术转让协议的可能适用条件。316/2014 条例不妨碍《欧盟运行条约》第 102 条的适用，[21] 尽管考虑到市场份额门槛，[22] 根据该条例可以获得豁免协议的各方不太可能处于支配地位。

5.12　欧盟有关技术转让政策的发展

欧盟竞争法中关于技术转让协议的政策经过了多年的发展。早期的案例应该在当时的政策背景下来看待，在现行制度下不一定会以同样的方式来决定。

5.13　早期发展

欧盟委员会最初在其 1962 年的“圣诞通知”中认为，独占许可以及在授权专利范围内限制被许可人的义务不属于《罗马条约》第 85 条管辖内容（现为《欧盟运行条约》第 101 条）。[23]

欧盟委员会随后采取了一种更严格的方式，认为专利和类似权利的独
189 占许可原则上适用《罗马条约》第 85 条（如果当事人得到适当通知），[24] 且根据具体情况决定能否根据第 85 条第 3 款（现在《欧盟运行条约》第 101 条第 3 款）豁免。[25]

这一发展终结于 1978 年欧盟委员会对 *Maize Seeds* 案 [26] 的决定，认为植物育种者权利的独占许可违反了《罗马条约》第 85 条。但是，这一决定在 1985 年的上诉中只得到了部分支持。欧盟法院在其判决中对独占许可本身（“开放排他性”）与其他旨 在防止平行进口到被许可领土的协议条款（“绝对保护”）进行了区分，前者在特定情况下并不适用第 85 条，而后者

---

[21]　2014 年《技术转让协议指南》第 2 段；同时参见 T-51/89 *Tetra Pak v Commission*，GC；89/113 *Racal Group Services* §122，EuC；同时参见第三章 3.16。

[22]　参见 5.45—5.49。

[23]　关于专利许可协议的公告，19/12/1962。之所以得出结论认为独占许可不属于《罗马条约》第 85 条，是因为认为他们不太可能影响成员国之间的贸易，这种说理是令人惊讶的。

[24]　有关 2004 年 5 月 1 日之前的通知要求，参见第二章 2.41。

[25]　72/25 *Burroughs/Delplanque* §II，EuC；72/237 *Davidson Rubber* §8，EuC；75/494 *Kabel-und Metallwerke Neumeyer and Etablissements Luchaire*，EuC；75/570 *Bronbemaling v Heidemaatschappij*，EuC；76/29 *AOIP/Beyrard*，EuC；78/253 *Davide Campari-Milano*，EuC.

[26]　78/823，EuC.

则违反第 85 条。[27] 法院在认为开放排他性是合理时，强调了许可技术是新的且在协议谈判时未在被许可的区域内被披露是前提条件。[28]

5.14　第一集体豁免

这项裁决之后，欧盟委员会通过了专利许可协议的集体豁免，即 2349/84 条例。其中包含三个清单：一份被认为符合《罗马条约》第 85 条第 3 款（现为《欧盟运行条约》第 101 条第 3 款）要求的“豁免清单”；一份被认为不属于第 85 条第 1 款（现为《欧盟运行条约》第 101 条第 1 款）管辖，但如果适用第 85 条第 1 款，则认为符合第 85 条第 3 款豁免要求的“白名单”；一份被认为总体上违反了第 85 条的“黑名单”。

如果符合条例一般规定内的协议中对竞争的唯一限制条款是在豁免名单或白名单中，则自动获得豁免；除非欧盟委员会在六个月内提出异议（“异议程序”），否则条例一般规定内的其他协议如果不包含黑名单当中的任何条款将在通知欧盟委员会后豁免。

根据这些规定，开放排他性和许可专利范围内的大多数限制被视为符合《罗马条约》第 85 条；但许多超出许可专利范围限制被许可人的义务被列入了黑名单。欧盟委员会未采用芝加哥学派对反托拉斯分析的 190
观点，该学派认为这些限制通常不具有反竞争性。[29] 对这种限制的严格处理也体现在欧洲委员会在 1983 年的 *Windsurfing* 案中的决定；[30] 欧盟法院于 1986 年在该案的上诉中支持了欧盟委员会的做法，[31] 而因为协议方没有及时通知欧盟委员会，判决并未考虑该协议可能满足个案豁免实质条件的可能。[32]

---

[27]　258/78 *Nungesser v Commission* judgment §§48–67，CJ. 参见 5.82 有关开放排他性和绝对保护的区别的进一步讨论。

[28]　judgment §§55–58. 从判决中不能清楚地知道技术必须如何“新”才能通过公开排他性来证明保护的合理性。提及“有关产品的特定性质”表明并不会每种情况都满足条件。在案例 88/563 *Delta Chemie/DDD* §23 和 88/143 *Rich Products/Jus-rol* §29，欧盟委员会认为，虽然许可的技术秘密具有实质性，但它并不构成 *Maize Seeds* 案中确定的原则中的新技术。

[29]　W S Bowman，‘Tying Arrangements and the Leverage Problem’（1957）67 Yale LJ 19；W S Bowman，*Patent and Antitrust Law：A Legal and Economic Appraisal*（1973）；R Bork，*The Antitrust dox*（1978）；R A Posner，*Antitrust Law：An Economic Perspective*（2001）.

[30]　83/400 *Windsurfing International*，EuC.

[31]　193/83 *Windsurfing International v Commission*，CJ.

[32]　当时曾申请个案豁免，参见第二章 2.41，以及 5.96。

## 5.15　进一步集体豁免

1989年，欧盟委员会通过了有关专有技术许可协议的集体豁免条例：556/89条例。这一条例采用与2349/84条例基本相似的方法，尽管某些方面稍有放松。[33]

2449/84条例和556/89条例于1996年由240/96条例取代，这是技术转让协定的第一个组合集体豁免。240/96条例大幅减少了黑名单，但保留了以前条例的一般结构。

这种方法被批评为过于规范性，[34]并且异议程序很少使用。

## 5.16　2004年的变化

2004年，772/2004条例取代了240/96条例，[35]该条例未列出批准豁免的条款，但如果没有“核心”限制并且当事方的市场份额不超过特定门槛，[36]则条例规定的一般范围内的所有技术转让协议都豁免。2004年条例中的这些门槛和许多其他的规定根据双方是否为竞争对手而有所不同。

市场份额的出现以及将各方是不是竞争对手作为评估的关键因素，是欧盟在该领域竞争政策的重大发展；以前的条例和判例法认为对二者的处理意义不大，只要协议的效果是微量（de minimis）。

772/2004条例的通过伴随着欧盟委员会发布的《技术转让协议指
191 南》[37]。它们广泛讨论了集体豁免和对未获得豁免的技术转让协议的处理。他们同样强调了技术转让协议的待遇差异，取决于当事方是竞争对手还是非竞争对手。[38]

这些发展与欧盟竞争政策的一般“现代化”同时发生，包括取消协议方通知欧盟委员会的要求。[39]

---

[33]　例如，556/89条例允许对使用领域的限制（第1条第1款第8项）和对特定产品市场的限制（第2条第1款第8项）。

[34]　参见欧盟委员会关于技术转让集体豁免240/96条例的评估报告（2002）第76段。

[35]　有关772/2004条例的详细讨论，参见本书第一版，第二章2.20—2.62。有关在转型期仍依据该条例取得豁免的规定，参见5.20。

[36]　该政策在772/2004条例序言第5段中体现。

[37]　有关2004年《技术转让协议指南》的详细讨论，参见本书第一版第二章。

[38]　参见2004年《技术转让协议指南》第26—33段，以及*Passim*案。

[39]　参见第二章2.41。

## 5.17　2014年的变化

772/2004条例和随附的指南自2014年5月1日起由316/2014条例[40]和现行的《技术转让协议指南》取代。新的条例和指南进行了一些改变，但大体延续了2004年条例的一般方法。

2014年的重要变化如下：

（1）技术转让集体豁免现在也包含那些主要目的是许可或转让被许可人的非技术权利或被许可人购买商品或服务协议，只要这些协议与使用许可或转让技术的商品或服务的生产或销售直接相关。[41]

（2）欧盟委员会目前的指导意见是，技术池授予的许可不属于技术转让集体豁免或关于双边许可指南涵盖的范围；[42]但已提供有关技术池和技术池许可的重要额外指导。[43]

（3）欧盟委员会认为，316/2014条例不包括仅用于复制和发行受软件版权保护的产品的协议，并且这些协议应被视为类似于纵向协议。[44]

（4）分别属于1217/2010条例或1218/2010条例的研究和开发或专门化协议的安排协议，明确排除在316/2014条例的范围之外。[45]

（5）欧盟委员会认为，316/2014条例不包括规定转授许可的协议条款，而此前它认为主要目标是转授许可的整个许可协议完全不属于772/2004条 192
例规制的范围。[46]

（6）尽管“分配市场和客户”一词的范围仍然不明确，但条例中规定的竞争者之间协议中“分配市场和客户”这一核心限制的例外情况已经简化。[47]

（7）限制被许可人对分配给另一个被许可人的独占区域或客户群体的被动销售现在被视为“核心限制”，即使该协议是在非竞争者之间，除非基于这些协议对于使受保护的被许可人取得许可协议是必需的这一理由，

[40] 在5.19—5.73详细讨论。

[41] 参见5.35。

[42] 参见5.31以及5.161。

[43] 参见5.160—5.176。

[44] 参见5.32。

[45] 参见5.33。考虑到案件161/84 *Pronuptia* judgment §33，CJ，也可以说772/2004条例隐含地排除了这些协议。

[46] 参见5.30。这两种解释都可能受到挑战，因为它们不符合各自条例的规定。

[47] 参见5.57—5.68。

它们被完全视为不属于《欧盟运行条约》第 101 条第 1 款管辖范围。[48]

（8）以前在许可技术的可分割和不可分割的改进之间的区别已被删除，并且独家回授不可分割和可分割的改进，现在被排除在集体豁免之外。[49]

（9）在知识产权非独占许可协议中，如果对有效性提出质疑，则合同终止的条款现在被排除在集体豁免之外（但仍包括独占许可协议相关条款），并且欧盟委员会对其与第 101 条的兼容性持更加怀疑的态度。[50]

5.18　在目前法律制度下的评估方法

在评估技术转让协议是否违反《欧盟运行条约》第 101 条时，协议是否属于第 101 条第 1 款管辖范围是逻辑上的前置问题。但是，根据现行制度，首先考虑技术转让协议（或拟议协议）是否在集体豁免下得到允许（或可以调整以满足豁免条件）更为方便。只有当对此的答案是否定的时候，才有必要考虑协议是否（或可能）与第 101 条在其他方面相容，或者基于其属于第 101 条第 1 款管辖之外，或者它有权根据第 101 条第 3 款获得个案豁免。

尽管 316/2014 条例包含各种标准，其评估在许多情况下并非直截了当，但通常先判断协议是否属于集体豁免，比直接根据第 101 条第 1 款和第 101 条第 3 款对其进行个案评估更为方便。此外，正如《技术转让协议指南》所指出的那样，即使协议不在集体豁免范围之内，如果该协议类似于该条例所涵盖的协议，类似的原则也可以类推适用。[51] 对集体豁免的考
193 虑也可以确定协议是否包含被视为“核心限制”的条款以及是否具有限制竞争的目的。[52] 因此，即使协议需要进行个案评估，检查集体豁免的适用性也可能提供有用信息。

本章的下一节将详细介绍集体豁免。再接下来的一节将讨论根据第 101 条对协议进行的个案评估。5.79 考虑了个案评估的框架并提出了切实可行的方法，而 5.89 则包含了《欧盟运行条约》第 101 条规定的不同术语处理的表格摘要。

---

[48]　参见 5.102。

[49]　参见 5.130—5.132。

[50]　参见 5.139—5.141。

[51]　参见 2014 年《技术转让协议指南》第 43 段、第 48—50 段、第 57 段、第 60 段。

[52]　关于以限制竞争为目的的重要性以及集体豁免条例中确定的“核心限制”的相关性，参见第二章 2.20—2.21。

## （二）技术转让协议的集体豁免

### 1. 介绍，时间应用和解释

5.19 介绍

本节涵盖了316/2014条例中的技术转让集体豁免。首先介绍条例在时间上的适用[53]和一些相关的解释原则，[54]然后介绍所涉及的交易类型。[55]

本节继续分析该条例对“竞争企业”的定义。[56]这是适用市场份额门槛的一个关键标准（如果超出限额则排除了集体豁免），以及该条例规定的“核心限制”和“排除限制”的法规条款。核心限制阻止协议根据该条例取得豁免。排除限制本身不受条例的豁免，但不妨碍协议的其他条款取得豁免。

然后，本节继续讨论法规规定的不同的市场份额门槛，[57]核心限制[58]以及排除限制[59]。最后考虑该条例规定的豁免期限[60]以及可能被撤销[61]或取消[62]的情况。

5.20 临时适用

316/2014条例于2014年5月1日生效，且（除非经修订）将于2026年4月30日过期无效。[63]其前身是772/2004条例，于2014年4月30日 194
到期，[64]但2014年4月30日前生效的符合772/2014条例条件的协议继续豁免至2015年4月30日。[65]

在需要考虑772/2004条例的适用时，应参考本书第一版第二章。

[53] 5.20。
[54] 5.21。
[55] 5.22—5.36。
[56] 5.37—5.44。
[57] 5.45—5.49。
[58] 5.50—5.68。
[59] 5.52，5.54—5.56，以及5.69—5.70。
[60] 5.71。
[61] 5.72。
[62] 5.73。
[63] 316/2014条例第11条。
[64] 772/2004条例第11条。
[65] 316/2014条例第10条。

316/2014 条例中的主要变更见 5.17。

基于原始情况的解释绝不符合面向未来的共同体法律。[66]

## 5.21 解释

与其他欧盟立法一样，对条例 316/2014 的解释，必须根据其背景、计划和目的来进行，这可以从其序言及实质性条款中得出。[67] 如果与条例所追寻目标或其他欧盟立法不一致，即使所用词语的含义看起来很清楚，也可以拒绝字面解释。[68] 欧盟所有 24 种工作语言的版本具有同等效力，[69] 可能需要参照它们。[70]

---

[66] Judge Kutscher, 'Methods of interpretation as seen by a judge at the Court of Justice', *Court of Justice of the European Communities Judicial and Academic Conference*（1976）。

[67] 参见例如案件 C-355/96 *Silhouette v Hartlauer* judgment §§21–27, CJ；案件 C-112/99 *Toshiba Europe v Katun Germany* judgment §36, CJ；案件 172/82 *Fabricants Raffineurs d'Huile de Graissage v Inter-Huiles* judgment §10, CJ；以及注释 68 和注释 74 所引用的案例。欧盟法院在案件 C-100/02 *Gerolsteiner Brunnen v Putsch*（*Gerri/Kerry*）中解释 89/104 指令（从被 2008/95 指令取代起）时，以及在案件 C-403, 429 *FAPL v QC Leisure* judgment CJ §§163, 201 中解释 2001/29 指令时提及指令的筹备文件（在第六章 6.11—6.12 中讨论）。

[68] 参见案件 63/75 *Fonderies Roubaix-Wattrelos v Fonderies Roux* judgment §§15–19, CJ，以及案件 47/76 *De*。

*Norre v Brouwerij Concordia* judgment §§14–19, CJ（67/67 条例中的排他性豁免中的"不"一词被其目的所取代）。同时参见案件 9/70 *Grad v Finanzamt Traunstein* judgment §§11–15, CJ；案件 C-154/89 *Commission v France* judgment §§9–11, CJ［《罗马条约》第 59 条（现为《欧盟运行条约》第 56 条）中的主要空白以目的讨论填补］；案件 87/82 *Rogers v Darthenay* judgment §§15–23, CJ（渔业法规中的空白需要由国家法院根据其目的一致进行填补）；案件 C-112/99 *Toshiba v Katun Germany* judgment §§33–40, CJ（比较广告 84/450 指令的字面解释被拒绝采纳，因其与商标 89/104 指令不一致）；以及案件 C-292/00 *Davidoff v Gofkid* judgment §§17–30, CJ（"不相似"的字面含义被拒绝采纳，与商标指令 89/104 的方案不一致）；案件 C-120/08 *Bavaria v Bayerischer Brauerbund* judgment §§50–68, CJ（起草的观察中体现了条例 316/2014 相关条款的计划、理念和目标）。

[69] 1 号条例；捷克共和国加入法案，等等，第 58 条和第 61 条；克罗地亚加入法案，第 52 条和第 54 条；案件 283/81 *CILFIT v Ministry of Health* judgment §18, CJ；案件 C-569/08 *Internet Portal und Marketing v Schlicht* judgment §§32–35, CJ。

[70] 案件 C-375/97 *General Motors v Yplon* judgment §§20–22, CJ；案件 283/81 *CILFIT v Ministry of Health* judgment §18, CJ；案件 29/69 *Stauder v Ulm* judgment §§3–4, CJ；案件 55/87 *Moksel v BALM* judgment §§14–19, CJ。

另外，如果不同的语言版本是一致的，[71] 并且立法的目的和欧盟法律的原则没有明确证明偏离其普通含义，[72] 那么条款的措辞就可能是决定 195
性的。此外，序言不具有法律约束力，不能作为偏离解释的实质性条款的依据，[73] 尽管实质性条款可能被解释为其包含仅仅在序言部分表述过的条件。[74]

有人认为，必须严格解释集体豁免条款，这些协议一般是在被欧盟运行条约第 101 条所禁止的范围内，而且不能超出其旨在保护的利益所必需的范围。[75] 然而，可以认为，316/2014 条例的基本原则是，在指定市场份额限度内的各方之间的技术转让协议通常是有利于竞争的，[76] 而且应当严格解释该条例中对该原则的例外。[77]

欧盟委员会在《技术转让协议指南》中关于 316/2014 条例规定的目的和效果的许多意见并不妨碍欧盟普通法院和欧洲法院对这些规定的解释。[78] 但是，这些指南可能是解释条例规定时的考量因素，因为它们表明了欧盟委员会打算通过它们实现的目标。此外，成员国法院和竞争管理机

---

[71] 比较参照 61/72 *Mij PPW Internationaal v Hoofproduktschap voor Akkerbouwprodukten* judgment §14，CJ；6/74 *Moulign v Commission* judgment §§10–11，CJ；173/88 *Skatteministeriet v Henriksen* judgment §§10–11，CJ；267–8/95 *Merck v Primecrown* judgment §§21–22，CJ；C-41/14 *Christie's France v SNA* judgment §§26-29，CJ，在第一章 1.39 中提到。

[72] 案件 305/85，142/86 *UK v Commission* judgment §§22–25，CJ；案件 C-428/08 *Monsanto Technology v Cefetra* §35；案件 C-201/13 *Deckmyn v Vandersteen* judgment §19，CJ。

[73] 案件 C-162/97 *Nilsson* judgment §54，CJ。

[74] 案件 C-403，429/08 *FAPL v QC Leisure* judgment §§200–203，CJ；案件 C-607/11 *ITV Broadcasting v TVCatchup* judgment §23，CJ；案件 C-283/10 *Circul Globus* judgment §§30–41，CJ（条件是公众成员不在通信的起源处读到 2001/29 指令第 3 条）；参见第六章 6.12。

[75] 案件 C-70/93 *BMW v ALD Auto-Leasing* judgment §28，CJ；案件 C-266/93 *Bundeskartellamt v Volkswagen and VAG Leasing* judgment §33，CJ；案件 C-234/89 *Delimitis* 意见 §5，CJ；案件 C-439/09 *Pierre Fabre* judgment §57，CJ；案件 *Crehan v Inntrepreneur* §136，EWCA。

[76] 316/2014 条例序言第 4 段、第 5 段；2014 年《技术转让协议指南》第 9 段、第 17 段。

[77] 参见案件 *Commission v Portugal* judgment §§22–5（严格遵守对指令主要原则的削减适用）。这一观点也可能得到以下原则的支持：如果意义令人怀疑，则应采用更自由的解释，只要它足以实现所追求的目标：参见 29/69 *Stauder v Ulm* judgment §3–4，CJ；但是不同的观点比照案件 C-355/96 *Silhouette v Hartlauer* judgment §19，CJ。

[78] 2014 年《技术转让协议指南》第 4 段。

构有责任与欧盟委员会合作，以便始终如一地适用欧盟竞争法，[79] 因此它
196 们应该重视欧盟委员会在指南中的观点。[80] 欧盟委员会本身也可能受其约束，只要它们符合欧盟运行条约和条例 316/2014。[81]

## 2. 覆盖的交易类型

### 5.22 技术转让协议

条例 316/2014 规定的集体豁免适用于“技术转让协议”，[82] 这些协议在条例 [83] 中被定义为两企业 [84] 间用于生产合同产品 [85] 的工业技术知识产权 [86] 的许可协议 [87] 和转让协议 [88]。

### 5.23 许可协议

条例 316/2014 定义的“协议”包括企业协会的决定或协同行为。[89] 但是，辅助条例 19/65 仅涉及协议和协同行为，[90] 而将集体豁免扩展到企业协会的决定可能是越权。[91] 企业协会的决定也同样很难满足协议在两个企业之间达成这一要求。[92]

集体豁免涵盖允许一方充分利用另一方技术的和解协议和不主张协议。[93]

---

[79] 《欧盟运行条约》第 4 条第 3 款；1/2003 条例序言第 15 段和第 21 段，该条例第 11 条第 1 款和第 16 条；案件 C-344/98 *Masterfoods v HB Ice Cream* judgment §§45–60，CJ；案件 C-234/89 *Delimitis* judgment §§47，53，CJ； 案件 99/79 *Lancôme v Etos* judgment §11，CJ； 案件 14/68 *Wilhelm v Bundeskartellamt*，CJ；案例 *Crehan v Inntrepreneur* §§77–98，EWCA；案件 *Hasselblad v Orbinson*［1985］1 QB 475；*MTV Europe v BMG Records*，EWCA；*Iberian v BPB Industries*，EWHC。

[80] 在 *Cutsworth v Mansfield Inns*，EWHC 案中考虑对临时禁令的申请参考了欧盟委员会的指南中关于条例 1984/83 的解释（独家采购的集体豁免）。

[81] T-112/99 *Métropole Télévision*（*M6*）*v Télévision française 1 SA*（*TF1*）§143，GC；C-226/11 *Expedia* judgment §28，CJ.

[82] 316/2014 条例第 2 条第 1 款。

[83] 316/2014 条例第 1 条第 1 款（c）项。

[84] 有关两企业间协议和转让的限制，参见 5.25。

[85] 有关符合用于生产合同产品的要求，参见 5.29。

[86] 有关“工业技术知识产权”的定义，参见 5.26。

[87] 有关“许可协议”的定义，参见 5.23。

[88] 有关涵盖的转让类型，参见 5.24。

[89] 316/2014 条例第 1 条第 1 款（a）项。

[90] 19/65 条例第 1 条。

[91] 通常认为，技术转让协议总是一份达成的协议，即便在极少数情况下，它是根据企业协会或协同实践的决定制定的。

[92] 有关这些要求的详细规定，参见 5.25。

[93] 2014 年《技术转让协议指南》第 53 段。

许可人不一定是受许可权利的权利人：如果条件得到满足，则被许可人和二次被许可人之间的协议同样适用。[94]

5.24　技术转让协议

316/2014 条例适用于利用技术的一部分风险仍属于转让人的技术转让协议，[95] 例如，转让的应付金额取决于所获得的营业额，生产的数量或受让人使用许可技术所进行的业务数量。[96]

5.25　在两个企业之间 197

316/2014 条例规定的集体豁免仅适用于两个企业之间的协议和转让。[97] 企业包括“关联的企业”，在条例中的定义十分广泛，可指直接或间接行使以下权利的企业（不论是否与第三方共同行使）：行使一半以上的表决权；或者任命超过一半的监事会成员、董事会成员、管理层或合法代表企业的机构；或者管理企业的事务。[98]

可以认为，该定义应被解释为仅适用于有关企业为协议事项构成单一经济单位的情况。这种解释将更符合竞争法中的企业概念。[99] 事实上，任何更广泛的解释都可能超越授权给委员会的 19/65 条例。[100]

如果在其他方面符合 316/2014 条例的规定，则集体豁免适用于两个企业之间的协议，即使协议还规定了包括在一方和第三方间协议中的条款。[101]

欧盟委员会表示，将会把集体豁免中规定的原则类推适用于两个以上企业之间签订的与集体豁免所涵盖的双方协议性质相同的协议。[102] 但是，这不适用于技术池的技术协议和许可协议，这些技术被认为具有不同的

---

[94]　2014 年《技术转让协议指南》第 60 段。

[95]　316/2014 条例第 1 条第 1 款（c）项（ii）目。

[96]　2014 年《技术转让协议指南》第 52 段。有关技术转让合同视为转让协议的案例，见案例 *Preflex/Lipski*, EuC。

[97]　316/2014 条例第 1 条第 1 款（c）项和第 2 条第 1 款;《技术转让协议指南》第 54 段。

[98]　316/2014 条例第 1 条第 2 款；尤其第 1 条第 2 款（e）项（ii）目具有深远影响。

[99]　案例 170/83 *Hydrotherm v Compact* judgment §11, CJ。

[100]　第 1 条第 1 款（b）项赋予欧盟委员会权利，允许对“只有两个企业是缔约方的协议给予集体豁免，其中包括对获得或使用知识产权的限制……”它似乎遵循 170/83 *Hydrotherm v Compact* judgment §§10–12，CJ，在本条款中“企业”将被解释为一个单一的经济单位，而不论其法律构成如何。

[101]　316/2014 条例序言第 6 段；2014 年《技术转让协议指南》第 55 段。

[102]　2014 年《技术转让协议指南》第 57 段。

性质。[103]

5.26 技术权利

316/2014条例定义的“技术权利”包括专有技术，[104]专利，补充保护
198 证书（SPC），植物育种者权利，实用新型，外观设计权，[105]半导体拓扑图，和/或软件版权，包括其中任何一种的申请。[106]

欧盟委员会表示，它将316/2014条例所制定的原则适用于生产合同产品的版权许可，[107]但不适用于租赁权，表演权，[108]或商标的许可。[109]

任何足够先进的技术都媲美魔法。[110]

5.27 专有技术

316/2014条例将“专有技术”定义为由经验和测试产生的一揽子实用信息，且它们是：秘密的（不被大众知道或不容易获得）；[111]实质性的（对合同产品的生产具有重大和实用性意义，[112]虽然使用专有技术制造的产品不需要比没有使用它的那些产品具有更高的价值）；[113]可表述的（以足够全

---

[103] 2014年《技术转让协议指南》第56—57段、第247段。关于316/2014条例可能适用于技术池授予的许可协议，参见5.31。有关技术池的协议和许可协议的一般规定，参见5.160—5.176。

[104] 在5.27中描述的进一步定义“专有技术”。尽管技术秘密被包含在“技术权利”的定义中，但草案区分了技术秘密和其他几项，只有后者被描述为“权利”。另见第一章1.25关于是否被认为是一种知识产权形式。

[105] 通常认为“外观设计权”涵盖了欧盟和国家法律下的注册外观设计以及未注册的外观设计。

[106] 316/2014条例第1条第1款（b）项。

[107] 2014年《技术转让协议指南》第48段；但是关于“合同产品”的提法可能含混不清，参见第二章2.25脚注183。

[108] 2014年《技术转让协议指南》第49段。

[109] 2014年《技术转让协议指南》第50段。

[110] Clarke, *Hazards of Prophecy: The Failure of Imagination*, in *Profiles of the Future: An Enquiry into the Limits of the Possible*（1962）.

[111] 316/2014条例第1条第1款（i）项（i）目。同时参见209-215, 218/78 *Heintz van Landewyck v Commission* judgment §46, CJ。

[112] 316/2014条例第1条第1款（i）项（ii）目。同时参见88/143 *Rich Products/Jus-rol* §26, EuC; 76/743 *Reuter/BASF* §II.4（c）, EuC。

[113] 2014年《技术转让协议指南》第45段（b）项。

面的方式描述以便可以验证它是否符合前两个标准)。[114]

专有技术可以用手册或其他书面形式来描述;[115] 它不必在合同中列出。[116] 根据欧盟委员会《技术转让协议指南》,如果专有技术包含许可人的雇员所拥有的实用知识,则描述其一般性质并在合同中列出相关员工即满足要求。[117] 另外,如果许可人提供“黑匣子”机器或秘密原料,那么集体豁免不能豁免被许可人不知道的专有技术许可。[118]

5.28 软件著作权 199

316/2014 条例中未定义“软件著作权”,但通常认为它指的是计算机程序中的著作权而不是更广义上包含电子形式内容的软件中的著作权。[119] 赋予委员会权利的 19/65 条例认为其适用于“工业产权”,传统上认为不包含著作权。[120] 虽然对此基础上集体豁免有效性的质疑不太可能得到支持,但参考 19/65 条例,可能支持对“软件著作权”作出狭义解释,将其仅限于某些形式的工业过程中使用的计算机程序。

5.29 合同产品

316/2014 条例中的集体豁免所涵盖的协议或技术转让,必须是为了生产“合同产品”,[121] 即直接或间接生产“合同产品”(包含中间产品或最终

---

[114] 316/2014 条例第 1 条第 1 款(i)项(ii)目;2014 年《技术转让协议指南》第 45 段(c)项。

[115] 《技术转让协议指南》第 47 段(c)项。

[116] 240/96 条例第 10 条第 4 款具体确认了这一点,似乎无意在随后的 772/2004 条例或 316/2014 条例中改变这一立场。

[117] 《技术转让协议指南》第 47 段(c)项。

[118] 例如,在案例 78/253 *Davide Campari-Milano*, EuC 中授予了个案豁免。

[119] 计算机程序的保护受欧盟特别立法的约束,现在规定在关于计算机程序法律保护的 2009/24 指令中。该指令不适用于其他软件,如受指令 2001/29 管辖的图形用户界面(C-393/09 *Bezpecnostni Softwarova Asociace* judgment §§42, 44–51, CJ),其还可能有不同的范围(C-128/11 *UsedSoft v. Oracle International* judgment §§51, 56, 60, CJ):参见第一章 1.60—1.64 和第六章 6.02 及下文。

[120] 参见第一章 1.25—1.26。

[121] 316/2014 条例第 1 条第 1 款(c)项。

产品）[122] 的许可技术权利。[123]

因此，这种集体豁免不适用于不存在利用许可技术权利的情况，但它适用于许可协议通过允许被许可人利用许可人的技术，避免其承受许可人提出侵权索赔风险，从而为被许可人创造设计空间的情况。[124]

此外，要获得集体豁免，技术许可协议必须是为了由被许可人和/或其分包商生产合同产品而签订。[125] 在技术转让协议的情况下，没有明确要求合同产品由受让人和/或其分包商生产，但它可能是隐含的。[126]

200 5.30 转授许可协议

欧盟委员会认为，技术转让集体豁免不适用于允许转授许可的部分技术许可协议，因为不满足由被许可人或其分包商生产合同产品的要求。[127]

欧盟委员会关于这一点在指南的措辞表明，必须单独评估此类条款是否符合《欧盟运行条约》第 101 条规定，但不得将其视为理由阻止将集体豁免适用于许可协议的其他条款部分；即它们将被视为“排除限制”。[128] 这种方法难以与《欧盟运行条约》的第 10 条第 3 款[129] 和 316/2014 条例的条款相协调。[130] 在条例的其他要求得到满足时，集体豁免适用于整体目的是由被许可人生产合同产品的许可协议，即使其中也包含允许转授许可的条款；但如果许可协议的目的不是由被许可人生产合同产品，则根本不对该许可协议适用豁免。

但是，欧盟委员会表示，它将针对允许转授许可的协议类推适用条例

---

[122] 316/2014 条例第 1 条第 1 款（f）项。

[123] 316/2014 条例第 1 条第 1 款（g）项。尽管该条款仅涉及“许可”权利，但它被认为涵盖了技术转让协议中转让的权利。欧盟委员会《技术转让协议指南》(2014 年）第 58 条规定为与许可技术权利相结合或生产的产品，同一指南的第 61 条规定，集体豁免的前提是许可技术权利与合同产品之间的直接联系，但 316/2014 条例第 1 条第 1 款（g）项的语言似乎略宽。

[124] 2014 年《技术转让协议指南》第 59 段。不利用竞争者之间许可的技术可能是一个伪装的同业联盟，欧盟委员会将非常仔细地审查这些案件。

[125] 316/2014 条例第 1 条第 1 款（c）项（i）目。

[126] 这一点可能会影响集体豁免对建立技术池协议的适用，参见 5.31。

[127] 2014 年《技术转让协议指南》第 60 段。

[128] 有关“排除限制”的法律效力，参见 5.52。

[129] 有关适用第 101 条第 3 款于协议部分，参见第二章 2.42 和 5.52。

[130] 316/2014 条例第 1 条第 1 款（c）项和第 2 条第 1 款。关于法规条款和欧盟委员会指南的等级，见 5.21。

中规定的原则。[131]

5.31 技术池

根据其序言，316/2014 条例既不适用于建立技术池的协议，即组成用于向第三方许可的技术池的协议，也不适用于向第三方许可池技术的协议。[132]但是，该条例并未包含任何直接实施这一指示的实质性条款，并且存在疑惑的是，在满足条例实质性要求的情况下，该序言是否能有效限制该条例的适用。[133]虽然建立技术池的协议不太可能满足这些要求，但通过技术池授予技术的许可协议可能满足。[134]

特别是，建立技术池的许可协议通常不符合 316/2014 条例中关于由被许可人或其分包商生产合同货物的要求，[135]虽然目前尚不清楚存在技术转 201
让时是否也是如此。[136]此外，建立技术池的协议通常是由两个以上的企业签订，也因此被排除在集体豁免之外。[137]

相比之下，技术池技术的许可协议通常是为了满足由被许可人或其分包商生产合同货物的要求。欧盟委员会认为，此类许可协议通常是多方协议，考虑到通常由技术贡献人决定许可的条件，[138]因此不符合集体豁免是双方协议的限制。[139]但是，事实并不必然如此；而且，运营技术池的一方在授予转授许可协议时，遵守其从许可人处获得许可的限制或条件，这本身并不会使转授许可协议成为两个以上企业之间的协议。

欧盟委员会目前认为技术转让集体豁免不适用于技术池授予的许可协议，这与先前指南中表达的立场背道而驰，即如果其条件得到满足，此类许可协议已被先前指南 772/2004 条例中的集体豁免所涵盖，并且在其他情况下可以通过类比集体豁免获得个案豁免。[140]

---

[131] 2014 年《技术转让协议指南》第 60 段。

[132] 316/2014 条例序言第 7 段。关于技术池及其许可，见 5.160—5.176。

[133] 参见 5.21。

[134] 参见本段后面的内容。

[135] 有关要求参见 5.29。

[136] 因为 316/2014 条例第 1 条第 1 款（c）项（ii）目没有明确规定合同产品必须由分许可受让人生产，尽管这可能是隐含的：参见 5.24。

[137] 2014 年《技术转让协议指南》第 56 段。关于两个企业之间协议的集体豁免的限制，见 5.25。

[138] 2014 年《技术转让协议指南》第 56 段、第 247 段、第 266 段。

[139] 关于这一要求，见 5.25。

[140] 参见第二章，本书第一版 2.04 和 2.134。

另外，欧盟委员会认为，如果它们包含 316/2014 条例规定的核心限制，则技术池授予的许可协议可能违反《欧盟运行条约》第 101 条。[141]

5.32　软件以及生产合同产品的要求

316/2014 条例中的集体豁免不包括购买者在“拆封合同”（shrink-wrap contract）或在下载时适用的条款中授予的软件许可，[142] 但涵盖了合并到合同产品中的软件的许可协议。[143]

202 此外，根据序言，316/2014 条例并不适用于仅仅为了复制和分销受软件著作权保护的产品的许可协议，这些产品被视为更类似于分销协议，[144] 其受 330/2010 纵向协议集体豁免条例和《纵向协议限制指南》的规制。[145]

但是，该条例的序言是否有效限制实质性条款应用的范围是存在疑问的。[146] 可以说，复制和分销软件的协议不属于本条例，因为它与其所涵盖的协议本质上具有不同的性质。[147] 另外，很难看出这种协议与制造和销售受专利或工业设计权保护的产品的许可协议之间的相关区别。

5.33　研发（R&D）和专门化

在许可权利可被利用之前需要被许可人或分包商进行进一步研发的情况中，[148] 如果已经能够确定合同产品，则可以适用技术转让集体豁免。[149]

另一方面，316/2014 条例被认为不适用于研发工作的分包或许可使用用于进一步研究的技术研究工具，理由是此类协议的主要目的不是由被许可人或其分包商生产合同产品。[150]

---

[141] 2014 年《技术转让协议指南》第 267 段（d）项。有关核心限制，参见 5.57—5.68。

[142] 2014 年《技术转让协议指南》第 62 段。根据 316/2014 条例的规定，这一点可以证明是合理的，因为购买者将软件加载到计算机中不能作为购买者“生产”合同产品。

[143] 2014 年《技术转让协议指南》第 63 段。要区分是不是生产合同产品的情况并不容易。欧盟委员会在指南中提及将软件与之交互的设备纳入集体豁免所涵盖的范例；但是这个标准适用于加载到计算机中的大多数软件，而其许可被认为不包含在集体豁免范围内。

[144] 316/2014 条例序言第 7 段；2014 年《技术转让协议指南》第 62 段。

[145] 在第二章 2.47—2.53 中有讨论。

[146] 参见 C-162-97 *Nilsson* judgment §54，CJ（“共同体法案的序言没有具有约束力的法律效力，不能作为削减有关行为的实体规定的依据”）和 5.21。

[147] 符合判决 161/84 *Pronuptia* judgment §§33–34，CJ（67/67 条例中的专属交易协议的集体豁免不适用于特许经营协议）。

[148] 316/2014 条例序言第 7 段。

[149] 2014 年《技术转让协议指南》第 65 段。

[150] 2014 年《技术转让协议指南》第 66 段，但是，如果研究和 / 或开发工作作为服务提供，很难理解为什么它不应该是 316/2014 条例第 1 条第 1 款（g）项中定义的“合同产品”。

此外，316/2014 条例不适用于分别为 1217/2010 条例[151] 和 1218 / 2010 条例[152] 管辖范围[153] 内的研发许可和专门化协议。[154]

1217/2010 条例不适用于通过联合研发向第三方许可技术权利的协议， 203
如果条件得到满足，此类协议可根据 316/2014 条例获得豁免。[155]

同样，虽然 1218/2010 条例适用于某些生产合资企业，但它不适用于生产合资企业向第三方授予技术权利的许可。欧盟委员会将此视为许可池技术；[156] 该议题将在本章第三部分讨论。[157]

5.34 分包协议

欧盟委员会认为，316/2014 条例规定的集体豁免可适用于授权分包商使用许可方技术专门为许可人生产合同产品的分包协议；[158] 此类协议还可以包括许可人向被许可人提供与合同产品生产直接相关设备的条款。[159]

但是，被许可人独家向许可人提供合同产品的承诺是 316/2014 条例中规定的排除集体豁免适用的核心限制之一，除非授予该许可是为许可人建立一个可替代供应来源。[160]

此外，一些分包协议属于关于专门化协议的 1218/2010 条例的范围，[161] 因此不适用 316/2014 条例。[162]

分包许可协议将在本章第五部分进一步讨论。[163]

---

[151] 研发协议集体豁免，本章第四部分 5.189—5.193 进行了讨论。

[152] 专门化协议禁止豁免，本章第五部分 5.203—5.205 进行了讨论。

[153] 如果协议属于一般意义上的联合研发或专业化协议，但不符合这些条例中的定义或不符合其条件，例如市场份额门槛，则尚不清楚协议是否属于 1217/2010 条例和 1218/2010 条例的范围。关于纵向协议的 330/2010 条例在其第 2 条第 5 款中包含一个更广泛的，更清楚的条款，使其不适用于属于任何其他集体豁免条例范围内的纵向协议，除非条例中另有规定。

[154] 316/2014 条例序言第 7 段，该条例第 9 条；2014 年《技术转让协议指南》第 70—74 段。

[155] 2014 年《技术转让协议指南》第 74 段。

[156] 2014 年《技术转让协议指南》第 72 段。

[157] 5.160—5.176。

[158] 2014 年《技术转让协议指南》第 64 段。

[159] 316/2014 条例第 2 条第 3 款；2014 年《技术转让协议指南》第 64 段。

[160] 316/2014 条例第 4 条第 1 款（c）项（iv）目和第 4 条第 2 款（b）项（iii）目。参见 5.62iv 和 5.67iii。有关一般分包许可协议，参见 5.195—5.205。

[161] 有关专业化协议的定义以及 1218/2010 条例的范围，参见 5.204。

[162] 参见 5.33。

[163] 5.195—5.205。

5.35 购买商品或服务或与其他知识产权有关的许可或技术转让条款

204 如果这些条款与合同产品的生产或销售直接相关，则 316/2014 条例规定的集体豁免也适用于技术转让协议中（被定义为）的如下行为：被许可人购买商品或服务，或者是许可或转让其他知识产权或专有技术给被许可人的行为。[164]

“知识产权”部分定义为包括工业产权，特别是专利和商标，著作权和邻接权。[165]

欧盟委员会似乎在考虑，当这些条款不在集体豁免范围之内，它们并不妨碍豁免适用于协议的其他条例；换句话说，它们被视为“排除限制”，[166] 必须单独评估其是否符合《欧盟运行条约》第 101 条。

该条例的前身 772/2004 条例第 1 条第 1 款（b）项的另一项要求是，这些条款不得构成协议的主要目的，这在 316/2014 条例中已被删除。因此，技术转让集体豁免现在可以涵盖主要目的是商标许可的协议，只要该商标用于使用某种受许可技术制造的产品。[167] 但是，如果产品使用的唯一技术是专有技术，该专有技术必须仍然是秘密的，实质的，可辨识的，使得集体豁免可以适用。[168]

316/2014 条例的序言表明，它不适用于技术转让协议中的其他条款，除非它们与合同产品的生产和销售直接相关。[169] 但是，这一点除了反映在关于被许可人购买货物或许可使用其他知识产权的规定中，并未反映在其他实质规定中。[170]

5.36 与销售合同产品有关的条款

316/2014 条例还免除了许可协议中规定被许可人如何销售合同产品义

---

[164] 316/2014 条例序言第 9 段，该条例第 2 条第 3 款；2014 年《技术转让协议指南》第 46 段。合同产品是基于许可技术直接或间接生产的商品或服务：见第 1 条第 1 款（f）—（g）项和 5.29。如果许可人为生产或销售合同产品以外的目的提供商品或服务，则集体豁免不适用。

[165] 316/2014 条例第 1 条第 1 款（h）项。关于“知识产权”的含义，见第一章 1.25—1.27。

[166] 至于“排除限制”的预期效果以及是否具有法律效力，见 5.52。

[167] 2014 年《技术转让协议指南》第 47 段；比较参照 90/186 *Moosehead/Whitbread* §16，EuC；88/563 *Delta Chemie/DDD* §II.A.B，EuC。

[168] 参见 5.27。

[169] 316/2014 条例序言第 9 段。

[170] 关于不在实质性条款中反映的前言的法律效力，见 5.21。

务的条款，例如要求其建立专有、选择性或其他指定的分销系统，或规定被许可人必须向产品经销商施压督促产品销售。[171] 但是，被许可人签订的 205
分销协议必须根据 330/2010 条例和适用于纵向协议的原则进行评估，详见第二章。[172]

如果被许可人使用在传达质量和其他相关信息方面占主导地位的共同品牌标识，欧盟委员会在考虑对其他被许可人地区的活跃销售进行限制的协议时，会将该分销协议视为与单一供应商的分销协议类似。[173]

### 3. 竞争和非竞争企业

5.37 介绍

316/2014 条例根据缔约各方是否为“竞争企业”而有不同适用。为此，企业包括所有相关企业。[174]“竞争企业”被定义为在“相关市场”上互相竞争的企业,[175] 且“相关市场”被定义为“相关产品市场”或“相关技术市场”或“相关地域市场”的组合。[176]316/2014 条例定义了这些术语本身[177] 以及竞争的类型。[178]

5.38 相关产品市场

“相关产品市场”在 316/2014 条例中被常规地定义为合同产品[179] 及其替代品的市场，即买方认为由于其特性、价格和预期用途而可互换或替代的所有产品。[180] 相关产品市场可以是最终的和 / 或中间的市场。[181]

5.39 相关技术市场

“相关技术市场”在 316/2014 条例中被类比地[182] 定义为许可技术权

---

[171] 316/2014 条例序言第 6 段；2014 年《技术转让协议指南》第 77 段。

[172] 2.47—2.53。

[173] 2014 年《技术转让协议指南》第 78 段。关于此类限制的规定，见第二章 2.51b。

[174] 参见 5.25。

[175] 316/2014 条例第 1 条第 1 款（n）项。

[176] 316/2014 条例第 1 条第 1 款（m）项。

[177] 316/2014 条例第 1 条第 1 款（j）—（l）项；5.38—5.40。

[178] 316/2014 条例第 1 条第 1 款（n）项；5.41—5.44。

[179] 有关合同产品的定义，参见 5.29。

[180] 316/2014 条例第 1 条第 1 款（j）项。

[181] 2014 年《技术转让协议指南》第 21 段。

[182] 2011 年《横向合作协议指南》第 117 段。

利[183]及其替代品的市场，即根据技术权利的特征，特许权使用费和预期用途，被许可人认为可互换或可替代的所有技术权利。[184]从许可人销售的技术出发，有必要确定被许可人为了应对相对特许权使用费的小幅但永久性的增长而可能选择的其他技术。[185]

206 然而，相关技术市场的概念及其定义不太符合常规，[186]并且难以在实践中应用。特别是，由于缺乏明确的信息，参照特许权使用费通常是不切实际的。[187]

欧盟委员会建议的另一种一般性地定义相关技术市场的方法是，考虑包含许可技术的产品的市场。[188]但是，在应用第316/ 2014条例时，尚不清楚如何使用这种思路，且其不能适用于在生产合同产品的过程中使用该技术而产品不包含该技术的情况。

5.40　相关地域市场

316/2014条例中定义的“相关地域市场”为企业[189]参与产品或许可技术权利供应和需求的地区，其中竞争条件足够相似且明显不同于邻近地区。[190]该定义符合欧盟竞争法中的普遍定义。[191]相关技术市场和相关产品市场可以有不同的地域市场。[192]

---

[183] 有关技术权利的定义，参见5.26。

[184] 316/2014条例第1条第1款（k）项。

[185] 2014年《横向合作协议指南》第22段。《横向合作协议指南》第117段。这是一个SSNIP测试[如果第一项技术的价格（特许权使用费）有少量但非暂时性的增加，客户是否会从一种产品转换到另一种产品]，相关定义参见关于相关市场的通知（1997）第15—19段，和第三章3.05。

[186] 在案例 *British Leyland v Armstrong*，EWCA中，英格兰和威尔士上诉法院考虑了汽车消音器设计牌照市场“完全人为”的建议。但是，案例94/811 *Shell/Montecatini* §44，EuC（先进丙烯制造技术及相关服务许可的独特产品市场）；M.5675 *Syngenta/Monsanto* §89（区分向日葵品种交易的上游市场以及向日葵杂交的下游市场）；和2014年《技术转让协议指南》第20—22段。

[187] 参见2014年《技术转让协议指南》第25段。316/2014条例本身采用基于产品销售的方法来考虑技术市场的市场份额：见第8条和5.47。

[188] 2014年《技术转让协议指南》第22段。

[189] 包括相关的企业：见5.25。

[190] 316/2014条例第1条第1款第1项。

[191] 27/86 *United Brands* judgment §44，CJ；T-83/91 *Tetra Pak vCommission*§91，GC；T-504/93*TiercéLadbroke v Commission*§102，GC；关于相关市场定义的通知（1997），EuC，以及参见第三章3.08。

[192] 2014年《技术转让协议指南》第24段。

5.41　相关产品市场的竞争企业

根据 316/2014 条例中的定义，在合同所销售的技术产品相关市场中“竞争企业”，是指当双方不存在技术转让协议时，则均会在该市场上活跃的企业（实际的竞争对手）；或者从现实而不仅仅是理论上而言，当价格出现小幅且长期增长[193]时，可以在短时间内进行必要的额外投资或其他必要的转换成本，以应对该变化从而依旧能够进入相关市场的企业（潜在竞争 207
对手）。[194]

欧盟委员会认为，为此目的的“短时间”通常是一到两年，但在个别情况下可以考虑更长的时间。已经在市场上进行调整营业的企业所花费的时间可以作为衡量标准。[195]

如果被许可人拥有可以轻松用于进入市场而不会产生沉没成本的资产，或者如果已经制订计划或以其他方式开始投资以进入市场，则他们更有可能进入市场。如果被许可人进入市场不是经济上可行的战略，则他不是潜在的竞争对手。[196]

已经在产品市场上运营的一方可能被视为不同地域市场的潜在竞争者，除非存在阻止其进入该市场的客观因素，例如阻却性专利。[197]

5.42　相关技术市场的竞争企业

相关技术市场上的“竞争企业”在该条例中被定义为该市场上的实际竞争者，即在不侵犯彼此知识产权的情况下许可竞争技术的企业。[198]就该条例的目的而言，[199]仅相关技术市场上的潜在竞争者并未被视为竞争企业。[200]

根据欧盟委员会《技术转让协议指南》，如果被许可人已经对外许可

---

[193]　这里似乎将 SSNIP 测试用来定义相关市场，其定义见脚注 185。

[194]　316/2014 条例第 1 条第 1 款（n）项（ii）目；2014 年《技术转让协议指南》第 31 段。

[195]　2014 年《技术转让协议指南》第 34 段。

[196]　2014 年《技术转让协议指南》第 31 段；T-461/07 *Visa* §167，GC。

[197]　2014 年《技术转让协议指南》第 34 段。

[198]　316/2014 条例第 1 条第 1 款（n）项（i）目。另见 39230 *Rio TintoAlcan* §§21–25，EuC（内部技术未包括在相关技术市场中，因其无法获得许可）。

[199]　个案评估时存在不同主张，见 5.82。另外欧盟委员会 2011 年《横向合作协议指南》第 118 段，该指南强调了在考虑联合研发协议时技术市场潜在竞争的重要性。

[200]　2014 年《技术转让协议指南》第 36 段、第 83 段。给出的理由是，通常更难评估各方是不是技术市场的潜在竞争对手。据推测，欧盟委员会认为，如果 316/2014 条例的适用按照这一标准，则无法实现其在促进欧盟竞争法适用方面可预测性的目标。

了与某技术存在竞争的技术，即使这是许可人第一次许可其技术，双方也被视为技术市场上的实际竞争对手。[201] 为此，与因为一方（或双方）侵犯了对方的权利而考虑当事方是否不是竞争者的立场相反，这里似乎考虑到协议本身。[202]

208 该条例没有规定各方必须在同一产品市场上许可竞争技术才能被视为竞争企业，尽管这一条件可能是隐含的。

5.43　阻碍地位

如果缔约方处于阻碍状态，即一方的技术权利[203]不能在不侵犯对方有效技术权利的情况下被利用，或者一方不能在相关市场上以商业上可行的方式操作而不侵犯对方的有效技术权利，则他们不被视为竞争对手。[204]

为此，可能有必要检验当事人专利或其他权利的有效性和范围。尽管欧盟委员会无权确定专利的范围，但在适用《欧盟运行条约》第 101 条的情况下进行评估是合理的。[205] 原则上这同样适用于成员国的竞争管理机构和一些无权确定是否侵权或权利有效性的法院。

欧盟委员会承认，在某些情况下，某些技术权利是否有效和被侵权是不确定的。[206] 在缺乏确定性——例如一个最终的法院判决——的情况下，双方必须根据所有当时可依据的证据从事业务，包括侵犯知识产权的可能性，以及在现有权利周围开发的可能性。[207]

如果双方在没有许可协议的情况下已经在相同的相关产品市场上活跃，这是一个强有力的指标，表明它们没有相互阻碍，并且可以假定它们是实际的竞争对手，除非能够证明存在阻碍地位，例如通过最终法院判决证明。[208] 即使不能排除阻碍地位，已经进行的大量投资或进入特定市场

[201]　2014 年《技术转让协议指南》第 35 段。

[202]　见 5.43。

[203]　有关“技术权利”的定义，见 5.26。

[204]　无论阻碍位置是单向的（仅阻止一方）还是双向阻止（每一方被另一方阻挡），都予以适用。

[205]　193/83 Windsurfing International v. *Commission* judgment §§23-36, CJ。另见第一章 1.02、1.08 和第二章 2.16—2.17。

[206]　2014 年《技术转让协议指南》第 29 段。这可能被视为轻描淡写。

[207]　2014 年《技术转让协议指南》第 33 段。

[208]　2014 年《技术转让协议指南》第 30 段。

的深度计划也可以支持各方至少是潜在的竞争对手的观点。[209]

如果当事方存在共同利益，要求证明存在阻碍地位以便使双方有资格 209
成为非竞争者，则可能需要特别令人信服的证据来表明存在阻碍地位。例如，被指控的阻碍地位与可替代技术相关，或许可方存在向被许可人提供财务条件或限制，[210] 例如“延迟付款”或“限制付款”协议。[211]

5.44 过时或缺乏竞争力的技术

欧盟委员会关于技术转让协议的指南表明，如果一方的技术使另一方的技术过时或缺乏竞争力，那么生产竞争产品的各方可能不为竞争企业，尽管这一点在旧技术已经过时或缺乏竞争力之前不适用。[212] 但是，对此情况更好的解释是产品和技术实际中不存在竞争，因为它们的特性和/或价格不会（或不再）被认为是可互换的或可替代的。

**4. 市场份额**

5.45 市场份额门槛

当企业在受影响的相关技术和产品市场所占有的市场份额不超过特定门槛时，适用集体豁免。

如果双方是竞争企业，[213] 它们在相关市场或市场 [214] 上的合并市场份额不得超过 20%。[215]

如果双方不是竞争企业，则每个企业在相关市场上的市场份额不得超过 30%。[216]

如果双方在达成协议后成为竞争企业，欧盟委员会认为竞争企业的市

---

[209] 2014 年《技术转让协议指南》第 33 段。据认为，这意味着在这些情况下，一种解释是当事人可能是潜在的竞争者，即使一方在没有另一方许可的情况下进入市场而可能侵犯另一方的有效权利。另一种解释是，这种投资可能表明实际上没有阻碍地位，即使不可能完全排除这种可能性。

[210] 2014 年《技术转让协议指南》第 33 段。

[211] 见 2014 年《技术转让协议指南》第 238—239 段，以及 5.103。

[212] 2014 年《技术转让协议指南》第 37 段。比较参照 39230 *Rio TintoAlcan*§§18-20，EuC（过时的技术未包括在相关的现代技术许可市场中）。

[213] 关于“竞争企业”的定义，见 5.37—5.44。

[214] 关于“相关市场”的定义，见 5.37—5.40。

[215] 316/2014 条例第 3 条第 1 款。

[216] 316/2014 条例第 3 条第 2 款。

场份额门槛从发生的那一刻开始适用。[217] 同样，如果协议签订后相关市场情况发生变更，那么应该重新评估市场份额门槛的适用。

210 5.46　对不同市场的适用

316/2014 条例中规定的市场份额门槛是指“相关市场”中的。如前所述，在相关产品市场的情况下，“相关市场”在条例中被定义为合同产品[218] 的市场（基于许可技术权利生产的产品[219]）及其替代品；在相关技术市场的情况下，“相关市场”为许可技术权利和替代品的市场[220]；在任何一种情况下，都需要与相关的地域市场一起分析。[221]

但是，欧盟委员会的《技术转让协议指南》表明，市场份额门槛适用于受许可协议影响的任何相关技术或产品市场，包括捆绑产品的市场。[222] 这一观点很难与 316/2014 条例中的定义相协调。

看来，如果协议超过几个相关产品或技术市场之一的市场份额门槛，则该市场相关的集体豁免不适用于该协议，但其他市场相关的集体豁免仍适用。[223] 但无法确定这一原则是否适用于在几个相关地域市场超过其中之一市场份额门槛的情形。

5.47　技术市场的市场份额

就 316/2014 条例中的市场份额门槛的目的而言，相关技术市场上一方的市场份额，是根据合同产品[224] 的相关产品市场[225] 和相关地域市场[226] 中许可技术的存在情况确定的。

为此，许可人在相关技术市场上的市场份额被认定为许可人及其所有

---

[217]　2014 年《技术转让协议指南》第 85 段。根据 316/2014 条例第 3 条（“豁免……适用于……市场份额……不超过……”的条款），这种观点似乎是合理的。

[218]　316/2014 条例第 1 条第 1 款（j）项；另参见 5.38。

[219]　316/2014 条例第 1 条第 1 款（g）项；另参见 5.29。

[220]　316/2014 条例第 1 条第 1 款（k）项；另参见 5.39。

[221]　316/2014 条例第 1 条第 1 款（m）项；另参见 5.37。有关地域市场的定义，见 5.40。

[222]　2014 年《技术转让协议指南》第 222 段。

[223]　316/2014 条例序言第 12 段；2014 年《技术转让协议指南》第 81 段。但是，可以认为这种做法是不正确的，因为它没有反映在 316/2014 条例的实质性条款中（关于哪一条，见 5.21）并且不符合《欧盟运行条约》第 101 条第 3 款，见 10/86 *VAG France v Etablissement Magne*，CJ 以及第二章 2.42。

[224]　关于“合同产品”的定义，见 5.29。

[225]　关于“相关产品市场”的定义，见 5.38。

[226]　关于“相关地域市场”的定义，见 5.40。

被许可人在相关产品市场和相关地域市场上生产的合同产品的合并市场份额。[227]

相关产品市场（构成计算中的分母）包括各方基于未经许可的内部技 211
术生产的产品，即使该内部技术仅对许可技术产生间接的约束。[228]

5.48　关联企业的市场份额

一方的市场份额包括关联企业的市场份额。[229] 如前所述，[230] 该术语在条例中的定义较为宽泛。但是，如果一个企业由协议的一方和另一方或多方共同控制，则在计算市场份额门槛时，其市场份额在每个母公司之间平均分摊。[231] 通常认为，建立单一经济单位的两个或两个以上的母公司应被视为单一企业，并分配该子公司市场份额的一部分。[232]

5.49　用于确定市场份额的数据

316/2014 条例进一步规定，就市场份额门槛规定的目的而言，市场份额应根据前一日历年相关的市场销售价值数据[233]计算，[234] 如果不能获得这些数据，则可以采用基于其他可靠市场的信息（包括销售量）进行估量。[235]

如果相关市场份额最初低于相关市场份额门槛，但随后高于相关门槛，则豁免将继续适用于超过门槛年份之后的连续两个日历年。[236] 如果市场

---

[227] 316/2014 条例第 8 条（d）项；2014 年《技术转让协议指南》第 86 段。相比之下，在考虑与相关产品市场相关的市场份额门槛时，其他被许可人的销售不包括在市场份额中：参见 2014 年《技术转让协议指南》第 91 段。有关这种方式使用相关技术市场的合理性在 2014 年《技术转让协议指南》第 25 段和第 87 段中有讨论。2011 年《横向合作协议指南》第 125 段，建议技术市场中市场份额可以参考许可收入进行评估，但认识到如果没有关于许可使用费的明确信息或者有零许可费用的交叉许可的情况，该评估方式可能不切实际。另见 39230 *Rio TintoAlcan*§§21–25，36–42，EuC（根据第 102 条作出的个案决定；内部技术未包括在许可技术的相关市场中，因为其不可用于许可；市场份额参照许可收入，使用许可技术的产品量和销售的产品进行评估）。

[228] 2014 年《技术转让协议指南》第 88 段。

[229] 316/2014 条例第 1 条第 2 款。

[230] 5.25。

[231] 316/2014 条例第 8 条（c）项。

[232] 比较参照 170/83 *Hydrotherm v Compact* judgment §§10–12，CJ。

[233] 316/2014 条例第 8 条（a）段。

[234] 316/2014 条例第 8 条（b）段。

[235] 316/2014 条例第 8 条（a）段。

[236] 316/2014 条例第 8 条（e）段。

份额在此期间回落到门槛以下，此后是否继续豁免并不明确。[237]

212 **5. 核心和排除限制：一般规定**

5.50　无核心和排除限制则豁免

如果协议符合前面 2—4[238] 中所述的所有一般条件，只要其条款与合同产品的生产和销售直接相关，[239] 除非其中包含被条例分类为“核心限制”[240] 或“排除限制”[241] 的条款（或具有其特征），则整个协议可以豁免。

5.51　核心限制的影响

如果存在核心限制，则整个协议应被排除在集体豁免之外。[242]316/2014 条例因此规定，集体豁免不适用于以任何核心限制为目标的协议。[243]

可以争论，如果存在适当的可分性条款，核心限制是“可删改的”（blue-pencilled），并且其余条款可以构成一个可获得集体豁免的协议。[244] 但是，《技术转让协议指南》申明了欧盟委员会的意图，即出于集体豁免的目的，不能从协议的其余部分中分离出核心限制。[245] 虽然不是十分确定，但是关于这一点的指导，成员国[246] 和欧盟法院很有可能跟从欧盟委员会。[247]

5.52　排除限制的影响

与具有核心限制的情况相反，如果存在排除限制，则只有该限制应被

---

[237]　英国上诉法院在案例 *Passmore v Morland*，EWCA 的一项决定中接受了协议可以根据市场情况被适用和取消豁免的可能性，但在另一项决定，即案例 *Crehan vInntrepreneur*§144，EWCA 中则表示了怀疑。

[238]　5.22—5.49。

[239]　关于这一限制，见 5.35。

[240]　316/2014 条例第 4 条。

[241]　316/2014 条例第 5 条。

[242]　316/2014 条例序言第 14 段。

[243]　316/2014 条例。

[244]　在 *Courage v Crehan* §155，EWCA 案中，关于纵向协议的集体豁免，（在撤销高等法院判决时）认为这种一般分解条款无效。有关进一步的引用和建议的条款形式，请参见第二章 2.42。

[245]　2014 年《技术转让协议指南》第 95 段。

[246]　这个问题是根据欧盟法律解释该条例的问题，而不是根据国家法律解释分解的问题：*Courage v Crehan*§154，EWCA（撤销高等法院判决）。

[247]　如 5.21 所述，2014 年《技术转让协议指南》明确不影响欧盟法院对 316/2014 条例的解释。

排除在集体豁免之外，[248] 并且如果协议其他条款满足集体豁免的要求，则应取得豁免。因此，条例规定，集体豁免不适用于任何明确被排除的限制 213
条款，[249] 但未规定豁免不适用于含有这些限制条款的协议。

《技术转让协议指南》申明了欧盟委员会的意图，指出如果被排除的条款是可分的，则集体豁免可以适用于协议的其余条款。[250] 然而，可以认为这种处理是不符合《欧盟运行条约》第 101 条第 3 款和授权条例 19/65 条例的，其中规定第 101 条第 1 款可能被认定不适用于符合特定条件的协议或协议类别，但似乎不允许对协议的某些部分进行豁免。

排除的限制根据本章下一节中讨论的原则进行个别评估。[251]

5.53　参考“目的”的意义

该条例提到了具有特定核心限制“作为其目的”的协议。[252] 欧盟委员会的《技术转让协议指南》确认，与欧盟法院对《欧盟运行条约》第 101 条中类似短语的解释相一致，[253] 具有核心限制“作为其目的”是指那些本质上限制竞争的情形，因为它们对竞争产生如此高的潜在负面影响，因此没有必要证明对市场的实际负面影响。[254]

指南进一步表明，根据判例法，[255] 此类限制是否属于这种性质取决于若干因素，包括协议的条款、客观目标和背景以及当事方的行为；当事人限制竞争的主观意图与其相关，但对于认定某限制具有这种性质并非必要；并且即使协议也追求合法目的，它仍可能具有限制性目的。[256]

---

[248] 316/2014 条例序言第 15 段。

[249] 316/2014 条例第 5 条第 1 款、第 2 款。

[250] 2014 年《技术转让协议指南》第 128 段；但是关于这种方法的有效性，请参见第二章 2.42。

[251] 5.74—5.159。

[252] 316/2014 条例第 4 条第 1 款、第 2 款。

[253] 参见例如 C-49 / 92P *Anic Partecipazione* judgment §99，CJ；C-501 / 06P *GlaxoSmithKline Services v Comission* judgment §§55–64，CJ；以及第二章 2.20。

[254] 2014 年《技术转让协议指南》第 14 段、第 94 段。

[255] 2014 年《技术转让协议指南》援引了案例 29, 30 / 83 *CRAM* 和 *Rheinzink* judgment §26，CJ；96/82 *ANSEAU-NAVEWA* judgment §§23–25，CJ；C-501 / 06P *GlaxoSmithKline Services v Commission* judgment §§59–64, CJ；C-209/07 *Competition Authority v Beef Industry Development Society* judgment §§21–39，CJ；C-8/08 *T-Mobile Netherlands* judgment §§31，36–39，CJ；C-32/11 *Allianz Hungaria Biztosito* judgment §§33–38，CJ；T-491/07 *Groupement des cartes bancaires v Commission* §146，GC。

[256] 2014 年《技术转让协议指南》第 14 段。

根据这种方法，该条例提到了“直接或间接，单独或与当事方控制下的其他因素共同”以某些特定限制作为其目的的协议。[257]

214 另一方面，这一措辞表明，完全或部分由当事人无法控制的因素造成的这种限制不会妨碍集体豁免的适用。[258]

5.54　竞争企业或制定互惠许可的单独清单

该条例另有列出单独清单作为核心限制和排除限制，具体取决于当事人在达成协议或进行重大修改时是否存在竞争[259]及许可是否属于或将成为互惠许可。[260]以下各段讨论了这些区别，并在本章的下一节中分析了不同案例中对被认定为核心限制的不同条款。[261]第5.89段中的表格摘要也可能有助于概述各类协议中不同条款的处理方式。

5.55　竞争企业

“竞争企业”的含义已在前面讨论过。[262]在考虑该条例下潜在的核心限制时，只有在协议最初缔结或在重大方面进行修订时，才会评估当事方是否为竞争企业。[263]因此，一项规定不会仅仅因为双方已开始相互竞争就成为使协议无效的核心限制。但是，随后关于竞争技术权利的新技术转让协议的缔结被视为对此的修正，同时要求根据该条例重新评估合并后的协议。[264]

5.56　互惠协议

条例规定“互惠协议”指的是，两个企业在相同或单独的合同中相互授予竞争技术许可或可用于生产竞争产品或服务的许可。[265]与其他地方一样，企业包括条例规定的关联企业。[266]根据《技术转让协议指南》，仅仅因为被许可人同意或确实允许许可人使用改进后技术的许可协议不是互惠协议。[267]

---

[257]　316/2014条例第4条第1款、第2款。

[258]　见第二章2.51和该章脚注325。

[259]　5.55。

[260]　5.56。

[261]　5.57—5.68。

[262]　5.37—5.44。

[263]　316/2014条例第4条第3款。

[264]　316/2014条例第4条第3款；2014年《技术转让协议指南》第39段。

[265]　316/2014条例第1条第1款（d）和（e）项。定义中使用的“产品”一词包括中间产品和最终产品和服务，316/2014条例第1条第1款（f）项。

[266]　5.25。

[267]　2014年《技术转让协议指南》第98段。

为此，协议是不是互惠的属于连续条件。条款可能因为双方之间的后续协议，或者因为收购或合并导致双方（包括关联企业）之间存在互惠协议而成为一项核心限制，导致协议无效。[268] 这与协议签订后企业才开始竞争的立场相反。[269] 215

欧盟委员会指出，如果协议由于后来的协议而成为互惠协议，委员会将考虑协议之间的时间间隔，以便单独评估它们。[270] 据推测，如果已经过去很长时间，那么委员会将更倾向于通过类比来应用集体豁免的方法，就好像协议不是互惠的一样。

### 6. 核心限制：涵盖的条款等

5.57　核心限制：竞争企业

如果双方是竞争企业，则规定的核心限制（排除豁免）[271] 如下：

a. 限制一方在向第三方销售产品时确定其价格的能力，[272] 包括固定价格、最低价格、最高价格和建议价格，[273] 以及限制被许可人偏离特定价格的因素（如较高的特许权使用费率）。[274]5.58 讨论了与该条款范围有关的其他问题。

b. 产出限制（包括限制超出规定产量的因素，例如违约金或更高的互惠许可使用费），[275] 但在非互惠协议中对被许可人施加的合同产品 [276] 的限制或在互惠协议中只针对一个被许可人的限制除外（被允许）。[277]

---

[268]　2014 年《技术转让协议指南》第 98 段。

[269]　5.55。

[270]　2014 年《技术转让协议指南》第 98 段。

[271]　5.51。

[272]　316/2014 条例第 4 条第 1 款（a）项。

[273]　316/2014 条例第 4 条第 1 款（a）项对最高价格和建议价格的适用来自其相应条款，即与非竞争企业之间的协议有关的第 4 条第 2 款（a）项的规定的例外的支持，见 5.63a。这一原意也在 2014 年《技术转让协议指南》第 99 段中得到了证实。但是，由于如果不遵守建议价格不会造成任何制裁或限制措施，实际上不构成对一方确定其价格的能力的限制，因此可以认为这种解释是不正确的，只要它能扩展解释到推荐价格。关于该指南的法律效力，见 5.21。

[274]　2014 年《技术转让协议指南》第 99 段。另见第 118 段，关于非竞争企业的相应规定，见 5.63a。

[275]　2014 年《技术转让协议指南》第 103 段。

[276]　即根据许可技术权利直接或间接生产的商品或服务，见 5.29。

[277]　316/2014 条例第 4 条第 1 款（b）项。允许非互惠数量限制的理由规定在 2014 年《技术转让协议指南》第 104 段。

216 c. 分配市场或客户，[278] 包括对特定地区或特定客户的销售限制，[279] 对在特定地区的生产限制 [280] 以及互惠的独家许可。[281]5.59—5.62 讨论了该条款的进一步问题和重要例外情况。

d. 对被许可人利用其自身技术权利的限制 [282]（无论是对生产或销售的地点、数量或价格的限制，对支付特许权使用费的要求，对第三方 [283] 许可的限制，还是其他限制），如果该利用并不涉及使用任何许可技术权利。[284]

e. 对任何一方在任何领域进行研发的限制 [285]（无论是否由被许可协议所涵盖 [286]），除非该限制对于防止向第三方 [287] 披露许可的专有技术是必不可少 [288] 的（在这种情况下是允许的）。[289]

217 5.58　确定第三方价格的限制：进一步的问题

如前所述，根据 316/2014 条例第 4 条第 1 款（a）项，限制一方向第

---

[278] 316/2014 条例第 4 条第 1 款（c）项。

[279] 即使被许可人仍然可以自由使用自己的技术，对合同产品销售的限制也被视为分配市场或客户：2014 年《技术转让协议指南》第 106 段。

[280] 2014 年《技术转让协议指南》第 105 段、第 192 段。这项规定对一些生产限制的适用，至少有一部分隐含在涉及生产限制的例外情况（见 5.61—5.62），并且在需要当地生产的情况可以证明是合理的。但是，很难看出，如果不能对一方在相关地区出售的能力产生任何重大影响，则很难看出对特定地区的生产限制可以被视为 316/2014 条例第 4 条第 1 款（c）项包含的对“市场或客户的分配”。

[281] 2014 年《技术转让协议指南》第 105 段。根据 316/2014 条例第 4 条第 1 款（c）项（i）目，允许使用非互惠独家许可协议：见 5.62。

[282] 316/2014 条例第 4 条第 1 款（d）项。该规定不适用于对被许可人使用与许可人存在竞争的第三方技术的限制：2014 年《技术转让协议指南》第 116 段。

[283] 2014 年《技术转让协议指南》第 116 段，以及第 101 段有关许可使用费。

[284] 虽然没有明确说明这一附带条件，但它应该是隐含的，因为该条例允许限制被许可人使用许可技术；参见 2014 年《技术转让协议指南》第 116 段。

[285] 根据 2014 年《技术转让协议指南》第 115 段，当事方有义务相互提供改进这一事实并不构成对其研发的限制，但对此类协议对竞争的影响必须个案判断。但是，这种方法难以与提供避风港的集体豁免和避免个案评估的目的相协调。

[286] 2014 年《技术转让协议指南》第 116 段。

[287] 2014 年《技术转让协议指南》第 115 段规定，附带条件仅适用于与第三方进行研究和开发的限制，但可以认为，它涵盖可能危害专有技术机密性的其他限制，例如禁止在公共场合进行开发工作或申请专利。

[288] 2014 年《技术转让协议指南》第 115 段强调（不容置疑的），只有在保护许可技术的机密性必要相称的情况下才允许此类限制。例如，如果协议指定被许可人的特定雇员接受培训并对其负责，则要求被许可人不允许这些雇员参与第三方的研究可能就足够了。

[289] 316/2014 条例第 4 条第 1 款（d）项。

三方规定价格被视为竞争者之间技术转让协议的核心限制。[290] 欧盟委员会认为此类限制包括交叉许可与相互执行的特许权使用费，或在没有促进竞争目的的情况下支付其他投入，理由是这些安排构成协调下游市场价格的手段。[291]

欧盟委员会进一步认为，316/2014 条例第 4 条第 1 款（a）项的规定涵盖根据所有产品的销售来计算特许权使用费的合同义务，无论是否使用受许可的技术。[292] 但是，很难看出这项义务如何能被视为限制一方确定价格的能力。更合理的可能是将其视为违反 316/2014 条例第 4 条第 1 款（d）项的规定，对被许可人利用自己技术权利的限制，因为被许可人需要为使用自己的技术支付使用费，欧盟委员会对这一情况也有所考虑。[293] 正确的分析很重要，特别是在被许可人使用或可能使用第三方技术权利或公共领域技术的情况下，[294] 以及与非竞争企业相关的方面。[295]

欧盟委员会在《技术转让协议指南》中进一步规定，特殊情况下，特许权使用费是基于所有产品销售的协议可以满足《欧盟运行条约》第 101 条第 3 款的条件，即这种“限制”对于有利于竞争的许可是必不可少的。[296] 而更合理的观点是，在这些情况下，许可使用费条款并非对竞争的限制。[297]

欧盟委员会同意 316/2014 条例第 4 条第 1 款（a）项不适用于最低许可费，这些许可费本身并不违反规定。[298]

---

[290] 见 5.57a。

[291] 2014 年《技术转让协议指南》第 100 段和脚注 57。另见 2014 年《技术转让协议指南》第 185—186 段，以及 5.93。

[292] 2014 年《技术转让协议指南》第 101 段、第 185 段。

[293] 2014 年《技术转让协议指南》第 101 段、第 185 段。关于 316/2014 条例第 4 条第 1 款（d）项，见 5.57d。另见 5.91 中讨论的案例 193/83 *Windsurfing International* judgment §67, CJ。

[294] 由于第 4 条第 1 款（d）项仅限于对被许可人拥有的技术权利的使用进行限制：见 5.57d。

[295] 由于非竞争企业之间的价格固定（一般而言）是一项核心限制，但限制非竞争许可证持有者使用其自身技术只是一项需要进行个别评估的排除限制：见 316/2014 条例第 5 条第 2 款，以及 5.70。

[296] 2014 年《技术转让协议指南》第 102 段。目前尚不清楚欧盟委员会是否认为集体豁免适用于这些情况，或者是否有必要对整个协议进行个案评估。

[297] 见第二章 2.17。如果该观点被接受，并且该协议在其他方面满足 316/2014 条例的规定，则它受到集体豁免的保护，没有必要进行个别评估。

[298] 2014 年《技术转让协议指南》第 99 段。

218 5.59 市场或客户的分配：范围

许可协议对一个或多个产品市场、工业部门或技术应用领域的限制，无论是对称的还是非对称的，都不被视为以分配市场或客户为目的，[299] 从而不构成 316/2014 条例规定的核心限制。[300] 相反，根据 316/2014 条例第 4 条第 1 款（c）项，竞争对手之间在同一产品市场或技术领域内购买产品的约定，无论是按区域还是集团分配客户，都构成技术转让协议中的核心限制，除非它们会构成一些例外情况。[301]

许可技术权范围之外的限制也被视为分配市场的一种形式，因此也被视为该条款下的核心限制。[302]

如前所述，欧盟委员会将互惠协议中对特定地区生产的限制视为分配市场或客户。[303] 另一方面，316/2014[304] 条例的结构似乎暗示，该条款并未延伸至 5.57b 所述的法规第 4 条第 1 款（b）项所允许的产出限制。[305]

5.60 允许分配市场或客户的例外情况：一般情况

316/2014 条例第 4 条第 1 款（c）项的规定明确排除了竞争企业之间技术转让协议的一些条款，这些条款将不被视为分配市场或客户的核心限制。316/2014 条例 [306] 的结构似乎暗示这些条款不被视为属于任何其他类别的核心限制，因此在符合集体豁免要求的协议中可以得到豁免。

5.61 垄断性使用的例外情况

无论是在竞争对手之间的互惠还是非互惠技术转让协议 [307] 中，都规定被许可人仅可为自用而生产合同产品的义务（“专属使用”）不被视为“核心限制”，前提是不限制被许可人将合同产品作为其自身产品的配件而进行主动或被动销售。[308]

---

[299] 至于“作为目的”的含义，见 5.53。

[300] 2014 年《技术转让协议指南》第 113—114 段。

[301] 2014 年《技术转让协议指南》第 114 段。

[302] 2014 年《技术转让协议指南》第 113—114 段。本指南中提及被许可人可以自由使用自己的技术权利似乎忽略了活动可能同时属于双方技术权利范围的可能性。

[303] 见 5.57c。

[304] 关于该条例的结构在其解释中的重要性，见 5.21。

[305] 316/2014 条例第 4 条第 1 款（b）项。

[306] 关于条例结构在其解释中的重要性，见 5.21。

[307] 关于“互惠”和“非互惠”的含义，见 5.56。

[308] 316/2014 条例第 4 条第 1 款（c）项（iii）目。

### 5.62　竞争对手之间非互惠协议中作为核心限制例外的情况 219

在竞争对手之间的非互惠[309]技术转让协议中，以下内容不被认为是核心限制：

i. 任何一方有义务不在为另一方保留的专属[310]地区[311]内生产使用被许可技术权利的产品。[312]

ii. 任何一方有义务不向为另一方保留的专属[313]地区或专属客户群销售[314]产品。[315]

iii. 限制被许可人向由许可人分配给另一个被许可人的专属地区或客户群进行主动销售[316]，前提是后者在自己的许可协议签订时与许可人不是竞争关系。[317]

iv. 当许可协议建立的初衷是为该客户创建一个[318]替代供应来源时，规定被许可人仅为特定客户生产合同产品的义务。[319]

---

[309]　关于“非互惠”的含义，见 5.56。

[310]　在 2014 年《技术转让协议指南》第 109 段中隐含在特定地区生产的唯一许可也不是核心限制。

[311]　该地区的规模没有限制，它可以在全球范围内：2014 年《技术转让协议指南》第 107 段。

[312]　316/2014 条例第 4 条第 1 款（c）项（i）目。在受保护地区向在其他地区生产的被许可人颁发销售许可证的专利权人不能被视为将这些地区保留给自己：案例 *Pilkington / Covina*, EuC。

[313]　如果地区不是排他性的，则在集体豁免下不允许包含此类限制的协议，但在某些排他性特定共享的情况下可以单独豁免，例如，在该保留区域内以缓解该方的生产暂时短缺：2014 年《技术转让协议指南》第 108 段。或者，可以认为，只暂时放宽排他性商定而一方仍然专有一个地区，从而可以继续适用集体豁免。更一般地说，很难证明竞争法对在共享地区比单一企业保留专有地区更严格；比较纵向协议中共享领土的欧盟竞争法政策的制定：见本书第二章 2.51b 讨论的案例 77/100 *Junghans*, EuC，以及现行的 330/2010 条例第 4 条（b）项（i）目。

[314]　316/2014 条例第 4 条第 1 款（c）项（i）目未规定不得出售给为另一方保留的专属地区或客户群的产品，但可以推测这适用于在基于许可技术权利的产品。

[315]　316/2014 条例第 4 条第 1 款（c）项（i）目。

[316]　2014 年《技术转让协议指南》第 108 段确认“主动销售”应按欧盟委员会 2010 年《纵向限制指南》中的描述进行解释，见 5.64—5.65。

[317]　316/2014 条例第 4 条第 1 款（c）项（ii）目。

[318]　根据 2014 年《技术转让协议指南》第 112 段，可存在多个此类许可协议，从而提供多个供应替代来源。

[319]　316/2014 条例第 4 条第 1 款（c）项（iv）目。许可协议的有效期无关紧要，且可以适用于单一场合：2014 年《技术转让协议指南》第 112 段。

从316/2014条例的结构和条款可以看出，即使在许可人对该技术没有任何权利的地区内，按照第i—iii小节的规定，一方也可能被合同
220 排除在生产或销售之外，同时不丧失获得集体豁免的可能。这体现了一个原则，即对许可人权利范围之外的竞争限制通常是不被允许的，这与240/96[320]条例和早期的集体豁免条例的立场形成对比，后者只有许可人在该地区具有相关技术的权利或平行专利权的情况下才允许将被许可人排除。

看上去一个地区或客户群体可能允许被保留用于一方以后的开发；不要求该方当前或立即利用它。[321]

应该注意的是，对地区或客户群体的限制，根据本段前面所述的316/2014条例，只有它们属于在许可人和被许可人（或转让人和受让人）之间的协议中才被允许；如果技术不是从一方转移到另一方，则集体豁免不适用于一个被许可人与另一个被许可人之间协议中的类似限制。[322]

5.63　核心限制：非竞争企业间

如果双方不是竞争企业，则指定的核心限制如下：

a. 对出售给第三方的产品价格的限制，[323]包括通过固定保证金、最大折扣、与竞争对手价格的联系、威胁、恐吓、警告、惩罚或终止合同等实现的间接限制。[324]但是，非竞争者[325]之间的协议允许给出最高价格或建议价格，前提是它们不构成固定的或最低的价格，这可能是受一方[326]压力或激励，或者基于向客户授予比授予其他客户更优惠条款的义务而产生的。[327]

b. 对作为指定分销系统中的零售商的被许可人向最终用户销售的限

[320]　240/96条例第1条第2款和第1条第4款。

[321]　见2014年《技术转让协议指南》第121段，有关非竞争企业部分的相应规定。

[322]　根据2014年《技术转让协议指南》第110段。

[323]　316/2014条例第4条第2款（a）项。

[324]　2014年《技术转让协议指南》第118段。该指南还指出，如果结合一些确定降价的行为（如监测或报告义务）或减少降低价格激励的措施（如向任何客户提供更优惠条款的规定），固定价格将更有效。另见2014年《技术转让协议指南》第99段中关于竞争企业之间协议中的相应规定以及5.57a。

[325]　关于竞争者之间协议的立场，见5.57a。另见5.143。

[326]　316/2014条例第4条（c）项。

[327]　2014年《技术转让协议指南》第118段。

制。但是，这不包括禁止在授权的营业场所之外运营的要求（这是被允许的）。[328]这项规定似乎来自纵向协议[329]的集体豁免，可能与技术转让协议无关。 221

c. 对被许可人[330]可能被动销售[331]合同产品[332]的地区或客户的限制。该条款出现了一些问题，具有重要例外情况，将在接下来的各段中予以讨论。[333]

5.64　“被动销售”和“主动销售”的含义

316/2014条例没有定义“被动销售”，但《技术转让协议指南》规定欧盟委员会将采用与《纵向限制指南》中规定的相同含义。[334]即“被动销售”意味着回应来自个人客户的请求，包括因此向他们提供货物或服务；而不是“主动销售”，即积极接近个人客户，例如通过直接发邮件（包括未经请求的电子邮件）或访问，或通过专门针对某群体或地区的广告或促销主动地接近特定地区或群组中的客户。[335]

当当事人通过合理的途径来针对其有权进行积极销售的客户进行广告或促销时，由该一般的广告或促销产生的对其他客户的销售被视为被动销售。如果在一般广告或促销不会吸引一方不允许进行主动销售的客户群体的情况下，该方依旧投资该广告或促销，则认为它们是合理的。相反，如果广告或促销活动只有在达到某个特定地区或群体时才对该方有吸引力，则视为对该地区或群体的主动销售。[336]

5.65　对通过网络销售的处理

一般而言，即使网站提供了不同的语言选项，或者如果网站的访问

---

[328] 316/2014条例第4条第2款（c）项。禁止通过互联网销售产品不能视为在本条款意义上的在授权的营业场所之外经营的要求：C-439/09 *Pierre Fabre* judgment §58，CJ。

[329] 330/2010条例第4条（c）项；见第二章2.51c。

[330] 在2014年《技术转让协议指南》第120段中所强调，非竞争者之间对许可人销售的限制不被视为技术转让协议的核心限制。

[331] 关于“被动销售”的含义，见5.64—5.65。比如，2014年《技术转让协议指南》第120段中所强调，除了在前述b段中提到的特殊情况，非竞争者之间对主动销售的限制不被视为技术转让协议的核心限制。

[332] 316/2014条例第4条第2款（b）项。关于“合同产品”的含义，见5.29。

[333] 5.64—5.68。

[334] 2014年《技术转让协议指南》第108段。

[335] 2010年《纵向限制指南》第51段。

[336] 2010年《纵向限制指南》第51段。

者选择自动通知而导致随后的销售，该网站仍被视为被动销售的一种形式。[337] 事实上阻碍一方当事人在因特网上销售的条款被认定为具有限制向
222 某些最终用户被动销售的目的，这些最终用户希望在线购买但位于销售方实际销售区域之外。[338]

欧盟委员会认为，对特定区域的被动销售的限制包括下列义务：（1）防止来自该地区的客户查看某销售方的网站或将其重导到另一销售方的网站；[339]（2）如果信用卡详细信息包含该地区的地址，则终止交易；[340]（3）限制在互联网上销售的比例（尽管要求维持实体店并使离线销售数量达到最低限度并不构成对其他地区被动销售的限制）；[341]（4）为在线销售的产品支付比线下销售的产品更高的价格或使用费（尽管收取一笔支持线下或在线营销的固定费用不被视为在其他地区限制被动销售）。[342]

另一方面，专门针对某些客户的互联网广告，例如第三方网站上的基于地域的网页横幅，将构成对这些用户的积极销售；通过向搜索引擎或在线广告提供商付费以专门向这些客户显示广告，可以视作向特定区域或特定群体的客户进行积极销售。[343] 成员国的法院曾认定通过亚马逊网站销售为积极销售。[344]

5.66　被动销售的间接限制

根据 316/2014 条例第 5 条第 2 款（b）项，限制被许可人向某些地区或客户的被动销售属于非竞争者之间技术转让协议的核心限制，这种处理方式延伸至对被动销售的间接限制，如通过金额手段来实现减少激励，监控许可产品的目的地，以及实施市场共享协议的数量限制。但是，数量限制不会被推定为被动销售的间接核心限制，除非有分割市场的迹象，例如：随着时间的推移调整数量以满足当地需求；在许可区域内数量限制和最低
223 销售要求的组合；与许可区域内销售相关的最低许可费；根据产品目的地

---

[337]　2010 年《纵向限制指南》第 51 段。

[338]　C-439/09 *Pierre Fabre* judgment §54, CJ.

[339]　2010 年《纵向限制指南》第 52 段（a）项。此外，欧盟委员会的数字单一市场战略中还提出了诸如此处列出的实践，包括竞争部门调查。

[340]　2010 年《纵向限制指南》第 52 段（b）项。

[341]　2010 年《纵向限制指南》第 52 段（c）项

[342]　2010 年《纵向限制指南》第 52 段（d）项。

[343]　2010 年《纵向限制指南》第 53 段。

[344]　*SRI Apparel v Revolution Workwear* §§56–61, IHC.

而有区别化的许可费率；监控不同许可人销售产品的目的地。[345]

5.67　将被动销售限制作为核心限制处理的例外情况

非竞争者之间技术转让协议中针对被许可人被动销售的限制可能被认定为核心限制，但一些限制被明确排除在核心限制的规定之外。条例的结构[346]似乎暗示这些条款不被视为属于任何其他类别的核心限制，因此在符合集体豁免要求的协议中这些条款是允许的。即使许可人在相关区域内没有任何权利，这些条款显然也符合316/2014条例。[347]这些例外（允许的条款）有：

i. 被许可人被动销售限制为专属区域或为许可人[348]保留的专属客户群（无论许可人目前是否为该区域或团体的供应商）；[349]

ii. 被许可人有义务仅为其自身（专属）使用生产合同产品，前提是不限制销售合同产品作为其产品的备件的主动和被动销售；[350]

iii. 被许可人有义务仅为特定客户生产合同产品，其中许可协议是为该客户创建替代供应来源而授权的；[351]

iv. 限制在批发层面经营的被许可人对最终用户的销售；[352]

v. 限制选择性分销系统成员对未经授权[353]的分销商的销售。[354]

第iv分段和第v分段中提到的规定似乎来自纵向协议的集体豁免，[355]可能与技术转让协议并无太大关联。

[345]　2014年《技术转让协议指南》第119段。

[346]　有关该条例结构在解释条例时的重要性，参见5.21。

[347]　与条例240/96以及先前的集体豁免所体现的立场不同；参见本书第一版第二章2.57。

[348]　316/2014条例第4条第2款（b）项（i）目。

[349]　2014年《技术转让协议指南》第121段。

[350]　316/2014条例第4条第2款（b）项（ii）目。

[351]　316/2014条例第4条第2款（b）项（iii）目。

[352]　316/2014条例第4条第2款（b）项（iv）目。

[353]　比较参照对作为零售级选择性分销系统成员的被许可人对最终用户的销售限制属于核心限制：316/2014条例第4条第2款（c）项和2014年《技术转让协议指南》第125段。因此，选择性分配系统不能与专属地区或客户群体相结合。

[354]　316/2014条例第4条第2款（b）项（v）目。许可人可以要求被许可人参与选择性分配系统：2014年《技术转让协议指南》第55段、第125段；5.36。

[355]　330/2010条例第4条（b）项（ii）目和第4条（b）项（iii）目。

224 5.68　不属于第 101 条第 1 款范围内的被动销售限制

在某些情况下，即使不是 316/2014 条例规定的核心限制分类的例外，对被动销售的限制也不属于欧盟运行条约第 101 条第 1 款意义上的限制竞争。[356] 在这些情况下，尽管有 316/2014 条例第 4 条第 2 款（b）项的规定，[357] 这种限制并不妨碍集体豁免对协议的适用。

**7. 限制的例外：涵盖的条款等**

5.69　限制不包括企业是否参与竞争

无论企业是否为竞争企业，以下直接或间接义务是“限制的例外”：

a. 关于被许可人向许可人（或许可人制定的第三方）独占许可 [358] 其对于被许可技术的改进或新应用，[359] 不管许可人是否支付关于该改进或新应用的对价 [360]；

b. 任何一方都不得质疑另一方在欧盟所拥有的知识产权 [361] 的有效

---

[356]　见 5.67。

[357]　2014 年《技术转让协议指南》第 126 段中似乎采用了这种观点。可以说 316/2014 条例第 2 条第 2 款支持这种观点，该条规定，集体豁免适用于技术转让协议包含《欧盟运行条约》第 101 条第 1 款范围内的条款的情况。

[358]　集体豁免涵盖了授予非排他性许可的义务，即使许可人有权向其他被许可人提供许可：2014 年《技术转让协议指南》第 131—132 段。但是，欧盟委员会似乎并未考虑到此类安排可能会在许可人的原始权利到期后很长时间内延长许可期限，从而对竞争造成重大限制：另请参见 5.71、5.129 和 5.148。

[359]　316/2014 条例第 5 条第 1 款（a）项。把反向授权从豁免中排除似乎适用于不可分割以及可分割的改进，请参见之前 772/2004 条例第 5 条第 1 款（a）项和（b）项的相应规定，其中仅排除了可分割的改进，即可以在不使用许可方技术权利的情况下加以利用的改进。

[360]　2014 年《技术转让协议指南》第 130 段。但是，欧盟委员会指出，在单独评估反向授权条款时，可能考虑付款方式以及其他因素，例如许可方的市场地位也可能与此有关。

[361]　从集体豁免中排除不适用于对挑战专有技术有效性的限制，因为其不包括在“知识产权”的定义中：参见 316/2014 条例第 1 条第 1 款（h）项、第 1 条第 1 款（i）项以及 5.26 和 5.35。欧盟委员会关于技术转让协议的准则（2014）§140 确认这种立场是刻意为之；欧盟委员会认为，允许使用此术语可以鼓励专有技术许可的竞争。

性[362]，但集体豁免可适用于排他许可[363]中规定的如果被许可方对任何[364]许可技术权利的有效性提出质疑，许可方可以终止协议的条款。[365] 225

如前所述，这些条款不适用集体豁免，但不排除其适用于协议的其余部分。[366]

5.70　排除协议各方不是竞争企业时的限制

如果协议各方不是竞争企业，则下列直接或间接的义务不包括在集体豁免中：

a. 限制被许可人利用其自身技术[367]（包括为仅使用被许可人技术生产的产品支付许可费的义务）。[368]

b. 限制任何一方进行研发的能力，除非该限制是不可缺少的，以防止向第三方披露许可的专有技术。[369]

如果当事各方互为竞争企业，则这些条款是核心限制。[370] 如前所述，当事各方在协议达成后成为竞争企业时，除非对此协议进行了实质性的修

[362] 从整体豁免中排除似乎不适用于限制对许可权利所有权挑战的条款，欧盟委员会认为这通常不会影响竞争：请参阅 2014 年《技术转让协议指南》第 135 段和 5.142。

[363] 参见之前的 772/2004 条例的相应规定，根据该规定，无论许可是排他性或非排他性，在质疑有效性的情况下，集体豁免同时包含了许可合同终止。2014 年《技术转让协议指南》第 136—139 段确认了欧盟委员会的立场，即非独占许可中的该术语不受 316/2014 条例的豁免。欧盟委员会现在认为，该术语可以通过在某些情况下抑制挑战许可技术有效性从而限制竞争，但在排他许可中不太可能产生反竞争效果，因为许可方当时依赖于被许可方为其提供技术回报。

[364] 从 316/2014 条例第 5 条第 1 款（b）项的条款来看，当整个协议有关多个权利在不同成员国，对其中任一有效性的挑战，集体豁免仍然适用。

[365] 316/2014 条例第 5 条第 1 款（b）项。关于禁止挑战条款被视为违反《欧盟运行条约》第 101 条的情况，请参见 5.133 及下文。

[366] 见 5.52。

[367] 316/2014 条例第 5 条第 2 款。欧盟委员会认为，与竞争对手之间的许可协议中有关此类限制的立场相一致，本规定不排除对被许可方利用属于第三方或公共领域的技术的限制：请参见 2014 年《技术转让协议指南》第 116 段、第 141 段和 5.57d。

[368] 2014 年《技术转让协议指南》第 142 段；同时参见其中第 101 段和第 116 段以及 5.57d，关于竞争企业之间的协议。本指南第 101 条所表达的观点是，无论是否使用许可技术，所有销售收取的许可使用费均构成对向第三方收取的价格确定的限制，这表明此类规定是核心限制，阻止了根据 316/2014 条例第 4 条第 2 款（a）项适用整个协议。但是，通常认为这种观点是错误的，在实践中不应遵循：见 5.58。

[369] 316/2014 条例第 5 条第 2 款。

[370] 316/2014 条例第 5 条第 2 款。

改，否则这些条款不会因此成为核心限制。[371]

### 8. 集体豁免的期限、撤回和废止

#### 5.71 集体豁免的期限

226 316/2014 条例规定，只要许可的技术权利未到期、未失效或被宣布为无效，集体豁免在协议期限内适用。就专有技术而言，只要专有技术是秘密的，豁免应适用于协议的有效期限，除非专有技术由于被许可人的行为而被公之于众。[372]

欧盟委员会在《技术转让协议指南》中指出，可以适用豁免直到该协议所涵盖的最后一项技术权利到期、失效或进入公共领域。[373] 似乎在原先被许可的权利已失效的情况下，如果该协议扩展至许可人随后获得的仍然有效的权利，豁免仍适用。看上去欧盟委员会似乎已经放弃了传统观点，即通过自动合并新权利来扩展包含限制性条款的许可合同，其本质上是违反竞争的。[374] 但是，如果某项协议对竞争产生了不合理延长的重大限制，则在特定情况下可以取消集体豁免。[375]

从字面上看，如果被许可人披露了被许可的专有技术，则该豁免似乎会持续到协议的整个期限，即使由于独立披露专有技术在某种情况下已经被公开。但是，人们认为，在这种情况下，当不是由于许可方的披露而使专有技术被公开时，目的性解释可以阻止集体豁免在专有技术应当为公众所知之日之后继续得到适用。

#### 5.72 集体豁免的撤回

在特定情况下，如果合同产生不符合《欧盟运行条约》第 101 条第 3 款效果，即该协议属于第 101 条第 1 款的范围，并且不满足第 101 条第 3 款中四个标准中的一项或多项，则可以撤销豁免。[376] 特别是，在第三方技术或潜在的被许可人进入市场受到限制的情况下，例如由于类似限制

---

[371] 见 5.57d 和 5.57e。

[372] 316/2014 条例第 4 条第 3 款，另参见 5.55。

[373] 2014 年《技术转让协议指南》第 68 段。

[374] 参见 240/96 条例序言第 14 段，以及该条例第 3 条第 7 款和第 8 条第 3 款（现已废除）；76/29 *AOIP/Beyrard* §§II.4（d），III.3，EuC；85/410 *Velcro/Aplix* §§B.II.1，B.III.1（c），B.III.2，B.III.2（b），EuC；*Peugeot/ Zimmern Agreement*，EuC；UK Patents Act 1977，s 45（现已废除）。

[375] 根据 316/2014 条例第 6 条；见 5.72。

[376] 316/2014 条例第 6 条，序言第 17 段；2014 年《技术转让协议指南》第 144—148 段。

性协议的并行网络的累积影响；[377] 或已经使用一种技术的当事方获得该许可下可用的唯一可替代技术的独家许可；[378] 或大量竞争技术的许可人要求被许可人将与其他许可人商定的任何更优惠条件延及给他们，可以撤销豁免。[379]

该撤销权可以由欧盟委员会行使，或者如果某一欧盟成员国或其中一部分符合具有单独地理市场的所有特征，则也可以由成员国的竞争法管理机构行使撤销豁免。[380] 由谁行使的举证责任在于欧盟委员会或国家竞争主管部门。[381] 227

欧盟委员会无权通过个案决定针对一般性未来协议撤回集体豁免，也无权下令禁止将来可能受益于集体豁免的未来协议。[382]

5.73　不适用豁免

如果类似技术转让协议的并行网络覆盖相关市场的 50% 以上，则欧盟委员会可能会通过另一项法规，令 316/2014 条例不适用于包含与该市场有关的特定限制的技术转让协议。[383] 但是，该法规在通过后 [384] 至少六个月才能生效，并且不会影响在其生效前的整体豁免的适用。[385]

### （三）根据第 101 条进行个案评估

#### 1. 介绍、材料和方法

5.74　概述

本章的这一部分涵盖了根据《欧盟运行条约》第 101 条对技术许可协议的个案评估。本章首先考虑了 5.79 中建议的应使用的材料和应遵循的方

---

[377] 316/2014 条例第 6 条第 1 款。

[378] 316/2014 条例第 6 条第 1 款（b）项；示例参见 T-51/89 *Tetra Pak Rausing v Commission*, GC。

[379] 2014 年《技术转让协议指南》第 148 段。

[380] 316/2014 条例第 6 条第 2 款，序言第 18 段；1/2003 条例第 29 条。

[381] 2014 年《技术转让协议指南》第 146 段。

[382] T-7/93 *Langnese Iglo v Commission* §§205–211, GC，这一做法也在 C-275/95P *Langnese Iglo v Commission* judgment §74, CJ 中被确认。

[383] 316/2014 条例第 7 条第 1 款，序言第 19 段；2014 年《技术转让协议指南》第 149—155 段。

[384] 316/2014 条例第 7 条第 2 款。

[385] 2014 年《技术转让协议指南》第 155 段。

法，[386] 包括一个结构化框架，以及在 5.80 中所述，至少有四个独立且可替代的技术时的“避风港”原则。

接着分析了评估 [387] 中使用的关键概念 [388] 以及可能需要特殊考虑的某
228 些类型的协议。然后在 5.89 中列出了技术许可中经常使用的条款的处理摘要，[389] 然后详细讨论了在这些标题下的条款和其他条款：许可费用；[390] 销售或生产的排他性和限制；[391] 质量控制、标记、搭售和捆绑；[392] 竞争技术；[393] 研究、开发、改进和新应用；[394] 对权利的有效性或所有权的挑战；[395] 其他条款。[396]

在本章结束部分，会讨论一些在对协议与《欧盟运行条约》第 101 条的兼容性进行个案评估时更为普遍的考虑因素。[397]

进一步对《欧盟运行条约》第 102 条规定的考虑；当其中一个企业处于支配地位时，则应参考第三章。

5.75　运用《技术转让协议指南》

如前所述，[398] 多年来，欧盟发展了与技术转让有关的竞争政策。现在，必须将欧盟委员会在 2014 年颁布的具有广泛意义的《技术转让协议指南》视为对技术转让协议进行单独评估所应用原则的主要来源。较旧的材料应谨慎使用。

《技术转让协议指南》不影响欧盟法院对《欧盟运行条约》第 101 条的解释。[399] 但是，欧盟法院强调，欧盟委员会对欧盟竞争政策的定位负

[386]　5.75—5.80。

[387]　双方之间的竞争关系、市场力量、准入壁垒和隐性限制：5.81—5.85。

[388]　和解、技术池和通过技术池授予的协议以及转让：5.86—5.88。

[389]　见下文表格。

[390]　5.90—5.93。

[391]　5.94—5.117。

[392]　5.118—5.121。

[393]　5.122—5.126。

[394]　5.127—5.132。

[395]　5.133—5.142。

[396]　5.143—5.150。

[397]　5.151—5.159。

[398]　5.12 及下文。

[399]　2014 年《技术转让协议指南》第 4 段。同时见 5.21 关于它们在成员国法院和当局的诉讼中的相关性。

责；[400] 而且欧盟法院可能不愿意干扰欧盟委员会的政策。成员国法院和竞争管理机构有义务与欧盟委员会合作，以促进欧盟竞争法统一[401] 适用，因此应重视欧盟委员会在《技术转让协议指南》中的观点。[402] 但是指南对国 229
家法院或竞争管理机构不具有约束力。[403]

应根据每种情况的具体情况，合理灵活地而不是机械地适用《技术转让协议指南》。[404]

5.76 运用技术转让集体豁免条例

《技术转让协议指南》指出，欧盟委员会将 316/2014 条例中的原则类比应用于条例外的协议，例如两个以上企业之间的协议，[405] 主许可协议[406] 以及为合约生产产品而许可使用著作权的协议；[407] 但不包括技术池和由技术池授予的许可协议。[408]

特别是，特殊情况除外，对技术转让协议的个案评估不会豁免 316/2014 条例所定义的核心限制。[409] 因此，在考虑技术转让协议的条款与《欧盟运行条约》第 101 条的兼容性时，通常首先确定是否属于该条例规定的核心限制。

另一方面，在没有核心限制的情况下，不管是由于超出市场份额门槛还是其他原因使得协议不适用集体豁免，都不能推定技术转让协议不符合

---

[400] C-344/98 *Masterfoods v HB Ice Cream* judgment §46，CJ；C-234/89 *Delimitis* judgment §44，CJ.

[401] 见脚注 79 的引文。

[402] 在 *Cutsworth v Mansfield Inns*，EWHC 中，英国高等法院在审议临时禁令的申请时，对欧盟委员会对 1984/83 条例（独家购买协议的集体豁免）的解释给予了一定的重视。

[403] C-226/11 *Expedia* judgement §§23–33，CJ.

[404] 2014 年《技术转让协议指南》第 3 段。

[405] 2014 年《技术转让协议指南》第 57 段。

[406] 即允许被许可方对技术进行再许可的协议；2014 年《技术转让协议指南》第 60 段。

[407] 2014 年《技术转让协议指南》第 48 段。关于"合同产品"和"生产"在此语境下的定义，见第二章 2.25 脚注 183。同时见 *Neilson-Hordell/ Richmark*，EuC（与技术许可有关的原则，该技术适用于根据英国法律在当时有效的技术图纸中的版权许可，以保护其中所代表的产品）。

[408] 2014 年《技术转让协议指南》第 57 段。关于由技术池授予的许可协议可能包含在 316/2014 条例中的可能性，请参见 5.31。关于技术池及其许可，请参见 5.160—5.176。

[409] 2014 年《技术转让协议指南》第 14 段、第 18 段、第 94 段、第 156 段；316/2014 条例，序言第 11 段、第 14 段。

第 101 条的规定。[410]

在个案评估中，关键概念不一定会与条例中的定义相同。[411] 定义的解释，要服务于能够给未经个案评估允许的协议类别提供合理程度的明确区
230 分，这种考虑不适用于个案评估协议的情况。[412] 例如，竞争企业的概念在个案评估中比在条例中的定义更宽泛。[413]

5.77　第 101 条第 1 款和第 101 条第 3 款规定的合并评估

在个案评估协议是否符合第 101 条的情况时，有必要考虑行为是否属于《欧盟运行条约》第 101 条第 1 款范围，如果是，则评估其是否可以根据第 101 条第 3 款予以豁免。如第二章所述，随着欧盟竞争政策的现代化，现在通常可以合并第 101 条第 1 款和第 101 条第 3 款的评估，但在某些情况下有必要单独考虑其适用。[414]

欧盟委员会的《技术转让协议指南》[415] 并不总是明确区分行为是符合第 101 条第 1 款还是能够通过第 101 条第 3 款的规定取得豁免。此外，根据第二章讨论的原则，某些情况下，指南似乎将有利于竞争协议的实质条款视为符合第 101 条第 3 款的豁免，但实际上这些条款应被视为在第 101 条第 1 款规制之外。[416] 因此，在某些情况下很难分别分析这两项规定下的技术转让协议的处理方式，以下讨论将采用合并的方法。在需要个案评估的情况下，仔细查看《技术转让协议指南》可能会有所帮助，并且通常应借鉴第二章所述的第 101 条的基本原则。[417]

5.78　一般的做法

通常不推定知识产权可能引起妨碍竞争问题；相反，技术许可本身就

---

[410] 316/2014 条例序言第 13 段；2014 年《技术转让协议指南》第 43 段、第 79 段、第 156 段、第 158 段。

[411] 在欧盟法律中，相同的术语在不同的上下文中可能具有不同的含义，例如见 270/80 *Polydor v Harlequin*, CJ; 104/81 *Hauptzollamt Mainz v Kupferberg* judgment §30, CJ; *Opinion on the EEA Agreement*, CJ; *and* 比较参照 E2/97 *Mag Instrument v California Trading Company*, *EFTA* ( *3/12/1997* ) *with C-355/96 Silhouette v Hartlauer*, CJ。

[412] 该条例的规定在通过之前的磋商中也受到代表的影响；这种代表不一定会在个案评估情况下产生相同的影响。

[413] 见 5.82。

[414] 2.60—2.61。

[415] 关于本指南的意义，请参见 5.75。

[416] 2.16—2.17；如见 5.101 和 5.113—5.114。

[417] 2.16—2.24。

是促进竞争的。[418] 即使是限制竞争的许可证也常常会提高效率，而必须根据《欧盟运行条约》第 101 条第 3 款对效率和竞争的负面影响进行权衡。绝大多数技术许可不违反第 101 条。[419]

5.79　运用指南评估的框架

《技术转让协议指南》包含有关技术转让协议的竞争政策和标准的一 231
般性讨论，[420] 以及有关特定类型条款处理的更具体的指导。[421] 目前尚不清楚这些不同部分之间如何交叉适用。例如，如果所有单独的条款通过参考具体指导而显得可以接受，那么是否仍应通过参考一般原则对协议进行整体评估？

通常认为，在许多情况下，一种有效的实践方法应考虑以下几点：

第一，该协议是否在集体豁免下被允许。[422]

第二，对于包含至少四个其他独立的可替代技术的协议，该协议是否在不包含核心限制协议的“避风港”范围内。[423]

第三，该协议能否因为协议不包含在相关情况下会引起限制竞争的任何条款而与《欧盟运行条约》第 101 条兼容。[424]

第四，根据基本原则 [425] 和《技术转让协议指南》中讨论的其他一般考虑，该协议是否与第 101 条兼容。[426]

如果基于这些基础之一，该协议看上去与第 101 条兼容，则通常无需进一步考虑其他标准。但是，在确定协议中是否包含核心限制或其他可能限制竞争的条款（在这些步骤的第二步或第三步中）时，有必要考虑欧盟委员会对《技术转让协议指南》总则中某些关键概念的分析，例如当事方是不是**竞争**（competing）**企业**，[427] 它们是否具有**市场支配力**（market

---

[418]　技术许可对促进竞争的影响在 5.152 中介绍。

[419]　2014 年《技术转让协议指南》第 9 段、第 17 段；316/2014 条例序言第 4 段。

[420]　2014 年《技术转让协议指南》第 5—39 段、第 156—180 段、第 234—243 段。

[421]　2014 年《技术转让协议指南》第 181—233 段。

[422]　5.19—5.73。

[423]　5.80。

[424]　5.81—5.150。如以下各段所述，相关背景包括诸如双方是否存在竞争、双方是否有互惠许可、双方的市场力量以及协议的性质和目的等因素。

[425]　第二章 2.16—2.26 和 2.54—2.59。

[426]　5.151—5.159。

[427]　5.82。

power),[428] 以及构成**限制**(restriction)[429] 的内容,并结合指南和 316/2014 条例中与特定条款类型相关的指导。

在早期阶段考虑协议是否因对成员国之间的贸易没有明显影响而不属于第 101 条规制可能很有用。[430] 但是,如果协议会对成员国内的贸易产生明显影响,则根据欧盟法律在此基础上进行的有利评估不会排除相关成员国竞争法的适用。

232 5.80　存在四个或更多独立控制技术的避风港原则

为了提高可预测性并界定可能引起垄断倾向案例的详细分析,欧盟委员会认为,在没有核心限制的情况下,如果除双方控制的技术外,有四个或四个以上独立控制的技术,用户可以以类似价格购买,以替代协议中双方控制的技术,则协议不太可能违反《欧盟运行条约》第 101 条。[431]

在评估存在的技术是否足以为替代时,必须考虑其相对的商业实力。例如,如果由于网络影响,消费者对采用许可技术的产品有强烈的偏好,则其他技术可能无法充分替代。[432] 市场份额可能并不总是表明现有可用技术的相对实力。[433]

这种“避风港”只是一种否定性假设,即其中的协议不受第 101 条的禁止,并不意味着不存在这样替代科技的协议不符合第 101 条的规定。[434]

一般认为,按照前面讨论的考虑,法院和国家竞争管理机构实际上将遵循欧盟委员会的这些指导原则。[435] 但是,这些原则是基于对可预见性和欧盟委员会的行政便利性的考虑,而不是基于对“避风港”内协议与第 101 条兼容性的权威性评估,欧盟委员会以外的法庭对此可能会不予考虑。[436]

---

[428]　5.83—5.84。

[429]　5.85。

[430]　见第二章 2.08—2.15。

[431]　2014 年《技术转让协议指南》第 157 段。同样见本指南第 25 段。如 39230 *Rio Tinto Alcan* §107, EuC(排除非许可的内部和过时技术后,少于有四个其他独立控制的,可替代技术:见该决定第 14 段、第 18—25 段)。

[432]　2014 年《技术转让协议指南》第 157 段。

[433]　2014 年《技术转让协议指南》第 25 段、第 162 段。

[434]　2014 年《技术转让协议指南》第 158 段。

[435]　5.75。

[436]　法院必须在不考虑行政便利的情况下决定当事方的权利,而国家竞争管理机构的行政便利可能与欧盟委员会的行政便利有所不同。

## 2. 关键概念

### 5.81 介绍

本节讨论了根据《技术转让协议指南》在个案评估中应使用的一些关键概念，即竞争企业，[437] 市场支配力，[438] 准入壁垒 [439] 和隐性限制 [440]。

### 5.82 双方之间的竞争关系 233

在个案评估中，316/2014 条例中关于竞争企业的定义（产品市场中的实际或潜在竞争者以及技术市场中的实际而**非**潜在竞争者 [441]）仍应用于确定是否存在该条例中规定的核心限制。[442]

此外，在进行个案评估时，就像在适用条例时一样，如果一方（或双方）侵犯了另一方的技术，[443] 或者其中一方的技术过时（或变得过时）或没有竞争力，则双方被视为非竞争对手。[444] 双方是否为竞争对手通常应在协议订立（或任何重大修订）之日进行评估。[445]

在其他方面，在个案评估中可能有必要延伸 316/2014 条例中竞争企业的定义。特别是，技术市场中的**潜在**（potential）竞争者和**实际**（actual）竞争者都可以被视为竞争者。[446]

此外，一些许可协议也可能会影响创新的竞争。在分析这种影响时，欧盟委员会通常会将自己限于研究对现有产品和技术市场中潜在竞争的影响。但是，在某些情况下，可能有必要单独考虑对创新竞争的影响，尤其是在协议可能影响旨在创造新产品，并且早期仅可以确定有限数量的研发

---

[437] 5.82。

[438] 5.83。

[439] 5.84。

[440] 5.85。

[441] 316/2014 条例第 1 条第 1 款（n）项，在 5.37—5.44 中有所讨论。

[442] 2014 年《技术转让协议指南》第 83 段。关于 316/2014 条例中规定的核心限制，请参见 5.57–5.68。关于它们在个案评估中的相关性，请参见 5.76。

[443] 2014 年《技术转让协议指南》第 29 段、第 32—33 段；见 5.43。

[444] 2014 年《技术转让协议指南》第 37 段；见 5.44。

[445] 2014 年《技术转让协议指南》第 38—39 段。这与 316/2014 条例在核心限制方面的立场相对应，但与市场份额有关；分别参见 5.55 和 5.45。

[446] 2014 年《技术转让协议指南》第 28 段、第 36 段、第 83 段。同样参见 2011 年《横向合作协议指南》第 118 段，其中强调了在联合研发协议的背景下技术市场中潜在竞争的重要性；但请比较参照 37792 *Microsoft* prohibition decision §§465–470，EuC，大部分诉求在上诉 T-201/04 *Microsoft v Commission*，GC 中被支持。

力量[447]情况下的创新。[448]

234 即使在产品、技术或创新市场中不是实际或潜在竞争对手的情况下，也有必要考虑各方拥有的竞争技术。例如，在一家技术公司（不是产品市场上的实际或潜在竞争对手）向一家制造公司授予独占许可的情况下，竞争可能受到限制，该制造公司在使用竞争技术的产品市场上拥有较大市场份额，但是并不是技术市场上的实际（甚至潜在）竞争者（因为它没有许可该技术）。[449]

5.83 市场支配力

市场支配力是指在一段时间内以高于竞争水平的价格或低于竞争水平的产出（数量、质量、品种或创新）保持盈利的能力。[450]

各方的市场份额为判断其市场支配力提供了指标，尤其是当它反映出诸如成本、先占优势、必要专利或高级技术等因素所带来的优势时。[451]另一方面，当市场进入壁垒低时，较高的市场份额可能并不能表明市场支配力。[452]而当企业的关键专利即将到期时，预估其市场支配力下降是合理的。[453]

在通过个案评估许可方在技术市场中的份额时，在可行的情况下，有

[447] 例如，针对某项新产品或技术或该产品或技术的替代品的研发工作：请参见2011年《横向合作协议指南》第120段，其中还指出，考虑到工作的性质，范围和规模，获得财务和人力资源，专有技术，专利和其他资产的途径，以及开发可能成果的时机和能力。

[448] 2014年《技术转让协议指南》第26段。参见2011年《横向合作协议指南》第119—122段。前者指出，这仅在少数情况下才适用，而后者则建议，在所有情况下都可以尽早确定竞争性的研发重点是适当的。

[449] T-51/89 *Tetra Pak v Commission*, GC. 欧盟委员会先前的2004年《技术转让协议指南》的第135段中指出了这一点，目前的2014年《技术转让协议指南》中未对此进行重复，但似乎仍然有效。比较参照39230 *Rio Tinto Alcan* §§21–25, EuC（拥有不可许可的内部技术的企业，不是制造相同产品的许可技术的相关市场上的竞争对手）。

[450] 2011年《横向合作协议指南》第39段。

[451] 2014年《技术转让协议指南》第162段。

[452] 2014年《技术转让协议指南》第160段；另参见T-79/12 *Cisco v Commission* §§51–53, 65–74, GC（在新的市场中没有重大的进入壁垒，尽管新市场的合并市场份额达到80%—90%，合并仍被批准）。关于进入壁垒的评估，见5.84。

[453] 2011年《横向合作协议指南》第147段，例2。

必要考虑其许可使用费收入份额以及其许可产品在产品市场上的份额。[454]这与 316/2014 条例中的方法形成对比，后者仅使用后一个标准。[455]也可能有必要考虑到不同技术相对支配力的其他可参考指标。[456]市场份额并不总能成为表明技术相对支配力的良好指标，并且它本身可能会因使用的方法而产生不同结论。[457]

通常，当竞争者相对于第三方竞争者的市场支配力较小时，对竞争的 235
不利影响就较小。但是，如果市场由少数具有相似市场地位的竞争者组成，则存在共谋风险。[458]

如果许可产品的购买者因为在购买市场上占有较大份额或在转售市场上具有支配地位（例如，由于地理分布或品牌优势）而具有高度的市场支配力，则当事人的市场支配力可能会受到限制。买方的市场支配力可以避免本来会存在的竞争问题，尤其是在相对价格小幅永久上涨的情况下，他们有能力和动机将新的供应来源推向市场。但是，当购买者的市场力量仅能用于从现有供应商中提取优惠条件或将提价转嫁给他们的客户时，则不能得出相同的结论。[459]

5.84 准入壁垒

如前一段所述，[460]准入壁垒对于评估当事方的市场力量以及评估协议或协议的特定条款对竞争的影响可能是至关重要的。准入壁垒的衡量标准是，在多大范围内现有企业可以在不吸引新进入者的情况下将其价格提高到竞争水平之上。当市场一两年内可能发生有效进入时，通常可以认为准入壁垒低。[461]

---

[454] 2014 年《技术转让协议指南》第 25 段；39230 *Rio Tinto Alcan* §§38–39，EuC；比较参照 2011 年《横向合作协议指南》第 125 段，观察到由于缺乏有关专利使用费，免版税的交叉许可等方面的明确信息，这通常可能是理论上的，而不是实践上的。

[455] 见 5.47。

[456] 2014 年《技术转让协议指南》第 25 段。

[457] 2014 年《技术转让协议指南》第 162 段；39230 *Rio Tinto Alcan* §§36–42，EuC（根据许可使用费、安装容量和所售产品评估的市场份额分别为 80%—90%、50% 以上和 40%—50%）。

[458] 2014 年《技术转让协议指南》第 163 段。

[459] 2014 年《技术转让协议指南》第 164 段。同样见 39230 *Rio Tinto Alcan* §§46–50，EuC（不存在与之抗衡的强大的买家联盟的市场支配力）。

[460] 5.83。

[461] 2014 年《技术转让协议指南》第 165 段；比较参照 39230 *Rio Tinto Alcan* §§43–45，51–52，EuC。

准入壁垒是沉没成本作用的产物，沉没成本在进入市场时必然发生，而在退出市场时会损失。[462] 它们可能来自规模经济和范围经济、政府法规（特别许可权利批准的地方）、国家援助、进口关税、知识产权、有限资源的所有权、必要设施、先行者优势、品牌忠诚度或限制性协议。[463]

5.85　隐性限制

在评估技术转让协议时，除了考虑明示条款，也有必要考虑对各方的隐性限制。隐性限制的存在可以是源自协议的实施方式或激励措施。[464] 例
236 如，协议的实施方式可能表明存在默契共谋（tacit collusion）；并通过激励替代方案（例如通过不同的许可使用费率）来鼓励人们采取行动，而不是禁止这种行为。[465]

还应该意识到，授予独家许可意味着权利许可人有义务不向他人授予许可协议。在这方面，这是对许可人的限制。

### 3. 特定类型的协议

5.86　和解

原则上，解决知识产权争端的和解协议中的许可与任何其他许可的处理方式相同。[466] 在评估此类许可时，必须特别考虑单向或双向阻碍的程度，以及是否将当事方视为竞争企业。[467] 如果很明显没有阻碍，因此各方是竞争企业，则 316/2014 条例第 4 条第 1 款所规定的条款将是核心限制，除特殊情况外不能被豁免。[468]

另一方面，如果在没有许可协议的情况下，被许可人将很可能被排除在市场之外，则该协议不太可能限制竞争，但该和解的个别条款可能仍会被《欧盟运行条约》的第 101 条第 1 款所限制。[469] 即使存在双向阻碍，如

---

[462]　2014 年《技术转让协议指南》第 166 段。

[463]　2014 年《技术转让协议指南》第 166 段。

[464]　2014 年《技术转让协议指南》第 14 段、第 161 段。

[465]　见 5.93。

[466]　65/86 *Bayer v Süllhöfer* judgment §§14–15，CJ；258/78 *Nungesser v Commission* judgment §§80–90，CJ；75/570 *Zuid-Nederlandsche Bronbemaling v Heidemaatschappij Beheer*，EuC；*Neilson-Hordell/Richmark*，EuC；2014 年《技术转让协议指南》第 237 段。关于法院依据或包含一个违反第 101 条的和解协议而作出的判决，见第二章 2.62。

[467]　2014 年《技术转让协议指南》第 237 段。关于阻碍地位以及当事方是否为竞争企业，请参见 5.37—5.44 和 5.82。

[468]　见 5.57—5.62、5.76，以及 5.89.

[469]　2014 年《技术转让协议指南》第 236—237 段。

果和解中的交叉许可所施加的限制明显超出了消除互相阻碍[470]所需要的限制，并且当事人具有很强大的市场支配力，[471]它们也有可能违反第101条第1款的规定。在当事方分占市场[472]或确定互惠经营使用费[473]从而对市场价格有重大影响时，第101条第1款特别可能得到适用。[474]

但是，根据316/2014条例[475]的规定，分占市场可能根据第101条第3款规定得到豁免，在当事方是竞争对手的情况下，或者更广泛的情况下当事方并非竞争对手时，[476]可以根据个案评估进行豁免。[477]

竞争企业之间相互的许可使用费很可能被视为核心限制，通常不会被 237
豁免。[478]

和解协议可能包含“延迟付款”或“限制付款”，[479]远期提要条款，[480]以及禁止质疑条款，[481]这些将在后面的部分中进行讨论。

5.87　技术池和通过技术池授予的许可协议

本章第三部分将对有关建立和运营技术池的协议以及由它们授予的许可会引起一些特殊问题[482]进行介绍。[483]为此，“技术池”一词是指直接或间接许可给第三方的技术包；[484]双方之间的互惠许可在本部分中讨论。

欧盟委员会认为通过技术池授予的许可协议需要被区别对待这一观点似乎是基于它们是多方安排的前提。[485]如果只有两个当事方（如技术池经营者和被许可人的企业），则可以认为，如果满足其他要求，该许可被

---

[470] 关于评估知识产权有效性和范围的必要性和方法，请参见5.43。

[471] 2014年《技术转让协议指南》第240段。关于评估市场支配力的考虑，请参见5.83—5.84。

[472] 分割市场在5.94及下文中讨论。

[473] 互惠经营使用费在5.93中讨论。

[474] 2014年《技术转让协议指南》第240段。

[475] 见5.60—5.62和5.67。

[476] 关于当事方是不是竞争企业，请参见5.37—5.44和5.82。

[477] 见5.94及下文。

[478] 见5.93。

[479] 见5.103。

[480] 见5.128。

[481] 见5.133—5.142。

[482] 2014年《技术转让协议指南》第57段、第247段。

[483] 5.160及下文。

[484] 2014年《技术转让协议指南》第56段、第244段。

[485] 2014年《技术转让协议指南》第56段、第247段。

316/2014 条例所规制，并且本章中的原则可以适用于个案评估。[486]

5.88 转让协议

如果与技术开发相关的部分风险仍在转让人手中，特别是在应付金额取决于受让人的营业额的情况下，转让很可能会得到与 316/2014 条例所规定的个案评估[487]许可一样的对待。[488]

欧盟关于一次性付款的转让协议立场不明确。该条例暗示根据《欧盟运行条约》第 101 条应对它们进行区别对待，但是区别对待的经济理论支持尚不明确。在实践中，许多技术转让都是在经营者集中的背景下进行的，这在第四章中已有讨论。

### 4. 条款索引

5.89 表格摘要

下表简要总结了《欧盟运行条约》第 101 条对不同类型条款的处理。
238 简洁可能会造成不准确，因此读者应参考编号所指示的段落以获取更完整的说明。“BE”是指集体豁免；“EuC”是指欧盟委员会；“IPR”是指知识产权；“SEP”是指“标准必要专利”。

| | **竞争企业，互惠许可协议** | **竞争企业，非互惠许可协议** | **非竞争企业** |
|---|---|---|---|
| 使用许可技术制造的产品的许可使用费 | 允许：5.90；<br>如果存在伪造、明显不成比例或利率上升，那么互惠许可使用费很可能违法：5.93 | 允许：5.90 | 允许：5.90 |
| 未使用许可技术生产的产品的许可使用费 | 如果使用被许可人自己的技术，则为核心限制；<br>使用其他技术时则立场不明：5.91 | 如果使用被许可人自己的技术，则为核心限制；<br>使用其他技术时则立场不明：5.91 | 如果使用被许可人自己的技术，可能会侵权；<br>使用其他技术时则立场不明：5.91 |

[486] 见 5.31。

[487] *Preflex/Lipski*, EuC.

[488] 772/2004 条例第 2 条，连同第 1 条第 1 款（b）项。

续表

| | 竞争企业，互惠许可协议 | 竞争企业，非互惠许可协议 | 非竞争企业 |
|---|---|---|---|
| 权利到期后的许可使用费 | 通常允许：5.92 | 通常允许：5.92 | 通常允许：5.92 |
| 区别许可使用费 | 如果限制价格，出口等，则为核心限制：5.93 | 如果限制价格，出口等，则为核心限制：5.93 | 如果限制价格，出口等，则为核心限制：5.93 |
| 绝对的销售保护 | 核心限制：5.96 | 核心限制：5.96 | 明显根据 BE 可以豁免则允许；否则很有可能违法：5.96 |
| 限制销售以保护协议一方 | 核心限制：5.97 | 根据 BE 允许；在 BE 以外的某些情况下可能允许：5.98；除非延迟付款：5.103 | 根据 BE 允许；BE 范围之外，保护被许可人的限制通常允许；保护许可人的限制必要时也允许：5.100 |
| 保护其他被许可人的主动销售的限制 | 核心限制：5.97 | 如果其他被许可方在许可时尚未成为竞争企业，则根据 BE 许可；在 BE 之外进入市场所必需的期限内允许：5.99 | 根据 BE 允许；必要时在 BE 范围之外也允许：5.101 |
| 限制被动销售以保护另一位被许可人 | 核心限制：5.97 | 核心限制：5.99 | 核心限制，但如有必要，可能不受第 101 条第 1 款规制，但限于收回投资开发新市场所需的期间内：5.102 |
| 独家生产许可协议 | 被 EuC 视为核心限制：5.105 | 根据 BE 允许；如果许可人无法在其所在地区内有效利用许可，且被许可人不具有支配地位，则在 BE 范围之外也允许：5.106 | 根据 BE 允许；在 BE 范围之外也允许，除非能显著封锁市场：5.107 |

239

续表

| | 竞争企业，互惠许可协议 | 竞争企业，非互惠许可协议 | 非竞争企业 |
|---|---|---|---|
| 排他生产许可协议（sole production licence） | 根据BE允许；如果各方具有重大市场支配力，则不太可能在BE之外被允许：5.105 | 根据BE允许；如果各方具有重大市场支配力，则不太可能在BE之外被允许：5.106 | 根据BE允许；在BE范围之外也允许，除非能显著封锁市场：5.107 |
| 对被许可人生产的地域限制 | 被欧盟委员会视为核心限制：5.109 | 根据BE的规定，在为许可人保留的地域内允许；在许可人享有权利的地区，即使在BE范围之外也很可能被允许：5.110 | 根据BE的规定允许；在许可人享有权利的地区，即使在BE之外也很可能被允许：5.110 |
| 对被许可人生产的使用领域的限制 | 如果存在客观界定，则根据BE允许；在BE之外，如果不对称可能会违法，但除此之外一般合法：5.111—5.112 | 如果存在客观界定，则根据BE允许；在BE之外也通常允许：5.111—5.112 | 如果存在客观界定，则根据BE允许；在BE之外也通常允许：5.111—5.112 |
| 最大生产量 | 如果适用于双方，则为核心限制。如果适用于一方，则根据BE允许，并且在某些情况下在BE外也被允许：5.113 | 根据BE允许，并且在某些情况下在BE外也允许：5.113 | 如果不限制被许可方使用其自身技术，则根据BE允许。在某些情况下在BE之外也允许：5.114 |
| 最小生产量 | 允许，除非许可方具有较高的市场支配力：5.115 | 允许，除非许可方具有较高的市场支配力：5.115 | 允许，除非许可方具有较高的市场支配力：5.115 |

续表

| | 竞争企业，互惠许可协议 | 竞争企业，非互惠许可协议 | 非竞争企业 |
|---|---|---|---|
| 限制生产仅供自用 | 如果被许可人能够为自己产品而销售零件，则根据BE允许；在某些情况下，在BE之外也允许：5.116 | 如果被许可人能够为自己产品而销售零件，则根据BE许可；在某些情况下，在BE之外也允许：5.116 | 如果被许可人能够为自己产品而销售零件，则根据BE许可；在某些情况下，在BE之外也允许：5.116 |
| 仅限于向指定的第三方供应的生产限制 | 核心限制 5.117 | 根据BE可能被允许，在BE之外也可能被允许：5.117 | 根据BE可能被允许，在BE之外也可能被允许：5.117 |
| 质量和安全要求 | 如果具有相关性并存在客观界定，则允许：5.118 | 如果具有相关性并存在客观界定，则允许：5.118 | 如果具有相关性并存在客观界定，则允许：5.118 |
| 使用许可人的商标或名称的义务 | 允许：5.118 | 允许：5.118 | 允许：5.118 |
| 搭售和捆绑 | 根据BE允许；BE之外需要比较对竞争的促进和抑制效果：5.119—5.121 | 根据BE允许；BE之外需要比较对竞争的促进和抑制效果：5.119—5.121 | 根据BE允许；BE之外需要比较对竞争的促进和抑制效果：5.119—5.121 |
| 不得使用被许可人竞争技术的义务 | 核心限制：5.122 | 核心限制：5.122 | 被排除在BE之外；禁止使用很可能不被允许，但是终止使用通常被允许：5.122 |
| 不得使用第三方竞争技术的义务 | 根据BE允许：5.123。如果有重大排除竞争或存在共谋，则不属于BE且违反第101条规定：5.124；但有时可能会被豁免：5.125 | 根据BE允许：5.123。如果有重大排除竞争或存在共谋，则不属于BE且违反第101条规定：5.124；但有时可能会被豁免：5.125 | 根据BE允许：5.123。如果有重大排除竞争或存在共谋，则不属于BE且违反第101条规定：5.124；但有时可能会被豁免：5.125 |

240

续表

| | 竞争企业，互惠许可协议 | 竞争企业，非互惠许可协议 | 非竞争企业 |
|---|---|---|---|
| 研发限制 | 核心限制，除非是为阻止专有技术泄露所必需：5.127 | 核心限制，除非是为阻止专有技术泄露所必需：5.127 | 被BE排除；如果技术不太严格，则允许：5.127 |
| 许可人有义务许可技术改进 | 除非双方拥有重大的市场支配力，否则根据BE以及在BE外均可以：5.128 | 通常允许：5.128 | 通常允许：5.128 |
| 自动扩展 | 允许：5.129 | 允许：5.129 | 允许：5.129 |
| 非独家反向许可 | 在BE下允许；在BE外，除非阻碍创新竞争，否则允许：5.131 | 允许：5.131 | 允许：5.131 |
| 独家反向许可 | 被BE排除；是否合法取决于具体情况：5.132 | 被BE排除；是否合法取决于具体情况：5.132 | 被BE排除；是否合法取决于具体情况：5.132 |
| 241 禁止质疑条款（IPR） | 被BE排除；是否合法取决于具体情况：5.134、5.136 | 被BE排除；是否合法取决于具体情况：5.134、5.136 | 被BE排除；是否合法取决于具体情况：5.134、5.136 |
| 禁止质疑条款（专有技术） | 根据BE允许：5.137 | 根据BE允许：5.137 | 根据BE允许：5.137 |
| 如果质疑有效性则终止条款 | 如果是独家许可，则根据BE允许；如果不是独家的，则排除在BE之外；在BE外可能会违法，例如在适用于SEP的情况下：5.139—5.141 | 如果是独家许可，则根据BE允许；如果不是独家的，则排除在BE之外；在BE外可能会违法，例如在适用于SEP的情况下：5.139—5.141 | 如果是独家许可，则根据BE允许；如果不是独家的，则排除在BE之外；在BE外可能会违法，例如在适用于SEP的情况下：5.139—5.141 |
| 禁止质疑所有权 | 被认为不违法，并且在BE中被允许：5.142 | 被认为不违法，并且在BE中被允许：5.142 | 被认为不违法，并且在BE中被允许：5.142 |

续表

| | 竞争企业，互惠许可协议 | 竞争企业，非互惠许可协议 | 非竞争企业 |
|---|---|---|---|
| 价格限制 | 核心限制，但在特殊情况下可能不会违法：5.143 | 核心限制，但在特殊情况下可能不会违法：5.143 | 核心限制，如果不是固定价格或最低价格，则 BE 允许最高价格或建议价格；在特殊情况下可能不会违法：5.143 |
| 最惠待遇许可 | 根据 BE 允许；通常在 BE 外也合法：5.144 | 根据 BE 允许；通常在 BE 外也合法：5.144 | 根据 BE 允许；通常在 BE 外也合法：5.144 |
| 协助行使权利的义务 | 允许：5.145 | 允许：5.145 | 允许：5.145 |
| 保密义务 | 允许：5.146 | 允许：5.146 | 允许：5.146 |
| 不得转让或转授许可 | 允许：5.147 | 允许：5.147 | 允许：5.147 |
| 限制期限等同于许可权利有效期间 | 通常允许：5.148 | 通常允许：5.148 | 通常允许：5.148 |
| 权利过期后的限制 | 如果有明显影响，则不合法：5.149 | 如果有明显影响，则不合法：5.149 | 如果有明显影响，则不合法：5.149 |
| 协议终止后的限制 | 仅当权利仍然有效时才允许：5.149 | 仅当权利仍然有效时才允许：5.149 | 仅当权利仍然有效时才允许：5.149 |
| 提交仲裁 | 允许：5.150 | 允许：5.150 | 允许：5.150 |

## 5. 许可费用 242

### 5.90　使用技术的许可费用

技术许可的各方通常可以自由确定特许权使用费的金额和币种，而不受《欧盟运行条约》第 101 条的约束。[489] 原则上允许该协议规定被许可人

[489] 2014 年《技术转让协议指南》第 184 段。

一次性支付一笔款项，[490] 最低许可使用费，[491] 使用许可技术生产的每件产品的固定金额，或售价的百分比，或者（对于软件）每位用户或每台计算机的金额，[492] 或这些金额的组合。[493] 许可使用费也包括专有技术的使用，即以秘密配方的形式提供的不详细告知被许可人的专有技术。[494]

如果许可技术与最终产品有关，欧盟委员会在《技术转让协议指南》中指出，许可使用费可以基于最终包含该技术的产品价格确定。[495] 这与欧盟委员会先前持有的观点形成鲜明对比，该观点也获得欧盟法院的认可，即当受保护的许可人的权利只占产品的部分时，以整个产品的价格为基础计算专利许可使用费是反竞争的，除非单独对受保护技术部分进行估值不切实际，或者不存在对受保护部分本身的单独需求，或者所使用的依据不会对所收取的专利使用费产生实际的影响。[496] 这种方法是有问题的，特别是因为新颖部件的专利可能包括对包含该新颖部件的最终产品的权利要求。[497] 委员会放宽了 240/96 条例 [498] 的处理方式，一般认为，目前和之前 [499] 的指南中指出的观点现在被普遍接受。

如果许可人具有较高的市场支配力，最低许可使用费可能会导致排除竞争，从而违反第 101 条（如果许可人占主导地位，则违反第 102 条）。[500]
243 具有市场支配地位的企业要求不公平的许可使用费也可能因构成滥用市场地位而违反第 102 条。[501]

---

[490] 2014 年《技术转让协议指南》第 184 段。

[491] 2014 年《技术转让协议指南》第 183 段（e）项。

[492] 2014 年《技术转让协议指南》第 184 段。

[493] 37761 *Eurmax v IMAX*.

[494] 78/253 *Davide Campari-Milano*, EuC.

[495] 第 184 段。可以认为，通过受许可技术权利保护的过程制造的产品，或包含通过该过程制造的组件，应被视为为此目的而包含了该许可技术。至于未采用许可技术的产品应支付的使用费，请参见 5.91。

[496] 93/83 *Windsurfing International v Commission* judgment §§65–66, CJ. 法院似乎批准了委员会的一般做法，但得出结论认为，该案的事实是，受保护部分本身的许可使用费应不低于整个产品的许可使用费，因此对许可使用费收取基于整个产品并没有限制竞争。

[497] 见 Jacob J 和 Richard Stern 在［1999］EIPR 40 中的讨论。

[498] 第 2 条第 1 款第 7 项。

[499] 有关以前的 2004 年《技术转让协议指南》请参见本书第一版的第二章 2.77。

[500] *Microsoft*（1994），EuC.

[501] 见第三章 3.32—3.33，以及第七章 7.88—7.97。

### 5.91 未使用许可技术生产的产品的许可使用费

在一些早期案例中，对未使用许可技术生产的产品支付许可使用费的义务被认为是反竞争的。[502] 在目前的制度下，似乎很明显，针对仅使用被许可人自己技术生产的产品收取许可使用费被视为竞争对手之间协议中的核心限制。[503] 但是，欧盟委员会的现行指南对于在其他情况下针对不使用许可技术所生产产品收取许可费方面的规定似乎并不令人满意，其立场并不明确。

根据当前的《技术转让协议指南》，针对未使用许可技术生产的产品收取许可使用费会限制被许可人确定产品价格的能力。[504] 这似乎令人惊讶，因为许可使用费的支付与产品的价格之间没有直接联系，特别是在竞争激烈的产品市场中。但是，如果这一主张被接受，则无论双方是不是竞争企业，[505] 此类许可使用费都必须被视为核心限制。并且出于此目的，被许可人自己的技术与公共领域[506] 的技术或属于第三方之间的技术之间没有区别。[507]

针对未使用许可方技术生产的产品的使用费如果被认为是间接限制所用技术的使用，则更可能被正当化，欧盟委员会的《技术转让协议指南》也指出这一点。[508] 在此基础上，有必要区分竞争者之间的协议和非竞争者之间的协议，以及被许可人自己的技术与第三方或公共领域的技术。[509]

基于支付许可使用费的要求是对所使用技术使用的间接限制（而不是 244
对价格的限制），针对使用被许可人自己的技术（而非许可人的）制造的

---

[502] 193/83 Windsurf*ing International v Commission* judgment §§65–67, CJ（反对未经专利的滑板的许可使用费）; 76/29 *AOIP/Beyrard* §II.4（f）, §II.7, §III.3, EuC; *Spitzer/Van Hool*, EuC; *Neilson-Hordell/Richmark*, EuC; *Preflex/Lipski*, EuC。

[503] 2014 年《技术转让协议指南》第 101 段、第 116 段、第 185 段。316/2014 条例第 4 条第 1 款（b）项；另参见 5.58。

[504] 第 101 段、第 185 段。

[505] 符合 316/2014 条例第 4 条第 1 款（a）项和第 4 条第 2 款（a）项；见 2014 年《技术转让协议指南》第 101 段，另参见 5.57a 和 5.63a。

[506] 即技术不受任何知识产权或专有技术权的保护。

[507] 由于对专利使用费的限制必须相同，无论许可费是与被许可人自己的技术或公共领域的技术或第三方的使用有关。但是，这种结果在 2014 年《技术转让协议指南》第 101 段、第 185 段的部分中被间接拒绝，在第 188 段中被明确反对。

[508] 2014 年《技术转让协议指南》第 101 段、第 116 段、第 185 段。

[509] 如 2014 年《技术转让协议指南》第 101 段、第 185 段、第 188 段所建议。

产品收取的许可使用费构成竞争企业[510]之间协议的核心限制以及非竞争企业之间协议的排除[511]限制。[512]另一方面，如果不超过相关的市场份额门槛[513]且满足316/2014条例规定的其他条件，针对使用公共领域或第三方技术制造产品收取的许可使用费既不是核心限制，也不是排除限制，则可以适用集体豁免。[514]

在非竞争者之间的协议中，对不使用许可技术生产的产品收取许可费，可能因有利于使用费的计量而是可取的。[515]但是，对第三方技术的许可费也可能会导致排除竞争，如果这可能对竞争产生显著影响且不适用集体豁免，[516]则除非没有其他实际方式来计算或监督使用费，否则它们将被视为不符合《欧盟运行条约》第101条。[517]非竞争者之间的协议，针对使用被许可人自己的技术生产的产品收取许可使用费通常被视为限制竞争，不能根据第101条第3款而获得豁免。[518]

为了确定是否针对未使用被许可权利生产的产品收取了许可使用费，根据适用法律调查许可权利的范围可能是必要且适当的。[519]

5.92　权利到期后的许可费用

根据欧盟委员会《技术转让协议指南》，欧盟委员会先前的一些决定以及先前的集体豁免条例，许可费通常可以超出许可权利的有效期，而不

---

[510] 316/2014条例第4条第1款（d）项；2014年《技术转让协议指南》第101段、第116段；5.57d。

[511] 关于“排除的限制”带来的后果，请参见5.52。

[512] 316/2014条例第5条第2款；2014年《技术转让协议指南》第141—142段；5.70。

[513] 关于市场份额门槛，请参见5.45—5.49。

[514] 316/2014条例第5条第2款；2014年《技术转让协议指南》第141—142段。关于316/2014条例的其他规定，请参见5.19—5.73。

[515] 2014年《技术转让协议指南》第188段。这里指使用第三方技术生产的产品，但似乎同样适用于使用属于被许可方或公共领域的技术生产的产品。

[516] 如本段所述，要么是因为该协议不在集体豁免之列，要么是因为许可使用费规定被视为排除竞争的限制。

[517] 2014年《技术转让协议指南》第188段；*Microsoft*（1994），EuC。

[518] 2014年《技术转让协议指南》第142段。

[519] 193/83 *Windsurfing International v Commission* judgment §§23-36，CJ. 同时参见2014年《技术转让协议指南》第33段关于当时双方是否有互相阻碍立场的观察，在5.43中讨论。

会违反《欧盟运行条约》第 101 条的规定。[520] 但是，也有人认为，如果被许可人在被许可的权利期满之后不能在给予合理通知的情况下自由终止协议，则这种义务可能会限制竞争，违反第 101 条第 1 款的规定。[521] 245

5.93　互惠许可费和区别对待许可费

竞争对手之间交叉许可中的互惠经营使用费被视为价格固定的一种形式，因此，在许可是虚假的情况下被视为核心限制，因为不存在有利于竞争的目的或有效的商业理由，例如集成互补技术。[522] 即使存在商业理由，竞争者之间交叉许可中的经营许可费也可能会违反《欧盟运行条约》第 101 条，因为它们明显与许可技术的市场价值不相称，并且会对市场价格产生重大影响，除非因为双方的合计市场份额低于 20%，并且满足其他条件时适用集体豁免。[523]

如果互惠经营使用费随产量增加而增加，或者产量超过指定水平时应支付额外款项，则竞争对手之间交叉许可中的互惠经营使用费也构成对产量的核心限制。[524]

如果被许可人偏离指定价格，则要向许可人支付更高的许可使用费费率，这被视为对价格竞争的核心限制，无论当事方是否为竞争企业。[525] 在

---

[520]　2014 年《技术转让协议指南》第 187 段；88/143 *Rich Products/Jus-rol* §II.A（b），EuC；75/494 *Kabel- und Metallwerke Neumeyer and Etablissements Luchaire* §8（v），EuC；以及 240/96 条例序言第 21 段和该条例第 2 条第 1 款第 7 项。在 *Pestre v Oril* 中，巴黎上诉法院拒绝了一项关于支付 50 年许可使用费的规定的挑战。在 87/123 *Boussois/Interpane*，EuC 中，该许可规定了在协议期内，即使该专有技术进入了公共领域，也用于支付被许可专有技术的费用，并且仅在专利有效并由被许可人使用的情况下，用于专利的使用；这些规定被认为是可以接受的，见 §II.C（c），（d）。

[521]　320/87 *Ottung v Klee & Weilbach* judgment §13，CJ；76/29 *AOIP/Beyrard* §II.4（d），§III.3，EuC. 88/143 *Rich Products/Jus-rol* §II.A（b），EuC 中的观点也可以被引作支持这种观点。另参见 *UARCO*，EuC。

[522]　2014 年《技术转让协议指南》第 100 段、第 185 段。同时见 5.57a 和 5.58。指南似乎在增值问题、商业理由和促进竞争的目的之间有些混淆，但人们认为，并非源于竞争限制的商业理由应避免将对等的许可使用费作为核心限制。

[523]　2014 年《技术转让协议指南》第 186 段。该指南在这方面似乎存在一些不一致之处，在指南的前面指出（见注释 522）因为如果许可使用费明显与许可技术的市场价值不成比例，则表明许可是伪装的价格固定（核心限制不适用集体豁免）。

[524]　2014 年《技术转让协议指南》第 103 段；316/2014 条例第 4 条第 1 款（b）项；另参见 5.57b。

[525]　2014 年《技术转让协议指南》第 99 段、第 118 段；316/2014 条例第 4 条第 1 款（a）项和第 4 条第 2 款（a）项。

一个许可人是中型企业的情况下，[526]被许可方在境外销售的许可使用费略高些被认为是可以接受的，但通常认为，如果针对特定地区以外销售的限
246 制是不被允许的，那么针对该销售收取更高许可使用费也不会被允许。[527]

## 6. 销售或生产的独家许可和限制

5.94　基本方式

有时人们认为，独家许可和对被许可人销售或生产许可产品的限制本身并不违反《欧盟运行条约》第 101 条的规定，因为它们源自对许可知识产权的保护。[528]但是，正如第二章[529]所讨论的那样，更合理的观点是，如果双方本可以缔结限制性较小的协议，则这些条款可能违反第 101 条的规定，并且该概念支撑了欧盟委员会在其《技术转让协议指南》中的做法。[530]

5.95　关键区别

在评估规定独家和限制销售或生产的术语时，必须区分：

a. 对使用许可技术所制造的产品的销售限制（restrictions on sales）和对使用许可技术进行生产的限制（restrictions on production）。[531]

b. 许可区域（无论是地理区域、客户群、产品市场还是技术领域）的公开独家经营权（open exclusivity）和绝对保护权（absolute protection）。对于公开的独家许可，许可人仅承诺在地区内不向他人授予技术许可或自身参与竞争；因此，该排他性仅与许可方和被许可方之间的合同关系有关。在绝对保护的情况下，协议的目的是消除使用许可技术生产的产品在保护区内的所有竞争；因此，该协议旨在限制第三方（例如平行进口）的竞

---

[526]　*Spitzer/Van Hool*, EuC.

[527]　参见纵向协议中不同目的地的差异定价案例，例如 70/332 *Kodak*, EuC; 72/403 *Pittsburgh Corning Europe*, EuC; 78/163 *Distillers*, EuC，在 30/78 *Distillers v Commission* 中得到确认，CJ; 82/203 *Möet et Chandon*, EuC; 92/261 *Dunlop Slazenger/Newitt*, EuC，在 T-43/92 *Dunlop Slazenger International v Commission*, GC 中部分得到支持；85/617 *Sperry New Holland*, EuC; 93/46 *Ford Agricultural*, EuC。关于反对销售区域的情形，见 5.57c、5.63c 和 5.94 及下文。

[528]　Announcement on Patent Licence Agreements, 24/12/1962, EuC; 320/87 *Ottung v Klee & Weilbach* judgment §10, CJ.

[529]　2.16—2.17。

[530]　见 2014 年《技术转让协议指南》第 12 段。

[531]　2014 年《技术转让协议指南》第 189 段。

争。[532] 在作出这种区分时，在该区域内针对其他被许可人的竞争限制方面存在一些不一致之处。[533] 在条例 [534] 和《技术转让协议指南》中，针对此类 247
限制现采取了一种折中方法。[535] 在下面的讨论中，从狭义上讲，绝对保护是指要求许可方采取措施防止平行进口的协议；即仅要求许可人不出售并且不允许其他被许可人直接在许可区域出售的安排将不被视为提供绝对保护。

c. 竞争者之间的协议（agreements between competitors）和非竞争者之间的协议（agreements between non-competitors）。为此，当事方包括构成同一企业 [536] 一部分的关联企业，在某些方面，竞争性企业的概念在个案评估中可能比 316/2014 条例中的定义更为宽泛。[537]

d. 主动（Active）和被动销售（passive sales）。这一区别在上面已经讨论过了。[538]

e. 独家（Exclusive）和排他许可协议（sole licences）。在独家许可中，许可人承诺不使用许可技术本身，也不许可任何第三方在指定区域（地理区域、客户群、产品市场或技术领域）使用该技术。在排他许可中，许可人仅承诺不许可第三方在指定区域内使用许可技术。在欧盟委员会的《技术转让协议指南》中，这些术语仅用于指有关生产的情况。[539]

f. 互惠（Reciprocal）和非互惠许可协议（non-reciprocal licences）。在同一合同或单独合同中，企业相互授予竞争性技术的许可或可用于生产竞争

---

[532] 258/78 *Nungesser v Commission* judgment §53, CJ. 同时见 56, 58/64 *Consten and Grundig v Commission*, CJ。平行进口商在一个市场上购买产品，然后在另一个国家（通常在另一个国家）转售它们。

[533] 例如，在 258/78 *Nungesser v Commission*，欧盟法院在第 §§49–50 中提到限制许可人或其他被许可人在许可地区生产或销售的规定，在第 51—52 段中提到限制平行进口的规定。然后，在第 53 段中，第一个被称为“开放式专有权”，第二个被称为“绝对保护”，但指出在绝对保护中，包括平行进口者和其他被许可人在内的第三方均被禁止在许可地区竞争。在 87/123 *Boussois/Interpane*，委员会在第 16 段（a）项中裁定，独家许可要求许可在其他地区内的被许可人不得在许可区域内出售许可产品，该独家许可不被视为“开放式”，因为它影响了潜在的独家许可持有人在其他地区上的市场地位

[534] 见 5.62 和 5.67。

[535] 见 5.94—5.102。

[536] 170/83 *Hydrotherm v Compact* judgment §11, CJ 和 5.20。

[537] 见 5.82。

[538] 见 5.64—5.65。

[539] 2014 年《技术转让协议指南》第 190—191 段。

性商品或服务技术的许可，则许可协议是互惠的。[540]

> 对于远距离贸易而言，在牢固确立贸易基础之前就需要大量费用，并且一开始就面临风险。因此，从事此类行业的第一批冒险家应确保，他们所承担的巨大风险和费用不会被他人免费取走。[541]

5.96　绝对保护

248 前述[542]狭义的绝对保护，传统上被认为与《欧盟运行条约》的第 101 条不兼容，[543]无论协议的当事方是否为竞争企业，除非该协议对欧盟内部竞争或成员国之间贸易的影响微不足道。[544]各方不能或不阻止平行进口的论点并没有取代这种评估建议，因为平行进口者可以依据《罗马条约》第 30 条（现为《欧盟运行条约》第 34 条）。[545]

在当前制度下，条例的核心限制清单涵盖竞争对手之间协议中对区域、市场或客户群的绝对保护（狭义），这是基于它们是分配市场或客户的一种形式。[546]但是，非竞争者[547]之间达成的协议似乎没有被包括在条例的核心或排除限制清单中，因此，在满足条例的其他要求下（包括市场份额限制），此类协议似乎属于集体豁免范围。[548]

欧盟委员会的《技术转让协议指南》中并未具体讨论对地区、市场或客户群的绝对保护。尽管如此，一般认为如果不能适用集体豁免，这种保护仍将被认为是不被允许的，除非在特殊情况下，例如在为了确保令人满

[540]　316/2014 条例第 1 条第 1 款（d）—（e）项；进一步考虑，见 5.56。

[541]　Samuel von Pufendorf, *On the Law of Nature and Nations*（1672）§5.5.7.

[542]　即寻求给予防止平行进口以及许可人和其他被许可人直接销售的保护协议，见 5.95b。

[543]　258/78 *Nungesser v Commission* judgment §§61，77，CJ；240/96 条例第 3 条第 3 款；同时见 56，58/64 *Consten and Grundig v Commission*，CJ；28/77 *Tepea v Commission*，CJ（商标协议下的绝对地区保护）。

[544]　544 5/69 *Völk v Vervaecke*，CJ；78/253 *Davide Campari-Milano* §II.C，EuC.

[545]　见 258/78 *Nungesser v Commission* judgment §§62–66，CJ；85/410 *Velcro/Aplix* §A.IV（e），EuC。

[546]　316/2014 条例第 4 条第 1 款（c）项；另参见 5.57c 和 5.59—5.62。

[547]　关于非竞争者之间协议中的核心限制和排除性限制，请参见 5.63—5.70。被许可人禁止向另一被许可人地区内进行被动销售属于核心限制，5.102。

[548]　关于 16/2014 条例的条件要求，见 5.22—5.49。

意、[549]合法[550]和/或安全地[551]使用该技术而必须加以限制的情况下；或有可能由管理产品使用的知识产权证明其合理性，[552]或由于平行进口而从创新中转移的资源将超过与之竞争所带来的收益时。[553]

如果对欧盟竞争或成员国之间贸易的影响微不足道，则第101条仍然不适用。例如，当受保护的市场在欧盟之外，并且在没有对进入该市场的出口进行限制的情况下，货物不太可能先出口再进口到欧盟。[554]但是，这 249
种情况发生的可能性比过去要小，因为欧盟与其他国家之间的贸易中许多关税和非关税壁垒现在已大大减少或取消。[555]

如果当事方在市场上的地位很弱，对成员国之间的竞争和贸易的影响也可能微不足道。[556]但是，有一种趋势认为，即使当事方的市场份额相对较小时，欧盟区域内的绝对保护同样违反了第101条。[557]如果绝对保护对成员国市场内的竞争有重大影响但对欧盟成员国之间的贸易无重大影响，则可适用成员国竞争法。

5.97 竞争企业之间互惠许可协议中对销售的限制

竞争企业[558]之间的互惠许可协议中针对任何一方或双方销售的所有限制均为核心限制。[559]只有当这些限制对欧盟竞争或成员国之间的贸易影响

[549] 见27/87 *Erauw-Jacquery v La Hesbignonne* judgment §§10–11，CJ。

[550] 90/38 *Bayo-n-ox* §40，EuC（但事实证明该条件未得到满足）。

[551] *Kathon Biocide*，EuC；但比较参照C-68/12 *Protimonopolný úrad Slovenskej republiky v Slovenská sporiteľňa* judgment §21，CJ。另参见2010年《纵向限制指南》第60段。

[552] 见第一章1.70—1.71中的讨论，以及62/79 *Coditel v Ciné Vog*，CJ；262/81 *Coditel v Ciné Vog*，CJ；402/85 *Basset v SACEM*，CJ；395/87 *Ministère Public v Tournier*，CJ。

[553] C-501/06P *GlaxoSmithKline Services v Commission* judgment §§112–121，CJ.

[554] 78/253 *Davide Campari-Milano* §II.C，EuC；75/494 *Kabel- und Metallwerke Neumeyer and Etablissements Luchaire* §8（ii），EuC.

[555] 见88/541 *BBC Brown Boveri/NGK Insulators*，EuC，持有远东有关汽车电池的独家许可，影响欧盟内部的贸易。但是，目前尚不清楚该评估是基于保护远东被许可方市场的许可证的排他性，还是基于保护欧洲许可方市场的出口禁令而进行的。

[556] 5/69 *Völk v Vervaecke*，CJ，关于垂直分销协议中的绝对地区保护。

[557] 见例如*Musique Diffusion Française v Commission*，CJ；30/78 *Distillers v Commission*，CJ。2014年《欧盟委员会关于不重要合同的通知》（The EU Commission's Notice on agreements of minor importance）第2段，不论市场份额如何，排除了它适用于以预防、限制或扭曲竞争为目标的协议，而市场共享被视为在大多数情况下为此目的；见欧盟委员会2014年《为适用微量允许通知而发布的关于具有限制竞争目的的行为的指南》第二章第二节以及第二章2.21—2.23。

[558] 关于"竞争对手"的含义，见5.37—5.44。

[559] 316/2014条例第4条第1款（c）项；2014年《技术转让协议指南》第198段。

不大时才符合《欧盟运行条约》[560] 第 101 条。[561] 但是，当当事人在一项非常重要且风险很大的项目（如高性能电池）中进行合作时，此类限制可在有限的时间内得到豁免。[562]

5.98　竞争企业之间非互惠许可协议中为保护保留给另一方的地区或客户群而设立的销售限制

在竞争企业之间达成非互惠协议的情况下，如果协议满足其他要求，则在技术转让集体豁免下，允许双方限制向另一方保留的地区或客户群销售。[563]

250 如果不适用集体豁免，则如果受保护方在市场上的地位相对较弱，并且（受保护的被许可人）必须进行大量投资时，针对为该方所保留的地区或客户群的主动销售进行的限制很可能会被个案豁免。[564]

限制许可人在被许可人区域内进行主动和被动销售被认为与《欧盟运行条约》第 101 条兼容，因为在没有这种保护的情况下被许可人可能被阻止投资于新技术，[565] 但是基本专利到期后，该限制就不再与第 101 条兼容。[566]

当被许可人区域存在有效的品牌间竞争，并且有可能平行进口许可产品时，欧盟委员会还为限制许可人或其他被许可人进入被许可人区域进行主动和被动销售提供了五年的豁免期限。[567] 除非客户表示希望直接与许可方进行交易，否则要求许可方将许可区域中客户的订单传送给被许可方的要求也被认为是可以获得豁免的。[568]

---

[560]　2014 年《技术转让协议指南》第 198 段。

[561]　关于这些影响可能微不足道的情况，见 5.96。

[562]　88/541 *BBC Brown Boveri/NGK Insulators*, EuC. 被许可人向欧洲出口的期限为 10 年，再许可人向欧洲出口的期限为 15 年。

[563]　316/2014 条例第 4 条第 1 款（c）项（i）目；2014 年《技术转让协议指南》第 199 段。

[564]　2014 年《技术转让协议指南》第 199 段。关于评估一方在市场中的地位的考虑，见 5.83–5.84。同时见 78/253 *Davide Campari-Milano* §§II.3–4, III.A.3, EuC（制造特许经营权）；以及 87/100 *Mitchell Cotts/ Sofiltra*, EuC（生产合资企业）。

[565]　258/78 *Nungesser v Commission* judgment §§54–59, CJ. 另参见 85/410 *Velcro/Aplix* §§B.I, B.III.1（a）, EuC。

[566]　85/410 *Velcro/Aplix* §§B.I, B.II.1, B.III.1（a）, EuC.

[567]　87/123 *Boussois/Interpane* §II.B.20, EuC.

[568]　88/563 *Delta Chemie/DDD* §§I.E.7, II.B, EuC. 尽管在该决定的第 41 条中将当事方归类为非竞争者，但似乎他们至少是潜在的竞争者，因为 DDD 可以从其他供应商或许可方那里采购替代产品。

另一方面，在产品特许经营的情况下，当这种产品已经建立了良好的基础但仍然属于受保护的专有技术，那么针对进入另一方区域的主动销售的限制也被豁免，[569]但是对被动销售的限制则被认为是与第 101 条不兼容[570]（除非要求被许可人向免税商店仅提供许可人的产品，这一义务可能被豁免，所依据的不确定的理由是必须确保免税客户获得统一的产品）。[571]

对被许可人使用许可的制造工艺（工艺程序已很好地建立但仍受专利和专有技术的保护）生产的产品，为其向其他成员国销售进行一般的限制被认为不符合第 101 条。[572]欧盟委员会也反对在当事方各自地区保护家具 251
设计的出口限制，前提是当家具外观设计的新颖性和所需的投资不能证明其在八年内的排他性是正当的，且不可能存在平行进口。[573]

如果即使在没有限制的情况下，产品也不太可能出口到欧盟，则对协议许可在非欧盟国家 / 地区的出口限制不被认为受到第 101 条的规制。[574]同样，如果在没有限制的情况下，不太可能从欧盟出口产品然后再将其进口回欧盟，则对欧盟出口的限制将不受第 101 条的规制。现在来看，由于国际关税的降低，这些情况不太可能发生。[575]

5.99　竞争企业之间非互惠许可协议中为保护保留给另一被许可人的地区或客户群而设立的销售限制

在竞争企业之间的非互惠协议中，限制被许可人向保留给另一被许可人的地区或客户群的主动销售，如果该另一被许可人在获得自己的许可时尚未成为竞争企业，则允许根据技术转让的集体豁免来豁免这一限制。[576]在集体豁免之外，此类限制在受保护的被许可人进入受保护的市场并建立

[569]　78/253 *Davide Campari-Milano* §III.3，EuC.

[570]　78/253 *Davide Campari-Milano* §I.B，EuC. 作为豁免的条件，还要求当事方向欧盟委员会提交年度报告，特别是有关向欧盟其他成员国出口的报告。

[571]　78/253 *Davide Campari-Milano* §III.4，EuC.

[572]　75/494 *Kabel- und Metallwerke Neumeyer and Etablissements Luchaire* §15，EuC.

[573]　*Knoll/Hille Form*，EuC.

[574]　72/238 *Raymond/Nagoya* §II.2，EuC；78/253 *Davide Campari-Milano* §IV.2，EuC.

[575]　见 5.96。

[576]　316/2014 条例第 4 条第 1 款（c）项（ii）目；2014 年《技术转让协议指南》第 200 段。

据点所需的期限内很可能得到个案豁免，[577] 但此后则不行。[578]

另一方面，在竞争者之间的协议中，被许可人对另一被许可人的地区或客户群的被动销售如果被限制，则属于核心限制，[579] 除非其影响微不足道，否则可能违反第 101 条。[580]

5.100　非竞争企业之间协议中对保留给另一方的地区或客户群的销售限制

在非竞争者之间的协议中，如果协议满足其要求，则根据技术转让集体豁免，允许任何一方或双方限制向保留给另一方的地区或客户群销售。[581]

252 在集体豁免之外，根据《欧盟运行条约》第 101 条第 3 款，限制许可人向被许可人的地区或客户群的销售，很可能会获得个案豁免，[582] 除非第三方不可能获得可替代许可人技术的选择，或者存在可替代技术，但它们是由被许可人从第三方处获得的。[583]

如果基于客观因素 [584] 可以判断，在没有限制的情况下，许可人和被许可人之间不会签订许可协议，则对被许可人向许可人保留的地区或客户群的销售限制可能不受第 101 条第 1 款的规制。值得注意的是，通常不能指望技术所有者根据自己的技术直接参与竞争，尤其是在其在自己的市场上

---

[577]　2014 年《技术转让协议指南》第 200 段。

[578]　85/410 *Velcro/Aplix* §§B.II.1, B.III.2, EuC；比较参照 78/253 *Davide Campari-Milano* §§II.3–4, III.A.3–4, EuC，案件是关于在产品已经建立的情况下特许经营生产，其中允许了这种限制。

[579]　316/2014 条例第 4 条第 1 款（c）项；2014 年《技术转让协议指南》第 200 段。同时见 78/253 *Davide Campari-Milano* §I.B, EuC。

[580]　见 5.76 和 5.96。

[581]　316/2014 条例第 4 条第 2 款（b）项、第 5 条；2014 年《技术转让协议指南》第 201 段。无视了关于分销的特殊规定，对许可人的销售限制和对被许可人的主动销售限制都没有包含在核心限制中，也不属于非竞争企业协议的排除限制。但是这种协议中对被许可人向保留给许可人的地区的被动限制属于核心限制，不同于对于针对被许可人被动销售限制的一般处理方式：316/2014 条例第 4 条第 2 款（b）项（i）目。

[582]　2014 年《技术转让协议指南》第 202 段；88/563 *Delta Chemie/ DDD* §§I.E.7, II.B, EuC（其中参与方是潜在竞争者，见脚注 568）。

[583]　2014 年《技术转让协议指南》第 202 段。当第三方的技术以非独家许可方式许可给被许可人且其他人也可以获得许可时，并不明显认为这种限制与第 101 条不符合。

[584]　欧盟委员会认为，各方的主观观点和其本身的特点不作为这种联系的考量因素：见 2014 年《技术转让协议指南》第 12 段（b）项和第二章 2.17。

的地位相对较弱的情况下。[585] 在其他情况下，如果许可人具有很强的市场支配力，[586] 或者该协议是由许可人缔结的几项类似协议中的一项，并且在许可方中具有重要地位，则此类限制很可能被第 101 条第 1 款所禁止，不适用集体豁免。[587]

5.101　非竞争企业之间的许可协议中对被许可人向保留给另一被许可人的地区或客户群的主动销售的限制

技术转让集体豁免允许对非竞争企业之间协议中对被许可人进入为另一被许可人保留的地区或客户群进行主动销售进行限制，但在分销系统中，对一个零售企业向最终用户的销售限制除外。[588]

在集体豁免之外，如果受保护的被许可人具有很大程度的市场支配力，[589] 则此类限制可能会属于《欧盟运行条约》第 101 条第 1 款的范围，但在必要时可能会根据第 101 条第 3 款予以豁免。这样可以防止“搭便车”行为，并激励受保护的被许可人进行必要投资，以有效利用许可技术并促进许可产品的销售。[590] 253

5.102　非竞争企业之间的许可协议中对被许可人向分配给其他被许可人的专有地区或客户群进行被动销售的限制

随着时间的推移，欧盟竞争法针对被许可人向分配给另一被许可人的专有地区或客户群进行被动销售的限制的处理越来越严格。240/96 条例豁免了被许可人对另一被许可人的地区进行最长五年的被动销售的限制，该五年时间自被许可人首次在欧盟进行销售起计算。[591] 772/2004 条例豁免了在非竞争性企业之间协议中对被许可人向分配给另一个被许可人的专有地区或客户群进行被动销售的限制，该豁免时间在另一被许可人将合同产品销售到该地区或该客户群的前两年内。[592] 现在，316/2014 条例将对被许可人向分配给另一被许可人的地区或客户群的被动销售的所有限制视为核

[585]　2014 年《技术转让协议指南》第 201 段。

[586]　关于评估一方的市场地位的考虑因素，见 5.83—5.84。

[587]　2014 年《技术转让协议指南》第 201 段。同时见 C-234/89 *Delimitis* judgment §§24–27，CJ。

[588]　316/2014 条例第 4 条第 2 款（c）项；见 5.63b。

[589]　关于评估一方的市场地位的考虑因素，见 5.83—5.84。

[590]　2014 年《技术转让协议指南》第 203 段。

[591]　240/96 条例第 1 条第 1 款第 6 项和第 1 条第 2 款。

[592]　772/2004 条例第 4 条第 2 款（b）项（ii）目。

心限制。[593]

但是，欧盟委员会接受在一定期限内对被许可方向分配给其他被许可方的专有区域或客户群被动销售进行限制可能不属于《欧盟运行条约》第101条第1款规制的范围，因为它们不限制可能产生的竞争，[594] 在客观上它们对于受保护的被许可方进入新市场是必不可少的，如果没有这种保护，当事人也许就不会订立许可协议。基于此，欧盟委员会认为，如果需要被许可方投入大量资金来启动和开发新市场，那么在回收投资所需要的期限内，限制其他被许可方对本地区或客户群进行被动销售则不属于第101条第1款规制的范围。通常情况下认为两年的时间是足够的，但是在某些情况下可能需要更长的时间。[595]

对最终用户的被动销售限制可能不会限制竞争，因此，如果该限制出于健康和安全原因在客观上是必要的，则不属于第101条第1款规制的范围。[596]

5.103　延迟或限制的补偿支付

技术权利所有人延迟或限制另一方进入市场从而支付补偿的协议，不一定包含任何技术许可或转让，在这种情况下，技术转让整体豁免不
254 适用。[597] 但是，如果协议包含许可，则在满足其他条件的情况下适用集体豁免。

如果当事方是实际或潜在的竞争者，并且有大量的价值从许可人转移到被许可人，竞争管理当局可能会特别注意延迟或限制被许可人进入的规定是否存在以分配市场为目的，或限制被许可人利用自己的技术，这可能构成核心限制。这些限制排除集体豁免的适用，[598] 并且如果证明该限制违

---

[593]　316/2014条例第4条第2款（b）项。

[594]　关于可以适用的原则，见第二章2.16—2.17。

[595]　2014年《技术转让协议指南》第126段。

[596]　2014年《技术转让协议指南》第127段；*Kathon Biocide*, EuC；比较参照90/38 *Bayo-n-ox* §§40–42, EuC（如果所有的再销售是违法的，禁止再销售只能避免限制竞争），上诉被驳回在T-12/90 *Bayer v Commission*, GC, C-195/91P *Bayer v Commission*, CJ。

[597]　316/2014条例第1条第1款（c）项和第2条，在5.23和5.29中有讨论；2014年《技术转让协议指南》第238段。

[598]　316/2014条例第4条第1款（c）—（d）项；2014年《技术转让协议指南》第239段。

反《欧盟运行条约》第 101 条，[599] 则可能对许可方和被许可方均处以巨额罚款。[600]

自 2009 年以来，欧盟委员会一直在监测制药领域的专利案件和解，特别是那些限制仿制药进入以换取专利权人支付对价的案件。[601]

5.104　限制销售或出口基础种子

可以对基础种子的销售或出口施加特别限制，而不会违反《欧盟运行条约》第 101 条。[602]

5.105　竞争企业之间互惠协议中的独家和排他生产许可协议

欧盟委员会将竞争企业[603]之间的互惠独家生产许可协议视为核心限制，不适用集体豁免，也不太可能获得个案豁免。[604] 但是，欧盟委员会认为此类协议的目的是分配市场或客户，所以它们受到 316/2014 条例第 4 条第 1 款（c）项的限制，这种观点是值得质疑的。[605] 并且可以辩称，如果满足其他条件，此类协议可以适用集体豁免从而应被欧盟允许。另一方面，如果不适用集体豁免，此类协议可能被视为与《欧盟运行条约》第 101 条 255
不兼容，除非其对欧盟竞争或成员国之间的贸易影响不大。[606]

相比之下，欧盟委员会认为，竞争企业之间相互协议中的排他[607]生产许可协议，当其市场份额不超过 20% 的门槛时，受技术转让集体豁免的保护。[608] 与独家生产许可协议相比，欧盟委员会似乎并不将排他生产许

[599]　许可人的行为也可能构成对市场支配地位的滥用从而违反《欧盟运行条约》第 102 条，见第三章 3.36。

[600]　39612 *Perindopril*（*Servier*），EuC；39226 *Citalprom*（*Lundbeck*），EuC（上诉 T-472/13 *Lundbeck v Commission*，GC 待判决）；39985 *Fentanyl*（*Johnson & Johnson / Novartis*），EuC。正如欧盟委员会在媒体上对这些案件的表态，双方也可能构成对第三方的侵权：见第二章 2.66。同时参见未决案件 CE/9531-11 *Paroxetine*，UKCMA。关于美国相关立场，见 *FTC v Actavis*，USSC。

[601]　Final Report of the Commission's Competition Inquiry into the Pharmaceutical Sector，8 July 2009，EuC；Reports on the Monitoring of Patents Settlements（July 2010，July 2011，July 2012，January 2014）.

[602]　见 5.146。

[603]　关于"竞争企业""互惠""独家"的含义，见 5.37—5.44、5.55—5.56、5.82，以及 5.95e—f。

[604]　2014 年《技术转让协议指南》第 105 段、第 111 段、第 192 段。

[605]　见脚注 280。

[606]　见第二章 2.12 和 2.21—2.23。

[607]　关于"唯一"的含义，见 5.95e。

[608]　2014 年《技术转让协议指南》第 192 段。

可协议视为分配市场或客户。

如果当事方具有很强的市场支配力，[609] 排他生产许可协议可能有利于当事方之间的共谋[610]或阻止第三方进入市场，[611]因此有可能在个案评估中被认定为违反第 101 条。

5.106　竞争企业之间非互惠协议中的独家和排他生产许可协议

如果协议符合其他要求（包括合并的市场份额不超过 20% 的门槛），竞争企业之间的非互惠独家生产许可协议可以根据技术转让集体豁免。[612]

如果竞争企业之间的非互惠协议中的独家生产许可协议不在集体豁免范围之内，必须进行个案评估，则其是否符合《欧盟运行条约》第 101 条可能取决于许可方的市场地位[613]以及是否能够在许可区域内自行有效地利用其技术。[614] 如果许可人的市场地位有限或不能在许可的地区中有效地利用该技术，则该协议可能不属于第 101 条第 1 款的范围。[615] 但是，当被许可人具有市场支配地位，如果独家生产许可协议产生让第三方无法进入市场参与竞争的效果，即，如果许可技术构成了最重要的竞争源且第三方很
256 难进一步进入技术市场，则可能会违反第 101 条。[616] 全球范围内的独家生产许可也可能与第 101 条不兼容，因为这意味着许可方已退出市场。[617]

欧盟以外地区的独家生产许可协议可能不影响欧盟内部的竞争或成员国之间的贸易，因此不属于第 101 条第 1 款的范围。[618]

竞争企业之间非互惠协议中的排他生产许可协议似乎不被视为分配市

[609]　关于评估市场地位的考量因素，见 5.83—5.84。

[610]　2014 年《技术转让协议指南》第 192 段。

[611]　75/570 *Zuid-Nederlandsche Bronbemaling v Heidemaatschappij Beheer*, *EuC*; *IGR*, *EuC*.

[612]　316/2014 条例第 4 条第 1 款（c）项（i）目；2014 年《技术转让协议指南》第 193 段。

[613]　关于评估一方市场地位的考量因素，见 5.83—5.84。

[614]　2014 年《技术转让协议指南》第 193 段。同时见 87/100 *Mitchell Cotts/Sofiltra*, EuC, 其中合资企业的独家学科被认为是属于《罗马条约》第 85 条第 1 款（现在的《欧盟运行条约》第 101 条第 1 款）但取得了十年的豁免期限。

[615]　88/563 *Delta Chemie/DDD* §II.B, EuC; 88/143 *Rich Products/Jus-rol* §II.B, EuC; 87/123 *Boussois/Interpane* §II.B, EuC; 78/253 *Davide Campari-Milano* §§II.1, III.A.1, EuC; 75/494 *Kabel- und Metallwerke Neumeyer and Etablissements Luchaire* §§10–14, EuC; *Spitzer/Van Hool*, EuC.

[616]　2014 年《技术转让协议指南》第 195 段，似乎也适用于竞争企业之间的协议。

[617]　2014 年《技术转让协议指南》第 193 段。其中假定许可人没有可替代技术。

[618]　72/238 *Raymond/Nagoya* §II.9（c）, EuC.

场或客户，[619] 因此，如果该协议符合其他要求，则可以按集体豁免获得许可。如果集体豁免不适用，则应考虑本段前面提到的与竞争企业之间的互惠协议中的独家生产许可有关的考虑因素。

5.107　非竞争企业之间的独家和排他生产许可协议

非竞争企业之间的独家和排他生产许可协议通常不属于《欧盟运行条约》第 101 条第 1 款的范围，[620] 如果属于，也很可能会根据第 101 条第 3 款获得豁免。[621] 如果满足其他条件，则也可以依据集体豁免而得到豁免。[622]

但是，如果存在显著的封锁市场效果，则此类协议可能会违反第 101 条，这可能是因为被许可人占主导地位，或者因为技术是最重要的竞争来源且其他企业难以进一步进入技术市场，[623] 又或是因为双方之间的交叉许可建立了事实上的行业标准，第三方需要采用标准才能有效参与竞争，而且他们未得到符合 FRAND[624] 条款的许可。[625]

这种情况也可能违反第 102 条。[626]

5.108　特定使用领域的独家和排他生产许可协议 257

特定使用领域 [627] 的独家和排他生产许可协议与其他独家和排他生产许可的处理方式相同。[628]

5.109　竞争企业之间互惠协议中对被许可人生产地区的限制

竞争企业之间的互惠协议中，对被许可人生产地区的限制似乎被欧盟

---

[619]　欧盟委员会认为，竞争者之间互惠的独家生产许可与集体豁免是兼容的，这一做法似乎被推崇：2014 年《技术转让协议指南》第 192 段，以及 5.105。

[620]　2014 年《技术转让协议指南》第 194 段，citing 258/78 *Nungesser v Commission*，CJ。

[621]　2014 年《技术转让协议指南》第 194 段；72/237 *Davidson Rubber* §§11–15，EuC；88/563 *Delta Chemie/DDD* §II.B，EuC；88/143 *Rich Products/Jus-rol* §II.B，EuC（这些案件都是关于竞争企业之间的协议）；90/410 *Odin Developments* §§30–31，EuC（不与母公司竞争的合资企业的协议）。

[622]　它们不属于 316/2014 条例第 4 条第 2 款和第 5 条规定的核心限制条款或排除条款中的任何类别：见 5.63—5.70。

[623]　2014 年《技术转让协议指南》第 195 段；比较参照 72/237 *Davidson Rubber* §§I.3–I.4，EuC。

[624]　关于 FRAND 条款，见缩略语表和 5.182—5.185。

[625]　2014 年《技术转让协议指南》第 196 段，引用 *Canon/Kodak*，EuC，以及 *IGR Stereo Television*，EuC。标准和 FRAND 条款将在 5.177—5.185 中进一步讨论。

[626]　见第三章，特别是 3.37。

[627]　即特定的技术领域、工业部门或产品市场：见 5.111。

[628]　2014 年《技术转让协议指南》第 211 段、第 215 段关于独家和排他许可协议的处理，见上述 5.105—5.107。

委员会视为核心限制，因为它们构成了对市场或客户的分配。[629] 但是，这种观点是值得质疑的，除非产品在各个地区之间不易运输，[630] 否则可以认为，如果协议在其他方面与集体豁免相符，则此类限制应属于集体豁免。如果集体豁免不适用，除非协议对欧盟成员国之间的竞争或贸易影响不大，否则此类限制可能会被视为与《欧盟运行条约》第 101 条不符。[631]

### 5.110 竞争企业之间的非互惠协议和非竞争企业之间的协议中对被许可人生产地区限制

在竞争企业之间的非互惠协议中，如果该协议符合其他要求，[632] 则根据技术转让集体豁免，规定被许可人有义务在为许可方保留的地区内不使用许可技术进行生产的限制是允许的，即使许可方在部分或全部保留地区中没有该技术的权利。[633] 在非竞争企业之间的协议中，如果协议符合其他要求，[634] 则根据集体豁免，针对被许可人生产地区的限制是允许的，除非这些条件与其他因素结合在一起构成对被动销售到特定地区的变相限制。[635]

欧盟委员会的《技术转让协议指南》中未讨论如何处理集体豁免之外，竞争企业和非竞争企业之间的互惠协议中对被许可人生产地区的限制。正
258 如法院在 *Windsurfing* 案 [636] 中认定的，如果此类限制适用于许可方对许可技术无权的地区且可能对成员国之间的竞争和贸易产生重大影响，则将被视为违反《欧盟运行条约》第 101 条。

---

[629] 2014 年《技术转让协议指南》第 105 段、第 211 段。

[630] 见脚注 280。

[631] 见第二章 2.12 和 2.21—2.23。

[632] 316/2014 条例第 4 条第 1 款（c）项（i）目。

[633] 见 5.62。

[634] 因为他们不属于 316/2014 条例第 4 条第 2 款中规定的核心限制和排除条款的类别，见 5.63–5.70。

[635] 316/2014 条例第 4 条第 2 款（b）项；见 2014 年《技术转让协议指南》第 119 段（指出对产量的限制可能构成对被动销售变相限制的可能性）。

[636] 193/83 *Windsurfing International v Commission* judgment §§82–88，CJ. 在那种情况下（由于未按要求通知协议）未考虑《罗马条约》第 85 条第 3 款（现为《欧盟运行条约》第 101 条第 3 款）的实质性要求，但据认为个案评估中不太可能免除这样的限制。另参见 85/410 *Velcro/Aplix* §§B.II.1，B.III.2，B.III.2（d），EuC。

如果许可方在限制被许可人的地区有权利[637]（无论是相关国家的专利、外观设计等，还是受保护的专有技术），则限制被许可方在受许可方权利保护的地区使用许可技术进行生产是被允许的。[638] 但是，通过与针对主动销售的集体豁免规定进行类比适用，这些非互惠协议中的限制可能只有在它们是关于为许可人或其他先前未竞争的被许可人保留的地区时才可能得到宽容处理。[639]

将生产限制在特定植物品种的规定被视为与第 101 条不兼容，[640] 但是目前尚不清楚这一观点是否仍然有效。将生产限制在能够保证质量的种植的规定符合第 101 条。[641] 欧盟委员会允许植物育种许可协议中将生产限制在被许可人和转授特许持有人自己的持有品种。[642]

5.111　对被许可人使用领域的生产限制

根据技术转让集体豁免，无论当事方是否为竞争企业，是否有互惠协议，如果满足其他要求，集体豁免允许将被许可人使用许可技术的生产限制在特定工业领域、产品市场或技术领域（“使用领域”限制[643]）。[644]

这一允许的前提是要通过参考许可产品的已识别且有意义的特征来客观地定义产品或技术领域，[645] 从而保证这些限制不是变相的客户分配或销售限制，后者通常是核心限制。[646] 另一方面，如果客观地定义了许 259
可产品的有意义的特征，则它们伴随了特定客户群的要求这一事实并不能防止它成为被允许的使用范围限制，而不是分配客户群的核心限制。[647]

---

[637]　88/563 *Delta Chemie/DDD* §II.B.41，EuC；88/143 *Rich Products/Jus-rol* §II.B.41，EuC；87/123 *Boussois/Interpane* §II.B.20，EuC.

[638]　除非专有技术是秘密的、实质性的和可确定的，否则专有技术可能不会被视为合理的限制，见 5.27。

[639]　316/2014 条例第 4 条第 1 款（c）项（ii）目；但比较参照 88/563 *Delta Chemie/DDD* §II.B.41，EuC，其中潜在竞争企业之间的协议中这样的限制取得了豁免。

[640]　78/253 *Davide Campari-Milano* §I.B，EuC.

[641]　78/253 *Davide Campari-Milano* §II.C，EuC，另参见 5.118。

[642]　*CBA*，EuC.

[643]　“使用领域”限制的概念在欧盟委员会 2014 年《技术转让协议指南》（2014）的第 208—209 段中有讨论。

[644]　2014 年《技术转让协议指南》第 209 段、第 213 段、第 214 段。

[645]　《技术转让协议指南》第 209 段，另参见 5.59。

[646]　316/2014 条例第 4 条第 1 款（c）项和第 4 条第 2 款（b）项；另参见 5.57c，5.59—5.62，5.63c，以及 5.66—5.68。

[647]　2014 年《技术转让协议指南》第 209 段。

如果在允许的使用范围内未限制产量，则欧盟委员会不会将其视为核心产量限制。[648]

在集体豁免之外，《欧盟运行条约》第101条第1款可能会禁止竞争企业之间包含不对称使用领域限制[649]的互惠协议，特别是当一方已具备在许可领域之外进行生产的设施而根据协议将减少此类产量时。[650]另一方面，如果这些协议仅允许被许可人在被许可的领域内开发和利用其技术而不必担心许可人的侵权索赔，[651]则这些协议不违反第101条第1款的规定，尽管终止或减少在许可领域之外的活动在没有商业需要证明时可能表明存在分占市场这一核心限制。[652]

欧盟委员会认为，竞争企业之间互惠协议中的使用领域的对称限制不太可能违反第101条第1款的规定，因为它们不太可能限制当不存在协议时也同样会存在的竞争。[653]竞争企业[654]之间的非互惠协议中对被许可人的使用领域限制，以及非竞争企业[655]之间的协议中对许可人或被许可人的使用范围限制也可能被认为符合第101条。

260 5.112　*Windsurfing* 案中的使用领域限制

在 *Windsurfing* 案中，被许可人根据协议义务仅能将发明的使用限于将专利装备安装在协议中指定或由许可人批准的类型的冲浪板上，这违反了《罗马条约》第85条第1款（现在是《欧盟运行条约》第101条第1款）的规定。首先，因为指定的冲浪板不在许可专利的范围之内；其次，因为

---

[648]　2014年《技术转让协议指南》第210段。这种对316/2014条例第4条第1款（b）项的限制性解释可能与欧盟委员会在316/2014条例第4条第1款（c）项对“市场或客户分配”的广泛解释形成对比，在5.57—5.59中进行了讨论。

[649]　A只能在一个领域中使用B的技术，而B只能在另一个领域中使用A的技术。

[650]　2014年《技术转让协议指南》第213段。该指南似乎没有讨论根据《欧盟运行条约》第101条第3款的个案豁免适用。

[651]　2014年《技术转让协议指南》第212段、第213段。

[652]　2014年《技术转让协议指南》第213段。316/2014条例第4条第1款（c）项；另参见5.93。

[653]　2014年《技术转让协议指南》第213段。欧盟委员会的这种分析可能会受到批评，因为它不允许缔约方订立限制性较小的协议，而可能在没有任何协议的情况下发展竞争，参见第二章2.16—2.17。

[654]　见88/563 *Delta Chemie/DDD* §II.A（B）（31），EuC，以及88/143 *Rich Products/Jus-rol* §II.A（B）（35），EuC（二者都是关于潜在竞争企业之间的协议）。

[655]　2014年《技术转让协议指南》第214段。另参见90/410 *Odin Developments* §II.B.35，EuC（限于合作领域的合资许可协议）；比较参照 *France/ Suralmo*，EuC。

该批准类型是由许可人决定的，而不是根据客观标准（即使许可人承诺不会不合理地拒绝被许可人的批准申请）。[656] 许可人主张该要求是合理的，是为了确保质量或减轻许可人的产品责任风险或防止假冒或模仿，这些辩称没有被采纳。[657]

该案是在欧盟竞争政策对技术许可的适用程度比今天更为严格的时候做出的，[658] 并且没有考虑协议是否满足《罗马条约》第 85 条第 3 款（现在是《欧盟运行条约》第 101 条第 3 款）的实质性要求，因为协议方当时没有按照要求将它们通知欧盟委员会。[659]

人们认为，第一个异议（该冲浪板不在许可专利的范围内）现在不应被视为本身使该条款不符合第 101 条的规定，因为正如前面所讨论的，要求将专利装备安装在相关的、客观定义特性的冲浪板上，在现在大多数情况下被视为允许的使用范围限制。[660] 但是，似乎第二个异议（缺乏客观定义）现在仍被视为有效，如果对成员国之间的竞争和贸易产生明显影响，则该规定不符合第 101 条的规定。[661]

5.113　竞争企业之间协议中的最大数量限制

如果满足其他条件，则技术转让集体豁免允许对合同产品的产量进行限制，这一限制可以是竞争企业之间互惠许可协议中针对其中一个被许可方的限制，或竞争企业之间非互惠许可协议中对被许可方的限制。[662] 竞争企业之间协议中对产量的其他限制则属于核心限制，[663] 除非对成员国之间的竞争和贸易的影响微不足道，否则它们不太可能与《欧盟运行条约》第 261
101 条兼容。[664]

在集体豁免之外，如果当事方具有较强的市场支配力，对被许可人的

---

[656]　193/83 *Windsurfing International v Commission* judgment §§45–48, CJ.

[657]　193/83 *Windsurfing International v Commission* judgment §§50–53, CJ.

[658]　见 5.11—5.17。

[659]　见 193/83 *Windsurfing International v Commission* judgment §101, CJ。

[660]　另见 5.90 中有关包含专利组件产品的许可使用费的讨论。

[661]　这符合 2014 年《技术转让协议指南》第 209 段。

[662]　316/2014 条例第 4 条第 1 款（b）项；关于产量限制可能产生分配市场或客户的效果的可能性，请参见 5.66，这与 316/2014 条例第 4 条第 1 款（c）项不相符。

[663]　316/2014 条例第 4 条第 1 款（b）项；2014 年《技术转让协议指南》第 103 段、第 204 段；5.57b。

[664]　见第二章 2.12 和 2.21—2.23。

产量限制可能属于第 101 条第 1 款规制的范围，[665] 但如果许可人的技术实际上比被许可人的先进，并且被许可人的最大产出较协议前大大提高了，则有可能根据第 101 条第 3 款豁免。[666] 如果这些条款是激励许可人广泛传播其技术所必需的，或者如果该协议导致对互补资产的真正整合，则也可以豁免这些条款，但是当当事方具有相当大的市场支配力时，后一情况便不太可能发生。[667]

5.114 非竞争企业之间协议中的最大数量限制

如果满足其他条件，则非竞争者之间的协议中的产量限制将在技术转让集体豁免下得到允许，[668] 除非它们限制了被许可方对自己的技术的利用，在这种情况下，它们将是“排除限制”，必须对其是否符合《欧盟运行条约》第 101 条的规定进行个案评估，但不妨碍将集体豁免适用于协议的其余部分。[669]

在集体豁免之外，对被许可方的最大产量的限制可能会严重限制技术之间的竞争，具体评估取决于许可方和被许可方的市场地位，[670] 该限制在多大程度上阻碍被许可方满足市场需求，以及它们是否与专有地区或客户群限制结合在一起。[671] 如果这些限制条款是激励许可方许可技术所必需的，则可以单独豁免这些条款，尽管如果许可方也受到销售限制的保护，则这些条款为必要的可能性较小。[672]

5.115 最低数量和促销的义务

生产最低数量的许可产品 [673] 并进行促销 [674] 的义务通常被视为对竞争

[665] 关于评估市场支配力的考量因素，请参见 5.83—5.84。

[666] 2014 年《技术转让协议指南》第 204 段。

[667] 2014 年《技术转让协议指南》第 204 段。关于评估市场支配力的考量因素，请参见 5.83—5.84。

[668] 2014 年《技术转让协议指南》第 205 段。

[669] 316/2014 条例第 5 条第 2 款。2014 年《技术转让协议指南》第 205 段中似乎忽略了这一点。关于排除限制，见 5.52。

[670] 关于评估协议方市场支配力的考量因素，请参见 5.83—5.84。

[671] 2014 年《技术转让协议指南》第 205—206 段。

[672] 2014 年《技术转让协议指南》第 207 段。另参见 78/823 *Maize Seeds* §§II.3.A（f），III.5，EuC，基于其他理由在 258/78 *Nungesser v Commission*，CJ 中部分认定，部分否定。

[673] 2014 年《技术转让协议指南》第 183 段（e）项；72/25 *Burroughs/ Delplanque* §II，EuC；*Chemidus Wavin v TERI*，EWCA；*Becton Dickinson/Cyclopore*，EuC。

[674] 78/253 *Davide Campari-Milano* §II.C，EuC.

没有限制，符合《欧盟运行条约》第 101 条的规定。但是，在许可人具有较高市场支配力的情况下，最低利用许可技术的义务可能导致排除竞争的 262
效果从而违反竞争法第 101 条。[675]

5.116 仅限于被许可人自己使用（“专属使用”）的生产限制

如果满足其他要求，技术转移集体豁免允许限制被许可方有义务仅出于自用目的（例如，作为其自身产品的组成部分）生产许可产品，前提是不限制被许可方销售自己产品的零备件。[676] 无论双方是不是竞争企业，这都适用，尽管该条例的其他要求（例如市场份额门槛）会根据双方是不是竞争企业而有所不同。[677]

在集体豁免之外，如果协议在竞争企业之间达成，且根据协议，被许可人停止使用自己的技术，则当被许可人是实际的或可能向第三方提供被许可产品作为组件的供应商时，限制被许可人提供许可产品作为零部件可能会是反竞争的，属于《欧盟运行条约》第 101 条的管辖范围，特别是当许可方在组件市场上具有重要市场支配力的情况下。[678]

如果协议是在非竞争企业之间达成的，且许可方（本身可能是零配件市场的供应商）在没有该协议时不会授予许可或即使许可但将要求更高许可费用的情况下，[679] 该限制很可能符合第 101 条。[680] 但是，如果许可方不是零配件市场上的供应商，则限制被许可方向保留给许可方的客户群进行销售被认为是限制性较小的替代性方案，在这种情况下，如果自用条款产生重大影响，则可能在个案评估中被认为与第 101 条不符。[681] 如果对成员国之间的竞争和贸易产生重大影响，则限制被许可人销售其产品的零配件的做法将被视为违反竞争法。[682]

---

[675] *Microsoft Internet Explorer*（1999），EuC；*Microsoft*（1994），EuC.

[676] 316/2014条例第 4 条第 1 款（c）项（iii）目和第 4 条第 2 款（b）项（ii）目；2014 年《技术转让协议指南》第 216 段、第 219 段。

[677] 见 5.45。

[678] 2014 年《技术转让协议指南》第 217 段。关于评估协议方市场支配力的考量因素，请参见 5.83—5.84。

[679] 必须在客观的基础上进行评估，即考虑假设理论上许可方在实际授权时的行为。见 2014 年《技术转让协议指南》第 12 段（b）项，以及第二章 2.17。

[680] 2014 年《技术转让协议指南》第 219 段。

[681] 2014 年《技术转让协议指南》第 220 段。

[682] 2014 年《技术转让协议指南》第 219 段。

在 *Windsurfing* 一案中，限制被许可人仅使用专利钻机作为完整冲浪板
263 的一部分的义务被认为违反了第 101 条第 1 款，理由是专利未涵盖整个冲浪板。[683] 但是，这种推理是有问题的，因为创新部件专利的权利要求可以包括有该创新成分的最终产品。[684] 此外，此案是在欧盟竞争政策对技术许可协议比较严格的时候做出的，[685] 并且欧盟法院没有考虑协议是否满足第 101 条第 3 款的实质性要求，因为它们没有按照当时的要求通知欧盟委员会。[686] 但是，在现行制度下，如果相关条款限制了被许可人出售替换钻机，则可能仍会被视为与第 101 条不符。[687]

在另一个协议中，限制被许可人仅将植物用于培植自己的花卉则被允许了。[688]

5.117　仅限向指定客户群供应产品的生产限制

在符合条例其他要求的情况下，如果授予许可协议是为了向特定客户提供可替代的货源，则技术转让集体豁免允许协议中限制被许可方有义务仅为该客户生产许可产品，除非该协议属于竞争企业之间的互惠协议。[689]

通常认为，集体豁免之外的此类协议符合《欧盟运行条约》第 101 条的规定，因为如果此类许可协议未将协议目的限于提供后备货源，则许可方一般不会授予此类许可。[690] 但另一方面，在竞争企业之间的互惠协议中，此条款是分配客户群，属于核心限制。[691]

### 7. 质量控制、标记、搭售和捆绑

5.118　质量控制和标记要求

关于使用许可技术制造的产品的质量和安全性要求，欧盟委员会的《技术转让协议指南》中没有特别讨论，但是对此类条款的处理很可能类

---

[683] 193/83 *Windsurfing International v Commission* judgment §§54–59, CJ.

[684] 见 5.90。

[685] 见 5.12—5.16。

[686] 见 judgment §101。

[687] 符合 316/2014 条例第 4 条第 1 款（c）项（iii）目和 2014 年《技术转让协议指南》第 217 段。至于是否存在单独的替换钻机市场，请参见 193/83 *Windsurfing International v Commission* judgment §§11–22, CJ 中的讨论。

[688] *CBA*, EuC.

[689] 316/2014 条例第 4 条第 1 款（c）项（iv）目和第 4 条第 2 款（b）项（iii）目。

[690] 在 240/96 条例序言第 23 段，以及第 2 条第 1 款第 13 项，此类协议通常被视为非限制性竞争。欧盟委员会 2014 年《技术转让协议指南》并未解决此问题。

[691] 316/2014 条例第 4 条第 1 款（c）项。

似于对产品市场的限制，[692] 即如果这些条款中的规定是相关且客观的，通常被认为是符合《欧盟运行条约》第 101 条的，但如果产品的批准由许可方自行决定，则不符合。[693] 264

特别是，判例中认为当被许可人有义务使用许可人商标或名称时，还可以要求其必须遵守许可人对产品和包装的规范和质量控制。[694] 通过要求显著标志标识许可产品，以方便许可方对质量和数量进行监督，并不限制竞争，[695] 如果这种要求是强加或用于阻止平行进口的，则结果立场可能会有所不同。[696] 在生产特许经营协议中，将被许可人的生产限制在能够保证质量的工厂内的条款与第 101 条兼容。[697] 如果被许可人未使用许可人的商标，进行质量控制和检查的条款在一些情况下也被允许。[698]

使用许可人商标或名称的义务通常与第 101 条兼容。[699] 但是，为了避免竞争方面的考虑，通常认为该义务必须限于许可技术或由其制造的产品。在 *Windsurfing* 案中，许可人要求在未获专利的冲浪板上标记“licensed by Windsurfing International（风帆国际授权）”字样，被认为违反第 101 条。[700]

分包商可以在提供给承包商的产品上使用指定标记，但当分包商的产品不是提供给承包商时，则可以禁止其使用该标记。[701]

---

[692] 见 5.111—5.112。

[693] 193/83 *Windsurfing International v Commission* judgment §§45–46 and 86，CJ；88/563 *Delta Chemie/DDD* §II.A（B）（30），EuC；78/253 *Davide Campari-Milano* §II.C，EuC（尽管在每种情况下，还要求被许可人使用许可人的商标）；72/238 *Raymond/ Nagoya* §II.4，EuC（不涉及使用许可人商标）；以及 78/823 *Maize Seeds* §§II.3.A（d），III.3，EuC，基于其他理由在 258/78 *Nungesser v Commission*，CJ 中部分认定，部分否定。

[694] 88/563 *Delta Chemie/DDD* §II.A（B）（30），EuC；78/253 *Davide Campari-Milano* §II.C，EuC.

[695] 72/25 *Burroughs/Delplanque* §II，EuC.

[696] 比较参照 349/95 *Loendersloot v Ballantine* judgment §§39–43，CJ，其中判决认为根据《罗马条约》第 28 条和第 30 条（现为《欧盟运行条约》第 34 条和第 36 条），并未阻止商标所有人反对将标识号用于质量控制、召回、打击假冒行为等合法目的而提出的异议。但如果这些数字被用来阻止平行贸易，从事平行贸易的人可能会利用《罗马条约》的竞争条款。

[697] 78/253 *Davide Campari-Milano* §II.C，EuC，另参见第七章 7.83。

[698] 72/238 *Raymond/Nagoya* §II.4，EuC.

[699] 2014 年《技术转让协议指南》第 183 段（f）项。

[700] 193/83 *Windsurfing International v Commission* judgment §§68–74，CJ.

[701] 1978 年《关于分包协议的通知》第 4 段。

5.119　捆绑和搭售

如果满足其他要求（包括市场份额门槛），则技术转让集体豁免允许
265 捆绑和搭售[702]。根据欧盟委员会的观点，在这些情况下有必要考虑受许可协议影响的任何相关技术或产品市场的市场份额，包括捆绑产品的市场。[703] 但是，这似乎与 316/2014 条例中的定义不一致。[704]

在集体豁免之外，则必须权衡任何反竞争和有利于竞争的影响。[705] 过去，欧盟委员会认为捆绑和搭售是反竞争的，除非它对于确保技术充分开发有必要或符合适用于许可人和其他被许可人的最低质量要求。[706] 但是，欧盟在这一问题上的竞争政策已经随着时间的推移而发展，[707] 对于较早的案件[708] 应谨慎对待。

具有市场支配地位的捆绑或搭售可能构成滥用市场支配地位，违反第 102 条的规定。[709]

5.120　捆绑和搭售的反竞争作用

捆绑和搭售的反竞争影响可能包括：（1）排除竞争的供应商进入捆绑产品市场；（2）通过强迫新竞争者必须同时进入两个市场，增加了新竞争者进入捆绑产品市场的阻碍，从而维持许可人的市场支配地位；（3）使许可人可以增加许可使用费，特别是当捆绑和搭售产品可以部分被替代的情况下，并且捆绑可以防止被许可人在捆绑产品使用费增加时选择代替捆绑产品。[710]

无论双方是不是竞争企业，都可以通过捆绑或搭售协议产生这些影响，

---

[702]　关于这些术语的含义，见第三章 3.26。

[703]　2014 年《技术转让协议指南》第 222 段。

[704]　见 5.46。

[705]　2014 年《技术转让协议指南》第 222 段。限制竞争和促进竞争的效果分别在 5.152 和 5.153 中讨论。

[706]　2349/84 条例第 3 条第 9 款；556/89 条例第 3 条第 3 款。

[707]　这些条款没有包含在 240/96 条例的黑名单或者 772/2004 条例的核心或排除名单中。另参见 *Becton Dickinson/Cyclopore*，EuC，其中欧盟委员会针对一个包含捆绑的协议许可颁布了一个“安慰信”。

[708]　79/86 *Vaessen v Moris*，EuC；85/410 *Velcro/Aplix*，EuC；78/253 *Davide Campari-Milano* §I.B，EuC；90/186 *Moosehead/Whitbread* §II.3，EuC.

[709]　见第三章 3.26—3.31。

[710]　2014 年《技术转让协议指南》第 223 段；39230 *Rio Tinto Alcan* §§66–85，97，99–104，EuC。

但前提是许可方在捆绑产品中具有相当大的市场支配力。[711] 此外，只有在捆绑产品足够比例地覆盖了该市场的情况下，捆绑产品市场才会出现明显 266
的排除竞争影响。[712]

5.121　捆绑和搭售的促进竞争优势

捆绑和搭售可能带来的促进竞争优势包括：（1）确保许可技术的充分使用[713]或更高效率[714]；（2）符合许可人和其他被许可人所尊重的质量标准，他们对确保技术声誉有合法利益，因为客户可以通过品牌或其他方面知道他们正在使用相同的技术；[715]（3）确保开发用于实施该技术所需的设备的第三方能够有足够的回报；[716]（4）确保分销商在推出新品牌方面获得足够的投资回报；[717]（5）确保许可人可以根据被许可人对被许可技术的使用而获得收益（“计量”）。[718]

## 8. 竞争技术和产品

5.122　对被许可人使用其自身技术的限制

在竞争企业之间的协议中，限制被许可人利用其自身技术的条款属于

---

[711]　有关市场支配地位的评估考虑因素，见5.83—5.84。另参见39230 *Rio Tinto Alcan* §97，EuC（如果捆绑协议有助于建立、维护、加强或利用市场支配地位，则被视为具有反竞争性）。

[712]　2014年《技术转让协议指南》第223段。另参见79/86 *Vaessen v Moris* §II.18，EuC；85/410 *Velcro/Aplix* §§B.II.1，B.III.2，B.III.2（c），EuC；2010年《纵向限制指南》第216—221段。

[713]　2014年《技术转让协议指南》第224段；88/143 *Rich Products/ Jus-rol* §II.A（b）（37），EuC；*CBA*，EuC（种植植物以从许可人或被许可人处获得繁殖材料的许可义务）；2349/84条例第3条第9款。

[714]　2014年《技术转让协议指南》第225段；2010年《纵向限制指南》第222段；比较参照39230 *Rio Tinto Alcan* §§89–90，EuC（提高效率的诉求被驳回）。

[715]　2014年《技术转让协议指南》第224段；2010年《纵向限制指南》第222段；比较参照39230 *Rio Tinto Alcan* §§91–92，113（4），121，134，139，EuC（认为需要使用捆绑以保护技术声誉的诉求遭到否认，但在许可人拥有被许可人25%或更多所有权利益的情况下，允许使用捆绑）。

[716]　85/410 *Velcro/Aplix* §B.III.2（c），EuC.

[717]　2010年《关于销售、维修机动车合同中纵向限制的补充指南》第71段。该指南针对的是汽车行业，但可能适用于其他市场。由于授权的维修需要技术（如第62—68节所述），因此该指南涉及这样一种情况，在这种情况下，此类技术的提供与新车的买卖有捆绑。

[718]　这一理由在欧盟委员会2014年《技术转让协议指南》中并未提及，且在先前适用欧盟法的案件中也没有被采纳，但是反托拉斯法的“芝加哥学派”提出了该观点。见W S Bowman，‘Tying Arrangements and the Leverage Problem’（1957）67 Yale LJ 19；W S Bowman，*Patent and Antitrust Law*：*A Legal and Economic Appraisal*（1973）；L Zanon，‘Ties in Patent Licensing Agreements’（1980）5 EL Rev 391。比较参照79/86 *Vaessen/Moris*，EuC（捆绑其他免费专利许可被认定为违反《罗马条约》第85条第1款的规定，并且由于根据当时的要求未得到通知进行进一步评估，没有获得豁免）。

267 不符合集体豁免的核心限制，在个案评估中也不太可能被视为与《欧盟运行条约》第 101 条兼容。[719]

在非竞争企业之间的协议中，此类条款不包括在集体豁免中，必须进行个案评估，[720] 尽管根据第 101 条第 3 款不太可能认为这些条款可以豁免。[721] 另一方面，如果被许可人使用自己的技术开始生产，则终止许可的规定可能不在第 101 条第 1 款规制的范围之内。[722]

5.123　使用第三方竞争技术的限制：集体豁免

如果满足条例的其他要求（包括市场份额门槛），则集体豁免可以允许限制被许可人使用第三方竞争技术，无论当事人是不是竞争企业。[723]

5.124　使用第三方竞争技术的限制：第 101 条第 1 款在个案评估中的适用

在集体豁免之外，如果不使用第三方竞争技术的义务将导致第三方技术严重排除在竞争之外，则它们可能会属于《欧盟运行条约》第 101 条第 1 款规制的范围，这种排除竞争是因为其中一方许可人或与其他许可人一起而拥有较强的市场支配力[724]。[725] 多个许可方使用不竞争技术的义务也可能促成它们之间的共谋。[726]

如果许可方自己具有较强的市场支配力，则不竞争义务条款不必覆盖大部分市场；如果它们针对最有可能获得竞争技术许可的企业，则可能产生严重的排除竞争。如果潜在的被许可人数量有限，并且被许可人使用许

---

[719] 316/2014 条例第 4 条第 1 款（d）项；85/410 *Velcro/Aplix* §§B.II.1，B.III.2，B.III.2（e），EuC；76/29 *AOIP/Beyrard* §III.3，EuC；*Spitzer/Van Hool*，EuC；*Neilson-Hordell/Richmark*，EuC。

[720] 316/2014 条例第 5 条第 2 款。

[721] 2014 年《技术转让协议指南》第 142 段。

[722] 2014 年《技术转让协议指南》第 143 段。

[723] 因为这并没有在 316/2014 条例第 4—5 条中被列为核心限制或排除限制；另参见 2014 年《技术转让协议指南》第 226—227 段。

[724] 关于对市场支配地位的评估，见 5.83—5.84。

[725] 2014 年《技术转让协议指南》第 228—230 段。*Microsoft Internet Explorer*（1999），EuC；*Neilson-Hordell/Richmark*，EuC；and 78/823 *Maize Seeds* §§II.3.A（c），III.2，EuC，部分有效，部分基于其他理由在 258/78 *Nungesser v Commission*，CJ 中被推翻。同样见 *Spitzer/Van Hool*，EuC，其中欧盟委员会否定了一个不竞争义务的条款，即使许可人是一个中型企业。但是参阅 87/100 *Mitchell Cotts/Sofiltra* §22，EuC，对合资企业不生产或与竞争产品有贸易往来被认定为不属于《罗马条约》第 85 条第 1 款（现在《欧盟运行条约》第 101 条第 1 款），因为这被认为是确保集中合资企业在新产品单元的优势和成功。

[726] 2014 年《技术转让协议指南》第 228 段。

可技术来生产供自己使用的产品，则产生排除竞争的风险特别高。在使用该技术制造提供给第三方的产品的情况下，产生排除竞争的可能性较小，因为在这种情况下，不竞争义务仅与生产能力有关，而与市场需求无关。因此，只有在没有合适的生产设施时，竞争技术才容易被排除在竞争之外。[727] 268

在单个许可人没有明显市场支配力的情况下，如果相关义务仅覆盖少于50%的市场，则由多个许可人施加不使用竞争技术的义务的累积效应不太可能导致产生重大排除竞争。在高于此门槛时，如果对于新的被许可人来说进入市场壁垒较高，则很可能会发生排除竞争，因为分销商在很大程度上与现有被许可人绑定了。而在没有这种障碍的情况下，新的被许可人可以利用竞争技术。[728]

这些考虑因素既适用于竞争企业之间的协议，也适用于非竞争企业之间的协议。但是，如果竞争企业之间的互惠协议包含不使用第三方技术的义务，则该协议将可能有助于产生共谋。[729]

5.125 使用第三方竞争技术的限制：个案豁免

即使存在重大排除竞争，如果不使用竞争技术的义务会产生促进竞争的效果，也可以据此根据《欧盟运行条约》第 101 条第 3 款进行个案豁免。这些促进竞争的效果可能包括：鼓励许可人通过许可来减少技术盗用或免缴使用费的风险，从而使其愿意通过许可来传播技术；[730] 鼓励被许可人有效地投资和开发许可技术；[731] 并激励许可人进行大量针对特定客户的投资，例如在培训和定制技术以适应被许可人的需求方面。[732]

但是，如果可以通过限制较少的手段来获得不使用竞争技术的义务的这些效果，那么这些理由将不能成立。因此，被允许的不竞争义务通常应该可以通过最小的产量或许可使用费义务来鼓励被许可方投资许可的技术，同时许可方可以得到适当的金额来补偿培训和定制费用。[733]

---

[727] 2014 年《技术转让协议指南》第 230 段。

[728] 2014 年《技术转让协议指南》第 229 段；2010 年《纵向限制指南》第 129—150 段。

[729] 2014 年《技术转让协议指南》第 228 段。有关共谋的表征，见 5.159。

[730] 2014 年《技术转让协议指南》第 232 段。

[731] 2014 年《技术转让协议指南》第 232 段；87/100 *Mitchell Cotts/ Sofiltra* §II.A.22, EuC（基于这个理由，对合资企业不生产或与竞争产品有贸易往来被认定为不属于《罗马条约》第 85 条第 1 款的内容）。

[732] 2014 年《技术转让协议指南》第 232 段。

[733] 2014 年《技术转让协议指南》第 232—233 段。

269 关于不生产竞争产品的义务的决定也可能是相关的。[734]

5.126　生产和销售竞争产品

在潜在竞争企业之间的协议中，禁止被许可人未经许可人的允许而制造或销售与许可产品竞争的产品的条款是不被欧盟委员会所允许的。但允许修改成，需经许可人允许，但在被许可人可以保证其遵守对许可的专有技术保密，并与许可人交流专有技术改进的义务的情况下，一旦允许不得撤回。[735]

在生产特许经营协议中，在为确保被特许人推销许可产品而使义务合理化的情况下，《欧盟运行条约》第 101 条第 3 款规定不生产或销售竞争产品的义务适用豁免。[736]

**9. 研究、开发、改进和新应用**

5.127　对研究与开发的限制

在竞争企业之间的协议中，限制任何一方进行研究与开发能力的条款都是核心限制，除非它们是为了防止向第三方披露许可的专有技术所必不可少的。[737] 这类条款与集体豁免不符，也不太可能在个案评估中与《欧盟运行条约》第 101 条兼容。[738]

在非竞争企业之间的协议中，此类条款不包括在集体豁免范围内，必须单独评估。[739] 如果只有少数几种技术可用，并且受限制方具有进行进一步研究和开发所需的资产和技能，则它们很可能与第 101 条不兼容。另一方面，如果可以使用几种技术并且受限制方不具备特殊资产或技能，则该限制不太可能违反第 101 条。[740]

在人类的智力活动中，没有什么比在创造甚至构想出未来的智力产品之前，将其出售更为普遍。[741]

5.128　前馈义务

竞争企业之间的互惠协议中的前馈义务（要求许可人将其对许可技术
270 的未来改进和新应用转让给被许可人的条款）可能会阻止一方获得比另一

---

[734]　见 5.126。大部分生产商会设计对一些技术的使用。

[735]　88/563 *Delta Chemie/DDD* §§I.E（B）(18), II.A（B）(34), EuC.

[736]　78/253 *Davide Campari-Milano* §§II.2, III.A.2, EuC；另参见第七章 7.84。

[737]　316/2014 条例第 4 条第 1 款（d）项。

[738]　同时见 85/410 *Velcro/Aplix* §§B.II.1, B.III.2, B.III.2（e）, EuC。

[739]　316/2014 条例第 5 条第 2 款。

[740]　2014 年《技术转让协议指南》第 143 段。

[741]　Sir George Jessel MR, *Printing and Numerical Registering Company v Sampson*, EWCH.

方高的竞争优势，特别是当这个条款与回授条款相结合时，会阻碍创新中的竞争。如果当事方具有较强的市场支配力，[742] 则此类协议可能违反《欧盟运行条约》第 101 条。[743] 但另一方面，即使在竞争企业之间的互惠协议中，只要不超过集体豁免的市场份额门槛并满足规定的其他要求，前馈义务是被允许的。[744]

如果是为了允许当事方开发各自的技术而没有侵犯对方权利的风险，并且不会导致当事方使用相同的技术基础，包含前馈条款的竞争者之间的对等协议也符合第 101 条的规定。[745]

其他协议中的前馈义务不太可能违反第 101 条，[746] 尽管欧盟委员会曾反对过一个针对在欧盟以外地区的许可中的独家前馈义务。[747]

5.129 自动扩展

通过将许可人的改进包括在内，并且规定只要改进是受专利保护或作为专有技术的保护，就可以自动延长许可协议的期限，通常被认为是反竞争的。[748] 但是，772/2004 条例采用了更为宽松的方法，[749] 并且被当前的集体豁免一直沿用；[750] 现在看来，只有在其他规定与第 101 条不兼容或在扩展过程中变得不兼容的情况下，该条款的扩展才被视为与《欧盟运行条约》第 101 条不兼容。

5.130 回授义务：欧盟政策的发展

欧盟委员会已经放宽了对“回授”义务（要求被许可人将其对许可技 271

---

[742] 关于对市场支配地位的评估，见 5.83—5.84。

[743] 2014 年《技术转让协议指南》第 132 段、第 241 段。

[744] 因为它们没有包含在 316/2014 条例第 4—5 条（核心限制和排除限制）的条款内容中。

[745] 2014 年《技术转让协议指南》第 132 段、第 241 段。第 241 段中的观察指的是和解协议，但根据和解协议中的许可与其他许可的处理方式相同的原则，通常也是适用的：请参见 §237 和 5.86。

[746] 确实，以前认为，为了证明非独家回授协议的正当性，前馈义务是有必要的：见例如 240/96 条例第 2 条第 1 款第 4 项和脚注 758。另参见 87/100 *Mitchell Cotts/Sofiltra* §II.A.21，EuC 和 90/410 *Odin Developments* §II.B.32，EuC。

[747] 72/238 *Raymond/Nagoya* §I.11，EuC.

[748] 见 76/29 *AOIP/Beyrard* §II.4（d），III.3，EuC；*Velcro/Aplix* §§B.II.1，B.III.1（c），B.III.2，B.III.2（b），EuC；*Peugeot/Zimmern*，EuC；*Preflex/Lipski*，EuC；240/96 条例序言第 14 段，该条例第 3 条第 7 款和第 8 条第 3 款；英国 1977 专利法案（UK Patents Act 1977），第四十五章（现已废止）。

[749] 见本书第一版，第二章 2.109。

[750] 见 5.71。

术的改进和 / 或许可技术的新应用的权利转让给许可人的条款）的严格反对。[751]

但是，欧盟委员会现已摈弃了在先前的集体豁免中对许可技术的“非严重改进”与“严重改进”或“新应用”之间的区别，[752] 并修改了其先前的观点，即对技术不可分割的改进的独家回授并不限制竞争，因为这些改进的使用需要经许可人的同意。[753] 因此，欧盟委员会现在的做法比 2004 年严格得多。

在现行制度下，有必要分别考虑非独家回授[754] 和独家回授条款。[755]

### 5.131 非独家回授

在集体豁免中，[756] 只要满足条例的其他要求，被许可人有义务向许可人以非独家许可方式，允许许可人使用技术改进，该情况是合规的。无论协议是在竞争企业之间还是非竞争企业之间，无论是否允许许可人将改进许可给其他被许可人，[757] 以及无论是否同时存在平衡条款要求许可方负有许可自己技术改进的义务，上述规定都适用。[758]

在对集体豁免之外的协议进行个案评估时，这种义务也有可能被视为

---

[751] 原来的方式，见 72/237 *Davidson Rubber*, EuC; 72/238 *Raymond/Nagoya*, EuC; 75/494 *Kabel-und Metallwerke Neumeyer and Etablissements Luchaire* §IV.15, EuC（反对被许可人将共同开发的改进转移给许可人的义务）; 85/410 *Velcro/ Aplix* §§B.II.1, B.III.2, B.III.2（f), EuC; 85/561 *Royon/Meilland*, EuC（关于突变植物品种）; *Spitzer/Van Hool*, EuC; *Neilson-Hordell/Richmark*, EuC; 2349/84 条例第 3 条第 8 款。

[752] 772/2004 条例序言第 14 段，该条例第 5 条第 1 款（a）项和（b）项。重大的改进是指可以在不侵犯许可方技术的情况下加以利用的改进：772/2004 条例第 1 条第 1 款（n）项。

[753] 关于欧盟委员会之前的观点以及对这种观点的批评，见本书前版本的第二章 2.112。

[754] 5.131。

[755] 5.132。

[756] 因为这并没有包含在 316/2014 条例第 4—5 条的规定内；第 5 条第 1 款（a）项指出了独家回授时排除限制。

[757] 2014 年《技术转让协议指南》第 131 段。

[758] 2014 年《技术转让协议指南》第 131 段；比较参照 240/96 条例第 2 条第 1 款第 4 项，许可人存在这样的义务是该义务进入通常认为不限制竞争的条款清单的明确条件；87/123 *Boussois/Interpane* §II.C.22（a), EuC; 88/563 *Delta Chemie/DDD* §§I.E（11), II.A（B)（33), EuC; 88/143 *Rich Products/Jus-rol* §II.A（b)（36), EuC，仅在许可方负有向被许可方许可改进技术的互惠义务以及在许可终止后，许可方不得使用被许可方对技术所做的不可分割的改进部分，否则许可人在被许可人不能使用的情况下，使用此类改进会获得不公平优势；回授协议才被允许。

不会限制竞争。[759]但是，如果非独家回授许可减少了对被许可人在寡头市场上创新竞争的激励，则可能违反《欧盟运行条约》第 101 条的规定。[760] 272

互惠协议中的回授与前馈相结合产生的特殊问题在前面已经探讨。[761]

5.132 独家回授

被许可人有义务就所设计的被许可技术的改进或新应用向许可人或许可人指定的第三方授予独家许可或全部或部分转让权利（“独家回授”）[762]不包括在集体豁免中，必须根据《欧盟运行条约》第 101 条进行个案评估。[763]

欧盟委员会现在认为，独家回授条款（无论是可改进的还是不可修复的改进）可能会降低对被许可人进行创新的激励，[764]如果被许可人获得了足够的报酬，那么降低激励的可能性就较小。[765]根据第 101 条进行的评估还取决于许可方在技术市场上的地位，[766]包含类似义务的许可协议的平行网络，[767]以及是否存在前馈义务。[768]

被许可人改进中的专有权的授予也可以增强或延长许可人享有的竞争优势，使其超出许可人因为自己的创新所获得的优势。[769]确实，规定被许可人的改进自动转让给许可人，并回授给被许可人（可能还有其他被许可人）的协议，本身就可以使许可人在原始协议到期后无限期地控制技术。特别是在技术被许可给多个被许可人的情况下，有时这些被许可人与许可

---

[759] 2014 年《技术转让协议指南》第 131 段；72/237 *Davidson Rubber* §9（a），EuC；72/238 *Raymond/Nagoya* §II.6，EuC；75/494 *Kabel- und Metallwerke Neumeyer and Etablissements Luchaire* §8（iii），EuC。

[760] 75/494 *Kabel- und Metallwerke Neumeyer and Etablissements Luchaire* §II.8（iii），EuC.

[761] 见 5.128。

[762] 欧盟委员会排除是掩盖授权防止被许可人利用改进或新的应用程序：见 2014 年《技术转让协议指南》第 129 段。

[763] 316/2014 条例第 5 条第 1 款（a）项；2014 年《技术转让协议指南》第 129 段。有关集体豁免中排除的影响，见 5.52。

[764] 2014 年《技术转让协议指南》第 129 段。

[765] 2014 年《技术转让协议指南》第 129 段；比较参照 85/561 *Royon/ Meilland*，EuC。

[766] 关于对市场支配地位的评估，见 5.83—5.84。

[767] 2014 年《技术转让协议指南》第 130 段。

[768] 见 5.128。

[769] 88/563 *Delta Chemie/DDD* §§I.E（11），II.A（B）（33），EuC；88/143 *Rich Products/Jus-rol* §II.A（b）（36），EuC（许可人必须终止其在终止主许可时使用被许可人的修改和改进的权利，否则其会产生比被许可人不公平的优势）。

人一起形成所谓的“技术俱乐部”。[770]

273 被许可人向许可人授予共同所有权的义务也可能违反第 101 条。[771]

**10. 对权利有效性或所有权的质疑**

5.133 禁止在欧盟境内质疑知识产权有效性的条款：历史发展

在过去，欧盟委员会[772]和欧盟法院[773]认为禁止质疑条款与《罗马条约》第 85 条（现为《欧盟运行条约》第 101 条）不符，其理由是：错误授予的专利会限制竞争，而被许可人通常最有资格或最有利益驱使他们对专利的有效性提出质疑。

但是，在 *Bayer v Süllhöfer* 案中，欧盟法院裁定，如果许可使用是免费的（因为被许可方没有因为支付许可使用费而影响其竞争）或质疑涉及被许可人并未使用的一个过时的技术工艺，则禁止质疑条款不会限制竞争。[774]法院还强调，在每种情况下都必须考虑禁止质疑条款是否在一定程度上限制了竞争。

法院在 *Bayer v Süllhöfer* 案中的推理可能受到质疑，理由是法院仅考虑了对被许可人竞争的影响，而没有考虑对于第三方，他们的竞争也可能受到无效专利的有效维持的限制。[775]确实，一种有效利用易受攻击专利的传统模式是将其免费许可给最大的竞争者或竞争者们，以期望较小的竞争者不敢挑战它。

*Bayer v Süllhöfer* 案中的判决比较合理的是强调了应采用灵活的方法，同时考虑每种情况下的禁止质疑条款是否可能具有明显的反竞争效果。遵循这种方法，人们认为，关于禁止质疑条款的一些较早的判决在今天可能会

---

[770] 这一观点在当前的 2014 年《技术转让协议指南》中并未反映，但是 2009 年 7 月 8 日发布的欧盟委员会针对医药行业竞争调查的最终报告（Final Report of the Commission's Competition Inquiry into the Pharmaceutical Sector）中关注了使用“次级”专利来延长有效保护的期限。

[771] 85/561 *Royon/Meilland*, EuC; *Nodet-Gougis/Lamazou*, EuC.

[772] 72/237 *Davidson Rubber* §I.16, EuC; 75/494 *Kabel- und Metallwerke Neumeyer and Etablissements Luchaire* §IV.15, EuC; 76/29 *AOIP/Beyrard* §III.3, EuC; 79/86 *Vaessen v Moris* §II.14, EuC; 85/561 *Royon/Meilland*, EuC; *Neilson-Hordell/Richmark*, EuC.

[773] 193/83 *Windsurfing International v Commission* judgment §§89–94, CJ.

[774] 65/86 judgment §§16–21, CJ; 2014 年《技术转让协议指南》第 134 段。

[775] 比较参照 39985 *Motorola* §§375 及下文，EuC，其中，考虑对第三方产生了必须支付更高许可费用的影响，从而成为支持裁定滥用支配地位的一个理由。另参见 John Ferry, ‘Patent Agreements: No-Challenge Clauses’ [1989] 4 EIPR 138。

有不同结果。

5.134 禁止欧盟境内质疑知识产权有效性的条款：当前立场

禁止任何一方对另一方在欧盟境内[776]的知识产权有效性提出质疑的条款不包括在集体豁免范围内，必须单独评估它们是否符合《欧盟运行条约》第 101 条的规定。[777]该立场似乎适用于非技术以及技术权利，无论它们是否已根据协议获得许可；[778]但是关于专有技术的立场则有所不同。[779] 274

欧盟委员会目前的指导方针是，当该条款中许可技术是有价值的，而无法完全使用该技术或不支付许可使用费的企业处于竞争劣势时，禁止质疑条款可能与第 101 条不兼容；[780]但是（援引 *Bayer v Süllhöfer*）如果许可的技术过时且未被许可人使用，或者许可是免费的，则没有竞争限制；或该条款包含在和解协议中。[781]

5.135 根据成员国法律对挑战有效性的限制

专利权人可以根据成员国法律援引禁止反言或类似原则，以防止被许可人质疑许可专利的有效性。[782]尽管这似乎与“禁止质疑条款”具有相同的效果，但可以说，根据《欧盟运行条约》第 101 条，该协议不会仅仅因为它允许专利权人利用这种性质的成员国法律规则而被视为无效。[783]

---

[776] 关于欧盟境外的知识产权的地位，见 5.138。

[777] 316/2014 条例第 5 条第 1 款（b）项。有关集体豁免中的排除的影响，见 5.52。

[778] 316/2014 条例第 5 条第 1 款（b）项中的“知识产权”，在第 5 条第 1 款（h）项中定义为包括工业产权，尤其是专利权、商标权、版权和邻接权。关于“知识产权”的一般含义，请参见第一章 1.25—1.27。

[779] 区分知识产权和专有技术，这似乎是根据 316/2014 条例第 1 条第 1 款（h）项中的“知识产权”的定义，并得到第 1 条第 1 款（b）项中技术权利的定义的支持。欧盟委员会在其 2014 年《技术转让协议指南》第 140 段中也采用了这种观点，请参阅第一章 1.25。有关专有技术中禁止挑战性条款的立场，请参见 5.137。

[780] 2014 年《技术转让协议指南》第 134 段。另参见 39985 *Motorola* §§329 及下文，EuC，讨论了对任何许可专利的有效性提出质疑时终止许可的规定的反竞争影响，讨论结合了与滥用主市场支配地位的关系。

[781] 2014 年《技术转让协议指南》第 134 段。关于和解协议中禁止挑战的处理，见第 136 段。

[782] 见 *Clark v Adie*（*No 2*），UKSC；*Lyle-Meller v Lewis*，EWCA；比较参照 *VD v Boston Deep Sea Fishing*，EWCA；*Fuel Economy v Murray*，EWCA。

[783] 8/74 *Procureur du Roi v Dassonville* judgment §15，CJ 中支持了这一观点。

5.136　和解协议中的禁止质疑条款

欧盟委员会在《技术转让协议指南》中指出，在和解协议中的禁止质疑条款通常被视为不属于《欧盟运行条约》第101条第1款的范围，因为此类协议的目的是解决争端。[784] 但是，欧盟法院在 *Bayer v Süllhöfer* 案中特别驳斥了这一观点。[785]

275 当知识产权的授予是因为这些条款提供错误或误导性信息，[786] 或许可人为禁止质疑条款提供除许可外的经济或其他诱因；或技术为被许可人生产所必需时，[787] 即使和解协议中的禁止质疑条款通常不在第101条第1款的范围内，欧盟委员会也认为此类条款可能会违反第101条的规定。

当和解协议是通过滥用支配地位而施加的，主张该限制是为了提高效率的和解方案的一部分，这一理由是不合理的。[788]

5.137　关于专有技术的禁止挑战质疑条款

如果满足316/2014条例的其他要求，则针对专有技术的禁止质疑条款将属于技术转让集体豁免范围。[789] 对于提出质疑时终止合同的限制也适用。之所以对于与专有技术有关的禁止质疑条款采取了更为宽容的观点，是因为一旦将专有技术公开给另一方，可能很难或不可能收回已获得许可的专有技术。[790]

5.138　欧盟境外的权利或被许可人

如果满足316/2014条例的其他要求，则对欧盟境外权利的禁止质疑条

---

[784]　2014年《技术转让协议指南》第242段。

[785]　65/86 judgment §§14–15, CJ. 关于欧盟指南和欧盟法院的判决的法律效力层级问题，见5.21。欧盟委员会较早的决定认为，和解协议中的无挑战性条款违反了《罗马条约》第85条：79/86 *Vaessen v Moris* §II.14, EuC; *Neilson-Hordell/Richmark*, EuC。

[786]　2014年《技术转让协议指南》第243段，援引C-457/10P *AstraZeneca v Commission*（在第三章3.36中讨论）。指南比 *AstraZeneca* 案范围更广，扩展至当所有权人不具有支配地位，且其中将不正确的信息不经意地提供给了知识产权局。

[787]　2014年《技术转让协议指南》第243段。这几类可以涵盖大部分的和解协议，很大程度上削弱本指南中第242段的规定，该条规定和解协议中的不质疑条款一般被认为不受第101条第1款规制。

[788]　39985 *Motorola* §§480–491, EuC.

[789]　2014年《技术转让协议指南》第140段。316/2014条例第5条第1款（b）项，排除了不挑战知识产权有效性的豁免义务，但该条款不涵盖专有技术：请参见脚注779。

[790]　2014年《技术转让协议指南》第140段。

款将包含在集体豁免范围内。[791] 针对欧盟境外被许可人的禁止质疑条款，不管其针对的是欧盟境内还是境外的许可人权利，都被认为不属于《欧盟运行条约》第 101 条规制的范围，因为被许可人不太可能向欧盟出口或在欧盟境内进行生产，因此该条款可能对欧盟境内的竞争没有明显影响。[792]

5.139 在质疑有效性时终止：适用集体豁免

在独家许可协议中，如果被许可方对任何许可技术权利 [793] 的有效性 276
提出质疑，则许可人可以终止许可，并可以根据集体豁免得到豁免，前提是该协议符合条例其他的规定，而如果是非独家许可，则不属于集体豁免范围。[794]

对独家许可进行更宽容处理的理由是，许可人依靠独家授权的被许可人来获取技术许可的收入，如果在被许可人不再致力于开发、生产和销售合同产品时许可人不能终止许可，则可能降低许可人的许可激励。[795]

5.140 在质疑有效性的情况下终止：第 101 条第 1 款在个案评估中的适用

以前，在被许可人对许可权利的有效性提出质疑时许可终止的规定通常与《欧盟运行条约》第 101 条相兼容。[796] 但是，欧盟委员会目前的指导原则是，此类限制可能与禁止质疑条款产生相同的效果，特别是如果放弃许可方的技术会给被许可方造成重大损失（例如，当被许可方大量投资了使用许可技术的特定的机器或工具），或许可人的技术是不可或缺的（例如，标准必要专利）。[797] 在其他情况下，这类条款不会遏制被许可人质疑

---

[791] 316/2014 条例第 5 条第 1 款（b）项中的排除禁止挑战条款仅适用于欧盟境内的权利。

[792] 72/238 *Raymond/Nagoya* §II.3，EuC.

[793] 从 316/2014 条例第 5 条第 1 款（b）项的措辞来看，集体豁免不包括在对非技术权利或非许可技术权利提出异议时终止的规定，但确实有一项条款允许在对任何一项或多项许可技术权利提出质疑时终止独家许可协议的全部。

[794] 316/2014 条例第 5 条第 1 款（b）项；2014 年《技术转让协议指南》第 136 段。关于集体豁免中排除的后果，见 5.52。

[795] 2014 年《技术转让协议指南》第 139 段。

[796] 240/96 条例第 2 条第 1 款第 15 项；772/2004 条例第 5 条第 1 款（c）项；2014 年《技术转让协议指南》第 113 段；*Newport Pharmaceuticals and Röhm Pharma*，EuC。

[797] 2014 年《技术转让协议指南》第 136—137 段；39985 *Motorola* §§329 及下文，EuC；比较参照 6 U 136/11 *Motorola v Apple*，OLG Karlsruhe. Motorola 判决在第三章的 3.38 和 3.46 中有所讨论。

有效性。[798]

如果标准必要专利受制于 FRAND 承诺，则在对任何一项专利提出质疑的情况下许可终止的规定可能导致被许可人支付过多的许可使用费，从而阻止了被许可人对一项或更多专利提出无效性异议。[799]

### 5.141 在质疑有效性的情况下终止：第 101 条第 3 款在个案评估中的适用

如果对许可技术权利的有效性提出质疑则许可终止的条款属于《欧盟运行条约》第 101 条第 1 款规制的范围，但该条款未根据集体豁免得到豁免，则必须根据第 101 条第 3 款权衡，一边是通过该条款，许可人不会被迫不得
277 不继续与质疑许可技术有效性的被许可人打交道，从而鼓励技术许可，[800] 另一边则是用以对抗保留本不应授予的知识产权而产生的对竞争的限制。[801]

欧盟委员会认为，评估中的相关因素之一是被许可方在提出质疑之时是否履行了协议规定的所有义务，特别是许可费用的支付。[802] 但是，通常认为如果不支付许可使用费而终止合同的规定将不在第 101 条第 1 款的范围内，并且无论被许可人是否质疑被许可权利的有效性都可以援引。

如果遇到通过技术池授予的许可协议，则受质疑时终止许可条款可能更难证明其合理性。[803]

在一个案件中，许可人通过滥用执法程序强迫被许可人接受和解协议，主张其中对有效性提出质疑的情况下终止合同的条款是为了提高和解效率从而被欧盟法院驳回。[804]

### 5.142 禁止质疑所有权的义务

欧盟委员会认为，禁止质疑技术权利所有权的义务通常并不构成《欧盟运行条约》第 101 条第 1 款所指的竞争限制，因为无论权利是否为许可人所有，第三方都需要通过获得许可来使用该技术。[805]

---

[798] 2014 年《技术转让协议指南》第 137 段。

[799] 39985 *Motorola* §§336 及下文，EuC。

[800] 许可技术的潜在益处在 5.152 中讨论。

[801] 2014 年《技术转让协议指南》第 138—139 段。

[802] 2014 年《技术转让协议指南》第 138 段。

[803] 见 5.174。

[804] 39985 *Motorola* §485，EuC.

[805] 2014 年《技术转让协议指南》第 135 段，援引 *Moosehead/ Whitbread*，EuC（承担不挑战商标所有权的义务，不限制竞争）。

但是，这一假设似乎没有考虑到这种义务可能会限制被许可人的竞争能力。例如，被许可人在可能拥有所涉权利的部分所有权的情况下，此时，被许可人可以在不付款或没有其他限制的情况下使用这些权利。[806] 如果许可人声称拥有两种或多种潜在竞争技术，并且该条款禁止可能使其中一项技术归于竞争企业手中的质疑，则该理由似乎也不适用。

如果受到第 101 条第 1 款规制，则在满足其他条件的情况下，此类义务也应属于集体豁免。[807]

### 11. 其他条款 278

5.143 价格

在竞争企业之间的技术许可中，所有限制任一方确定其销售价格能力的条款，包括对偏离指定价格和建议价格 [808] 的反向激励，都是技术转让集体豁免意义上的核心限制。[809] 在非竞争企业之间的技术许可中，此类条款也是核心限制，仅有在满足其他条件的前提下，并且不是由另一方施压而构成的固定价格或最低价格，则保留最高价格或最低价格是符合集体豁免的。[810]

如果该协议对欧盟成员国之间的贸易产生显著影响，则限制双方确定其销售价格能力的技术许可条款可能在个案评估 [811] 中与《欧盟运行条约》第 101 条不符。[812] 但是，当事人有可能根据第 101 条第 3 款对维持零售价格的条款进行辩护，即规定价格可以为开发新产品市场促销，或为“体验产品”，[813] 或为复杂的产品提供售前服务。[814]

---

[806] 这种情况并不罕见，例如在前雇员与前雇主竞争的情况下。

[807] 因为他们并没有被包含在 316/2014 条例第 4—5 条列出的核心限制和排除限制中。

[808] 关于将建议的价格同限制当事方确定其价格的能力的依据、理由或其他方式，请参阅 5.57a 和注释 273。

[809] 316/2014 条例第 5 条第 1 款（a）项；2014 年《技术转让协议指南》第 99 段；5.57a。

[810] 316/2014 条例第 5 条第 2 款（a）项；2014 年《技术转让协议指南》第 118 段；5.63a。

[811] 27/87 *Erauw-Jacquery v La Hesbignonne*, CJ; 78/823 *Maize Seeds* §§II.3.A（e）, III.4, EuC, 在 258/78 *Nungesser v Commission*, CJ 中依据其他理由部分得到确认，部分被驳回；*Hoechst/Beecham Pharma*, EuC; *Yoshida Kogyo*, EuC; 2010 年《纵向限制指南》第 223—224 段。

[812] 关于对于贸易的影响是否显著，见第二章 2.22—2.23。

[813] “体验产品”是指在消费之前很难判断其质量的产品；2010 年《纵向限制指南》第 164 段、第 185 段。

[814] 2010 年《纵向限制指南》第 225 段；比较参照 CA98/12/2002 *John Bruce*, UKOFT。另参见第七章 7.75。

在集体豁免之外的非竞争企业之间的技术许可协议中，推荐价格和最高价格也可能被认定为与第 101 条相兼容，特别是在它们可以减轻双重边际化（double marginalization）[815] 所造成的价格扭曲的情况下，前提是他们不会固定价格 [816] 或因为给价格指导提供一个共同关注点而导致统一定价。[817]

在分包协议中，在承包商和分包商之间，确定专门为承包商生产的中间合同产品的许可价格的规定通常不属于第 101 条第 1 款的范围。[818]

279 5.144　最优惠被许可人条款

如果满足集体豁免的其他要求，则限制许可人有义务将授予其他被许可人的更优惠条件沿用给被许可人的条款约定通常是被允许的。[819] 在集体豁免之外，这一义务通常也与《欧盟运行条约》第 101 条相兼容。但如果是其他被许可方只有在更优惠的条件下才会接受许可，则可能会违反《欧盟运行条约》第 101 条，因此该义务将成为许可人进一步缔结许可协议的障碍。[820]

5.145　权利的执行

通常，被许可人协助许可人执行许可权利的义务并不限制竞争。[821]

5.146　保密性：控制基本种子

被许可人对许可的专有技术的保密义务通常被认为不限制竞争。[822]

这种处理也可能适用于与其他事项有关的保密义务，例如对许可条款内容的保密。[823] 但是，如果在专有技术或其他事项不是由于被许可人的过错而进入了公有领域，且将对成员国之间的竞争和贸易产生显著影响的情

---

[815] 2010 年《纵向限制指南》第 107 段（f）项、第 229 段。

[816] 2001/135（36516）*Nathan-Bricolux*, EuC.

[817] 2010 年《纵向限制指南》第 228 段。

[818] 2014 年《技术转让协议指南》第 64 段。

[819] 因为他们并没有被包含在 316/2014 条例第 4—5 条列出的核心限制和排除限制中。

[820] 75/494 *Kabel- und Metallwerke Neumeyer and Etablissements Luchaire* §II.8（i）, EuC. 另参见 240/96 条例第 2 条第 1 款第 10 项。

[821] 2014 年《技术转让协议指南》第 183 段（d）项。

[822] 2014 年《技术转让协议指南》第 183 段（a）项；90/186 *Moosehead/ Whitbread*, EuC；78/253 *Davide Campari-Milano* §II.C, EuC；75/494 *Kabel- und Metallwerke Neumeyer and Etablissements Luchaire* §8（iv）, EuC；87/100 *Mitchell Cotts/Sofiltra* §II.A.21, EuC；90/410 *Odin Developments* §II.B.35, EuC；87/69 *X/Open Group* §II.A.39, EuC。

[823] 2014 年《技术转让协议指南》第 183 段（a）项，指出了通常意义的“保密义务”。

况下，该义务仍然不终止，这种保密义务很可能不会被认同。[824]

植物育种者在许可协议中禁止出售或出口基本种子的禁令也被认为与《罗马条约》第 85 条（现为《欧盟运行条约》第 101 条）相符，因为它们类似于保护专有技术保密性的条款。[825]

5.147 转授许可和转让义务

要求被许可人不得转授[826]或转让[827]许可的义务，这通常与《欧盟运行条约》第 101 条相兼容。

5.148 协议期限和限制期限 280

只要许可的技术权利尚未到期、失效或被宣布无效，或者专有技术并未由于被许可人自己的行动而不再是机密，则集体豁免适用于其涵盖的相关协议。[828] 通过协议自动包含许可技术后续改进，此时对协议和限制的豁免似乎可以延长至改进技术期限结束。[829]

在集体豁免之外，通常认为协议的期限如果不超过许可技术的保护期限，则被视为与《欧盟运行条约》第 101 条相兼容。但是，在许可人具有较高市场支配力的情况下，许可协议的期限可能会导致明显地排除竞争，从而不符合第 101 条。[830]

尽管在许可技术的保护过期之后继续履行协议本身并不限制竞争，但是，如果对成员国的竞争和贸易产生明显影响，则在权利到期后限制使用许可技术很可能会违反第 101 条。[831]

---

[824] 见 87/123 *Boussois/Interpane* §II.C.22( b ), EuC; 88/563 *Delta Chemie/DDD* §II.A( B )( 32 ), EuC; 88/143 *Rich Products/Jus-rol* §II.A（b）( 32 ), EuC; 72/25 *Burroughs/Delplanque* §II, EuC。

[825] 27/87 *Erauw-Jacquery v La Hesbignonne* judgment §§10–11, opinion §§10–12, CJ; 1999/6 *Sicasov*, EuC; 另参见 *CBA*, EuC，其中欧盟委员会赞成对分许可的被许可人施加条件的义务，即不得复制或销售传播性材料。

[826] 2014 年《技术转让协议指南》第 183 段（b）项; 72/25 *Burroughs/Delplanque* §II, EuC（禁止被认为是合理的，以保证许可的专有技术的机密性）; 72/237 *Davidson Rubber Co* §II.9（b）, EuC; 88/563 *Delta Chemie/DDD* §II.A（B）( 36 ), EuC; 88/143 *Rich Products/Jus-rol* §II.A（b）( 33 ), EuC; 87/100 *Mitchell Cotts/Sofiltra* §21, EuC。

[827] 78/253 *Davide Campari-Milano* §II.C, EuC.

[828] 316/2014 条例第 2 条; 另参见 5.71。

[829] 见 5.129。

[830] *Microsoft*( 1994 ), EuC; *Knoll/Hille-Forme*, EuC.

[831] 320/87 *Ottung v Klee & Weilbach* judgment §18, CJ.

5.149　终止后的限制

如果许可技术权利仍然有效，则在协议期满后，要求被许可人有义务不使用被许可技术而不被认定为限制竞争。[832] 另一方面，如果权利技术保护期满，则限制被许可人对许可技术的使用有可能违反《欧盟运行条约》第 101 条的规定。[833] 如果许可技术在一个成员国的权利期满，即使该技术在其他成员国仍然受到保护，则限制被许可人在这个国家的使用也可能不符合《欧盟运行条约》第 101 条。[834]

5.150　仲裁

要求将争议提交仲裁的条款通常与《欧盟运行条约》第 101 条相兼容。[835] 欧盟委员会过去曾强制要求在个案豁免中，将任何仲裁裁决通知欧
281 盟委员会是豁免的条件之一，[836] 但这种条件现在很难与符合第 101 条第 3 款规定的协议无需事先决定即允许的原则相融洽。[837]

## 12. 一般考虑因素

5.151　一般考虑因素的相关性

如前所述，[838] 除了关于许可协议中通常使用的不同条款处理的具体指南之外，《技术转让协议指南》还包含了将竞争政策适用于技术转让的更一般性的讨论。这些讨论尤其适用于既不属于核心限制 [839] 也不属于根据 316/2014 条例而被允许的情况，[840] 或者推定协议中存在其他四个以上独立技术的情况，[841] 或者需要审查其个别条款的情况。[842]

除了在第二章中探讨的第 101 条适用于利用知识产权的基本原则以

---

[832]　2014 年《技术转让协议指南》第 183 段（c）项；320/87 *Ottung v Klee & Weilbach* judgment §18，CJ；88/563 *Delta Chemie/DDD* §II.A（B）（35），EuC；88/143 *Rich Products/Jus-rol* §II.A（b）（34），EuC；90/186 *Moosehead/Whitbread*，EuC；比较参照 *Cartoux/Terrapin*，EuC（在许可人同意允许被许可人继续使用机密专有技术并支付合理费用后，欧盟委员会停止了调查）。

[833]　320/87 *Ottung v Klee & Weilbach* judgment §18，CJ.

[834]　类比 193/83 *Windsurfing International v Commission* judgment §85，CJ。

[835]　72/237 *Davidson Rubber* §II.9（c），EuC；72/25 *Burroughs/Delplanque* §II，EuC.

[836]　78/253 *Davide Campari-Milano* §IV.3，EuC.

[837]　1/2003 条例第 1 条第 2 款。

[838]　5.79。

[839]　关于核心限制，见 5.57—5.68。

[840]　316/2014 条例在 5.19—5.73 中讨论。

[841]　见 5.80。

[842]　见 5.89—5.150。

外，[843]本指南还确定了评估技术转让协议时应考虑的各种其他因素和考量，在下面的段落中将讨论到。

5.152　潜在积极影响

技术转让协议通常具有积极影响，包括以下几方面：（1）通过允许创新者获得至少部分研发成本的回报来促进创新；（2）传播新技术，以节省成本，或开发新产品，或改进产品；（3）通过将许可人的技术与被许可人的补充技术或其他资产相结合来提高效率；（4）通过组装用于许可给其他方的技术包来减少交易成本；（5）通过降低被许可人开发自己的技术而不侵犯许可人权利的风险来促进竞争。[844]

5.153　潜在消极影响 282

技术转让协议的消极影响可能包括减少当事方之间的技术内部竞争，排除第三方竞争者以及减少技术间的竞争。[845]

竞争企业之间的互惠义务，比如共享改进的义务，很容易限制技术内部竞争。[846]竞争企业之间的许可还可以通过增加透明度、控制某些行为、增加准入门槛以及在特殊情况下建立高度的成本共通性，来促进明显或默契的共谋，特别是在集中度高的市场中。[847]

对被许可人获得替代技术的限制或抑制，或者是由具有足够市场支配力的许可人进行捆绑销售，都可能产生排除第三方竞争的影响。[848]

技术间的竞争可能通过地域或市场限制，或通过促进被许可人之间的共谋而受到限制。竞争技术所有者之间的共谋，或提高准入门槛，[849]或消除因该技术与其他技术之间竞争刺激而受到的价格下行压力，这些都可能减少技术间的竞争。[850]

5.154　影响评估的因素

欧盟委员会的《技术转让协议指南》确定了以下因素，这些因素影响

---

[843] 2.16—2.20，以及 2.54—2.59。

[844] 2014 年《技术转让协议指南》第 17 段、第 176 段；316/2014 条例序言第 4 段和第 11 段。

[845] 2014 年《技术转让协议指南》第 11 段、第 27 段、第 169 段。

[846] 2014 年《技术转让协议指南》第 170 段；另参见 5.128。

[847] 2014 年《技术转让协议指南》第 171 段。

[848] 2014 年《技术转让协议指南》第 172 段。

[849] 2014 年《技术转让协议指南》第 173 段。

[850] 2014 年《技术转让协议指南》第 27 段。

技术转让协议的评估：协议的性质；许可方的当事人、竞争对手和产品买方的市场地位；市场准入门槛；市场的成熟度；通过大量相似协议发现的市场累积效应；协议期限；监管环境；显示或促进共谋的行为。[851]

协议的性质涵盖了其明示和暗示的条款以及双方之间的竞争关系。[852]
283 前面讨论了特定条款[853]的影响和当事方之间竞争关系[854]的重要性，以及当事方的准入壁垒和当事方、竞争者和买方的市场地位。[855]指南中指出的其他因素将在以下段落中讨论。

5.155　市场的成熟度

成熟的市场是指已经存在一段时间的市场，在该市场中，技术是众所周知的、广泛使用的且变化不大，并且需求相对稳定或下降。与动态市场相比，限制竞争在这种市场上更有可能产生负面影响。[856]

5.156　累积影响

在有许多协议被有效执行的特定市场，有必要考虑它们对竞争的累积影响。[857]但是，只有在对竞争的限制产生重大影响的情况下，个别协议才会被《欧盟运行条约》第 101 条所禁止。[858]

5.157　期限

尽管协议的期限被认为是个案评估中潜在的相关因素，[859]但在欧盟委员会的《技术转让协议指南》中，并没有明显强调协议的期限。

只要被许可的技术包括现有的知识产权或秘密专有技术，即使最初许可的权利已经过期或者最初许可的专有技术不再是秘密，在符合条例其他要求时，集体豁免似乎仍将继续适用。[860]

[851]　2014 年《技术转让协议指南》第 159 段、第 168 段。

[852]　2014 年《技术转让协议指南》第 161 段。

[853]　见 5.89—5.150，另参见 5.85 关于隐形限制。

[854]　见 5.37—5.44 和 5.82。

[855]　5.83—5.84。

[856]　2014 年《技术转让协议指南》第 167 段。

[857]　2014 年《技术转让协议指南》第 168 段。

[858]　C-234/89 *Delimitis* judgment §§10-27，CJ；另参见第二章 2.22。欧盟法院的推理表明，对于第 101 条而言，由一方当事人（例如许可人）达成的一系列协议对限制效果做出重大贡献就足够了，尽管这很难与欧盟法院的结论和裁决措辞相吻合，特指的是个人协议做出的贡献。

[859]　2014 年《技术转让协议指南》第 168 段。

[860]　见 5.71 和 5.129。

但是，如果协议的期限很长，则即使在达成协议后合理时期内得以适用，豁免也可能在某个时候不再适用。尤其是，包含限制性条款的协议可能在一段时期内与《欧盟运行条约》第 101 条相兼容，该时期反映了收回技术投资所需要的时间。[861]

5.158 监管环境 284

监管环境影响市场进入壁垒，进而影响市场支配力。[862] 欧盟委员会的《技术转让协议指南》并未指出监管环境的任何其他影响，但如果技术转让协议克服了监管障碍（例如，通过传播更安全的技术），则可能会促进竞争。

5.159 结论

根据欧盟委员会的《技术转让协议指南》，表明或促进共谋的行为可能包括价格领导、预先宣布的价格变动、关于价格的讨论、价格歧视、产能过剩时的价格僵化或过去的共谋行为。[863] 欧盟委员会的指南中指出了多种容易促成共谋的特定条款和条件。[864]

## 三、技术池，标准和合理无歧视原则

### （一）技术池

5.160 技术池的本质

技术池是两个或两个以上的参与方集合一个技术包，将其授权给第三方使用，很可能也同时授予参与贡献的成员使用的协议安排。[865]

两个或两个以上参与者的技术集合如果只授予参与的成员，有时也被称为“池”。但是，在目前的欧盟体制下，这种情况被视为互惠许可协议，详情参见本章前面的讨论。

每个技术池都有各自的特点。有一些仅是在有限成员间的简单安排；其他的则是更加详细的组织安排，可能成立一个单独的实体来负责技术协

[861] 2014 年《技术转让协议指南》第 175 段，另参见第二章 2.43。

[862] 见 5.83—5.84。也可以利用条例来防止或限制竞争；见例如第三章 3.39。

[863] 2014 年《技术转让协议指南》第 168 段。

[864] 见 5.83、5.85、5.105、5.124、5.153。

[865] 2014 年《技术转让协议指南》第 56 段、第 244 段。在第 244 段中的定义似乎要求向贡献者和第三方都提供许可协议，但是第 56 段和第 244 段及下文似乎可以不管贡献者是不是被许可人。

议的管理。[866] 有些专利池有统一的协议；有些则没有。

专利池的技术通常支持产业标准，但是专利池与标准之间通常没有必然联系[867]

5.161 条例 316/2014 的适用

285 包含建立专利池及其运营条件的协议不适用条例316/2014[868] 的集体豁免。这些协议将构成本章所讲述的特殊情况，因而集体豁免条款不能类比适用。[869]

欧盟委员会认为集体豁免不适用于技术池，因为它们通常是由多方的协议构成。[870] 但是，可以认为协议是存在于管理技术池的组织作为许可方和被许可人双方之间的，此时可能根据条例 316/2014 豁免。[871] 另一方面，欧盟委员会认为当技术池的协议包含条例 316/2014 规定的核心限制时，它们很可能违背《欧盟运行条约》第 101 条[872] 的规定。

5.162 技术池的促进和反竞争影响

技术池可以通过整合互补性技术[873] 打包许可，来减少交易成本和累积许可费，从而有利于市场竞争。[874] 这些影响在一些存在知识产权泛滥且权利人分散的行业十分重要。当被许可人可以持续获得关于被许可科技的后续应用支持时可以进一步减少交易成本。[875]

技术池可以通过促进欧盟内部市场的相互渗透，启用或鼓励新产品或改进产品、市场、供应条件的开发，形成或鼓励更大的竞争、降低的成本和价格，和 / 或增强的质量，基于商定解决方案促进创新，以及确保互通

[866] 2014 年《技术转让协议指南》第 244 段。

[867] 2014 年《技术转让协议指南》第 244 段。

[868] 316/2014 条例序言第 7 段。2014 年《技术转让协议指南》第 56 段、第 247 段。

[869] 2014 年《技术转让协议指南》第 57 段。

[870] 2014 年《技术转让协议指南》第 56 段、第 247 段。

[871] 参见 5.31。

[872] 2014 年《技术转让协议指南》第 267 段（d）项。这些限制在 316/2014 条例的第 4 条中有所规定，以及 5.57—5.68 中有所讨论。

[873] 对互补性技术的定义，参见 5.164。

[874] 2014 年《技术转让协议指南》第 245 段、第 253 段。

[875] 2014 年《技术转让协议指南》第 245 段。

性和兼容性等以支持或建立行业标准，从而促进竞争。[876]

然而，技术池同样也可以产生阻碍竞争的效应。当技术池中的技术完全或者主要是可替代技术时，其可能构成一个价格串通的同业联盟。[877]通过技术池建立的标准可能会排除替代技术[878]或者市场准入，[879]或便利价 286
格串通，或行业勾结。[880]成员们可以掌握专利池建立的标准信息以及对其施加影响，从而可能给予他们扭曲竞争的优势。[881]

专利池的市场地位越高，产生反竞争效应的风险就越大。[882]

5.163 主要区别和其他重要因素

根据欧盟竞争法评估技术池建立或运营协议在很大程度上取决于池内外各技术之间的关系。其中特别需要区分互补性技术和可替代性技术（complements and substitutes）[883]以及区分必要和非必要（essential and non-essential）[884]技术。[885]

竞争法合规测评中的其他重要因素有：（1）创建该技术池的程序是否向所有利益相关方开放；[886]（2）独立的专家在多大程度上参与该技术池的创建和运营；[887]（3）是否将争议解决委托给独立的第三方个人或组织；[888]

---

[876] 2014年《技术转让协议指南》第245段；2011年《横向合作协议指南》第263段、第308段；87/69 *X/Open Group*，EuC；38636 *Rambus* commitments decision §31，EuC（在T-148，149/10 *Hynix v Commission* 上诉中撤回）；39985 *Motorola* §§46，75，EuC；39939 *Samsung* §§22，38，EuC。

[877] 2014年《技术转让协议指南》第246段。

[878] 2014年《技术转让协议指南》第246段；2011年《横向合作协议指南》第266段；78/156 *Video Cassette Recorders*，EuC；1999/60 *Pre-insulated pipes*，EuC（在T-9，15–17，21，23，31/99 *HFB & ors v Commission*，GC和C-182，202，205–208，213/02P *Dansk Rorindustri & ors v Commission*，CJ中依据其他理由上诉被驳回）。

[879] 2011年《横向合作协议指南》第268—269段。

[880] 2011年《横向合作协议指南》第265段、第274段，另参见5.177。

[881] 87/69 *X/Open Group*. EuC.

[882] 2014年《技术转让协议指南》第267段。

[883] 5.164详细介绍了该区别。

[884] 5.165详细介绍了该区别。

[885] 2014年《技术转让协议指南》第250段。

[886] 2014年《技术转让协议指南》第248段、第249段；87/69 *X/Open Group*，EuC。欧盟委员会认为，比起仅在少数技术所有者之间建立的技术池，创立程序开放的技术池更容易基于技术的价格和质量来决定是否选择该技术。

[887] 2014年《技术转让协议指南》第248段、第256—257段；参见5.166。

[888] 独立于该技术池及其成员：2014年《技术转让协议指南》第248段、第258段。

（4）成员间交换敏感信息的安排。[889]

5.164　互补性技术和可替代性技术

欧盟委员会认定的互补性技术是指两项技术都是生产相关产品或执行相关程序所需要的。反之，如果两项技术中任何一项都可以生产相关产品或执行相关程序，将被认定为可替代性技术。[890]

这种区分并非总是清晰的：技术间可能部分可替代，部分互补。即使
287 两项技术部分可替代，当不存在技术池时，被许可人也可能因为二者结合使用更具效率而同时要求两项技术，那么这两项技术应当被认定为互补性技术。[891]

如果技术池的参与者可以自由地单独许可他们的技术，技术池也愿意分别许可参与者的技术，且单独许可的许可费用总和不超过技术池整体打包许可费的总和，这些情况表明这些技术是互补的。[892]

5.165　必要和非必要技术

欧盟委员会认为一项技术为必要技术，如果其有如下条件之一：（1）该技术是生产相关产品或执行相关技术所必需的部分，且从商业和技术角度看，专利池内部及外部都不存在可替代的技术；（2）该技术是为遵循该技术池所支持的标准的必要组成部分，不存在可替代技术使其符合该标准（标准必要技术或当该技术受专利保护时，被称为标准必要专利，SEP）。[893]

如果两项技术都是必要技术，那么他们必然是互补性技术。[894]

一项技术在专利池建立的时候是必要技术，随后可能由于第三方新技

---

[889]　2014 年《技术转让协议指南》第 248 段、第 259—260 段；参见 5.167。

[890]　2014 年《技术转让协议指南》第 251 段。

[891]　2014 年《技术转让协议指南》第 254 段。

[892]　2014 年《技术转让协议指南》第 254 段。

[893]　2014 年《技术转让协议指南》第 252 段。这些标准显然是客观的；该指南指出，技术所有者声明该技术是必要技术并不必然使其具备该特征。有关标准必要专利的讨论，请参见欧盟委员会 39985 *Motorola* 案第 51—53 段、第 60—61 段，以及欧盟委员会 39939 *Samsung* 案第 27—28 段。值得一提的是，欧洲电信标准化协会（ETSI），作为这些案例中涉及的技术标准的制定组织，关于“必要性”的定义却与欧盟委员会的意见存在差异。欧洲电信标准化协会的知识产权政策中定义“必要性”为，在制定标准时，如果不侵犯相关专利则不能符合标准在技术层面（而不是商业层面）的规定，则认为该相关专利技术为“必要”（参见欧盟委员会 39985 *Motorola* 案第 60 段）。

[894]　2014 年《技术转让协议指南》第 252 段、第 261 段（b）项。有关互补性技术的含义，参见 5.164。

术的出现而不再是必要技术，如果不能有效地将其从技术池中移除，将导致欧盟竞争法的适用。[895]另一方面，一旦一项特殊技术被纳入一个标准中，与之竞争的可替代技术可能会从市场上消失。[896]

5.166　独立专家

独立专家的功能可能包含，特别是，评估技术池纳入的技术是不是有效且必要的。[897]独立专家的参与对于实践中保证技术池只选择必要专利大 288
有助益，并且可以进一步加强技术解决方案间的竞争。[898]但是，如果专家并非真正独立参与，而是与许可人或技术池的许可行为有联系或者有依存关系，那么其在对于技术池（是否违反竞争法）的评估中的权重将减少。[899]

5.167　敏感信息交换

在寡头市场中，诸如价格和输出数据之类的敏感信息的交换可能会促进共谋。[900]另一方面，可能需要此类数据来计算和验证许可使用费。使用独立专家或机构可以使这些职能得以执行，而不会将此类数据透露给竞争企业，从而避免了反竞争的影响。[901]

当各方同时致力于参与建立竞争的技术池和标准时，应特别注意避免互相竞争的技术池之间的敏感信息交换。[902]

相反，为了建立和维持一项有利于竞争的标准或者为了提高该标准的联合市场调研而进行技术信息交换，并不会被《欧盟运行条约》第 101 条第 1 款所禁止。[903]

5.168　技术池的"避风港"原则

欧盟委员会认为建立和运营技术池，包括向技术池外第三方许可的行为，一般来说不被《欧盟运行条约》第 101 条第 1 款所禁止，不管参与方

---

[895]　2014 年《技术转让协议指南》第 263 段。同时，5.170 包含如何将技术从技术池中移除的进一步讨论。

[896]　39985 *Motorola* §53，EuC.

[897]　2014 年《技术转让协议指南》第 257 段。

[898]　2014 年《技术转让协议指南》第 256 段。

[899]　2014 年《技术转让协议指南》第 257 段。

[900]　2014 年《技术转让协议指南》第 259 段。2011 年《横向合作协议指南》第 274 段；第二章 2.40。

[901]　2014 年《技术转让协议指南》第 259 段。

[902]　2014 年《技术转让协议指南》第 260 段。

[903]　87/69 *X/Open Group*，EuC.

的市场地位如何，如果其满足以下条件：

a. 参与创立技术池的程序向所有利益相关方开放。[904]

b. 采取充分保障措施以确保只有必要的[905]（因此是互补的[906]）技术才被纳入池中。[907]

289 c. 采取保障措施[908]确保敏感信息（例如定价和产出数据）的交换仅限于创建和运营技术池的需要。[909]

d. 纳入池中的技术以非独占许可协议许可给技术池。[910]

e. 纳入池中的技术将以公平合理无歧视的条款许可给池外的被许可人。[911]

f. 允许贡献者[912]以及被许可人有质疑技术池中技术有效性和是否为必要技术[913]的自由。

g. 贡献者和被许可人都可以自由研发竞争的产品和技术。[914]

这一指导与欧盟《横向合作协议指南》中针对标准制定协议的"避风港"相似，但不完全一样。[915]当一个技术池支持一个标准时，该适用哪一规定并不明确。[916]

5.169　包含可替代技术的技术池

同一个技术池包含可替代的技术将阻碍技术间的竞争，并很有可能产

---

[904] 2014 年《技术转让协议指南》第 261 段（a）项；以及同时参见 2011 年《横向合作协议指南》第 280—282 段，同时参见 5.179 a—b 有关标准的讨论。

[905] 这些保障措施可以是将对技术的选择委托给专家；参见 5.166。

[906] 参见 5.165 有关"必要的"的定义和必要技术与互补性技术之间的关系。

[907] 2014 年《技术转让协议指南》第 261 段（b）项。

[908] 参见 5.167 有关保障措施的讨论。

[909] 2014 年《技术转让协议指南》第 261 段（c）项。

[910] 2014 年《技术转让协议指南》第 261 段（d）项。

[911] 2014 年《技术转让协议指南》第 261 段（e）项；参见 2011 年《横向合作协议指南》第 280 段、第 283—286 段，以及 5.179 d—e 有关标准的内容。有关公平合理无歧视原则，参见 5.182—5.185。

[912] 即贡献技术给技术池的参与者。

[913] 2014 年《技术转让协议指南》第 261 段（f）项。

[914] 2014 年《技术转让协议指南》第 261 段（g）项。同时参见 2011 年《横向合作协议指南》第 280 段，以及 5.179c 有关标准的讨论。

[915] 参见 5.179。

[916] 可能的适用情况是，其中之一排他性适用；或者二者所设定的条件都必须满足才能免除第 101 条第 1 款的责任；或者在二者的条件都不能满足的情况下，才违反第 101 条第 1 款的规定。

生较高的许可费用，[917]可能相当于集体捆绑，[918]并可能导致竞争者之间的价格串通。[919]欧盟委员会认为，一般规则是，包含可替代技术的技术池受到《欧盟运行条约》第101条第1款的规制，且包含数量可观的可替代技术则技术池很有可能不能满足第101条第3款的豁免条件，即便参与者可以自由单独许可这些技术。[920]

5.170 技术池包含互补性但非必要技术：适用第101条第1款

包含许多互补但不必要技术的技术池是一种集体捆绑。[921]被许可人 290
将缺乏向技术池外的互补竞争技术寻求许可的动力，因为该技术池的许可协议已经包含可替代的技术，这将有可能导致技术池被用来封锁产业而排除池外的技术。进一步说，包含非必要技术可能迫使被许可人为他们原本不需要的一些技术而支付费用。当一个包含非必要技术的技术池在任何相关市场具有重要地位时，其极可能适用欧盟运行条约的第101条第1款。[922]

第101条第1款可能适用于以下情形，当一项技术在该技术池设立时属于必要技术，但随着第三方技术的发展而丧失其必要性。除非该技术池在知悉该第三方技术存在后或基于被许可人的要求，将该不再必要的技术从技术池中有效移除，这可以通过在对于现有和未来被许可人的许可协议中去除该技术并相应地减少许可费用来实现。[923]

5.171 技术池包含互补性但非必要技术：第101条第3款的豁免

在评估包含互补性但非必要技术的技术池是否符合《欧盟运行条约》第101条第3款的豁免条件时，欧盟委员会考虑以下几点：促进竞争的因素是否需要包含这些非必要的技术，比如为了减少需要评估大量技术的

[917] 2014年《技术转让协议指南》第253段。

[918] 有关对处于主导地位或联合主导地位的实体的捆绑，参见第三章3.26—3.31。有关双边许可协议的捆绑，参见5.119—5.121。

[919] 2014年《技术转让协议指南》第255段。

[920] 2014年《技术转让协议指南》第255段。

[921] 有关对处于主导地位或联合主导地位的实体的捆绑，参见第三章3.26—3.31。有关双边许可协议的捆绑，参见5.119—5.121。

[922] 2014年《技术转让协议指南》第262段。

[923] 2014年《技术转让协议指南》第263段。该指南指出在此情况下也许存在其他避免技术封锁的方法，但是该指南并未详细说明。

“必要性”而产生的成本，[924] 或者即使在池外存在可替代性技术，与单独许可相比，通过打包许可互补性技术可以减少交易成本和降低许可费用；[925] 许可人是否能够自由独立许可他们的技术，从而使得被许可人可以自由组合技术池中和技术池外第三方的他们所想要的技术；[926] 在某些不同的应用不需要所有必要技术的情况下，技术池是否为不同的应用提供单独的组合包，仅包含每个应用所需的技术，从而避免将非必要技术与必要技术相捆绑；[927] 被许可人是否可以仅获得其中一部分技术的组合包的许可，而相应
291 地减少支付费用，[928] 从而降低该池用以封闭排除其他第三方技术的风险；以及被许可人是否能够在尽合理通知义务后，尤其是在当许可期间相对较长且支持一个事实标准时，终止部分许可协议并降低许可费用。[929]

需特别指出的是，即使一个技术池包含非必要技术，也很有可能获得第 101 条第 3 款规定的豁免，如果包含这些技术可以促进竞争，被许可人可以以较少的许可费用获得技术包，且符合欧盟委员会规定的“避风港”原则 [930] 的其他条件。[931]

即使其成员准入是严格限制的，一个技术池也可能取得豁免，只要其带来的收益，比如创建开放行业标准，可能超过这种限制而产生的扭曲竞争的效果，[932] 反之，如果参与者被限制参与制定可替代标准，那么该技术池极有可能不符合第 101 条而违反竞争法义务。[933]

5.172　固定许可费用的协议

固定许可费用以及每项技术所分担许可费用的协议，其本身并不限制竞争，不管这种协议是在标准制定之前还是之后达成的。[934]

---

[924]　2014 年《技术转让协议指南》第 264 段（a）项。

[925]　2014 年《技术转让协议指南》第 245 段。

[926]　2014 年《技术转让协议指南》第 264 段（b）项。

[927]　2014 年《技术转让协议指南》第 264 段（c）项。

[928]　这意味着将总技术许可使用费的适当份额分配给不同的技术。

[929]　2014 年《技术转让协议指南》第 264 段（d）项。

[930]　有关“避风港”原则，参见 5.168。

[931]　2014 年《技术转让协议指南》第 265 段。

[932]　87/69 *X/Open Group*, EuC.

[933]　78/156 *Video Cassette Recorders*, EuC；2014 年《技术转让协议指南》第 270 段。

[934]　2014 年《技术转让协议指南》第 268 段。

5.173 技术池的许可协议：不符合第 101 条的条款

技术池的许可协议很有可能与《欧盟运行条约》第 101 条不符且不能取得豁免，如果其包含以下条款：（1）条例 316/2014[935] 所规定的核心限制，包括限制包含该许可技术产品的价格；[936]（2）限制参与者开发竞争产品或标准，或限制其向池外许可或从池外获得技术许可协议；[937]（3）回授许可义务，除非这些回授许可协议是非排他性的，并且仅限于对使用许可技术至关重要的一些技术，但可以扩展至被许可人的分包商后续开发的技术。[938]

5.174 技术池的许可协议：对被许可专利权有效性的挑战 292

禁止质疑条款以及规定在质疑技术池所许可技术有效性时终止许可协议的条款，将适用《欧盟运行条约》第 101 条第 1 款承担竞争法责任。[939]

在讨论双边许可协议时谈到的因素，可能在针对包含上述条款的许可适用第 101 条第 3 款时也适用。[940] 但是也有必要考虑到技术池也许会增加质疑专利有效性的风险，如果在几个或多个专利池技术中的一项专利权有效且被侵权的情况下就认定质疑失败，会有效地遮盖值得被质疑的专利权。[941]

5.175 影响技术池许可协议评估的其他相关因素

技术池许可协议个案评估中的其他相关因素包括：（1）技术池的市场地位，竞争力越强，产生阻碍竞争效应的风险越大，存在协议不按 FRAND 条款[942] 授权所有潜在被许可人的可能性则会违反《欧盟运行条约》第 101 条的规定；（2）过度封锁第三方技术或者限制可替代技术池的建立；[943]（3）前面讨论的有关技术池的一般考量因素。[944]

---

[935] 2014 年《技术转让协议指南》第 267 段（d）项。

[936] 2014 年《技术转让协议指南》第 268 段。

[937] 2014 年《技术转让协议指南》第 270 段；78/156 *Video Cassette Recorders*, EuC。

[938] 2014 年《技术转让协议指南》第 271 段。

[939] 2014 年《技术转让协议指南》第 272 段。

[940] 5.133—5.142。

[941] 2014 年《技术转让协议指南》第 272 段。

[942] 有关 FRAND 的讨论，参见 5.182—5.185。

[943] 2014 年《技术转让协议指南》第 267 段。

[944] 5.162。

5.176　具有市场主导地位的技术池的许可协议

当一个技术池具有市场主导地位时，许可协议应当是非独占的，并且许可费用和其他协议条款不应当过高和带有歧视，从而避免违反《欧盟运行条约》第 101 条和第 102 条。[945]

特别是，技术池对待被许可人的待遇不应该取决于他们是否同时是许可人。在不同的市场的不同使用方式可能会导致技术许可费用的差异，但该差异不应当存在于同一个市场条件下。[946]

## （二）技术标准

政府与合作是万物生存的规律；无政府和竞争则引向消亡。[947]

5.177　技术标准的性质以及欧盟竞争法的适用

293 技术标准可以由政府制定，也可能通过企业间的协议或行业协会决定，或者由不行使公共权力的标准制定组织制定。第一种情形并非企业间的行为，因而不在《欧盟运行条约》第 101 条或第 102 条的约束范围内。[948] 第 101 条或第 102 条可能适用其他几种情形，因为它们属于企业间的协议、企业联合组织的决定或者一个企业的行为或者一个具有主导地位的企业的行为。[949]

技术标准的制定可能会影响其所涉及的产品市场、技术市场、标准制定服务市场，有时也会影响其他被认为与标准分开的检测和认证的市场。[950] 标准通常会产生显著的积极经济影响，但也可能产生对竞争的限制

[945]　2014 年《技术转让协议指南》第 269 段。对非过高和不歧视的条款的考量被认为应当参考 FRAND 条款的术语，参见在 5.182—5.185 中的讨论。

[946]　2014 年《技术转让协议指南》第 269 段。

[947]　John Ruskin, Unto this Last, *Essay iii*（1860）.

[948]　参见 C-113/07P *SELEX*，CJ；前述第二章 2.06；以及 2011 年《横向合作协议指南》第 258 段。

[949]　参见前述第二章 2.02—2.05，以及前述第三章 3.02。

[950]　2011 年《横向合作协议指南》第 261 段。

性影响，[951] 甚至可能成为旨在限制竞争的协议的一部分或掩护此行为。[952] 根据具体情况，建立标准的企业协会的协议和决定可能因此违反了第 101 条的规定，具体将在以下段落中详细讲述。[953]

在标准被实施后，如果没有“公平合理无歧视”原则的约束，[954] 标准必要知识产权的持有人[955] 可能会实施违反竞争的行为，比如通过拒绝授予许可或者要求过高的专利使用费，[956] 或者施加其他不公平的条款。[957] 这些行为和为了这些目的而采取的措施可能构成第三章介绍的违反《欧盟运行条约》第 102 条的滥用支配地位。[958]

5.178　标准和技术池

技术标准通常包含一个或多个公司的多项知识产权，由此必须将这些知识产权整合成技术池从而实施该标准。一般情况下，针对技术标准适用
欧盟竞争法的规则与技术池类似。但是，由于欧盟委员会有针对这些协议 294
的专门指南，其规定不完全一致，[959] 因此有必要分别介绍有关技术标准的规定。

5.179　技术标准适用的避风港原则

当存在许多自愿性技术标准协议且互相之间存在有效竞争从而没有任何一个标准有市场支配力时，标准协议一般不产生《欧盟运行条约》第 101 条第 1 款所禁止的限制竞争影响。[960] 当存在市场支配力的风险时，如

---

[951]　参见前述 5.162。

[952]　2011 年《横向合作协议指南》第 273—274 段、第 299 段。1999/60 Pre-insulated pipes, EuC（上诉被驳回，基于案件 T-9, 15-17, 21, 23, 31/99 *HFB & ors v Commission*, GC 和 C-182, 202, 205-208, 213/02P *Dansk Rorindustri & ors v Commission*, CJ）。

[953]　5.178—5.181。欧盟委员会近期就专利和标准的关系展开公开咨询，这可能会影响到欧盟竞争法在该领域的适用。

*译者注：已于 2017 年 11 月公布。

[954]　39985 *Motorola* §77, EuC; 39939 *Samsung* §40, EuC；以及参见 5.179。有关公平合理无歧视原则，参见 5.182–5.185。

[955]　此处特指标准必要技术所含的知识产权，参见 5.165。

[956]　39985 *Motorola* §76, EuC; 39939 *Samsung* §39, EuC；2011 年《横向合作协议指南》第 269 段。

[957]　39985 *Motorola* §322 及下文, EuC。

[958]　3.38 和 3.46。

[959]　有关技术池的 2014 年《技术转让协议指南》第 244 段及下文；有关技术标准的 2011 年《横向合作协议指南》第 257 段及下文。

[960]　2011 年《横向合作协议指南》第 277 段。

果满足以下条件，欧盟委员会认为标准协议一般不属于第 101 条第 1 款[961]管辖的范围：

a. 参与标准的制定是不受限制的，因为选择标准的程序向市场中所有可能受该标准影响的竞争者开放，根据客观和不歧视的原则分配投票权，且根据相关的、客观的标准选择标准中包含的技术。[962]

b. 采纳该标准的程序是透明的，能够使得利益相关者在标准制定的每个阶段及时了解即将进行的、正在进行的和最终完成的标准化工作。[963]

c. 遵循该标准是非强制性的。[964]

d. 标准准入基于“公平合理无歧视原则”,[965] 同时希望将其知识产权包含在标准当中的参与者必须满足以下要求：在被纳入标准前，书面格式承诺将必要知识产权以公平合理无歧视的许可协议许可给所有第三方；[966] 确保在技术转让的情况下，针对该必要技术的知识产权的承诺依旧约束被转让的技术，例如在转让合同中增加相关条款。[967] 而标准制定机构并没有义务验证参与者是否遵守该承诺。[968]

295 e. 知识产权所有者被允许将（其享有知识产权的）特定技术排除在技术标准制定程序之外以及免予承诺根据公平合理无歧视原则授予许可，前提是这一要求在标准制定的早期中提出。[969]

f. 除免除许可费的标准的情形外，标准制定的参与者须善意披露其所有的可能为实施正在制定的技术标准所必要的知识产权，从而使得相关行业可以基于该情形选择技术标准并帮助实现有效的标准准入——尽管参与者无需比较其所拥有的知识产权和正在制定的技术标准，并明确声明其没有实施该标准所必要的知识产权；参与者只需要表明其可能持有特定技术

---

[961] 39985 *Motorola* §75, EuC.

[962] 2011 年《横向合作协议指南》第 280—281 段；比较参照 87/69 *X/Open Group*, EuC。

[963] 2011 年《横向合作协议指南》第 280 段、第 282 段。

[964] 2011 年《横向合作协议指南》第 280 段。

[965] “公平合理无歧视原则”的相关讨论见 5.182—5.185。

[966] 2011 年《横向合作协议指南》第 280 段、第 283 段、第 285 段、第 287 段。39985 *Motorola* §§77-78, EuC.

[967] 2011 年《横向合作协议指南》第 285 段；39615 IPCom, EuC。比较参照 7 O 94/08, L G Mannheim，在本案中，专利转让协议不包含将公平合理无歧视承诺转让给受让方，因此被认定为违反了《欧盟运行条约》第 101 条。

[968] 2011 年《横向合作协议指南》第 288 段；39985 *Motorola* §79, EuC。

[969] 2011 年《横向合作协议指南》第 285 段。

的知识产权，而不需要明确是哪些知识产权。[970]

这些规则可以类比于欧盟委员会为技术池所规划的避风港原则。[971]

5.180　评估不符合避风港原则的技术标准

下列因素将用于评估建立标准的协议是否可能限制竞争从而违反《欧盟运行条约》第 101 条第 1 款，以及如果可能违反，是否能够根据第 101 条第 3 款获得豁免：

（1）成员是否可以自由制定替代标准或产品：[972] 有强制力的标准很可能被第 101 条禁止且不能获得豁免。[973]

（2）标准涉及最终产品的全部方面还是仅涵盖次要部分方面特征（在后一种情况下，它们不太可能限制竞争）。[974]

（3）成员和第三方是否以非歧视的条件获得使用标准所必要的技术规格和知识产权，[975] 虽然当有几个竞争标准，或当标准化和非标准化的技术解决方案之间存在有效竞争时，限制获得某一特定标准的行为可能不会限制竞争。[976]

（4）参与标准制定过程是不是开放的，即竞争者和利益相关者被允许参与选择和制定标准，无歧视；然而，当几个标准或者标准制定者存在互相竞争，或者不限制参与者的人数对于采纳标准属于不切实际时，可能不会产生显著的限制竞争效果；另外限制参与对于竞争的不利影响可以通过咨询利益相关者并让他们知情和 / 或提供共同利益表达程序来抵消或最小化；如果证明这种限制对于克服一些低效率资源配置是所必需的，那么对于参与的限制可以获得豁免。[977] 296

（5）基于标准的商品或服务的市场份额可能是难以预估的，但可参

[970]　2011 年《横向合作协议指南》第 286 段；38636 *Rambus* commitments decision §§32 及下文，EuC（在 T-148，149/10 *Hynix v Commission* 中撤回上诉）；但是比较参照 5.181。

[971]　参见 5.168。

[972]　2011 年《横向合作协议指南》第 293 段、第 326 段；78/156 *Video Cassette Recorders*，EuC。

[973]　2011 年《横向合作协议指南》第 318 段。

[974]　2011 年《横向合作协议指南》第 293 段。

[975]　2011 年《横向合作协议指南》第 294 段、第 297 段、第 309 段；87/69 *X/Open Group*，EuC（强调使得第三方尽早知悉技术规范的重要性）。

[976]　2011 年《横向合作协议指南》第 294 段；比较参照 87/69 *X/Open Group*，EuC。

[977]　2011 年《横向合作协议指南》第 295 段、第 297 段、第 316 段、第 317 段、第 325 段、第 326 段；39.416 *Ship Classification*，EuC；87/69 *X/Open Group*，EuC。

考参与者的市场份额进行预估；然而，即使标准的有效性往往与市场份额相关，高市场份额并不一定意味着标准很可能会限制竞争；[978] 另一方面，由事实上的行业标准导致的消除竞争可能不能根据第 101 条第 3 款取得豁免。[979]

（6）披露知识产权的程序安排，[980] 将在下一段落详细介绍。[981]

（7）标准应该涵盖的范围不应超过确保其目标所必需的范围，特别是不应该将竞争技术作为必要标准的组成部分，同时强制用户支付超出技术上要求的知识产权或限制用户使用该标准所包含的技术。[982]

（8）考虑测试或认证的专项权力不应授予特定的机构，[983] 除非其合理性被证明，是为了减少大量的启动费用，设定了时间期限，并附有保障措施，以确保测试或认证的费用合理并符合比例原则。[984]

（9）其他之前提及的考量因素。[985]

297 5.181 披露知识产权的程序安排

当不披露知识产权可能扭曲标准制定机构内的决策过程时，该行为具有反竞争性。[986] 相反，知识产权的不披露有时不可能限制竞争，此时通常所有技术都被许多知识产权所覆盖，参与者被要求必须根据 FRAND 条款对标准中使用的技术进行许可，并允许被许可人不选择标准中的某些特定技术，公开知识产权的要求可能会导致额外的成本和延迟，而标准制定组织则是相关市场上的其中的几个竞争对手之一，并且对任何在该行业中活跃的企业开放。[987]

---

[978] 2011 年《横向合作协议指南》第 296 段。效率和市场份额之间的关联可能是因果关系，因为高市场份额可能会使标准更有效，而良好的标准可能因其内在效用而被更广泛地采用。

[979] 2011 年《横向合作协议指南》第 324 段。有关竞争未被消除而获得豁免的条件，参见第二章 2.58。

[980] 2011 年《横向合作协议指南》第 298 段。

[981] 5.181。

[982] 2011 年《横向合作协议指南》第 317 段。

[983] 95/551 *Dutch Cranes*, EuC.

[984] 2011 年《横向合作协议指南》第 319 段。

[985] 参见 5.177。5.162 中所介绍的规则也可能相关。

[986] 2011 年《横向合作协议指南》第 286 段。38636 *Rambus* commitments decision §§32 及下文，EuC（在 T-148，149/10 *Hynix v Commission* 中撤回上诉）；同时参见第三章 3.40。

[987] 2011 年《横向合作协议指南》第 327 段。

根据欧盟竞争法对技术标准进行评估的一个因素是，标准制定前是否披露了可能包含在标准中的知识产权中的最严格条款。这种披露通常是有利于竞争的，因为它使参与者和标准制定组织能够同时考虑到标准中包含特定技术的技术难度以及成本。[988] 但是，此类披露不得用来掩盖实质的价格联盟行为。[989]

## （三）FRAND（公平合理无歧视）条款

### 5.182　许可费

为了符合公平合理的要求，许可使用费应当合理地符合该知识产权经济价值。[990] 然而，由于难以评估特定产权的成本，因此基于成本的经济价值评估方法可能并不合适。[991]

欧盟委员会建议，将行业被标准锁定前（事前）存在的竞争环境中相关权利的收费与之后的收费（事后）进行比较，前提是能够以一致和可靠的方式进行比较。[992] 欧盟委员会的观点似乎是一个公平合理无歧视的许可费用应当基于技术在被纳入标准之前的价值。[993] 特别是，欧盟委员会认为， 298
在专利权人在采用标准之前未披露相关专利和专利申请的情况下，事后获得的特许权使用费很可能过高。[994]

---

[988]　2011 年《横向合作协议指南》第 298—299 段。

[989]　2011 年《横向合作协议指南》第 274 段。

[990]　2011 年《横向合作协议指南》第 289 段。27/76 *United Brands* judgment §250，CJ；C-385/07P *Der Grune Punkt* judgment §142，CJ；同时参见第三章 3.32—3.33。要了解相关原则和美国案例，可以参见 J Gregory Sidak，'The Meaning of FRAND Part I：Royalties'，*Journal of Competition Law & Economics* 9（4），931（OUP）的讨论。

[991]　2011 年《横向合作协议指南》第 289 段。

[992]　2011 年《横向合作协议指南》第 289 段；395/87 *Ministère Publicv Tournier* judgment §38，CJ；110，241，242 / 88 *Lucazeau v SACEM* judgment §33，CJ。

[993]　本指南针对的是许可使用费是否不公平或不合理的问题，而且比较的目的似乎是确定被许可人是否因该技术被纳入标准而被多收费用。美国法院在案件 C10-1823JLR *Microsoft v Motorola*，Robart J，WD Wash 和 11-cv-09308 *Innovatio IP Ventures*，Holderman J，ND Ill 以及 *Apple v Motorola* 869 F Supp 2d 901 中认可的 *obiter*，Posner J，ND Ill 采用的事前方法。对于批评，特别是对 Robart J 在 *Microsoft v Motorola* 案中采用的“增值”方法（基于相关专利赋予的额外价值与临近最佳替代方案相比），请参阅 J Gregory Sidak，'The Meaning of FRAND Part I：Royalties'，*Journal of Competition Law & Economics* 9（4）931（OUP，2013）。

[994]　38636 *Rambus* decision，EuC（在 T-148 149/10 *Hynix v Commission* 中撤回上诉）。另见 5.181 关于在评估建立标准的协议时事先披露许可条款的相关性。

欧盟委员会在备选方案中建议，可以由独立的专家评估该知识产权在多大程度上是标准的核心和必要条件，[995] 或者参考在制定标准的过程中披露的许可使用费 [996] 或在其他可比标准中相同的知识产权的许可费用。[997] 这些考虑因素可能表明，通过将有关技术纳入标准而增加的价值不应被忽视。[998]

欧盟委员会认为，许可使用费率应考虑到知识产权无效或产品超出其范围的风险。[999] 当受保护技术仅用于其中一个组成部分时，基于最终产品计算许可使用费可能受到异议。[1000]

5.183　知识产权异议时终止

欧盟委员会认为，若给予 FRAND 承诺的标准必要专利的持有者在被许可人对这些专利的有效性提出任何异议的情况下强制终止许可，可认为其滥用支配地位。[1001] 其似乎认为这样的条款违背了 FRAND 承诺。此外，欧盟委员会目前的指导意见是，在对知识产权有效性提出异议时终止许可
299 的规定可能违反《欧盟运行条约》第 101 条，特别是在该技术属于技术池的情况下。[1002]

另一方面，卡尔斯鲁厄（Karlsruhe）的州高等法院（Oberlandesgericht）认为，被告提供了出价，其中不包括在诉讼中对专利的有效性提出质疑则终止许可的条款，但该出价并未授权被告反对符合 *Orange Book* 案判决标准的禁令。[1003] 这个问题是欧盟法院一个未决案例的主题。[1004]

---

[995]　在标准中使用许多知识产权来自不同所有人时，这种考虑可能是相关的。

[996]　关于在标准制定过程中披露许可条款可能产生的促进竞争作用，见 5.181。

[997]　2011 年《横向合作协议指南》第 290 段。

[998]　比较参照 C10-1823JLR *Microsoft v Motorola*，Robart J，WD Wash，J Gregory Sidak 在文章‘The Meaning of FRAND Part I：Royalties’，*Journal of Competition Law & Economics* 9（4），931（OUP，2013）中对其进行了批评。

[999]　39985 *Motorola* §§337 及下文，EuC；39939 *Samsung* §§99，107，EuC。但是，如果这一未被提出作为争议点，仲裁庭很难评估无效或不侵权的风险。

[1000]　38636 *Rambus* commitments decision §66，EuC（在 T-148 149/10 *Hynix v Commission* 中撤回上诉）。另请参阅 *Apple Japan v Samsung Electronics*，Tokyo DC（SEP 的 FRAND 许可使用费为根据专利所涵盖的产品的营业额 × 使用标准池的上限特许权使用费率 ÷ 池中的专利总数）。

[1001]　39985 *Motorola* §§322 及下文，EuC。

[1002]　见 5.139—5.141 和 5.174。

[1003]　6 U 136/11 *Motorola v Apple*，OLG Karlsruhe，总结于 39985 *Motorola*§§142，347，EuC。关于 *Orange Book* 的判决，见第三章 3.46。有关 *Motorola* 案例，请参阅第三章 3.38。

[1004]　C-170/13 *Huawei v ZTE*，CJ. AG 已告知 CJ，在这些情况下，应允许被许可人质疑有效性：意见 §95。译者注：在本书作者著作之后，欧盟法院于 2016 年对该案作出了裁判。

5.184 其他条款

除非标准制定组织的规则要求，否则向许可方授予交叉许可的要求可能违背 FRAND 原则。[1005]

一个许可协议可能需要具备足够的持续性才能成为 FRAND。[1006] 包括未来专利在内的捆绑许可可能不被允许。[1007]

一个“最惠被许可人”条款，要求许可人向被许可人提供任何向其他人提供的更优惠协议，可能不被允许。[1008]

5.185 协商和争议解决的安排

标准必要专利的权利人可能被要求提供有助于协商 FRAND 条款的信息，例如专利权人声称会被使用的所有专利的清单、附有权利范围描述图表的代表性专利清单，以及建议的许可期限。[1009]

在确定条款之前支付托管费用的要求符合 FRAND 许可承诺。[1010]

规定禁止进入法院，[1011] 或歪曲举证责任，或不考虑有效性、侵权和必要性问题（至少在所涉及的专利数目众多时，适用于样本专利），[1012] 或妨 300
碍指定具有适当技术知识的仲裁员，[1013] 或不能确保至少公布显示用于计算特许权使用费率 [1014] 的方法的决定的仲裁条款，可能与 FRAND 许可协议的协商不相容。

---

[1005] 39939 *Samsung* §§102, 110, EuC.

[1006] 39939 *Samsung* §100, EuC.

[1007] 38636 *Rambus* commitments decision §66，EuC（在 T-148 149 /10*Hynix v Commission* 中撤回上诉）。

[1008] 38636 *Rambus* commitments decision §§53, 58, EuC（在 T-148, 149/10 *Hynix v Commission* 中撤回上诉）。

[1009] 39939 *Samsung* §§100, 108, EuC.

[1010] 39939 *Samsung* §117, EuC.

[1011] 39939 *Samsung* §§98, 106, EuC. 欧盟委员会指出，法院判决是公开的、创造先例并能对有效性进行全面（*erga omnes*）的调查。

[1012] 39939 *Samsung* §§99, 107, EuC.

[1013] 39939 *Samsung* §§104, 112, EuC.

[1014] 39939 *Samsung* §§103, 111, EuC.

## 四、联合研发

### （一）第 101 条第 1 款的适用

#### 5.186 可能不适用第 101 条第 1 款的协议

大多数研发协议都不属于《欧盟运行条约》第 101 条第 1 款的管辖范围。[1015] 特别是，如果包含以下因素，则通常不会限制竞争：研发有关问题的协议在早期阶段，与可能的结果的利用期相去甚远；[1016] 无法独立进行必要研发的非竞争者[1017]之间的研发合作；[1018] 把先前的内部研发外包给专业公司、研究机构或学术机构，这些专业公司，研究机构或学术机构并不会积极地利用该成果，并同意将成果独家提供给外包方；[1019] 研发合作不包括对可能结果的共同利用，除非创新竞争明显减少，只剩下有限数量的可信赖的竞争研发点；[1020] 或在现有市场没有市场支配地位[1021]的企业之间的研发合作，除非该协议将明显减损相关的创新的竞争。[1022]

301 旨在改善现有产品或技术的研发合作不太可能限制现有市场的竞争，除非各方联合将拥有强势地位，使市场准入变得困难，同时难以确定是否存在其他创新活动[1023]或者存在对改进产品或技术的联合生产和 / 或营销，而不仅仅是将其许可给第三方。[1024] 如果研发涉及最终产品中相对较小的投入，则不太可能对最终产品的竞争产生重大影响。[1025]

---

[1015] 2011 年《横向合作协议指南》第 129 段。

[1016] 2011 年《横向合作协议指南》第 129 段。

[1017] 至于双方是不是竞争对手，见 5.37—5.44 和 5.82。正如这些段落的一些脚注中所提到的，欧盟委员会关于 2014 年《技术转让协议指南》（第 27—39 段）与《横向合作协议指南》（包括研发协议）（第 112—126 段）强调的重点有所不同。

[1018] 2011 年《横向合作协议指南》第 130 段。

[1019] 2011 年《横向合作协议指南》第 131 段。

[1020] 2011 年《横向合作协议指南》第 132 段、第 137 段。关于“研发极点”的含义，请参见脚注 447。1217/2010 条例，前言第 6 条支持工业应用前的研发合作通常不属于《欧盟运行条约》第 101 条第 1 款管辖的观点，但建议当双方同意不在同一领域进行其他研发，从而避免相互成为竞争企业的可能，不限于只有在有限数量的可观的、竞争性的研发极点情况。

[1021] 关于市场支配地位，见 5.83—5.84。

[1022] 2011 年《横向合作协议指南》第 127 段、第 133 段、第 136 段。

[1023] 2011 年《横向合作协议指南》第 136 段。

[1024] 2011 年《横向合作协议指南》第 137 段。

[1025] 2011 年《横向合作协议指南》第 136 段。

### 5.187　可能适用第 101 条第 1 款的协议

研发协议可能限制竞争，如果存在以下的情况：减少或减缓创新，导致市场上的产品更少或更差；减少竞争，或增加协议范围之外各方之间协调违反竞争行为的可能性，导致价格上涨；和 / 或排除竞争的市场封锁，即使各方不是竞争对手，[1026] 如果其中至少有一方具有一定的有关关键技术的市场支配地位，[1027] 且存在对研发成果的独家利用。[1028]

《欧盟运行条约》第 101 条第 1 款更有可能适用于以下协议：联合各方在现有市场上的综合地位更强；更多限制创新的竞争；[1029] 研发的目标是改进现有产品或技术并且合作延伸到联合生产和 / 或营销，特别是如果涉及较强的竞争者；[1030] 和 / 或当研发目的是提供一种全新的产品或技术且将建立自己的市场，如果各方已接近能够独立推出产品，并且可靠的替代研发点数量有限。[1031]

或者，一项声称为研发合作的协议实际上可能是一个伪装的企业价格联盟，其目的是通过价格限制、产量限制和 / 或分享市场来限制竞争。[1032]

## （二）依据第 101 条第 3 款的豁免适用 302

### 5.188　概述

《欧盟运行条约》第 101 条第 1 款规定的研发协议可以根据 1217/2010 条例[1033] 的集体豁免或个案豁免。[1034] 属于 1217/2010 条例范围内的协议不能根据 316/2014 条例[1035] 中的技术转让协议取得集体豁免。

### 5.189　集体豁免：范围

根据各种条件和例外情况，[1036] 当研发协议存在《欧盟运行条约》第

---

[1026]　2011 年《横向合作协议指南》第 130 段，脚注 1。

[1027]　关于市场支配地位，见 5.83—5.84。

[1028]　2011 年《横向合作协议指南》第 127 段、第 139 段、第 147—148 段。

[1029]　2011 年《横向合作协议指南》第 133 段、第 135 段。

[1030]　2011 年《横向合作协议指南》第 137 段、第 147—148 段。

[1031]　2011 年《横向合作协议指南》第 137 段、第 147—148 段。

[1032]　2011 年《横向合作协议指南》第 128 段。

[1033]　见 5.189—5.193。

[1034]　见 5.194，以及第二章 2.54—2.59 讨论的一般原则。

[1035]　见 5.33。

[1036]　在 5.190—5.193 中讨论。

101条第1款规定的限制竞争时，可以根据1217/2010条例取得豁免。[1037]

“研发协议”定义为两方或多方之间在一些条件下达成的协议[1038]，从而追求以下几个方面：联合[1039]或有偿[1040]研发；[1041]联合或有偿研发和联合利用其结果；[1042]联合开发利用根据双方先前达成的协议所得到的联合或有偿研发的结果。[1043]

“研发”被定义为[1044]，获取与产品、技术或工艺相关的技术[1045]，进行
303 理论分析、系统研究或实验，包括实验生产、产品或工艺的技术测试，必要设施的建立，以及获得知识产权[1046]的成果。

该豁免延伸至某些研发协议，如果其中包含相关条款，规定向一方或多方或由双方设立的实体来转让或许可知识产权，以进行联合研发、有偿研发或共同开发利用，前提是这些条款不构成此类协议的主要目的，但与其实施直接相关且必要。[1047]

5.190　集体豁免的持续时间和市场份额门槛

如果当事方不是1217/2010条例[1048]所定义的“竞争企业”，即在相关

[1037]　1217/2010条例第2条第2款。

[1038]　包括协同行为和企业协会的决定：1217/2010条例第1条第1款（b）项。

[1039]　1217/2010条例第1条第1款（m）项中定义“联合”为由联合小组组织或企业执行联合研发；或共同委托给第三方；或者在研发和开发的背景下通过专业化方式在各方之间分配。

[1040]　1217/2010条例第1条第1款（p）项中定义“有偿研发”为一方进行的研发，由融资方提供资金；1217/2010条例第1条第1款（q）项中定义“融资方”为支付研发费用的一方，而自己不进行任何该研发活动。

[1041]　1217/2010条例第1条第1款（a）项（iii）目和（vi）目。

[1042]　1217/2010条例第1条第1款（a）项（i）目和（iv）目。“结果的开发利用”在第1条第1款（g）项中被定义为合同产品的生产或分配或合同技术的应用，知识产权的转让或许可或此类制造所需的专门知识的传播或申请。有关“合同产品”和“合同技术”的定义，请参见脚注1051和1052。

[1043]　1217/2010条例第1条1款（a）项（ii）目和（v）目。

[1044]　1217/2010条例第1条第1款（c）项。

[1045]　“专有技术”在1217/2010条例第1条第1款（i）—（l）项中定义为非专利实用信息包，由经验和测试产生，是秘密、实质和可确定的。关于技术转让集体豁免中类似定义的讨论，见5.27。

[1046]　“知识产权”的定义包括工业产权、版权和邻接权，1217/2010条例第1条第1款（h）项。

[1047]　1217/2010条例第2条第2款。

[1048]　第1条第1款（r）—（t）项。

地理市场[1049]上的实际或潜在的[1050]能够被合同产品[1051]或合同技术[1052]改进、替代或替换的产品、技术或工艺的供应商，则无论其市场份额多少豁免均适用，并且期限包括研发期间和（如果双方会共同利用研发成果）合同产品投放欧盟市场后七年内。[1053]

如果两方或多方是该意义上的“竞争企业”，集体豁免可以持续相同的期限，但仅在协议签订时所有相关方的联合市场份额[1054]不超过相关产品和技术市场25%的情况下适用。[1055]为此，对于联合研发，相关方是协议的各方；[1056]对于付费研发，相关方是融资方以及针对同一合同产品或技术签订研发协议的所有各方。[1057]相关市场是能够被合同产品或技术改进、替换或替代的产品、技术或工艺技术的市场。[1058] 304

在任何一种情况下，只要各方共同的市场份额不超过合同产品相关市场的25%，那么在欧盟市场上首次销售后七年内就可以得到豁免。[1059]

如果发现协议的效力与《欧盟运行条约》第101条第3款不相符，欧盟委员会[1060]或成员国竞争管理机构[1061]可以撤销集体豁免，例如：（1）相当程度上限制了第三方在相关领域开展研发的范围；（2）相当程度上限制

---

[1049] 1217/2010条例未对“相关地域市场”进行定义。关于316/2014条例中定义的术语的讨论，见5.40。

[1050] 1217/2010条例第1条第1款（t）项通过参考5.41所述的逆向SSNIP测试定义了“潜在竞争者”。

[1051] 1217/2010条例第1条第1款（d）项、（f）项中定义“合同产品”是由联合研发或应用合同技术制造提供的中间或最终产品或服务。关于研发的定义，见5.189。

[1052] 1217/2010条例第1条第1款（e）项中定义“合同技术”是由联合研发产生的技术或工业流程。

[1053] 1217/2010条例第4条第2款和序言第18段。

[1054] 1217/2010条例第7条包含为此目的确定市场份额的进一步规定。

[1055] 1217/2010条例第4条第2款。

[1056] 1217/2010条例第4条第2款（a）项。

[1057] 1217/2010条例第4条第2款（b）项和序言第17段。关于“合同产品”和“合同技术”的含义，见脚注1050和脚注1051。

[1058] 1217/2010条例第1条第1款（u）项和（v）项。

[1059] 1217/2010条例第4条第3款。如果合并后的市场份额超过25%，但不超过30%，则有两年的宽限期；如果超过30%，则为一年的宽限期：1217/2010条例第7条（d）—（f）项和序言第14段。

[1060] 1/2003条例第29条第1款。

[1061] 如果它具有独特地域市场的所有特征，则为成员国或其国家领土其中的一部分：1/2003条例第29条第2款，见5.40。

了第三方进入合同产品或技术的市场;(3)在不存在任何客观有效理由时,与第三方相比,各方未能[1062]利用联合研发的结果;(4)其中很大一部分合同产品或技术在欧盟或大部分欧盟地区缺乏有效竞争;(5)限制创新竞争或消除特定市场上研发的有效竞争。[1063]

5.191　集体豁免的条件

按 1217/2010 条例规定取得豁免的条件有:

a. 协议必须规定,一旦取得联合或有偿研发的最终成果(包括任何由此产生的知识产权和专有技术),所有各方均可以充分获取该成果,以便进一步研发和利用,除非:如果当事方根据“条例”限制其利用权,特别是限制在其专门范围的利用情况下,获取成果的权利可能因此受到相应限制;提供研发作为商业服务的研究机构、学术机构或企业,通常不积极参与成果的利用,可同意将其结果用于进一步研究;以及缔约方可以支付补
305 偿金以获得进一步研究或开发利用的成果,但前提是它不能高到有效阻碍此类获取。[1064]

b. 如果协议仅提供联合或有偿研发,则必须授予每一方对其他方的任何已有专有技术的获得权,如果这对其利用成果是必不可少的话。同样,可以支付补偿金,但不得高到有效阻止这种获取。[1065]

c. 任何联合利用必须与受知识产权保护或构成专有技术(如定义)[1066]的成果有关,并且对于合同产品的制造或合同技术的应用是必不可少的。[1067]

d. 在开发利用时承担以专门化方式生产合同产品责任的缔约方,协议必须要求其满足其他方有关这些产品的订单,除非协议还规定了共同分销或仅由制造方分销。[1068]

---

[1062] “与第三方相对”这一短语的含义(以及其他语言文本中的相应短语,例如德语中的‘gegenüberDritten’)并不清楚,但它可能指的是许可第三方。

[1063] 1217/2010 条例序言第 21 段。另见第二章 2.53 和 5.72。

[1064] 1217/2010 条例第 3 条第 2 款和序言第 11 段。

[1065] 1217/2010 条例第 3 条第 3 款和序言第 12 段。

[1066] 关于 1217/2010 条例中技术诀窍的定义,见注释 1045。

[1067] 1217/2010 条例第 3 条第 4 款。至于合同产品和合同技术的定义,见脚注 1051 和脚注 1052。

[1068] 1217/2010 条例第 3 条第 5 款。

### 5.192 核心限制

当协议直接或间接的体现以下目的（不论是单独或与当事人控制下的其他因素相结合），集体豁免不适用：[1069]

a. 限制当事人独立或与第三方合作在某些领域进行研发的自由，这些领域可以是在联合或有偿研发持续时与协议无关的领域，或在完成该研发项目后的任何领域。[1070]

b. 产量或销售限制，[1071] 除非：当共同利用成果包括联合生产合同产品时，设定生产目标；[1072] 当共同利用成果包括联合销售合同产品或联合许可合同技术时，设定销售目标；[1073] 在利用时构成专门化的行为；[1074] 在他们同意共同利用成果的期间内，对各方制造、销售、转让或许可与合同产品或技术竞争的产品、技术或工业流程的限制。[1075] 306

c. 在向第三方出售合同产品或许可合同技术时固定价格，除非是共同开发结果包括合同产品的联合分销或合同技术的联合许可时，向中间客户或被许可人收取的固定费用。[1076]

d. 限制当事人可以被动销售合同产品或许可合同技术的地区或客户，但要求仅将成果独家许可给另一方是可以适用豁免的。[1077]

e. 在某些地区或客户中禁止或限制合同产品的主动销售或合同技术的积极许可，这些产品和技术的利用并未通过专门化方式分配给特定一方。[1078]

f. 当客户将在欧盟其他地区销售产品（平行进口）时，拒绝满足当事方地区内客户需求的规定，或拒绝以利用为目的的通过专门化分配给该

---

[1069] 至于提及“对象”的重要性，见 5.53 和第二章 2.20—2.21。

[1070] 1217/2010 条例第 5 条（a）项。

[1071] 1217/2010 条例第 5 条（b）项。

[1072] 1217/2010 条例第 5 条（a）项（i）目。至于“联合”的含义，见脚注 1039。

[1073] 1217/2010 条例第 5 条（b）项（ii）目。就本附带条件而言，“联合”不包括通过专业化的分配，参见脚注 1039 中的定义。

[1074] 1217/2010 条例第 5 条（b）项（iii）目。

[1075] 1217/2010 条例第 5 条（b）项（iv）目。有关“合同产品”和“合同技术”的定义，请参见脚注 1051—1052。

[1076] 1217/2010 条例第 5 条（c）项。就本附带条件而言，“联合”不包括通过专业化分配，参见脚注 1039 中的定义。

[1077] 1217/2010 条例第 5 条（d）项。关于被动销售的概念，见 5.64—5.65。

[1078] 1217/2010 条例第 5 条（e）项。关于积极销售的概念，见 5.64—5.65。

方的要求。[1079]

g. 使得用户或经销商难以从欧盟其他经销商处获得合同产品的规定。[1080]

使用领域限制不被视为此意义上的对产出或销售的限制，或者被视为对地域或客户的限制。[1081]

5.193　排除限制

以下限制不能获得豁免，且必须根据《欧盟运行条约》第 101 条第 3 款单独评估，但不阻止将集体豁免适用于协议的其他条款：[1082]

307 a. 有义务不对各方在欧盟持有的知识产权的有效性提出质疑，如果权利与研发 [1083] 相关，则在研发完成后提出，或者如果权利保护研发成果，则在协议到期后提出；但如果满足其他要求，发生此类质疑时终止的条款可以获得集体豁免。[1084]

b. 有义务不向第三方颁发许可协议以制造合同产品或应用合同技术，除非协议规定至少一方利用联合研发的结果，并且此类利用发生在欧盟且与第三方相对。[1085]

5.194　个案豁免

许多研发协议通过结合互补技术和资产来提高效率，从而更快地开发和推广新产品或改进产品，或更广泛地传播知识或降低成本，[1086] 从而满足四个豁免标准中的一个。[1087] 但是，如果竞争受到限制，特别是 1217/2010

[1079]　1217/2010 条例第 5 条（f）项。

[1080]　1217/2010 条例第 5 条（g）项。条例的前身 2659/2000 条例第 5 条第 1 款（j）项的相应规定特别规定了通过行使知识产权阻碍用户或经销商在第三方合法投放或经其同意投放在欧盟市场的产品中获得或投放市场的要求。据认为，这样的要求仍然是现行条例所涵盖的核心限制。

[1081]　1217/2010 条例序言第 15 段。人们认为，这一观点代表了对实质性条款的更好解释，尽管前言本身没有法律效力（见 5.21）。

[1082]　5.52 进一步讨论了“排除限制”的法律效力。

[1083]　“与研发相关”这一术语的范围尚不清楚。

[1084]　1217/2010 条例第 6 条（a）项。在协议生效期间，似乎是在研发完成和保护研发的权利之前不会质疑与研发相关的权利的有效性的义务将由此集体豁免涵盖。可以将该集体豁免下的立场与 316/2014 条例中关于技术转让协议的立场进行比较，5.134—5.137 对此进行了讨论。

[1085]　目前尚不清楚“与第三方相对”是什么意思，但可能要求受托利用的一方对第三方进行许可，即使其他方受到此类许可的限制。另见脚注 1062。

[1086]　2011 年《横向合作协议指南》第 141 段。

[1087]　有关这项标准，见第二章 2.55。

条例[1088]规定的对竞争的核心限制，要满足豁免的第二个标准，[1089]必须证明其对于合作是必不可少的。[1090]

此外，豁免的第三个标准，[1091]即消费者必须获得公平份额的利益，如果合作方的技术和资产非常相似或者合作方具有较高的市场支配力，则不太可能被满足，[1092]但适当考虑由于关键专利即将到期，预计会减弱一方的市场支配地位是合理的。[1093]豁免的第四个标准，即当事方无法获得在相 308
关产品或技术[1094]的重要部分消除竞争的可能性，也必须得到满足。

只有在豁免条件仍然有效的情况下，豁免可继续适用，但有必要考虑收回沉没成本以及进行提高效率的投资所需的时间和限制，并且可以在恢复此类投资所需的时间内继续豁免。[1095]

## 五、分包和专门化协议：知识产权问题

### 5.195　协议类型

分包协议可以是在不同生产层次上经营的企业之间的垂直协议，也可以是在同一级别经营的企业之间的横向协议。[1096]

横向分包协议可能是：

（1）单方面专门化协议，如果一方同意停止或限制其产品的生产并从另一方购买，且另一方同意向其提供。

（2）相互专门化协议，甲方同意停止或限制其产品 X 的生产，并从乙

---

[1088]　见 5.192。

[1089]　有关这项标准，见第二章 2.56。

[1090]　2011 年《横向合作协议指南》第 142 段，第 148 段例 3。尽管存在“核心限制”（如果它们是必不可少的），可以给予个案豁免的含义不同于欧盟委员会的其他指南，表明“核心限制”通常与豁免不相容：见 5.76。指南似乎忽略了限制可能通过作为来实现效率增益所必需来满足必要性的要求，即使它对合作不是必需的。实际上，如果限制对于有利于竞争的合作是必不可少的，那么根据 2.17 中讨论的原则，它应被视为不属于《欧盟运行条约》第 101 条第 1 款范围。

[1091]　关于这一标准，见第二章 2.57。

[1092]　2011 年《横向合作协议指南》第 143 段，第 147 段例 1。

[1093]　2011 年《横向合作协议指南》第 147 段例 2（专利在协议后五年内到期，被认为是有利评估的几个因素之一）；参见第 148 段例 4（专利在三年内到期，但协议仍然限制竞争）。

[1094]　关于这一标准，见第二章 2.58。

[1095]　2011 年《横向合作协议指南》第 145 段。

[1096]　2011 年《横向合作协议指南》第 151 段。

方购买 X，乙方同意向甲方提供 X；乙方同意停止或限制其生产不同产品 Y 并从甲方购买 Y，甲方同意向乙方供应 Y。

（3）生产扩展分包协议，承包商委托分包商生产产品而不规定停止或限制其自己的生产。[1097]

生产专门化协议不一定包含分包这一要素。但是，此类协议仅在 1218/2010 条例中的专门化协议的集体豁免下获得豁免，如果它们还包含某些当事人同意停止或限制自身特定产品的生产，而由其他方提供这些产品的条款，[1098]1218/2010 条例相应地定义了"专门化协议"一词。[1099]

309 5.196 "通知"对分包协议的适用性

欧盟委员会在 1978 年关于其对某些分包协议的评估的通知中，对《罗马条约》第 85 条第 1 款（现为《欧盟运行条约》第 101 条第 1 款）适用于与分包协议中的专有技术有关的条款提供了指导。该通知没有区分纵向协议和横向协议，自 1978 年通过以来并未有正式更新。

欧盟委员会 2011 年 1 月发布的《横向合作协议指南》可能意味着[1100]《关于分包协议的通知》仅适用于垂直分包协议，[1101]而横向分包协议现在仅由新指南涵盖，在某些情况下，也可能包含在 1218/2010 条例中的专业化协议的集体豁免中。[1102]

另一方面，《关于分包协议的通知》尚未撤销，而 2014 年最新的欧盟委员会关于技术转让协议的指南[1103]表明该通知仍然有效，且未对纵向协议和横向协议进行任何区分，欧盟委员会同样在 2010 年《纵向限制指南》[1104]以及《关于销售、维修机动车合同中纵向限制的补充指南》中未进行此类区分。[1105]此外，《横向合作协议指南》没有涉及《关于分包协议的通知》中涉及的与技术有关的事项。

---

[1097] 2011 年《横向合作协议指南》第 152 段。

[1098] 1218/2010 条例序言第 9 段。

[1099] 1218/2010 条例第 1 条第 1 款（a）—（c）项。

[1100] 第 150—154 段。

[1101] 关于纵向和横向分包协议之间的区别，见 5.195。

[1102] 见 5.203—5.205。

[1103] 2014 年《技术转让协议指南》第 64 段。

[1104] 2010 年《纵向限制指南》第 22 段。

[1105] 2010 年《关于销售、维修机动车合同中纵向限制的补充指南》第 23 段。但是，可以认为这是针对纵向协议的。

通常认为更合理的观点是，关于技术规定的分包协议通知中的指导原则仍然适用于所有分包协议，无论是纵向还是横向的；虽然本通知中的一般性陈述，即分包合同本身并未受到《罗马条约》[1106]第85条第1款（现为《欧盟运行条约》第101条第1款）禁止的限制，但因为横向分包协议在某些情况下属于《欧盟运行条约》第101条管辖范围而应有所保留。

5.197 其他指导

欧盟委员会关于横向合作协议的指南详细讨论了对横向分包和专门化协议的评估，但没有涉及与此相关的知识产权问题。[1107] 310

欧盟委员会关于纵向限制的指南[1108]和技术转让协议[1109]分别提供了关于纵向协议和技术转让的集体豁免的分包协议的适用性的指示，但没有对此类协议的个别评估提供任何重要的额外指导。[1110]

5.198 《关于分包协议的通知》的范围

欧盟委员会《关于分包协议的通知》适用于一方（"承包商"）委托另一方（"分包商"）根据承包商的指示为承包商或代表承包商制造货物、提供服务或履行工作的协议，无论是否有第三方的先前订单。[1111]

5.199 将承包商的技术专门用于分包合同的义务

根据欧盟委员会《关于分包协议的通知》,《罗马条约》第85条（现为《欧盟运行条约》第101条）不适用的条款包括禁止分包商：将承包商提供的技术用于分包协议以外的目的；或者将它提供给第三方；或者向第三方提供因使用（该技术）而产生的商品或服务，或将其用于为第三方工作。前提是，该技术对于使分包商能够按照承包商的指示制造货物、提供服务或进行工作是必要的。[1112]

为此目的的"技术"包括：专利、实用新型、受版权保护的设计、已注册的外观设计、其他工业产权或承包商掌握的秘密技术；由承包商准备

---

[1106] 1978年《关于分包协议的通知》第1段。

[1107] 2011年《横向合作协议指南》第150—193段。

[1108] 第34段、第91段。

[1109] 第64段。

[1110] 2014年《技术转让协议指南》第64段包含一项补充意见，即分包协议中确定分包商之间中间合同产品转让价格的规定通常不属于第101条第1款范围，参见5.143。

[1111] 1978年《关于分包协议的通知》第1段。

[1112] 1978年《关于分包协议的通知》第2段。

或为承包商准备的研究、计划或文件；模具、图案、工具和辅助设备，即
311 使它们不受任何工业产权保护，也不含任何保密要素，只要它们是承包商特有的，而且用其生产的商品与市场上其他商品在形式、功能或形状上有明显区别即可。[1113]

但是，如果分包商已经拥有制造货物、提供服务或开展工作所需的技术，或者有除了承包商以外的合理条件下可以获得的技术，则上述限制是不合理的，因为承包商仅提供一般信息和描述要完成的工作。[1114]

如果制造商要求零部件供应商转让所需工具的所有权、知识产权或专有技术的所有权，或仅承担产品开发成本的微不足道的部分，则该协议不会被视为真正的分包合同并且有可能违反第 101 条第 1 款的规定。[1115]

5.200　在终止后不披露专有技术或使用它的义务

禁止任何一方在谈判或履行合同期间披露另一方提供的未公开的秘密专有技术或其他机密信息，均被视为不违反《欧盟运行条约》第 101 条的规定；在协议到期后，禁止分包商使用未公开的秘密专有技术或协议期间收到的其他机密信息也同样被视为不违反第 101 条。[1116]

5.201　研究、开发和改进

根据欧盟委员会《关于分包协议的通知》，规定分包商在协议期间向承包商转移和以非独占许可（或独占许可，如果不能独立于承包商的技术使用）改进和新申请的专利的义务，《罗马条约》第 85 条（现为《欧盟运行条约》第 101 条）则不适用。[1117] 但是，对于不可分割的技术改进的反向许可，该立场不再与《技术转让协议指南》中的集体豁免一致，[1118] 并且现在可能会对分包协议中的此类规定采取不太有利的观点。

312 限制分包商进行或利用其自身研发的条款可能会限制竞争并违反第

[1113]　1978 年《关于分包协议的通知》第 2 段。

[1114]　1978 年《关于分包协议的通知》第 2 段。

[1115]　2010 年《关于销售、维修机动车合同中纵向限制的补充指南》第 23 段。本指南指向机动车辆制造商与零部件供应商之间达成的协议，但似乎具有普遍适用性。

[1116]　1978 年《关于分包协议的通知》第 3 段。

[1117]　1978 年《关于分包协议的通知》第 3 段；比较技术转让集体豁免下的立场，见 5.131 和 5.132。

[1118]　5.132。

101 条第 1 款的规定，特别是在研发结果能够独立使用的情况下。[1119]

5.202　纵向协议和技术转让的集体豁免

纵向协议的集体豁免适用于某些分包协议，但不包括承包商向分包商提供专有技术或其他知识产权的协议，[1120] 或协议内容属于专门化集体豁免范围的协议，[1121] 或适用其他集体豁免的协议。[1122] 其他与知识产权条款有关的纵向协议的集体豁免所适用的要求在本书第二章中已进行了讨论。[1123]

本章前面已讨论过技术转让集体豁免对分包协议的适用性。[1124]

5.203　专门化协议的集体豁免：对知识产权条款的适用

1218/2010 条例中某些有关专门化协议的集体豁免可以延伸至包含向一方或多方转让或许可知识产权条款的协议，只要这些条款不构成协议的主要目的，但与协议执行直接相关并且必要。[1125]

5.204　集体豁免中专门化协议的定义

符合集体豁免 [1126] 的专门化协议的定义为：单方面专门化协议，[1127] 即在同一产品市场上活跃的两方之间的协议，其中一方同意完全或部分停止或限制生产某些商品或服务 [1128] 并从另一方处购买，另一方同意生产和供应给前者；[1129] 互惠专门化协议，即在同一产品市场上活跃的各方之间，其 313
中两方或多方在互惠基础上同意完全或部分停止或限制生产某些（但不同的 [1130]）商品或服务并向其他当事人购买，其他方同意为其生产和供应这些

---

[1119]　1978 年《关于分包协议的通知》第 3 段；2014 年《技术转让协议指南》第 64 段；2010 年《纵向限制指南》第 22 段。

[1120]　见第二章 2.47b 和 2.49。

[1121]　关于专业化协议的集体豁免范围，见 5.204。

[1122]　见第二章 2.49。

[1123]　2.47—2.53。

[1124]　5.34。

[1125]　1218/2010 条例第 2 条第 2 款。

[1126]　1218/2010 条例第 1 条第 1 款（a）项。

[1127]　协议的定义包括企业协会和协同行为的决定：1218/2010 条例第 1 条第 1 款（e）项。

[1128]　1218/2010 条例第 1 款（b）—（d）项的定义是指第 1 条第 1 款（f）项中定义为商品或服务的“产品”，无论是中间产品还是最终产品，分销和租赁服务除外。

[1129]　1218/2010 条例第 1 条第 1 款（b）项。购买和供应义务可以是独家的：1218/2010 条例第 2 条第 3 款（a）项（应与第 1 条第 1 款中的定义一同理解）。

[1130]　普遍认为这意味着参与各方放弃不同产品的生产。

商品或服务；[1131] 或者联合生产协议，即两方或多方同意共同生产某些产品的协议。[1132]

5.205　市场份额门槛和核心限制

对于前一段中定义的专门化协议，如果当事人的合并市场份额不超过任何相关市场的 20% [1133] 并且如果协议不包含任何列举的核心限制，则可以根据 1218/2010 条例取得豁免。[1134]

列举的核心限制[1135]有：在向第三方销售产品时固定价格，但在联合分销的情况下向中间客户收取的价格除外；[1136] 限制产出或销售，但单边或互惠专门化协议中的约定数量，或联合生产协议中约定产能和产量，或约定联合分销情境下的销售目标除外；[1137] 市场或客户的分配。[1138]

---

[1131]　1218/2010 条例第 1 条第 1 款（c）项。购买和供应义务可以是独家的：见脚注 1129。

[1132]　1218/2010 条例第 1 条第 1 款（d）项。协议可能包含独家购买和供应义务：见脚注 1129。

[1133]　1218/2010 条例第 3 条；第 5 条规定有关于适用这一门槛的进一步细节，应结合“企业”和“当事方”的定义包括第 1 条第 2 款中的关联企业一并解读。

[1134]　1218/2010 条例第 4 条。

[1135]　1218/2010 条例第 4 条提及直接或间接、单独或与其他因素相结合将这些限制作为其目标的协议。关于这些标准的使用，见 5.53。

[1136]　1218/2010 条例第 4 条（a）项。

[1137]　1218/2010 条例第 4 条（b）项。

[1138]　1218/2010 条例第 4 条（c）项。

# 第六章　文化，传媒和体育

## 一、著作权、邻接权及文化、传媒和体育领域市场的其他法律特性 315

### （一）简介

#### 6.01　概述

文化、传媒和体育领域中相互关联的市场，其法律特性通常表现为著作权或邻接权的经济意义，[1]在很多案例中也表现为两者共同利用的经济意
义。按照第一章中所讨论的相关原则，[2]在这些市场中考量适用竞争法时 316
必须考虑到著作权及邻接权的存在、所有权[3]和合法范围。

本章的第一部分[4]概述了著作权及邻接权的存在、所有权和范围，并讨论了这些领域内市场的一些其他重要法律特性。第二部分[5]论述了在这些领域开发利用知识产权方面适用欧盟竞争法的一般问题。之后的第三部分讨论了在这些领域通过集体管理组织利用知识产权、[6]重大体育赛事的转播[7]以及其他集体或联合安排来开发利用知识产权时所产生的具体问题。[8]

---

[1]　关于“邻接权”这一术语，见第一章脚注244。

[2]　1.02—1.08。

[3]　关于针对与体育赛事有关的安排在适用欧盟竞争法时建立权利所有权的重要性，见 Orientation document，‘Broadcasting of Sports events and Competition law’，*Competition Policy Newsletter*（1998）No 2，Introduction §10，EuC。

[4]　6.03—6.28。

[5]　6.29—6.41。

[6]　6.42—6.70。

[7]　6.71—6.78。

[8]　6.79—6.85。

6.02　关于著作权和邻接权的欧盟立法

正如欧盟法院所解释的那样，[9] 尽管比较零碎，统一著作权和邻接权法律的欧盟立法 [10] 如今规制着关于相关权利存在和范围的许多重要问题。[11] 但是，当欧盟立法为成员国提供了选择权或一定领域的自由裁量权，[12] 或者由于不被视为可能影响内部市场的运行，欧盟立法并不寻求消除成员国法律中的差异时，针对这些权利的某些方面，成员国法律仍然发挥着决定性作用。[13] 欧盟立法目前没有规定整体范围内的欧盟著作权。[14]

317 根据之前几章讨论的原则，[15] 在适用欧盟竞争法时，如果相关方面已经被欧盟立法所统一，著作权和邻接权的存在、所有权和合法范围应当根据欧盟立法来确定；[16] 如果成员国的规定并未被欧盟立法所统一，并且成员国的规定与欧盟法律兼容时，需遵从应适用的成员国法律。[17]

通过著作权来保护计算机程序已经由一个具体的欧盟指令所统一。[18] 欧盟法院最近的裁决表明，该指令与统一其他作品著作权的指令之间可能

[9]　见 Eleonora Rosati，'Towards an EU-wide copyright？（Judicial）pride and（legislative）prejudice'，（2013）IPQ 47；6.03–6.23；以及第一章 1.22、1.24、1.55，以及 1.57—1.71。

[10]　当前立法在第一章中已经列出，见脚注 81。在 C-403，429/08 *FAPL v QC Leisure* judgment §209 中，CJ 强调了 93/83 指令中"最小程度的统一（minimum harmonization）"与随后的著作权指令中的不同之处。

[11]　关于广播邻接权的统一范围，欧盟当前拥有协商保护这些权利相关国际条约的专属职权，其成员国不再拥有这一职权：C-114/12 *Commission v Council*，CJ。

[12]　C-463/12 *Copydan Båndkopi v Nokia Danmark* judgment §57，CJ（例外）。

[13]　C-403，429/08 *FAPL v QC Leisure* judgment §§200–202，CJ，and C-283/10 *Circul Globus* judgment §§30–41，CJ（直接演示或表演）；C-279/13 *C More Entertainment v Linus Sandberg* judgment §§28–37，CJ（互联网在线直播）。德国和西班牙最近通过了国家立法，赋予出版商额外权利；德国赋予了期限一年、可放弃、排他性的权利；西班牙赋予了获取合理报酬的不可放弃的权利。

[14]　欧盟委员会在最近进行的欧盟著作权规则审查公众咨询中提出了欧盟赋予匿名著作权的可能性：见新闻稿 IP/13/1213。

[15]　特别是参见第一章 1.02—1.08；第二章 2.16—2.17；第三章 3.14；以及第四章 4.26。

[16]　已经获得欧盟立法统一的方面在 6.03—6.25 中列出。

[17]　影响未经欧盟立法统一的成员国知识产权规则一致性的考量在第一章 1.09—1.15，1.25—1.49，以及 1.57—1.75 中有所讨论。

[18]　2009/24 指令（之前的 91/250 指令）。2001/29 指令第 1 条第 2 款声明该指令完好并绝不会影响有关计算机程序法律保护的欧盟现行法律；指令前言第 50 条声明对本指令中技术措施的规避并不会影响 91/250 指令中的特定条款。另参见 2006/115 指令第 4 条。

存在巨大差异，特别是在权利用尽方面。[19] 本章讨论了除计算机程序外作品著作权的存在、所有权和范围。本章也讨论了针对计算机程序的欧盟立法的相关方面。[20]

本章 6.24 和 6.25 讨论了一项单独的欧盟指令，该指令统一了通过特殊数据库权（sui generis database right）或著作权来保护数据库某些特定方面的问题。

## （二）著作权和邻接权的存在、期限和所有权

财产的合理性不在于它是否能够满足我们的需要，而在于它能否取代人格的主观方面。[21]

### 6.03　著作权和邻接权的存在

在符合某些条件的情况下，[22] 原创的文学和艺术作品 [23] 在欧盟被著作权所保护；[24] 文学和艺术作品的表演、[25] 录音（录像）、电影和广播 [26] 的固 318

[19] C-128/11 *UsedSoft v Oracle International* judgment §§56–60，CJ；C-355/12 *Nintendo v PC Box* judgment §23，CJ；C-419/13 *Art & Allposters International v Stichting Pictoright* judgment §§32–47，CJ；22 U 60/13 *Audio-books*，OLG Hamm；比较参照 C-403，429/08 *FAPL v QC Leisure* judgment §§187–188，CJ；以及 *Nederlands Uitgeversverbond and Groep Algemene Uitgevers v Tom Kabinet*，Rb Amsterdam（被阿姆斯特丹地区法院 Gerechtshof Amsterdam 因其他理由推翻）。关于权利用尽可能存在的不同，见第一章 1.61—1.64。

[20] 1.21、1.54，以及 1.58—1.72。

[21] Eduard Gans 在 G. W. F. Hegel，*Elements of the Philosophy of Right*（1820）一书中的附言第 41 段，经 S. W. Dyde 在 Batoche Books（2001）中翻译成英文。

[22] 获得保护资格的条件非常宽泛，一个原创作品很少不能获得受保护资格，至少对于满足《伯尔尼公约》第 2 条第 2 款固定（fixation）的要求，即对于已经在某些物质形式上记录下来的作品来说是这样。

[23] 这包括“在文学、科技和艺术领域的每一个作品”，包括戏剧作品、音乐曲作、影片（电影作品）、摄影作品以及建筑作品，见《伯尔尼公约》第 2 条第 1 款和《与贸易有关知识产权协定》第 9 条。2006/116 指令（经修订）第 6 条规定属于原创的摄影作品，即属于作者自身智力创作的作品应当作为艺术作品并受到保护，不能在决定其是否能够获得保护时附加其他条件；在 C-145/10 *Painer v Standard Verlags* judgment §§89–94，CJ 中有所适用。

[24] 根据《伯尔尼公约》；《与贸易有关知识产权协定》第 9—13 条；《世界知识产权组织版权条约》；2001/29 指令第 2 条（a）项；经修订的 2006/116 指令第 1 条。

[25] 根据《保护表演者、录音制品制作者和广播组织罗马公约》；《与贸易有关知识产权协定》第 14 条；《世界知识产权组织表演和录音制品条约》；2001/29 指令第 2 条（b）项；以及经修订的 2006/116 指令第 3 条第 1 款。

[26] 包括通过空气或线路、电缆传播进行广播，以及通过卫星传播进行广播：2001/29 指令第 2 条（e）项。

定[27]被邻接权所保护。[28]之前未出版的作品以及著作权过期的作品的首次出版[29]也同样被保护。如果受保护条件得到满足，那么没有任何注册要求，立法将自动给予保护，并延伸至作品或其他具体内容的任何一部分。[30]

如果一个作品或作品的部分是作者自己的智力创造，[31]反映了作者的个性，[32]在创造作品的过程中作者通过做出自由及有创造力的选择，从而在作品中烙上个人痕迹，那么它可以被认为是原创的。[33]当实施某想法的不同方法非常有限，以至于该想法与其表达是不可分割的，[34]或者当技术上的考虑、规则或约束没有给创造性的自由留出空间，则不能认定原创性的标准得到满足。[35]单个单词、图表或数学概念本身不属于原创作
319 品，但是如果一个句子或句子的一部分通过选择顺序和单词组合可以构成作者智力创造的表达，则可以对其加以保护。[36]在考虑图形用户界面原创性时，必须考虑到其组成部分的安排或配置，但如果该组成部分只有通过自身的技术功能才能被区分，那么不能认定为原创性的标准得到了满足。[37]

---

[27] "固定（fixation）"指的是某些在物质形式上进行记录的方法。在电影的固定中针对制作人权利的保护有别于在作为文学或艺术作品的最初的影片中针对作者权利的保护。

[28] 根据《保护表演者、录音制品制作者和广播组织罗马公约》;《录音制品公约》;《与贸易有关知识产权协定》第 14 条; 2001/29 指令第 2 条（c）—（e）项; 以及 2006/116 指令第 2 条、第 3 条第 2—4 款。

[29] 2006/116 指令第 4 条。

[30] 2001/29 指令第 2 条。

[31] C-5/08 *Infopaq International v Danske Dagblades*judgment §§34–39, CJ; C-403, 429/08*FAPL v QC Leisure* judgment §§155–156, CJ; C-393/09 *Bezpečnostní softwarová asociace v Ministerstvo kultury* judgment §45, CJ; C-355/12 *Nintendo v PC Box* judgment §21, CJ; 2009/24 指令第 1 条第 3 款; 96/9 指令第 3 条第 1 款; 2006/116 指令第 6 条。

[32] C-5/08 *Infopaq International v Danske Dagblades* judgment §§33–48, CJ; C-145/10 *Painer v Standard Verlags* judgment §§87–88, CJ.

[33] C-145/10 *Painer v Standard Verlags* judgment §§89–94, CJ（对于肖像作品的创造性选择，包括背景、对象姿势、灯光、架构、拍摄角度、摄影氛围、开发技术以及可能的软件调整）; C-604/10 *Football Dataco v Yahoo* judgment §38, CJ。

[34] C-393/09 *Bezpečnostní softwarová asociace v Ministerstvo kultury* judgment §49, CJ.

[35] C-604/10 *Football Dataco v Yahoo* judgment §39, CJ; C-403, 429/08 *FAPL v QC Leisure* judgment §98, CJ, 在 §6.06 中有所评论。

[36] C-5/08 *Infopaq International v Danske Dagblades* judgment §§45–48; C-406/10 *SAS Institute v World Programming* judgment §§65–67, CJ.

[37] C-393/09 *Bezpečnostní softwarová asociace v Ministerstvo kultury* judgment §§48–50, CJ.

6.04 著作权及邻接权的保护期限

根据欧盟期限指令 2006/116 指令（经 2011/77 指令修订），著作权或邻接权将持续（简要概括[38]）：在文学和艺术作品中，作者有生之年以及去世后的 70 年；[39] 在表演作品中，自演出之日起 50 年，如果录音录像制品在这期间被出版或公开，可再延续 70 年（针对录音作品）或 50 年（针对其他作品）；[40] 在录音作品中，自录制之日起 50 年，如果在这期间录音作品被出版或合法公开，可再延续 70 年；[41] 在影片制作中，自其制作之日起 50 年，如果在这期间电影出版或合法公开，可再延续 50 年；[42] 在广播作品中，自其首次广播之日起 50 年；[43] 著作权已过期作品的首次出版，保护期为 25 年。[44]

在上述各情况中，保护将持续到相关日历年的结束。[45] 来自欧盟以外的作品，其保护期限可能被缩短，根据其发端国所规定的期限（如果发端国期限较短）。[46]

6.05 著作权和邻接权的所有权

欧盟立法要求为以下主体提供著作权和邻接权：在文学和艺术作品中，为其作者；在表演作品中，为其演出者；在录音制品和影片制作中，为其制作人；在广播作品中，为其广播者。[47] 320

因此，这些权利的原始所有权可以根据雇佣关系或其他合同关系加以调整，[48] 只要符合《欧盟运行条约》第 101 条和第 102 条的要求，但所有

---

[38] 这受到各种资格限制和过渡性条款的约束。当可能与期限有关时，应当查阅 2006/116 指令（经修订）全文以及适用的成员国规定。

[39] 2006/116 指令（经修订）第 1 条。在音乐作品中，作词者如果是专门为与该音乐相结合而创作的词，则被视为作者：第 1 条第 7 款；在电影作品中，主要导演，剧本、对话作者以及为此专门创作的音乐作者都被视为作者：第 2 条。

[40] 2006/116 指令（经修订）第 3 条第 1 款。

[41] 2006/116 指令（经修订）第 3 条第 2 款。

[42] 2006/116 指令（经修订）第 3 条第 3 款。

[43] 2006/116 指令（经修订）第 3 条第 4 款。

[44] 2006/116 指令（经修订）第 4 条。

[45] 2006/116 指令（经修订）第 8 条。

[46] 2006/116 指令（经修订）第 7 条。

[47] 2001/29 指令第 2—4 条；2006/115 指令第 3 条第 1 款、第 7 条、第 9 条第 1 款。电影作品的主要导演被视为其作者或作者之一，至少在某些情况下：2006/115 指令第 2 条第 2 款；2006/116 指令第 2 条第 1 款。

[48] 2006/115 指令第 3 条第 3 款；2006/116 指令第 9 条第 4 款；93/83 指令第 3 条第 1 款。

权本身不能被成员国立法所剥夺。[49] 当演出者和影片制作人之间达成协议时，除非存在相反条款，否则可以推定演出者将其出租权转让给制作人，[50] 同样的推定也适用于作者。[51]

但是，当作者或表演者将其录音制品或影片的出租权转让给制作人时，作者或表演者仍然保有不可放弃的收取出租报酬的权利，他们可以委托集体管理组织行使该权利。[52] 作者享有的对私人复制行为收取公平补偿的权利 [53] 同样是不可放弃的。[54]

著作权和邻接权所有权人享有的有线电视转播权（广播作品中广播者权利除外）只能通过集体管理组织行使。[55]

6.06 体育表演中的权利

通常推定知识产权不保护体育表演本身，尽管不能排除这种保护存在的可能性，[56] 这一问题的进一步发展或考量可能导致不同结论。

欧盟法院认为，足球比赛不能被认为是其作者自身的智力创造，因为比赛规则没有给著作权所要求的创作自由留有空间。[57] 这一评价是不可思议的，因为足球比赛和其他体育比赛通常包含了高度创造性动作，这些动作可能是即兴的，或者是预先计划的，也可能是两者的结合。

321 可能更让人信服的理由是足球比赛和其他体育比赛不是欧盟立法著作权规定意义上的“作品”,[58] 因为它们不属于《伯尔尼公约》[59] 或《与贸易有关知识产权协定》[60] 所保护的文学或艺术作品范畴；它们也不是欧盟邻接

---

[49] C-277/10 *Martin Luksan v Petrus van der Let*, CJ（电影的主要导演不能被剥夺由国家法律赋予的制片人著作权权利）。

[50] 2006/115 指令第 3 条第 4 款。关于出租权，参见 6.17。

[51] 2006/115 指令第 3 条第 5 款；C-277/10 *Martin Luksan v Petrus van der Let* judgment §§73–87, CJ。

[52] 2006/115 指令第 5 条。

[53] 2001/29 指令第 5 条第 2 款（b）项：见 6.16b。

[54] C-277/10 *Martin Luksan v Petrus van der Let* judgment §§96–109, CJ.

[55] 93/83 指令第 9 条。

[56] C-403, 429/08 *FAPL v QC Leisure* judgment §§96–104, CJ.

[57] C-403, 429/08 *FAPL v QC Leisure* judgment §§97–99, CJ.

[58] 93/83 指令第 2 条；2001/29 指令第 2 条（a）项、第 3 条第 1 款、第 4 条第 1 款；2006/115 指令第 1 条第 1 款和第 3 条第 1 款（a）项；2006/116 指令第 1 条第 1 款。

[59] 《伯尔尼公约》第 1 条和第 2 条第 1 款。关于《伯尔尼公约》，见第一章 1.25—1.26。

[60] 《与贸易有关知识产权协定》第 9 条第 1 款，关于《与贸易有关知识产权协定》，见第一章 1.42—1.44。

权规定意义上“演出者”的“表演”，[61] 因为它们不受那些适用于文学或艺术作品表演的国际条约规制，包括《罗马公约》，[62]《世界知识产权组织表演和录音制品条约》[63] 或《与贸易有关知识产权协定》[64]。

欧盟法院指出，体育赛事可以受到成员国知识产权立法的保护。[65] 但是，这些成员国的立法不能与欧盟统一成员国保护知识产权立法的指令相违背。[66]

6.07 体育表演相关的具体内容中的权利

无论前一段中所讨论的问题结论为何，通常体育比赛的组织者很可能获得对赛事影片或广播权利的所有权或控制权，以其作为允许制成影片或在场地上进行广播的条件。[67] 团体和比赛的名称、标志、服装，个人运动员的姓名中可能存在商标权，艺术作品、歌曲和图片中可能存在著作权，它们都可能被用于控制体育赛事的广播。[68]

欧盟委员会认为，当球队在国家联赛的比赛中进行比赛时，如果不存在任何协议，则每一个足球俱乐部都拥有比赛相关权利的部分权利，比赛的组织者也可能成为这些权利的所有者之一。[69] 另一方面，欧盟委员会 322

[61] 93/83 指令第 4 条第 1 款；2001/29 指令第 2 条（b）项、第 3 条第 2 款（a）项；2006/115 指令第 3 条第 1 款（b）项、第 7 条第 1 款、第 8 条、第 9 条第 1 款（a）项；2006/116 指令第 3 条第 1 款。

[62] 1961 年《保护表演者、音像制品制作者和广播组织罗马公约》第 2 条第 1 款（a）项、第 3 条（a）项、第 4 条、第 7 条。

[63] 《世界知识产权组织表演和录音制品条约》第 2 条（a）项、第 3 条第 1 款。

[64] 《与贸易有关知识产权协定》第 14 条，普遍认为本条涉及的表演可以根据第 14 条第 6 款被限制在受《罗马公约》所保护的表演范围内。

[65] C-403，429/08 *FAPL v QC Leisure* judgment §§100–104，CJ.

[66] 参见第一章 1.13。

[67] 人们认为 97/36 指令序言第 21 段（现在的 2010/13 指令序言第 52 段）指的是这一做法，但是欧盟法院认为这一声明是在展望成员国在体育表演中赋予的知识产权：C-403，429/08 *FAPL v QC Leisure* judgment §103，CJ。

[68] 见 C-403，429/08 *FAPL v QC Leisure* judgment §§149，152，CJ，以及 EWHC 在上诉中的判决 2008 §§178–209 和 2012 §§82–90（在上诉中得到 EWCA 支持）；2003/778（37398）*Joint selling of the commercial rights of the UEFA Champions League* §54，EuC；35163，36638，36776 *Notification of FIA Regulations etc*，EuC。

[69] 2003/778（37398）*Joint selling of the commercial rights of the UEFA Champions League* §§118–124，EuC；38173 *Joint selling of the media rights to the FA Premier League* §29，EuC；另参见 *Deutscher Fussball-Bund v Bundeskartellamt*，EuC and the Orientation document，‘Broadcasting of Sports events and Competition law’，*Competition Policy Newsletter*（1998）No 2，Introduction §10，EuC。

反对支持一级方程式（F1）赛车锦标赛组织者所宣称的针对比赛的电视转播权。[70]

## （三）著作权和邻接权的合法范围

相比于“刺猬”，著作权法对“狐狸”给与了更好的保护。[71]

### 6.08　著作权和邻接权的合法范围：内容

欧盟立法要求对著作权作品给与高度保护。[72] 但是，对于已经由欧盟立法进行了统一的方面，如果成员国超出统一所规定的程度[73]，授予了更广泛的保护，则很可能违反欧盟法律，[74] 考虑著作权和邻接权在适用欧盟竞争法时的合法范围时，应当对这种保护根据之前章节所讨论的原则酌情减少考量。[75]

著作权的保护范围延伸到作品的任何一部分，前提是该部分是作者的原创智力产物。[76] 邻接权的保护范围同样延伸至其具体内容的任何一部分，但尚不清楚如何来确定在不构成智力创造的情况下哪些足以构成具体内容的一部分。

《与贸易有关知识产权协定》明确规定，著作权保护应当延及表达，

---

[70]　35163，36638，36776 *Notification of FIA Regulations etc*，EuC，在 6.40 中进一步讨论；另参见 95/373（33375）*PMI-DSV* §14，EuC。

[71]　Lord Hoffmann，*Designers Guild v Russell Williams*，UKSC，呼吁关注 Isaiah Berlin 的论文 *The Hedgehog and the Fox*，Weidenfeld & Nicolson（1953）。

[72]　2001/29 指令序言第 4 段、第 9 段、第 10 段、第 23 段；C-306/05 *SGAE* judgment §36，CJ；C-5/08 *Infopaq International v Danske Dagblades* judgment §§40–43，CJ；C-403，429/08 *FAPL v QC Leisure* judgment §186，CJ；C-393/09 *Bezpečnostní softwarová asociace v Ministerstvo kultury* judgment §54，CJ；C-145/10 *Painer v Standard Verlags* judgment §107，CJ；C-607/11 *ITV Broadcasting v TVCatchup* judgment §20，CJ；C-466/12 *Svensson v Retriever Sverige* judgment §17，CJ；C-419/13 *Art & Allposters International v Stichting Pictoright* judgment §47，CJ。

[73]　关于未被欧盟立法统一的规制著作权和邻接权方面的成员国法律的有效性，见 6.02。

[74]　C-466/12 *Svensson v Retriever Sverige* judgment §§33–41，CJ.

[75]　第一章 1.02—1.08；第二章 2.16—2.17；第三章 3.14；以及第四章 3.14。

[76]　2001/29 指令第 2 条；C-5/08 *Infopaq International v Danske Dagblades* judgment §§39，44–48，CJ；C-403，429/08 *FAPL v QC Leisure* judgment §§156–159，CJ；C-406/10 *SAS Institute v World Programming* judgment §§65–67，CJ；C-355/12 *Nintendo v PC Box* judgment §22，CJ。关于什么可以构成作者自身的智力创造，参见 6.03 和第一章 1.22。

但不应延及思想、程序、操作方法或数学概念等。[77] 欧盟立法要求其成员国的著作权法应尽可能地根据这一条款的措辞和目的进行解释和适用，[78] 323
这似乎遵循了限制利用某想法的行为不能依据该想法受著作权法保护而被正当化这一原则。但是，对于这一条款的适用取决于如何定义不同于“表达”的“想法”。一个足够具体的想法集合可能被认定为是原创的，从而受到著作权保护。[79]

6.09　著作权的合法范围：行为

根据欧盟立法，著作权和邻接权的所有权人[80] 必须被授予以下独占权利：复制再现；[81] 同意使用以及（在著作权作品情况中）以其他方式向公众提供；[82] 发行；[83] 出租和出借。[84]

在每种情况下都存在一些例外和限制。[85] 欧盟法律所要求或允许的这些权利及其例外或限制将在之后的段落中依次讨论。

表演者和广播者同样针对其表演或广播方面必须被授予独占的固定（fixation）权利。[86]

6.10　复制

根据欧盟法律，著作权或邻接权的所有者必须被给予以下独占权利，包括授权或禁止他人以任何手段或方式，直接或间接，临时性或永久性地，复制著作权作品、录音作品、表演作品、影片或广播作品的全部或部分的权利。[87]

---

[77]　第 9 条第 2 款。关于《与贸易有关知识产权协定》和欧盟竞争法适用的相关性，见第一章 1.41—1.44。

[78]　C-89/99 *Schieving-Nijstad v Groeneveld* judgment §35，CJ；C-49/02 *Heidelberger Bauchemie* judgment §§19–21，CJ；C-53/96 *Hermès International v FHT Marketing Choice* judgment §28，CJ；另参见第一章 1.43。

[79]　参见例如 *Designers Guild v Russell Williams*，UKSC。

[80]　关于著作权和邻接权的所有权，见 6.05。可以向不同当事方转让或许可多个排他性权利。

[81]　2001/29 指令第 2 条。这一权利是根据《伯尔尼公约》第 9 条和《与贸易有关知识产权协定》第 9 条第 1 款设立的。见 6.10—6.11 和 6.14—6.16。

[82]　2001/29 指令第 3 条；93/83 指令第 2 条；2006/115 指令第 8 条。见 6.12 以及 6.14—6.16。

[83]　2001/29 指令第 4 条；2006/115 指令第 9 条。见 6.13—6.16。

[84]　2006/115 指令第 1—6 条。见 6.17。

[85]　见 6.11 和 6.14—6.16。

[86]　2006/115 指令第 7 条。固定指的是将作品附着于一种固定的物质形式之上。

[87]　2001/29 指令第 2 条。

如果这些片段是作者自己的智力创造的表达，则这一权利原则上适用于解码设备或电视屏幕上再现的瞬间片段。[88]

324 但是，这一权利受到例外限制，包括以下复制行为：临时的；瞬态的或附带的；属于一个技术过程的不可分割部分或基本组成部分；唯一目的是使作品或其他具体内容得以通过中介在网络上在第三方之间传输，或者使他人能够得以合法使用该作品或其他具体内容；不存在独立的经济意义。[89] 并且前提是复制并不会与具体内容的正常利用相冲突，也不能不合理地损害权利人的合法利益。[90]6.11 中对此例外的适用进行了进一步讨论。

复制权同样受制于 6.14—6.16 段中列出的进一步例外和限制。

6.11 临时复制行为例外的适用

前款所列的临时复制行为例外必须被解释为意在允许新技术应用，以及确保权利人和使用人利益之间的公正平衡。[91] 它只限于在技术过程中的复制，并且它在该过程中的功能完成之后，将在没有人为干预的情况下被自动删除。[92] 然而，在电脑屏幕上和电脑缓存中复制一个网页，如果当浏览者从网站离开时电脑屏幕的复制自动删除，当电脑缓存的容量有需求存储最近浏览的界面时电脑缓存的复制自动删除，可以被认为满足第一个例外条件（它是“临时”的）。[93]

如果复制的持续时间限制在为技术过程正常工作所必需的时间内，该复制被认为是满足第二个例外条件中“瞬态”的要求；当在电脑屏幕上复制网页时，如果屏幕在浏览者离开页面时被删除，则这一标准被认为得到满足。[94] 如果某一复制行为并非独立存在的，且该复制行为不存在一个相对于其所构成的技术过程的独立目的，则该行为被认定为是“附带的”。

---

[88] C-403, 429/08 *FAPL v QC Leisure* judgment §§157–159, CJ.

[89] 2001/29 指令第 5 条第 1 款。

[90] 2001/29 指令第 5 条第 3 款；C-403, 429/08 *FAPL v QC Leisure* judgment §181, CJ; C-5/08 *Infopaq International v Danske Dagblades* judgment §58, CJ; C-360/13 *Public Relations Consultants Association v Newspaper Licensing Agency* judgment §5, CJ。

[91] C-403, 429/08 *FAPL v QC Leisure* judgment §§157–159, 179, CJ; C-360/13 *Public Relations Consultants Association v Newspaper Licensing Agency* judgment §24, CJ.

[92] C-5/08 *Infopaq International v Danske Dagblades* judgment §§54–72, CJ.

[93] C-360/13 *Public Relations Consultants Association v Newspaper Licensing Agency* judgment §§26–27, CJ.

[94] C-360/13 *Public Relations Consultants Association v Newspaper Licensing Agency* judgment §§39–46, CJ.

在浏览者电脑缓存中复制网页的行为被认为满足这一标准。[95]

第三个例外条件（技术过程的一个不可分割部分或基本组成部分）要 325
求复制必须完全在技术过程的范围内进行，并且复制对于技术过程是必要的，如果没有该复制则技术过程不能正确和有效地运作。[96] 当一个网页在一个浏览人的屏幕或存储器中被复制时，也满足这些要求。[97]

如果得到权利所有人授权或未被所适用的法律限制时，则对于一个作品的使用是合法的，满足第四个例外条件，[98] 例如私人接收来自另一欧盟成员国卫星广播传输的信号。[99]

对于第五个例外条件，如果通过对卫星广播进行解码来临时复制的行为不能提供除接收和显示广播之外的经济优势，那么该复制没有独立的经济意义。[100]

当一份媒体监测报告的制作已经获得许可，那么在用户的电脑屏幕以及缓存中复制该报告的行为满足最后一个要求，无需要求用户额外获得进一步的许可。[101]

## 6.12　同意使用以及以其他方式向公众提供

欧盟立法中关于同意使用以及以其他方式向公众提供的要求，根据受保护的具体内容的类型有所不同。对于文学和艺术作品（literary and artistic works），[102] 欧盟成员国必须为权利人提供一个授权或禁止以任何手段[103]

---

[95] C-360/13 *Public Relations Consultants Association v Newspaper Licensing Agency* judgment §§47–52，CJ.

[96] C-360/13 *Public Relations Consultants Association v Newspaper Licensing Agency* judgment §28，CJ.

[97] C-360/13 *Public Relations Consultants Association v Newspaper Licensing Agency* judgment §§29–38，CJ.

[98] C-403，429/08 *FAPL v QC Leisure* judgment §168，CJ.

[99] C-403，429/08 *FAPL v QC Leisure* judgment §§170–173，CJ.

[100] C-403，429/08 *FAPL v QC Leisure* judgment §§174–178，CJ.

[101] C-360/13 *Public Relations Consultants Association v Newspaper Licensing Agency* judgment §§53–63，CJ.

[102] 关于什么是构成文学和艺术作品，见 6.03 和脚注 23。

[103] 2001/29 指令序言第 23 段，该指令第 3 条第 1 款；C-403，429/08 *FAPL v QC Leisure* judgment §§191–193，CJ。该权利应当作宽泛解释：2001/29 指令序言第 23 段；C-306/05 *SGAE* judgment §36；C-403，429/08 *FAPL v QC Leisure* judgment §186，CJ；C-607/11 *ITV Broadcasting v TV Catchup* judgment §20，CJ。

（包括广播[104]或允许公众成员单独地在其选择的某一时间或某一地点获取作品[105]）向公众传播的独占权利，欧盟成员国还必须为权利人提供一个独占权利，可以授权或禁止以无线广播或其他方式为公众提供之前未被广播或固定的表演。[106]

326 对于受邻接权保护的具体内容（subject-matter protected by related rights），[107]欧盟成员国必须为权利人提供一个独占权利，可以授权或禁止公众成员单独地在其选择的某一时间或某一地点通过互动式按需传输获取受保护的具体内容。[108]当前欧盟立法未要求欧盟成员国对以其他方式为公众提供进行邻接权（除了现场表演）保护，例如在互联网上进行直播。[109]但是，成员国可以通过成员国立法来进行保护，[110]如果它们可以因保护这些权利的具体内容而被正当化。[111]

欧盟立法所要求的独占权利涉及使作品或受保护的具体内容向不确定的相当大量的潜在接收者公开，[112]这些接收者可能不在传达发生的地方出

[104] C-607/11 *ITV Broadcasting v TVCatchup* judgment §23，CJ；93/83 指令第 2 条（卫星）。

[105] 2001/29 指令序言第 23 段，该指令第 3 条第 1 款；93/83 指令第 2 条（卫星广播）。“向公众提供”（making available to the public）这一概念构成了更广泛的“向公众传播”（communication to the public）概念的一部分：C-279/13 *C More Entertainment v Linus Sandberg* judgment §24，CJ。

[106] 2006/115 指令第 8 条第 1 款。还不清楚本条中向公众传播这一概念是否与 2001/29 指令第 3 条第 1 款进行相同解释：见 C-135/10 *SCF v Marco Del Corso* judgment §§70–79，CJ（2006/115 指令第 8 条第 2 款，与 2001/29 指令第 3 条第 1 款做不同解释）。

[107] 关于邻接权所保护的具体内容，见 6.03。本段并不适用于数据库权，该权利在 6.24 中讨论。

[108] 2001/29 指令序言第 24—25 段，该指令第 3 条第 2 款；C-135/10 *SCF v Marco Del Corso* judgment §59，CJ；C-279/13 *C More Entertainment v Linus Sandberg* judgment §§26–27，CJ（确认必须满足所有条件）。

[109] C-279/13 *C More Entertainment v Linus Sandberg* judgment §§26–27，CJ. 这一传输并不满足在公众个体成员选定的时间内对其可用这一条件。

[110] C-279/13 *C More Entertainment v Linus Sandberg* judgment §§28–37，CJ.

[111] 至于有哪些可以因所保护的具体内容而正当化，见第一章，特别是 1.25—1.49 和 1.57—1.75。

[112] C-306/05 *SGAE* judgment §§37–39，CJ；C-607/11 *ITV Broadcasting v TVCatchup* judgment §§32–36，CJ；C-314/12 *UPC Telekabel Wien v Constantin Film* judgment §39，CJ；C-466/12 *Svensson v Retriever Sverige* judgment §21，CJ. 必须考虑到将作品提供给连续的观众的累积效应：C-162/10 *Phonographic Performance v Ireland* judgment §35，CJ（宾馆客房的房客）；C-351/12 *OSA v Léčebné lázně Mariánské Lázně* judgment §§27–30，CJ（水疗客房的客人）。

现，[113] 也无论他们是否利用这些机会来获取作品或受保护的具体内容。[114] 另一方面，欧盟立法不适用于向出现在现场表演或演出的观众传达的情况，它仍然被未统一的成员国立法所规制，只要其能够根据保护具体内容的理由被正当化。[115]

欧盟立法所要求的著作权作品向公众提供的独占权利，可以延伸至将最初的传播版本重新提供给新的公众，这一点可能并未被著作权所有者授权进行初次提供时所考虑到，[116] 同样包括使用不同手段来进行新的提供。[117] 另一方面，当经由著作权所有者允许，在被连接到的网站上已经可 327
以免费获得其内容时，连接到互联网内容的链接并不会将其提供给新的公众，[118] 即使内容被编辑以至于看上去它属于连接网站。[119] 与之相反，如果互联网连接使用户可以绕过被连接到的网站对于免费公共访问的限制，属于向新的公众提供。[120]

在决定一个再提供是否构成合理保护范围内的向公众提供时，是否盈

[113]　这一条件规定在 2001/29 指令序言第 23 段、第 24 段，但并未出现在相关的实体规则条款第 3 条第 1 款和第 3 条第 2 款中。但是，欧盟法院确认实体规则条款应当被解释为包含这一点：C-403，429/08 *FAPL v QC Leisure* judgment §§200–203，CJ；C-607/11 *ITV Broadcasting v TVCatchup* judgment §23，CJ；C-283/10 *Circul Globus* judgment §§30–41，CJ。

[114]　C-306/05 *SGAE* judgment §43，CJ；C-314/12 *UPC Telekabel Wien v Constantin Film* judgment §39，CJ；C-466/12 *Svensson v Retriever Sverige* judgment §19，CJ.

[115]　C-403，429/08 *FAPL v QC Leisure* judgment §§200–202，CJ；C-283/10 *Circul Globus* judgment §§30–41，CJ. 至于有哪些可以因保护的具体内容而正当化，见第一章，特别是 1.25—1.49 和 1.57—1.75。

[116]　C-306/05 *SGAE* judgment §§40–42，CJ（向宾馆客房内的电视机转播）；C-351/12 *OSA v Léčebné lázně Mariánské Lázně* judgment §§31–33，CJ（向水疗客房内的电视和录音机转播）；C-403，429/08 *FAPL v QC Leisure* judgment §§195–207，CJ（通过电视屏幕和扩音器向酒吧顾客播放）；C-431，432/09 *Airfeld and Canal Digitaal* judgment §72，CJ（由另一个广播商进行卫星广播）。

[117]　C-607/11 *ITV Broadcasting v TVCatchup* judgment §§24–30，37–40，CJ（通过互联网再传输免费接收的广播）。另参见 13-461 *American Broadcasting v Aereo*，USSC（以一对一方式转播广播节目，被认定为构成违反美国著作权法的公开表演）。

[118]　C-466/12 *Svensson v Retriever Sverige* judgment §§24–28，CJ. 如何判定在未经著作权权利人同意的情况下将内容公布在网上这一行为可以参考未决案件（由荷兰高院 HRNL 递送至 CJ）*GS Media v Sanoma*。

[119]　C-466/12 *Svensson v Retriever Sverige* judgment §§29–30，CJ；C-348/13 *BestWater*，CJ.

[120]　C-466/12 *Svensson v Retriever Sverige* judgment §31，CJ. 但是这不适用于直播，欧盟立法对直播还没有规定，可能根据成员国法律受到保护：C-279/13 *C More Entertainment v Linus Sandberg* judgment §§26–37，CJ。

利是一个相关但非决定性的因素，[121] 但初次提供的人与再提供的人之间是否存在竞争关系与此无关。[122] 仅仅使用技术手段来确保或改进在其下游区接受现有的传达并不构成向公众提供，[123] 但这并不包括允许使用技术手段来引起任何其他的传达。[124]

如果公众无法访问构成作品特点的基本元素，例如在图形用户界面情况中与用户进行交互，则不构成向公众提供。[125]

根据欧盟法律，广播人还被授予了另外一项独占权利，即授权或禁止通过无线手段进行再广播以及在公众支付入场费可进入的场所向公众进行提供或广播。[126] 当一个为商业目的而出版的录音制品被提供给公众
328 时，欧盟成员国还必须提供一项权利，确保使用者向表演者和生产者支付公平的报酬。[127] 如果广播录音被提供给新的公众，那么必须支付额外的公平报酬。[128]

## 6.13 发行

欧盟成员国还必须为权利人提供授权或禁止以任何形式发行知识产权作品，[129] 表演，影片或广播，或者录音制品，[130] 以及它们复制品的权利。

发行的概念涉及一系列的行为，包括从缔结销售合同到向公众成员递送。[131]

---

[121] C-306/05 *SGAE* judgment §44, CJ; C-403, 429/08 *FAPL* judgment §§204–206, CJ; C-162/10 *Phonographic Performance v Ireland* judgment §§36, 43–45, CJ; C-607/11 *ITV Broadcasting v TVCatchup* judgment §§41–44, CJ.

[122] C-607/11 *ITV Broadcasting v TVCatchup* judgment §§45–47, CJ.

[123] C-403, 429/08 *FAPL* §194, CJ; C-431, 432/09 *Airfeld and Canal Digitaal* judgment §§74, 79, CJ.

[124] C-607/11 *ITV Broadcasting v TVCatchup* judgment §§28–30, CJ.

[125] C-393/09 *Bezpečnostní softwarová asociace v Ministerstvo kultury* judgment §57, CJ.

[126] 2006/115 指令第 8 条第 3 款。

[127] 2006/115 指令第 8 条第 2 款。向公众传达（communication to the public）在这种意义上与根据信息社会指令规定的独占传达权有所不同，并需要一个多因素的评估：C-135/10 S 比较参照 *v Marco Del Corso* judgment §§70–102, CJ（不包括向等待牙医的病人播放音乐）；C-162/10 *Phonographic Performance v Ireland* judgment §§56–69, CJ（包括在宾馆客房电视上播放）。

[128] C-162/10 *Phonographic Performance v Ireland* judgment §§48–55, CJ.

[129] 2001/29 指令第 3 条。

[130] 2006/115 指令第 9 条第 1 款。

[131] C-98/13 *Blomqvist v Rolex* judgment §28, CJ.

## 6.14 例外和限制

前几段所述的独占权利受到第一章 1.57 中所讨论的信息社会例外限制，也受制于允许某些公共机构[132]使用某些“孤儿作品”[133]的限制性例外。[134]发行权还受到在欧盟境内第一次销售之后即权利用尽的限制，参见 6.23 的讨论。欧盟成员国还可能针对这些权利规定其他的一些例外和限制，参见 6.15—6.16 的讨论。根据 2001/29 指令中的“保留条文（saving provision）”，另有存在进一步例外的可能。[135]

> 最可靠的测试方法之一就是采用诗人借用的方法。不成熟的诗人模仿；成熟的诗人偷窃；坏诗人破坏他们拿来的东西，好诗人将它们变成更好的东西，或至少是不同的东西。[136]

## 6.15 可选例外和限制：一般原则

欧盟成员国可以对复制、固定、提供和发行权利规定各种例外限制。但是，根据欧盟著作权立法它们没有义务作出这些例外性限制，或作出欧盟立法所允许的最大限度的例外性限制，[137]尽管可能会要求它们在限定范 329
围内针对这些权利规定某些例外，以遵从它们尊重基本权利——例如表达自由——的义务。[138]当缺少合同或针对某合同及其他行为的特别规定时，可能需要考虑竞争的反事实性，[139]人们认为现有的遵守欧盟立法的成员国立法应当以它们现有的样子被纳入考量，而不应推定成员国立法包含欧盟立法所允许的最大限度的例外性限制。

---

[132] 档案馆、文物机构、公共广播服务和公共图书馆、教育机构以及博物馆：2012/28 指令第 1 条第 1 款。

[133] “孤儿作品”被定义为一件作品或录音，尽管进行了认真、合理记录的搜索，但其任何权利人都无法被识别或确定：2012/28 指令第 2 条第 1 款。

[134] 根据 2012/28 指令。

[135] 2001/29 指令第 9 条：见 *ITV v TVCatchup*, EWCA（进一步参考正在等待 CJ 判决）。

[136] T S Eliot, *The Sacred Wood: Essays on Poetry and Criticism*, Methuen（1920）.

[137] C-435/12 *ACI Adam* judgment §§20–27, CJ; C-457 to 460/11 *VG Wort v Kyocera* judgment §36, CJ.

[138] 关于欧盟法律认可的基础权利和在它们与知识产权之间取得平衡的需求，见第一章 1.47。

[139] 关于在考虑到知识产权存在和正当范围基础之上进行反事实思考的需求，见第二章 2.16—2.17；第三章 3.14；以及第四章 4.26—4.27。

即使在欧盟立法规定的范围内已经包含了这些例外，它们也可能只适用于某些特殊情况，这些情况与正常利用受保护的具体内容不相冲突，并不能不合理地损害权利所有人的合法利益。[140]

根据这一主导条件，欧盟成员国目前可以将 6.16 中所列出的任何 a—t 类行为排除适用复制和固定权利，并将同一段中列出的任何 f—t 类行为排除适用向公众提供的权利。[141] 当针对复制权作出了例外规定时，可能针对发行权作出同样的例外规定，只要该例外依据授权复制行为目的可以被正当化。[142]

在同样的压倒性条件下，6.16 中 u—w 类行为展示了潜在的更广泛的例外，[143] 针对某些权利可能作出这些例外规定，[144] 例如固定权利；[145] 针对录音制品、表演固定、影片和广播的发行权利；[146] 针对之前未固定、未广播表演的向公众提供的权利；[147] 以及在支付使用费后可进入的地方再广播和向公众提供广播的权利。[148]

330 如果这些条款没有明确说明在何种情况下可以援引它们，欧盟成员国将在欧盟立法规定的范围内拥有广泛的自由裁量权。[149] 这些限制包括比例原则，[150] 不违背 2001/29 指令针对创作者建立高度保护这一主要目的，[151]

---

[140] 2001/29 指令第 5 条第 5 款；2006/115 指令第 10 条第 3 款；《与贸易有关知识产权协定》第 13 条；C-145/10 *Painer v Standard Verlags* judgment §110，CJ；C-201/13 *Deckmyn v Vandersteen* judgment §34，CJ。

[141] 2001/29 指令第 5 条第 2 款、第 3 款；2006/115 指令第 10 条第 2 款。是否存在更进一步的例外，特别是根据 2001/29 指令第 9 条一般性的保留条款，是否允许访问有线广播服务，现在正在 CJ 的未决案件 *ITV Broadcasting v TV Catchup*，EWCA（2015）中讨论。

[142] 2001/29 指令第 5 条第 4 款；2006/115 指令第 10 条第 2 款。

[143] 但是，有一些优先的条件可能对这些例外有所限制，从而使在许多情况中它们不会比 2001/29 指令中相应的例外更宽泛。

[144] 即 2006/115 指令第二章所赋予的权利。

[145] 2006/115 指令第 7 条；6.09。

[146] 2006/115 指令第 9 条；6.13。

[147] 2006/115 指令第 8 条第 1 款；6.12。

[148] 2006/115 指令第 8 条第 3 款；6.12。

[149] C-145/10 *Painer v Standard Verlags* judgment §§101–104，CJ；C-463/12 *Copydan Båndkopi v Nokia Danmark* judgment §§56–62，CJ。

[150] C-145/10 *Painer v Standard Verlags* judgment §§105–106，CJ. 因此，采取的措施必须是在其目的范围内恰当的并不能超越实现它的必要范围。

[151] C-145/10 *Painer v Standard Verlags* judgment §107，CJ.

为作者提供法律确定性的需求，[152] 以及对一般原则的减损必须加以严格解释的原则。[153] 另一方面，在解释它们时必须做到确保例外的有效性，并注意例外的目的。[154]

欧盟委员会经过 2014 年进行的公众咨询之后，正在考虑是否针对这些例外和一般著作权法提出修改。它的数字化单一市场战略（Digital Single Market Strategy）提出了通过文本和数据挖掘促进研究的措施。

6.16　可选例外和限制：类型

可以作为 6.15 所确认的权利例外的行为类型如下：

a. 对除了乐谱以外的作品，在纸质或相似介质上进行复制，但权利人应当获得合理补偿。[155]

b. 自然人 [156] 从合法来源处 [157] 进行复制，为私人使用目的，没有直接或间接的商业目的，前提是权利人如果受到不可忽略的损害 [158] 必须能够获得 [159] 合理补偿，[160] 而该补偿必须考虑到是否存在或缺少对抗复制的技术 331

[152]　C-145/10 *Painer v Standard Verlags* judgment §108，CJ. 据此，使用必须不能基于使用者自行决定的人为干涉。

[153]　C-145/10 *Painer v Standard Verlags* judgment §§109，133，CJ.

[154]　C-145/10 *Painer v Standard Verlags* judgment §133，CJ；C-201/13 *Deckmyn v Vandersteen* judgment §§22–23，CJ.

[155]　2001/29 指令第 5 条第 2 款（a）项。这一例外适用于通过使用与个人电脑相连的打印机复制的情况：C-457 to 460/11 *VG Wort v Kyocera* judgment §60–80，CJ。

[156]　但是复制的设备不需要属于进行复制的自然人所有：C-463/12 *Copydan Båndkopi v Nokia Danmark* judgment §§86–91，CJ。

[157]　复制伪造或盗版的复本，以及针对该复制支付的补偿不能被视为符合这一例外：C-435/12 *ACI Adam* judgment §§29–41，58，CJ；C-463/12 *Copydan Båndkopi v Nokia Danmark* judgment §§74–79，82，CJ。

[158]　2001/29 指令序言第 35 段；C-463/12 *Copydan Båndkopi v Nokia Danmark* judgment §§28–29，56–62，CJ。

[159]　补偿必须有效地收取并转移给权利人：C-462/09 *Stichting de Tuiskopie v Opus Supplies* judgment §§30–41，CJ（在线购买来自成员国以外供应商的产品，必须对相关媒介进行收费），另参见 C-470/14 *EGEDA*，CJ（补偿是否能够通过国家预算的年度拨款来支付，未决）。

[160]　2001/29 指令第 5 条第 2 款（b）项。

手段，[161] 并建立在对作者引起的损害之上，[162] 在作者和私人使用者之间保持公正的平衡；[163] 这一点可以通过向在成员国中为私人使用者提供复制可能的所有设备征税来实现，包括为辅助其他功能而添加复制功能的设备，并且无论是否有证据显示自然人实际上是否使用复制功能；但是，征税不得在不同产品之间产生不正当的歧视，并且一定不得扩大到并非为私人用户提供复制的设备，除非扩大到这些设备可以因为存在实际执行困难而被正当化，即使如此也应规定获得偿还的权利；[164] 同时，这种征税不能因为在另一个成员国已经为设备缴纳了税款而被免除，尽管可以在另一成员国中寻求偿还该税款。[165]

c. 在公众可进入的图书馆、教育机构、博物馆或档案馆进行，不具有直接或间接经济或商业利益的复制行为。[166]

d. 广播组织利用自己的设备，为自己的广播进行短暂的录音。[167]

e. 为无商业目的的社会机构，如医院或监狱，而复制广播，前提是权利人获得合理补偿。[168]

f. 仅仅为教学或科研描述说明的目的，在非商业目的可以被正当化的

---

[161] 采用技术措施的可能性不能作为不向权利人支付任何补偿的正当理由，但采取的措施在决定应支付的补偿金额时可能被纳入考量：C-457 to 460/11 *VG Wort v Kyocera* judgment §§54–59, CJ; C-463/12 *Copydan Båndkopi v Nokia Danmark* judgment §§68–73, CJ。

[162] C-467/08 *Padawan v SGAE* judgment §§38–42, CJ; C-462/09 *Stichting de Tuiskopie v Opus Supplies* judgment §24, CJ; C-463/12 *Copydan Båndkopi v Nokia Danmark* judgment §§21, 27, CJ. 适用这一例外时，权利人同意复制并没有任何法律效力，也不会影响他们所受到的损害，因此可以支付补偿：C-457 to 460/11 *VG Wort v Kyocera* judgment §37, CJ; C-463/12 *Copydan Båndkopi v Nokia Danmark* judgment §§63–67, CJ。

[163] C-467/08 *Padawan v SGAE* judgment §§43–45, CJ; C-462/09 *Stichting de Tuiskopie v Opus Supplies* judgment §25, CJ; C-435/12 *ACI Adam* judgment §§53–58, CJ. 原则上补偿可以为权利人利益向社会或文化机构支付：C-521/11 *Amazon.com v Austro-Mechana* judgment §§46–55, CJ。

[164] C-467/08 *Padawan v SGAE* judgment §§46–59, CJ; C-462/09 *Stichting de Tuiskopie v Opus Supplies* judgment §§26–29, CJ; C-521/11 *Amazon.com v Austro-Mechana* judgment §§24–45, CJ; C-463/12 *Copydan Båndkopi v Nokia Danmark* judgment §§23–26, 30–55, CJ（移动手机）。另参见未决案例 C-110/15 *Nokia Italia*, CJ。

[165] C-521/11 *Amazon.com v Austro-Mechana* judgment §§56–66, CJ.

[166] 2001/29 指令第 5 条第 2 款（c）项。

[167] 2001/29 指令第 5 条第 2 款（d）项；2006/115 指令第 10 条第 1 款（c）项。尽管这些录音必须是简短的才能被允许，但是成员国法律可能允许它们被保存在官方档案中：2001/29 指令第 5 条第 2 款（d）项。

[168] 2001/29 指令第 5 条第 2 款（e）项。

范围内，前提是注明出处（包括作者姓名），除非注明是不可能的。[169]

g. 为残障人士的利益，与残障直接相关，具有非商业性质，并限于具体残障所要求的范围。[170] 332

h. 媒体复制或向公众提供有关当前经济、政治或宗教话题的已发表文章或广播作品，前提是这种使用没有明确的保留，并需要注明来源（包括作者姓名）。[171]

i. 使用时事报道或政治演讲报道，公开讲座或类似具体内容的摘录，只要能为提供信息目的所正当化，前提是注明出处（包括作者姓名），除非注明是不可能的。[172]

j. 以批评或评论为目的而进行引用，[173] 前提是相关具体内容已经合法向公众提供，并注明出处（包括作者姓名），除非注明是不可能的，并且使用符合公平惯例，限于具体目的所要求的范围内。[174]

k. 用于公共安全为目的或为确保行政、议会或司法程序的正常履行或报告而使用。[175]

l. 在宗教庆典或公共机构组织的官方庆典活动中使用。[176]

m. 使用永久放置在公共场所的作品（如建筑活雕塑）。[177]

---

[169] 2001/29 指令第 5 条第 3 款（a）项；2006/115 指令第 10 条第 2 款。

[170] 2001/29 指令第 5 条第 3 款（b）项；2006/115 指令第 10 条第 2 款。

[171] 2001/29 指令第 5 条第 3 款（c）项；2006/115 指令第 10 条第 2 款。

[172] 2001/29 指令第 5 条第 3 款（c）项、（f）项；2006/115 指令第 10 条第 2 款。

[173] 在 C-145/10 *Painer v Standard Verlags* judgment §§122–123 中，CJ 指出照片的复制可能是一种“引用”这一点是没有争议的，但法院避免了对这一点作出明确裁决（意味着这一假设可能是错误的）。

[174] 2001/29 指令第 5 条第 3 款（d）项；2006/115 指令第 10 条第 2 款。在 C-145/10 *Painer v Standard Verlags* judgment §§118–149，CJ 中有所讨论（意图在表达自由和作者复制权之间寻求平衡；引用作品的具体内容本身不需要被著作权保护；如果照片是由国家安全机关提供，未公布摄影师信息，那么无需指明摄影师身份；但必须指明是来源于这些机关）；14/01158 *GS Media v Sanoma*，HRNL。

[175] 2001/29 指令第 5 条第 3 款（e）项；2006/115 指令第 10 条第 2 款。在 C-145/10 *Painer v Standard Verlags* judgment §§100–116，CJ 中有所讨论（在报纸上复制被绑架者的肖像照片可以因公共安全而正当化，但只有在得到国家有关当局统一和协调的情况下，并在其为确保公共安全而采取的决定或行动框架内）。

[176] 2001/29 指令第 5 条第 3 款（g）项；2006/115 指令第 10 条第 2 款。

[177] 2001/29 指令第 5 条第 3 款（h）项；2006/115 指令第 10 条第 2 款。

n. 夹杂在其他材料中偶然使用。[178]

o. 为公众展览或艺术作品销售广告而使用，在推广该活动的必要限度之内。[179]

p. 为漫画、讽刺或滑稽模仿目的而使用。[180]

333 q. 为设备演示或修理相关而使用。[181]

r. 为重建目的，在建筑形式、草图或蓝图中使用艺术作品。[182]

s. 使用公众可访问的图书馆、教育机构、博物馆或档案馆所收集的具体内容，[183] 该使用不受已缔结的购买或许可条款规制，使用必须是为研究和私人学习目的，通过指定场所的专用终端[184] 和辅助、有限的数字化设备，[185] 向公众的个体成员提供，但这一例外并不扩展至公众成员打印复本或将复本传送至个人 U 盘中。[186]

t. 在其他一些案件中，当成员国立法已经规定了一些例外，这些例外不影响欧盟内部货物和服务自由流通时，属于不重要的类似使用。[187]

u. 私人使用。[188]

v. 使用时事报道相关的简短摘录。[189]

w. 仅限于教学或科研目的的使用。[190]

---

[178] 2001/29 指令第 5 条第 3 款（i）项；2006/115 指令第 10 条第 2 款。

[179] 讽刺的本质特征是唤起现有作品，但同时具有引人注意的不同之处，并且是幽默或嘲弄的；它应当是可以合理地被归于原作作者以外的人，同时关联原作或提及来源；它必须在保护著作权和言论自由之间取得合理平衡。

[180] 2001/29 指令第 5 条第 3 款（k）项；2006/115 指令第 10 条第 2 款。

[181] 2001/29 指令第 5 条第 3 款（l）项；2006/115 指令第 10 条第 2 款。比较参照关于设计的问题，相关讨论见第一章 1.53。

[182] 2001/29 指令第 5 条第 3 款（m）项；2006/115 指令第 10 条第 2 款。

[183] C-117/13 *Technische Universität Darmstadt v Eugen Ulmer* judgment §35，CJ.

[184] 2001/29 指令第 5 条第 3 款（n）项；2006/115 指令第 10 条第 2 款。

[185] C-117/13 *Technische Universität Darmstadt v Eugen Ulmer* judgment §§43–49，CJ.

[186] C-117/13 *Technische Universität Darmstadt v Eugen Ulmer* judgment §§50–57，CJ. 依据 a 条和 b 条的内容，公众成员可能被允许复制副本或复制到 U 盘，前提是权利人收到合理补偿。

[187] 2001/29 指令第 5 条第 3 款（o）项；2006/115 指令第 10 条第 2 款。这一例外不包括电子使用：*ITV v TVCatchup*，EWHC。

[188] 2006/115 指令第 10 条第 1 款（a）项；比较参照 b 条，要求合理补偿。

[189] 2006/115 指令第 10 条第 1 款（b）项；比较参照 i 条，要求尽可能指明来源。

[190] 2006/115 指令第 10 条第 1 款（d）项；比较参照 f 条，它限于描述说明目的，并要求尽可能指明来源。

6.17　出租和出借

欧盟成员国必须为权利人提供授权或禁止出租或出借[191]著作权作品、[192]录音、[193]表演[194]和电影[195]原件及复本的权利。这一要求并不适用于建筑和应用艺术作品。[196]欧盟成员国可以允许任何具体内容的公共出借，以及录音和电影制品的出借，前提是作者获取出借的报酬。[197] 334

欧盟成员国也可以规定如果合同规定了公平的报酬，表演者和电影制片人之间可以签订合同授权出租。[198]

## （四）技术措施的保护、附条件进入以及权利管理信息

6.18　技术措施保护

欧盟成员国必须提供适当的法律保护，反对故意[199]规避有效技术措施[200]以及反对为商业目的，制造、进口、分销、出售、出租或获取产品及提供服务，如果它们意在为规避而进行促销、广告或营销，或除规避外它们只具有有限的商业目的或用途，或它们是为了促成或便利规避而作出的主要设计、生产、改装和实施。[201]

有效技术措施是指为了防止或限制未经著作权、邻接权或数据库权所有权人的授权行为而设计的措施，从而使受保护的具体内容的使用由权利人进行控制。[202]

---

[191]　“出租”（rental）指的是在有限时期，为直接或间接的经济或商业利用提供给当事人使用；“出借”（lending）指的是在一定时期内，提供给当事人使用，但不是为了直接或间接的经济或商业利益：2006/115 指令第 2 条第 1 款（a）—（b）项。这些条款对于“电子出借”（e-lending）的适用是未决案件 C-174/15 *Vereniging Openbare Bibliotheken*, CJ 涉及的主要问题。

[192]　2006/115 指令第 1 条第 1 款和第 3 条第 1 款（a）项。

[193]　2006/115 指令第 1 条第 1 款和第 3 条第 1 款（b）项。

[194]　2006/115 指令第 1 条第 1 款和第 3 条第 1 款（c）项。

[195]　2006/115 指令第 1 条第 1 款和第 3 条第 1 款（d）项。

[196]　2006/115 指令第 3 条第 2 款。

[197]　2006/115 指令第 6 条。这一例外对于临时提供尚未“出售”的“电子书”复本是否适用，未决案件 C-174/15 *Vereniging Openbare Bibliotheken*, CJ 中对这一点进行了质疑。

[198]　2006/115 指令第 3 条第 6 款。

[199]　提供适当法律保护的义务适用于在知道或有合理理由知道所追寻目标的情况下进行的规避：2001/29 指令第 6 条第 1 款。

[200]　2001/29 指令第 6 条第 1 款。

[201]　2001/29 指令第 6 条第 2 款。

[202]　2001/29 指令第 6 条第 3 款。

当例外的受益人可以合法地获得受保护具体内容时，在 6.16 的 a、c、d、e、f、g 和 k 中列出的例外情况必须得到规定，b 中所列出的例外情况可以得到规定。[203]

这些规定包括针对用于获取受保护的具体内容设备的技术措施，以及针对受保护的具体内容本身的技术措施。[204]

335 6.19　附条件进入保护

欧盟成员国还必须有效禁止[205]和惩处[206]一系列宽泛范围内的活动，[207]这些活动是关于被设计或改装以获取未经授权的进入电视或广播服务、信息社会服务的设备或软件，或者是关于附条件获取这些服务的，如果它们是为了在附条件进入的基础上获取报酬。[208]

这一要求适用于未经服务提供者的同意而对设备进行生产或改装，并不涉及经过某一成员国服务提供者同意后而提供，但在另一成员国适用的设备，[209]不涉及为私人目的而使用但被用于商业用途的情况，[210]也不涉及向提供虚假身份信息的人供应的设备。[211]

同时，欧盟成员国不得限制跨境提供受保护的服务或相关服务，也不得限制为授权访问此类服务而设计或改装的设备或软件的自由移动，只要其理由落入《附条件进入指令》（Conditional Access Directive）所协调的范围内。[212]

这一条款必须加以限制性解释，只涉及该指令具体规定的限制，而不能延及禁止使用从其他成员国进口的解码设备的成员国立法规定，即使这些设备是使用虚假身份而获取的，或者被用于商业目的，从而违背了将其使用目的限于私人使用的条件。[213]

---

[203] 2001/29 指令第 6 条第 4 款。

[204] C-355/12 *Nintendo v PC Box* judgment §37, CJ.

[205] 98/84 指令第 4 条。

[206] 98/84 指令第 5 条。

[207] 即以商业目的而为的制造、进口、发行、销售、出租或占有，以商业目的而为的安装、维护或更换，以及通过商业通信进行促销：98/84 指令第 4 条。

[208] 即 98/84 指令第 2 条中所定义的非法设备（Illicit devices）。

[209] C-403, 429/08 *FAPL v QC Leisure* judgment §§62–67, CJ.

[210] C-403, 429/08 *FAPL v QC Leisure* judgment §§128–132, CJ.

[211] C-403, 429/08 *FAPL v QC Leisure* judgment §127, CJ.

[212] 98/84 指令第 3 条。

[213] C-403, 429/08 *FAPL v QC Leisure* judgment §§68–74, CJ.

但是，这种国家立法违反了《欧盟运行条约》第 56 条提供服务自由的规定，该规定限制跨境接收另一成员国的广播，除非它能够根据保护知识产权被正当化；而在广播具体内容受到其被广播所在的成员国立法所保护时，它并没有那么多正当理由。[214]

6.20　权利管理信息保护

欧盟成员国必须为对抗以下行为提供足够的法律保护，包括任何人明知无授权但仍然删除或修改电子权利管理信息；或者发行、进口、广播、
传达或向公众提供受著作权、邻接权和数据库权所保护的作品或其他具体 336
内容，这些作品或具体内容未经授权被删除或修改电子权利管理信息，且是在行为人知道或有合理理由知道其正在从事诱导、支持、促进或者隐瞒对著作权或数据库权的侵权行为的情况下。[215]

权利管理信息是指标识作品或其他具体内容，作者，权利人或使用期限和条件的信息。[216]

## （五）转售权利和权利用尽

6.21　转售权利

版画、塑料艺术等原创作品的作者[217]和其继承人[218]拥有不可剥夺的收取版税的权利，版税可以基于作者在著作权期限内[219]首次转让原作后任何转售所得的销售价格。[220]版税税率在欧盟立法中有明确的规定。[221]欧盟成员国可以强制或选择性地规定集体管理组织对于这些权利进行管理。[222]作者必须是欧盟成员国国民，如果是其他国家国民，则该国法律必

---

[214]　C-403, 429/08 *FAPL v QC Leisure* judgment §§93–125 and ruling §3, CJ.

[215]　2001/29 指令第 7 条第 1 款。

[216]　2001/29 指令第 7 条第 2 款。

[217]　在 2001/84 指令第 2 条中有所定义，包括由作者创作或授权创作的限量版复本。

[218]　2001/84 指令第 6 条。规定继承人的法规属于根据相关冲突法规则适用成员国立法的事项：C-518/08 *Fundación Gala-Salvador Dalí*, CJ。

[219]　2001/84 指令第 8 条。

[220]　2001/84 指令第 1 条，原则上由买方来支付使用费但是成员国立法也可以规定由专业买家或中介来支付，前提是成员国保证使用费实际上得到支付，并且成员国法律规定的支付责任可能通过合同被转移至另一方（例如买方）；C-41/14 *Christie's France v SNA* judgment §§18–33, CJ。

[221]　2001/84 指令第 4 条。

[222]　2001/84 指令第 6 条第 2 款。

须规定了该国作者与欧盟作者享有相同权利的条款。[223]

6.22　著作权和邻接权的权利用尽：欧盟立法统一之前的案例法

在欧盟采用统一立法之前，欧盟法院的判例法认定著作权和邻接权的具体内容包括向欧盟市场首次投放复本的独占权利，但不包括它们之后的发行。[224] 据此，当通过销售复本向公众提供受保护作品时，只要权利人或经权利人同意在成员国市场投放副本，权利就已经用尽，将不能限制后续销售或对其收取额外的版税或使用费。[225]

337 另一方面，法院判例法承认为一件作品的展示、演出或出租而收取合理[226] 费用的可能性属于著作权和邻接权基本职能的一部分。[227] 据此，欧盟法院认为，著作权和邻接权的具体内容包括演出、播放[228] 和商业出租的独占权利，[229] 这一权利不能因为在市场投放承载该具体内容的实物物品而用尽。因此，这些权利的所有者有权针对这些形式的利用知识产权行为进行禁止、索取使用费或收取额外报酬，即使所播放或出租的实物物品是由他们自己或经他们同意而投放市场的。[230]

6.23　欧盟立法中著作权和邻接权的用尽

统一成员国关于著作权和邻接权立法的欧盟立法当前规定，在欧盟范围内的发行权不应被用尽，除非首次销售或转让特定有形物体所有权

---

[223] 2001/84 指令第 7 条。

[224] 78/70 *Deutsche Grammophon v Metro*, CJ; 55, 57/80 *Musik-Vertrieb membran v GEMA*, CJ; 58/80 *Dansk Supermarked v Imerco*, CJ.

[225] 58/80 *Dansk Supermarked v Imerco* judgment §11, CJ; 55, 57/80 *Musik-Vertrieb membran v GEMA*, CJ; C-200/96 *Metronome Music v Musik Point Hokamp* judgment §14, CJ; C-61/97 *FDV v Laserdisken* judgment §13, CJ.

[226] C-61/97 *FDV* judgment §15, CJ; C-52/07 *Kanal 5 v STIM* judgment §§36–38, CJ.

[227] 62/79 *Coditel v Ciné Vog* judgment §14, CJ; 262/81 *Coditel v Ciné Vog* judgment §12, CJ; 158/86 *Warner Bros v Christiansen*, CJ; 402/85 *Basset v SACEM*, CJ; 395/87 *Ministère Public v Tournier* judgment §12, CJ; C-200/96 *Metronome Music v Musik Point Hokamp* judgment §15, CJ.

[228] 402/85 *Basset v SACEM*, CJ; 395/87 *Ministère Public v Tournier*, CJ; 337/95 *Parfums Christian Dior v Evora* judgment §56, CJ.

[229] 158/86 *Warner Bros v Christiansen*, CJ; C-200/96 *Metronome Music v Musik Point Hokamp* judgment §16, CJ; C-61/97 *FDV v Laserdisken* judgment §15, CJ.

[230] 402/85 *Basset v SACEM* judgment §16, CJ; 158/86 *Warner Bros v Christiansen* judgment §18, CJ; 395/87 *Ministère Public v Tournier*, CJ.

的行为是由权利人所为或经其同意而进行的。[231] 另一方面，欧盟立法规定，向公众提供的权利不能因向公众提供的行为而用尽，[232] 出租和出借权不能因任何出售或发行原件或复本的行为而用尽。[233] 用尽原则还受转售权限制，艺术家及其继承人对转售的特定艺术作品，有权获得特定的使用费。[234]

人们认为这项立法应当按照之前欧盟法院根据《欧盟运行条约》在内
部市场范围内消除贸易壁垒的条款而作出的判例法所采取的原则来进行解
释和适用，[235] 特别是由于当统一立法可能在欧盟成员国之间设置不合理的 338
限制，从而违背这些条款时，统一立法是无效的。[236] 据此，人们认为，针对由其或经其同意而投放于市场的复本，著作权或邻接权的权利人不能通过援引其权利来反对转售行为和其他处置行为，或为转售行为和其他处置行为设置条件，但可以在通过使用该复本向公众传播作品或任何商业出租出借该复本的行为中援引其权利。

另一方面，看上去著作权的具体内容并不能延伸至授权收取相对受众规模而过高的使用费，[237] 也没有延伸至控制根据互惠代理合同而由集体管理组织收取的使用费。[238]

目前尚未解决的一点是针对除计算机程序外的著作权和邻接权保护对

---

[231] 2001/29 指令第 4 条第 2 款；2006/115 指令第 9 条第 2 款。权利用尽并不延及著作权作品被转移到的另一个对象上，例如一张海报上的图片被转移到画布之上：C-419/13 *Art & Allposters International v Stichting Pictoright* judgment §§33-48，CJ。欧盟立法在这一点上已经穷尽列举了所有可能，因此成员国不能再规定不同的用尽规则：C-419/13 *Art & Allposters International v Stichting Pictoright* judgment §30，CJ。

[232] 2001/29 指令第 3 条第 3 款；93/83 指令第 2 条和第 8 条；C-607/11 *ITV Broadcasting v TVCatchup* judgment §§23–25，CJ。

[233] 2006/115 指令第 1 条第 2 款。

[234] 6.21。

[235] 参见根据欧盟商标立法作出的判决，例如 C-427，429，436/93 *Bristol-Myers Squibb v Paranova* judgment §40，CJ；C-349/95 *Loendersloot v Ballantine* judgment §18，CJ；C-379/97 *Pharmacia & Upjohn v Paranova* judgment §30，CJ；C-337/95 *Parfums Christian Dior v Evora* judgment §§37，53，CJ；*Oracle America v M-Tech Data* §15，UKSC；比较参照 Jonathan D. C. Turner，'Glaxo v Dowelhurst—Plus Royaliste que le Roi'[2000] EIPR 434。

[236] 见第一章 1.12。

[237] C-61/97 *FDV* judgment §15，CJ；C-52/07 *Kanal 5 v STIM* judgment §§36–38，CJ；C-403，429/08 *FAPL v QC Leisure* judgment §§108–110，CJ；2001/29 指令序言第 10 段；2006/115 指令序言第 5 段；93/83 指令序言第 17 段。

[238] 2003/300 *Simulcasting* at §66，EuC，另见 6.66。

象，其权利人是否可以通过援引这一权利来反对转让作品或为转让作品设置条件，如果该作品是在欧盟内，经其同意，从拥有该作品无限期使用权的网站上下载的；或者来反对下载行为或为下载行为设置条件，如果该行为是由买方从卖方处下载一份新的复本，而该卖方对其下载的复本有无期限的使用权，前提是卖方没有保留可用复本。

正如第一章中所讨论的那样，[239] 欧盟法院认为计算机程序著作权的权利人在这些情况中不能援引其权利，但同时也指出计算机程序著作权由欧盟立法的特殊制度来规制，这一制度不适用于其他作品的著作权，[240] 包括与计算机程序一同构成一个复合事物的数字化图形或声音元素。[241]

一个德国上诉法院认为，针对其他具体内容的著作权，当作品的数字化复本是从经著作权权利人同意的网站上下载而来时，著作权并未用尽，[242] 这一观点似乎在 *Allposters* 案判决中被欧盟法院所支持，至少在案件中转让涉及制造进一步的实物复本时如此；[243] 但一个荷兰的一审法院得出了相反的结论。[244]

339 （六）数据库保护

6.24　数据库权

数据库，例如体育赛事和电视节目的列表，在文化、传媒和体育市场中具有重大的经济意义。

根据 96/9 指令（数据库指令），当在第一章所述 [245] 的期限内，权利人已经付出了大量投资来获取、核实或展示数据库的内容时，欧盟成员国被要求针对该数据库进行特别保护。[246] 除非转让，[247] 否则数据库权利应当属

---

[239] 1.61—1.64。

[240] C-128/11 *UsedSoft v Oracle International* judgment §§51，56，60，CJ.

[241] C-355/12 *Nintendo v PC Box* judgment §§21–23，CJ.

[242] 22 U 60/13 *Audio-books*，OLG Hamm.

[243] C-419/13 *Art & Allposters International v Stichting Pictoright* judgment §§32–47，CJ.

[244] *Nederlands Uitgeversverbond and Groep Algemene Uitgevers v Tom Kabinet*，DC Amsterdam（被阿姆斯特丹地区法院 Gerechtshof Amsterdam 根据其他理由推翻）。未决案件 C-174/15 *Vereniging Openbare Bibliotheken*，CJ，可能在这一问题上有所涉及，但并不必然如此，因为该案是关于不同问题的：见 6.17。

[245] 1.24。

[246] 96/9 指令第 7 条第 1 款。

[247] 96/9 指令第 7 条第 3 款。

于数据库创建者，[248] 即进行投资和承担风险的人。[249] 只有在创建者或权利人位于欧盟时，才能被授予数据库权利。[250]

如果下述内容被永久或暂时地转移至另一媒介（摘取）或向公众提供（再利用），[251] 被认定为侵犯数据库权：数据库内容；数据库内容的重大部分，从质量上或数量上判断；[252] 或者针对数据库内容的非重大部分，反复或系统地进行侵犯，从而与数据库的正常利用相冲突，或不合理地损害其创建人的合法利益。[253]

但是，由权利人或经其同意，在欧盟内对数据库复本的首次销售将用尽在欧盟内控制对该复本转售的权利。[254]

针对一个元搜索引擎的条款，使公众成员得以通过不同于创建者意图的途径来访问数据库（例如，不浏览创建者网站及网站广告），构成权利 340
范围内的再利用。[255]

为创建数据而做出的投资并不构成为获取、核实或展示数据而做的投资；据此，数据库的特殊权利并不延及那些利用数据库创建者所创建的数据，但并未在收集、核实或展示数据上进行实质性投资的情况，例如由赛

[248] 96/9 指令第 7 条第 1 款。

[249] 96/9 指令序言第 4 段。这一声明补充规定这一定义排除了分包商。

[250] 即欧盟成员国国民或常住人；或者根据欧盟成员国立法而建立的公司，其行政管理中心或者主要营业地在欧盟境内，或者其注册机构在欧盟境内并且其业务与欧盟成员国经济存在持续性、真实性的联系：96/9 指令第 11 条，这一权利可以延伸至在其他国家中根据与欧盟签订的合同而建立的数据库。

[251] 这些条款覆盖所有未授权挪用或向公众发行，即使数据库并未被直接访问，并且其创建者已经向公众提供该数据库：C-202/12 *Innoweb v Wegener* judgment §§37–38，CJ；C-203/2 *The British Horseracing Board v William Hill Organisation* judgment §67，CJ；C-545/07 *Apis-Hristovich* judgment §49，CJ；C-604/10 *Football Dataco* judgment §20，CJ。

[252] 96/9 指令第 7 条第 1 款和第 2 款。

[253] 96/9 指令第 7 条第 5 款。

[254] 96/9 指令第 7 条第 2 款（b）项，并不清楚欧盟法院在 *UsedSoft* 案中关于计算机程序著作权中对“出售”和“转售”概念的解释是否也适用于特殊的数据库权，见第一章 1.61—1.64，以及本章 6.23。

[255] C-202/12 *Innoweb v Wegener* judgment §§39–54，CJ. 比较参照 C-466/12 *Svensson v Retriever Sverige*，CJ（关于使网页可以免费访问的链接的条款并未因向公众提供而侵犯著作权），在 6.12 中有所讨论。

事组织者创建的关于体育赛事及其参与者的列表。[256]

数据库权所保护的数据库合法用户可能不会被禁止因任何目的而传输或向公众提供数据库的非重大部分，但不能从事与数据库正常利用相冲突的行为，或可能不合理地损害创建者合法利益的行为，或当作品已经向公众开放时，可能对著作权及邻接权权利人产生损害的行为。[257] 根据这一指令，与此相反的合同条款必须被视为无效，但这不会影响关于不受数据库权利所保护的其他数据库的合同条款。[258]

在非电子数据库，或为教学阐释、科研目的的情况中，只要标明数据来源，并且仅在非商业目的所允许的范围内，成员国也可以例外地允许已经向公众开放数据库的合法用户为私人使用而向另一媒介传送数据库内容，或者允许因公共安全或行政及司法程序目的而传送或公开数据库内容。[259]

在第一章 1.57 中所提到的信息社会例外也适用于此。

6.25 数据库中的著作权

当作者通过筛选或安排数据库内容而形成数据库结构，从而使数据库构成作者自身的智力创造[260]时，它还必须根据 96/9 指令受到著作权保
341 护。[261] 用于创建数据库内容的智力资源不符合受此保护的条件，[262] 并且在不损害针对数据库内容的单独权利情况下，对数据库的保护不能延及数据库的内容。[263]

这一著作权（如果存在）由数据库的创建者所有，除非成员国立法有特殊规定。[264] 著作权所有者拥有临时或永久地复制作品全部或部分，变更，向公众发行数据库或复本，以及向公众提供，展示，或演示数据

---

[256] C-203/2 *The British Horseracing Board v William Hill Organisation*, CJ; 46/02 *Fixtures Marketing v Oy Veikkaus*, CJ; C-338/02 *Fixtures Marketing v Svenska Spel*, CJ; C-444/02 *Fixtures Marketing v OPAP*, CJ.

[257] 96/9 指令第 8 条。这一权利并不适用于不受数据库权利保护的数据库。

[258] 96/9 指令第 15 条；C-30/14 *Ryanair v PR Aviation* judgment §§37, 39, CJ。

[259] 96/9 指令第 9 条。

[260] 这里参见原创性的标准（C-604/10 *Football Dataco v Yahoo* judgment §37, CJ），见 6.03。

[261] 96/9 指令第 3 条第 1 款；C-604/10 *Football Dataco v Yahoo* judgment §32, CJ。

[262] C-604/10 *Football Dataco v Yahoo* judgment §§32–36, CJ.

[263] 96/9 指令第 3 条第 2 款。

[264] 96/9 指令第 4 条。

库的独占权利。[265] 但是，合法用户访问数据库所必要的行为以及对内容的正常使用不属于这一保护的范围内，[266] 与该保护相反的合同条款必须被视为无效，尽管这并不影响合同条款适用于其他不被著作权保护的数据库。[267]

数据库在欧盟内由著作权权利人或经其同意进行的首次销售将用尽其控制该作品在欧盟内转售的权利。[268] 信息社会例外同样适用于此，[269] 欧盟成员国也可以规定类似于 6.15—6.16 中所列出的例外条款。[270]

### （七）其他法律特征

#### 6.26 公共广播和集体管理组织

许多国家广播电台是受委托为一般经济利益服务的组织。

因此这些组织只有在欧盟竞争规则不会妨碍其完成委派给它们的特定任务的情况下才受其约束，前提是它们不会违背欧盟利益，影响贸易发展。[271] 但是，这并不能排除《欧盟运行条约》第 101 条禁止限制性协议 [272] 以及第 102 条禁止滥用行为 [273] 适用于这些广播组织的行为。此外，就这些广播组织受竞争规则约束而言，它们被委派为一般经济利益服务， 342
而经营本身并不足以证明它们所从事的合同或安排可以根据《欧盟运行条约》第 101 条第 3 款豁免。[274]

---

[265] 96/9 指令第 5 条。

[266] 96/9 指令第 6 条第 1 款。

[267] 96/9 指令第 15 条；C-30/14 *Ryanair v PR Aviation* judgment §§36，39，CJ。

[268] 96/9 指令第 5 条（c）项，并不清楚欧盟法院在 *UsedSoft* 案中关于“出售”和“转售”概念的解释是否适用于被 96/9 指令所规制的数据库著作权（数据库著作权可被认为是特别法）；见第一章 1.61—1.64，以及本章 6.23。

[269] 见第一章 1.57。

[270] 96/9 指令第 6 条。

[271] 《欧盟运行条约》第 106 条第 2 款，另见《欧盟运行条约》第 14 条以及议定书 29 关于成员国内公共广播系统的部分；以及 2009 年《欧盟委员会关于针对公共服务广播适用国家援助条款的通讯》（Communication from the Commission on the application of State aid rules to public service broadcasting）。

[272] 89/536（31734）*Film purchases by German television stations*，EuC；91/130（32524）*Eurosport* §69，EuC.

[273] 155/73 *Sacchi*，CJ.

[274] T-528，542，543，546/93 *Métropole Télévision v Commission* §§114–123，GC.

另一方面，公共广播组织筹集经费的任务和方法可能在客观上为其与商业广播公司之间的区别对待提供正当理由，商业广播公司可能构成滥用集体管理组织的支配地位。[275]

认为集体管理组织本身就是被委派为一般经济利益服务而运营的这一论点已经被拒绝。[276] 但是，正如本章第三部分所讨论的那样，欧盟已经采取了重要的欧盟立法来规制集体管理组织。

6.27　对社会具有重大意义的事件

根据欧盟法律，欧盟成员国可以采取措施来确保其管辖范围内的广播公司不会独家播放被成员国视为对社会具有重大意义的事件，这种方式可能会剥夺该国很大部分公众通过免费电视直播或延播跟进该事件的可能性。[277] 这类措施必须由成员国通知欧盟委员会，欧盟委员会必须在三个月内核实这些措施是否符合欧盟法律。[278] 这些措施对于重大体育赛事的知识产权权利的使用具有重要影响。

> 体育锻炼是一项人权。每个人都必须有不受任何歧视，并本着奥林匹克精神（这需要对友谊、团结和公平竞争精神的相互理解）从事体育锻炼的可能性。[279]

6.28　竞技体育固有的限制

在竞技体育的组织和适当行为中存在的固有限制不属于《欧盟运行条约》第 101 条所禁止的范围，前提是这些限制不得超过为其目的所必要的程度。[280]

---

[275]　C-52/07 *Kanal 5 v STIM* judgment §§42–48, CJ.

[276]　127/73 *BRT v SABAM* judgment §§19–24, CJ; 7/82 *GVL v Commission*, CJ; C-351/12 *OSA v Léčebné lázně Mariánské Lázně* judgment §81, CJ; 另参见 6.44。

[277]　2010/13 指令第 14 条第 1 款。

[278]　2010/13 指令第 14 条第 2 款。欧盟委员会的决定可以在欧盟法院提起诉讼程序，但成员国具有广泛的裁量权，欧盟委员会的审查权受限于决定成员国是否做出了一个明显错误的评估，见 C-125/06P *Commission v Infront*, CJ; C-201/11P *UEFA v Commission*, CJ。

[279]　《奥林匹克宪章》。

[280]　C-519/04P *Meca-Medina v Commission*, CJ; *Adidas-Solomon v Draper* §36, EWHC.

## 二、在这些领域利用知识产权方面适用欧盟竞争法的一般问题 343

### 6.29　企业（undertakings）[281]

欧盟竞争法意图规制的“企业”概念包括从事商业活动的体育俱乐部，[282] 体育组织，[283] 以及广播组织，[284] 即使该企业并不意图盈利。[285] 体育组织，例如，国家或国际足球协会也可能构成企业联合组织，其规则可能构成《欧盟运行条约》第 101 条规制范围内的“决定”。[286] 个人歌唱家也可能属于这一范围内的“企业”。[287]

### 6.30　许可生产和出售实物复本

根据 6.22 和 6.23 段中所讨论的区别，许可对受著作权和邻接权保护作品实物复本的复制和发行可能得到与技术许可相似的对待，即使权利具体内容并不是技术。作为一般原则，欧盟委员会在根据《欧盟运行条约》第 101 条评估此类许可时，会使用技术转让集体豁免 [288] 及其关于技术转让协议的指南 [289] 中所列出的原则。[290]

特别需要指出的是，在欧盟范围内对受著作权和邻接权保护的作品或

---

[281]　一般讨论见第二章 2.06。

[282]　2003/778（37398）*Joint selling of the commercial rights of the UEFA Champions League* §106, EuC；2001/478（37576）*UEFA's broadcasting regulations* §47, EuC；2005/396（37214）*Bundesliga* §21, EuC.

[283]　C-519/04P *Meca-Medina v Commission* judgment §38, CJ；*Attheraces v British Horseracing Board*, UKHC；2003/778（37398）*Joint selling of the commercial rights of the UEFA Champions League* §106, EuC；2001/478（37576）*UEFA's broadcasting regulations* §47, EuC；2000/12 *The 1998 World Cup* §65, EuC；92/251 *World Cup 1990 Package Tours* §§43–58, EuC；*English Football League*, EuC；2005/396（37214）*Bundesliga* §21, EuC.

[284]　155/73 *Italy v Sacchi*, CJ；93/403 *EBU/Eurovision System* §45, EuC，在 T-528, 542, 543, 546/93 *Métropole v Commission*, GC 中基于其他理由宣告无效；89/536（31734）*Film purchases by German television stations* §§38–40, EuC。

[285]　2003/778（37398）*Joint selling of the commercial rights of the UEFA Champions League* §107, EuC.

[286]　2003/778（37398）*Joint selling of the commercial rights of the UEFA Champions League* §§106, 109, EuC；2001/478（37576）*UEFA's broadcasting regulations* §47, EuC；2005/396（37214）*Bundesliga* §21, EuC；and see also C-309/99 *Wouters* judgment §§56–71, CJ.

[287]　*RAI/Unitel*, EuC.

[288]　316/2014 条例：一般讨论见第五章。

[289]　2014 年《技术转让协议指南》，一般讨论见第五章。

[290]　2014 年《技术转让协议指南》第 48 段。

具体内容的实物复本进行跨境交易，对其许可的限制已经被视为违背了
344 《欧盟运行条约》第 101 条的禁止性规定，[291] 尽管在特殊情况下对直接跨境贸易的限制（如反对平行进口）可能被视为是正当的，前提是它们属于对竞争有利的必要条款。[292]

6.31　许可表演，演出或广播

反之，当已经通过表演、演出、广播或有线传输向公众提供了受保护的作品或具体内容时，有必要考虑到要求每场表演的使用费属于著作权和邻接权基本功能的重要部分，也必须考虑到相关市场的特征。[293]

据此，欧盟委员会将不会在针对出租权和公共表演权的许可中类比地适用技术转让集体豁免或其技术转让合同指南。[294] 但是，在受知识产权保护的产品流通的案例中所确定的基本原则，例如反对旨在分割国家市场的协议等，可能适用于如广播等的其他形式的利用行为。[295]

纵向协议的集体豁免并不适用于分配电视频道的协议，如果这些条款主要是关于著作权许可的。[296]

6.32　电影

就电影而言，市场的特点包括发行商需要投资为不同语言群体进行配音或制作字幕，制作资金通常经转让发行权以及可能通过电视广播进行筹措。[297]

在这种情况下，在特定地区的有限时段内对一部电影进行放映的独家许可通常不会违反《欧盟运行条约》第 101 条；地理限制与国家边界相一致这一事实不必然影响这一结论，因为在成员国中电视多是在国家广播频

---

[291]　*BBC/Valley Printing*, EuC; *The Old Man and the Sea*, EuC; *Ernest Benn*, EuC; *STEMRA*, EuC.

[292]　类推适用，见 258/78 *Nungesser v Commission* judgment §§48–67, CJ；第二章 2.28 以及第五章 5.94—5.104。

[293]　262/81 *Coditel v Ciné Vog*, CJ.

[294]　2014 年《技术转让协议指南》第 49 段，这一段的用语比较模糊。

[295]　C-403, 429/08 *FAPL v QC Leisure* judgment §§139–140, CJ（限制仿制药产品平行进口合同的判例法，同样适用于限制跨境接收电台广播的合同）：见 6.36。

[296]　*Viasat*, DMCC。另参见第二章 2.47。

[297]　62/79 *Coditel v Ciné Vog* judgment §§14–16, CJ; 262/81 *Coditel v Ciné Vog* judgment §16, CJ.

道基础上进行组织的，因此任何其他的地理限制通常是不可行的。[298]

但是，如果独占许可电影作品中权利的行为可能制造人为壁垒，且不 345
能被电影行业的要求所正当化，或增加了权利人获取超过其投资合理回报范围内使用费的可能性，[299]或关于这些要求可能带来过长期限内的独占权，则该独占许可可能违反第 101 条。[300]

电影制片厂与付费电视公司合同中可能存在“最惠国”条款，该条款赋予了电影公司享受付费电视公司与任何其他电影公司之间商定的最优惠条款的权利，欧盟委员会认为这些条款不符合欧盟竞争法。[301]

6.33　广播等：产品市场

获取体育赛事电视转播权（上游市场）和赛事播放权（下游市场）存在分别的相关市场。这些市场依次被分为免费电视，付费电视，以及按次付费市场。[302] 分别的市场同样出现在无线、3G/UMTS、互联网和视频点播权之间，[303] 尽管趋同的技术可能导致人们更关注所提供的服务，而不是

[298]　62/79 *Coditel v Ciné Vog* judgment §16，CJ；262/81 *Coditel v Ciné Vog* judgment §§15–16，CJ；C-403，429/08 *FAPL v QC Leisure* judgment §§137–138，141，CJ. 在第一个 *Coditel* 案中特别指出了国家广播垄断，在那之后，大部分成员国引入竞争机制，许多消费者可以访问其他成员国的电视频道以及跨国频道。然而，广播仍然大部分基于国家线路进行组织，在第二个 *Coditel* 案中所确立的原则特别在 2011 年 *FAPL* 案中得到确认。另参见 T-504/93 *Tiercé Ladbroke v Commission* §§125，146，GC（由于主要博彩市场被划分为不同的成员国市场，因此在提供有关赛马的电视图片和评论方面的条款不涉及划分市场）。

[299]　262/81 *Coditel v Ciné Vog* judgment §19，CJ. 另参见 6.35 和 6.36 关于电视转播权的独占许可。

[300]　262/81 *Coditel v Ciné Vog* judgment §19，CJ；89/536（31734）*Film purchases by German television stations*，EuC（15 年的许可；在放松限制，允许一些被许可人竞争者获取后，根据《罗马条约》第 85 条第 3 款，即现《欧盟运行条约》第 101 条第 3 款授予豁免）。

[301]　38427 *Pay Television Film Output Agreements*，EuC.

[302]　T-185，216，299，300/00 *Métropole Télévision（M6）v Commission* §§51–54，GC，在 C-470/02P *UER v Commission*，CJ 中上诉被驳回；2003/778（37398）*Joint selling of the commercial rights of the UEFA Champions League* §§56–63，77–80，EuC；2001/478（37576）*UEFA's broadcasting regulations* §42，EuC；M.2483 *Canal+/RTL/GJCD/JV*，EuC；M.2876 *Newscorp/Telepiù*，EuC；2005/396（37214）*Bundesliga*，EuC；1999/242 *TPS* §§35–36，EuC，在 T-112/99 *Métropole Télévision（M6）v Commission*，GC 中上诉被驳回。

[303]　2003/778（37398）*Joint selling of the commercial rights of the UEFA Champions League* §§56，81–85，EuC；2005/396（37214）*Bundesliga* §18，EuC；38173 *Joint selling of the media rights to the FA Premier League* §21，EuC；《欧盟委员会关于第三代移动网络体育内容的提供行业质询的最终报告》（Concluding report on the Sector Inquiry into the provision of sports content over third-generation mobile networks）（2005），EuC。

发行的技术平台。[304]

同样，针对一些重大国际体育赛事和每年都会举办的体育赛事，例如
346 足球联赛，上述每一类别都可能存在分别的相关市场。[305] 在直播、集锦和存档权利中也可能存在分别的市场。[306] 不在同一时间内播放的不同赛事之间不存在相互竞争。[307]

此外，还设有相关的上下游市场，向博彩商的客户转播电视画面及评论，属于博彩市场的附属市场；[308] 这些市场还可能包括在博彩商店外向公众转播的电视画面和评论，以及向公众提供的比赛名单。[309] 在这方面，同一运动项目在不同国家的赛事（例如英国赛马和法国赛马）相关权利可能构成一个单一的产品市场。[310] 另一方面，这些关于不同时段不同比赛的权利之间并不构成相互竞争的产品，因为它们不能互相替代。[311]

在音乐电视转播权、[312] 优质影片电视转播权、专题和一般电视频道以及电视节目等市场中进一步存在单独的相关市场。[313]

---

[304] Torben Toft, *Developments in European Law*, 2006 年 4 月 28 日在 Berlin 发表的讲话（见欧盟委员会官方网站）, §3.1.1。

[305] T-185, 216, 299, 300/00 *Métropole Télévision*（*M6*）*v Commission* §§51–54, GC，在 C-470/02P *UER v Commission*, CJ 中上诉被驳回；2003/778（37398）*Joint selling of the commercial rights of the UEFA Champions League* §§56–63, 77–80, EuC；2001/478（37576）*UEFA's broadcasting regulations* §42, EuC；1999/781 *British Interactive Broadcasting* §§28–9, EuC；38173 *Joint selling of the media rights to the FA Premier League* §22, EuC；M.2483 *Canal+/RTL/GJCD/JV*, EuC；M.2876 *Newscorp/Telepiù*, EuC；2005/396（37214）*Bundesliga*, EuC；38287 *Telenor/Canal+/Canal Digital* §§51–56, EuC；S/0153/09 *Mediapro*, SpCNMC；*Sport TV*（4/6/2014）, PoCRSC；Torben Toft，'Football: joint selling of media rights', *Competition Policy Newsletter*（2003）No 3, p 47, EuC, and *Developments in European Law*, 2006 年 4 月 28 日在 Berlin 发表的讲话（见欧盟委员会官方网站）, §3.1.1。

[306] 38173 *Joint selling of the media rights to the FA Premier League* §§20–22, EuC.

[307] 35163, 36638, 36776 *FIA* §6, EuC.

[308] 95/373（33375）*PMI-DSV* §3, EuC；T-504/93 *Tiercé Ladbroke v Commission* §83, GC；*Bookmakers' Afternoon Greyhound Services v Amalgamated Racing* §27, EWCA.

[309] *The Racecourse Association v Office of Fair Trading* §§135–150, UKCAT.

[310] T-504/93 *Tiercé Ladbroke v Commission* §§81–89, GC；比较参照 *Attheraces v The British Horseracing Board*, EWHC，被 EWCA 根据其他理由推翻。

[311] *Bookmakers' Afternoon Greyhound Services v Amalgamated Racing* §71, EWCA.

[312] C-52/07 *Kanal 5 v STIM* judgment §20, CJ.

[313] 89/536（31734）*Film purchases by German television stations*, EuC；1999/781（36351）*British Interactive Broadcasting* §§28–29, EuC；M.2876 *Newscorp/Telepiù*, EuC；38287 *Telenor/Canal+/ Canal Digital* §§58–74, EuC；1999/242 *TPS* §34, EuC，在 T-112/99 *Métropole Television*（*M6*）*v Commission*, GC 中上诉被驳回。

每周节目列表在广播和电视指南中进行发布，关于这一列表存在一个单独的相关市场。这个市场不能被视为同一般的广播服务市场或电视节目信息市场相一致，尽管它是后者的一个次级市场。[314]

6.34　广播等：地域市场

一些重大国际体育赛事的电视转播权是在整个欧洲范围内获取的，获取这种电视转播权的相关地域市场可能是整个欧洲。[315]

其他体育赛事的电视转播权市场通常是国家范围内的，[316] 即使赛事本身在另一国或另几国进行，[317] 但是该市场可能延伸至一个文化区域，就像优质电影和其他视听内容的电视转播权市场一样。[318] 347

音乐的电视转播权市场可能也是国家范围内的。[319]

下游转播市场在地理上一般限于国家领土内或同语言地域内。[320]

6.35　独家电视转播权

购买电视转播权本身并不是《欧盟运行条约》第 101 条可能规制的限制竞争行为，它也可能被相关产品或市场的特殊性所正当化。但是，在特定的法律和经济背景下行使这些权利可能会导致违背这些关于限制竞争行为的条款。[321]

---

[314] T-69/89 *RTE v Commission* §§61–62，GC，and T-76/89 *ITP v Commission* §§47–48，GC，在 C-241，242/91P *RTE and ITP v Commission* judgment §47，CJ 中得到支持。

[315] T-185，216，299，300/00 *Métropole Télévision*（*M6*）*v Commission* §§51–54，GC，在 C-470/02P *UER v Commission*，CJ 中上诉被驳回。

[316] 2003/778（37398）*Joint selling of the commercial rights of the UEFA Champions League* §88，EuC；2001/478（37576）*UEFA's broadcasting regulations* §44，EuC；1999/781 *British Interactive Broadcasting* §43，EuC；38173 *Joint selling of the media rights to the FA Premier League* §23，EuC；T-504/93 *Tiercé Ladbroke v Commission* §§102–108，GC；C-403，429/08 *FAPL v QC Leisure* judgment §33，CJ.

[317] T-504/93 *Tiercé Ladbroke v Commission* §§102–108，GC.

[318] 38287 *Telenor/Canal+/Canal Digital* §§85–86，EuC；1999/242 *TPS* §43，EuC，在 T-112/99 *Métropole Télévision*（*M6*）*v Commission*，GC 中上诉被拒绝。

[319] C-52/07 *Kanal 5 v STIM* judgment §20，CJ.

[320] T-185，216，299，300/00 *Métropole Télévision*（*M6*）*v Commission* §§51–54，GC，在 C-470/02P *UER v Commission*，CJ 中上诉被驳回；2003/778（37398）*Joint selling of the commercial rights of the UEFA Champions League* §90，EuC；2001/478（37576）*UEFA's broadcasting regulations* §45，EuC；2005/396（37214）*Bundesliga*，EuC；M.2876 *Newscorp/Telepiù* §48，EuC；38287 *Telenor/ Canal+/Canal Digital* §§80–81，EuC。

[321] T-185，216，299，300/00 *Métropole Télévision*（*M6*）*v Commission* §64，GC，在 C-470/02P *UER v Commission*，CJ 中上诉被驳回；262/81 *Coditel v Ciné Vog* judgment §§15–17，CJ；C-403，429/08 *FAPL v QC Leisure* judgment §§108–121，137–146，CJ。

独家是广播行业公认的商业惯例。[322] 它保证了节目的价值,[323] 在体育方面尤为重要，因为体育赛事的转播只在很短时间内具有价值。在有限时段内的独家本身并不会引起对限制竞争的担忧,[324] 而在较长时间内的独家可能更适用于较少举办的体育赛事，例如奥运会。[325]

有必要考虑到竞争是否在所有环境下都显著受到限制，包括独家的持
348 续时间以及在上下游市场的市场支配力。[326] 特别是，当独家权利只能在很长一段时间内和 / 或包括大量赛事才能获得时，只有现存的大型广播公司才能获得这些权利，这可能导致严重的竞争限制。[327] 看上去授予独家权利时采取独占许可形式或转让形式对于评估没有影响。[328]

在实践中，欧盟委员会认为，授予年度体育赛事三年内独家转播权是可以接受的，前提是转播权被划分为几组，并且至少几组中的一些可能被较小的转播商获得，并通过公开招标进行出售。[329] 欧盟委员会的做法为各成员国竞争主管机构所遵循。[330]

在特殊情况下，例如推出新电视频道时，长时间的独家也是可以接受

---

[322] C-403，429/08 *FAPL v QC Leisure* judgment §§34–35，CJ；89/536（31734）*Film purchases by German television stations*，EuC；Orientation document，'Broadcasting of Sports events and Competition law'，*Competition Policy Newsletter*（1998）No 2，§III.1，EuC.

[323] C-403，429/08 *FAPL v QC Leisure* judgment §§34，91，108–117，CJ.

[324] C-403，429/08 *FAPL v QC Leisure* judgment §§137–138，CJ.

[325] Orientation document，'Broadcasting of Sports events and Competition law'，*Competition Policy Newsletter*（1998）No 2，p 18，§7，EuC.

[326] Orientation document，'Broadcasting of Sports events and Competition law'，*Competition Policy Newsletter*（1998）No 2，p 18，§7，EuC；另参见 95/373（33375）*PMI-DSV* §11，EuC；89/536（31734）*Film purchases by German television stations*，EuC。

[327] Torben Toft，'Football：joint selling of media rights'，*Competition Policy Newsletter*（2003）No 3，p 47，EuC.

[328] 89/536（31734）*Film purchases by German television stations*，EuC.

[329] 2003/778（37398）*Joint selling of the commercial rights of the UEFA Champions League*，EuC；38173，38.453 *Joint selling of the media rights to the FA Premier League*，EuC；2005/396（37214）*Bundesliga* §§27–35，EuC；35163，36638，36776 *Notification of FIA Regulations etc*，EuC（新的免费转播合同期限为三年，或在因特定投资而正当化的情况下为五年，被认为是可接受的，调查终止）；Torben Toft，'Football：joint selling of media rights'，*Competition Policy Newsletter*（2003）No 3，p 47，EuC，以及其在 2006 年 4 月 28 日于柏林作出的演讲 *Developments in European Law*（见欧盟委员会官网），§3.1.4；另参见 6.71—6.78。

[330] 参见例如 14-MC-01 *beIN v LNR* 30/7/2014，FrAC；SNC/0029/13 *Mediapro* 29/11/2013，SpCNMC。

的，因为这有利于竞争。[331]与再授权安排相比，相互竞争的广播公司直接获得转播权更有可能缓解对限制竞争的担忧。[332]

与足球俱乐部签订的两年内独家合同的承诺，以及与电影制片厂签订的三年内的承诺必须获得欧盟针对合并的许可，因为它们可能造成在付费电视、国家球赛电视转播权以及优质电影市场中的垄断地位。[333]

授予联合独家电视转播权的行为可能引起本章第四部分和第五部分所讨论的相关特别问题。[334]

6.36　电视以及在线许可的地域限制 349

一项针对电视转播权的许可，如果包含旨在禁止或限制跨境接收广播具体内容的条款，则具有禁止、限制或扭曲竞争的目的，违反了《欧盟运行条约》第 101 条第 1 款，并且当其对于维护权利人获得适当报酬的权利并非必要时，不能被第 101 条第 3 款所豁免。[335]

另一方面，在一个早期的案例中，欧盟委员会认为，限制许可的地域范围的条款——限制在成员国领土上播放赛马实况，以及禁止被许可人转播——不属于《罗马条约》第 85 条（现《欧盟运行条约》第 101 条）规制的范围。[336]

欧盟委员会的数字化单一市场战略设想能够在欧盟内部市场中打破访问在线媒体内容的领土壁垒。《欧盟运行条约》第 101 条很可能会被积极执行，用来对抗可能妨碍这种访问的对于许可以及权利转让的区域限制。

6.37　3G 权利

欧盟委员会表示支持在体育内容方面出售 3G 广播权，而非将其与其他权利捆绑销售，并将积极针对由于捆绑销售导致其未能充分开发的情况

---

[331]　33145，33245 *Football Association/BBC/BSkyB*［1993］5 CMLR 296，308（允许四年合同）；*Notification of FIA Regulations etc*，EuC（对一些许可来说五年是可以接受的：见脚注 330）。

[332]　Torben Toft，'Football: joint selling of media rights'，*Competition Policy Newsletter*（2003）No 3，p 47，EuC；另参见 6.74。

[333]　M.2876 *Newscorp/Telepiù*，EuC. 独家被限于直接到户（direct to home DTH）卫星转播，因此允许有线传输、互联网和 3G（UMTS）竞争。

[334]　6.71—6.85。

[335]　欧盟委员会已经就禁止跨境广播的电影许可展开了审查程序：40023 *Cross-border access to pay-TV content*，EuC（未决）。

[336]　95/373（33375）*PMI-DSV* §11-12，EuC. 人们认为在 CJEU 作出 C-403，429/08 *FAPL v QC Leisure* 判决之后，该案如果现在判决可能会得出不同的结果。

进行处理。[337] 欧盟委员会还认为，禁止 3G 权利以避免其与电视转播权相冲突是不合理的，[338] 通过拒绝许可 3G 权利来保护传统电视市场的行为可能违反《欧盟运行条约》第 102 条。[339]

6.38　适用第 101 条的其他情形

一个广播公司，如果同时是其本身和其他频道的卫星发送商，并要求将它自己的频道列入其所发送的有线电视网络频道最有利的节目包中，被认为违反了《欧盟运行条约》第 101 条的禁止性规定。[340]

授予卫星发送商对于所有主要国家电视频道的独家权利的协议，被认为违反了《欧盟运行条约》第 101 条。[341]

350 运动协会在重大比赛服装规则中对商标使用的限制，并不必然能够因其属于组织和进行竞技运动适当行为所固有而被排除在《欧盟运行条约》第 101 条适用范围之外。如果这些限制造成歧视或缺乏客观正当理由，那么可能违反第 101 条以及第 102 条的禁止性规定。[342]

6.39　对成员国之间贸易的影响

一个电视节目在一个成员国内进行广播，而被另一个成员国接收，这一事实本身并不足以使节目内容的许可对成员国之间贸易产生足够影响，从而适用欧盟竞争规则。但是，如果权利被出售，或可能被出售，或可能转授给在另一成员国内广播或从另一成员国内广播的企业，[343] 或者如果频道受到其他成员国的广告商的资助，那么很可能对成员国之间的贸易产生

---

[337] 《欧盟委员会关于第三代移动网络体育内容的提供行业质询的最终报告》(21/9/2005), EuC; Torben Toft，在 2006 年 4 月 28 日于柏林作出的演讲 *Developments in European Law*,（见欧盟委员会官网），§§3.1.2，3.1.4.3; *32nd Report on Competition Policy*（2002），§§140–145，EuC；另参见 M.2876 *Newscorp/Telepiù*, EuC，本案中并购通过的条件之一就是放开排他性 3G 权利和其他非 DTH 权利。

[338] 《欧盟委员会关于第三代移动网络体育内容的提供行业质询的最终报告》2005 年 9 月 21 日。

[339] 2002 年《欧盟委员会关于竞争政策的第 32 份报告》（*32nd Report on Competition Polic*）第 143 段。

[340] *Viasat*, DMCC.

[341] *Forthnet* 26/3/2012, HCC.

[342] *Adidas-Solomon v Draper*, EWHC.

[343] Orientation document, ‘Broadcasting of Sports events and Competition law’, *Competition Policy Newsletter*（1998）No 2, p 18, §4, EuC.

一定的影响。[344]

6.40 滥用支配地位案例

电视公司可能依靠国家著作权法，[345] 来禁止出版比较不同频道之间节目的综合每周指南，从而可能滥用电视周刊在市场上的支配地位。[346]

欧盟委员会认为，国际汽车联合会（FIA）在其组织的比赛中声称拥有电视转播权，滥用了支配地位。欧盟委员会还反对 FIA 使用其监管权力来阻碍组织与它所提倡或组织的赛事有所竞争的比赛。在 FIA 将一级方程式赛车的电视转播权出售给一家独立的企业，将其自身角色限于赛事监管者，并同意除非有关于安全、公平或有秩序进行赛车运动的正当理由，否则不使用其规则来阻止或阻碍新的赛事后，欧盟委员会终止了调查。[347]

一家广播公司被认为在转售西甲联赛电视转播权市场滥用了支配地位，因为它捆绑出售要求购买的比赛套餐，要求在不适当的短时间内提出 351
购买，并拒绝向竞争对手提供。[348]

卫星电视服务运营商，当它维护其所有主要国家电视频道的独家转播权利时，被认为滥用了支配地位。[349]

在高端体育付费电视市场占据支配地位的一家企业，当它进行有利于其关联公司的定价安排时，被认为违反了《欧盟运行条约》第 102 条。[350]

另一方面，英国上诉法院认为，英国赛马委员会（British Horseracing Board，BHB）在关于英国赛马比赛的赛前数据[351] 条款中没有通过向广播商收取过高费用，严重超过准备数据的成本，或者向不同广播商收取不同价格来滥用其支配地位，因为它有权收取反映了对数据使用者而言数据经济

---

[344] C-52/07 *Kanal v STIM* judgment §23，CJ.

[345] 不清楚在欧盟 96/9 指令实施之后电视节目列表是否仍然属于知识产权，见 6.24—6.25。

[346] C-241，242/91P *RTE and ITP v Commission*，CJ. 关于本案的进一步讨论，见第三章，3.17 及下文。

[347] 35163，36638，36776 *Notification of FIA Regulations etc*，EuC. 另参见 S/0345/11 *ANCEE*（9/9/2014），SpCNMC（国家养马者协会滥用了市场支配地位，因为它要求形态比赛的组织者向其提供所有图片资料和出版权）。

[348] S/0153/09 *Mediapro*，SpCNMC.

[349] *Forthnet* 26/3/2012，HCC.

[350] *Sport TV* 4/6/2014，PoCRSC.

[351] 即比赛和比赛中马匹和骑师的列表。

价值的价格。[352] 但是，由于数据不受知识产权的保护，强行阻止用户通过其他来源合法收集数据的供应条款可能构成滥用。[353]

6.41 经营者集中

经营者集中（并购）在第四章讨论过。

## 三、集体管理组织

### （一）一般考量

6.42 集体管理组织的目标和地位

在根据欧盟竞争政策来评估集体管理组织的行为和安排时，必须考虑到它们保护其个人成员权利，以对抗著作权作品主要的开发人和发行
352 人，[354] 并为成员提供高效和有效的手段，以确保成员作品中的权利得到尊重 [355] 等合法目标的实现。[356]

另一方面，根据国家政策建立的集体管理组织通常在成员国国内提供管理著作权 [357] 或著作权某些特定方面 [358] 的服务这一市场上占有支配地位，这一地位不能通过向其成员 [359] 或其作品用户 [360] 强加限制性、不公平或歧视性的条款而被滥用，否则违反《欧盟运行条约》第 102 条。

另外，集体管理组织的代表合同 [361] 和其他安排 [362] 可能违反《欧盟运

---

[352] *Attheraces v The British Horseracing Board* §§203-218, 265-278, EWCA. 这一判决可能因为拒绝将假设的竞争市场中的价格作为评估经济价值的标准而受到批评：见第三章 3.32。

[353] *Attheraces v The British Horseracing Board* §257, EWCA.

[354] 127/73 *BRT v SABAM*, CJ; 82/204 *GEMA Statutes*, EuC.

[355] T-575/93 *Koelman v Commission* §57, GC， 在 C-59/96P, CJ 中得到确认；另参见 395/87 *Ministère Public v Tournier* judgment §19, CJ。

[356] 2014/26 指令 [ 著作权集体管理指令 the Collective Rights Management Directive（CRM）Directive] 可以被认为赞同满足其要求的集体管理组织的运营。它在序言第 3 段指出集体管理组织的重要作用是通过使最小的和不那么受欢迎的节目得以进入市场来提高文化表达的多样性，以及为权利人与公众的利益，提供社会、文化和教育服务。CRM 指令在 6.48—6.52 中进一步讨论。93/83 指令第 9 条在关于有线传输的问题上赋予了集体管理组织一个特殊的作用。

[357] 127/73 *BRT v SABAM*, CJ; 7/82 *GVL v Commission*, CJ; C-351/12 *OSA v Léčebné lázně Mariánské Lázně* judgment §86, CJ; 71/224 *GEMA*, EuC.

[358] 7/82 *GVL v Commission*, CJ（根据德国法律，二次利用的权利）。

[359] 6.58—6.63。

[360] 6.64—6.67。

[361] 6.64—6.67。

[362] 6.68—6.70。

行条约》第 101 条，如果它们构成限制竞争的条款或协同行为。确实，如果集体管理组织的成员是能够进行独立许可谈判的重要公司，那么集体管理组织代表它们进行谈判的集体行为本身就可能违反第 101 条。[363]

欧盟委员会正在促进泛欧洲许可，特别是数字化内容，[364] 因此很可能赞同支持这一目标的安排。

6.43　集体管理组织规则

欧盟已经通过了一项指令，[365] 来统一建立在欧盟境内 [366] 的集体管理组织的规则（CRM 指令）。[367] 不符合指令要求的合同条款和行为在适用欧盟竞争法时不太可能被认为属于达到集体管理组织合法目标所必需的 353
行为。相反地，符合该指令特定规定的行为也不太可能被视为滥用支配地位。[368]

成员国必须在 2016 年 4 月 10 日之前执行 CRM 指令，[369] 但指令可能在此日期之前就对欧盟竞争法的适用产生影响，[370] 本章这一部分的下一节将对与欧盟竞争法适用最为相关的 CRM 指令条款进行讨论。[371]

6.44 《欧盟运行条约》第 106 条第 2 款的适用

由于集体管理组织属于《欧盟运行条约》第 106 条第 2 款定义的公共

[363] *MTV Europe v BMG Record*, EWHC and EWCA.

[364] Press Releases IP/12/1394, 18 December 2012; IP/13/1072 13 November 2013, EuC, *Licences for Europe, Ten pledges to bring more content online*, EuC; 2014/26 指令第 23—32 条、第 34 条第 2 款、第 38 条。

[365] 2014/26 指令。

[366] 是否向建立在欧盟境外，但在成员国运营的集体管理组织适用该指令的要求是可选的：见指令序言第 10 段和指令第 2 条。对这些集体管理组织不适用可能构成对该指令运行的重大限制，尽管该指令对于欧盟竞争法的影响可能很好地适用于这些集体管理组织，即使执行该指令的成员国法律并不适用。

[367] 这一指令适用于集体管理组织（CMOs），在指令第 3 条（a）项中被定义为任何根据法律授予、委任、许可或其他合同安排建立的，代表多于一个的权利人来管理著作权或邻接权，以为其集体利益服务作为唯一或主要目标，被其成员所控制或所有，和 / 或建立在非盈利的基础之上的组织，以及这些组织的分支机构。

[368] 比较参照 2014/26 指令序言第 48 段和该指令第 32 条，指出属于指令要求减损范围内的行为并不必然符合《欧盟运行条约》第 101 条和第 102 条。

[369] 2014/26 指令第 43 条。

[370] 比较参照 C-457 to 460/11 *VG Wort v Kyocera* judgment §§24–29, CJ（只有在指令转化为国内法的期限完成之后，才有义务将成员国立法与欧盟指令进行一致的解释）。

[371] 6.48—6.52。

企业，因此它们不能逃脱适用欧盟竞争政策的一般规则，除非，且仅在它们事实上已经被成员国委托为一般经济利益服务而运营时，才不适用，[372]当集体管理组织管理私人权利，[373]并未被国家委派任何特定任务，而仅仅是由国家对其进行监督时，不属于上述情况。[374]

即使一个集体管理组织可以被认为被国家委托为一般经济利益服务而运营，欧盟的竞争规则还是可能对其适用，只要该适用不会阻碍执行分配给它的特定任务；禁止集体管理组织的协同行为，限制它在其他成员国选择效率最高的一个或几个集体管理组织来代表其成员的能力，并不妨碍这些任务的执行。[375]

6.45　相关产品市场

单独的相关市场被认定存在以下情况：（1）向作者提供与其作品的公开演出有关的著作权管理服务；（2）由一个集体管理组织向另一个集体管理组织就其成员作品的公开演出提供著作权管理服务；（3）向商业用
354 户许可在卫星、有线以及互联网使用（线上环境）进行公开表演的权利；（4）向商业用户许可在物理场所（线下环境）进行公开表演的权利。[376]

在以下方面也可能存在单独市场：（1）关于第二次开发利用权利的管理；[377]（2）机械权的集中许可；[378]（3）多地区、多节目的同步放映权许可和管理。[379]

---

[372]　127/73 *BRT v SABAM*, CJ; 7/82 *GVL v Commission*, CJ; 71/224 *GEMA*, EuC. 关于《欧盟运行条约》第 106 条第 2 款的一般讨论，见第二章 2.06。

[373]　127/73 *BRT v SABAM*, CJ; C-351/12 *OSA v Léčebné lázně Mariánské Lázně* judgment §81, CJ.

[374]　7/82 *GVL v Commission*, CJ.

[375]　38698 *CISAC* §259, EuC，在 T-442/08 *CISAC v Commission*, GC 中根据其他理由被部分推翻。

[376]　38698 *CISAC* §§48–57, EuC; T-442/08 *CISAC v Commission* §16, GC; 2005/188（M.3333）*Sony/BMG* §§25–26, EuC, appeal unresolved: see C-413/06P *Bertelsmann v Impala*, CJ; M.1219 *Seagram/Polygram* §17, EuC; 395/87 *Ministère Public v Tournier*, CJ; 110, 241, 242/88 *Lucazeau v Commission*, CJ.

[377]　即经表演者同意制作的录音（初次利用）属于广播或者以其他方式公开或在复制设备上使用，针对它获取使用费的权利：7/82 *GVL v Commission* judgment §§41–45, CJ。

[378]　2007/735（38681）*The Cannes Extension Agreement* §§18–19, EuC. 机械权（Mechanical rights）是制作录音的权利。

[379]　2003/300 *IFPI Simulcasting* §§32–38, EuC.“同步放映”（simulcasting）是指通过互联网同时传输广播内容。

网络环境下的著作权和邻接权的授权许可与传统的线下许可有很大的区别，不需要对许可的场所进行物理监控；取而代之的是，监控必须直接在互联网上进行，也可以在物理距离内进行。[380] 但是，不能假定在此环境中不需要本地监控，[381] 也不能假定在这个环境中对于机械复制权或邻接权 [382] 有效的解决方案对于表演权同样有效。[383]

6.46 相关地域市场

目前，向作者提供著作权管理服务的市场是国家范围内的，尽管在没有限制会员的情况下，市场范围可能更大。[384] 针对为其他集体管理组织提供著作权管理服务的条款，其市场既有国家范围内的方面，也有更广泛的跨境因素，特别是关于互联网和卫星传输方面。许可卫星、有线和互联网使用权利的市场可能在地理上更广泛，在卫星传输的情况下可能扩展至整个卫星覆盖区，在互联网的情况下可能扩展至世界范围。[385]

人们认为，机械复制权的集中许可协议，其相关地域市场是整个欧洲 355
经济区范围。[386] 至于同步放映，其相关地域市场被认定为覆盖所有欧洲经济区国家，如果该国集体管理组织参与缔结了可以同步放映的协议。[387]

6.47 在第三国内的著作权管理

滥用支配地位的行为可能会影响成员国之间的贸易，因此违反《欧盟运行条约》第 102 条，即使它是与欧盟境外国家著作权集体管理组织的管理行为有关的，因为必须考虑到可能影响欧盟内部竞争结构的后果。[388]

---

[380] 2003/300 *IFPI Simulcasting* §61, EuC.

[381] T-442/08 *CISAC v Commission* §§156–161, GC.

[382] 机械权通常是指使用著作权作品制作录音的权利，邻接权（neighbouring rights）通常是指公开广播或播放录音的权利。

[383] T-442/08 *CISAC v Commission* §§162–169, 174–178, GC.

[384] 参见 CRM 2014/26 指令第 6 条规定，见 6.48。

[385] 38698 *CISAC* §§58–64, EuC，在 T-442/08 *CISAC v Commission*, GC 中被部分推翻（GC 并未直接对欧盟委员会相关市场的结论作出判决，但可以认为它们被一些理由破坏了，而这些理由正是 GC 作出部分推翻欧盟委员会结论的基础，即集体管理组织具有在成员国基础上继续许可表演权的法定利益，即使是线上环境）；37219 *Banghalter v SACEM*, EuC。

[386] 2007/735（38681）*The Cannes Extension Agreement* §20, EuC.

[387] 2003/300 *IFPI Simulcasting* §§39–44, EuC.

[388] 22/79 *Greenwich Film Production v SACEM*, CJ.

## （二）著作权集体管理（CRM）指令

### 6.48 集体管理组织的授权和成员

CRM 指令要求赋予权利人选择他们的哪些权利，哪些类型的作品，以及在哪些地域内可以被集体管理组织（如果存在）管理的权利，无论权利人和集体管理组织的国籍、住所和注册地为何。当权利人提出要求，并且该要求符合集体管理组织活动范围时，集体管理组织必须接受权利管理的要求，除非它们有客观的正当理由。[389] 权利人同样拥有对任何权利、作品类型和 / 或地域终止授权的权利，只要在不超过六个月的期限内进行了合理通知即可。[390]

集体管理组织进一步被要求，如果满足了对成员的要求（要求必须是客观、透明和非歧视性的），它们必须接受权利人或代表权利人的实体作
356 为成员。[391] 集体管理组织必须为成员参与决策提供适当和有效的机制，[392] 机制中代表不同类别的成员的安排必须公正且平衡。[393]

### 6.49 对权利人的义务

根据 CRM 指令，集体管理组织将被要求为其权利人的最大利益行事，并不得强加给他们任何不属于客观上为保护其权利人及权利人利益，或者为有效管理权利人权利所必需的义务。[394]

集体管理组织将会被禁止为除以下事项之外的目的而使用利润收入或投资收入：向会员分配，或根据管理费用政策扣减，或经年度总体会议或监督机构同意的其他事项。[395] 扣减必须是合理的，是关于所提供的服务的，

[389] 2014/26 指令第 5 条第 2 款。关于成员国必须在哪一期限之前实施，见 6.43。

[390] 2014/26 指令第 5 条第 4 款。集体管理组织可能要求仅在财年末才能终止合同。对于参与其他集体管理组织的权利人，终止不能是附条件的：2014/26 指令第 5 条第 6 款。如果在 2017 年 4 月 10 日之前一个集体管理组织不授予或不提供音乐曲库线上使用的多地区许可，也不允许另外的集体管理组织这样做，权利人必须有权撤回多地区许可的授权，同时无需撤回单一地区许可的授权。

[391] 2014/26 指令第 6 条第 2 款。

[392] 2014/26 指令第 6 条第 3 款。第 8 条包含进一步细则，包括全体成员，或成员选出的代表，或监督机构的年度大会，审议修改章程和成员条款，决定一般政策以及任命、解雇和审查董事的业绩和报酬。

[393] 2014/26 指令第 6 条第 4 款。

[394] 关于著作权和邻接权的集体管理以及音乐作品在内部市场线上使用的多地区许可的 2014/26 指令第 4 条。

[395] 2014/26 指令第 11 条第 4 款。

并且必须建立在客观标准之上。[396]管理费用一定不能超过合理且有记录的费用[397]。由利润及投资收入资助的社会、文化或教育服务必须是在公平标准之上提供的。[398]

当一个集体管理组织根据与另一集体管理组织签订的代表协议管理权利时，不能歧视任何权利人，特别是在关于收费、费用和收集及分配条件方面。[399]

6.50 集体管理组织和使用者的关系

根据 CRM 指令，集体管理组织以及内容使用者被要求进行善意的许可谈判，并互相提供所有必要的信息。[400]

许可条件必须根据客观和非歧视的标准建立，集体管理组织必须通知使用者其所使用的标准。权利人必须因使用其权利而收到适当的报酬；对独占权和报酬权的收费与其经济价值相比必须是合理的。[401]

集体管理组织必须没有迟延地答复使用者的要求，说明提供一个许可 357
所要求使用者提供的信息，如果这些信息已经被提供，那么要么提供许可，要么说明为什么不提供许可。[402]使用者必须向集体管理组织提供他们所要求的关于被许可权利使用的信息，如果那些信息对于手机和分配收益是必需的话。[403]

6.51 对于音乐曲目线上使用的多地区许可

CRM 指令包括关于音乐作品线上使用多地区许可的额外条款，反映了欧盟委员会在促进此类许可和消除其障碍方面的优先考虑。

集体管理组织之间委任授权音乐曲目线上使用多地区许可的代表的合同必须是非独占性的，并且委任的集体管理组织必须以非歧视的方式管理权利。[404]

集体管理组织必须接受另一个集体管理组织管理授权音乐作品线上使

[396] 2014/26 指令第 12 条第 2 款。

[397] 2014/26 指令第 12 条第 3 款。

[398] 2014/26 指令第 12 条第 4 款。

[399] 2014/26 指令第 14 条。

[400] 2014/26 指令第 16 条第 1 款。要求提供所有必要信息这一点可能影响深远，取决于如何对其进行解释。

[401] 2014/26 指令第 16 条第 2 款。

[402] 2014/26 指令第 16 条第 3 款。

[403] 2014/26 指令第 17 条。

[404] 2014/26 指令第 29 条第 1 款。

用多地区许可的要求，如果提出要求的集体管理组织本身并不授权或提供这类许可，而被要求的集体管理组织已经向其他集体管理组织进行了授权或提供这一作品同样类别权利的许可。[405] 必须根据与被要求的集体管理组织对其自身作品同样的条件对被代表的作品进行管理，[406] 管理费用不得超过合理产生的费用。[407]

但是，如果集体管理组织是根据音乐作品的线上权利中的自愿授权授予广播公司以多地区许可，许可其进行联播[408] 或首次播出后的在线提供，[409] 那么这些根据 CRM 指令的额外要求并不适用。

6.52 透明性

358 CRM 指令还规定集体管理组织对权利人、[410] 它们所代表的其他集体管理组织、[411] 使用者[412] 和公众[413] 负有广泛的透明义务。另外，授权音乐曲目线上使用多地区许可的集体管理组织，还需要承担额外的透明义务。[414] 在欧盟建立的独立管理实体[415] 也需承担一定的透明义务。[416]

### （三）对成员的行为

6.53 总体思路

一个集体管理组织可以对其成员施加各种限制条件，只要这些条件是

---

[405] 2014/26 指令第 30 条第 1—2 款。

[406] 2014/26 指令第 30 条第 3—4 款。

[407] 2014/26 指令第 30 条第 5 款。

[408] 关于集体管理组织之间同步放映的代表合同，见 6.65—6.67。

[409] 2014/26 指令第 32 条。

[410] 关于著作权和邻接权的集体管理以及音乐作品在内部市场线上使用的多地区许可的 2014/26 指令第 12 条第 1 款、第 12 条第 3 款、第 18 条、第 20 条和第 33 条第 1 款。

[411] 2014/26 指令第 19 条、第 20 条、第 33 条第 1 款。

[412] 2014/26 指令第 20 条。使用者有权申请获得所代表作品（或者如果无法决定，有权获得所代表作品的类型），所管理权利以及所覆盖地区的信息。

[413] 2014/26 指令第 21 条。集体管理组织被要求公开其章程；成员以及授权终止条款；格式许可合同和费用；管理人；发行的一般政策，管理费用，减免额，以及不可发行的数量；与其他管理组织的代表协议及其他管理组织名称的列表；处理投诉和争议解决程序。

[414] 2014/26 指令第 2 条第 2 款、第 23—28 条、第 29 条第 2—3 款、第 30 条第 6 款。

[415] “独立管理实体”在 2014/26 指令第 3 条（b）项中被定义为，经法律、转让、许可或其他合同安排授权，代表多于一个权利人，将他们的集体利益作为唯一或主要目的，管理著作权或邻接权的组织，它们以营利为基础，不为权利人所有或所控制。

[416] 2014/26 指令第 2 条第 4 款、第 16 条第 1 款、第 18 条、第 20 条、第 21 条第 1 款、第 36 条、第 42 条。

为了使集体管理组织能够在必要规模上进行各项活动，并且不违反欧盟竞争法。[417]但是，它们不能超过为这一目的而必要的范围来限制成员处理其作品的自由，[418]也不能因著作权权利人的类别或国籍不同而区别对待。[419]

6.54　对成员过度要求

在集体管理组织占据支配地位的情况下，如果它要求作者将其作品所有类别、所有利用方式以及全世界范围内的著作权都委任给它，则属于滥用行为。当其要求成员长期将现有作品中的著作权或者将未来著作权委任给它时，这种滥用就更加严重了。[420]

对集体管理组织委任的期限越长，关于工作类别和利用方式的广度就必须越窄，以避免违反《欧盟运行条约》第 102 条。一般认为，只有在以 359
下条件下成员负有委任所有权利的义务才是可以接受的：对于在任何成员国，七类权利中的一项或几项，成员可以自由地退出参与，或可以在一年之内通知之后撤回参与；对于在任何成员国，十二类权利中的一项或几项，成员可以自由地退出参与，或可以在三年之内通知之后撤回参与。[421]集体管理组织要求其成员将集体管理组织所在国家范围内的所有权利委任给它，这一义务如果经过修改，允许成员向集体管理组织委员会申请后减损，被认为是可以接受的。[422]

但是，基于 CRM 指令的要求，[423]对任何类型的作品经过提前六个月通知撤销，表示在财年末将到期，对它的禁止现在很可能被视为违反第

[417]　127/73 *BRT v SABAM*, CJ.

[418]　127/73 *BRT v SABAM*, CJ; 82/204 *GEMA Statutes*, EuC.

[419]　71/224 *GEMA*, EuC; 38698 *CISAC* §75, EuC，在 T-442/08 *CISAC v Commission*, GC; 7/82 *GVL v Commission*, CJ 中根据其他理由被部分推翻。

[420]　71/224 *GEMA*, EuC; 38698 *CISAC* §75, EuC，在 T-442/08 *CISAC v Commission*, GC; 37219 *Banghalter v SACEM*, EuC 中根据其他理由被部分推翻；127/73 *BRT v SABAM*, CJ; 13.1395.53 *Buma/Stemra* NLACM。

[421]　72/268 *GEMA*（*No 2*）, EuC.

[422]　37219 *Banghalter v SACEM*, EuC.

[423]　2014/26 指令第 5 条第 4 款；见 6.48。另参见关于为合法线上音乐服务跨境集体管理知识产权和邻接权的 2005/737 建议（on collective cross-border management of copyright and related rights for legitimate online music services）§5, EuC。

102 条的滥用行为，也同样违反了实施 CRM 指令的成员国法律。[424]

6.55 歧视

一个集体管理组织的成员申请不能因申请者是另一成员国国籍或是另一集体管理组织成员而被拒绝。[425] 必须赋予国外成员和成员申请人在加入、投票、任职和获得额外的使用费分配方面与集体管理组织所在国成员同样的权利。[426] 如果获得这些权利的先决条件是某一段时期内的最低收入，则必须考虑到其之前在外国集体管理组织的成员资格。[427] 不能因为与外国出版商存在经济或法律联系而拒绝赋予集体管理组织所在成员国境内的出版商这些权利。[428]

6.56 忠诚奖金，透明性要求和交叉补贴

360 不能将额外报酬用作忠诚奖金，也不能阻止成员就这些报酬的分配方式向法院起诉。[429] 欧盟委员会并没有反对会员之间某种程度上的交叉补贴，也没有反对其提供某些社会或文化服务，[430] 基于公平标准有关这些服务的条款已经在 CRM 指令中得到了认可。[431] 但是，版税应当以公平的方式进行分配，对除管理服务外的扣减应当特别指明。[432]

---

[424] 关于成员国实施欧盟指令的时间限制，见 6.43。另见 *ZAiKS*, PUOKiK（要求集体管理组织成员在日历年年末才可以退出，并需要提前六个月发出通知，这被认为时间太长而违反了《欧盟运行条约》第 102 条，因为所要求的通知可能长达 18 个月）。

[425] T-401/08 *Säveltäjäin Tekijänoikeustoimisto Teosto v Commission* judgment §§13，61–66，GC（根据《欧盟运行条约》第 101 条作出的判决）。当一个作者是多于一个集体组织的成员时，可能存在问题，针对同一作品，作者可能有权收到来自不同集体管理组织的两份或两份以上的版税（双重收费），一般认为为禁止这一行为而采取的合理措施符合《欧盟运行条约》第 101 条和第 102 条。

[426] 7/82 *GVL v Commission*, CJ; 71/224 *GEMA*, EuC; 关于为合法线上音乐服务跨境集体管理知识产权和邻接权的 2005/737 建议 §13, EuC; 2014/26 指令第 5 条、第 6 条（见 6.48）。

[427] 71/224 *GEMA*, EuC.

[428] 71/224 *GEMA*, EuC.

[429] 71/224 *GEMA*, EuC. 2014/26 指令第 35 条要求成员国保证在集体管理组织及其成员之间的争议可以被提起至某一法庭或其他独立公正并有知识产权法律专家的争议解决机构。

[430] 38698 *CISAC* §97，EuC，在 T-442/08 *CISAC v Commission*，GC 中根据其他理由被部分宣告无效。

[431] 2014/26 指令序言第 3 段，该指令第 12 条第 4 款。

[432] 2014/26 指令第 12 条第 1 款；关于为合法线上音乐服务跨境集体管理知识产权和邻接权的 2005/737 建议第 10—12 段。

6.57 意在阻止操纵的措施

集体管理组织可以采取措施禁止他人对其日常管理或特定著作权作品利用范围的操纵，当集体管理组织成员参与其中或试图影响被许可人对于著作权作品的利用时，这种操纵是可能的。但是，它必须选择限制最少的措施来实现这一目标。[433]

据此，一个集体管理组织不能因为创作者在经济上依赖于著作权作品的使用者而拒绝创作者成为其成员；[434] 也不能要求其成员不得通过向使用者付费来为作品做广告。[435] 同样地，使用者也必须被允许选择他们想要使用的作品。[436]

另一方面，成员可能会被要求不得直接或间接地将其收入的一部分赠与被许可人，因为在这种情况下，被许可人可能不公平地偏爱他们的某些作品；[437] 在使用者滥用其对某成员控制权的情况下，版税可能会停止发放。[438]

## （四）对使用者的行为

6.58 对所有作品加收统一版税

原则上一个集体管理组织在统一版税之上许可使用其所有作品的协议是合理正当的，对其作品的进一步划分可能会被拒绝，这并不会违反欧盟竞争法的规定，除非是在充分保护作者、作曲人和出版商利益的情况下，不会增加使用的管理或监控费用时，进一步划分才是可以被接受的。[439]

6.59 根据使用者收益而征收版税 361

在没有其他替代方法来保护作者、作曲人和音乐出版商利益，且不会不成比例地增加管理和监控成本时，当被许可人活动主要是基于对被许可

[433] 71/224 *GEMA*, EuC; 82/204 *GEMA Statutes*, EuC.

[434] 71/224 *GEMA*, EuC; 2014/26 指令第 6 条第 2 款，关于这一点见 6.48。

[435] 82/204 *GEMA Statutes*, EuC.

[436] 82/204 *GEMA Statutes*, EuC.

[437] 82/204 *GEMA Statutes*, EuC.

[438] 71/224 *GEMA*, EuC.

[439] 395/87 *Ministère Public v Tournier* judgment §§31–32, 45, CJ; T-575/93 *Koelman v Commission* §57, GC，在 C-59/96P, CJ 中得到确认。

作品的使用，[440] 或当版税与所使用的被许可作品数量成比例时，[441] 可以根据使用者的总收益来征收版税。[442]

但是，如果存在另一种替代模式，可以使作品使用和观众数量得到更精确的量化，同时又不会不成比例地增加成本，那么这种报酬模式可能会构成滥用支配地位。[443]

6.60　不合理、歧视性或过高的使用费

不合理、重复性、歧视性或过高的使用费被认为是令人反感的。此外，应当在创作者（例如受著作权保护音乐的作曲人）和使用人（例如广播公司）[444] 的利益之间寻求适当的平衡，并考虑到被许可权利的经济价值。[445] 因此，一个集体管理组织可能因以下行为滥用支配地位：（1）针对不受著作权保护的作品征收使用费；[446]（2）对之前已经投放在另一成员国市场的唱片，经作者和作曲人同意，由建立在本国内的集体管理组织对其销售征收使用费；[447]（3）对进口的录音设备征收比集体管理组织所在成员国国内生产的录音设备更高的使用费；[448]（4）对商业电视频道和公共广播公司采取不同的使用费计算方法，使前者处于竞争劣势，并且客观上也未能因后者的筹资任务和方法而正当化；[449]（5）向一家广播公司征收几乎两
362 倍于与其竞争的广播公司的使用费，并且并非基于与其他广播公司使用的

[440] 402/85 *Basset v SACEM*, CJ 以及 395/87 *Ministère Public v Tournier* judgment §45, CJ（迪斯科舞厅）; 但比较参照 71/224 *GEMA*, EuC。

[441] C-52/07 *Kanal 5 v STIM* judgment §§38–41, CJ.

[442] 395/87 *Ministère Public v Tournier* judgment §45, CJ; C-52/07 *Kanal 5 v STIM* judgment §§38–41, CJ.

[443] C-52/07 *Kanal 5 v STIM* judgment §§38–41, CJ.

[444] C-52/07 *Kanal 5 v STIM* judgment §31, CJ.

[445] C-52/07 *Kanal 5 v STIM* judgment §§36–37, CJ; C-351/12 *OSA v Léčebné lázně Mariánské Lázně* judgment §88, CJ.

[446] 71/224 *GEMA*, EuC.

[447] 71/224 *GEMA*, EuC; 但同时参照 6.68 关于欧盟委员会观点的修正，主要是关于在该决定中被认定为可接受的收取补充使用费的行为。另参见 6.61。

[448] 71/224 *GEMA*, EuC.

[449] C-52/07 *Kanal 5 v STIM* judgment §§42–48, EuC.

同等计算方法进行计算；[450]（6）适用歧视性或不透明的使用费[451]或使用费折扣；[452]（7）对电视运营商使用录音制品征收与作品价值不相关的使用费，具有潜在的歧视性和不透明性；[453]（8）针对酒店使用视听内容征收使用费，基于酒店现有床位的数量，而不考虑入住率，并与同酒店协会和个别酒店所商定的费用不成比例；[454]（9）收取不公平的过高版税，特别是，在持续的基础上比对，使用费明显高于集体管理组织在其他成员国内征收的费用，并且这种区别并不能根据各自国家著作权管理的目标和不同点而被正当化。[455]

6.61　对已经获得另一集体管理组织许可的录音制品生产额外征收使用费

欧盟委员会反对一个成员国内的集体管理组织要求向其支付使用费，才能在本国发行在另一成员国内已经经过该国内集体管理组织许可的录音制品，但是允许前者对制造商是否拥有有效许可进行检查。[456]

6.62　对出口的限制

欧盟委员会反对一个集体管理组织对出口经其成员同意制造的音像制品施加限制，即使音像制品尚未被投放市场，因为它们还在属于同一集团的公司管控之下。[457]

6.63　与使用者行业协会的协议 363

集体管理组织和其他权利人与使用者行业协会之间签订的集体统一协议可以根据《欧盟运行条约》第 101 条第 3 款的规定被豁免，因为该合同

---

[450]　2785/07 AIE，SpCNMC. 另参见 the FCCA Report on CMOs and the functioning of the copyrighted works sector of 30/6/2014，其中得出结论，在没有客观理由的情况下，著作权集体管理组织对竞争技术平台或发行渠道采取不同定价的做法是有害的。

[451]　S/0360/11 *AGEDI*，SpCNMC.

[452]　S/0220/10 *SGAE*，SpCNMC.

[453]　S/0297/10 *AGEDI & AIE*，SpCNMC.

[454]　S/0157/09 *EGEDA*，SpCNMC.

[455]　110，241，242/88 *Lucazeau v Commission* judgment §§21–33，CJ；395/87 *Ministère Public v Tournier* judgment §§34–46，CJ（之后的程序见 T-114/92 *BEMIM v Commission*，GC）；C-351/12 *OSA v Léčebné lázně Mariánské Lázně* judgment §§87–88，CJ。另参见 *AKKA/LAA*（2/4/2013），LatCC；*Teosto*（30/6/2011），CA Helsinki；*SGAE*（14/11/2014），SpCNMC。

[456]　*GEMA*（1985），EuC；并不清楚这一干预是基于《罗马条约》第 85 条（现《欧盟运行条约》第 101 条）还是第 86 条（现第 102 条）。另参见 6.60。

[457]　*BIEM-IFPI*，EuC.

是确保合法利用作品的最有作用和最有效率的办法。[458]

## （五）代表合同

### 6.64　排他性

成员国集体管理组织之间可能订立代表合同，[459] 根据该合同，一个集体管理组织代表另一成员国内的集体管理组织成员与本国内的使用者进行协商，其本身并不限制竞争。[460] 但是，如果它们是排他性合同，即如果集体管理组织承诺不直接与其他成员国内的使用者直接协商，[461] 或者根据一个协同行为拒绝直接协商，则会违反《欧盟运行条约》第 101 条。[462]

然而，不能仅仅因为双重拒绝就推定这种协同行为存在，因为如果授予这种许可，则它们需要在其他成员国建立管理和监控系统，集体管理组织可能是因为这一事实而不愿意授予这种许可。[463]

### 6.65　区域限制

如果集体管理组织在代表合同中将关于管理和许可通过互联网、卫星和有线电视利用音乐作品进行公开演出权利的代表区域限制在本国，[464] 并且进行这种协同行为，则可能违反《欧盟运行条约》第 101 条。[465] 通过

---

[458]　T-575/93 *Koelman v Commission* §57，GC，在 C-59/96P，CJ 中得到确认。

[459]　这些案件一般涉及互惠代理合同，即 A 集体管理组织同意在其本土代表 B 集体管理组织的成员，B 集体管理组织则同意在其本土代表 A 集体管理组织。但是，一般认为对于非互惠的授权（A 集体管理组织同意在其本土代表 B 集体管理组织的成员，但 B 集体管理组织并未同意代表 A 集体管理组织的成员）也应得出类似结论。

[460]　395/87 *Ministère Public v Tournier* judgment §§16–26，CJ；110，241，242/88 *Lucazeau v Commission* judgment §§11–20，CJ.

[461]　T-401/08 *Säveltäjäin Tekijänoikeustoimisto Teosto v Commission* judgment §§14，73，GC.

[462]　395/87 *Ministère Public v Tournier* judgment §§16–26，CJ；110，241，242/88 *Lucazeau v Commission* judgment §§11–20，CJ；38698 *CISAC* §§78，138–152，EuC，在 T-442/08 *CISAC v Commission*，GC 中根据其他理由被部分推翻。

[463]　402/85 *Basset v SACEM* judgment §§21–26，CJ；110，241，242/88 *Lucazeau v Commission* judgment §§16–18，CJ. 另参见 C-351/12 *OSA v Léčebné lázně Mariánské Lázně* judgment §§67–79，CJ（成员国法律禁止该国使用者从其他成员国的集体管理组织获取许可，这种法律根据保护知识产权被正当化，因此并未违背《欧盟运行条约》第 56 条）。

[464]　例如，德国集体管理组织授权法国集体管理组织代表其成员在法国行使权利，但并未授权代表其在比利时行使权利。

[465]　38698 *CISAC* §§153–183，EuC. 这一点在上诉 T-442/08 *CISAC v Commission*，GC 中受到质疑，但法院并未针对它作出判决，因为已经得出了委员会未能充分证明存在协同行为的结论。

便利一个国际作品的许可可以提高文化多样性[466]这一点并不能否认其可能对竞争产生限制，也不能使其获得第101条第3款豁免而正当化。[467]但是，如果缺少协同行为，而只是在双方合同中规定这一限制，并不必然与第101条不符，[468]也可能是因为在相关地区监控和执行的要求，而不必然推断存在协同行为。[469] 364

6.66　对收取费用的控制

尽管为作品的公开演出而获取报酬的可能性构成了著作权基本功能的一部分，代理合同中控制针对许可所收取费用的条款仍属于行使权力的一方面，可能被《欧盟运行条约》第101条第1款所规制。[470]但是，包含这种条款的联播许可的代表合同——一个多区域，多作品的联播许可——可以根据第101条第3款被豁免，如果费用中管理费和使用费被区别开来并提供给使用人，并且根据这些条款对费用的预先确定是使生产和分配新产品成为可能的限制最少的方法。[471]

6.67　对于在其他国家接受或代表成员的限制

在代表合同中限制接受已经是其他集体管理组织成员或属于其所在成员国国民的个体成为成员，被认定为违反了《欧盟运行条约》第101条。[472]

要求多作品网上利用许可必须由内容提供商所在地的集体管理组织授权也被认为是令人反感的。[473]

---

[466]　在适用欧盟竞争法时可能相关的文化多样性，见第一章1.46。

[467]　T-451/08 *STIM*, GC.

[468]　38698 *CISAC* §§182–183, 215, EuC，在T-442/08 *CISAC v Commission*, GC中被部分推翻。

[469]　T-442/08 *CISAC v Commission* judgment §§133–181, GC，基于这一理由判定38698 *CISAC*, EuC部分决定无效。

[470]　2003/300 *Simulcasting* §66, EuC; 2007/735（38681）*The Cannes Extension*, EuC.

[471]　2003/300 *Simulcasting* §§84–123, EuC; 38698 *CISAC* §218, EuC，在T-442/08 *CISAC v Commission*, GC中基于其他理由被部分推翻。

[472]　38698 *CISAC* §§123–137, EuC，在T-442/08 *CISAC v Commission*, GC中基于其他理由被部分推翻。另参见2014/26指令第6条第2款，6.48中有所涉及。

[473]　38126, 39151, 39152 *BUMA*, *SABAM*, *Santiago Agreement*, EuC；关于为合法线上音乐服务跨境集体管理知识产权和邻接权的2005/737号建议，第3段。

## （六）集体管理组织之间的其他安排

6.68 根据销售国平均零售价格来确定使用费

欧盟委员会反对集体管理组织之间签订根据销售国平均唱片零售价格来确定所收取使用费的协议。[474] 根据制造商所公布的销售价格来确定使用费被认为是可以接受的。

365 6.69 对进入其他市场的限制

欧盟委员会反对在集体管理组织和音乐出版商之间签订的合同中包含禁止集体管理组织进入音乐出版或唱片生产市场的条款。[475]

6.70 对给予折扣的限制

欧盟委员会也反对在集体管理组织和音乐出版商之间签订的合同中包含禁止集体管理组织在泛欧洲许可协议中给予唱片公司折扣的条款。[476]

# 四、对主要体育赛事电视转播权的联合利用

6.71 总体思路

欧盟委员会反对对于主要体育赛事独家电视转播权的联合开发安排，但倾向于经修改之后或在满足允许竞争电视公司利用其中一些权利并将并非统一销售的权利交回给原权利人这一条件之后允许该安排。[477] 欧盟委员会曾作出决定，未能提供给竞争电视公司以足够明确或可行的机会，欧盟法院作出判决认定该决定无效，但并未从原则上否认欧盟委员会的做法。[478]

在其正式决定中，欧盟委员会认为，修改后的安排之前可能会落入《欧盟运行条约》第 101 条第 1 款的规制范围，但现在可以被第 101 条第 3 款所豁免。[479] 欧盟委员会认为联合开发禁止了个别俱乐部之间的竞争，并可

---

[474] *BIEM-IFPI*, EuC. 比较参照，在欧盟法院 55，57/80 *Musik-Vertrieb membran v GEMA* 案判决之前，欧盟委员会采取的观点认可了这一做法，见 71/224 *GEMA*, EuC；以及 1 ZR 92/78 *Musik-Vertrieb membran v GEMA*, BGH 的判决支持了这一做法。

[475] 2007/735（38681）*The Cannes Extension Agreement*, EuC.

[476] 2007/735（38681）*The Cannes Extension Agreement*, EuC.

[477] 见 6.72—6.77，以及 6.35。关于欧盟委员会的政策，Torben Toft 在 2006 年 4 月 28 日于柏林作出的演讲 *Developments in European Law*（公开于欧盟委员会网站上）中有所解释。

[478] 6.72—6.77。

[479] 见 6.72、6.73、6.76 以及 2002 年《欧盟委员会关于竞争政策的第 32 份报告》（32nd Report on Competition Policy）第 135—137 段。

能通过排除竞争广播公司和其他内容发行人而导致下游市场圈定；[480] 当一些媒体权利（例如，新媒体权利）被市场禁止以保护其他权利（例如，付费电视转播权）的价值时，还可能导致产出限制。[481]

但是，在包括新服务以及新发行人开展业务的案件中，英国法庭认为联合利用针对体育赛事广播权的安排根本不受第 101 条第 1 款规制，任何相关限制对于有利于竞争的安排都是必要的，和 / 或不具有反竞争的目标或 366
影响。[482]

6.72　欧盟广播联盟（European Broadcasting Union，EBU）

EBU 关于联合谈判、获取和共享体育赛事的电视转播权，相关协议以及会员规则的规定被欧盟委员会认为违反了《欧盟运行条约》第 101 条第 1 款禁止性规定，限制了竞争。[483]

欧盟委员会在附加了允许其他电视公司获取权利的条件下赋予其豁免权，[484] 但豁免在上诉中被认定无效，因为 EBU 会员规则不足以明确使其被认定为必不可少的，欧盟委员会错误地根据 EBU 成员的使命作出决定，[485] 以及赋予其他公司的权力并不是足够的。[486]

欧盟委员会禁止了一个 EBU 成员和天空体育为跨国卫星体育频道而设立的合资企业，理由是它将限制和扭曲竞争，既包括当事方之间也包括当事方与第三方之间，并且它不满足第 101 条第 3 款的豁免条件，特别是 EBU 和天空体育之间在发展体育频道方面存在竞争。[487]

6.73　欧足联（Union of European Football Associations，UEFA）

足球俱乐部在 UEFA 的安排下参加冠军联赛，授予了 UEFA 独家媒体权，这被认为对竞争构成了极大限制，违反了《欧盟运行条约》第 101 条

---

[480]　相关产品市场和地域市场，见 6.33—6.34。

[481]　Torben Toft 在 2006 年 4 月 28 日于柏林作出的演讲 *Developments in European Law*（公开于欧盟委员会网站上），§3.1.2。

[482]　*The Racecourse Association v Office of Fair Trading*, UKCAT; *Bookmakers Afternoon Greyhound Services v Amalgamated Racing*, EWCA.

[483]　93/403（32150）*EBU/Eurovision System*, EuC.

[484]　93/403（32150）*EBU/Eurovision System*, EuC; 2000/400 *EBU/Eurovision System*, EuC.

[485]　T-528, 542, 543, 546/93 *Métropole Télévision v Commission*, GC.

[486]　T-185, 216, 299, 300/00 *Métropole Télévision*（*M6*）*v Commission* §§51-54, GC，在 C-470/02P *UER v Commission*, CJ 中上诉被驳回。

[487]　91/130（32524）*Eurosport* §69, EuC. 关于之后的安排，见 34605 *Eurosport*, EuC。

第 1 款的规定，因为它们限制了足球俱乐部之间以及足球俱乐部和 UEFA 之间提供这些权利的竞争。[488] 欧盟委员会对 UEFA 已经拥有这些权利而不存在对竞争的限制这一观点表示反对，认为 UEFA 最多是这些权利的共有人之一。[489]

367 这些安排经修改后根据第 101 条第 3 款[490] 被豁免，修改确保了 UEFA 以招标的方式将三年之内的所有媒体权分组打包出售；[491] 并允许参与俱乐部在权利没有被 UEFA 售出时，向付费电视和付费点播市场出售直播电视转播权，以及一系列的延播权和新媒体权利。[492]

修改后的安排在提供一个单一的权利销售点（否则会有许多不同的权利人）[493] 以及保证电视播出的高质量和一致性方面[494] 具有有利影响，这些有利影响被认为超过了限制竞争产生的消极影响。[495] 但是，认为这些安排促进了财政一致，并支持了较弱小俱乐部，由此可以作为被第 101 条第 3 款所豁免的正当理由这一观点并未受到重视。[496]

---

[488] 2003/778（37398）*Joint selling of the commercial rights of the UEFA Champions League*§114, EuC.

[489] 2003/778（37398）*Joint selling of the commercial rights of the UEFA Champions League* §§118–124, EuC. 可以据此批评欧盟委员会给出的理由：UEFA 作为权利的共有人，有权阻止其他共有人不经其同意利用权利。该决定本可以给予更坚实的理由，即各方可以达成协议利用权利，但不授予欧足联排他性权利。

[490] 2003/778（37398）*Joint selling of the commercial rights of the UEFA Champions League* §§136–201, EuC.

[491] 之前将每个成员国的独家电视转播权出售给一个单独的免费广播商，期限为四年，被认为是不可接受的：Torben Toft, 'Football: joint selling of media rights', *Competition Policy Newsletter*（2003）No 3, p 47, EuC。

[492] 2003/778（37398）*Joint selling of the commercial rights of the UEFA Champions League* §§21–54, EuC.

[493] 关于这一点，见 *The Racecourse Association v Office of Fair Trading* §§170–176, UKCAT。

[494] 由此加强品牌效应，既可以通过更广泛的认可和分布来提高效率（关于这一点见第七章 7.01 和 7.03—7.05），也可以通过整体竞争来提高消费者满意度，见 Torben Toft 在 2006 年 4 月 28 日于柏林作出的演讲 *Developments in European Law*（公开于欧盟委员会网站上）§3.1.3。

[495] 2003/778（37398）*Joint selling of the commercial rights of the UEFA Champions League* §§143–157, EuC; Torben Toft, 'Football: joint selling of media rights', *Competition Policy Newsletter*（2003）No 3, p 47, EuC; 另参见 2005/396（37214）*Bundesliga*, EuC。

[496] 2003/778（37398）*Joint selling of the commercial rights of the UEFA Champions League* §§164–167, EuC.

6.74　英超联赛（FA Premier League）

同样，欧盟委员会反对英超联赛通过安排获取英超联赛足球比赛的独家媒体权，但在英超作出以下承诺后停止了调查：通过六个平衡分组打包出售电视转播权，并防止单一购买人获得所有权利；分别向英国和爱尔兰出售权利；减少对手机和互联网播放权利的时间限制；将许可的时间限制在三年内；实行透明和非歧视的招标程序；以及将尚未开发的权利交还给俱乐部。[497]

6.75　视听体育

欧盟委员会反对两家电视公司成立合资企业，并通过该企业在 11 年 368
的时间内共享西班牙足球比赛的电视转播权的协议。经修改，协议允许其他有线电视和数字电视广播公司获取这些权利，在双方合并并订立条款规定其他广播公司可以在公平、合理和非歧视条件下继续获取这些权利的情况下，欧盟委员会随后终止了调查。[498]

6.76　*Telenor* 案

在合资企业原合伙人之间的合同中，关于付费电视和按次付费电视的条款规定，在其他合伙人转售其高端体育赛事电视转播权时，各方都有优先购买权，这一规定被认为违背了《欧盟运行条约》第 101 条第 1 款。[499]在其初始的无期限优先购买权被缩减为三年后，被第 101 条第 3 款所豁免，[500]因为其有助于确保合伙排他性分销协议的效率。[501]

6.77　3G 广播权利

欧盟委员会认为无法接受联合销售体育赛事内容的 3G 广播权利，除非它们规定当统一销售不成功时，权利将交回给个体权利人。[502]

6.78　封闭期

对于体育赛事广播的某些时间进行限制，以鼓励公众在该时间内现场

---

[497]　38173，38453 *Joint selling of the media rights to the FA Premier League*，EuC；另参见 2005/396（37214）*Bundesliga*，EuC；13/04400 *Dansk Ligafodbold*，DCC；S/0006/07 *AVS*，SpCNMC；SNC/0029/13 *Mediapro* 29/11/2013，SpCNMC；*DFL* 13/1/2012，BKartA。

[498]　*Audiovisual Sport*，EuC.

[499]　38287 *Telenor/Canal+/Canal Digital* §168，EuC.

[500]　38287 *Telenor/Canal+/Canal Digital* §§14–15，242–249，EuC.

[501]　38287 *Telenor/Canal+/Canal Digital* §§215–221，EuC. 关于本判决的其他方面，见 6.79。

[502]　2005 年《欧盟委员会关于第三代移动网络体育内容的提供行业质询的最终报告》第 50 段。另参见 6.37。

参与相同赛事可能被认为符合《欧盟运行条约》第 101 条，但对于跨境接受广播的限制不能据此正当化。[503]

## 五、其他在文化、传媒和体育领域关于知识产权的集体或联合安排

6.79　对优质影片电视转播权的联合获取

在一个非英语欧盟成员国内，授予公共广播公司协会关于一个美国电影制片公司图书馆大部分的 15 年的独家电视转播权，被认为违反了《欧盟运行条约》第 101 条第 1 款，但在经过对独占权的部分放松后，得到豁免。[504]

369 其余的排他性则被认为对于获得对许可费用、配音和选择合适影片方面投资的合理回报是必要的。[505]

之前，一个合资企业前合伙人之间签订的关于付费电视和按次付费电视合同约定，在一个合伙人向另一个合伙人处置其在合资企业的份额后三年内，联合获取优质影片的电视转播权，被认为限制了竞争，违反了《欧盟运行条约》第 101 条第 1 款的禁止性规定。[506] 现在它们已经根据第 101 条第 3 款得到了豁免，理由是它们有助于确保相关排他性分销协议的效率。[507] 原定的 10 年期间的豁免则被拒绝。[508]

6.80　为付费电视设立的合资企业

四家相互竞争的电视公司建立了一个合资企业，通过卫星进行付费电视广播，合同中赋予了合资企业对合同当事人大众频道卫星广播的独家权利以及特殊频道和服务的优先购买权，被认为违反了《欧盟运行条约》第

---

[503]　C-403，429/08 *FAPL v QC Leisure* judgment §§122–125，145，CJ；2001/478（37576）*UEFA's broadcasting regulations*，EuC；另参见 6.83。

[504]　89/536（31734）*Film purchases by German television stations*，EuC.

[505]　89/536（31734）*Film purchases by German television stations* §55，EuC. 这可以与 262/81 *Coditel v Ciné Vog*，CJ 进行比较，该案中这些考量被认为决定了《罗马条约》第 85 条第 1 款（现在的《欧盟运行条约》第 101 条第 1 款）是否适用，而非是否应当根据第 85 条第 3 款（现在的第 101 条第 3 款）得到豁免。

[506]　38287 *Telenor/Canal+/Canal Digital* §§165–167，EuC.

[507]　38287 *Telenor/Canal+/Canal Digital* §§215–221，EuC.

[508]　38287 *Telenor/Canal+/Canal Digital* §§14–15，242–249，EuC；关于本判决的其他方面，见 6.76。

101 条第 1 款，但可以根据第 101 条第 3 款得到三年的豁免。原定的 10 年期间的豁免被拒绝。[509]

6.81　联合发行影片

一个在欧盟境内联合发行影片的合同被认为违反了《欧盟运行条约》第 101 条第 1 款，但可以有条件地根据第 101 条第 3 款得到豁免。特别是欧盟委员会要求当事人将联合发行人的排他性权利更改为优先购买权，使合作伙伴可以发行并非联合发行人发行的影片。[510]

在更新豁免时，欧盟委员会要求在一国的基础上行使优先购买权，而非在整个欧盟范围内统一行使，从而使合作伙伴能够在联合发行人没有发行的任何成员国内自行发行影片。[511]欧盟委员会当前也反对要求联合发行人尽最大努力来使合作伙伴的所有影片利润最大化，这被欧盟委员会认为是协同影片发行的一种动机。

另一方面，人们认为为创建或运营线上视频平台而设立的合资企业， 370
其设立和运营可能会通过加强母公司对电视广告市场的联合支配地位来实现，从而限制竞争，违反第 101 条第 1 款，并且没有足够的好处来超过限制竞争的坏处，从而不能根据第 101 条第 3 款的豁免而正当化。[512]

6.82　唱片公司的联合谈判和合资企业

在唱片公司之间存在大量的合资企业和其他协议，它们联合参加行业协会，针对著作权转让进行联合谈判或许可，这些都可能有助于建立联合支配地位，落入《欧盟运行条约》第 102 条以及并购条例规制的范围。[513]

6.83　拒绝许可和限制许可

当相关地域市场属于成员国范围（本例中，成员国 B）时，在成员国 A 组织赛马比赛的企业拒绝向成员国 B 许可使用电视画面和评论的权利，但许可在成员国 C 和成员国 D 中使用，这一行为并不构成分割单一市场

---

[509]　1999/242（36237）*TPS* §§35–36，EuC，在 T-112/99 *Métropole Télévision*（*M6*）*v Commission*，GC 中上诉被驳回。

[510]　89/467 *United International Pictures*，EuC（当事人共同拥有大约 22% 的市场份额）。

[511]　30566 *UIP*，EuC.

[512]　*RTL/Pro7Sat1*，BKartA.

[513]　见 T-464/04 *Impala v Commission* §334，GC，在 C-413/06 P *Bertelsmann v Commission*，CJ 中被推翻，尽管应该注意法院并未就欧盟委员会这部分的理由作进一步的阐释，法院对欧盟委员会其他理由给予了严重的批评。关于《欧盟运行条约》第 102 条以及并购条例的一般适用，见第三章和第四章。

的滥用支配地位，没有违反《欧盟运行条约》第 102 条。[514] 它不属于滥用支配地位，还因为它阻止了已经在成员国 B 中寻求许可的企业在主要博彩市场 [515] 进行竞争，该企业已经是该国博彩市场中的最大运营商。[516] 但是，在成员国 A 中组织赛马比赛的企业之间的横向合同，规定禁止向成员国 B 中的某个第三方许可这些权利，这一合同可能违反《欧盟运行条约》第 101 条，限制了竞争，即使之前任何一个企业都没有在该国许可过这些权利。[517]

运营赛马比赛课程的企业组成了一个企业协会，该协会与一个出版商签订了合同，该出版商业务为发行已经通过电视播放的比赛图片以及比赛评论，在合同中，存在一些限制条款，要么限制向合同订立时已存在的、自然人（该自然人需要符合诚信要求，尽管有关立法对诚信具体要求未给
371 出定义）运营的博彩商店进行发售，要么要求接收人承认协会对电视材料所宣称的所有权并提供高度机密信息。[518]

欧盟委员会还反对 UEFA 对于足球比赛广播的限制，认为该限制高度复杂且过于广泛。[519] 但是，欧盟委员会接受了修改后的规定，其在每周有限时间内（比赛可能发生时）对广播进行了限制，认为该规定对竞争没有显著影响，因此不违反《欧盟运行条约》第 101 条的限制性规定。[520]

6.84　限制表演者参与竞争作品演出

欧盟委员会对主要歌剧演员与生产歌剧影片的广播公司之间订立的排他性合同持保留意见，该合同禁止歌剧演员在制作期间在同一剧院为不同电视影片演出。但是，欧盟委员会承认这些合同通常不会违背《欧盟运行条约》第 101 条，如果制作不过分拖延，也不限制对特别重要的文化活动

[514]　T-504/93 *Tiercé Ladbroke v Commission* §§123–129，GC. 限制向其他成员国境内授予许可不会违反《罗马条约》第 85 条（《欧盟运行条约》第 101 条），见 6.36。

[515]　关于电视画面和评论市场以及博彩市场的关系，见 6.33。

[516]　T-504/93 *Tiercé Ladbroke v Commission* §§130–134，GC.

[517]　T-504/93 *Tiercé Ladbroke v Commission* §§154–162，GC. 该案随后在授予了一项非独占性许可之后和解：Press Release IP/01/82 of 22 January 2001，EuC。

[518]　95/373（33375）*PMI-DSV* §7，EuC.

[519]　2001 年《欧盟委员会关于竞争政策的第 31 份报告》（31st Report on Competition Policy）第 165 段。

[520]　2001/478（37576）*UEFA's broadcasting regulations*，EuC；但比较参照 6.78。

的直播。[521]

6.85　联合抵制

广播公司的联合抵制行为可能违反《欧盟运行条约》第 101 条和第 102 条，即使该行为是对所抵制企业执行限制性协议的反应。[522]

[521] *RAI/Unitel*, EuC.

[522] *RAI/Unitel*, EuC.

# 第七章　品　牌

## 373 一、被商标和其他权利所保护的品牌的功能、存在和正当范围

### （一）简介

名誉强过美好的膏油。[1]

#### 7.01　品牌与竞争

只有在其产品能够根据特有的标志被可靠地识别时，企业才能够在产品质量上进行有效的竞争，因此，对于《欧盟运行条约》意图建立和维护的防止扭曲竞争的体系来说，知识产权对于品牌的保护是建立该体系的必要因素。[2] 品牌还能够便于企业进行广告和促销，增进消费者对产品和服
374 务的接受，[3] 有时品牌本身也会成为令消费者满意的因素之一，构成竞争的一方面，因而能够促进市场竞争。[4] 此外，企业拥有在退出市场时出售品牌权利的可能性也有助于降低进入市场的沉没成本，从而减少市场进入壁

---

[1] Ecclesiastes 7.1（美国标准翻译版本）。

[2] C-10/89 *HAG II* judgment §13，CJ；C9/93 *Ideal-Standard* judgment §45，CJ；C-232/94 *MPA Pharma v Rhône-Poulenc*，CJ；C-349/95 *Loendersloot v Ballantine* judgment §22，CJ；C259/04 *Emanuel v Continental Shelf 128* judgment §44，CJ；C-206/01 *Arsenal Football Club* opinion §42，CJ.

[3] C-487/07 *L'Oréal v Bellure* judgment §§58，63，CJ；C-348/04 *Boehringer Ingelheim* judgment §§40–44，CJ.

[4] 例如，对于附着某些品牌的产品，消费者可能只因该品牌而想要购买该产品，而非出于该品牌产品可能在其他方面具有较高或令人满意的质量的考虑。对手品牌则可能在这一对品牌的购买欲方面进行竞争，而不考虑相关产品在质量方面的竞争。见 C-206/01 *Arsenal Football Club v Reed* opinion §48，CJ；Torben Toft，*Developments in European Law*，speech in Berlin on 28 April 2006（载于欧盟委员会网站），§3.1.3；Bonita Trimmer，'The Power of Attraction：Do Trade Marks have an "Image" Problem in the English Courts？'［2009］EIPR 195；2010 年《纵向限制指南》第 107 段（i）项。

垒，促进竞争。[5]

但另一方面，品牌权利可能被用于限制竞争，例如通过品牌进行协助或掩盖划分市场行为，[6] 控制分销行为，[7] 或通过品牌强化企业市场主导地位等。[8] 更广泛地说，品牌往往会增加产品的差异化，减少其可替代性，从而导致需求弹性降低，增加企业提高价格的可能性。[9]

如第一章所讨论的那样，欧盟竞争法试图抑制反竞争行为，同时避免干扰知识产权合法的、有助于促进竞争的功能。为了在品牌相关案件中正确适用欧盟竞争法，有必要确立品牌中合理存在的权利及这些权利为确保其合法职能的正当范围。[10] 在某些情况下，如果不存在所涉及的相关行为，可能也有必要确定哪些企业能够被授予这些权利。[11]

7.02 保护品牌的不同形式

根据情况不同，品牌可能受到不同权利和制度的保护，包括注册商标；原产地名称，地理标志，传统术语及类似权利，集体商标，认证商标和保证商标；域名；著作权和外观设计；以及反不正当竞争和消费者保护相关法律。这些保护存在和正当范围的条件各不相同，接下来将依次讨论，[12] 在 375
此之前将总体讨论品牌的功能，[13] 本章这一部分对第一章 [14] 中的相关问题进行了补充讨论，应当与第一章一同阅读。

本章接下来探讨欧盟竞争政策在涉及品牌权利领域的适用，包括横

---

[5] 2010 年《纵向限制指南》第 117 段。

[6] 7.47—7.52 和 7.59。

[7] 7.60—7.68。

[8] 2001/463 *DSD* prohibition decision，EuC，在 T151/01 *Der Grüne Punkt*，GC 中得到支持，参见 7.89；39116 *Coca-Cola*，EuC；另参见 27/76 *United Brands v Commission* judgment §§91–94，CJ。

[9] 2010 年《纵向限制指南》第 104 段。

[10] 第一章 1.02—1.08。

[11] 参见 2003/778 *Joint selling of the commercial rights of the UEFA Champions League* §§118–124，EuC，以及第六章 6.73。

[12] 7.07—7.25（商标）；7.26—7.34（原产地标志、地理标志、传统术语等，以及集体认证标志）；7.35—7.36（域名）；7.37—7.38（著作权和外观设计权）；7.39—7.46（不正当竞争和消费者保护法规）。一些品牌可能以其他形式被保护，如国内法中的人格权，适用在第一章中讨论的一般原则。

[13] 7.03—7.06。

[14] 1.09 及后续段落，特别是 1.48、1.49，以及 1.56—1.75。

向分割市场，[15] 冲突解决，[16] 分销，[17] 特许经营和授权销售，[18] 以及回收服务 [19] 等情形。涉及品牌的其他相关问题，包括经营者集中（并购）[20]，技术转让 [21] 和体育比赛 [22] 等情形已经在之前的章节中讨论过。[23]

## （二）品牌的功能

### 7.03 欧盟法认可的品牌功能的发展

欧盟法认可的品牌功能随着时间的推移有所发展。

在早期的判例中，人们对品牌对于社会的价值表示怀疑，[24] 同时也忧虑其不确定的权利有效期可能导致其使用永久地限制贸易。[25]

之后的判例认可了品牌对于竞争的促进作用，[26] 但同时强调其基本功能是确保产品的原产地，[27] 或更确切地说，是确保使用这一品牌的所有相似产品 [28] 都是在一个企业的实际或潜在 [29] 控制下生产的，该企业能够为产

[15] 7.47—7.52。

[16] 7.53—7.59。

[17] 7.60—7.68。

[18] 7.69—7.87。

[19] 7.88—7.97。

[20] 第四章 4.12、4.16、4.21、4.25、4.27，以及 4.29—4.31。

[21] 第五章 5.35 和 5.118。

[22] 第六章 6.01、6.07，以及 6.40。

[23] 另参见在第二章和第三章中关于第 101 条和第 102 条的一般讨论。

[24] 40/70 *Sirena v Eda* judgment §7, opinion §1, CJ.

[25] 192/73 *Hag I* judgment §11, CJ，在 C-10/89 *HAG II*, CJ 中被驳回。

[26] C-10/89 *HAG II* judgment §13, CJ; C9/93 *Ideal-Standard* judgment §45, CJ; C-232/94 *MPA Pharma v Rhône-Poulenc* judgment §16, CJ. 这些案例主要考虑注册商标，但认为对于品牌功能的观察同样适用于未被注册为商标的品牌。

[27] 102/77 *Hoffmann-LaRoche v Centrafarm* judgment §7, CJ; C-143/00 *Boehringer Ingelheim* judgment §12, CJ; C-533/06 *O2 Holdings v Hutchison 3G* judgment §57, CJ; T-133/06 *TIM The International Music Company v OHIM* §§44, 47, GC.

[28] 即相似品牌足够相似，能够使顾客或消费者认定这些产品来自同一公司；C-9/93 *Ideal-Standard* judgment §§15–20, CJ; C-317/91 *Deutsche Renault v Audi*, CJ。

[29] C-9/93 *Ideal-Standard* judgment §38, CJ; C-59/08 *Copad v Christian Dior* judgment §45, CJ.

品质量负责，[30]确保这些产品的质量在没有获得该企业同意的情况下不会 376
受到任何损害，不会受到后续干预，[31]从而保护该企业对抗意图不法地利用品牌地位或声誉获得不正当优势的竞争者。[32]

> 法官阁下，这是另一个企图扩大知识产权边界，将一部保护性法律转变为垄断源泉的尝试。[33]

## 7.04　近期发展

更近期的案例和欧盟立法[34]已经确认了商标进一步的功能，[35]这些功能可能使品牌对第三方行为的额外限制正当化。[36]其中包括：传达产品的特定特征或属性，[37]可靠、高质量、奢侈等产品形象[38]或可能的其他

---

[30] 10/89 *HAG I* judgment §13，CJ；C-9/93 *Ideal-Standard* judgment §§37–38，CJ；C-349/95 *Loendersloot v Ballantine* judgment §22，CJ；E3/02 *Paranova v Merck* §36，EFTA. See also 78/253 *Davide Campari-Milano* §II.C，EuC；84/381 *Carlsberg Beers* §II.A.4，EuC［商标许可证中维护质量的条款被认为与商标权利存在相关，从而不受第 85 条（现第 101 条）规制］。参见 266，267/87 *R v Royal Pharmaceutical Society of Great Britain*，*ex parte the Association of Pharmaceutical Importers*，CJ（禁止药剂师配置与某一具体品牌写明的药方等效药的规定，其目的并不是保护工业或商业产权，而是保护健康）。

[31] 102/77 *Hoffmann-La Roche v Centrafarm* judgment §7，CJ；1/81 *Pfzer v Eurim-Pharm* judgment §8，CJ；C232/94 *MPA Pharma v Rhône-Poulenc*，CJ；C-349/95 *Loendersloot v Ballantine* judgment §24，CJ.

[32] 102/77 *Hoffmann-La Roche v Centrafarm* judgment §7，CJ；C-10/89 *HAG II* judgment §14，CJ；C-9/93 *Ideal-Standard* judgment §16，CJ；427，429，435/93 *Bristol-Myers-Squibb v Paranova* judgment §44，CJ；C-349/95 *Loendersloot v Ballantine* judgment §22，CJ.

[33] Lord Templeman，*Re Coca Cola*，UKSC（1986）.

[34] 2008/95 指令，特别是第 5 条第 2 款；207/2009 条例，特别是第 9 条第 1 款（c）项，当前对于相关立法提出的修改将不会影响这些条款，见脚注 51。

[35] C-487/07 *L'Oréal v Bellure* judgment §§58，63，opinion §§38–61，CJ；C-337/95 *Parfums Christian Dior v Evora* opinion §§39–42，CJ［该判例看上去是“传达、投资或广告”（communication，investment，or advertising）这一措辞的来源］；C-206/01 *Arsenal Football Club v Reed* opinion §§41–48，CJ；2003/778 *Joint selling of the commercial rights of the UEFA Champions League* §§154–157，EuC。一个商标只有在其所有权人意图达到这些结果时才会具有这些功能，与之相对的是商标的原始功能，一个商标应当永远具有这些原始功能。C-323/09 *Interflora v Marks & Spencer*judgment §40，CJ.

[36] C-487/07 *L'Oréal v Bellure* judgment §65，CJ.

[37] C-487/07 *L'Oréal v Bellure* judgment §§58，63，opinion §54，CJ；WR Cornish，*Intellectual Property*，3rd edn，pp 427–429，转引于 Jacobs AG in C337/95 *Parfums Christian Dior v Evora* opinion §§39–42，CJ。

[38] C-348/04 *Boehringer Ingelheim* judgment §§40–44，CJ；C-59/08 *Copad v Christian Dior* judgment §§22–32，55–59，CJ；参照 C-439/09 *Pierre Fabre* judgment §46，CJ，将在 7.05 中进行讨论。

信息、理念或情感；[39]激发公众对于品牌产品的信心；[40]保护在品牌中的投资；[41]广告宣传用以告知或说服消费者。[42]

377 保证质量同样被认为是商标的附加功能，[43]但目前还不清楚该功能是否超越保证质量而不受中间干扰损害这一功能。商标保证商品质量不受干扰这一功能之前被认为是其保证产品来源这一基本功能的一部分，[44]如果保证质量这一功能被认定为超越此功能，则可能与之前欧盟法院作出的分析相冲突，欧盟法院之前认为商标所提供的保证意在确保商品或服务的质量在商标所有人的控制下，但并不保证质量总是相同的；商标所有人有权改变、区分或不再控制质量，只要其承担所做出的选择和行为的后果。[45]

7.05 品牌功能的发展

鉴于欧盟法认可的品牌功能的发展，一些早期在品牌相关权利领域适用欧盟竞争法的判例已经不能再作为有效法。[46]

然而，扩展品牌功能及其正当范围的趋势是否继续还有待观察，未来功能及范围也可能不再扩大，甚至可能缩小。[47]例如，照目前来看，拥有好的声誉的商标，商标所有人可以反对那些将竞争产品描述为本品牌下出售产品的仿制品的广告，即使广告陈述是准确的，并且仿制本身也是合法的，这是因为该竞争产品不在任何意图保护创新或创造性的知识产权保护范围内。[48]这一对竞争的限制，其存在的正当理由是这样的广告不合理地利用了原品牌声誉优势；但未来的审查可能会对这一观点作出限制甚至逆

---

[39] 在 C-206/01 *Arsenal Football Club v Reed* opinion §46，CJ 中，Colomer AG 提到"一种看待生活的方式"。一些品牌被认为在传达一种生活方式。

[40] C-348/04 *Boehringer Ingelheim* judgment §§40–44，CJ.

[41] C-487/07 *L'Oréal v Bellure* judgment §§58，63，opinion §54，CJ.

[42] C-487/07 *L'Oréal v Bellure* judgment §§58，63，opinion §54，CJ；C-206/01 *Arsenal Football Club v Reedopinion* §43，CJ；另参见 *Scandecor Developments v Scandecor Marketing* §12，UKSC。

[43] C-487/07 *L'Oréal v Bellure* judgment §58，CJ.

[44] 参见脚注 31 中引用的案例，另参见 Jacobs AG 在 C-337/95 *Parfums Christian Dior v Evora* opinion §§39–41，CJ 中的讨论。

[45] C-9/93 *Ideal-Standard* judgment §§37–38，CJ；另参见 *Scandecor Developments v Scandecor Marketing* §19，UKSC。

[46] 参见例如如何对待具有同一起源的商标的共存协议，相关讨论见 7.54。

[47] 不能排除欧盟法院在这一领域推翻之前判决的可能性，见 C10/89 *HAG II*，CJ，推翻了 192/73 *HAG I*，CJ 判决。

[48] 7.16—7.17。

转，[49] 可能对在这一保护范围基础上寻求正当化的行为适用欧盟竞争法产生结果性影响。

本书第一版的前一段经英国上诉法院批准后引用，[50] 但在写作本章时，在欧盟立法修改程序中提出的立法修改意见并未涉及这一问题。[51] 另一方 378
面，欧盟法院在 *Pierre Fabre* 案 [52] 判决中的观点，即"维持声望不能作为一个合法目标限制竞争"，可能为将来法律调整提供一些基础。

7.06　品牌与商誉

品牌相关权利保护企业的商誉。[53] 商誉通常被认为是无形财产 [54] 或业务资产 [55] 的一种形式，但尚不清楚其能否作为财产的一种形式受到诸如《欧盟运行条约》第 36 条、第 345 条，《欧洲人权公约》第一议定书第 1 条，或《尼斯宪章》第 17 条第 2 款等条款的保护。[56]

在欧盟竞争法中，商誉过去更多地被认为是一种事实，而不是财产的一种形式。[57] 然而，专有技术过去同样被如此认为，但在最近欧盟竞争法的适用中得到了与专利或其他毋庸置疑作为知识产权的权利同等的待遇。[58]

商标曾经被认为不能与拥有它的企业分离单独转让，或至少商誉不能。[59] 然而，现在一个共同体商标对其注册的部分或全部产品可以与企业

---

[49] 这看上去也与 2005/29 指令序言第 14 段相冲突，该条款在 84/450 指令（现被 2006/114 指令取代）的修改中取代了相关条款，相关讨论见 7.16—7.17。

[50] *L'Oréal v Bellure* §18, EWCA（2010）.

[51] 欧盟委员会最初的提议 [COM（2013）161 and 162 final] 中申明适用 2008/95 指令第 5 条第 1 款与 207/2009 条例第 9 条第 1 款（a）项和（b）项中的"典型"违背行为限于影响商标保证消费者识别商品或服务来源的功能或对影响负有责任。然而，这些提议并未限制 2008/95 指令第 5 条第 2 款和 207/2009 条例第 9 条第 1 款（c）项中的"扩展性"违背行为的范围，并且这一区分"典型"违背行为的提议在著此章时并未出现在修改后的提议中。

[52] C-493/09 *Pierre Fabre* judgment §46, CJ.

[53] 在英国和爱尔兰，禁止仿冒行为的基础被明确认定为存在于所有人的商誉权中，见 *Erven Warnink v Townend*, UKSC; *Waterman v CBS*, EWHC; *Allergan Inc v Ocean Healthcare Ltd*, IHC。

[54] 英国和爱尔兰法律对此的认可，见 *IRC v Muller's Margarine*, UKSC; *Spalding v Gamage*, UKSC; *Warnink v Townend*, UKSC; *Waterman v CBS*, EWHC; *Budejovicky Budvar v Anheuser-Busch* §53, EWCA（2012）。

[55] 见 2013/34 指令第 12 条第 1 款，附录 III.C.I.3，以及附录 IV.C.I.3。

[56] 与这些条款相关的讨论，见第一章 1.05 和 1.47。

[57] 76/743 *Reuter/BASF* §II.3（a）, EuC.

[58] 见第一章 1.25。

[59] 参见 Lord Nicholls 在 *Scandecor Developments v Scandecor Marketing* §§20–35, UKSC 中对英国法历史回顾所做的发言。

分离进行单独转让，[60] 欧盟立法也不禁止在成员国注册的商标与企业分离单独转让，[61] 只要（在这两种情况中）商标不被用作欺诈。[62]

379 同样，一个共同体商标或成员国商标可以自由地被企业许可使用，[63] 只要商标不被用于欺诈。[64]

（三）注册商标

> 获得一个好名声是可能的但只是少数。一个好名声，即使在最商业化的国家中，也是少数不能买到的东西之一。它是人们给予的赠品，在获得它之前其值当性必须先受到认可，最终人们不情愿地将好名声赠与。但这种不情愿更增加了那些相信自己的优点足够克服这些不情愿的人们获取好名声的欲望。[65]

7.07　在欧盟获得保护的条件

能够将某一企业的货物或服务 [66] 与其他企业 [67] 的区分开来的标志能

---

[60] 207/2009 条例第 17 条。

[61] C-9/93 *Ideal-Standard* judgment §§21–31，CJ. 英国立法明确规定商标可以在没有商誉的情况下转让：1994 年《商标法案》（Trade Marks Act）第 24 条。

[62] 207/2009 条例第 17 条第 4 款和第 51 条第 1 款（c）项；2008/95 指令第 12 条第 2 款（b）项。与这些条款相关的问题在 *Scandecor Developments v Scandecor Marketing*，UKSC 中被提出但未解决。相关问题提起至欧盟法院但未作出判决，因为在宣判前以双方和解告终。另参见 C259/04 *Emanuel v Continental Shelf 128*，CJ。

[63] 207/2009 条例第 22 条；2008/95 指令第 8 条第 1 款。

[64] 见脚注 62。

[65] Samuel Johnson，'Marriages，why advertised'，*The Idler*，Essay 12，*Universal Chronicle*（1758）.

[66] 曾经只有商品能够注册商标，但欧盟和国际立法现在规定，与商品有同一基础，针对服务的商标同样受保护：2008/95 指令第 2 条；207/2009 条例第 4 条；《与贸易有关知识产权协定》第 15 条第 1 款。当引入针对服务的注册商标时，"服务商标"（service marks）这一术语被用来形容与服务相关的标志，而"商标"（trade marks）这一术语被保留作为形容与商品相关的标志。然而，通常两者都被称作"商标"（trademarks），本书也遵循这一惯例。

[67] 2008/95 指令第 2 条；207/2009 条例第 4 条。

够在欧盟中被成员国[68]和/或[69]欧盟[70]注册[71]商标所保护，只要满足欧盟法规定的条件，这些条件分别规定在《欧盟商标指令》(EU Trademark Directive)、[72]正在统一中的成员国商标法以及《欧盟商标条例》(EU Trademark Regulation)中，[73]这些法规共同建立起欧盟商标制度。著本章时，修改欧盟商标指令和条例的提议正在经过欧盟立法程序审议。[74]

根据这些欧盟立法，[75]特别是在下述情况下，一个标志不能被注册 380
为有效的商标：[76](1)如果它在相关领土范围内[77]未获得一个可区分的特征；[78](2)如果其只由一个根据货物性质产生的形状[79]构成，或只由一个取得技术成果或赋予产品实质价值所必需的形状构成；[80](3)如果该标志

---

[68] 在涉及比利时、荷兰和卢森堡(Benelux)的案例中，统一商标得以根据比荷卢统一商标法在三国联合领土内注册。

[69] 一个企业可以选择其中之一或共同适用同时存在的两个制度体系；C-9/93 *Ideal-Standard* judgment §56，CJ；参照欧盟制度在保护针对农产品和食品原产地标志、地理标志方面的可用尽性质，将在7.27中进一步讨论。

[70] 针对《欧盟商标条例》提出的修改案(脚注74)，将“共同体商标”(Community trade marks)修订为“欧盟商标”(EU trade marks)。

[71] 要作为注册商标得到保护，该标志或作为成员国商标，必须在成员国商标管理机构注册；或作为共同体商标，必须在内部市场统一商标局[Office for Harmonization in the Internal Market(OHIM)]注册；或作为共同体商标或加入《关于国际商标注册的马德里协议议定书》(Protocol to the Madrid Agreement concerning the International Registration of Marks)的成员国商标，必须在国际知识产权组织国际局(International Bureau of WIPO)注册。

[72] 2008/95指令。

[73] 207/2009条例。

[74] 欧盟委员会最初的提议已公开出版：COM(2013)161和162 final，但之后经过修订。要获得已更新的内容，读者应参阅欧盟预备法案相关数据库及在EurLex网站查阅已通过的欧盟立法。

[75] 条例主要的实体条款与指令的相应条款相一致。

[76] 进一步例外，见2008/95指令以及207/2009条例完整条款，包括修订后条款(见脚注74)。要了解这些例外在实践中的适用，以及与扩展判例法相关的信息，需参阅专门著作。

[77] 一个商标可以在某一成员国合法注册，只要其具有区分性，即使它在另一成员国中可能被认定为描述性商标：T-6/01 *Matratzen Concord v OHIM* §§54–55，GC。

[78] 2008/95指令第3条第1款(b)—(d)项和第3条第3款；207/2009条例第7条第1款(b)—(d)项、第7条第3款、第51条第1款(b)项、第52条。另有使用这些条款的扩展性判例法，需参阅专门著作。

[79] 著本章时修改提议(见脚注74)对这一例外进行了扩展，包括其他货物性质及形状。

[80] 2008/95指令第3条第1款(e)项；207/2009条例第7条第1款(e)项和第52条；在C-299/99 *Philips v Remington*，CJ中得到解释；C-48/09P *Lego Juris v OHIM*，CJ；C-205/13 *Hauck v Stokke*，CJ。

具有欺诈性；[81]（4）如果该标志属于之前已经注册的权利范围内，且未获得所有权人同意。[82]

如果出现第一章 1.24 段描述的情形，注册商标也可以被部分或全部撤销。特别需要注意的是，不使用商标可能导致被部分撤销，影响权利的合法范围。

7.08　地域性

国家商标具有地域性，[83] 授予相关者在国家领土内使用同样或相似标志的权利。

国家商标的独立性经国际公约认可，[84] 商标的功能必须根据其注册的成员国领土范围进行评估。[85] 在不同成员国中被不同所有者拥有的相同或相似的国家商标，可以独立地在各自的领土范围内，分别满足保证有关货
381 物出自同一来源这一商标功能，即使它们可能曾有共同的起源或曾被同一个公司所拥有。[86]

因此，如果两个商标曾经属于同一所有人，[87] 且商标所有权的分离并不是由违反欧盟竞争法的协议、行为 [88] 或其他变相限制成员国间贸易的行为 [89] 导致的，且两个商标所有权人之间不存在正在进行中的协商、质量控

[81] 2008/95 指令第 3 条第 1 款（g）项；207/2009 条例第 7 条第 1 款（e）项和第 52 条。

[82] 2008/95 指令第 4 条；207/2009 条例第 8 条和第 53 条；1151/2012 条例第 14 条第 1 款（另参见 C120/08 *Bavaria v Bayerische Brauerband*，CJ）；1234/2007 条例（经修订）第 1181 条第 1 款；110/2008 条例第 23 条第 1 款，另参见 7.10。早期权利可以被注册为商标或本立法中指明的其他权利。著此书时，一些针对 2008/95 指令和 207/2009 条例中相关条款的修改意见在欧盟立法程序立法草案中被提出，特别是保证欧盟立法与国际公约在原产地标志、地理标志、传统术语和传统认证特产等方面的一致性，见脚注 74 和 7.26—7.34。

[83] C-10/89 *HAG II* judgment §18，CJ；C-9/93 *Ideal-Standard* judgment §§21–22，48，51–52，CJ.

[84]《巴黎公约》第 6 条第 3 款；《制止商品产地虚假或欺骗性标记的马德里协定》（Madrid Agreement for the Repression of False or Deceptive Indications of Source of Goods）第 9 条第 2 款；C-9/93 *Ideal-Standard* judgment §§24–32，CJ。

[85] C-9/93 *Ideal-Standard* judgment §48，CJ.

[86] C-10/89 *HAG II* judgment §18，CJ；C-9/93 *Ideal-Standard* judgment §§37，48，CJ；比较参照 192/73 *Hag I*，CJ。

[87] C-10/89 *HAG II*，CJ；C-9/93 *Ideal-Standard*，CJ.

[88] 40/70 *Sirena v Eda*，CJ；144/81 *Keurkoop v Nancy Kean Gifts* judgment §§26–29，CJ.

[89] *Doncaster Pharmaceuticals Group v Bolton Pharmaceutical* §§79，92，EWCA.

制可能或其他经济关联，[90] 则本国内商标所有人可以援引在该成员国注册的国家商标，用来禁止在其他成员国内的另一独立企业在该成员国内市场进口或销售具有同一或类似标记的相关商品。

共同体商标具有统一的特征，[91] 可能被欧盟范围内不同地区的不同所有人持有。[92] 然而，它们同样具有地域性，由于它们的地理范围被限制在欧盟内，在欧盟以外的国家，它们独立于相应的商标。[93]

若一个商标在某区域被保护，则针对该区域内消费者进行的销售报价或广告行为同样属于该商标的保护范围，[94] 向该区域内消费者销售或交付产品也是如此。[95] 然而，仅仅在该区域可以访问的网站上提供销售产品并不属于该商标权保护的范围。[96]

7.09 在交易过程中使用

商标受欧盟法保护，但限于第三人“在交易过程中使用”同一或相似的标记，[97] 即在商业活动背景中，以经济利益为目的，而不能是在私人事务中，[98] 也不包括一个个体不在经济活动环境中进行的销售。[99] 382

广告客户使用关键词生成赞助商广告，若这些字词包含在互联网搜索引擎的搜索中，则被认定为广告客户在交易过程中使用了这些关键词，用于为商品或服务做广告，无论这些关键词是被广告客户还是第三方提供

---

[90] *Doncaster Pharmaceuticals Group v Bolton Pharmaceutical* §§80, 86–87, EWCA; 40/70 *Sirena v Eda*, CJ; 51/75 *EMI v CBS*, CJ; C-9/93 *Ideal-Standard* judgment §59, CJ.

[91] 然而，针对其所注册的商品或服务可以被部分转让，见 7.06。

[92] 207/2009 条例第 1 条第 2 款，该条例第 16 条第 1 款；C-9/93 *Ideal-Standard* judgment §55, CJ。

[93] C-9/93 *Ideal-Standard* judgment §32, CJ.

[94] C-324/09 *L'Oréal v eBay* judgment §§61–63, CJ.

[95] C-98/13 *Blomqvist v Rolex* judgment §§30–35, CJ; C-324/09 *L'Oréal v eBay* judgment §67.

[96] C-324/09 *L'Oréal v eBay* judgment §64, CJ.

[97] 207/2009 条例第 9 条第 1 款；2008/95 指令第 5 条第 1 款、第 5 条第 2 款；C-245/02*Anheuser-Busch* judgment §62, CJ; C-487/07 *L'Oréal v Bellure* judgment §57, CJ。然而，成员国可以为国家商标提供额外的保护，以对抗不以区分商品或服务为目的，无正当理由不公平利用标志或损害商标显著特征或声誉的行为；2008/95 指令第 5 条第 5 款。

[98] C-236 to 238/08 *Google France and Google* judgment §50, CJ; C-206/01 *Arsenal v Reed* judgment §40, CJ; C17/06 *Céline* judgment §17, CJ.

[99] C-324/09 *L'Oréal v eBay* judgment §§54–55, CJ.

的，[100] 甚至即使广告中并未显示这些关键词。[101] 然而，互联网搜索引擎的供应商，如果并未在其自身的商业交际中使用这些关键词，则不能说其行为属于欧盟规定的商标所有人权利的立法条文范围内。[102]

在线上交易市场网站中，若一个标志在提供的销售中被使用，通常认为它是被商品的卖方使用，而非被线上市场的经营者使用，[103] 但若该标志被经营者用于线上市场的广告或通过市场销售的商品的广告中，则一般认定该标志被网站经营者使用。[104]

如果某一标志只是作为商店的名称使用，则不得用于商店销售的商品，[105] 同样，如果某人以只是作为包装的名称使用为目的，在给客户的操作指南上使用标有标志的包装，则不认定为该标志作为商标使用，但是其客户随后出售该产品可能属于商标权范畴。[106]

## 7.10　权利范围

商标仅可针对特定的商品或服务注册。[107] 在存在某些例外的情况下，[108] 注册商标的合法保护范围通常覆盖了在相关区域内的交易过程中使用以下标志 [109]：

a. 与注册商标相同的标志，[110] 使用在与商标所注册的相同商品或服务

---

[100]　C-236 to 238/08 *Google France and Google* judgment §§51–52, 60, CJ; C-278/08 *BergSpechte* judgment §18, CJ; C-324/09 *L'Oréal v eBay* judgment §§87–93, CJ.

[101]　C-236 to 238/08 *Google France and Google* judgment §§63–74, CJ; C-323/09 *Interflora v Marks & Spencer* judgment §§30–31, CJ.

[102]　C-236 to 238/08 *Google France and Google* judgment §§53–59, CJ.

[103]　C-324/09 *L'Oréal v eBay* judgment §§98–105, CJ.

[104]　C-324/09 *L'Oréal v eBay* judgment §§84–97, CJ.

[105]　C-17/06 *Céline* judgment §§19–24, CJ.

[106]　C-119/10 *Frisdranken Industrie Winters v Red Bull*, CJ.

[107]　见 7.07，脚注 66。

[108]　关于交易过程，见 7.09。

[109]　关于例外，见 7.13。

[110]　如果一个标记不加任何修改或附加地复制商标所包含的全部要素，或者总体上看，该标记仅包括很微小的不同，以至于该不同不能被一般消费者注意到，它可以被认定为与商标相同；C-291/00 *LTJ Diffusion v Sadas*, ruling, CJ。

之上，[111] 使用可能对该注册商标某一功能造成损害的。[112]

b. 与注册商标相同或相似的标志，使用在与注册商标所注册的相同或相似商品或服务之上，可能引起一般消费者混淆的 [113]（包括误认为该标志与注册商标可能存在联系，但相似必须足够大到引起混淆的程度）。[114] 383

c. 与注册商标相同或相似的标志，使用在与注册商标所注册的相同、相似 [115] 或不同商品或服务之上，如果注册商标享有一定声誉，而该使用无正当理由且属于不正当利用 [116] 或可能损害 [117] 该商标的显著特征或声誉的。[118] 在这种情况下，保护范围合法地延伸至可能引起相关行业公众认为该标志与注册商标存在一定关系或联系，即使不大可能引起混淆的情况。[119]

属于这一保护范围的在先商标的所有人 [120] 通常 [121] 有权对在后商标的

---

[111] 207/2009 条例第 9 条第 1 款（a）项，2008/95 指令第 5 条第 1 款（a）项。

[112] C-487/07 *L'Oréal v Bellure* judgment §§58–61 and ruling §2，CJ；C-206/01 *Arsenal Football Club v Reed* judgment §51，CJ；C-245/02 *Anheuser-Busch* judgment §59，CJ；C-48/05 *Adam Opel* judgment §§21–22，CJ（商标作为复制其原始产品的一部分被用于微型模型，不会损害商标的初始功能，上诉于 IZR 88/08 *Adam Opel v Autec*，BGH）；C-236 to 238/08 *Google France and Google* judgment §§49，82–99，CJ；C-323/09 *Interflora v Marks & Spencer* judgment §§34–43，CJ；C-98/13 *Blomqvist v Rolex* judgment §27，CJ。关于商标的功能，见 7.03—7.05。欧盟委员会提出修改，将 a 和 b 限制于可能影响初始功能的行为，但已经在当前修改立法的草案中被移除，见脚注 51。

[113] 207/2009 条例第 9 条第 1 款（b）项，2008/95 指令第 5 条第 1 款（b）项；C-251/95 *SABEL v Puma* judgment §23，CJ；C-324/97 *Lloyd Schuhfabrik Meyer v Klijsen Handel* judgment §25，CJ；C-210/96 *Gut Springenheide* judgment §31，CJ；*M&S v Interflora* §§107 ff，EWCA（5/11/2014）。已有适用这些条款的扩展判例法，参阅专门的著作，另参见脚注 112，关于欧盟立法提出的修改。

[114] C-251/95 *SABEL v Puma* judgment §18，CJ.

[115] 欧盟立法的相关条款规定使用于与注册商标所注册不相同的商品或服务之上，但经解释，同样适用于与注册商标所注册相同或相似的商品或服务之上，C-292/00 *Davidoff* judgment §30，CJ；C-408/01 *Adidas-Salomon* judgment §§18–22，CJ；C-102/07 *Adidas* judgment §37，CJ；C487/07 *L'Oréal v Bellure* judgment §35，CJ；C-323/09 *Interflora v Marks & Spencer* judgment §68，CJ 已提出的修改将确认这一解释，见 7.07 和脚注 74。

[116] 关于“不正当利用”的含义，见 7.14，关于其在比较广告中的适用，见 7.16—7.17。

[117] 关于“损害”的含义，见 7.15，关于其在比较广告中的适用，见 7.16—7.17。

[118] 207/2009 条例第 9 条第 1 款（b）项，2008/95 指令第 5 条第 2 款。欧盟成员国针对国家商标可以选择是否规定这一扩展保护，但大部分成员国已选择规定。

[119] C-252/07 *Intel v CPM* judgment §§36–37，CJ；C-323/09 *Interflora v Marks & Spencer* judgment §71，CJ.

[120] 即一个标记在相关地域在早先已被保护。

[121] 有不同的条件，例如存在默认（207/2009 条例第 54 条；2008/95 指令第 9 条）或在欧盟立法生效之前的注册（2008/95 指令第 4 条第 6 款和第 5 条第 4 款）。

注册和使用提出质疑。[122]

384 另一方面，如果不存在以上冲突，则不同所有人可以在同一区域内针对不同产品使用和注册相同或相似的商标。在这种情况下，欧盟法似乎认可了这样在其中之一产品上使用标志的方式仍然满足商标确保该产品生产是在商标所有人的控制之下这一功能。

### 7.11 在互联网搜索引擎中使用关键词

当关键词用于搜索引擎时，使用与某一商标相同的关键词来产生赞助广告，如果该广告并不能使具有合理的相关知识和观察能力的互联网用户，在无困难的情况下确定被广告的商品或服务是否源自商标所有者或源自与商标所有者具有经济联系的企业或源自第三方，则通常被认为有可能对商标的初始功能产生不利的影响。[123] 在这种情况下（但其他情况下不如此），这种使用同样可能损害商标的显著特征，从而符合前一段中所描述的第三种商标侵权。[124]

这种使用不会对商标的广告功能造成不利影响，即使它可能使商标所有人做广告更加昂贵或更加烦琐，[125] 但它可能对于商标的投资功能造成不利影响，如果它实质上干扰了商标所有人使用商标来获取或维持能够吸引消费者并维持消费者忠诚的声誉。[126]

### 7.12 被许可人违反合同条款的使用

在欧盟法中，一个商标的所有人可以援引该商标来对抗被许可方违反以下许可合同条款的行为：关于期限、使用标志的形式、许可涉及的商品或服务范围、标记使用的区域范围或被许可方所生产商品或所提供服务的质量等条款。[127]

---

[122] 207/2009 条例第 8 条；2008/95 指令第 4 条；C561/11 *Fédération Cynologique Internationale v Federación Canina Internacional*，CJ（在后注册不能构成侵权的理由）。关于在后商标的侵权和注册对应的保护，见 C-425/98 *Marca Mode* judgment §§25–28，CJ；C-533/06 *O2 Holdings v Hutchison 3G* judgment §65，CJ；C-252/07 *Intel v CPM* judgment §§24–25，CJ。

[123] C-236 to 238/08 *Google France and Google* judgment §§82–99，CJ；C-558/08 *Portakabin* judgment §54，CJ；C324/09 *L'Oréal v eBay* judgment §94，CJ；C-323/09 *Interflora v Marks & Spencer* judgment §§44–53，CJ.

[124] C-323/09 *Interflora v Marks & Spencer* judgment §§76–83，CJ.

[125] C-323/09 *Interflora v Marks & Spencer* judgment §§54–59，CJ；C-236 to 238/08 *Google France and Google* judgment §§94–98，CJ.

[126] C-323/09 *Interflora v Marks & Spencer* judgment §§60–66，CJ.

[127] 2008/95 指令第 8 条第 2 款；207/2009 条例第 22 条第 2 款。

这些条款详尽列举了在何种情况下一个商标能够被援引对抗被许可方。[128] 然而，奢侈品的质量既包括其诱惑力和声望形象，也包括其材料特性。[129] 因此，被许可方违反许可合同，在商标所有人选择的分销商网络范围之外向折扣代销商销售产品的行为，如果损害了产品的奢侈品光环，可能构成侵犯商标权。[130] 如果这种损害成立，同样为商标所有人提供了一个合法理由来反对该产品在欧盟内进一步商品化销售，即使该销售是由被许可方投放市场的。[131] 385

7.13　例外

上文中所描述的保护范围具有以下例外情况：个人使用自身的姓名或地址；[132] 使用指示产品特征的标志；[133] 需要用来表明产品用途的标志，特别是用来表明商品附件或备件用途的商标，[134] 前提是（在每个个例中）该使用符合商业诚实惯例。[135] 例外同样存在于信息社会例外和权利穷尽情形中。[136]

7.14　不正当利用

不正当利用某商标的显著特征或声誉（寄生或搭便车）包括第三方通过转换产品形象或特征来利用他人成功的产品标志，[137] 即使该行为并未损

---

[128] C-59/08 *Copad v Christian Dior* judgment §§17–20, CJ.

[129] C-59/08 *Copad v Christian Dior* judgment §§24–26, CJ; T-88/92 *Leclerc v Commision* §§108–109, GC.

[130] C-59/08 *Copad v Christian Dior* judgment §§27–31, CJ.

[131] C-59/08 *Copad v Christian Dior* judgment §§54–59, CJ; 另参见第一章 1.69。

[132] 207/2009 条例第 12 条（a）项，2008/95 指令第 6 条第 1 款（a）项。已提出的修改意见将这些例外限于自然人的全名、姓名和地址，见 7.07 和脚注 74。

[133] 207/2009 条例第 12 条（b）项，2008/95 指令第 6 条第 1 款（b）项，这一例外不限于描述性条款，但在微型模型上对某商标的复制不属于该范畴；C-48/05 *Adam Opel v Autec* judgment §§42–45, CJ。已提出的修改意见将增加无显著性标志和标记，见 7.07 和脚注 74。

[134] 207/2009 条例第 12 条（c）项，2008/95 指令第 6 条第 1 款。已经提出对这些条款的修改，见 7.07 和脚注 74。

[135] 207/2009 条例第 12 条，2008/95 指令第 6 条第 1 款。已经提出对这些条款的修改，见 7.07 和脚注 74。

[136] 关于信息社会例外，见第一章 1.57。关于权利用尽，见 7.18—7.25 和第一章 1.59—1.75。

[137] C-487/07 *L'Oréal v Bellure* judgment §§41, CJ; C-323/09 *Interflora v Marks & Spencer* judgment §74, CJ.

害商标或商标所有人。[138]

出现以下情况时，利用行为不正当：第三方试图利用某商标的成功来增加自身吸引力、声誉和威望，该利用行为并没有为商标所有人创造和维持自身形象所做出的营销工作付出相应报酬；[139] 或者，利用比较广告获取
386 优势，[140] 在广告中介绍该产品是受保护商标产品的仿制品；[141] 或者，广告人使用相同或相似标志作为关键词在搜索引擎产生赞助广告，当人们搜索相关产品关键词时，其产品作为商标所有人在此商标下所提供产品的仿制品出现。[142]

另一方面，人们认为，当模型的生产商在模型之上使用自己品牌的情况时，在微型模型上使用商标作为对原始产品真实复制的一部分并不构成不正当利用相关商标的声誉。[143]

### 7.15　损害

对商标显著特征的损害（淡化 *dilution*）发生在通过降低该商标在公众心目中的形象和影响，使人们对于注册在该商标下相关产品的识别能力减弱的情况下，[144] 即使识别能力并未完全消失。[145]

损害商标的声誉（丑化 *tarnishing*）发生在使商标吸引能力下降的情况下，或者第三方在相同或相似商标下提供产品，而该产品具有对产品形象可能产生消极影响的特征或质量。[146]

---

[138] C487/07 *L'Oréal v Bellure* judgment §§43, 50, CJ.

[139] C-487/07 *L'Oréal v Bellure* judgment §§49–50 and ruling §1, CJ; C-236 to 238/08 *Google France and Google* judgment §§100–105, CJ; R308/20031 *Mango Sport System v Diknah* §§19, 33–37, OHIM TBA.

[140] 关于比较广告的一般讨论见 7.16—7.17。

[141] C-487/07*L'Oréal v Bellure*judgment §§79–80, CJ（香水被介绍为等值于知名品牌产品）；但同时应参照 2005/29 指令序言第 14 段："本指令目的不在于通过禁止与其他商品看上去相似商品促销从而减少消费者选择，除非这一相似可能导致消费者混淆产品的商业来源，因此造成误导。"然而，已提出的立法修改似乎确认上案的判决，并将其扩展至任何不符合 2006/114 指令规定的比较广告，见 7.07 和脚注 74。

[142] C-323/09 *Interflora v Marks & Spencer* judgment §§84–95, CJ.

[143] IZR 88/08 *Adam Opel v Autec*, BGH.

[144] C-487/07 *L'Oréal v Bellure* judgment §39, CJ.

[145] C-323/09 *Interflora v Marks & Spencer* judgment §§73, 76–77, CJ.

[146] C-487/07 *L'Oréal v Bellure* judgment §40, CJ; C-323/09 *Interflora v Marks & Spencer* judgment §73, CJ.

## 7.16　比较广告

某商人在广告中使用与竞争对手商标相同或相似的标志，并将其各自的产品进行比较的行为未被排除出注册商标保护的合法范围。[147] 然而，如果这一使用满足了 2006/114 指令第 4 条[148] 中关于误导性和比较性广告[149] 387
规定的所有条件，[150] 注册商标的所有人也无权阻止他人在比较广告中使用相同或相似的标志。[151]

这些规定的目的是通过允许竞争对手客观地突出同类产品的优点来激励竞争，同时禁止可能扭曲竞争、损害竞争对手或对消费者选择有不利影响的做法。[152] 因此，对它们的解释必须能最大限度地允许广告客观比较产品特性，同时确保比较广告不被反竞争、不公平或不利于消费者利益地使用。[153]

## 7.17　允许比较广告的条件

在 2006/114 指令第 4 条中规定的允许比较广告的条件是：

a. 不具有误导性。[154]

b. 比较的是满足相同需求或针对相同使用目的的产品。

c. 客观地对比了产品的一个或多个重要的、相关的、可验证的和具有代表性的特征，包括价格。

d. 不质疑或诋毁竞争对手的商标、商号、其他区分性标志、产品、活动或状况。

---

[147]　C-533/06 *O2 Holdings v Hutchison 3G* judgment §§29–37，CJ；C-487/07 *L'Oréal v Bellure* judgment §§52–53，CJ.

[148]　经 97/55 指令和 2005/29 指令修订，取代 84/450 指令第 3a 条。

[149]　C-533/06 *O2 Holdings v Hutchison 3G* judgment §45，ruling §1，CJ；C-487/07 *L'Oréal v Bellure* judgment §54，CJ；2006/114 指令序言第 13—15 段。

[150]　相关条件见 7.17。

[151]　在 2006/114 指令中定义的比较广告包括含有涉及对竞争对手或其产品暗示的声明的广告，2006/114 指令第 2 条（c）项；C-112/99 *Toshiba Europe* judgment §§30–31，CJ；C-44/01 *Pippig Augenoptik* judgment §35，CJ；C-381/05 *De Landtsheer Emmanuel* judgment §16，CJ；C-533/06 *O2 Holdings v Hutchison 3G* judgment §§42–43，CJ；C-487/07 *L'Oréal v Bellure* judgment §52，CJ；参见 7.43。

[152]　C-487/07 *L'Oréal v Bellure* judgment §68，CJ.

[153]　C-487/07 *L'Oréal v Bellure* judgment §69，CJ；C-381/05 *De Landtsheer Emmanuel* judgment §35，CJ；C-112/99 *Toshiba* judgment §37，CJ；C-44/01 *Pippig* judgment §52，CJ.

[154]　构成误导性广告的条件在 2006/114 指令第 2 条（b）项、第 3 条、第 8 条第 1 款以及 2005/29 指令第 6 条、第 7 条中可以找到，见 7.41 和 7.43。

e. 对于具有原产地标志的产品，[155] 每件产品都具有相同的原产地。

f. 没有不正当地利用竞争对手的商标、商号或其他区分性标志，或竞争产品的原产地标志。[156]

g. 没有明确或隐含地将产品介绍为具有受保护商标、商号产品的仿制品或复制品，无论是作为一个整体还是一个基本特征，无论广告上的产品是不是仿冒品，无论广告是否具有误导性或可能制造混淆。[157]

h. 在交易者之间不会制造关于广告人和竞争者，广告人和竞争者商标、商号或其他区分性标志，以及广告人和竞争者产品之间的混淆。[158]

388 7.18 权利用尽

如同第一章中所讨论的，当标识某商标的产品在欧洲经济区范围内被商标所有人投放市场，或经商标所有人同意投放市场，或被与商标所有人有经济联系的企业投放市场，则商标所有人的权利原则上用尽，通常无权再控制商品随后的销售。[159] 现在将进一步讨论所有人权利在相关商品的广告、[160] 更换品牌、重新贴标、重新包装 [161] 和移除包装 [162] 方面的合法保护范围。

7.19 注册商标所有人商品的广告

如果某产品被商标所有人投放或经商标所有人同意投放在欧洲经济区市场内，[163] 且转售人公平地保护了商标所有人的合法利益，[164] 那么援引

---

[155] 关于原产地标志，见 7.26—7.30。

[156] 本条应当与欧盟商标立法中相似条款作相同的解释，见 7.14：C-487/07 *L'Oréal v Bellure* judgment §75，CJ。

[157] C-487/07 *L'Oréal v Bellure* judgment §§73-76，CJ.

[158] 本条款中“混淆”这一术语应当与欧盟商标立法中相似条款作相同解释，见 7.10：C-533/06 *O2 Holdings v Hutchison 3G* judgment §49，CJ。

[159] 第一章 1.59—1.75。

[160] 7.19。

[161] 7.20—7.24。

[162] 7.25。

[163] 2008/95 指令第 7 条；207/2009 条例第 13 条；337/95 *Parfums Christian Dior v Evora*，CJ；C63/97 *Bayerische Motorenwerke v Deenik* judgment §§47-55，CJ。尚不清楚在著作权所有者是并不涉及产品的任何生产或质量的平面设计师时，本条款如何适用。另参见 C-384/93 *Alpine Investments v Minister van Financien*，CJ（为保护产品声誉而限制促销被正当化，被认定为强制性要求）。

[164] C-63/97 *Bayerische Motorenwerke v Deenik* judgment §52，CJ；C-228/03 *Gillette v LA-Laboratories* judgment §41，CJ.

商标权或著作权来禁止第三方复制产品的商标或图像用于转售广告是不正当的。

商标或图像的使用在以下情况下不应被视为履行了公平保护商标人合法利益的义务：如果它严重损害了商标的信誉；[165] 如果它可能给人以一种不准确的印象，那就是转售人与商标人之间具有商业联系；如果它通过不正当利用商标的显著特征或声誉来影响商标的价值；如果它败坏或诋毁了商标；如果另一产品被介绍为标识该商标产品的仿制品或复制品。[166]

在重新包装部分中讨论的考虑因素 [167] 也可能与之相关。

在没有增加或变更的情况下使用商标，且只根据交易业务的方法和范
围，被认定为是通过合理的途径使用商标，这一义务被认定为仅仅是授予
商标所有人保护范围的附带，因此不属于《罗马条约》第 85 条（现《欧 389
盟运行条约》第 101 条）的规制范畴。[168]

7.20　对商标所有人商品进行更换品牌、重新贴标以及重新包装

原则上，商标的具体内容包括，针对被所有人或获得所有人许可而投放于欧洲经济区市场内的产品，有权反对在该产品上使用商标，即使没有证据显示该行为对商标所有人或该标志造成了实际损失，[169] 除非是以下情况：使用的是另一个标志；[170] 使用的是同一标志但不同包装；[171] 或者，使用

[165] 337/95 *Parfums Christian Dior v Evora* judgment §§54，58，CJ；C-63/97 *Bayerische Motorenwerke v Deenik* judgment §49，CJ；比较参照 C-59/08 *Copad v Christian Dior* judgment §§52–59，CJ，在相关条文中，“严重”这一词被省略了。

[166] C-228/03 *Gillette v LA-Laboratories* judgment §§40–49，CJ；C-63/97 *Bayerische Motorenwerke v Deenik* judgment §§51–54，63，CJ.

[167] 见 7.20—7.24。

[168] 75/73 *Bayerische Moteren Werke* §§3（xii），21，EuC，另见 7.12。

[169] C-143/00 *Boehringer Ingelheim* judgment §30，CJ；C-348/04 *Boehringer Ingelheim* judgment §15，CJ.

[170] 3/78 *Centrafarm v American Home Products* judgment §17，CJ；C-379/97 *Pharmacia & Upjohn v Paranova* judgment §17，CJ；见第一章 1.48。

[171] 102/77 *Hoffmann-La Roche v Centrafarm* judgment §8，CJ；C-232/94 *MPA Pharma v Rhône-Poulenc*，CJ；C-143/00 *Boehringer Ingelheim v Swingward* judgment §§13–14，28–35，CJ. 在 1/81 *Pfzer v Eurim-Pharm*，CJ 中似乎判定商标权的具体保护范围不包括反对将具有初始包装的产品附件放入未加标志的附加包装中的权利，但其与之后 C-348/04 *Boehringer Ingelheim* judgment §§22–32，CJ 的判决不一致。

的是同一包装，但包装上的标签被替换[172]或在其上附加了另外的标签。[173]

然而，商标所有人合法权利不包括反对在以下几种情况下使用该标志：（1）商标所有人以分割内部市场为目的在不同成员国内采用不同标志；[174]（2）反对在更换包装后的产品之上使用标志可能造成人为分割内部市场[175]（无论故意与否），[176]并且商标所有人的合法利益已经得到保护。[177]

390 人们认为相似原则同样适用于援引著作权来反对在重新包装时复制供应者的艺术或文学作品的行为。[178]

在重新包装时借助原产地标志在一些情况下是合法的。[179]

关于移除包装的讨论将在之后进行。[180]

### 7.21　人为划分的情况

如果重新包装或重新贴标[181]对于在相关成员国[182]市场内任何环节进行有效销售产品是客观必要的，例如，由于成员国关于包装、标签或报销医疗费用的规定，或由于很大一部分消费者足够强大的阻力等，那么，反对在为产品重

---

[172] C-349/95 *Loendersloot v Ballantine* judgment §27, CJ.

[173] C-143/00 *Boehringer Ingelheim* judgment §§7, 14, CJ; C348/04 *Boehringer Ingelheim* judgment §§22–32, CJ. 另参见 *Sportswear v Stonestyle*, EWCA（将识别码从吊牌或标签中移除）。

[174] 3/78 *Centrafarm v American Home Products* judgment §17, CJ. 普遍认为这一主张仍然有效，尽管有人可能主张其在欧盟法院随后 C-379/97 *Pharmacia & Upjohn v Paranova* 一案中被反对人为分割市场这一准则所取代。

[175] 关于构成“人为分割”的条件，见 7.21。

[176] 427, 429, 435/93 *Bristol-Myers-Squibb v Paranova* judgment §57, CJ; C-379/97 *Pharmacia & Upjohn v Paranova* judgment §18, CJ.

[177] 102/77 *Hoffmann-La Roche v Centrafarm* judgment §§9–14, CJ; 427, 429, 435/93 *Bristol-Myers-Squibb v Paranova* judgment §§49–79, CJ（以及同期案例 C-71, 73/94 *EurimPharm v Beiersdorf*, CJ, C-232/94 *MPA Pharma v Rhône-Poulenc Pharma*, CJ）; C-349/95 *Loendersloot v Ballantine* judgment §28, CJ; C-143/00 *Boehringer Ingelheim v Swingward* judgment §§14, 32, CJ; C-348/04 *Boehringer Ingelheim* judgment §§17–19, CJ。关于保护所有者合法权益的要求，见 7.22—7.24。

[178] 参照 337/95 *Parfums Christian Dior v Evora* judgment §§55–59, C。

[179] 见 7.29。

[180] 见 7.25。

[181] 只要证明重新包装或重新贴标是必要的即可，无需中间人证明重新包装或重新贴标所采用的方式或形式是必要的：C-348/04 *Boehringer Ingelheim* judgment §§33–39, CJ; C-276/05 *The Wellcome Foundation v Paranova* judgment §§25–30, CJ; E3/02 *Paranova v Merck*, EFTA。但如果仅仅重新贴标即可，则重新包装并不能被认为是必要的；见下段和脚注 184。

[182] 即产品进口或销售的目标成员国：C-379/97 *Pharmacia & Upjohn v Paranova* judgment §43, CJ; C-143/00 *Boehringer Ingelheim v Swingward* judgment §46, CJ。

新包装或重新贴标时使用商标这一行为被认为可能导致人为分割内部市场。[183]

另一方面，权利人反对在更换包装后的产品上使用商标在以下情况中不被认为将导致内部市场的人为划分：（1）如果产品被重新包装，或当产品在原始包装之上附加额外标签就能在相关成员国有效销售时，原始标签被移除、替换；（2）如果重新包装的行为只能被解释为平行进口商意图获得商业利益；[184]（3）如果重新贴标或重新包装删除了具有合法目的的识别码，即使这些识别码同样被商标所有人用于减少平行进口。[185]

7.22 商标所有人的合法权益 391

特别需要注意的商标所有人合法权益包括，产品的原状不被影响，包装的变更不会损害商标或所有人的声誉，[186] 以及所有人保护自身不被假冒的能力不被削弱等。[187]

7.23 保护商标所有人合法权益的条件

当平行进口商证明[188]本节下述的所有条件同时得到满足，而在制药产品的案件中，进一步满足下一节列出的所有条件时，可以说是商标所有人的合法权益在重新包装或重新贴标的背景下得到了充分保护：

a. 包装的更换（包括加入任何新的说明、信息或物品）不会对产品的

---

[183] 427, 429, 435/93 *Bristol-Myers-Squibb v Paranova* judgment §§54–56, CJ; C-349/95 *Loendersloot v Ballantine* judgment §§35–36, 44–46, CJ; C-379/97 *Pharmacia & Upjohn v Paranova* judgment §§19, 42–46, CJ; C-143/00 *Boehringer Ingelheim v Swingward* judgment §§15, 45–52, CJ; *Speciality Europe Pharma v Doncaster Pharmaceuticals*, EWCA（平行进口商无法发展自己的品牌）。

[184] 427, 429, 435/93 *Bristol-Myers-Squibb v Paranova* judgment §§54–56, CJ; C-349/95 *Loendersloot v Ballantine* judgment §§35–36, 44–46, CJ; C-379/97 *Pharmacia & Upjohn v Paranova* judgment §§19, 42–46, CJ; C-143/00 *Boehringer Ingelheim v Swingward* judgment §§15, 45–52, CJ.

[185] C-349/95 *Loendersloot v Ballantine* judgment §§39–43, CJ. 另参见 *Sportswear v Stonestyle*, EWCA（将识别码从吊牌或标签中移除）。

[186] C-349/95 *Loendersloot v Ballantine* judgment §§28–29, CJ; C-143/00 *Boehringer Ingelheim v Swingward* judgment §§16, 32, CJ. 保护声誉也可能被认定为属于高于内部市场自由贸易原则的强制性要求而正当化：见 C-384/93 *Alpine Investments v Minister van Financien*, CJ。另参见 7.29 中讨论的关于原产地标志的情形。

[187] 427, 429, 435/93 *Bristol-Myers-Squibb v Paranova* judgment §78, CJ; C-143/00 *Boehringer Ingelheim v Swingward* judgment §61, CJ. 另参见 C-108/01 *Consorzio del Prosciutto di Parma v Asda Stores* judgment §68, CJ。

[188] 证明责任在平行进口商一方，但是当平行进口商已经提供了导致合理推论相关条件已经满足的证据时，证明（a）和（e）的责任转移至商标所有人一方：C-348/04 *Boehringer Ingelheim* judgment §§52–54, CJ。

原状产生不利影响。[189]

b. 平行进口商预先合理地[190]通知商标所有人[191]有关销售产品变更后的包装。[192]

c. 在包装内任何附加或替代物品的来源已被充分标明。[193]

d. 考虑到产品的性质和产品供应的市场，更改后的包装上的产品陈述不应损害商标及其所有者的声誉。[194]

392 更换包装可能无法符合最后一个条件，例如（但不限于）包装是有瑕疵的、低质量的、不整洁的、可能贬损品牌产品的可靠性和质量等形象或可能减损原包装在相关公众中产生的激励购买效果。[195]取决于具体情况，它可能发生在使用没有商标所有者标志的外包装（移除标志 debranding）或使用进口商的品牌与商标所有人标志并列的外包装（双重标志 co-branding）将只承载了商标所有人标志的外部包装替换，[196]后者发生在例如新的外包装（错误地）暗示商标所有人和进口商存在关联的情况下。[197]

7.24　对制药产品商标所有人合法权益的额外保护条件

在制药产品重新包装的案例中，要保护商标所有人的合法权益，除上节中所列出的条件外，必须进一步满足以下条件：

---

[189]　关于制药产品的许多适用的考量在 427, 429, and 435/93 *Bristol-Myers-Squibb v Paranova* judgment §§58–66, CJ 中有所讨论。

[190]　提前 15 个工作日给予通知被认为对制药产品是足够的，且应同时在通知中提供已变更包装后的产品小样：C-143/00 *Boehringer Ingelheim v Swingward* judgment §67, CJ。

[191]　如果上表所有人从其他来源收到通知，则是不充分的：C-143/00 *Boehringer Ingelheim v Swingward* judgment §64, CJ。

[192]　C-349/95 *Loendersloot v Ballantine* judgment §49, CJ.

[193]　427, 429, 435/93 *Bristol-Myers-Squibb v Paranova* judgment §73–74, CJ. 尽管 C-349/95 *Loendersloot v Ballantine*, CJ 中不涉及相关问题，人们认为这一要求应同时适用于非制药企业，依据商标保证来源的本质功能。

[194]　427, 429, 435/93 *Bristol-Myers-Squibb v Paranova* judgment §§75–77, CJ; C-349/95 *Loendersloot v Ballantine* judgment §§33, 50, CJ; C-352/95 *Phytheron International v Jean Bourdon* judgment §23, CJ.

[195]　C-348/04 *Boehringer Ingelheim* judgment §§40–44, CJ.

[196]　C-348/04 *Boehringer Ingelheim* judgment §§45–47, CJ; *Boehringer Ingelheim v Swingward* §§81–84, EWCA (5/3/2004); *Boehringer Ingelheim v Swingward*, §§42–55, EWCA (21/2/2008).

[197]　C-348/04 *Boehringer Ingelheim* judgment §46, CJ; E-3/02 *Paranova v Merck*, EFTA; *Boehringer Ingelheim v Swingward* §44, EWCA.

e. 平行进口商必须在投放销售[198]之前提供已更换包装的产品小样（如有要求），并解释为什么更换包装是必要的，[199]当需要时指明原产国以评估更换的必要性。[200]

f. 在包装上必须标明更换包装的个人和厂商，指示必须足够清楚，使一般消费者能够理解，尽管不需具体标明更换是在没有厂商授权的情况下进行的。[201]

7.25　移除包装

如果权利人的商标附着在有关产品包装之上，被投放在欧洲经济区市场，该产品被转售，而转售过程中产品包装被移除，移除行为损害了产品形象进而可能损害商标声誉，或将导致基本信息被隐藏。例如，关于为销售产品负责的厂商或个人的信息，那么商标所有人有权反对转售有关产品的行为。不遵循欧盟和成员国现行立法的标签要求及这一不遵循可能导致 393
的刑事责任并不影响商标权的适用性。[202]

## （四）原产地标志，地理标志，传统规格，质量条款，集体标志和证明标志

7.26　欧盟法对原产地标志和地理标志的保护

一个地区、一个地点或例外情况下一个国家的名字可能被用于描述一

---

[198]　427，429，435/93 *Bristol-Myers-Squibb v Paranova* judgment §78，CJ；比较参照 C-349/95 *Loendersloot v Ballantine* judgment §§30，48，49，CJ；C-143/00 *Boehringer Ingelheim v Swingward* judgment §§61–68，CJ。

[199]　C-276/05 *The Wellcome Foundation v Paranova* judgment §§34–35，CJ.

[200]　C-276/05 *The Wellcome Foundation v Paranova* judgment §35，CJ.

[201]　427，429，435/93 *Bristol-Myers-Squibb v Paranova* judgment §71，CJ；C-348/04 *Boehringer Ingelheim* judgment §§31–32，CJ；比较参照 C-349/95 *Loendersloot v Ballantine* judgment §§30，48，49，CJ。

[202]　C-324/09 *L'Oréal v eBay* judgment §§78–83，CJ. 这只适用于保留在产品上的商标在包装后被移除的情况；对于彻底移除商标产品的转售不能被认定为侵权，因为该标志不再属于在交易过程中使用。

种合格的当地出产的农产品或食品，[203] 或葡萄酒，[204] 或酒精饮料，[205] 如果满足相关条件，它们可以作为原产地标志 [206] 或地理标志 [207] 经注册后被欧盟立法 [208] 所保护。

对于农产品和食品的原产地标志，产品的质量或特性必须本质上或完全地归因于特定的地理环境、其固有的自然和人为因素；它的生产、加工和准备工作必须在规定的地理区域进行。[209] 对于农产品或食品的地理标志，产品必须具有特殊的质量、声誉或可归因于其地理来源的其他特性；其生产、加工或准备必须在规定的地理区域内进行。[210]

---

[203]　合格的农产品和食品为列于《欧盟运行条约》附录 I 中，以人们消费为目的的农产品［列于 1234/2007 条例（经修订）附录 XIb 中的酒精饮料，芳香葡萄酒和藤制品除外，但葡萄酒醋不除外］；另外的产品被列于 1151/2012 条例附录 I 中；进一步可能被欧盟委员会判定包括的产品，见 1151/2012 条例第 2 条。

[204]　479/2008 条例（经修订，已被 1234/2007 条例取代）从根本上改变了欧盟在葡萄酒行业适用的体系，包括葡萄酒的名称，由此，所有保护这类名称的申请都必须经成员国和欧盟层面的细致审查；见 479/2008 条例序言第 5 段以及 C-31/13P *Hungary v Commission*（*Tokaj*）judgment §74，CJ。

[205]　酒精饮料在 110/2008 条例第 2—3 条中可以找到定义。酒精饮料的名称可以根据欧盟立法作为地理标志受到保护，但不能作为原产地标志受到保护。

[206]　“受保护的原产地标志”（‘Protected Designation of Origin’ or ‘PDO’）。

[207]　“受保护的地理标志”（Protected Geographical Indication or ‘PGI’）。

[208]　1151/2012 条例针对除葡萄酒和烈酒外的农产品和食品，见第 2 条第 2 款；1234/2007 条例（经 491/2009 条例修订）第 118a—118t 条，以及 607/2009 条例（根据 491/2009 条例第 3 条第 1 款，其中参照 479/2008 条例的部分如今被解释为参照 1234/2007 条例相关条款）针对葡萄酒，110/2008 条例第 15—23 条针对酒精饮料。

[209]　1151/2012 条例第 5 条第 1 款，同时参照阅读第 3 条第 7 款中产品生产步骤的定义。对于关于原料、动物饲料和屠宰的最后一项要求有一些特定的例外，见 1151/2012 条例第 5 条第 3 款和第 5 条第 4 款。

[210]　1151/2012 条例第 2 条第 1 款（b）项。由此，合格的地理标志与原产地标志的不同在于，仅仅其中之一的产品质量或特性或声誉（而非基本上全部的产品质量或特性）必须可归因于其地理来源；并且仅仅其中之一的生产、加工和准备必须在指定地区进行。

因与某植物品种或动物品种[211]相似而具有误导性的通用术语[212]和名称，或先前已注册的原产地标志或地理标志名称的同义词，[213]或与具有声誉的商标相似的标志[214]不能被注册为原产地标志或地理标志。然而，一旦在欧盟立法下注册为受保护的原产地标志或地理标志，该名称将不能再成为通用名称。[215] 394

大致相同的条件同样适用于葡萄酒类的原产地标志[216]和地理标志以及烈酒类的地理标志。[217]

欧盟委员会正在考虑将欧盟法中对于地理标志的保护扩展至非农产品以外产品的可能性。[218]

7.27 成员国对地理标志的保护

欧盟原产地标志和地理标志保护体系及其范围对于农产品和食品的名称和标志的保护是穷尽列举的，这些名称和标志将不能再被成员国立法或

[211] 1151/2012条例第6条第1款。"通用术语"在第3条第6款中被定义为，尽管与产品最初销售的地点、地区或国家有关，但本身已经成为欧盟某类产品的通用名称的一个术语。根据判例法对于之前立法相关条款的解释，一个名称在成为一种或一类产品的通用名称，以至于其地理来源和产品的特定质量或声誉的直接联系已经被打破时，可以被称为通用：465–466/02 *Germany and Denmark v Commission* judgment §§75–100，CJ；C-132/05 *Commission v Germany* judgment §53，CJ；C-446/07 *Severi v Regione Emilia-Romagna* judgment §50，CJ；C-343/07 *Bavaria v Bayerisches Brauerbund* judgment §107，CJ。

[212] 1151/2012条例第6条第2款。

[213] 1151/2012条例第6条第3款。

[214] 1151/2012条例第6条第4款。在C-343/07 *Bavaria v Bayerisches Brauerbund* judgment §§111–115，CJ中，基于此理由提出对于某个受保护的地理标志的质疑被驳回。

[215] 1151/2012条例第13条第2款。该条相对应的条款，即110/2008条例第15条第3款，在C-4，27/10 *BNIC* judgment §51，CJ案中得到适用。在注册申请悬而未决时，一个名称可能成为通用名称：C-446/07 *Severi v Regione Emilia-Romagna* judgment §47，CJ。

[216] 1234/2007条例（经修订）第118条b款、j款和k款。一种葡萄酒要有资格获得原产地标志，所使用的葡萄必须仅从标志的地区出产，并且品种属于Vitis vinifera；要获得地理标志，所使用的至少85%的葡萄必须从标志的地区出产，并且品种属于Vitis vinifera或属于Vitis vinifera和另一种Vitis品种葡萄的杂交品种。传统意义上使用的葡萄酒名称指的是（而非本身是）一个地理名称，该地理名称如果同时满足其他要求，有资格作为原产地标志。受保护的葡萄酒原产地标志和地理标志现在被收录于E-Bacchus数据库。

[217] 110/2008条例第15条、第19条、第23条第3款。欧盟立法中酒精饮料不能被原产地标志所保护。

[218] COM（2014）469 final.

不同的成员国立法范围所保护，[219] 除了基于成员国加入欧盟过渡的基础，
395 向欧盟委员会申请但尚未作出决定的情况，[220] 或除了依据某国在加入《罗马条约》或《欧盟运行条约》之前就与另一个欧盟成员国或非欧盟成员国签署的协定。[221]

然而，排除成员国保护并不适用于欧盟体系范围以外的名称，例如当在具体的质量、声誉或产品的其他特征与其具体的地理来源之间没有直接联系时，关于地理来源的简单和间接标志。[222] 这一标志可以被成员国立法或成员国与第三国之间的双边协议所保护，前提是：这些名称在起源国并未成为通用名称；[223] 根据成员国立法的保护不能削弱欧盟通过确保受保护产品具有特定质量或特性而对于原产地标志和地理标志的保护；它作为强制性要求，优先于欧盟成员国之间货物自由流动原则。[224]

同样有可能的是，欧盟针对葡萄酒 [225] 和烈酒 [226] 原产地标志与地理标志的立法保护在其范围内将被用于排除成员国立法。

7.28 作为知识产权的特点

原产地标志和地理标志，包括不被欧盟立法保护的简单和间接的地理来源标志，被认定为欧盟法意图保护的知识产权，前提是它们在起源国并

---

[219] 478/07 *Budejovicky Budvar v Rudolf Ammersin* judgment §§107–129, CJ; C-87/97 *Conzorzio per la Tutela del Formaggio Gorgonzola v Käserei Champignon Hofmeister* judgment §18, CJ; C-129, 130/97 *Chiciak and Fol* judgment §28, CJ; C-120/08 *Bavaria v Bayerischer Brauerbund* judgment §59, CJ; C-35/13 *Assica*, CJ.

[220] 1151/2012 条例第 9 条。

[221] 《欧盟运行条约》第 351 条；C-216/01 *Budejovicky Budvar v Rudolf Ammersin* judgment §§144–148, CJ。

[222] C-312/98 *Warsteiner Brauerei* judgment §§45, 50, CJ; C-216/01 *Budejovicky Budvar v Rudolf Ammersin* judgment §§53–54, 73–78, CJ; 478/07 *Budejovicky Budvar v Rudolf Ammersin* judgment §96, CJ; C-35/13 *Assica*, CJ.

[223] C-216/01 *Budejovicky Budvar v Rudolf Ammersin* judgment §§99–103, 107–111, CJ; C3/91 *Exportur* judgment §39, CJ; C-478/07 *Budejovicky Budvar v Rudolf Ammersin* judgment §§75–85, CJ; 12/74 *Commission v Germany*, CJ. 要判断标志是否在起源国成为通用名称，所依据的并非通用的属地原则，在某一国家能否获得保护取决于该国的实际情况：C-3/91 *Exportur* judgment §§12–13, CJ。

[224] C-35/13 *Assica*, CJ.

[225] 1234/2007 条例（经修订）第 118 条 a—t 款；607/2009 条例；比较参照 16/83 *Prantl*, CJ，在本案中，欧盟法院认为，早期更难以理解的立法并未排除国家保护，另参见 C-47/90 *Delhaize v Promalvin*, CJ; C-388/95 *Belgium v Spain*, CJ。

[226] 110/2008 条例。

未被认定为通用名称。[227] 当产品的质量、声誉或其他特征实质上可归因于它的地理来源时，地理标志在《与贸易有关知识产权协定》中同样被视为属于知识产权的范畴。[228] 396

7.29 原产地标志和地理标志保护的范围：规格

原产地标志和地理标志通常[229]是通过一种已注册的规格来保护的，它描述了产品的真实条件和特性。[230] 原产地标志要求产品在其生产的地区装瓶、切片或包装是正当的，如果为了赋予或保持产品的某种特性或声誉这是必要的以及适当的。[231]

7.30 原产地标志和地理标志保护的范围：名称的使用

在欧盟注册的农产品和食品原产地标志与地理标志将被保护以防止：

（1）在不符合注册的详述[232] 的同类产品[233] 或利用受保护名称的声誉的其他产品之上，包括被保护产品被用作原料时，对名称的直接或间接的商业使用。[234]

（2）滥用、模仿或唤起记忆，[235] 即使真正的产品来源已经有所标识或

[227] C-478/07 *Budejovicky Budvar v Rudolf Ammersin* judgment §§75–85，CJ；C-216/01 *Budejovicky Budvar v Rudolf Ammersin* judgment §§99，108，CJ；C-388/95 *Belgium v Spain* judgment §54，CJ；C-3/91 *Exportur* judgment §37，CJ；C-87/97 *Consorzio per la tutela del formaggio Gorgonzola* judgment §20，CJ；C-324/94 *Pistre* judgment §53，CJ；C-306/93 *SMW Winzersekt* judgment §23，CJ；12/74 *Commission v Germany* judgment §15，CJ；1151/2012 条例第 6 条第 1 款和第 13 条第 2 款；1234/2007 条例（经修订）第 118 条（k）项；110/2008 条例第 15 条第 3 款。

[228] 第 22—24 条，关于《与贸易有关知识产权协定》，见第一章 1.26 和 1.43—1.44。

[229] 在落入欧盟立法范围之外的所有成员国立法相关案件中，详述并非都是必要的。

[230] 见 1151/2012 条例第 7 条；1234/2007 条例（经修订）第 118 条 c 款；110/2008 条例第 17 条第 4 款。

[231] C-47/90 *Delhaize v Promalvin* judgment §18，CJ；C-388/95 *Belgium v Spain* judgment §§50–78，CJ；C-469/00 *Ravil v Bellon Import* judgment §51，CJ；C-108/01 *Consorzio del Prosciutto di Parma v Asda Stores* judgment §66，CJ.

[232] 见 7.29。

[233] 为了 110/2008 条例第 16 条（a）项中的相应规定，不同类别的酒精饮料被认定为“同类”：C-4，27/10 *BNIC* judgment §54，CJ。

[234] 1151/2012 条例第 13 条第 1 款（a）项。在先的 2081/92 条例相关条款对于非同类产品的适用性，在 T-53 to 56，58，59/04 *Budejovicky Budvar v OHIM* §§175–176，GC 中有所提及。欧盟委员会也发布了针对使用受保护的原产地标志或地理标志作为原料作为食品标签的指南。

[235] “唤起记忆”的含义包括被用于标识一种产品的某术语包含部分受保护的标志，以至于消费者面对它时，在他脑海中触发的印象是具有受保护标志的产品，这可能发生在产品具有视觉上的相似或类似的名字的情况下。

397 受保护名称是被翻译的或该名称伴随着“风格”“类型”“方法”“如……生产”“模仿”或类似的表达，[236] 包括被保护产品被用作原料时，即使不太可能引起混淆。[237]

（3）其他虚假或误导的标志[238] 或做法。[239]

然而，在注册名称中使用通用术语，除非是错误或具有误导性的使用，否则不会侵权。[240]

更广义的类似保护同样适用于在欧盟注册的葡萄酒和烈酒原产地标志与地理标志。[241]

国家针对简单和间接的地理来源标志的保护可以被合法地扩展至消费者不被误导的情况，[242] 但其他成员国中公平和传统的惯例必须受到尊重。[243]

7.31 葡萄酒的传统术语

传统意义上有某些术语用来表明某种葡萄酒具有受保护的原产地标志或地理标志，以及生产或酿酒方法、质量、颜色、地点类型或与其历史有关的事件，这些术语同样被欧盟法保护。[244]

7.32 传统认证特产

合格的农产品和食品[245] 的名称可以注册为“传统认证特产”，它们描

---

[236] 1151/2012 条例第 13 条第 1 款（b）项。对于之前的 2081/92 条例中相应条款有效性的质疑曾在 C-306/93 *SMW Winzersekt*, CJ 案中被拒绝。《与贸易有关知识产权协定》第 23 条要求世界贸易组织成员方为葡萄酒或烈酒地理标志提供这样的保护。

[237] C-87/97 *Consorzio per la Tutela del Formaggio Gorgonzola v Käserei Champignon Hofmeister* judgment §§25–30, CJ; C-216/01 *Budejovicky Budvar v Rudolf Ammersin* judgment §§99–103, CJ. 这一保护性对于赋予商标的保护更广泛，见 C-87/97 *Consorzio per la Tutela del Formaggio Gorgonzola v Käserei Champignon Hofmeister* judgment §§40–42, CJ，或《巴黎公约》第 10 条之二或《与贸易有关知识产权协定》第 22 条的要求。

[238] 1151/2012 条例第 13 条第 1 款（c）项。

[239] 1151/2012 条例第 13 条第 1 款（d）项。

[240] 1151/2012 条例第 13 条第 1 款最后一段。

[241] 1234/2007 条例（经修订）第 118 条 m 款；110/2008 条例第 16 条。这些条款在伴随术语的示例中也列出了包括“味道”和“相似”等并非避免针对滥用、模仿或唤起记忆的保护的术语，但并未明确排除涉及将受保护产品作为原料使用名称的行为。

[242] C-216/01 *Budejovicky Budvar v Rudolf Ammersin* judgment §75, CJ.

[243] 16/83 *Prantl* judgment §35, CJ.

[244] 1234/2007 条例（经修订）第 118 条 u—v 款。

[245] 符合资格的农产品和食品，见脚注 203。

述的是一种特殊的产品或食品，其生产、加工或构成与传统做法相对应，或由传统的原材料或原料生产。[246] 这一名称必须标识出产品的传统特性或特殊特性，或在传统上被用于指示特定产品。[247]

注册申请必须包含对产品的主要特点的具体描述，标明其具体的特点；生产方式，包括原材料的性质和特征；以及确立其传统特征的关键因素。[248] 398

注册的名称被保护以防止滥用、模仿、唤起记忆或任何其他可能误导消费者的做法。[249] 成员国同样必须确保产品的销售描述不能引起与注册名称混淆。[250]

7.33 可选质量条款

欧盟立法进一步规定了对于农产品和食品“可选质量条款”的保护，例如“山地产品”（mountain product）和“岛屿农产品”（product of island farming）。[251] 这些条款只能被用于描述符合欧盟委员会规定的使用条件的产品。[252] 这一立法并不禁止成员国针对欧盟立法所不包括的可选质量条款进行立法。[253]

7.34 集体标志、证明标志和保证标志

能够区分出企业协会成员产品的集体（Collective）标志，可以注册成为共同体商标[254]或成员国商标。[255] 能够区分出符合某些特定规定产品的证明（Certification）标志和保证（Guarantee）标志，[256] 可以在某些欧盟成员国内被注册为成员国商标。[257]

---

[246] 1151/2012 条例第 18 条第 1 款。

[247] 1151/2012 条例第 18 条第 2 款。

[248] 1151/2012 条例第 19 条第 1 款。

[249] 1151/2012 条例第 24 条第 1 款。

[250] 1151/2012 条例第 24 条第 2 款。

[251] 1151/2012 条例第 27—34 条。该术语必须与某一类产品的某一特点相关，或与其耕作或加工方法有关。该方法必须属于某特定区域使用的，有价值的，并具有欧盟范围内的影响力，1151/2012 条例第 29 条第 1 款。

[252] 1151/2012 条例第 33 条第 1 款。

[253] 1151/2012 条例第 28 条。

[254] 207/2009 条例第 66—74 条。

[255] 207/2009 条例第 66—74 条。

[256] 关于证明标志和保证标志，见 7.88 及下文中讨论的 *DSD* 案，以及 7.67 中讨论的 90/33 *APB* §I.D，EuC。

[257] 2008/95 指令第 1 条。提出的修改将为共同体证明标志制定规则，见 7.07 和脚注 74。

证明标志的详述可能决定它的功能，进而依据某特定合同条款或做法是否对于实现该功能属必要而判定该条款或行为是否符合欧盟竞争法。[258]

作为一般禁止将描述性标志注册为商标的例外，可用于指定地理来
399 源[259]的标志或标示可以被注册为集体标志、证明标志或保证标志。然而，不能援引该商标权来对抗符合诚实惯例的使用，例如有权使用地理名称一方的使用。[260]

### （五）域名

#### 7.35　域名的性质和规制

域名能够通过一种比相对应的数值 IP（Internet Protocol）地址更加方便用户的方法将计算机资源识别并安置在互联网上。随着互联网发展成为广告和商业的一种主要手段，域名也成为品牌的一个重要方面。域名被认定为知识产权的一种形式，[261]尽管这仍然是一个有争议的问题。[262]

规制域名的规则和机构根据分层体系中的顶级域名（Toplevel Domain，TLD）变化，顶级域名是由域名的最后一部分所代表。域名在通用的 TLDs（如 .com，.org，.net，.biz，以及 info）中的注册由互联网名称与数字地址分配机构（The Internet Corporation for Assigned Names and Numbers，ICANN）管理。建立新的 TLDs 同样被 ICANN 规制。注册 .eu 域名根据欧盟条例进行。[263]国家代码 TLDs（如 .uk 和 .fr）受制于成员国管理机构制定的制度。

域名也被欧盟和成员国关于注册商标和不正当竞争的立法所规制：根据这些法律，当保护条件满足时，它们可能被保护以防止侵权，当对域名的使用侵犯了其他当事人受这些法律保护的权利时，该行为可能被反对。

---

[258]　2001/463 *DSD* prohibition decision §145，EuC，在 T151/01 *Der Grüne Punkt* §§156–162，210，GC 中上诉，并未进一步上诉至欧盟法院，见 7.90。

[259]　葡萄酒的传统术语并不一定是为了标明地理原产地，因此不被这一例外所包含：T-341/09 *Consejo Regulador de la Denominacion de Origen Txakoli de Alava v OHIM*，GC。

[260]　207/2009 条例第 66 条第 2 款；2008/95 指令第 15 条。

[261]　*Kremen v Cohen*（*sex.com*），USCA9；*OBG v Allan* §101，UKSC.

[262]　例如，参见负责注册 .uk 国家代码域名的登记机构 Nominet 当前的条款和条件 §10，它规定“域名并非一项产权，因此它没有‘所有人’。它是作为本合同的一部分由我们提供，记录在我们的注册数据库中的，被我们的域名服务器所表达的一个条目”。另参见未决案件 011655RMU *Rubin v Iran*，DC（要求将顶级域名加入以偿还判决的尚未支付的债务）。

[263]　733/2002 条例以及 874/2004 条例。

域名的使用还可能侵犯原产地标志和地理标志的权利。

此外，人们可以对域名注册提出质疑，质疑应当在下一段所讨论的适用相关互联网机构所建立的争议解决政策下进行。

7.36 争议解决政策

对于通用 TLDs 中的域名注册可以根据统一域名争议解决政策（Uniform Domain Name Dispute Resolution Policy，UDRP）提出质疑。它规定，如果申诉人拥有某项已注册或未注册的[264]商标权，而注册人注册的某个域 400 名与该商标一致或具有可能产生混淆的相似，同时注册人对于该商标不享有任何权利或合法利益，域名属于被恶意注册和使用，那么该域名应当被转移给申诉人或者被取消。[265]

各种保护知识产权的附加机制也适用于新的通用 TLDs。例如，日出注册期，在此期限内，商标所有人可以在公众之前购买与其商标确切对应的域名。再如，根据 UDRP 标准明确侵权时，可以适用统一快速暂停系统（Uniform Rapid Suspension System，URS）。新 TLDs 的建立本身受制于法定权利异议程序（Legal Rights Objection，LRO），在该程序下，如果新的 TLD 的潜在使用可能不正当利用其商标的优势或不正当削弱其商标剩余的显著特征，或新的 TLD 与其商标之间将产生不被允许的混淆可能性，一个已注册或为注册商标的所有人可以提出反对。

对 .eu TLD 域名注册的质疑可以在欧盟立法规定的替代争议解决机制中提出，[266] 在这一体系下，如果持有人对域名没有法定权利或合法利益，或者持有人出于恶意注册或使用域名，该域名将被转移给申诉人或被取消。[267] 立法中举出的恶意的示例是不穷尽的，所有相关因素都将被考虑到。[268]

国家代码 TLDs（例如 .uk 或者 .fr）在许多情况下都受到国家域名争议

---

[264] UDRP 并未声明能够依据一个未注册的标志行事，这一原则在适用本条款的案例中被确认，例如 D2000–0235 *jeanettewinterson.com*；D2000–0210 *juliaroberts.com*；D2000–0229 *choyongpil.com*；D2002–0736 *thomasblackshear.com*；D2000–0867 *isabelle-adjani.net*。

[265] UDRP 第 4 条（a）—（c）项。

[266] 733/2002 条例和 874/2004 条例。

[267] 874/2004 条例第 21 条和第 22 条第 11 款。

[268] C-569/08 *Internet Portal und Marketing v Schlicht*，CJ.

解决政策的规制，这些政策通常与 UDPR 相似，有时甚至完全相同。[269]

### （六）著作权和设计权

#### 7.37　通过著作权和设计权保护品牌

品牌要素可能受到其他知识产权的保护，如著作权和设计权。例如，原创标志、标签、外观图形、广告、[270] 广告音乐和曲目 [271] 可能被著作权所
401 保护，产品或包装的个体外观可能受到注册或未注册的共同体或国家外观设计权利保护。[272]

#### 7.38　对合理范围的评估

在为了保护品牌而行使针对创意性具体内容的权利（例如著作权和设计权）的情况下，通过参考其作为品牌要素的功能而非其作为创意性具体内容的功能来判断其合法范围可能更合适。[273] 然而，欧盟法承认的品牌保护的合法范围的近期发展可能会缩小品牌和创意性具体内容之间在这方面的区别。[274]

### （七）不正当竞争，假冒和消费者保护

> 即使只有一个词是欺诈或谎言，也是被禁止的。[275]

#### 7.39　欧盟和成员国立法

品牌同时被欧盟立法 [276] 和成员国禁止不正当竞争和保护消费者的立

---

[269]　进一步的讨论参见 Torsten Bettinger, *Domain Name Law and Practice*（2005，第二版预计 2015 年出版 *）。

[270]　见 C-337/95 *Parfums Christian Dior v Evora* judgment §§49–59, CJ。

[271]　见 *Football Association Premier League v QC Leisure*, EWHC（随后提起至欧盟法院，案号为 C-403，429/08）。

[272]　见第一章，1.10、1.19，以及 1.52—1.53。

[273]　C-337/95 *Parfums Christian Dior v Evora* judgment §§49–59, CJ；另参见 7.19。

[274]　见 7.04—7.05 和 7.16—7.17。

[275]　Moses Maimonides（Moshe ben Maimon）, *Mishneh Torah*, *Laws of Personal Development*（*De'ot*）（1170–1180）, Chapter 2, Law 6.

[276]　见 7.41—7.44。

---

*　第二版最终于 2014 年出版。

法[277]所保护。在某些方面，欧盟在这一领域的统一立法是穷尽列举的，因此排除了成员国立法其他可能限制自由贸易的规定。[278]在成员国立法未被欧盟立法穷尽列举所排除的领域，成员国限制贸易的制止不正当竞争或消费者保护的立法可能作为强制性要求而被正当化，优先于内部市场自由贸易原则适用，前提是这些法律对于实现这一保护的合法目标是必要的，并且该法律无差别地适用于欧盟所有自由流通的产品。[279]

7.40　特点

反不正当竞争的保护措施并未被欧盟法院认定为工业或商业产权的一种形式，[280]即使《巴黎公约》要求其成员国为制止不正当竞争提供有效保护。[281]在普通法国家，假冒法为反不正当竞争提供的保护被认定为属于基 402
于商誉这种形式的无形产权，[282]但这一概念还没有被欧盟立法所支持。[283]

7.41　《欧盟关于企业对消费者不公平商业行为的指令》(EU Directive on unfair business-to-consumer commercial practices)：实体条款

关于企业对消费者不公平商业行为的2005/29指令[284]要求欧盟成员国禁止不公平的商业行为，因为这违反了职业注意义务的要求，并可能严重扭曲一般消费者对于这一产品的经济行为。[285]特别是，如果一个商业行为可能误导一般消费者并导致他做出一个他本不会做出的交易决定，它就会

[277]　大多成员国设有反不正当竞争的一般立法。在英国和爱尔兰，对于品牌的欺诈性使用，导致企业商誉受损的行为被假冒法所禁止。关于德国法律对于未注册标志的保护，见C-317/91 *Deutsche Renault v Audi*, CJ。关于在荷兰和一些其他成员国中对于保护商品形象的反不正当竞争法律，见6/81 *Industrie Diensten Groep v Beele*, CJ。

[278]　见7.42—7.44。

[279]　6/81 *Industrie Diensten Groep v Beele* judgment §9, CJ；788/79 *Gilli and Andres* judgment §6, CJ；178/84 *Commission v Germany* judgment §28, CJ；16/83 *Prantl* judgment §25, CJ；179/85 *Commission v Germany* judgment §10, CJ；C-51/94 *Commission v Germany* judgment §29, CJ，另参见7.45—7.46。

[280]　6/81 *Industrie Diensten Groep v Beele*, CJ.

[281]　第10条之二。

[282]　*Erven Warnink v Townend*, UKSC；*Allergan v Ocean Healthcare*, IHC；另参见7.06。

[283]　76/743 *Reuter/BASF* §I.3（b）, EuC；但另参见7.06。

[284]　“消费者”在2005/29指令第2条（a）项中被定义为为其贸易、商业、工艺或职业之外的目的而行事的自然人。

[285]　2005/29指令第5条第1款、第2款、第3款。

被认定为是不公平的。[286]

根据指令，某些做法在所有情况下都被认为是不公平的，[287] 包括：在未获得必要授权的情况下，在商品上展示认证标志、质量标志或同等标志；[288] 在不遵守相关条款的情况下，声称某交易者（包括其商业行为）或某产品已经被公共或私人机构批准、认可或授权；[289] 推销与特定制造商生产的产品类似的产品，故意误导消费者认为该产品是由同一制造商生产的。[290]

7.42 《欧盟关于企业对消费者不公平商业行为的指令》：穷尽列举效果

2005/29 指令是穷尽列举的，成员国依据与其近似的原因而限制商品或贸易的自由流动是不被允许的，除非该限制遵循指令规定。[291]

403 然而，如果不公平商业行为只影响竞争对手的经济利益或属于贸易商之间的交易，该指令不影响成员国立法关于这些行为的规定。[292] 指令同样不影响因不公平的商业行为，[293] 知识产权，[294] 受管制的职业行为准则，[295] 关于金融服务或不动产的更多限制要求，[296] 以及关于贵重金属的细度指标的规定 [297] 所导致的个人行为，如果有冲突，欧盟规范不公平商业行为特定

---

[286] 2005/29 指令第 5 条第 4 款、第 6 条、第 7 条。当考量品牌是否具有误导性时，必须考虑到具有足够信息、观察力和谨慎的一般消费者的推定期望：C-470/93 *Mars* judgment §24，CJ；C-210/96 *Gut Springenheide* judgment §31，CJ；C-220/98 *Estée Lauder* judgment §30，CJ；C-446/07 *Severi v Regione Emilia-Romagna* judgment §61，CJ。

[287] 2005/29 指令第 5 条第 5 款。

[288] 2005/29 指令附录 I 第 2 段。

[289] 2005/29 指令附录 I 第 4 段。

[290] 2005/29 指令附录 I 第 13 段。

[291] 2005/29 指令第 4 条，另参见序言第 5 段、第 13 段、第 14 段。第 3 条第 5 款中的一个过渡性条款在 2013 年 6 月 12 日已过期。

[292] 2005/29 指令序言第 6 段，第 1 条和第 3 条第 1 款。

[293] 2005/29 指令序言第 9 段。然而，人们认为这一条款只适用于本指令定义的不正当商业行为，并且不允许对本指令允许的做法采取私人行为。

[294] 2005/29 指令序言第 9 段。这一参考并未体现在指令的实体条款中，但人们认为本指令第 4 条可以被解释为根据这一声明而制定的。它并未给出“知识产权”的定义，因此不清楚它们是否包括假冒法提供的保护，关于假冒法，见 7.40。如果不包括，则看上去假冒法必须根据本指令进行解释。

[295] 2005/29 指令第 3 条第 8 款。术语“受管制的职业”可以在第 2 条第 1 款中找到部分定义。

[296] 2005/29 指令第 3 条第 9 款。

[297] 2005/29 指令第 3 条第 10 款。

领域的规定优先适用。[298]

7.43 《欧盟关于误导和比较广告的指令》（EU Directive on misleading and comparative advertising）

关于误导和比较广告的2006/114指令一方面要求欧盟成员国保护贸易商不受误导性广告损害，另一方面要求成员国允许符合条件的比较广告。[299]

广告在这一指令中被定义为作出与贸易、商业、工艺或职业有关的任意形式的陈述，以提高商品或服务的供应销售。[300] 如果广告可能欺诈其所针对或所触及的人群，以至于影响他们的经济行为或伤害竞争对手，则广告被认为是具有误导性的。[301] 比较广告被定义为任何明示或暗示地标识出竞争对手或其商品或服务的广告。[302] 在何种情况下允许比较广告在本章前面已经列出。[303]

2006/114指令并未排除成员国立法在误导性广告方面对交易者和竞争对手给予更多的扩展性保护。[304] 然而，符合该指令条件的比较广告必须被 404
成员国立法所允许，[305] 除非相关限制是针对专业服务的比较广告，[306] 或该限制依据其他欧盟立法而来，[307] 或该限制属于整体禁止在特定媒体和/或对特定产品的广告。[308]

7.44　其他欧盟立法

在一些行业中，品牌受到其他欧盟立法的规制，包括1169/2011条例中关于向消费者提供食品信息，1007/2011条例中关于仿制品纤维名称，1223/2009条例中关于化妆品，1151/2012条例中关于农产品和食品的质量

[298] 2005/29指令第3条第4款。

[299] 2006/114指令第1条。

[300] 2006/114指令第2款（a）项。

[301] 2006/114指令第2款（b）项；关于评估一个品牌是否具有误导性，见脚注286。

[302] 2006/114指令第2款（c）项，见7.16，脚注148。

[303] 见7.17。

[304] 2006/114指令第8条第1款。

[305] 见2006/114指令第4条（开头），第8条第1款（第2段），第8条第2—4款；C-487/07 *L'Oréal v Bellure* judgment §72，CJ；C-355/96 *Silhouette v Hartlauer*，CJ和第一章1.38。

[306] 2006/114指令第8条第4款，见C-309/99 *Wouters*，CJ。

[307] 2006/114指令第8条第2款。

[308] 2006/114指令第8条第2款、第3款。

方案，[309]1234/2007 条例中关于建立农业市场一般组织（经 491/2009 条例修订），[310] 607/2009 条例中关于特定葡萄酒产品的原产地标志和地理标志细则，[311] 以及 110/2008 条例中关于酒精饮料的规定。[312]

根据其条款和内容，这类立法可能构成一个全面的制度，并且排除在其规制范围内成员国立法的额外限制。[313] 这类立法如果可能基于国籍产生歧视，则属于无效条款，例如允许某些成员国的产品保留主要的描述性条款，但不允许其他成员国产品如此。[314]

7.45　成员国立法：正当标准

在未被穷尽列举的欧盟立法排除的情况下，[315] 制止不正当竞争和保护消费者的成员国立法原则上构成一般重要的强制性要求，而优先于内部市场自由贸易原则适用。[316] 然而，提供这种保护的成员国措施不得在国内
405 产品和进口产品 [317] 以及从原产国直接进口和通过另一成员国平行进口之间 [318] 产生歧视。另外，对贸易的限制不得超过确保促进公平贸易和保护消费者的合法目标的必要程度。[319]

在决定从其他成员国进口商品的市场销售是否应作为不公平竞争而被禁止时，不得考虑个人之间的协议。[320]

---

[309]　本条例关于原产地标志、地理标志、传统保证品种和农产品食品的质量术语规定，见 7.26—7.33。

[310]　本条例关于原产地标志、地理标志和葡萄酒传统术语的规定，见 7.26—7.31。

[311]　关于被本条例所取代的先前立法的目的和解释，见 56/80 *Weigand v Schutzverband Deutscher Wein*，CJ。

[312]　本条例关于烈酒地理标志的条款，见 7.27—7.30。

[313]　见 16/83 *Prantl* judgment §§12–17，CJ；C-51/94 *Commission v Germany* judgment §§14–18，CJ。

[314]　C-309/89 *Codorniu v Council*，CJ.

[315]　见 7.27、7.39，以及 7.42—7.44。

[316]　6/81 *Industrie Diensten Groep v Beele* judgment §9，CJ；16/83 *Prantl* judgment §25，CJ；788/79 *Gilli and Andres* judgment §6，CJ；178/84 *Commission v Germany* judgment §28，CJ.

[317]　177/83 *Kohl v Ringelhan & Rennett* judgment §14，CJ；6/81 *Industrie Diensten Groep v Beele* judgment §8，CJ.

[318]　8/74 *Procureur du Roi v Dassonville*，CJ.

[319]　6/81 *Industrie Diensten Groep v Beele* judgment §§10–13，CJ；788/79 *Gilli and Andres* judgment §§6–7，CJ；179/85 *Commission v Germany* judgment §10，CJ；C51/94 *Commission v Germany* judgment §§31–37，CJ.

[320]　58/80 *Dansk Supermarked v Imerco*，CJ；*Klint Trade Marks*，*BGH*；179/85 *Commission v Germany*（*Pétillant de Raisin*），CJ.

### 7.46 成员国立法：示例

如果成员国立法在适用时不区分国内还是进口产品，而只是禁止在没有不可抗拒的理由的情况下对其他产品进行相近的模仿，从而引起不必要的混淆，那么该立法是正当的。[321]

另一方面，制止不正当竞争的国家立法，如果保留通用名称仅限于国家产品使用，[322] 或者它禁止一个描述性术语[323] 或一个为特定产品而存在的特定形状的瓶子[324] 的使用，并且其造成的混淆在很大程度上[325] 已经或能够通过更少限制的措施，例如提供额外信息等措施避免，那么它是不正当的。其他成员国的公平和传统惯例必须被尊重，[326] 当成员国立法涉及的相关利益通过欧盟立法已经获得了足够的保护时，该成员国立法不再正当。[327]

## 二、利用品牌横向分割市场

### 7.47 分割市场的不同情况

本节讨论相互竞争或潜在相互竞争供应者之间，利用品牌对市场进行划分的商业安排。针对冲突解决协议的特别考量将会在本章后续章节中进 406
行讨论。[328] 分销协议[329] 和特许经营协议[330] 也将在之后讨论。

在经营者集中、技术转让协议和共同研发或专门化协议中关于品牌的

---

[321] 6/81 *Industrie Diensten Groep v Beele* judgment §§8–13, CJ.

[322] 12/74 *Commission v Germany* (*Sekt and Weinbrand*), CJ; 13/78 *Eggers*, CJ; 182/84 *Miro* judgment §22, CJ.

[323] 788/79 *Gilli and Andres* judgment §7, CJ; 193/80 *Commission v Italy* judgment §27, CJ; 178/84 *Commission v Germany* judgment §§35–36, CJ; 182/84 *Miro* judgment §25, CJ.

[324] 16/83 *Prantl* judgment §29, CJ; 179/85 *Commission v Germany* (*Pétillant de Raisin*) judgment §13, CJ.

[325] 消除所有混淆的可能被认为是不必要的：见 C-51/94 *Commission v Germany* judgment §34, CJ。

[326] 16/83 *Prantl* judgment §§27–28, CJ; 182/84 *Miro* judgment §24, CJ; 179/85 *Commission v Germany* (*Pétillant de Raisin*) judgment §§11, 14–15, CJ; 6 U 97/90 *Grand Marnier*, OLG Frankfurt; 比较参照 C-3/91 *Exportur* judgment §§31–34, CJ。

[327] 16/83 *Prantl* judgment §29, CJ; 179/85 *Commission v Germany* judgment §12, CJ; 3 C 33.89 *Dietary Sausages*, BVG.

[328] 参见 7.53—7.59。

[329] 参见 7.60—7.68。

[330] 参见 7.69—7.87。

附属条款，应当在相关商业安排的具体情况中具体考量，已在第四章和第五章中有过讨论。

7.48　分割欧盟市场的商标权转让

根据某个协议，在欧盟境内不同的独立企业间转让商标权利的行为，可能适用《欧盟运行条约》第 101 条。例如，将在某成员国内注册的商标向其他成员国不同企业进行同时转让的协议可能会分割单一市场，因而会扭曲竞争，损害成员国间的贸易，违反第 101 条。[331] 然而，在认定某行为违反第 101 条之前，必须首先分析该转让发生的具体情况，转让涉及的义务，当事方的意图，以及转让造成的后果。[332]

7.49　隔离欧盟市场的商标权转让

造成欧盟市场作为一个整体被隔离于其他市场的商标权转让也可能违反《欧盟运行条例》第 101 条，例如通过减少来自欧盟境外的竞争产品的供应，造成商标转让可能不利于欧盟境内的竞争；或者当欧盟境外拥有商标的企业在欧盟几个成员国中设有子公司，该子公司能够在欧盟境内销售其产品，因而商标转让可能影响成员国之间的贸易。[333] 在欧盟境内及境外对商标所有权进行划分的协议也可能违反第 101 条，如果该协议会促使不同所有权人之间进行合作，因而限制他们之间的竞争。[334]

7.50　在《罗马条约》或《欧盟运行条约》之前进行的商标权转让

在《罗马条约》或《欧盟运行条约》在相关地区生效之前进行的商标权转让，转让成立时第 101 条对其尚不适用，但如果当事人在条约生效之后继续进行该协同行为，特别是继续实施转让合同，并产生合同所规定的效果，那么就可能会违反《欧盟运行条约》第 101 条。但是，如果仅仅是行使在《罗马条约》或《欧盟运行条约》在相关地区适用之前有效转让的商标权，合同效果并未超过行使范围时，并未违反第 101 条。[335]

---

[331]　40/70 *Sirena v Eda*, CJ; and see 144/81 *Keurkoop v Nancy Kean Gifts* judgment §§26–29, CJ（不同企业根据市场分割协议注册成员国工业设计专利）。

[332]　C-9/93 *Ideal-Standard* judgment §59, CJ.

[333]　51/75 *EMI v CBS* judgment §§28–29, CJ.

[334]　93/252 *Warner Lambert* §§34–39, EuC.

[335]　51/75 *EMI v CBS* judgment §§30–32, CJ；比较参照 74/432 *Advocaat Zwarte Kip*, EuC, 现在该判决应该已经被推翻。要适用第 101 条的禁止条款，协议必须影响“欧盟成员国间”贸易，并“在欧盟共同市场”具有禁止、限制或扭曲竞争的目的或影响，见第二章 2.01。

7.51 分割欧盟市场的许可 407

在欧盟成员国境内有潜在竞争可能的生产商之间订立的商标排他许可，可能被认定为《欧盟运行条约》第101条第1款所规制的限制竞争行为，除非由于在许可地区内存在保护引入新商标的需要而得以合法化。[336]合同中如果规定被许可人不得向授权地区以外的地区出口的义务，也可能受到第101条第1款的规制。[337]

7.52 分割欧盟市场的不使用协议

当一个企业向某一欧盟成员国出售持有某品牌的子公司，与子公司签订合同规定，在三年内独家许可母公司在其他欧盟成员国继续使用该品牌，并设定义务要求前述子公司在三年独占许可过期后仍然不能在其他欧盟成员国内使用该品牌，这一行为被欧盟委员会认定为违反了《罗马条约》第85条（现《欧盟运行条约》第101条），并认定母公司的行为在其他的一些成员国属于滥用市场地位，违反了《罗马条约》第86条（现《欧盟运行条约》第102条）。[338]

## 三、商标冲突的解决

长期争议意味着双方都有错。[339]

7.53 简介

如同本章第一节中所讨论的，[340]相同或相似的品牌可能在不同的地区，针对不同的产品被不同企业所持有和使用，无论是通过不同相关企业分别持有品牌[341]还是通过分割曾经被同一公司所拥有的品牌权利。[342]

---

[336] 85/410 *Velcro/Aplix* §II.1, EuC; *Tyler*, EuC; 另参见7.82。

[337] 85/410 *Velcro/Aplix* §II.1, EuC.

[338] Chiquita/Fyffes, EuC.

[339] 据信为伏尔泰所言。

[340] 参见7.08。

[341] 在一些案例中相似品牌完全被独立的企业所采用，例如Apple案（*Apple Corps v Apple Computer*, EWCA and EWHC）以及*WWF*案（*WWF v World Wrestling Federation*, EWCA, 27/2/2002）。在另外一些案例中，年轻品牌使用者被资深品牌使用者所启发或复制，但资深使用者不能或已不能再反对年轻使用者的最初使用，但是仍然能够反对其后来的发生费用。在Budweiser案（参见例如T191/07 *Anheuser Busch v OHIM*, GC; C216/01 *Budejovicky Budvar v Rudolf Ammersin*, CJ; C478/07 *Budejovicky Budvar v Rudolf Ammersin*, CJ; *Budejovicky Budvar v Anheuser-Busch* §53, EWCA, 3/7/2012）中，似乎双方都采用了最初被第三方使用的品牌。

[342] 如192/73 *Hag I*, CJ; C10/89 *HAG II*, CJ; C9/93 *Ideal-Standard*, CJ; *Scandecor Developments v Scandecor Marketing*, UKSC。

在其中一家企业使用该品牌的交易扩展至另一家同样使用或被授权使
408 用相同或相似品牌的地区或产品时，冲突就有可能发生，这可能源于单一内部市场的构建，国际贸易的发展，[343] 产品市场的融合 [344] 或相关企业的商业发展。

在相关企业缺少协议的情况下，它们对于该商标的权利可能很难界定，各国可能有不同的规定，并可能导致长期昂贵的诉讼。[345] 这些情况可能对贸易和竞争造成实质损害。因此，为了在市场环境中减少不确定和冲突，签订解决这些冲突的协议可能能够促进贸易或竞争，即使这些协议中可能包含限制当事企业使用商标的权利。[346]

然而，不必要的限制可能影响竞争和欧盟成员国之间的贸易，[347] 并且一个据称是为了解决商标冲突的合同可能是由一个违反《欧盟运行条约》第 101 条的分割市场协议伪装而来，[348] 或者可能是一个企业违反第 102 条滥用市场支配地位强加而来。[349]

7.54　区域划界

当两个商标有很大可能引起混淆时，相同或相似的商标所有者之间签订的协议，其中一方或双方同意不以各自的商标向对方区域内出口，可能是符合《欧盟运行条约》第 101 条的，因为对方有权制止与其已存在商标有关的产品销售。[350]

然而，当商标并不足够相似，或其中一个商标因不使用条款而无效，[351] 或协议的目的是限制竞争时，这种协议可能被利用来限制竞争，从

---

[343]　如 *Budweiser* 案，见脚注 341。

[344]　如 *Apple* 案，见脚注 341。

[345]　如 *Apple*, *Budweiser*, *WWF*, *Hag*，以及 *Scandecor* 案，见脚注 341—342。

[346]　*WWF v World Wrestling Federation*, §§40–49, EWCA(27/2/2002).

[347]　82/897 *Toltecs and Dorcet* §II.3.A.(f), EuC，在 35/83 *BAT v Commission*, CJ; *Syntex*, EuC 中依据其他理由得到支持。

[348]　35/83 *BAT v Commission* judgment §36, CJ，见 7.54 和 7.59。

[349]　*OY Airam v Osram*, EuC，见 7.58。

[350]　82/897 *Toltecs and Dorcet* §II.3.A.(d), EuC，在 35/83 *BAT v Commission*, CJ 中依据其他理由得到支持。比较参照 75/297 *Sirdar* §II.5, EuC，看上去似乎是错的，除非是基于市场份额的理由。

[351]　82/897 *Toltecs and Dorcet* §II.3.A.(f), EuC，在 35/83 *BAT v Commission*, CJ 案中依据其他理由得到支持，法院拒绝就此点作出决定；*Syntex*, EuC。

而违背第 101 条。[352]

在合同中规定某方当事人具有义务，需经由特定进口商向对方所在区 409
域进口附着某一特定商标项下的产品，或规定更多条件，也同样违反竞争条款。[353]

欧盟委员会进一步指出，当事人必须选择在共同市场范围内对商标使用进行最少限制的冲突解决方式；当事人产品之间的区别越大，或者引起混淆的可能越小，划界合同中规定的限制必须越少。[354]

在早期的一个案例中，当事人分别在不同成员国拥有源自同一公司的商标，双方订立合同规定它们不会向对方区域内出口产品，被认为违反了《罗马条约》第 85 条（现《欧盟运行条约》第 101 条），即使商标以及产品很相似，很可能引起混淆。[355] 然而，欧盟法院认可了某成员国的商标权利可以被援引，用来对抗那些附着有同样商标的产品，该附着由另一欧盟成员国的不同当事人使用具有共同起源的商标进行，在该认可之后的早期案例的判定被认为不再是良法。[356]

### 7.55 产品划界

当不同的所有权人使用易混淆的相似商标时，当事人订立合同向另一方转让该商标，并针对特定产品反向设立有限制的许可，并规定其中一方针对新产品不能再使用该商标，这一合同被认为符合《罗马条约》第 85 条（现《欧盟运行条约》第 101 条）。[357]

### 7.56 区分标志或商业装饰（get-up）

规定当事人可以在整个共同市场范围内继续在其所有产品之上使用商标，但必须对产品的标识或商业装饰作出区分的合同，一般被认为是有利

---

[352] 35/83 *BAT v Commission* judgment §36，CJ.

[353] 82/897 *Toltecs and Dorcet*，EuC，在 35/83 *BAT v Commission*，CJ 中依据其他理由得到支持。

[354] 82/897 *Toltecs and Dorcet* §II.3.A.（e），EuC，在上诉案 35/83 *BAT v Commission*，CJ 中；该上诉被法院依据其他理由驳回；*Syntex*，EuC（认为清楚商标即构成一个足够的解决方案）。

[355] *Persil Trade Mark*，EuC. See also 74/432 *Advocaat Zwarte Kip*，EuC and 85/410 *Velcro/ Aplix*，EuC.

[356] See C-10/89 *HAG II*，CJ，overruling 192/73 *HAG I*，CJ；C9/93 *Ideal-Standard*，CJ；以及 7.08。

[357] *Hershey/Herschi*，EuC.

于竞争的。[358]在不同成员国拥有几个互相冲突商标的当事人之间订立合同，规定某些标志在共同市场范围内仅能由某当事人使用，同样，另一些标志只能由另一当事人使用，这一合同也被认为未违反《罗马条约》第85条（现《欧盟运行条约》第101条）。[359]

410 7.57　不质疑条款

如果划界协议允许当事人使用在其他情况下属于非法的商标，那么设定义务要求该当事人不能依靠这种使用来质疑另一方当事人商标的行为可能符合《欧盟运行条约》第101条。[360]

当在整个欧盟范围内将某些商标分配给一方当事人使用，另一些商标分配给另一方当事人使用，以此来解决冲突时，规定一方承担在特定成员国五年之内不质疑另一方被分配商标的义务是被允许的（五年是预计注册商标人开始使用该商标的期限，否则商标可能被撤销）。[361]但是，欧盟委员会反对更加宽泛的不质疑条款。[362]

7.58　防御性注册

当明知或应当知道商标已在其他成员国被竞争对手使用时，企业在某一成员国内进行防御性注册某一商标的行为被认为属于违反《罗马条约》第86条（现《欧盟运行条约》第102条）的滥用支配地位行为。但是，在这一情况下，当事人之间通过订立合同来区分商标的协议被认为是可以接受的。[363]

7.59　伪装的分割市场或卡特尔

解决不同商标之间的冲突或制止不正当竞争不能被用来掩盖分割市场安排[364]或卡特尔。[365]

## 四、分销协议中有关品牌的条款

……虽然根据这片土地之上的法律，以及根据其他国家的法律，垄断是被禁止的，但是贸易协会，例如原告，不考虑其他国家，在这

[358] *Persil Trade Mark*, EuC; *Tanabe Seiyaku v Bayer*, EuC; *OY Airam AB v Osram GmbH*, EuC.

[359] 78/193 *Penney's Trade Mark*, EuC.

[360] 35/83 *BAT v Commission* opinion, CJ.

[361] 78/193 *Penney's Trade Mark* §II.3（c）, EuC.

[362] 82/897 *Toltecs and Dorcet* §II.3B, EuC，在35/83 *BAT v Commission*, CJ中被确认。

[363] *OY Airam v Osram*, EuC.

[364] 75/297 *Sirdar* §II.5, EuC.

[365] 74/292 *European Glass Manufacturers* §II.B（a）, EuC.

里，根据本国法律不属于垄断，因而它们在这里以及其他国家设立是允许的，并且应一直允许它们在使用和实践中得到成长。[366]

### 7.60 使用商标权利来禁止平行进口

使用商标在内部市场某部分区域内保护分销商的控制领域不受平行进口的影响，这种合同通常会违反《欧盟运行条约》第 101 条第 1 款，不被第 101 条第 3 款豁免。[367] 因为这一对竞争的限制违反了条约在欧盟建立单 411
一内部市场这一基本目标，可能会被处以巨额罚款。[368]

但是，在某些特殊情况下，这种合同可能不会违反第 101 条第 1 款，例如合同的影响是微不足道的（*de minimis*）；[369] 或者根据第 101 条第 3 款可以得到豁免，例如平行贸易会转移原本应当用于促进创新的收益，限制该损失的好处超过了限制经销竞争的坏处。[370]

当独家经销合同和成员国反不正当竞争法共同实施而导致绝对的地域保护时，第 101 条也会适用。[371] 但是，第 101 条并非绝对适用，如果仅仅是相关合同授权或不禁止经销商利用该法律来阻碍平行进口。[372]

平行进口商依据法律，可能必须提供某些信息，来解释为何它需要更换产品包装[373] 或识别码，而该识别码属于因服务于合法用途而不能被平行进口商移除的范畴，[374] 如果商标所有人使用这些信息来反对平行进口行为，欧盟竞争法将会适用。但是，除非商标所有人具有支配地位，否则如果商标所有人和经销商之间不存在限制向其他成员国出口的协议[375] 或协同行

---

[366] Jefferies LCJ, *East India Company v Tomas Sandys*（*the Great Case of Monopolies*）（1684）.

[367] 56, 58/64 *Consten and Grundig v Commission*, CJ; 28/77 *Tepea v Commission*, CJ; 330/2010 条例第 4 条（b）—（d）项。

[368] 28/77 *Tepea v Commission* judgment §65, CJ.

[369] 5/69 *Völk v Vervaecke*, CJ; 1/71 *Cadillon v Höss*, CJ; 100–103/80 *Musique Diffusion Française v Commission* judgment §§81–87, CJ; 2004 年《关于影响贸易概念的指南》第 53—53 段。

[370] T-168/01 *GlaxoSmithKline Services v Commission* §§233–320, GC，在 C-501/06P, CJ 中得到支持。

[371] 8/74 *Procureur du Roi v Dassonville* judgment §§11–13, CJ.

[372] 8/74 *Procureur du Roi v Dassonville* judgment §15, CJ. 另参见 170/83 *Hydrotherm v Compact*, CJ。

[373] C-276/05 *The Wellcome Foundation v Paranova* judgment §36, CJ，另参见 7.23c。

[374] C-349/95 *Loendersloot v Ballantine* judgment §43, CJ，另参见 7.21。

[375] C-2, 3/01 *BAI v Bayer* judgment §70, CJ; 另参见 C-338/00 *Volkswagen v Commission*, CJ; T368/00 *General Motors Nederland v Commission*, GC, appeal dismissed in C551/03P, CJ。

为，[376] 上述利用信息的行为不为欧盟竞争法所禁止。

协调针对平行进口商的商标侵权行为的协同行为可能违反《欧盟运行条约》第 101 条。[377]

412 7.61 开放独家许可[378]

向一个经销商独家许可商标使用相当于一个独家经销协议，[379] 可能被《欧盟运行条约》第 101 条第 1 款所规制，即使它不会限制成员国之间的平行进口。[380] 但是，当经销商推出一个新品牌或向一个新市场推出现有品牌需要进行大量投资时，针对其他经销商向该市场进行的被动以及主动销售加以两年内的限制一般被认为不受第 101 条第 1 款规制，如果该限制对于首个经销商收回投资是必要的。[381]

如果独家商标许可附属于一个经销协议，[382] 并且满足集体豁免条例[383] 中关于地域限制和其他方面的条件，那么独家商标许可符合纵向协议集体豁免条例。[384] 若欧盟成员国之间的平行进口不会受到限制，那么对不属于集体豁免范围的针对某一经销商的独家商标许可可能会被单独豁免；针对其相关地域外执行积极销售政策的当事人进行的限制也可能是可以接受的。[385]

---

[376] T-43/92 *Dunlop Slazenger v Commission*, GC; 86/82 *Hasselblad v Commission*, CJ; 100/80 *Musique Diffusion Française v Commission*, CJ; 2003/675 *PO Video Games*, EuC.

[377] *Glaxo Group v Dowelhurst*, EWHC.

[378] 即在协议中许可权人承担在被许可的区域内自身不使用商标或向其他第三方许可使用商标的义务，但并未统一或采取行动来禁止被其自身或其他受许人在其他区域内投放在市场上产品的平行进口；另参见第二章 2.28 以及第五章 5.94 及下文。

[379] 2010 年《纵向限制指南》第 39 段。

[380] 78/253 *Davide Campari-Milano* §II.1, EuC.

[381] 2010 年《纵向限制指南》第 61 段、第 107 段（b）项。

[382] 关于什么是附属，参见 7.63、7.76—7.77 以及第二章 2.47—2.49。

[383] 330/2010 条例（纵向协议的一般集体豁免）第 2 条第 1 款和第 2 条第 3 款；461/2010 条例（机动车行业纵向协议的集体豁免）第 3 条、第 4 条；2010 年《纵向限制指南》第 39 段。

[384] 在第二章 2.50—2.53 中有所讨论，另参见 *Hydrotherm v Compact* judgment §§17–22, CJ。

[385] 78/253 *Davide Campari-Milano* §IIIA, EuC，根据之前的集体豁免条例作出的判决。

## 7.62 单一品牌义务

直接或间接要求[386]经销商从特定供应商处获得其所需要的特定类型产品的全部或大部分（单一品牌），可能在相当大的程度上限制竞争，违反《欧盟运行条约》第 101 条第 1 款，这可能通过针对竞争供应商封锁市场来进行，也可能通过类似协议的累积效应来缓和竞争，促进竞争供应商之间相互勾结来进行；或者在买家是零售商时，通过降低店内品牌间竞争来进行。[387]

另一方面，单一品牌义务可能有积极作用，例如有助于克服由一个供应商作出的投资可能使另一供应商获益（搭便车的人）的风险，或者有助于通过施加质量一致性和标准化的措施来提高某一经销网络的品牌形象和声誉。[388] 413

当当事人市场份额不超过 30% 并且满足其他相关条件时，包含单一品牌义务的纵向协议可以根据纵向协议集体豁免[389]得到豁免。[390]但是，无限期或五年以上的竞业禁止义务[391]以及对选择性经销网络成员销售特定竞争供应商品牌的限制[392]不能根据集体豁免得到豁免，必须个案评估其是否符合第 101 条的规定。

当其他供应商能够在平等条件下竞争满足客户的全部需求时，单一品牌义务不太可能对竞争造成限制，但当供应商的品牌是“必买”（muststock）产品，或者其他供应商没有足够的产能来满足客户的全部需求时，或者更换供应商很难，例如由于单一品牌义务的持续期间或市场覆盖而导致更换

---

[386] 间接要求可能包括旨在组织经销商销售竞争品牌的质量标准，为达到受保护品牌的销售目标而发放的奖金或回扣，或为竞争品牌设立独立法人实体或展示场地的义务，2010 年《关于销售、维修机动车合同中纵向限制的补充指南》第 32 段（这一指南是关于机动车行业协议的特别法规，但似乎在一般事项时也得到了适用）；IP/06/302 *BMW*, EuC；IP/06/303 *Opel*, EuC。

[387] 2010 年《纵向限制指南》第 130 段。

[388] 2010 年《关于销售、维修机动车合同中纵向限制的补充指南》第 32 段，这一指南是关于机动车行业协议的特别法规，但似乎在一般事项时也得到了适用。

[389] 即在不同层级的生产或销售链条之上运营的企业间协议，并且关于在何种条件下当事人可以购买、销售或转售特定货物或服务，330/2010 条例第 1 条第 1 款（a）项；461/2010 条例第 1 条第 1 款（a）项。

[390] 330/2010 条例；461/2010 条例。

[391] 330/2010 条例第 5 条第 1 款（a）项；进一步讨论参见第二章 2.52a。

[392] 330/2010 条例第 5 条第 1 款（c）项；进一步讨论参见第二章 2.52c。

困难时，则前述立场不适用。

没有市场支配地位的公司之间设定的少于一年的单一品牌义务，一般被认为不具有明显的限制竞争后果。没有市场支配地位的公司之间设定的多于一年少于五年的单一品牌义务，需要权衡其促进竞争和限制竞争的效果。持续五年以上的单一品牌义务不太可能被认定为符合第 101 条。[393]

如果供应商有足够多且强有力的竞争者，那么一般不会认为单一品牌义务将导致明显的限制竞争后果，除非一些单一品牌义务的累积效应封锁了很大一部分市场或者助长了共谋。[394] 但是，如果最大供应商的市场份额低于 30%，最大的五个供应商的总市场份额低于 50%，则不大可能产生足
414 够的累积效应。[395] 另一方面，具有市场支配地位的公司之间设定的单一品牌义务更可能被认为是限制竞争的。[396]

7.63 辅助条款

在纵向协议[397] 中的辅助条款，[398] 如果是关于向买方转让或允许其使用品牌中的知识产权，并且与买方或其客户使用、出售或转售产品或服务直接相关，那么可能根据纵向协议的集体豁免得到豁免，前提是相关条款并没有与不被集体豁免的纵向限制相同的目的或后果，并且相关集体豁免的其他条件均得到满足。[399]

规定经销商具有使用供应商商标的义务，[400] 并且必须是不加更改，仅能以适当的方式进行使用，[401] 在个案中被认为是可接受的，并且看上去它属于集体豁免范围内。

7.64 不质疑条款

欧盟委员会认为，如果合同设立义务，要求经销商不能质疑为其

[393] 2010 年《纵向限制指南》第 133 段。

[394] 2010 年《纵向限制指南》第 134 段。

[395] 2010 年《纵向限制指南》第 135 段。

[396] 2010 年《纵向限制指南》第 133 段、第 140 段。

[397] 关于纵向协议的定义，参见脚注 389。

[398] 即条款必须不构成协议的主要目的，330/2010 条例第 2 条第 3 款。关于这一条款的解释见 7.76—7.77，以及第二章 2.47—2.49。

[399] 330/2010 条例第 2 条第 1 款和第 2 条第 3 款；461/2010 条例第 3 条和第 4 条。关于集体豁免的要求，参见第二章 2.50—2.53。

[400] 70/488 *Omega Watches* §I.5, EuC.

[401] 75/73 *Bayerische Motoren Werke* §§3（xii）, 21, EuC.

提供产品的供应商商标的有效性，则该条款违反了《罗马条约》第85条（现《欧盟运行条约》第101条）。[402] 但是，只有成员国之间的竞争和贸易被显著影响时，第101条才适用于不质疑条款，并且不能假定该影响存在。[403] 特别是，除非商标具有足够高的知名度，使得不具有该商标的产品进入市场受到阻碍，否则不质疑义务不太可能落入第101条第1款的规制。[404] 不质疑商标所有权的义务不太可能违背第101条第1款。[405]

如果经销协议中不质疑条款受到第101条的规制，通常认为它不能根据纵向协议集体豁免得到豁免，[406] 也不太可能得到个别豁免。

7.65 对机动车部件品牌的限制 415

机动车制造商和供应商之间的合同中对在组装中使用部件的限制条款，限制了后者有效、以容易被看到的方式展示其品牌的能力，无论是在原始部件还是替换部件之上，都被认为属于核心限制。排除了机动车行业纵向协议集体管辖对这种限制适用的可能，并且也不太可能得到个别豁免。[407]

7.66 互联网平台

如果经销商的网站由第三方平台托管，供应商可以在不违反《欧盟运行条约》第101条的情况下，要求客户不得通过带有该平台品牌推广的网站来访问经销商的网站。[408]

7.67 对生产商被许可使用零售商商标的限制

当生产商在被批准的产品之上得到许可使用零售商协会的认证标志时，[409] 被要求不得向其他零售商出售相同产品，即使产品不附着该商标，

[402] 75/94 *Goodyear Italiana*, EuC; and see also 193/83 *Windsurfing International v Commission* judgment §81, CJ, 有人辩称禁止受许人质疑许可权人商标有效性的成员国立法（例如英国法中禁止反言）不受第101条的规制，原因是它不属于所签署协议的一部分，相关讨论参见第五章5.135。

[403] 65/86 *Bayer v Süllhöfer* judgment §§16–21, CJ；另参见第五章5.133。

[404] 90/186 *Moosehead/Whitbread* §15（4）(b), EuC.

[405] 90/186 *Moosehead/Whitbread* §15（4）(a), EuC；另参见7.86。

[406] 因为它与买方或其客户的使用、销售或转售货物或服务不直接相关，330/2010条例第2条第3款，另参见第二章2.47—2.49。

[407] 461/2010条例第5条（c）项。

[408] 2010年《纵向限制指南》第54段。

[409] 关于认证标志，见7.34。

这一义务被认为不符合《罗马条约》第 85 条（现《欧盟运行条约》第 101 条）。[410] 不得向其他零售商出售附着有商标产品的义务也被认为能够影响竞争，因为其他零售商被排除在认证系统之外，但这一限制不被认为是显著影响竞争的，因为其他零售商可以建立自己的质量认证体系。[411]

7.68　利用品牌杠杆效应滥用支配地位

利用最畅销的品牌来确保分销或为没有那么受欢迎的品牌增加自主零售商中额外的货架空间，可能属于滥用市场支配地位。[412]

## 五、特许经营和授权销售

### （一）简介

7.69　特许经营和授权销售合同的性质和类别

“特许经营”这一术语被用来形容使用广泛的一类合同，包括生产特许经营（production franchises），即受许人按照特许权人的指示来生产产品并使用其品牌销售；服务特许经营（service franchises），即受许人按照特许
416 权人的指示来提供其品牌下的服务；以及经营模式特许经营（distribution franchises），即受许人使用特许权人的品牌以及经营方式来销售产品（由特许权人或第三方提供）来获取报酬。[413] 授权销售（merchandising）与经营模式特许经营相似，但不使用特许权人的经营方式。

经营模式以及服务特许经营合同在适用欧盟竞争政策时受到同等对待，[414] 将首先讨论，[415] 然后是生产特许经营。[416] 授权销售将在经营模式特许经营情境中讨论。[417]

---

[410]　90/33 *APB* §I.D，EuC.

[411]　90/33 *APB* §I.D，§II，EuC.

[412]　39116 *Coca-Cola*，EuC. 关于搭售的一般讨论，见第三章 3.26—3.31。

[413]　161/84 *Pronuptia* judgment §13，CJ.

[414]　88/604 *Service Master* §6，EuC；2010 年《纵向限制指南》第 43 段。之前在 4087/88 条例有效时，经营模式和服务特许经营协议被特许经营协议集体豁免所涵盖（如果条件得到满足），现在欧盟委员会通常认为它被 330/2010 条例集体豁免所涵盖，见 7.76—7.77。

[415]　7.70—7.81。

[416]　7.82—7.87。

[417]　7.81。

## （二）经营模式和服务特许经营，以及授权销售

### 7.70　第 101 条第 1 款的适用

经营模式和服务特许经营体系及其运行所必需的义务，其本身并不属于《欧盟运行条约》所指的限制竞争范围。[418] 这些体系可以使特许权人以有限的投资建立统一的网络来供应产品或服务，[419] 并由此从其成功和专业中获得利润，同时也允许其他交易者从其声誉和经验中获益。[420]

特别是，对于维护特许品牌所识别网络的身份和声誉所必不可少的义务，或者防止特许权人专有技术使其竞争对手获益的义务符合第 101 条第 1 款的要求。[421] 对于专有技术的性质，欧盟法院或欧盟委员会在个案中没有要求任何特殊的条件，[422] 尽管欧盟委员会的指导原则提出，当专有技术对于受许人并非现成可用，且对于该协议的实施是实质性、不可或缺的时候，该类义务属于竞业禁止限制，不受第 101 条第 1 款规制。[423]

### 7.71　为保护特许经营网络的身份、声誉和 / 或特许权人知识产权所必要的条款 417

受许人的以下义务被认为属于为保护特许经营网络的身份和声誉和 / 或特许权人的专有技术或其他知识产权所必要的义务，从而不受《欧盟运行条约》第 101 条第 1 款规制：

a. 在受许可的业务中使用特许权人的经营方法、专有技术 [424] 以及商标或商号；[425] 除受许可的业务之外不得使用它们；[426] 并且未经特许权人同意

---

[418]　161/84 *Pronuptia* judgment §§15–27，CJ.

[419]　2010 年《纵向限制指南》第 189 段。

[420]　161/84 *Pronuptia* judgment §15，CJ.

[421]　161/84 *Pronuptia* judgment §§16–17，CJ；89/94 *Charles Jourdan* §26，EuC；2010 年《纵向限制指南》第 107 段（i）项。

[422]　比较参照在纵向协议集体豁免 330/2010 条例第 1 条第 1 款（g）项以及技术转让集体豁免 316/2014 条例第 1 条第 1 款（i）项中规定专有技术必须是“秘密、实质和可辨别的”；在 89/94 *Charles Jourdan*，EuC 案中，看上去专有技术转让不能够超出提供给经销商的一般信息：见 §11。

[423]　2010 年《纵向限制指南》第 107 段（e）项。

[424]　87/17 *Pronuptia* §25（ii），EuC；87/407 *Computerland* §23（iii），EuC；88/604 *Service Master* §13，EuC；87/14 *Yves Rocher* §43，EuC.

[425]　87/14 *Yves Rocher* §45，EuC；2010 年《纵向限制指南》第 191 段。

[426]　161/84 *Pronuptia* judgment §16，CJ；87/407 *Computerland* §23（iv），EuC；89/94 *Charles Jourdan* §27，EuC[ 未经许可权人同意的转租不能被认为符合第 85 条第 1 款（现第 101 条第 1 款）]。

不得将它们转移至其他地点。[427]

b. 遵守特许权人关于零售场所的地点[428]和外观[429]的要求（可作为其他零售场所的“特许经营角落”）。[430]

c. 遵守特许权人的质量标准。[431]

d. 当制定客观质量规范不切实际，[432]或该义务对于维护特许经营网络的共同身份和声誉属于必要，[433]或满足要求的替代供应商将得到特许权人的批准时，[434]使用特许权人提供的设备和材料销售产品或使用特许权人指定的供应商的义务，前提是受许人被允许从其他受许人处获得产品。[435]

418 e. 配备特许权人批准的员工。[436]

f. 在不涉及其价格的情况下，进行特许权人批准的关于其性质的广告。[437]

g. 尊重根据该协议所接收信息的保密性，只要信息不属于公有领域，[438]

---

[427] 161/84 *Pronuptia* judgment §19, CJ; 87/14 *Yves Rocher* §42, EuC[如果只有因保护许可经营网络声誉才能拒绝同意，那么第 85 条第 1 款（现 101 条第 1 款）不适用]。

[428] 2010 年《纵向限制指南》第 191 段。但是，同时规定特许经营场所地点以及授予受许人独家许可被认为限制了竞争，违背了第 85 条第 1 款（现第 101 条第 1 款），见 7.74。

[429] 161/84 *Pronuptia* judgment §19, CJ; 87/17 *Pronuptia* §25（ii）, EuC; 87/407 *Computerland*, EuC; 88/604 *Service Master* §15, EuC[要求获得许可权人事先同意被认为与第 85 条第 1 款（现第 101 条第 1 款）相符]; 89/94 *Charles Jourdan* §28, EuC; 87/14 *Yves Rocher* §§42, 43, EuC; 2010 年《纵向限制指南》第 191 段。

[430] 89/94 *Charles Jourdan* §31, EuC.

[431] 87/17 *Pronuptia* §25（ii）, EuC; 87/407 *Computerland* §23（i）, EuC（职员培训）。

[432] 161/84 *Pronuptia* judgment §21, CJ; 87/17 *Pronuptia* §§12, 25（ii）, EuC（时装；要求限于与特许经营要件有联系的货物）; 87/407 *Computerland* §23（vi）, EuC（设置客观质量要求，而该要求由于广泛的产品范围和快速的科技更新而导致不切实际）; 89/94 *Charles Jourdan* §27, EuC（时装；要求限于与特许经营实质目的有联系的货物）; 87/14 *Yves Rocher* §45, EuC（时装，但未给出为何需要限制）。

[433] 2010 年《纵向限制指南》第 190 段（b）项、第 191 段。

[434] 88/604 *Service Master* §17, EuC.

[435] 161/84 *Pronuptia* judgment §21, CJ; 87/17 *Pronuptia* §§12, 25（ii）, EuC; 87/407 *Computerland* §23（vi）, EuC; 88/604 *Service Master* §17, EuC; 89/94 *Charles Jourdan* §27, EuC; 87/14 *Yves Rocher* §45, EuC.

[436] 89/94 *Charles Jourdan* §27, EuC.

[437] 161/84 *Pronuptia* judgment §22, CJ; 87/17 *Pronuptia* §25（ii）, EuC; 87/407 *Computerland* §23（vii）, EuC; 88/604 *Service Master* §18, EuC; 89/94 *Charles Jourdan* §28, EuC[与第 85 条第 1 款（现第 101 条第 1 款）相符的一般性合作条款]; 87/14 *Yves Rocher* §44, EuC; 2010 年《纵向限制指南》第 191 段。关于价格控制，见 7.74。

[438] 87/407 *Computerland* §22（i）, EuC; 88/604 *Service Master* §7, EuC; 2010 年《纵向限制指南》第 45 段（c）项，第 191 段。

并对员工施加类似义务。[439]

h. 仅为特许经营权的使用而使用相关信息，[440] 且在特许经营权终止后不得再使用相关信息，[441] 除非专有技术组合作为整体已落入公有领域。[442]

i. 不得在特许经营期限内及特许经营终止后的合理期限内，在可能与特许经营网络成员构成竞争的区域内从事任何业务。[443]

j. 不得在特许经营终止后的合理期限内招揽相关客户。[444]

k. 未经特许权人同意不得将其业务或特许经营协议转让给另一方。[445]

l. 在受许可的知识产权受到侵犯时通知特许权人，并对侵权采取或协 419
助采取法律行动。[446]

7.72 对转售的限制

不向特许经营网络或特许权人经销网络以外的经销商提供特许权人货物的义务已被视为不受《欧盟运行条约》第 101 条第 1 款规定的规制，即

---

[439] 88/604 *Service Master* §7, EuC.

[440] 88/604 *Service Master* §8, EuC; 2010 年《纵向限制指南》第 45 段（f）项。

[441] 87/407 *Computerland* §23（ii）, EuC（根据委员会要求修改的协议申明如果有证据证明可以与许可权人系统分割，受许人可以使用他们自己的创新成果）; 88/604 *Service Master* §9, EuC。

[442] 88/604 *Service Master* §9, EuC.

[443] 161/84 *Pronuptia* judgment §16, CJ; 87/17 *Pronuptia* §25（i）, EuC[合同终止后一年内的禁令符合第 85 条第 1 款（现第 101 条第 1 款）]; 87/407 *Computerland* §22（ii）, EuC [根据委员会的要求，放松了禁止义务，允许非控制性金融投资；至合同终止后一年内在受许人经销店一万米以内禁止竞争的义务被认为符合第 85 条第 1 款（现第 101 条第 1 款），但委员会反对扩大其范围和期限]; 88/604 *Service Master* §10, EuC [设定义务禁止从事竞争性业务，除非通过在合同期间收购上市公司不超过 5% 资本的金融权益，并且在终止后一年内在受许人已经提供服务的区域不得从事竞争性业务，这被认为符合第 85 条第 1 款（现第 101 条第 1 款）]; 89/94 *Charles Jourdan* §27, EuC; 87/14 *Yves Rocher* §§26, 27, 47, 48, EuC [设定义务要求在合同期间不得从事与网络内任何成员竞争性业务的义务，除非个人不参与，仅享有金融权益，这被认为符合第 85 条第 1 款（现第 101 条第 1 款），同样地，设定义务要求合同终止后一年内在区域内部的竞争的义务也符合]; 2010 年《纵向限制指南》第 45 段（a）—（b）项（设定义务要求不得直接或间接从事类似业务并且不得收购金融权益以影响竞争企业的经济行为，这被认为不受第 101 条第 1 款的规制，也不能根据纵向协议集体豁免得到豁免）。

[444] 88/604 *Service Master* §11, EuC [关于终止后一年内不得引诱合同终止前两年内受许人客户的规定符合第 85 条第 1 款（现第 101 条第 1 款）]。

[445] 161/84 *Pronuptia* judgment §§16, 20, CJ; 87/17 *Pronuptia* §25（i）,（ii）, EuC; 87/407 *Computerland* §23（i）, EuC; 88/604 *Service Master* §12, EuC; 89/94 *Charles Jourdan* §27, EuC; 87/14 *Yves Rocher* §47, EuC; 2010 年《纵向限制指南》第 45 段（g）项。

[446] 2010 年《纵向限制指南》第 45 段（e）项。

使未就选择受许人或经销商设定任何标准。[447]

在一个服务特许经营合同中，对特许权人产品的转售进行限制也被认为符合第 101 条第 1 款的规定。[448]

7.73　其他被认为符合第 101 条第 1 款的条款

就特许配方使用支付费用和版税的义务以及进行一般广告的义务符合《欧盟运行条约》第 101 条第 1 款。[449] 关于尽力推销，[450] 最低版税，根据前一年的营业额确定提前预定的最低数额，以及存储特定产品的义务同样被认为符合第 101 条第 1 款；[451] 要求双方[452] 或特许权人[453] 或受许人[454] 进行沟通以及授予关于经验和改进的非排他性的许可也同样被认为符合第 101 条第 1 款。非约束性的价格建议[455] 和最高价格[456] 也被认为可以接受，前提是它们不能等同因特许权人的压力、激励或强大市场力量而形成的固定或最低转售价格。[457]

7.74　受到第 101 条第 1 款规制的条款

经营模式和服务特许经营合同中的条款，如果可能分割市场或限制

---

[447]　89/94 *Charles Jourdan* §§28，30，31，EuC；87/14 *Yves Rocher* §§41，46，EuC；2010 年《纵向限制指南》第 191 段；但比较参照 87/407 *Computerland* §24（i），EuC [ 限制转售由第三方所供应和附着其商标产品的义务被认为违背了《罗马条约》第 85 条第 1 款（现《欧盟运行条约》第 101 条第 1 款）：见 7.74]；330/2010 条例第 1 条第 1 款（e）项 [ 根据特定标准来选择被授权的经销商，使其有资格加入选择性经销网络，并因此被 330/2010 条例第 4 条（b）项所规定的核心限制所排除：见第二章 2.51b]。

[448]　88/604 *Service Master* §21，EuC.

[449]　87/17 *Pronuptia* §26，EuC；87/407 *Computerland* §24（i），EuC；2010 年《纵向限制指南》第 191 段。

[450]　87/407 *Computerland* §23（iv），EuC；88/604 *Service Master* §16，EuC；87/14 *Yves Rocher* §49，EuC（负有付出所有力量以及必要多的时间来促销受许产品，且不能进行与特许经营不符活动的义务）。

[451]　87/17 *Pronuptia* §27，EuC.

[452]　2010 年《纵向限制指南》第 191 段。

[453]　2010 年《纵向限制指南》第 191 段。

[454]　2010 年《纵向限制指南》第 45 段（d）项（认为保护特许权人知识产权是必要的，与 7.71 中讨论的其他条款类似，并且如果受到第 101 条第 1 款规制，可以根据纵向协议集体豁免规定得到豁免；受许人可能被要求许可其他受许人或者特许权人使用）。

[455]　161/84 *Pronuptia* judgment §§25–26，CJ；87/17 *Pronuptia* §§12（c），26，EuC；87/14 *Yves Rocher* §51，EuC；88/604 *Service Master* §20，EuC；89/94 *Charles Jourdan* §29，EuC.

[456]　330/2010 条例第 4 条（a）项。

[457]　330/2010 条例第 4 条（a）项；2010 年《纵向限制指南》第 226—229 段。

价格竞争，那么它们对于维护特许经营网络的身份和声誉或者保护专有技术并非必要，可能违反《欧盟运行条约》第 101 条第 1 款，从而限制竞争。[458] 420

特别是在受许可区域内授予某人独家使用商标和 / 或专有技术的条款，结合受许人不得在合同指定场所之外利用特许经营的义务，它们被认为违背了第 101 条第 1 款，限制了竞争。[459] 欧盟法院裁定一个受许人不会希望承担在相关区域内在没有独家使用权的情况下加入特许经营网络的风险这一事实只有在适用第 101 条第 3 款规定时才有意义。[460] 第 101 条第 1 款对于包含这些条款的协议可以适用，即使特许权人自身未被排除出受许可区域，且受许人被允许满足区域外的主动请求。[461]

对受许人定价能力的限制也可能构成对竞争的限制，但提供建议售价符合第 101 条第 1 款，除非在适用价格方面进行了协同行为。[462]

禁止受许人向除最终用户以外的其他人或其他受许人转售由第三方提供的，附着有其商标的产品，被认为违反了第 101 条第 1 款，但因为它可以确保受许人作为零售商的努力效果不被削弱，因此可以得到豁免。[463] 但是，当前的指导原则认为在对于维护特许经营网络一般身份和声誉属于必要，[464] 或者存在专有技术转让，该专有技术对于受许人并非现成可用，且对于该协议的实施是实质性、不可或缺的时候，竞业禁止义务不受第 101 条第 1 款规制。[465]

---

[458]　161/84 *Pronuptia* judgment §23，CJ.

[459]　161/84 *Pronuptia* judgment §24，CJ；87/17 *Pronuptia* §28，EuC（被个案豁免，见 §34）；87/407 *Computerland* §25，EuC（被豁免）；89/94 *Charles Jourdan* §32，EuC（被豁免）；87/14 *Yves Rocher* §§54–55，EuC（被豁免）；比较参照 2010 年《纵向限制指南》第 191 段，其中规定指出在受许区域内授予专有权可能逃脱第 101 条第 1 款的规制，即使并不清楚该专有性根据第 101 条第 1 款和第 101 条第 3 款能否被接受，也不清楚示例中的商标是否著名。

[460]　161/84 *Pronuptia* judgment §24，CJ. 但是这与欧盟法院在 258/78 *Nungesser v Commission*，CJ；42/84 *Remia v Commission*，CJ 中给出的理由很难达成一致；另参见第一章 1.54—1.56。

[461]　88/604 *Service Master* §22，EuC.

[462]　161/84 *Pronuptia* judgment §§25–26，CJ；87/17 *Pronuptia* §§12，26，EuC（经欧盟委员会要求作出的修改申明了建议价格不具有约束力，并移除了要求受许人不能通过价格水平来损害品牌形象的条款）；88/604 *Service Master* §20，EuC；89/94 *Charles Jourdan* §29，EuC；87/14 *Yves Rocher* §51，EuC；495/VI/2010 *Carrefour*，HCC。

[463]　87/407 *Computerland* §26，34，EuC.

[464]　2010 年《纵向限制指南》第 190 段（b）项、第 191 段。

[465]　2010 年《纵向限制指南》第 107 段（e）项、第 145 段、第 148 段。

421 7.75　个案豁免

即使经营模式和服务特许经营合同受到《欧盟运行条约》第 101 条第 1 款规制，它们仍然可能有利于新的竞争对手进入市场，特别是中小企业，由此可以促进品牌间的竞争，或者有利于独立交易商更快更成功地设立经销店，因而他们得以与大经销商进行更有效率的竞争。[466] 因此，在若干案例中它们得到了个案豁免。[467]

独占区域可能有助于鼓励受许人承担加入特许经营网络的风险，并使其能够将销售努力集中于特定区域，更好地预测未来销售，从而协助生产和供应的规划。[468]

专有技术的转让越重要，这些限制越有可能产生效率或者属于对保护专有技术是必不可少的，从而满足第 101 条第 3 款所规定的豁免条件。[469] 转让实质性专有技术通常使协议有效期内的竞业禁止义务正当化，即使其受到第 101 条第 1 款规制，也可以根据第 101 条第 3 款得到豁免。[470]

转售价格维持通常被认为属于不符合第 101 条第 3 款的核心限制。[471] 但是，当固定转售价格对于在特许经营网络中组织一次协调的、短期的、低价的活动是属于必要的，[472] 或者对于鼓励和保护用于推广新产品或提供售前服务——特别是“体验”[473] 或者复杂产品——的支出是属于必要的时候，它可能是有利于竞争的，从而可以得到豁免。[474]

7.76　纵向协议集体豁免：欧盟委员会的观点

欧盟委员会认为，大多数的经营模式和服务特许经营协议可以被纵向

---

[466]　87/17 *Pronuptia* §34, EuC.

[467]　87/17 *Pronuptia* §34, EuC; 87/407 *Computerland*; 88/604 *Service Master* §14, EuC; 89/94 *Charles Jourdan*, EuC; 87/14 *Yves Rocher*, EuC.

[468]　87/17 *Pronuptia* §34, EuC；2010 年《纵向限制指南》第 191 段。

[469]　2010 年《纵向限制指南》第 190 段（a）项。

[470]　2010 年《纵向限制指南》第 107 段（e）项、第 145 段、第 148 段，看上去认为似乎如果专有技术是实质性、不可或缺，并且非现成可用时，一个禁止竞争义务不受第 101 条第 1 款规制，见 7.74。

[471]　330/3010 条例第 4 条（a）项；参见 7.74。

[472]　2010 年《纵向限制指南》第 225 段。委员会指出，合理期间一般是两周到六周。

[473]　“体验产品”是指在消费之前很难判断其质量的产品：2010 年《纵向限制指南》第 164 段、第 185 段。

[474]　2010 年《纵向限制指南》第 225 段，它同样强调，要满足豁免的条件，必须有其有益于消费者的可信证据。

协议集体豁免330/2010条例和461/2010条例所涵盖，理由是在大部分特许经营合同中特许权人向受许人提供产品或服务（特别是商业或技术援助 422 服务），知识产权能够帮助受许人销售特许权人或特许权人指定供应商提供的产品，或者使用这些产品来销售由其生产的产品或服务。[475]

7.77 纵向协议集体豁免：对欧盟委员会观点的批判

一般认为，关于受许人使用特许权人知识产权的条款通常构成一个特许经营协议的主要目标，并通常包括与买方或其客户使用、销售或转售货物或服务无关的条款。

因此，欧盟委员会认为纵向协议集体豁免涵盖大部分经营模式和服务特许经营合同的观点很难与上段所提到条例的规定协调一致，[476] 这些条例规定它们适用于与买方使用知识产权相关的条款，[477] 只要这些条款不构成协议的主要目的并且与买方或其客户使用、销售或转售货物或服务直接相关。[478]

欧盟委员会的观点也很难与欧盟法院的决定[479]以及委员会自身之前作出的关于其他集体豁免条例中类似条款的决定[480]相一致。

7.78 不属于纵向协议集体豁免规定范围的协议所得到的类似待遇

当一个特许经营协议由于主要涉及知识产权的许可而不被纵向协议集体豁免所涵盖时，欧盟委员会将把集体豁免及纵向限制指南（Guidelines on Vertical Restraints）中所规定的原则作为一般规定普遍适用。[481] 这种考量一定程度上降低了许多特许经营协议被排除在集体豁免之外的可能性。[482]

7.79 旨在适用纵向协议集体豁免的市场份额 423

当特许权人为转售而供应货物时，特许权人在所销售合同货物的市场

---

[475] 2010年《纵向限制指南》第36段、第43段、第44段、第190段。一个具体的关于经营模式和服务特许经营协议的集体豁免条例4087/88条例已经过期，并且在2790/1999条例（之前的纵向协议集体管辖条例）的实质条款生效时未被任何条例取代。

[476] 关于解释条例所遵从的路径及对于委员会指南所拥有的权重，见第五章5.21和5.75。

[477] 知识产权被认为包括工业知识产权，专有技术，版权以及邻接权；330/2010条例第1条第1款（f）项。一般认为这包括注册商标，但可能不包括商誉：见7.06以及第一章1.25。

[478] 330/2010条例第2条第3款。

[479] 161/84 *Pronuptia* judgment §§33–34, CJ.

[480] 90/186 *Moosehead/Whitbread* §16, EuC.

[481] 2010年《纵向限制指南》第44段。在个案中适用第101条时很可能是这种情况。

[482] 见7.77。关于欧盟委员会指南的法律效力，见第五章5.21和5.75。

中所拥有的市场份额决定了是否超过 30% 的法定门槛，从而排除集体豁免的适用。[483]

当特许权人提供经营方式，而非转售的货物时，也同样必须考虑使用受许方式的市场中特许权人的市场份额，该市场中的竞争者可能包括竞争对手特许权人以及未使用特许经营方式而提供替代货物或服务的其他供应商。[484]

7.80　技术转让协议的集体豁免

316/2014 条例中规定的技术转让协议集体豁免可以适用于服务特许经营，如果服务是由受许人或其分销商在受许可的技术权利之上所提供，[485] 且协议中关于其他知识产权条款与生产或提供有关服务直接相关，[486] 并且条例的其他要求得到满足。[487] 技术权利的许可并非协议的主要目的这一事实并不能排除该条例的适用。[488]

技术转让集体豁免通常不能适用于经营模式特许经营协议，因为规定要求协议必须是为了在所转让的技术权利之上所产生的产品或服务。[489] 但是，可以说按照受许方式进行的零售包括在受许专有技术之上所产生的服务，从而使其属于 316/2014 条例规定的范围。[490]

7.81　授权销售

如前所述，[491] 授权销售可以被认为与经营模式特许经营相似，因为它是基于受许人使用特许权人的品牌销售产品来获取报酬的协议之上的；但是与经营模式特许经营不同的是，授权销售不包括使用受许人的经营方式。

一般认为，之前所讨论的原则[492] 在根据欧盟竞争法评估授权销售协议
424 时也会适用，只要对于当事人行为的限制可以被认为属于为保护特许权人

[483]　330/2010 条例第 3 条。

[484]　2010 年《纵向限制指南》第 92 段。

[485]　即它属于 316/2014 条例第 1 条第 1 款（f）—（g）项中所定义的“合同产品”，见第五章，5.29。

[486]　316/2014 条例第 2 条第 3 款，见第五章 5.35。

[487]　见第五章 5.19—5.73。

[488]　见第五章 5.35，之前的技术转让集体豁免在这一点上更为严格。

[489]　见第五章 5.29。

[490]　这一条可以被 C418/02 *Praktiker*, CJ 所支持（允许为零售服务而注册商标）。

[491]　7.69。

[492]　7.70—7.80。

品牌或为特许权人索取报酬所必需的。

欧盟委员会认为，纵向协议集体豁免[493]不涵盖纯粹的为授权销售而许可使用商标或标志的行为。[494]但是，当授权销售的产品是由受许人或其分销商在被转让的专有技术、设计或其他316/2014条例[495]所规定的技术权利[496]之上所生产，且条例其他条件均满足时，[497]技术转让集体豁免可能适用。[498]

### （三）生产特许经营

#### 7.82 专有性和区域条款

授予受许人在成员国区域内独家生产特许经营的权利以及对受许人从其区域向外出口设定限制的行为被认为受到《罗马条约》第85条第1款（现《欧盟运行条约》第101条第1款）的规制。[499]规定经营权人以及受许人在其各自所在区域之外负有不得推行积极销售政策义务的独家生产特许经营协议可以根据第85条第3款（现第101条第3款）获得豁免。[500]

规定受许人不得向欧盟以外的国家直接或间接出口的义务被认为不受第85条（现第101条）所规制，因为考虑到交易保证金、关税和税收的累计，相关产品的再进口不太可能。[501]

占有支配地位的企业接受一个独家特许经营，从而加强其支配地位，被欧盟委员会认定为属于违反《罗马条约》第86条（现《欧盟运行条约》

[493] 330/2010条例和461/2010条例。

[494] 2010年《纵向限制指南》第33条（c）项。

[495] 316/2014条例第1条第1款（b）项；第五章5.26。

[496] 即它们属于316/2014条例第1条第1款（g）项所定义的“协议产品”；见第五章5.29。

[497] 见第五章5.19—5.73。

[498] 看上去已经被接受，见欧盟委员会2014年《技术转让协议指南》第47段。另参见7.87以及第五章5.35。

[499] 78/253 *Davide Campari-Milano* §II.1, EuC；90/186 *Moosehead/Whitbread* §15（1）, EuC[不主动销售政策受到第85条第1款（现第101条第1款）规制，但可以根据第85条第3款（现第101条第3款）得到豁免]，另参见84/381 *Carlsberg Beers*, EuC。

[500] 78/253 *Davide Campari-Milano* §III.A.3, EuC（关于各方承诺尽其所能按照通常收取的价格来满足来自其他成员国的主动订单，在受许人承担使用和广告费用时，价格可以上涨）；90/186 *Moosehead/Whitbread*, EuC（便利特许权人的产品通过受许人折扣店进入市场）。

[501] 78/253 *Davide Campari Milano* §II.C, EuC.

第 102 条）的滥用支配地位行为。[502]

425 7.83　质量控制

规定受许人遵守特许权人关于产品生产以及原料质量的指示义务的协议被认为不受《罗马条约》第 85 条第 1 款（现《欧盟运行条约》第 101 条第 1 款）的规制。[503] 欧盟委员会反对无条件限制地要求受许人在指定的地点进行生产，但要求受许人通知特许权人任何生产地点的变化，并且如果新的地点不能保证产品质量时允许特许权人反对该变化的条款被认为符合《罗马条约》第 85 条第 1 款（现《欧盟运行条约》第 101 条第 1 款）。[504]

要求受许人向特许权人购买特定保密原材料的义务被认为符合《罗马条约》第 85 条第 1 款（现《欧盟运行条约》第 101 条第 1 款），[505] 但欧盟委员会反对在合同中设定向特许权人购买非保密原材料的义务。[506] 禁止转让特许经营权 [507] 并要求特许权人向其他受许人施加类似质量标准 [508] 的行为被认为不受第 85 条（现第 101 条）的规制。

要求受许人只能向拥有免税设施的组织提供特许权人所供应产品的义务被认为受到第 85 条第 1 款（现第 101 条第 1 款）的规制，[509] 但可能根据第 85 条第 3 款（现第 101 条第 3 款）得到豁免，因为特许权人具有合法权益去拥有保证无论具体从何处购买，从这些组织处购买产品的消费者都能够获得相同产品。[510]

7.84　对于使用专有技术的限制：竞争产品

规定只能为了制造特许产品而使用特有权人专有技术的义务被认为不受《罗马条约》第 85 条第 1 款（现《欧盟运行条约》第 101 条第 1 款）的

[502] *Carlsberg/Interbrew* 24th Report on Competition Policy, p 351, EuC.

[503] 78/253 *Davide Campari Milano* §II.C, EuC; 90/186 *Moosehead/Whitbread* §15（2）, EuC; 84/381 *Carlsberg Beers* §IIA（4）, EuC.

[504] 78/253 *Davide Campari-Milano* §§I.A8, I.B, II.C, EuC.

[505] 78/253 *Davide Campari-Milano* §II.C, EuC; 90/186 *Moosehead/Whitbread*, EuC（酵母菌株）; 84/381 *Carlsberg Beers*, EuC（酵母菌株）。

[506] 78/253 *Davide Campari-Milano* §I.B, EuC.

[507] 78/253 *Davide Campari-Milano* §II.C, EuC；另参见 90/186 *Moosehead/Whitbread*, EuC。

[508] 84/381 *Carlsberg Beers*, EuC.

[509] 78/253 *Davide Campari-Milano* §II.A.4, EuC.

[510] 78/253 *Davide Campari-Milano* §II.A.4, EuC. 这一理由很难与在欧盟很多消费者不仅从免税点购买酒精饮料，也从一般商店购买这一事实相一致，另参见 84/381 *Carlsberg Beers*, EuC。

规制。[511]

规定受许人不能生产或销售竞争产品的义务被认为受到《罗马条约》第 85 条第 1 款（现《欧盟运行条约》第 101 条第 1 款）的规制，[512] 但当 426
采取一个特许经营方案的目的是分散生产以及在共同市场范围内合理化销售时，该义务能够改善销售，因此可以根据第 85 条第 3 款（现 101 条第 3 款）得到豁免。[513] 即使受许人因此必须放弃其竞争产品的现有业务，这一豁免仍然会被批准。

7.85　关于市场的义务

当最低数量的资金不会阻碍受许人做其他活动或做自己的广告时，规定受许人必须与客户保持联系，并花费最低数量的资金广告推广产品的义务被认为不受《罗马条约》第 85 条（现《欧盟运行条约》第 101 条）的影响。[514] 规定必须以特许权人规定的方式包装相关产品，并且，双方就广告和营销必须互相协商的义务被认为符合第 85 条（现第 101 条）。[515]

7.86　保护受许权利

规定受许人必须对受许的专有技术保密，[516] 并不能质疑受许商标所有权的义务被认为不受《欧盟运行条约》第 101 条第 1 款的规制。[517] 当商标在受许人地区内并未足够著名以至于形成进入市场的有效壁垒时，规定受许人不能质疑受许商标有效性的义务被认为符合《罗马条约》第 85 条第 1 款（现《欧盟运行条约》第 101 条第 1 款）。[518] 规定受许人获悉任何商标侵权或商标假冒时必须通知特许权人，并根据特许权人的指示针对相关行

---

[511]　90/186 *Moosehead/Whitbread* §§9（3），15（2），EuC.

[512]　78/253 *Davide Campari-Milano* §II.A.2，EuC.

[513]　78/253 *Davide Campari-Milano* §III.A.2.

[514]　78/253 *Davide Campari-Milano* §II.C.

[515]　90/186 *Moosehead/Whitbread* §§10，15（2），EuC；84/381 *Carlsberg Beers*，EuC.

[516]　78/253 *Davide Campari-Milano* §II.C，EuC；90/186 *Moosehead/Whitbread* §§9.3，15.3，EuC.

[517]　90/186 *Moosehead/Whitbread* §15.4（a），EuC. 但是，人们认为这一决定中所提出的不质疑商标所有权的义务从来不受第 85 条第 1 款（现第 101 条第 1 款）规制这一建议可能太过分了；一个不质疑条款是否会对竞争产生显著限制从来都由事实决定，正如欧盟高等法院在 65/86 *Bayer v Süllhöfer* judgment §§16–21 中所采取的观点。

[518]　90/186 *Moosehead/Whitbread* §15.4（b），EuC，看上去这一问题在合同签订之日得到了评估。对于一个受许商标来说，它可能在合同实施过程中变得著名，从而使这一条款受到第 101 条的规制，另参见 7.64。

为采取行动的义务，被认为不受第 85 条（现第 101 条）的规制。[519]

7.87 集体豁免

如果符合条件，产品特许经营可能根据技术转让协议集体豁免 316/2014 条例得到豁免。[520] 但是，这一集体豁免只能适用于关于许可或
427 转让商标的条款，或者有些关于其他非技术权利的条款，[521] 如果这些条款是与在受许可的技术权利之上生产和销售的产品或服务直接相关时。[522] 另一方面，如果这一条件得到满足，即使非技术权利许可——例如品牌权利——是协议的主要目的，集体豁免也得以适用。[523]

另一种选择是，生产特许经营可能在某些情况下根据纵向协议集体豁免得到豁免。[524] 但是，这些集体豁免仅适用于关于何种条件下双方可以购买、出售或转售某些产品或服务的协议；并且就协议而言，当事人必须在不同层级的生产或销售链条之上运营。[525] 另外，如前文所讨论的，[526] 如果关于受许人使用特许权人知识产权的条款构成了协议的主要目的，或者这些条款与买方或其客户使用、销售或转售货物或服务不直接相关时，这些集体豁免也不适用。[527]

欧盟委员会认为，一般的纵向协议集体豁免可以适用于一方当事人为某种饮料供应某种浓缩提取物并许可买方对其进行稀释、装瓶并以该品牌销售的行为；[528] 但当一方当事人向另一方提供饮料的配方并许可后者生产该饮料时，或者一方当事人向另一方提供模具或模板并许可后者生产、销售副本时，集体豁免条例不适用。[529]

---

[519] 78/253 *Davide Campari-Milano* §I.A8, EuC.

[520] 参见第五章 5.19—5.73。

[521] 关于“技术权利”的定义，参见第五章 5.26—5.28。

[522] 316/2014 条例第 2 条第 3 款，在第五章 5.35 中有所讨论。

[523] 2014 年《技术转让协议指南》第 47 段；第五章 5.35。比较参见已被取代的 772/2004 条例中的相关规定，该规定在品牌或其他权利许可属于协议的主要目的时不适用：见本书第一版第二章 2.25。

[524] 330/2010 和 461/2010 条例。

[525] 330/2010 条例第 1 条第 1 款（a）项和第 2 条第 1 款；461/2010 条例第 1 条第 1 款（a）项和第 4 条。

[526] 参见 7.7。

[527] 330/2010 条例第 2 条第 3 款；461/2010 条例第 4 条。

[528] 2010 年《纵向限制指南》第 36 段。

[529] 2010 年《纵向限制指南》第 33 段。

## 六、其他情况下的商标许可

### 7.88 *Green Dot* 案

关于 Green Dot 标志的一系列判决为如何在商标许可方面适用欧盟竞争法提供了指导。这一标志是 DSD 企业所拥有的注册商标，[530] 经其同意可以被应用于包装之上，以识别该包装符合由 DSD 或其受许人收集、回收利用的资格。DSD 及其受许人提供的服务协助或使生产商和经销商能够 428
遵守成员国及欧盟立法中关于通过提供从消费者手中收集并回收利用的包装体系，从销售点（自我管理或个人解决）和 / 或从消费者处（免除或集体系统）收集包装，[531] 来复原其特定比例包装的规定要求。

欧盟法院驳回了 Green Dot 标志不属于真正的商标这一观点，指出其属于与垃圾收集、分类和回收服务有关，在德国注册的标志。[532]

在德国，DSD 本身组织了分包商提供收集和回收利用服务，并许可生产商和经销商在包装上使用 Green Dot 标志，如果该包装能够经其系统回收。DSD 被认为在德国关于废物包装回收免除制度的市场中具有支配地位。[533]

在其他欧盟成员国，DSD 许可 Pro Europe（一个它参与合资的企业），以及其他参与组织回收的企业使用其标志，使这些企业能够在各自的成员国内运行类似的体系。[534]

### 7.89 在未由 DSD 分包商收集的包装之上使用 Green Dot 标志的费用

在德国，DSD 通过向经许可使用该标志的生产商和经销商收取许可费用来收回其提供收集和回收利用服务的成本。DSD 被裁定滥用市场支配地位，通过向所有经其许可使用该标志的行为收取费用，包括在未被其分包商收集的包装之上使用该标志的行为。[535]

---

[530] 它在德国被注册为集体商标：2001/463（34493）*DSD* prohibition decision §145，EuC。

[531] 这一安排在 C-385/07P *Der Grüne Punkt* judgment §§2–16，CJ 和 *DG Competition Paper Concerning Issues of Competition in Waste Management Systems*，EuC 中有所解释。

[532] C-385/07P *Der Grüne Punkt* judgment §124，CJ. 该标志事实上同时在德国以及欧盟被注册为国家和欧盟商标，该商标是关于一系列广泛的货物和服务的。

[533] 2001/463（34493）*DSD* prohibition decision §§65–97，EuC（在上诉 T-151/01 *Der Grüne Punkt*，GC 和 C385/07P *Der Grüne Punkt*，CJ 中关于支配地位的决定未被质疑）。

[534] 关于在除德国以外的其他成员国许可使用商标，见 38051 *Pro Europe*，EuC；和 2001/663（34950）*Eco-Emballages*，EuC；2004/208（35470，35473）*ARA* and *ARGEV*，*ARO* EuC。

[535] 2001/463（34493）*DSD* prohibition decision §§98–154，EuC；T151/01 *Der Grüne Punkt* §§119–122，GC 和 C385/07P *Der Grüne Punkt* judgment §§141–143，CJ。

欧盟委员会认为这一滥用既是剥削性滥用（由于它对受许人收取不公平的费用）[536]也是排他性滥用[537]（它通过替代性的免除或自我管理方案的条款限制了竞争，因为使用该替代方案的生产商或经销商必须支付两次费
429 用）。[538]欧盟普通法院判定其在以上两方面存在滥用行为，[539]欧盟最高法院判定其在第一方面存在滥用（第二点判决中没有提及）。[540]

但是，欧盟法院确实认可了 DSD 有权向所有使用该标志的包装收取一个单独费用的行为，因为如果产品使用了该标志，则消费者会得到暗示，DSD 收集系统将适用于该包装，尽管这一费用不能代表收集和回收利用服务的价格。[541]

7.90　被驳回的论点

DSD 辩称，限制其他收集系统收集附着其标记包装的行为是合理的，否则会削弱该标记的识别能力。欧盟委员会拒绝了这一论点，理由是该德国商标属于一个集体商标，[542]该商标的实质功能是通知消费者这一包装能够经 DSD 系统得到回收，当这些包装也能够被其他的系统回收时，这一功能并未被削弱。[543]欧盟委员会还拒绝了 DSD 提出的针对被竞争对手系统收集的包装不收取许可费用的承诺，因为它设定了一个保留条件，即对 Green Dot 标志的保护不得受损，从而能够使 DSD 避免履行该承诺。[544]

DSD 提出替代方案，不要求受许人在未纳入该系统的包装之上使用相关标志，并且受许人只针对附着相关标志的包装支付许可费用。这也被欧盟委员会拒绝了，因为这在经济上是不现实的，生产商和经销商将会因选择标签而承担大量额外的费用；并且，在任何情况下，它们都不能提前控

---

[536]　2001/463（34493）*DSD* prohibition decision §§111–113，EuC.

[537]　即专有性，见第三章 3.12。

[538]　2001/463（34493）*DSD* prohibition decision §§114–116，EuC. 关于“免除”以及“自我管理”，见 7.88。

[539]　T-151/01 *Der Grüne Punkt* §§119–122，GC.

[540]　C-385/07P *Der Grüne Punkt* judgment §§141–143，CJ.

[541]　T151/01 *Der Grüne Punkt* §194，GC；C385/07P *Der Grüne Punkt* judgment §§75–77，131，CJ.

[542]　关于集体商标，见 7.34。

[543]　2001/463（34493）*DSD* prohibition decision §§143–146，EuC，upheld in T151/01 *Der Grüne Punkt* §§156–162，210，GC.

[544]　2001/463（34493）*DSD* prohibition decision §§51，122–123，EuC.

制产品的零售地点或消费者如何处理包装。[545]

DSD 进一步在欧盟最高法院辩称欧盟委员会的决定不符合其阻止第三方在未经同意的情况下使用其标志的专有权利。这一论点同样被驳回，由于欧盟委员会的决定并未限制 DSD 反对未经同意使用其标志的权利；它只是禁止 DSD 针对经其同意使用标志的行为收取特定费用。[546]

欧盟普通法院还驳回了一个论点，该论点认为由于 DSD 是受委托运营为一般经济利益服务的，因此根据《罗马条约》第 86 条第 2 款（现《欧盟运行条约》第 106 条第 2 款），应排除认定其违反了竞争法，欧盟法院认为没有证据表明该决定会危及 DSD 完成任务的可能性。[547] 430

7.91 对欧盟成员国间贸易的影响

欧盟委员会认为，DSD 滥用支配地位针对未被其分包商收集的包装收取费用的行为可能会对成员国间贸易产生显著影响，这主要是通过 DSD 对受许人从德国进口或出口，或 DSD 对在其他成员国内提供跨境服务的潜在竞争对手施加影响来实现的。[548]

7.92 侵权救济

欧盟委员会要求 DSD 承诺对于经证明并非通过 DSD 系统收集和回收利用的包装不收取使用费。[549] 这一救济措施得到了欧盟普通法院[550] 和最高法院的支持。[551]

7.93 DSD 针对受许人的其他行为

DSD 就其商标许可可能被裁定为滥用市场支配地位的一些其他方面向欧盟委员会作出承诺，承诺根据污染者付费原则来分配费用，决定许可费用的数额和计算基础，并允许会计定期审查；[552] 不歧视在其他欧盟经济区

---

[545] 2001/463（34493）*DSD* prohibition decision §§61，103–107，127–128，EuC，在 T151/01 *Der Grüne Punkt* §§143，151，GC 中得到支持。

[546] C-385/07P *Der Grüne Punkt* judgment §§124–134，146，152–156，CJ.

[547] T-151/01 *Der Grüne Punkt* §§207–210，GC，没有进一步向 CJ 上诉。关于第 106 条第 2 款的一般适用，见第二章 2.06。

[548] 2001/463（34493）*DSD* prohibition decision §§153–160，EuC.

[549] 2001/463（34493）*DSD* prohibition decision §§161–167 以及第 3—7 条，EuC。

[550] T-151/01 *Der Grüne Punkt* §§166–204，GC.

[551] C-385/07P *Der Grüne Punkt* judgment §§144–147，152–156，CJ.

[552] 2001/463（34493）*DSD* prohibition decision §49，EuC.

国家注册的企业；[553]并且只针对在德国进入循环流通的包装收取许可费用，对出口的包装偿还许可费用。[554]

7.94　DSD 与其分包商之间的协议

欧盟委员会另外发布了单独的决定，根据《欧共体条约》第 81 条第 3 款（现《欧盟运行条约》第 101 条第 3 款）豁免了 DSD 与其分包商之间签订的独家服务合同，条件是分包商获准允许其他收集系统的承包商共同使用他们的收集设施。[555]DSD 的反对意见认为该条件会对其商标造成不利
431 影响，但该意见被欧盟普通法院驳回，理由是共同使用的收集设施无需展示 DSD 的商标，如果会展示该商标，也可以通过标明它们也用于其他收集系统来避免混淆。[556]

7.95　Eco-Emballages 签订的协议

在法国，Green Dot 标志通过 Pro Europe[557] 向 Eco-Emballages 许可使用。欧盟委员会认为只要 Eco-Emballages 作出一些修订和承诺，在法国将标志许可给 Eco-Emballages 使用并提供收集和回收利用服务的安排不受《欧共体条约》第 81 条第 1 款（现《欧盟运行条约》第 101 条第 1 款）的规制。[558]

特别是，在生产商经要求将提供能够确认个别系统所涵盖包装数量的审计报告的基础之上，Eco-Emballages 承诺将允许共同使用个别和集体系统[559]的生产商在其所有包装上使用 Green Dot 标志；限制条件时如果生产商的包装大部分被个别系统所涵盖，那么它通常必须将商标的使用限制在不超过 Eco-Emballages 系统所涵盖的数量之内。[560]

当生产商在法国针对其所有包装使用个别系统，但在欧洲经济区其他国家内参与了一个 Green Dot 集体系统时，Eco-Emballages 承诺允许生产商在法国销售包装上附着 Green Dot 的产品，前提是生产商在该商标附近必须同时附着一个说明，来通知消费者这些包装不会经由某法国集体系统处

[553]　2001/463（34493）*DSD* prohibition decision §§50–51，EuC.

[554]　2001/463（34493）*DSD* prohibition decision §§53–54，EuC.

[555]　2001/837（34493）*DSD* commitments decision 第 3 条，EuC。

[556]　T-289/01 *Der Grüne Punkt* §§183–192，GC（未向 CJ 上诉）。

[557]　关于 Pro Europe 的作用，见 7.88。

[558]　2001/663（34950）*Eco-Emballages*，EuC.

[559]　关于个别系统和集体系统的性质，见 7.88。

[560]　2001/663（34950）*Eco-Emballages* §61（j），EuC.

理。[561]

Eco-Emballages 也接受它有义务向任何符合 Pro Europe 所设定标准的竞争对手系统再许可使用该标志。[562]

7.96　ARA 签订的协议

在澳大利亚，Green Dot 标志通过 Pro Europe 向 ARA 许可使用。欧盟委员会认为 ARA 再授权生产商使用该标志的协议不受《欧共体条约》第 81 条第 1 款（现《欧盟运行条约》第 101 条第 1 款）的规制，因为生产商不需要针对经证明是由其他系统收集和回收利用的包装支付许可费用。[563] 如
同 DSD 案，[564] 欧盟委员会豁免了 ARA 与分包商签订的独家服务协议，条 432
件是分包商获准允许其收集设施被其他收集系统的承包商共同使用。[565]

7.97　ENVI-PAK 签订的协议

Green Dot 标志在斯洛伐克共和国的独家受许人允许使用其收集、复原和回收利用服务的公司在无需支付许可费用的情况下使用该标志，如果一些公司使用其竞争对手公司的服务，则针对这些公司收取一笔单独的许可费用，即使那些包装并不附着该标志。这笔许可费用本身高过 ENVI-PAK 的服务费用，因此任何希望使用该标志的公司都被迫使用它的服务。ENVI-PAK 被认定在斯洛伐克共和国再授权许可的市场上占有支配地位，并违反了《欧盟运行条约》第 102 条，滥用了该支配地位。这一决定得到了斯洛伐克最高法院的支持。[566]

---

[561]　2001/663（34950）*Eco-Emballages* §61（k），EuC.

[562]　2001/663（34950）*Eco-Emballages* §61（g），EuC.

[563]　2004/208（35470，35473）*ARA* and *ARGEV*，*ARO* §§193–203，EuC。

[564]　见 7.94。

[565]　2004/208（35470，35473）*ARA* and *ARGEV*，*ARO* 第 3 条，EuC。

[566]　*ENVI-PAK*，SloSC.

# 索　引

**3G rights** 3G 权利 6.33, 6.37, 6.77

**absolute protection** 绝对保护
parallel imports 平行进口 5.13, 5.95–5.96
technology transfer 技术转让 5.13, 5.95–5.96
**abuse of dominant position (Article 102)** 滥用支配地位 1.07, 3.01–3.48 *see also* **dominant position** 另参见支配地位
3G rights 3G 权利 6.37
acquisition of IP rights 购得知识产权 3.37
anti-competitive agreements 不利于竞争的协议 3.44–3.45
application to intellectual property 对知识产权的适用 3.14
branding 品牌化 7.52–7.53, 7.58, 7.68, 7.82, 7.97
bundling *see* tying and bundling 捆绑销售 见搭售与捆绑
collecting societies 集体管理组织 3.43, 6.42–6.70
compulsory use, obstructing 阻碍强制使用 3.39
concentrations 经营者集中 4.02, 4.04–4.05, 4.14, 4.20, 4.25–4.26, 5.09
concept of abuse 滥用的概念 3.11
conduct involving IP 涉及知识产权的行为 3.11–3.43
confidential information 机密信息 3.18, 3.41
consequences of application of Article 102 适用 102 条的结果 3.45–3.48
content, misuse of 滥用内容 3.41
copyright 著作权 6.05, 6.42
culture, media, and sport 文化、传媒和体育 6.05, 6.37–6.38, 6.40–6.42
damages 损害赔偿 3.47
defence to infringement action 为侵权行为的辩护 3.46
disclosure 公开 3.24, 3.40, 3.48
distribution 分销 3.14, 3.25, 3.30, 3.41, 7.68
effect on trade between member states 对成员国间贸易的影响 3.44
enforcement 行使 2.67, 3.38, 3.46–3.48
exclusionary abuse 排他性滥用 3.12
exemptions 豁免 2.44
exploitative abuse 剥削性滥用 3.13
fines 罚款 2.67
franchising 特许经营 7.82
general approach 一般进路 3.11–3.16
general interest, objectives of 以一般利益为目标 1.47
guidance 指导 3.14, 3.44
harmonization 统一 1.38
illegality, irrelevance of 违法性，与……无关 3.11
interpretation, principle of consistent 一致解释原则 1.43
knowhow 专有技术 1.18

licences 许可 3.42, 7.89–7.94
link between dominant position and abuse, need for 需要市场支配地位与滥用行为有关联 3.15
market power 市场支配力 2.22
misleading representations 误导性陈述 3.36
modernization of EU competition law 欧盟竞争法现代化 1.06
monopolies 垄断 3.15
obtaining and maintaining intellectual property rights 知识产权的取得与维持 3.36
other abuses 其他滥用 3.40–3.43
patents 专利 3.03, 3.08, 3.39
prices 价格 3.35
proportionality 成比例 3.46
public broadcasters 公共广播 6.26
public interest 公共利益 7 n.49
refusal to license or supply 拒绝许可或提供 2.38, 3.17–3.25, 3.46
relationship with other provisions 与其他条款关系 3.16
repair and maintenance 维修与维护 2.38
royalties 特许使用费 3.32–3.35, 5.90
standards 标准 3.03, 3.40, 5.177
technology 技术 3.06, 5.09–5.11, 5.74, 5.90, 5.107, 5.176–5.177
television rights 电视转播权 6.40
trademarks 商标 3.03, 3.41, 7.58, 7.88–7.97
tying and bundling 搭售和捆绑 3.26–3.31, 5.119
use of rules 使用规则 1.06
validity of abusive acts 滥用行为有效性 3.45

**access to IP rights** 允许使用知识产权 1.08, 4.32, 6.19

**accessories** 附件 1.72

**acquisition of IP rights** 购得知识产权 3.36–3.37, 4.21

**acquisitions of undertakings** 收购企业 4.11–4.15, 4.21
ancillary restrictions 从属性限制 4.10
confidentiality clauses 保密条款 4.14
differences between purchaser and vendor 采购商和供应商区别 4.11
licences 许可 4.12
non-competition covenants 竞业禁止合同 4.13
non-solicitation clauses 招揽禁止条款 4.14
purchase and supply obligations 采购和供应义务 4.15

**active competitor, definition of** 活跃竞争者定义 2.50 n.320

**active sales** 活跃销售 2.51 n.330, 5.62, 5.64–5.65, 5.98, 5.192

**advertising** 广告
branding 品牌化 7.37
comparative 比较 7.16–7.17, 7.43
exhaustion of rights 权利用尽 1.73
keywords 关键词 7.09, 7.11
misleading and comparative advertising 误导性和比较性广告 7.43
resales 转售 7.19
trademarks 商标 7.09, 7.11

**agents** 代理人 2.07

**agreements** *see* **anti-competitive agreements (Article 101)** 协议，见不利于竞争的协议

**allocation of markets and customers** 分配市场和消费者 5.57, 5.59–5.60, 5.117

**ancillary markets** 辅助市场 3.07

**ancillary restrictions** 从属性限制 4.04, 4.06–4.19, 7.63

**anthems** 颂歌 6.07, 7.37
**anti-competitive agreements** 不利于竞争的协议 (**Article 101**) 1.07,
2.01–2.67 *see also* **particular agreements** 另参见特殊协议
abuse of a dominant position 滥用市场支配地位 2.38, 3.44–3.45
agreements, definition of 协议，定义 2.02
application to agreements relating to IP 对涉及知识产权合同的适用 2.01–2.67
assignment 转让 2.13, 2.28–2.29
associations, decisions of 企业联合组织的决定 2.04–2.05
block exemptions 集体豁免 1.18
branding 品牌化 7.19, 7.48–7.57, 7.60–7.67, 7.70–7.75, 7.82–7.87, 7.94–7.96
burden of proof 举证责任 2.52 n.440, n.441
collecting societies 集体管理组织 6.42, 6.63–6.67
competition authorities, powers of 竞争主管机构的权力 2.67
competitive undertakings 竞争主管机构，权力 5.82
concentrations 经营者集中 4.01–4.02, 4.12, 4.14, 4.20, 4.25, 5.09
concerted practices 协同行为 2.01–2.05, 2.37, 7.50
consequences of application 适用结果 1.06, 2.62–2.67
copyright 著作权 6.05, 6.29–6.32, 6.35–6.38, 6.42, 6.63–6.67, 6.71–6.85
culture, media, and sport 文化、传媒与体育 6.05, 6.29–6.32, 6.35–6.38, 6.42, 6.63–6.67, 6.71–6.85
damages 损害赔偿 2.66
De Minimis Notice 微量允许公告 2.23
decisions of an association, definition of 企业联合组织的决定定义 2.04
distribution and service franchises 分销及服务专营权 7.70–7.75
economic analysis 经济分析 1.06
effect on trade between member states 对成员国间贸易的影响 1.61, 2.08–2.15, 2.22, 5.162
efficiency gains 效率改进 2.55
enforcement 执行 2.37, 2.65
exemptions 豁免 2.41–2.61
exercise of IP rights and agreements 知识产权和协议的行使 2.05
exhaustion of rights 权利用尽 1.59
expiry of licensed rights 受许可权利过期 5.92
extent of prevention, restriction, or distortion 禁止、限制或扭曲的范围 2.22
films 电影 6.32
franchising 特许经营 2.28 n.198, 7.70–7.75, 7.82–7.87
general interests, objectives of 以一般利益为目标 1.47
guidance 指导 2.21, 2.23, 2.25–2.26, 2.59
harmonization 统一 1.38
individual exemptions 个例豁免 2.54–2.61
interpretation, principle of consistent 解释的一致原则 1.43
joint research and development 联合研发 5.186
knowhow 专有技术 1.18, 2.39
licences 许可 2.28–2.29, 2.37, 5.91–5.92
market power 市场支配力 2.29, 5.83
modernization of EU competition law 欧盟竞争法的现代化 1.06
no-challenge clauses 不质疑条款 2.36
object, guidance on restrictions by 具有限

制竞争目的的指南 2.21
object or effect 目的或效果 2.20
parallel imports 平行进口 2.02
partitioning the single market 分割单一市场 2.28
passive sales 被动销售 5.98, 5.99, 5.101
prevention, restriction, or distortion of competition 禁止、限制或扭曲竞争 1.61, 2.16–2.40
proportionality 成比例 2.17, 2.31, 2.67
public interest 公共利益 7 n.49
refusal to provide technical information 拒绝提供技术信息 2.38
remedies 救济 2.66–2.67
research and development 研发 5.186–5.194, 5.201
royalties 特许使用费 2.34, 5.90–5.93
satellite broadcasting 卫星广播 6.38
settlements 和解 2.24
standards 标准 5.177–5.180
subcontracting agreements 分包协议 5.196, 5.199–5.201
technology 技术
concentrations 经营者集中 5.09
FRAND commitments 公平、合理无歧视承诺 5.183
information required by independent operators, refusal to provide 独立经营者拒绝提供获得的信息 2.38
pools 池（集中）5.161, 5.167–5.176
research and development 研发 5.186–5.194, 5.201
royalties 特许使用费 5.90–5.91
standards 标准 5.177–5.180
subcontracting agreements 分包协议 5.196, 5.199–5.201
transfer 转让 2.25, 5.11–5.159
television rights 电视转播权 6.35–6.36, 6.38, 6.71–6.85
trademarks 商标 7.19, 7.55–7.57, 7.60–7.67, 7.94–7.96
tying and bundling 捆绑和搭售 2.35
undertakings 企业 2.06–2.07
unilateral conduct 单方行为 2.02
use of rules 使用规则 1.06
validity 有效性 2.32, 2.62–2.64
vertical agreements between small and medium-sized companies 中小企业间的纵向协议 2.23
within scope of rights, restrictions on activities 在权利范围内对行为的限制 2.33
**arbitration** 仲裁 5.150, 5.185
**Article 102 see abuse of dominant position (Article 102)** 第 102 条参见滥用市场支配地位 3.01–3.48
**artificial partitioning of the internal market** 人为分割内部市场 1.28, 1.37, 1.74, 7.20–7.21
**assignment** 转让
distribution 分销 2.13
horizontal market-partitioning 横向分割市场 2.28–2.29, 4.50, 7.48–7.49
parallel imports 平行进口 2.13, 2.28
risk 风险 5.24
specialization agreements 专门化协议 5.203
strengthening market power 加强市场支配力 2.29
technology pools 技术池 5.31
technology transfer 技术转让 5.24–5.25, 5.29, 5.35, 5.88, 5.147
**associations, decisions of** 企业联合组织的决定 2.04–2.05, 5.26

**Audiovisual Sport** 视听体育 6.75

**backups** 备用 1.54, 1.60
**balancing** 衡量
forms of competition 竞争形式 1.02, 1.06
economic analysis and rules 经济分析和规则 1.06
exclusive rights 专有权 1.02
innovation and competition 创新与竞争 1.02–1.04, 1.07, 1.24, 3.14
quality 质量 1.07
**barriers to entry see entry barriers** 进入壁垒
**basic principles of interface between IP and EU competition law** 知识产权和欧盟竞争法交集的基本原则 1.02–1.08
alternative approaches 替代路径 1.03–1.04
balancing different forms of competition 权衡不同形式的竞争 1.02, 1.06
dynamic competition 动态竞争 1.04
economic analysis 经济分析 1.06–1.07
existence of IP rights in EU law 欧盟法中知识产权的存在 1.08
innovation and competition, balancing 衡量创新和竞争 1.03, 1.04
need to access IP 获取知识产权的需要 1.08
ownership 所有权 1.08
preferred approach 首选路径 1.02
respect for property rights 尊重产权 1.05, 1.08
use of rules 使用规则 1.07
**basic seeds** 基础种子 1.70, 2.31, 2.39, 5.104, 5.146
**Beijing Treaty on Audiovisual Performances** 视听表演北京条约 1.42
**Berne Convention** 伯尔尼公约 1.26, 1.41–1.42, 6.06
**betting markets** 博彩市场 6.33, 6.83
**black lists** 黑名单 5.14
**black-out periods** 审查期 4.31
**block exemptions** *see also* **technology transfer block exemption; vertical agreements, block exemption on anti-competitive agreements** 集体豁免，另参见技术转让集体豁免、对纵向协议的集体豁免 1.18
burden of proof 举证责任 2.54
competition authorities 竞争主管机构 2.53, 5.72, 5.190
conditions 条件 2.47
examples 范例 2.46, 2.48
exclusive licences 独占许可 5.72, 5.139
franchising 特许经营 7.76–7.80, 7.87
hardcore restrictions 核心限制 2.59
knowhow 专有技术 1.18, 1.35
motor vehicles 机动车 2.49, 2.53
parallel imports 平行进口 2.46
patents 专利 3.16, 5.14
research and development 研发 2.45, 5.33, 5.188–5.193
specialization agreements 专门化协议 5.07, 5.202–5.204
subcontracting agreements 分包协议 5.195, 5.202–5.204
sub-licensing 转授许可 5.23, 5.30
technology pools 技术池 5.151
technology transfer 技术转让 5.79, 5.123
temporal application 临时适用 2.53
use of rules 使用规则 1.07
withdrawal 撤销 2.53, 5.72, 5.190
**blocking positions, assessment of** 评估阻碍地位 5.43, 5.86

**bottle shapes** 瓶子形状 1.25 n.246, 1.13, 7.46
**boycotts** 联合抵制 6.85
**branding** 品牌化 1.32, 1.34, 7.01–7.97
abuse of dominant position 滥用支配地位 7.52–7.53, 7.58, 7.68, 7.82, 7.97
advertising 广告 7.37
anti-competitive agreements 不利于竞争的协议 7.19, 7.48–7.57, 7.60–7.67, 7.70–7.75, 7.82–7.87, 7.94–7.96
block exemptions 集体豁免 7.62
certification marks 证明商标 7.34
co-branding 联合品牌 7.23
collective marks 集体商标 7.34
collusion 共谋 7.62
conditions for protection 保护条件 1.23
conflict resolution 冲突解决 7.53–7.59
consumer protection 消费者保护 7.39, 7.44–7.46
copyright 著作权 7.37–7.38
debranding 移除品牌标记 7.23
delimitation agreements *see* conflict resolution 划界协议，见冲突解决
design rights 设计权 7.37–7.38
desirable brands 理想品牌 6.01 n.4
designations of origin/geographic indications 原产地标志 / 地理标志 7.26, 7.28–7.33
differentiation agreements *see* conflict resolution 差异化协议，见冲突解决
discrimination 歧视 7.44, 7.93
dispute resolution 争议解决 7.53–7.59
distinctiveness 1.23 区分
distribution 分销 4.31, 7.01–7.02, 7.60–7.81
domain names 域名 7.35–7.36
duration of protection 保护期限 1.24
exceptions 例外 1.56
exclusivity 排他性 7.82
exhaustion of rights 权利用尽 1.73
foreclosure 排除 7.62
forms of protection 保护形式 7.02
franchising 特许经营 7.69–7.87
goodwill 商誉 4.23, 7.06, 7.39 n.277
guarantee marks 认证商标 7.34
horizontal market-partitioning 横向分割市场 7.47–7.52
identity and reputation of network, protection of 保护网上身份及名誉 7.71
individual exemptions 个例豁免 7.75
justified scope 正当范围 1.32, 1.34, 1.56
knowhow, restrictions on use of 对专有技术使用的限制 7.84
leverage, abuse by brand 滥用品牌杠杆 7.68
licensed rights, protection of 保护受许可的权利 7.86
market share for vertical agreements block exemption 纵向协议集体豁免的市场份额 7.79
marketing obligations 市场推广义务 7.85
merchandising 推销 7.69–7.81
motor vehicles 汽车 7.65
nature 性质 7.69
no-challenge clauses 不质疑条款 7.57
production franchising 产品特许经营 7.82–7.87
quality 质量 1.34, 7.04, 7.83
rebranding 重新包装 1.73–1.74, 4.31, 7.18, 7.20
recent developments 最近发展 7.04–7.05
recycling services 回收服务 7.88–7.97
reputation 名誉 1.34, 1.56, 7.03, 7.05, 7.62, 7.71

resale, restrictions on 对转售的限制 7.72
service 7 服务 .70–7.81
single branding obligations 单一品牌义务 7.62
standards 标准 7.62 n.386
subject matter 具体内容 1.34, 1.56, 7.37–7.38
technology transfer agreements, block exemption for 技术转让协议，集体豁免 7.80
terms 期限 7.60–7.68
territorial provisions 地域性条款 7.54, 7.82
trademarks 商标 1.34, 1.56, 7.07–7.08, 7.88–7.97
unfair competition 不正当竞争 7.02, 7.39–7.46, 7.60
vertical agreements 纵向协议 7.62, 7.76–7.79
**broadcasting** *see also* **television rights** 电视转播权，另参见电视转播权
cable re-transmission 有线电视广播 6.05
competition authorities 竞争主管机构 6.35
copyright 著作权 6.12–6.16
geographic markets 地理市场 6.34
licensing 许可 6.31
product markets 产品市场 6.33
public broadcasters 公共广播 6.26
retransmission 转播 6.12
satellite broadcasting 卫星广播 3.37, 6.11, 6.38
wireless broadcasting 无线广播 6.12
**bundling see tying and bundling** 捆绑，另参见搭售和捆绑

**cable re-transmission** 有线电视广播 6.05
**caching** 缓存 1.57, 6.11
**captive use** 自产自用 5.61, 5.67, 5.116, 5.122, 5.124, 5.142
**cartels** 卡特尔 5.162, 5.181, 5.187, 7.59
**certification** 证书
exclusive rights 专有权 5.180
marks 商标 7.02, 7.26, 7.34, 7.67
sector-wide certification 全行业认证 2.15
standards 标准 5.177, 5.180
supplementary protection certificates 补充保护证书 1.11, 1.24, 3.36
**challenges see also no-challenge clauses** 质疑，另参见不质疑条款
ownership 所有权 5.142
national law, restrictions in 成员国法律中的限制 5.135
patents 专利 2.36, 5.133, 5.135, 5.140, 5.183
settlements 和解 5.141
technology pools 技术池 5.141
technology transfer 技术转让 5.133–5.134
termination 终止 3.38, 3.46 n.308, 5.17, 5.69 n.363, 5.137–5.141, 5.183, 5.193
**characterization of rights as IP** 作为知识产权的权利特点 1.25–1.27, 7.40
**Charter of Fundamental Rights of the EU** 欧盟基本权利公约
competition policy 竞争政策 1.05
copyright, exhaustion of 著作权用尽 1.47
FRAND commitments 公平合理无歧视承诺 1.47
Internet service providers, injunctions against 针对互联网服务提供者的限制 1.47
interpretation 解释 1.47
list of rights 权利清单 1.47
regulation of use of property 产权使用规制 1.47

**Chicago School** 芝加哥学派 5.14
**co-branding** 联合品牌 7.23
**collecting societies** 集体管理组织 6.42–6.70
abuse of dominant position 滥用支配地位 3.43, 6.47–6.70
anti-competitive agreements 不利于竞争的协议 6.42, 6.63–6.67
cable re-transmission 有线电视转播 6.05
collective management organizations（CMOs）, definition of 集体管理组织（CMOs）定义 6.43 n.366
Collective Rights Management（CRM）集体管理（CRM）
Directive 指令 6.42 n.354, 6.43, 6.48–6.52
conduct towards members 针对成员的行为 6.53–6.57
conduct towards users 针对用户的行为 6.58–6.63
CRM Directive *see* Collective Rights Management（CRM）Directive 集体管理指令
culture, media, and sport 文化、传媒和体育 6.26
discrimination 歧视 3.43, 6.42, 6.48–6.53, 6.55
entering other markets, restrictions on 进入其他市场的限制 6.69
exclusive rights 专有权 3.37
general economic interest, services of 为一般经济利益的服务 6.26, 6.44
independent management entities, definition of 独立管理组织定义 6.52 n.415
legitimate aims 合法目标 6.43
licences 许可
good faith negotiations 善意协商 6.50
multi-territorial 多区域 6.51–6.52
management of copyright in third countries 第三国著作权管理 6.47
mandates 命令 6.48
membership 成员资格 6.48
multi-territorial licences 多区域许可 6.51–6.52
music 音乐 6.51–6.52, 6.59, 6.65, 6.69–6.70
objects and position of societies 集体管理组织的目标和地位 6.42
obligations to right holders 权利人的义务 6.49
online use of musical repertoire, licences for 音乐集的网络使用许可 6.51
public broadcasters 公共广播 6.26
public undertakings, as 国营企业 6.44
rebates, restrictions on granting 限制给予折扣 6.70
reciprocal representation contracts 互惠合同 6.64–6.67
regulation 条例 6.43, 6.48–6.52
relationship between collecting societies and users 集体管理组织与用户之间的关系 6.50
relevant geographic markets 相关地理市场 6.46
relevant product markets 相关产品市场 6.45
representation contracts 陈述合同 6.49, 6.51, 6.64–6.67
fees charges, control over 控制收费 6.66
restrictions on entering other markets 相关产品市场 6.69
restrictions on granting rebates 限制给予折扣 6.70

right holders, obligations to 权利人义务 6.49
royalties based on average retail prices in country of sale 在销售国平均零售价基础上设立的特许使用费 6.68
territorial limitations 区域限制 6.65
third countries, management in 在第三国国内的管理 6.47
transparency 透明度 6.52
**collective boycotts** 联合抵制 6.85
**collective marks** 联合商标 7.34, 7.90
**collusion** 共谋 5.124, 5.159, 5.162, 7.62
**commitments** 承诺 4.28
**Community Patent Convention (CPC)** 欧盟专利公约 1.27, 1.41
**comparative advertising** 比较广告 7.16–7.17, 7.43
**compatibility of EU legislation with EU law** 欧盟立法与欧盟法律的兼容性 1.12, 1.38–1.40
**compatibility of IP laws with EU law** 知识产权法与欧盟法律的兼容性 1.10, 1.13–1.14
**compensation** 补偿或赔偿 5.103, 5.191, 6.05, 6.16 *see also* **damages** 另参见损害
**competing technology** 竞争技术 5.80, 5.122–5.126
**competing undertakings** 竞争企业 5.37–5.44
active competitors, definition of 活跃竞争的定义 2.50 n.320
anti-competitive agreements 不利于竞争的协议 5.82
definition 定义 2.50 n.320
excluded restrictions 排除限制 5.69
exclusive licences 排除限制 5.69, 5.82, 5.106
hardcore restrictions 核心限制 5.57–5.58, 5.59, 5.60
potential competitor, definition of 潜在竞争者的定义 2.50 n.320
research and development 研发 5.190
technology transfer 技术转让
block exemption 集体豁免 5.19, 5.37, 5.44–5.45, 5.54–5.55, 5.57–5.58, 5.59
competing undertakings, definition of 竞争企业的定义 5.19, 5.55, 5.82
**competition authorities** 竞争主管机构
abuse of a dominant position 滥用支配地位 3.48
anti-competitive agreements 不利于竞争的协议 2.67
assessment of scope of intellectual property rights 评估知识产权范围 1.29
block exemptions, withdrawal of 撤销集体豁免 2.53, 5.72, 5.190
blocking positions, assessment of 评估阻碍地位 5.43
broadcasting rights 广播权 6.35
commitments 承诺 3.48
cooperate, duty to 合作义务 5.21, 5.75
decisions, use of 对判决的使用 1.07
economic analysis 经济分析 1.06
enforcement powers 执行权力 2.67, 3.48
fines 罚款 2.67, 3.48
innovation and efficiency gains, assessment of 评估创新和效率改进 1.04
modernized procedure 现代化程序 2.41
monitoring 监督 3.48
pay for delay or restriction 为延迟或限制而支付的费用 5.103
safe harbour 安全港 5.80
**competition policy** 竞争政策
basis 基础 1.05
branding 品牌化 7.02

Charter of Fundamental Rights of the EU 欧盟基础权利公约 1.05
collecting societies 集体管理组织 6.42, 6.44
concentrations 经营者集中 4.27
franchising 特许经营 7.69
market shares 市场份额 5.16
modernization 现代化 5.16, 5.77
single market 单一市场 1.45
specific subject matter 具体内容 1.31
technology licensing 技术许可使用 5.112, 5.116
technology transfer 技术转让 2.43, 5.11–5.13, 5.75, 5.77, 5.79, 5.130, 5.151
tying and bundling 捆绑和搭售 5.119
**complementary technologies** 补充技术 5.163–5.164, 5.170
**component parts** 组成部分
captive use 自产自用 5.116
complex products 复合产品 1.53
copyright 著作权 6.03
knowhow 专有技术 1.18
motor vehicle sector 机动车行业 2.49, 2.51, 7.65
patents 专利 5.90
refusal to license or supply 拒绝许可或供应 3.19
subcontracting 分包 5.199
**compulsory licences** 强制许可
abuse of a dominant position 滥用支配地位 1.25
balancing different forms of competition 权衡不同形式的竞争 1.02
discrimination 歧视 1.75
exhaustion of rights 权利用尽 1.67, 1.69
opposition 反对 1.49
patents 专利 1.44, 1.51, 3.39
plant variety' rights 植物新品种权 1.51
**compulsory use, obstructing** 阻止强制使用 3.39
**computer programs see also computer programs, copyright in** 计算机程序，另参见计算机程序中的著作权
confidential knowhow 保密专有技术 1.61 n.581
patents 专利 1.61 n.581
trademarks 商标 1.61 n.581
**computer programs, copyright in** 计算机程序中的著作权
alteration 替代 1.54, 1.60
backups 后备 1.54, 1.60
Computer Programs Directive 计算机程序指令 6.02
contract 合同 1.54, 1.60
decompilation 解码 1.60
definition of computer program 计算机程序定义 1.21
designs 设计 1.72
distribution 分销 1.54, 1.61, 1.63–1.64, 5.32
downloading 下载 1.61–1.62, 5.32, 6.23
exclusions 排除 1.21, 1.54
exclusive rights 专有权 1.54
exhaustion of rights 权利用尽 1.60–1.63, 6.02, 6.23
graphic user interfaces 图形用户界面 1.13, 1.21, 6.03, 6.12
harmonization 统一 6.02
ideas and principles, underlying 蕴含的想法和原理 1.21
industrial property rights 工业产权 5.28
interoperability 可互换性 1.58, 1.60, 1.72, 3.23, 3.31 n.209
licensing 许可 1.63, 5.32
literary works 文字作品 1.21

originality 原创性 6.03
ownership 所有权 1.58
protected subject-matter 受保护内容 1.54
reproduction 再生产 1.54
reverse engineering 逆向工程 1.58
shrink-wrap agreements 拆封协议 5.32
software copyright 软件著作权 2.25, 2.45, 5.17, 5.26, 5.28, 5.32
technology transfer block exemption 技术转让集体豁免 5.26, 5.28, 5.32
vertical agreements 纵向协议 5.32
**concentrations, control of** 控制经营者集中 4.01–4.32
abuse of a dominant position 滥用支配地位 4.02, 4.04–4.05, 4.14, 4.20, 4.25–4.26, 5.09
access to IP rights 允许使用知识产权 4.32
acquisitions 收购 4.10–4.15, 4.21
ancillary restrictions 从属性限制 4.04, 4.06–4.19
anti-competitive agreements 不利于竞争的协议 4.01–4.02, 4.12, 4.14, 4.20, 4.25, 5.09
appraisal 评估 4.26–4.27
assessment of whether operation is a concentration 对经营是否属于经营者集中的评估 4.20–4.25
basic approach 基本进路 4.07
Community dimension 欧盟范围
concentrations with a 具有……的经营者集中 4.01, 4.26
concentrations without a 不具有……的经营者集中 4.02
definition 定义 4.03
confidentiality clauses 保密条款 4.14
decisions 决定 4.06
definition of concentration 经营者集中定义 4.20
divestiture 剥离
businesses, of 业务 4.29
licensing of IP rights, of 许可使用知识产权 4.30
efficiencies 效率 4.26
entry barriers 进入壁垒 4.27, 4.32
franchising 特许经营 4.22, 4.29
goodwill 商誉 4.21
guidance 指导 4.06
joint acquisition, agreements facilitating 促进联合收购的协议 4.09
joint ventures 合资企业 4.16–4.19, 4.25
key technology, control over 控制关键技术 4.24
licensing 许可 4.10, 4.12, 4.16, 4.27, 4.30
market shares 市场份额 4.26
Merger Regulation 并购条例 1.07
non-competition covenants 竞业禁止合同 4.13
non-solicitation clauses 招揽禁止条款 4.14
outsourcing 外包 4.23
patents 专利 4.21, 4.25, 4.27, 4.32
purchase and supply obligations 采购和供应义务 4.15
purchaser and vendor, difference between 采购商与供应商区别 4.11
re-branding 重新贴标 4.31
relevance of IP 与知识产权相关性 4.05, 4.26–4.27
remedies 救济 4.28–4.32
stages, concentrations carried out in 经营者集中进行的阶段 4.08
technology 技术 4.24, 5.09
with a Community dimension 在欧盟范

围内 4.01, 4.26
without a Community dimension 不属于在欧盟范围内 4.02
**concerted practices** 协同行为
anti-competitive agreements 不利于竞争的协议 2.01–2.05, 2.37, 7.50
assignment 转让 7.50
collecting societies 集体管理组织 6.42, 6.44
concentrations 集中 4.02
De Minimis Notice 微量允许通知 2.23
definition 定义 2.03
design rights 设计权 2.65
enforcement 执行 2.37, 2.65
exclusive rights 专有权 6.64
franchising 特许经营 7.74
licensing, definition of 许可的定义 5.23
prices 价格 2.37
refusal to licence 拒绝许可 2.37
technology transfer block exemption 技术转让集体豁免 5.23
territorial restrictions 区域限制 6.65
trademarks 商标 7.60
whole territory, extension over a 延伸至全境 2.14
**conditional access** 有条件进入 6.19
**conditions for existence, protection or validity of rights** 权利存在、保护或有效的条件 1.09, 1.16–1.24
**confidentiality** 保密性
abuse of a dominant position 权利存在、保护或有效性的条件 3.41
acquisitions of undertakings 收购企业 4.14
anti-competitive agreements 不利于竞争的协议 2.39–2.40
commercial information 商业信息 2.40
computer programs 计算机程序 1.61 n.581
concentrations, control of 控制经营者集中 4.14
disclosure 公开 4.14
joint ventures 合资企业 4.18
plant breeders' rights 植物育种者权利 5.146
refusal to provide information 拒绝提供信息 3.18
technology transfer 技术转让 5.146
**conflict resolution see dispute resolution** 冲突解决，见争议解决
**connected undertakings** 关联企业 5.20, 5.48
**consumer benefits** 消费者权益 2.56
**consumer protection** 消费者保护 1.46, 7.39, 7.44–7.46
**contract see also particular types of agreement (eg subcontracting agreements)** 协议，另参见特殊类型的协议（例如分包协议）
computer programs, copyright in 计算机程序中的著作权 1.54, 1.60
copyright 著作权 6.05
employment 雇佣 6.05
exhaustion of rights 权利用尽 1.60
production, restrictions on 限制生产 1.36
products 产品 5.29, 5.32, 5.35–5.36
reciprocal representation contracts 互惠代表合同 6.23
sale 销售 5.35–5.36
technology transfer block exemption 技术转让集体豁免 5.29, 5.32, 5.36
vertical agreements 纵向协议 6.36
**cooperate, duty to** 合作义务 5.21, 5.75
**copyright and related rights** 著作权及邻接权 1.25, 1.12, 1.33 *see also*

**collecting societies; computer programs, copyright in; database rights; sound-recordings** 另参见集体管理组织；计算机程序中的著作权；数据库权利；录音制品
abuse of a dominant position 滥用支配地位 6.05, 6.42
anti-competitive agreements 不利于竞争的协议 6.05, 6.29–6.32, 6.35–6.38, 6.42, 6.63–6.67, 6.71–6.85
autonomous copyright 匿名著作权 6.02 n.14
branding 品牌化 7.37–7.38
broadcasting 广播 6.12–6.16
caches 缓存 6.11
categories 类别 6.16
conditional access, protection of 保护有条件进入 6.19
contents of rights 权利内容 6.08
decoding equipment, transient fragments in 解码设备中的短暂片段 6.10
Digital Single Market strategy 数字化单一市场策略 6.15
discrimination 歧视 6.16
distribution 分销 6.09, 6.13–6.15, 6.22–6.23, 6.25, 6.30–6.33
downloading 下载 6.23
duration of protection 保护期限 1.24, 6.04
effect on trade 对贸易的影响 6.39
employment and other contractual relationships 雇佣和其他合同关系 6.05
entry barriers 进入壁垒 6.23
EU legislation 欧盟立法 6.02, 6.23
exceptions 例外 1.55, 6.09, 6.11, 6.14–6.16, 6.18
exclusive rights 专有权 6.09–6.10, 6.12, 6.22
exhaustion of rights 权利用尽 1.47, 6.22–6.23
existence of copyright 著作权的存在 6.03
films 电影 6.05, 6.07, 6.17
first publication 首次出版 6.03
football matches 足球比赛 6.06–6.07
freedom of expression 表达自由 1.47, 6.15
fundamental rights 基本权利 6.15
harmonization 统一 1.10, 6.02, 6.06
information society exceptions 信息社会例外 6.14
Internet 互联网 6.11–6.14, 6.23
interpretation 解释 6.15, 6.23
justified scope 正当范围 1.55
legitimate scope 合法范围 6.08–6.17
limitations 限制 6.09, 6.14–6.16
making available right 向公众提供权 6.12, 6.20, 6.22
national laws 成员国法律 6.05–6.06, 6.12, 6.15, 6.19, 6.22–6.23
optional exceptions and limitations 可选例外和限制 6.15–6.16
originality 原创性 1.22, 6.03
ownership 所有权 6.02, 6.05–6.07
private copying, fair compensation for 私有著作权，公平补偿 6.05
proportionality 成比例 6.15
protected content 受保护内容 1.55
public, communication to the 向公众传播 6.12, 6.15, 6.20
record companies, joint negotiations and ventures of 唱片公司的联合谈判和合资 6.82
refusal to licence 拒绝许可 6.83
rental and lending 出租和出借 6.17, 6.23
reproduction 再生产 6.10–6.15
resale right 转售权利 6.21
retransmission 转授、转发 6.12

rights-management information, protection of 保护权利管理信息 6.20
royalties 特许使用费 6.22
satellite broadcasts, decoding 解码卫星广播 6.11
sentences or parts of sentences 句子或句子的部分 6.03
sporting performances, rights in 体育表演中的权利 6.06–6.07
subject matter, rights in 具体标的中的权利 1.55, 6.07, 6.12, 6.16, 6.18, 6.22–6.23
technological measures, protection of 保护技术措施 6.18
technology transfer block exemption 技术转让集体豁免 5.26
television rights 电视转播权 6.10
temporary acts of reproduction 临时复制行为 6.10–6.11, 6.16
transient fragments 短暂片段 6.10–6.11
wireless broadcasting 无线广播 6.12
works, definition of 作品的定义 6.06 **covenants** 合同 4.13, 4.17
**creative subject-matter** 创造性内容 1.32–1.33, 7.37–7.38
**CRM Directive see collecting societies: Collective Rights Management (CRM) Directive** CRM 指令，另参见集体管理组织，权利集体管理指令
**cross-licensing** 交叉许可
concentration, whether ancillary to 是否附随于经营者集中 4.16
dominance, effect on 对支配地位的影响 3.03
foreclosure 排除 5.107
FRAND commitments 公平合理无歧视承诺 5.107, 5.184
joint ventures 合资企业 4.16
patents 专利 1.51, 3.03
plant variety rights 植物新品种权 1.51
pools, relation to 与池的关系 5.04
reciprocal royalties restricting prices 限制价格的互惠使用费 2.345.58, 5.93
royalties 特许使用费 2.34, 5.58, 5.93
royalty-free and market shares 免费使用和市场份额 5.47, 5.83
settlements 和解 5.86
standards 标准 5.107, 5.178
technology pools 技术池 5.04
**cross-subsidization** 交叉补贴 6.56
**culture, media, and sport 6.01–6.85 see also broadcasting; collecting societies; copyright and related rights; films and copyright; football; Internet; royalties; television rights** 文化、传媒和体育，另参见广播、集体管理组织、著作权和邻接权、电影与著作权、足球、互联网、特许使用费、电视转播权
3G rights 3G（转播）权 6.37, 6.77
abuse of a dominant position 滥用市场支配地位 6.05, 6.37–6.38, 6.40–6.42
anti-competitive agreements 不利于竞争的协议 6.05, 6.29–6.32, 6.35–6.38, 6.42, 6.63–6.67, 6.71–6.85
collective boycotts 联合抵制 6.85
discrimination 歧视 6.16, 6.27, 6.38
diversity 多样性 1.46, 6.65
general issues 一般问题 6.29–6.40
geographic markets 地理市场 6.34
harmonization 统一 6.02
legitimate scope of rights 权利的合法范围 6.08
licensing performance, showing, or broadcasting 许可表演、放映或广播 6.31

licensing production and sale of physical copies 许可生产和销售物理副本 6.30
music licensing 音乐许可 6.42
national laws 成员国法律 6.02
performers participating in competing productions, restrictions on 限制参赛作品表演者 6.84
physical copies, sale of 销售实体复本 6.30
product markets 产品市场 6.33
public broadcasters 公共广播 6.26
record companies 唱片公司 6.82
refusals to license and restrictions on licensing 拒绝许可和对许可的限制 6.83
restrictions inherent in competitive sport 竞技体育固有的限制 6.28
sound-recordings 录音 1.25 n.244, 6.62
sporting performances, rights in 体育表演的权利 6.06–6.07
territorial limits in licences 许可的区域限制 6.36
trade between member states 成员国间的贸易 6.39
trademarks, restrictions on 对商标的限制 6.38
undertakings, concept of 企业的概念 6.29
**customs seizure** 海关查扣 7.01

**damages** 1.06, 1.57, 2.66, 3.38, 3.47 *see also* compensation 损害赔偿，另参见补偿或赔偿
**database rights** 数据库权利 6.24–6.25
directive 指令 6.02
duration of protection 保护期限 1.24
enforcement 执行 1.25
exceptions 例外 1.55, 6.25
exclusive rights 专有权 1.48, 6.25
exhaustion of rights 权利用尽 1.55
first sale 首次销售 6.25
harmonization 统一 1.10, 6.02
information society services 信息社会服务 6.25
national laws 成员国法律 6.25
resales 转售 6.24–6.25
scope 范围 1.55
subject-matter 内容 1.55
substantial investment 实质性投资 1.22
*sui generis* right 特殊权利 1.22, 1.33
unregistered rights 未注册权利 1.16
**De Minimis Notice** 微量允许原则 2.23
**debranding** 移除品牌标记 7.23
**decisions** 决定
associations, of 企业联合组织 2.02, 2.04, 5.23
concentrations, control of 控制经营者集中 4.06
**decompilation** 解码 1.60
**defensive registrations** 防御性注册 7.58
**definition of IP rights** 知识产权的定义 1.25–1.27, 5.35, 7.42 n.294, 7.77 n.477
**delay, pay for** 延迟费用 5.103
**delimitation agreements see Branding: conflict resolution** 划界协定，参见品牌，冲突解决
**design rights** 设计权 7.37–7.38
branding 品牌化 7.37–7.38
computer programs 计算机程序 1.72
conditions for protection 保护条件 1.19
copyright 著作权 7.37–7.38
duration of protection 保护期限 1.24
exceptions to protection 保护例外 1.53
individual character 个体特征 1.19
informed user 已知使用者 1.52

interoperable products 共同使用产品 1.53
justified scope 正当范围 1.52
national laws 成员国法律 1.52–1.53
novelty 新颖性 1.19
protected product 受保护产品 s 1.52
registration 注册 1.10, 1.19, 1.24, 1.52–1.53
subject-matter 内容 1.52–1.53
technology transfer block exemption 技术转让集体豁免 5.26
unfair competition 不公平竞争 1.52
unregistered designs 为注册外观设计 1.10, 1.16, 1.19, 1.24, 1.52–1.53
**designations of origin/geographical indications** 原产地标志 / 地理标志
agricultural products 农产品 7.32–7.33
branding 品牌化 7.26–7.33
characterisation as IP 具有知识产权的特征 1.25, 7.28
compatibility of EU legislation with EU law 欧盟立法与欧盟法律的兼容性 1.12
copyright 著作权 7.26, 7.28–7.33
distinction between eligible geographical indications and designations of origin 合格地理标志与原产地标志的区别 7.26 n.210
domain names 域名 7.35
duration of protection 保护期限 1.24
evocation, concept of 唤起的定义 7.30 n.235
foodstuffs 粮食 7.32–7.33
function 功能 1.34
generics 通用 1.13, 1.24, 7.26–7.27, 7.30, 7.46
grant of rights 授予权利 1.16
intellectual property, definition of 知识产权的定义 1.25, 1.26
names 名称 7.30, 7.32, 7.35
national laws 成员国法律 1.10, 7.08, 7.27, 7.44
optional quality terms 可选质量条款 7.33
plant variety' rights 植物新品种权 7.26
proportionality 成比例 7.29
registration 注册 7.26, 7.32, 7.34
reputation 名誉 7.27, 7.29–7.30
scope of protection 保护范围 7.29–7.30
specification 说明书 7.29
trademarks 商标 7.25–7.26, 7.98
traditional specialities guaranteed 有保证的传统特产 7.32
unfair competition 不正当竞争 1.34
wines, traditional terms for 葡萄酒的传统术语 7.27 n.216, 7.31
**Digital Single Market Strategy** 数字化单一市场策略 6.15, 6.36
**dilution** 稀释 7.15
**disclosure** 公开
abuse of a dominant position 滥用市场地位 3.24, 3.40, 3.48
arrangements for disclosure 对公开的安排 5.181
confidential information 机密信息 4.14
knowhow 专有技术 2.39, 2.48, 4.14, 5.57, 5.71, 5.137, 5.200
patents 专利 1.17, 1.35, 3.36, 5.182
price-fixing cartels 企业联合固定价格 5.181
research and development 研发 5.57, 5.70, 5.127
sensitive information 敏感信息 5.167
standards 标准 5.179–5.181
**discrimination see also FRAND (fair, reasonable and non-discriminatory) commitments** 歧视，另参见 FRAND

（公平、合理和非歧视）承诺
access to IP rights 允许使用知识产权 4.32
branding 品牌化 7.44, 7.93
collecting societies 集体管理组织 3.43, 6.42, 6.48–6.53, 6.55
compulsory licences 强制许可 1.75
copyright 著作权 6.16
culture, media, and sport 文化、传媒和体育 6.16, 6.27, 6.38
collecting societies 集体管理组织 3.43, 6.42, 6.48–6.53, 6.55
copyright 著作权 6.16
royalties 使用费 6.60
television rights 电视转播权 6.74–6.75
enforcement 执行 1.75, 3.46, 3.48
existence of rights 权利存在 1.15, 1.75
parallel imports 平行进口 1.75
prices 价格 3.35, 3.46, 5.159
rights existing by virtue of prohibition of discrimination 由于禁止歧视而存在的权利 1.15
royalties 使用费 6.60
standards 标准 5.179–5.180
technology pools 技术池 5.176
television rights 电视转播权 6.74–6.75
trademarks 商标 6.38, 7.93–7.94
unfair competition 不公平竞争 7.44
**dispute resolution** 争议解决
abuse of a dominant position 滥用支配地位 3.36
access to IP rights 允许使用知识产权 4.32
arbitration 仲裁 5.150, 5.184
branding 品牌化 7.53–7.59
domain names 域名 7.35–7.36
FRAND commitments 公平合理无歧视承诺 5.185
patents 专利 1.11, 5.185
settlements 和解 2.24, 5.86, 5.103, 5.136, 5.141
technology pools 技术池 5.163
TRIPs《与贸易有关知识产权》1.44, 1.66 n.609
Uniform Domain Name Dispute Resolution Policy（UDRP）统一域名争议解决政策（UDRP）7.36
**distortion see prevention, restriction, or distortion of competition** 扭曲，见禁止、限制或扭曲竞争
**distribution see also distribution franchises** 分销，见分销特许经营
abuse of a dominant position 滥用市场支配地位 3.14, 3.25, 3.30, 3.41, 7.68
ancillary provisions in vertical agreements 纵向协议中的附属性条款 7.63
anti-competitive agreements 不利于竞争的协议 7.70–7.75
assignment 转让 2.13
brand leverage, abuse by 滥用品牌杠杆 7.68
branding 品牌化 4.31, 7.01–7.02, 7.60–7.81
collecting societies 集体管理制度 6.42, 6.49, 6.55–6.56
computer programs 计算机程序 1.54, 1.61, 1.63–1.64, 5.32
copyright 著作权 6.09, 6.13–6.15, 6.22–6.23, 6.25, 6.30–6.33
economic links 经济联系 1.68
exclusivity 排他性 1.68, 2.13, 2.63, 2.65, 6.76, 6.79, 7.60–7.61
films 电影 6.13, 6.81
foreclosure 排除 3.30, 5.124
innovation and competition, balancing 权衡创新和竞争 1.03, 1.07, 1.24, 3.14

Internet platforms 互联网平台 7.66
knowhow 专有技术 7.84
motor vehicles, branding components of 汽车的品牌成分 7.65
no-challenge clauses 不质疑条款 7.64
open exclusive licences 独占许可证 7.61
parallel imports 平行进口 7.60
research and development 研究开发 5.191–5.192
restriction on manufacturers in licence of retailers' mark 对许可使用零售商商标的生产的限制 7.67
retailers' marks, manufacturers in licence of 许可使用零售商商标的生产 7.67
satellite broadcasting 卫星广播 6.38
selective distribution systems 选择性分销系统 2.51–2.52, 5.101, 7.12
single branding obligations 单一品牌义务 7.62
specialization agreements 专门化协议 5.205
technical information, refusal to provide 拒绝提供技术信息 2.38
technology transfer 技术转让 5.08, 5.36, 5.101, 7.80
television rights 电视转播权 6.33, 6.38, 6.66, 6.71, 6.76, 6.79, 6.83
terms 期限 7.60–7.68
trademarks 商标 2.48, 7.12, 7.88–7.90, 7.95
unfair competition 不正当竞争 7.60
vertical agreements, block exemptions for 纵向协议集体豁免 2.48, 2.50, 7.76

**distribution franchises** 分销特许经营
anti-competitive agreements 不利于竞争的协议 7.70, 7.73–7.74
block exemptions 集体豁免 7.75–7.79, 7.88
branding 品牌化 7.69
individual exemptions 个例豁免 7.75
knowhow or identity and reputation of network, protection of 保护专有技术或网络的身份和名誉 7.71
restrictions on resale 对转售的限制 7.72

**divestiture** 剥离 4.28–4.32

**domain names** 域名 7.35–7.36
bad faith 恶意 7.36
country code TLDs 顶级域名国家代码 7.36
designations of origin/geographical indications 原产地标志 / 地理标志 7.35
dispute resolution policies 争议解决政策 7.35–7.36
ICANN 互联网名称与数字地址分销机构 7.35
Internet Protocol（IP）addresses 网络之间互联的协议（IP）地址 7.35
national laws 成员国立法 7.35
nature and regulation 性质与规制 7.35
Nominet 7.35 n.262
registration 注册 7.35–7.36
sunrise registration periods 日出注册期 7.36
top level domain（TLD）顶级域名 7.35–7.36
Uniform Domain Name Dispute Resolution Policy（UDRP）统一域名争议解决政策 7.36

**domestic law see national laws** 国内法，见成员国法律

**dominant position** 支配地位 3.02–3.10
ancillary markets 附属市场 3.07
basic test 基本测试 3.02
define relevant market, need to 需要定义相关市场 3.04
goods, services, information, technology,

IP, or innovation, markets in 商品、服务、信息、技术、知识产权或创新市场 3.06
market definition 市场的定义 3.04
market shares and superdominance 市场份额和超级支配地位 3.10
relevance of IP 与知识产权的相关性 3.03
relevant market 相关市场 3.04–3.05, 3.08
standards 标准 5.178
substantial part of the common market 共同市场的实质部分 3.09
superdominance 超级支配地位 3.10
technology pools 技术池 5.176
**downloading** 下载 1.61–1.62, 5.32, 6.23
**droit de suite see resale right** 追索权，见转售权
**duration of protection** 保护期限
branding 品牌化 1.24
copyright 著作权 1.24, 6.04
database rights 数据库权利 1.24
design rights 设计权 1.24
designations of origin/geographical indications 原产地标志 / 地理标志 1.12
harmonization 统一 1.24
knowhow 专有技术 1.24
licences of excessive duration 超期许可 3.42
patents 专利 1.11, 1.24
plant variety' rights 植物新品种权 1.24
renewal fees 更新费用 1.24
semiconductor topographies 半导体拓扑图 1.24
supplementary protection certificates 补充保护证书 1.24
technology transfer 技术转让 5.148, 5.157
unfair competition 不正当竞争 1.24
**dynamic and static competition** 动态和静态竞争 1.04

**Eco-Emballages**（包装废弃物回收系统）7.95
**economic analysis** 经济分析 1.06–1.07
anti-competitive agreements 不利于竞争的协议 1.06
balancing rules and analysis 衡量规定和分析 1.06
**EEA see European Economic Area (EEA)** EEA，见欧洲经济区协定
**effect on trade between member states see also prevention, restriction, or distortion of competition** 对成员国间贸易的影响，见禁止、限制和扭曲竞争
abuse of a dominant position 滥用市场支配地位 3.44
anti-competitive agreements 不利于竞争的协议 1.61, 2.08–2.15, 2.22, 5.162
appreciable effect 显著影响 2.22
assignment 转让 2.22
De Minimis Notice 微量允许通知 2.23
examples 示例 2.13–2.15
extent of effect 影响的范围 2.12, 2.22
hardcore restrictions 核心限制 2.20
nature of effect required 要求的影响的属性 2.11
object or effect 目的或影响 2.01–2.03, 2.20–2.21, 2.47, 3.48, 4.01, 6.71, 7.63
patents 专利 3.44
principles 原则 2.08–2.12
pro-competitive effects 有利于竞争的效果 2.16, 5.152, 5.162
sub-licensing 转授许可 6.35
technology pools 技术池 5.162

technology transfer 技术转让 5.152–5.153
television rights 电视转播权 6.39
trade, definition of 贸易的定义 2.09
tying and bundling 捆绑和销售 5.120–5.121
**efficiency gains** 效率改进 1.03–1.04, 2.54–2.56, 3.31, 4.26, 5.194
**emblems** 标记 6.07
**employment contracts** 雇佣合同 6.05
**enforcement of rights see also fines** 权利行使，另参见罚款
abuse of a dominant position 滥用市场支配地位 2.67, 3.38, 3.46–3.48
anti-competitive agreements 不利于竞争的协议 2.37, 2.65
competition authorities 竞争主管机构 2.67, 3.48
customs seizure 海关查扣 1.10
database rights 数据库权利 1.25
discrimination 歧视 1.75, 3.46, 3.48
exclusive rights 专有权 1.25, 3.38
harmonization 统一 1.10
information society service providers 信息社会服务提供者 1.10
parallel imports 平行进口 2.65
patents 专利 1.25, 3.36, 3.46
semiconductor topographies 半导体拓扑图 1.25
technology transfer 技术转让 5.145
**entry barriers** 进入壁垒
branding 品牌化 7.01
concentrations 经营者集中 4.27, 4.32
copyright 著作权 6.23
Digital Single Market Strategy 数字化单一市场策略 6.36
exhaustion of rights 权利用尽 6.23
franchising 特许经营 7.86
potential competition 潜在竞争 2.58
refusal to license 拒绝许可 3.24
relevant product market 相关产品市场 3.05
resales 转售 2.31
single market 单一市场 1.37, 2.28
sunk costs 沉没成本 5.84
technology 技术 5.81, 5.83–5.84, 5.96, 5.124, 5.153–5.154
television rights 电视转播权 6.36
tying and bundling 捆绑和搭售 3.30, 5.120
**ENVI-PAK** 7.97
**equality see discrimination** 质量，见歧视
**essential facilities** 必要设施 1.18, 3.17, 3.20–3.21, 3.24, 5.84, 5.165
**essential technologies** 必要技术 4.24, 5.77, 5.163, 5.165–5.166, 5.171
**European Broadcasting Union (EBU)** 欧洲广播联盟（EBU）6.72
**European Economic Area (EEA)** 欧洲经济区
consent to bringing subject matter into market 同意将相关标的带入市场 1.48–1.49, 1.59, 1.67–1.73
EEA Agreement 欧盟经济区协定 1.42
exhaustion of rights 权利用尽 1.30, 1.47, 1.59, 1.65–1.73, 7.18
outside EEA, placing on market 投放 EEA 以外的市场 1.66
parallel imports 平行进口 1.74
relevant geographic market 相关地理市场 3.08
single market 单一市场 1.37
trademarks 商标 1.68, 7.18, 7.20, 7.25, 7.93, 7.95

**European Patent Convention (EPC)** 欧洲专利公约 1.11
**excessive pricing** 超高定价 3.20, 3.35
**excluded restrictions** 被排除的限制 5.50, 5.52, 5.69–5.70
**exclusionary abuse** 排除滥用 3.12
**exclusive distribution agreements** 独家分销协议 1.68, 2.13, 2.63, 2.65, 6.76, 6.79, 7.60–7.61
**exclusive licences** 特别许可
absolute protection 绝对保护 5.95
acquisition of rights 权利的购得 3.37, 4.21
acquisition of undertakings 收购企业 4.12
anti-competitive agreements 不利于竞争的协议 2.28–2.29
block exemptions 集体豁免 5.72, 5.139
competing undertakings 竞争企业 5.69, 5.82, 5.106
divestiture 剥离 4.30
exemptions 例外 2.44
fields of use 使用领域 5.108
joint ventures 合资企业 4.16, 4.25
non-competitors, between 在非竞争者中 5.107
non-reciprocal agreements between competitors 竞争者间的非互惠协议 5.106
open exclusive licences 独占许可证 7.61
partitioning the single market 分割单一市场 2.28
passive sales 被动销售 5.17
patents 专利 5.13–5.14
plant variety rights 植物新品种权 5.13
re-branding 重新贴标 4.31
reciprocal agreements 互惠协议 5.57, 5.105, 5.108
refusal to licence 拒绝许可 3.17
sales or production, restrictions on 对销售或生产的限制 5.94
separation of EU from other markets 区分欧盟与其他市场 2.29
sole licences 单独许可 5.95, 5.105–5.107
strengthening market power 加强市场支配力 2.29
technology transfer 技术转让 5.13, 5.14, 5.94–5.95, 5.105–5.107
trademarks 商标 3.03
**exclusive rights see also exclusive licences** 专有权
balancing forms of competition 衡量竞争的形式 1.02
branding 品牌化 7.82
certification 证书 5.180
collecting societies 集体管理组织 3.37
computer programs 计算机程序 1.54
copyright 著作权 6.09–6.10, 6.12, 6.22
database right 数据库权利 1.48, 6.25
distribution 分销 1.68, 2.13, 2.63, 2.65, 6.76, 6.79, 7.60–7.61
enforcement 执行 1.25, 3.38
exhaustion of rights 权利用尽 1.49, 1.59, 1.67, 1.70
fixation 固定 6.09
franchising 特许经营 7.82
grant-backs 回授 5.130–5.132, 5.201
implicit restrictions 隐含的限制 5.85
intellectual property, meaning of 知识产权的含义 1.25
justified scope 正当范围 1.48
markets and fairs 市场权与集市权 1.25
non-competition clauses 竞业禁止条款 4.13
parallel imports 平行进口 2.28, 5.95

patents 专利 1.51
pharmaceutical products, deregistration of 注销制药产品上市许可
marketing authorization for 销售许可 3.39
proportionality 成比例 5.180
rental rights 出租权 2.31
reproduction 再生产 6.10
royalties 使用费 3.32
satellite broadcasting 卫星广播 3.37
scope of specific subject matter 特定内容的范围 1.48
subcontracting agreements 分包协议 5.34, 5.199
sub-licensing 转授许可 6.35
television rights 电视转播权 6.35, 6.38
testing 测试 5.180
trademarks 商标 7.90, 7.97

**exemptions see also block exemptions** 豁免，另参见集体豁免
anti-competitive agreements 不利于竞争的协议 2.41–2.61
automatic exemptions 自动豁免 2.41
branding 品牌化 7.75
combined assessment 综合评估 2.60–2.61
conditions 条件 2.55–2.58
efficiency gains 效率改进 2.55
exclusive licences 独占许可 2.44
franchising 独占许可 7.75
guidance 指导 2.59
indispensable restrictions 不可缺少的限制 2.57
individual exemptions 个例豁免 2.54–2.61, 5.194, 7.75
research and development 研发 5.194
technology pools 技术池 5.171

**exhaustion of rights** 权利用尽 1.59–1.73
advertising, re-branding, relabelling, repackaging, and unpackaged products placed on market in EEA by or with proprietor's consent 经权利人同意对投放 EEA 市场的产品进行广告，再贴标，重新贴牌，重新包装和去除包装 1.73
anti-competitive agreements 不利于竞争的协议 1.59
computer programs 计算机程序 1.60–1.63, 6.02, 6.23
consent 同意 1.67
contractual rights, application to 申请合同权利 1.60
copyright 著作权 1.47, 6.22–6.23
database rights 数据库权利 1.55
development of EU law 欧盟法律的发展 1.71
downloaded products 已下载产品 1.61–1.62
economic link 经济联系 1.68
EEA 欧洲经济区 1.30, 1.47, 1.59, 1.65–1.73, 7.18
entry barriers 进入壁垒 6.23
exclusive rights 专有权 1.49, 1.59, 1.67, 1.70
harmonization 统一 6.22–6.23
impaired, even though function of right is 即使权利的功能受损 1.69
knowhow 专有技术 1.61–1.62
licences 许可 1.64
no exhaustion of other rights 无其他权利的用尽 1.70
parallel imports 平行进口 1.59
patents 专利 1.61–1.62, 1.71
principle of EEA-wide exhaustion 欧洲经济区范围内权利用尽原则 1.59
replacement parts, repair, maintenance, and accessories 更换部件，修复，维护

和附加 1.72
resales 转售 1.60, 1.63, 1.66, 1.69–1.70, 6.21, 6.23
royalties 使用费 1.70
trademarks 商标 1.61–1.62, 7.18
unlimited period, right to use for 使用无限制期限的权利 1.64
**exhaustive EU legislation** 详尽的欧盟立法 1.40, 7.27, 7.42
**existence of rights** 权利的存在 1.08–1.27
characterization as IP 作为知识产权的特征 1.25–1.27
compatibility of EU legislation with EU law 欧盟立法与欧盟法律的一致性 1.12
compatibility of IP laws with EU law 知识产权与欧盟法律的一致性 1.10
conditions for existence and validity of rights 权利存在和有效性的条件 1.09, 1.16–1.24
discrimination, by virtue of prohibition of 由于禁止歧视而存在的权利 1.15, 1.75
elements of existence of IP 知识产权存在的要素 1.09
grant, maintenance, and validity 授予、维持和有效性 1.16
patents 专利 1.11
procedural compatibility of national laws with EU law 成员国法律与欧盟法律的程序兼容性 1.14
substantive compatibility of national laws with EU law 成员国法律与欧盟法律的实质兼容性 1.13
supplementary protection certificates 补充保护证书 1.11
trademarks 商标 1.68, 1.69, 7.18
unregistered rights 未注册权利 1.16
**experts** 专家 5.166, 5.182
**expiry of rights** 权利过期 1.24
**exploitative abuse** 剥削性滥用 3.13

**fairness see FRAND (fair, reasonable and non-discriminatory) commitments** 公平，见公平合理无歧视承诺
**fees** 费用
collecting societies 集体管理组织 6.65–6.67
control over fees 控制费用 6.66
franchising 特许经营 7.73
packaging 包装 7.89–7.97
renewal fees 更新费用 1.24
trademarks 商标 3.32, 7.89–7.97
**field of use restrictions** 使用限制的领域 5.108, 5.111–5.112, 5.192
**films and copyright** 电影和著作权 6.32–6.35
anti-competitive agreements 不利于竞争的协议 6.32
distribution 分销 6.13, 6.81
duration of protection 保护期限 6.04
equitable remuneration 合理报酬 6.17
exclusive licences 独占许可 6.32, 6.79
exceptions 例外 6.15
fixation 固定 6.03, 6.04–6.05, 6.13, 6.15
joint acquisition of rights 联合购得权利 6.79
language 语言 6.32
most favoured nation clauses 最惠国条款 6.32
ownership 所有权 6.05, 6.07
premium, joint acquisition for a 联合购得优质影片 6.79
product markets 产品市场 6.33
rental and lending 出租和出借 6.17

**films and copyright**（*cont.*）：电影和著作权
royalties 使用费 6.32
sporting performances 体育表演 6.07
television rights 电视转播权 6.32, 6.33, 6.35, 6.79
territorial limits 区域限制 6.32
**fines** 罚款 2.67, 3.48, 5.103
**football** 足球
associations of undertakings 企业联合组织 6.29
concentrations 经营者集中 6.35
copyright 著作权 6.06–6.07
licensing, restrictions on 许可，限制 6.83
ownership 所有权 6.06–6.07
relevant product market 相关产品市场 6.33
subject-matter, rights in 针对内容的权利 6.07
television rights 电视转播权 6.35, 6.40, 6.73–6.76, 6.83
UEFA 欧洲足球协会联盟 6.73, 6.83
**foreclosure of competition** 排除竞争 3.30, 5.120, 5.124–5.125, 5.175, 7.62
**Formula One (F1) motor-racing** F1 赛车 6.07, 6.40
**forward feed obligations** 前馈义务 5.128, 5.131
**franchising** 特许经营
abuse of a dominant position 滥用市场支配地位 7.82
anti-competitive agreements 不利于竞争的协议 2.28 n.198, 7.70–7.75, 7.82–7.87
block exemptions 集体豁免 7.76–7.80, 7.87
branding 品牌化 7.69–7.87
concentrations, control of 控制经营者集中 4.22
distribution and service franchises 分销和服务特许经营 7.69–7.79
divestiture 剥离 4.29
entry barriers 进入壁垒 7.86
fees 费用 7.73
production 产品 5.126, 7.69, 7.82–7.87
quality 质量 7.83
resales 转售 7.72–7.73, 7.77, 7.79, 7.87
royalties 使用费 7.73
technology 技术 5.03, 5.98, 5.126, 7.80
vertical agreements 纵向协议 7.76–7.79, 7.87
**FRAND (fair, reasonable and non-discriminatory)** FRAND **commitments**（公平，合理和非歧视）承诺
abuse of a dominant position 滥用市场支配地位 3.46
arbitration 仲裁 5.185
bundled licences 捆绑许可 5.184
Charter of Fundamental Rights of the EU 欧盟基本权利宪章 1.47
cross-licences 交叉许可 5.184
disclosure 公开 5.181
dispute resolution 争议解决 5.185
licensing 许可 5.183–5.184
most-favoured licensee clause 最惠被许可人条款 5.184
negotiation, arrangements for 安排协商 5.185
patents 专利 1.47, 1.49, 3.38, 5.140, 5.183–5.185
royalties 使用费 5.182, 5.185
technology 技术 5.04, 5.175, 5.182–5.185
termination in event of challenge 遇质疑终止 5.183
**free movement of goods** 商品自由流通 1.07, 1.14, 1.25, 1.27, 1.59, 2.44, 7.27, 7.42

**freedom of expression** 表达自由 1.57, 6.15
**freedom to provide services** 提供服务的自由 1.07, 2.44, 6.19, 7.42
**free-riders** 搭便车的人 5.101, 7.14, 7.62
**fundamental rights** 1.46, 6.15 *see also* **Charter of Fundamental Rights of the EU** 基本权利，参见欧盟基本权利宪章

**general economic interest, services of** 为一般经济利益的服务 2.06, 2.54, 3.16, 6.26, 6.44, 7.90
**generics** 通用
  designations of origin/geographical 原产地标志 / 地理标志
  indications 标志 1.13, 1.24, 7.26–7.27, 7.30, 7.46
  domain names 域名 7.35–7.36
  pharmaceutical products 制药产品 1.24–1.25, 1.58, 3.36, 5.103
  trademarks 商标 7.25
**genetic materials** 通用材料 1.17 n.165, 1.25 n.248, 1.44, 1.50
**geo-blocking** 地域屏蔽 5.65 and see territorial limitations 另参见区域限制
**geographic market** 地理市场
  broadcasting 广播 6.34
  culture, media, and sport 文化、传媒和体育 6.34
  relevant market 相关市场 3.06, 3.08, 5.40, 5.46, 5.190, 6.46
**geographical indications see designations of origin/geographical indications** 地理标志，见原产地标志和地理标志
**geographical limitations see territorial limitations** 地理限制，见区域限制
**get-up** 样式 7.56
**good faith** 善意 6.50
**goods** 商品
  free movement of goods 商品自由流通 1.07, 1.14, 1.25, 1.27, 1.59, 2.44, 7.27, 7.42
  markets in goods 商品市场 3.06
  technology transfer 技术转让 5.35
  websites, goods offered on 网上提供的商品 7.08–7.09
**goodwill** 商誉
  anti-competitive agreements 不利于竞争的协议 2.39
  branding 品牌化 4.23, 7.06, 7.39 n.277
  concentrations 经营者集中 4.21
  definition of IP rights 知识产权的定义 7.77 n.477
  divestiture 剥离 4.29
  non-competition covenants 业务外包 4.13
  outsourcing 外包 4.23
  passing off 假冒 7.40
  patents 专利 7.06
**grant of rights** 授予权利
  conditions 条件 1.17, 2.05
  exhaustion of rights 权利用尽 1.16
  grant-back obligations 回授义务 1.44, 2.63, 5.17, 5.128–5.132, 5.173, 5.201
  harmonization 统一 1.38
  patents 专利 1.13, 1.16–1.17
  registration 注册 1.16
  substantive compatibility of national laws 成员国法律的实质一致性 1.13
**graphic user interfaces (GUIs)** 图形用户界面 1.13, 1.21, 6.03, 6.12
**graphics** 图形 6.07, 7.37
**Green Dot cases Green Dot** 案 3.32, 7.88–7.97
**guarantee marks** 保证商标 7.34

**hardcore restrictions** 2.51, 5.50–5.51 *see also* **hardcore restrictions on technology transfer** 核心限制，另参见对技术转让的核心限制
active sales 活跃销售 5.62, 5.64–5.65
Internet, sales using the 使用互联网的销售 5.65
allocation of markets or customers 分配市场或消费者 5.57, 5.59–5.60
anti-competitive agreements 不利于竞争的协议 2.23
block exemptions 集体豁免 2.51, 2.54, 2.59, 2.63
branding components of motor vehicles 汽车的品牌组成 7.65
captive use 自产自用 5.61, 5.67
competing undertakings 竞争企业 5.57–5.58, 5.59, 5.60
customer groups 消费者群体 5.62
exceptions 例外 5.60–5.63, 5.67
individual exemptions 个例豁免 2.54
joint research and development 联合研发 5.192
licensee exploiting own technology, restrictions on 限制被许可人开发自己技术 5.57, 5.59
maximum quantities 最大数量 5.113
non-competing undertakings 非竞争企业 5.63
non-reciprocal agreements 非互惠协议 5.62
object or effect 目的或影响 2.20
outputs 输出 5.57, 5.59
parallel imports 平行进口 2.02
passive sales 被动销售 5.64–5.68, 5.102
prices to third parties, restrictions on 针对决定对第三方的价格的限制
determining 决定 5.57–5.58, 5.143
research and development 研 发 5.57, 5.192, 5.194
royalties 使用费 3.34, 5.58, 5.91, 5.93
safe harbour 安全港 5.79–5.80
specialization agreements 专门化协议 5.205
subcontracting agreements 分包协议 5.34
technology pools 技术池 5.162, 5.173
territorial restrictions 区域限制 5.62
vertical agreements 纵向协议 2.51
**hardcore restrictions on technology transfer** 对技术转让的核心限制
2004 changes 2004 年的变化 5.16
2014 changes 2014 年的变化 5.17–5.18
absolute protection 绝对保护 5.96
active sales, definition of 活跃销售的定义 5.64
allocation of markets or customers 分配市场或消费者 5.59–5.60
block exemption 集体豁免 2.59, 5.17, 5.19, 5.34, 5.50–5.68, 5.70, 5.76, 5.79
captive use 自产自用 5.61
competing undertakings 竞争企业 5.54–5.55, 5.57, 5.70
effect 影响 5.51
exceptions 例外 5.62
individual assessments 个例评估 5.76, 5.82
Internet, sales using the 线上销售 5.65
licences 许可 5.97, 5.99, 5.102, 5.105, 5.109–5.111
non-competing undertakings 非竞争企业 5.63
non-reciprocal arrangements, exceptions for 非互惠合同的例外 5.62
object, reference to 参考目的 5.53
passive sales 被动销售 5.64, 5.66–5.68

pools 池 5.31
prices to third parties, restrictions on determining 针对决定对第三方价格的限制 5.58, 5.143
reciprocal agreements 互惠协议 5.54, 5.56
royalties 使用费 5.91, 5.93
safe harbour 安全港 5.80
separate lists 单独列表 5.54
settlements 和解 5.86
subcontracting agreements 分包协议 5.34
**harmonization of laws** 法律统一
abuse of a dominant position 滥用市场支配地位 1.38
anti-competitive agreements 不利于竞争的协议 1.38
compatibility of IP laws with EU law 知识产权与欧盟法律的一致性 1.10
computer programs 计算机程序 6.02
copyright 著作权 1.10, 6.06
culture, media, and sport 文化、传媒和体育 6.02
database rights 数据库权利 1.10, 6.02
duration of protection 保护期限 1.24
enforcement 执行 1.10
knowhow 专有技术 1.10
patents 专利 1.11
plant variety rights 植物新品种权 1.10
registered designs 注册设计 1.10
substantive compatibility of national laws 成员国法律的实质一致性 1.13
trademarks 商标 1.10
unfair competition 不公平竞争 1.10
unregistered design rights 未注册外观设计权 1.10
**horizontal agreements** 横向协议
anti-competitive agreements 不利于竞争的协议 2.50
branding 品牌化 7.02
co-operation agreements 合作协议 2.26, 2.59, 5.09, 5.168
effect on trade 对贸易的影响 2.12
guidance 指导 2.21, 2.26, 5.09, 5.168
procedural compatibility of national laws 成员国法律的程序一致性 1.14
refusal to license 拒绝许可 6.83
subcontracting agreements 分包协议 5.195–5.196
**horizontal market-partitioning** 横向市场分割 2.28, 7.21, 7.47–7.52
**horseracing** 赛马 6.33, 6.36, 6.40, 6.83
**hosting** 托管 1.57
**human rights** 1.46, 6.15 *see also* **Charter of Fundamental Rights of the EU** 人权，另参见欧盟基本权利宪章

**ICANN（Internet Corporation for Assigned Names and Numbers）**互联网名称与数字地址分配机构 7.35
**image** 图像 7.62
**imports** *see* **parallel imports** 进口，见平行进口
**improvements** 改进
efficiency gains 效率改进 / 增益 1.03–1.04, 2.54–2.56, 3.31, 4.26, 5.194
franchising 特许经营 7.73
grant-backs 回授 5.132
knowhow 专有技术 5.126
market power 市场支配力 2.30
non-competition covenants 竞业禁止合同 4.13
reciprocal agreements 互惠协议 5.56
research and development 研发 5.186–5.187, 5.201

severable and non-severable improvements, distinction between 可分割和不可分割的改进之间的区别 5.17
technology 技术 5.129–5.132, 5.153
assignment 转让 5.69
duration of restrictions 时间限制 5.148
knowhow 专有技术 5.126
market power 市场支配力 2.30
reciprocal agreements 互惠协议 5.56
severable and non-severable improvements, distinction between 可分割和不可分割的改进之间的区别 5.17
trademarks 商标 1.03
**industrial and commercial property** 工业和商业产权 1.25–1.27, 4.13, 5.28, 5.35, 5.199, 7.40
**industry associations** 行业协会 5.177
**industry standards see standards** 行业标准，见标准
**information see also confidentiality; information society services** 信息，另参见机密；信息社会服务
markets in information 信息中的市场 3.06
refusal to license or supply 拒绝许可或供应 2.38, 3.17–3.25
rights-management information 权利管理信息 6.20
sensitive information, disclosure of 敏感信息公开 5.167
technical information 技术信息 2.38
**information society services** 信息社会服务
caching 缓存 1.57
copyright 著作权 6.14
database rights 数据库权利 6.25
enforcement 执行 1.10
exceptions 例外 1.57
hosting 托管 1.57
interoperability 交互操作性 1.57
keywords 关键词 1.57
notification of illegal activities 通知非法行为 1.57
remedies 救济 1.57
**infringement litigation, settlement of** 侵权诉讼的和解 2.24
**injunctions** 禁令 1.47, 3.38, 3.46–3.47, 5.183
**innovation** 创新 1.02–1.04, 1.07, 1.24–1.25, 1.48, 3.06, 3.14
**intangible assets** 无形资产 1.25
**intellectual property rights, definition of** 知识产权的定义 1.25–1.27, 5.35, 7.42 n.294, 7.77 n.477
**interface between IP rights and EU competition law** 知识产权与欧盟竞争法的交集 1.01–1.75
basic principles 基本原则 1.02–1.08
existence of IP rights 知识产权的存在 1.09–1.27
justified scope of IP rights 知识产权的正当范围 1.28–1.75
**internal market see single market** 内部市场，见单一市场
**international conventions see treaties and conventions** 国际公约，见条约和公约
**international law, consistency with** 与国际法的一致性 1.39
**Internet see also information society services** 互联网，另参见信息社会服务
branding 品牌化 7.66
caches 缓存 6.11
copyright 著作权 6.11–6.14, 6.23
Digital Single Market Strategy 数字化单一市场策略 6.15, 6.36

distribution 分销 7.66
domain names 域名 7.35–7.36
goods offered on websites 网上销售的商品 7.08–7.09
hardcore restrictions 核心限制 5.65
hosting 托管 1.57
keywords 关键词 7.09, 7.11
multi-territorial licences 多区域许可 6.51–6.52
music 音乐 6.51
platforms 平台 7.66
sales 销售 2.51 n.338, 5.65
search engines 搜索引擎 1.57, 3.41, 5.65, 6.24, 7.09, 7.11, 7.14
service providers, injunctions against 针对服务提供者的禁令 1.47
trademarks 商标 7.08–7.09
vertical restraints, guidance on 纵向协议的指导 2.51 n.338
**interoperability** 交互操作性 3.23, 3.31 n.209
computer programs 计算机程序 1.58, 1.60, 1.72, 3.23, 3.31 n.209
design rights 设计权 1.53
information society services 信息社会服务 1.57
semiconductor topographies 半导体拓扑图 1.53
technology pools 技术池 5.162
**interpretation** 解释
Charter of Fundamental Rights of the EU 欧盟基本权利宪章 1.47
consistent interpretation, principle of 一致解释的原则 1.43
copyright 著作权 6.15, 6.23
entry into force, application on 生效适用 1.39
international law, consistency with 与国际法一致 1.39
national laws 成员国立法 1.39
recitals 序言 1.39
subject-matter 内容 1.39, 1.42
technology transfer block exemption 技术许可集体豁免 5.19–5.21, 5.25, 5.53, 5.71
travaux préparatoires 筹备工作 1.38–1.39
treaties and conventions 条约和公约 1.42–1.43

**jingles** 歌曲 7.37
**joint acquisition of control** 联合获得控制 4.09
**joint research and development see research and development** 联合研发，见研发
**joint ventures** 合资企业
acquisitions 收购 4.10
ancillary restrictions 附属性限制 4.10
concentrations, control of 控制经营者集中 4.10, 4.16–4.19, 4.25
confidentiality clauses 保密条款 4.18
exclusive licences 独占许可 4.16, 4.25
full-function joint ventures 全功能合资企业 4.25
intellectual property licences 知识产权许可 4.16
non-competition covenants 竞业禁止合同 4.17
non-solicitation clauses 招揽禁止条款 4.18
production 生产 5.33
purchase and supply obligations 采购和供应义务 4.19
specialization agreements 专门化协议 5.07
technology pools 技术池 5.33
transfer of additional IP to existing JVs 将

额外的知识产权转让给现存合资企业 4.25
**justified scope of IP rights** 知识产权的正当范围 1.28–1.75

**keywords** 关键词 1.57, 7.09, 7.11
**knowhow** 专有技术
abuse of a dominant position 滥用市场支配地位 1.18
anti-competitive agreements 不利于竞争的协议 1.18, 2.39
block exemptions 集体豁免 1.18
branding 品牌化 7.84
characterization as IP 作为知识产权的特征 1.25
computer programs 计算机程序 1.61 n.581
directive, draft 指令草案 1.18
disclosure 公开 2.39, 2.48, 4.14, 5.57, 5.71, 5.137, 5.200
distribution 分销 7.71, 7.84
duration of protection 保护期限 1.24
exhaustion of rights 权利用尽 1.61–1.62
franchising 特许经营 7.71, 7.84
harmonization 统一 1.10
no-challenge clauses 不质疑条款 5.137
non-competition covenants 竞业禁止合同 4.13
prevention, restriction, or distortion of competition 禁止、限制或扭曲竞争 2.39
public domain 共有领域 1.24
quality of rights 权利质量 1.35
research and development 研 发 5.189, 5.191
secrecy 机密 1.18
service franchising 服务特许经营 7.71
subcontracting agreements 分包协议 5.200
technology transfer 技术转让 2.25, 5.26–5.27, 5.126, 5.137
trade secrets 商业秘密 1.18
TRIPs《与贸易有关知识产权协议》1.27
unregistered rights 未注册权利 1.16

**labelling** 1.73, 7.25, 7.37 *see also* **relabelling** 贴标，见重新贴标
**languages of the EU** 欧盟的语言 5.21
**legitimate expectations** 合法期待 1.39
**lending right** 出 借 权 利 1.12, 1.70, 6.09, 6.17, 6.23
**licensing** *see also* **compulsory licences; cross-licensing; exclusive licences;** *under* **individual main headings; refusal to license or supply; sub-licensing** 许可，见强制许可，交叉许可，独占许可，个别主标题，拒绝许可或供应，分包
advance, in 优势 5.181
assessments by competition authorities 竞争主管机构的评估 1.29
computer programs 计算机程序 5.32
concentrations 计 算 机 程 序 4.10, 4.16, 4.27, 4.30
customer groups, protection of 保护消费者群体 5.98–5.102
excessive duration, of 超期 3.42
franchising 特许经营 7.86
horizontal market-partitioning 横向分割市场 7.51
licences of excessive duration 许可证超期 3.42
most-favoured licensee clause 最惠被许可人条款 5.144, 5.184
multi-territorial licences 多区域许可 6.51–6.52
partitioning the single market 分割单一

市场 2.28
quality of IP rights 知识产权质量 1.36
reciprocal licences 互惠许可 5.97
refusal to license 拒绝许可 2.37, 3.17–3.25, 3.46
separating the EU from other markets 分割欧盟与其他市场 2.29
sole production licences 排他生产许可 5.105–5.107
strengthening market power 加强市场支配力 2.29
**literary and artistic works see culture, media, and sport** 作品和艺术作品，见文化、传媒和体育
**litigation, settlement of** 诉讼和解 2.24
**livery** 制服 6.07
**logos** 图标 7.37, 7.88–7.97
**loyalty payments** 忠诚奖金 6.56

**maintenance of IP rights** 维护知识产权 1.16, 3.36
**major importance for society, broadcasting of events of** 广播社会重大活动 6.27
**making available right** 向公众提供权 6.12, 6.20, 6.22
**market dominance see dominant position** 向公众提供权
**market partitioning** 市场分割 1.74, 2.28, 7.21, 7.47–7.52
**market power** 市场支配力
abuse of a dominant position 滥用市场支配地位 2.22
anti-competitive agreements 不利于竞争的协议 2.29, 5.83
assignment 转让 2.29
exclusive licences 独占许可 2.29
patents 专利 5.83
resales 转售 5.83
standards 标准 5.179
technology transfer 技术转让 5.83, 5.101, 5.124
**market share** 市场份额 5.45–5.49
branding 品牌化 7.79
De Minimis Notice 微量允许通知 2.23
disguised market share 变相市场份额 7.53, 7.59
distribution and service franchises 分销和服务特许经营 7.79
dominant position 市场支配地位 3.10
relevant market 相关市场 2.12
research and development 研发 5.187, 5.190
specialization agreements 专门化协议 5.205
standards 标准 5.180
superdominance 超级支配 3.10
technology transfer 技术转让 5.45–5.49, 5.76, 5.83, 5.86
vertical agreements, block exemption on 纵向协议集体豁免 7.62, 7.79
**marketing** 市场推广 1.25, 3.39, 7.85
**markets and fairs, exclusive rights to hold** 举办市场和集市的专有权 1.25
**marking** 标记 5.118, 7.56
**mature markets** 成熟市场 5.155
**maximum quantities** 最大数量 5.113–5.114
**media see culture, media, and sport** 传媒，见文化传媒和体育
**medication see pharmaceutical products** 药物，见制药产品
**merchandising** 推销 7.69–7.81
**mergers see concentrations, control of** 合并，见经营者集中控制
**minimum exploitation obligation** 最小开发义务 5.115

**misleading representations** 误导性陈述 3.36, 7.25, 7.43
**modernization of EU competition law** 欧盟竞争法的现代化
abuse of a dominant position 滥用市场支配地位 1.06
anti-competitive agreements 不利于竞争的协议 1.06
competition authorities 竞争主管机构 2.41
economic analysis 经济分析 1.06
technology transfer 技术转让 5.16, 5.77
**monopolies** 垄断 3.15
**most favoured licensee clauses** 最惠被许可人条款 5.144, 5.184
**most favoured nation (MFN) treatment** 最惠国待遇 1.44, 2.37, 6.32
**motor vehicle sector** 机动车行业
block exemptions 集体豁免 2.51, 2.63
branding 品牌化 7.65
component parts 组成部分 2.49, 2.51, 7.65
repair and maintenance 维修和维护 2.38 n.237, 5.121 n.717
resales 转售 2.53
spare parts 备件 2.51, 7.65
trademarks 商标 2.49
vertical agreements 纵向协议 2.21, 2.51, 5.121 n.717, 5.196, 7.65
**music see also sound-recordings** 音乐，见录音
collecting societies 集体管理组织 6.51–6.52, 6.59, 6.65, 6.69–6.70
downloading 下载 1.62
licensing 许可 6.42, 6.51
multi-territorial licences 多区域许可 6.51
royalties 使用费 6.59
television rights 电视转播权 6.33–6.34

**names** 名称
designations of origin/geographical indications 原产地标志 / 地理标志 7.30, 7.32
domain names 域名 7.35–7.36
trademarks 商标 7.25
**national broadcasters** 国家广播公司 6.26
**national competition authorities see competition authorities** 国内竞争主管机构，见竞争主管机构
**national laws see also harmonization of laws** 成员国法律，另参见法律统一
branding 品牌化 7.44
challenges, restrictions on 限制质疑 5.135
copyright 著作权 6.05–6.06, 6.12, 6.15, 6.19, 6.22–6.23
culture, media, and sport 文化、传媒和体育 6.02, 6.05–6.06, 6.12, 6.15, 6.19, 6.22–6.23
damages 损害赔偿 2.66
database rights 数据库权利 6.25
design rights 设计权 1.52–1.53
designations of origin/geographical indications 原产地标志 / 地理标志 1.10, 7.08, 7.27, 7.44
domain names 域名 7.35
interpretation 解释 1.39
Paris Convention 巴黎公约 1.27
patent systems, retention of national 保留国家专利体系 1.11
procedural compatibility with EU law 与欧盟法律的程序一致性 1.14
substantive compatibility with EU law 与欧盟法律的实质一致性 1.13
technology transfer 技术转让 5.135

trademarks 商标 7.08, 7.88
treaties and conventions 条约和公约 1.13, 1.43
unfair advantage 不正当优势 7.39, 7.44–7.46
unfair competition 不正当竞争 7.39, 7.45–7.46
**nationality discrimination see discrimination negotiations** 国籍歧视见歧视谈判
arrangements for 安排 5.185
good faith 善意 6.50
**Nice Charter see Charter of Fundamental Rights of the EU** 尼斯宪章，见欧盟基本权利宪章
**no-challenge clauses** 不质疑条款
anti-competitive agreements 不利于竞争的协议 2.36
branding 品牌化 7.57
dispute resolution 争议解决 7.57
distribution 分销 7.64
knowhow 专有技术 5.137
outside EU, rights or licensees 欧盟以外的权利或被许可人 5.138
patents 专利 2.37, 5.133
settlements, in 和解 5.136
technology transfer 技术转让 5.135–5.139
trademarks 商标 7.64, 7.86 n.517
**non-competition covenants** 竞业禁止合同
acquisitions of undertakings 收购企业 4.13
exclusive rights 专有权 4.13
joint ventures 合资企业 4.17
**non-discrimination see discrimination** 非歧视，见歧视
**non-essential technologies** 非必要技术 5.163, 5.165, 5.170
**non-reciprocal agreements** 非互惠协议 5.62, 5.95, 5.106
**non-solicitation clauses** 禁止招揽条款 4.14, 4.18
**non-use agreements** 不使用协议 7.52
**novelty** 新颖性 1.19

**objectives and principles of EU law** 欧盟法律的目的和原则 1.46
**obsolete or uncompetitive technology** 过时或缺少竞争力的技术 5.44
**open exclusive licences** 开放独占许可 7.61
**opposition** 反对 1.49, 5.14
**originality** 原创性 1.22, 6.03
**outputs** 产量 5.57, 5.59
**outsourcing** 业务外包 4.23
**own use (captive use)** 自产自用 5.61, 5.67, 5.116, 5.122, 5.124, 5.142
**ownership** 所有权
authors 作者 6.05
basic principles of interface between IP and EU competition law 知识产权和欧盟竞争法交集的基本原则 1.08
challenge ownership, obligations not to 不质疑所有权的义务 5.142
computer programs 计算机程序 1.58
copyright 著作权 6.05–6.07
employment and other contractual relationships 雇佣和其他合同关系 6.05
performers 表演者 6.05
sporting performances 体育表演 6.06–6.07
technology transfer block exemption 技术转让集体豁免 5.142
trademarks 商标 7.08

**packaging** 包装
exhaustion of rights 权利用尽 1.73

logos 图标 7.88–7.95
removal 移除 7.25
repackaging 重新包装 1.73–1.74, 7.18–7.21, 7.23–7.24
signs 符号 7.09
trademarks 商标 7.09, 7.88–7.97
unpackaged products 未包装产品 1.73
**parallel imports** 平行进口
absolute protection 绝对保护 5.13, 5.95–5.96
active sales 活跃销售 5.98
anti-competitive agreements 不利于竞争的协议 2.02
artificial partitioning of market 人为分割市场 1.74
assignment 转让 2.13, 2.28
block exemptions 集体豁免 2.46
burden of proof 举证责任 7.23 n.188
different forms of competition 竞争的不同形式 2.18
discrimination 歧视 1.75
distribution 分销 7.60
enforcement 执行 2.65
European Economic Area（EEA）欧洲经济区 1.74
exclusivity 排他性 1.51, 2.28, 5.95
exhaustion of rights 权利用尽 1.59
hardcore restrictions 核心限制 2.02
**passive sales** 被动销售 5.98
**pharmaceutical products** 制药产品 3.25, 3.39, 7.24
prevention 禁止 7.60
proportionality 成比例 3.25
quality control and marking 质量控制和标记 5.118
relevant geographic market 相关地理标记 3.08
unfair competition 不正当竞争 2.65
**parallel trademarks** 平行商标 4.12
**parasitism** 寄生病 7.14
**Paris Convention** 巴黎公约 1.26–1.27, 1.42–1.43, 7.40
**partitioning the market** 分割市场
artificial partitioning 人为分割 1.28, 1.37, 1.74, 7.20–7.21
assignment 转让 7.48
branding 品牌化 7.01–7.02
broadcasting 广播 6.31
burden of proof 举证责任 1.67
exclusive licences 独占许可 2.28
horizontal partitioning 横向分割 2.28, 7.02, 7.21, 7.47–7.52
re-branding, relabelling, and repackaging 再包装，重新贴牌，重新包装 7.20
refusal to license 拒绝许可 6.83
trademarks 商标 7.21, 7.51
**passing off** 假冒 1.05 n.33, 1.25 n.246, 5.112, 7.40, 7.42 n.294, 7.86
**passive sales** 被动销售 2.51 n.330, 5.17, 5.64–5.68, 5.98–5.102
**patents** 专利
abuse of a dominant position 滥用市场支配地位 3.03
biological processing 生物进程 1.50
block exemptions 集体豁免 3.16, 5.14
blocking positions 阻碍地位 5.43
challenges to validity 质疑有效性 2.36, 5.133, 5.135, 5.183
Community Patent Convention 欧盟专利公约 1.27, 1.41
compulsory licensing 强制许可 1.44, 1.51, 3.39
computer programs 计算机程序 1.61 n.581

concentrations 经营者集中 4.21, 4.25, 4.27, 4.32
concurrent protection 并行保护 1.11
conditions for grant and validity 授予和有效的条件 1.17
cross-licensing 交叉许可 1.51, 3.03
disclosure 公开 1.17, 1.35, 3.36, 5.182
dispute resolution 争议解决 1.11, 5.185
duration of protection 保护期限 1.11, 1.24
effect on trade 对贸易的影响 3.44
enforcement 执行 1.25, 3.36, 3.46
essential and non-essential technologies 必要和非必要技术 5.165
European Patent Convention 欧洲专利公约 1.11, 3.40 n.283
exceptions to protection 保护的例外 1.17, 1.51
exclusive licences 独占许可 5.13–5.14
exhaustion of rights 权利用尽 1.61–1.62, 1.71
existence of rights 权利存在 1.11
field of use restrictions 使用领域限制 5.112
FRAND commitments 公平合理无歧视承诺 1.47, 1.49, 3.38, 5.140, 5.183–5.185
function of rights 权利的功能 1.33
goodwill 善意 7.06
grant of rights 授予权利 1.13, 1.16–1.17
harmonization 统一 1.11
industrial application 工业应用 1.17
industrial property rights 工业产权 5.35
intellectual property, definition of 知识产权的定义 1.25
inventive step 创造性 1.17
licences 许可 3.16, 3.46, 5.98, 5.116, 5.140, 5.185
automatic extension 自动延期 5.129
compulsory 强制 1.44, 1.51, 3.39
exclusive 专有 5.13–5.14
royalties 使用费 5.90
market power 市场支配力 5.83
misleading representations 误导性陈述 3.36
national patent systems, retention of 保留国家专利体系 1.11
no-challenge clauses 不质疑条款 2.36, 5.133
novelty 新颖性 1.17
Paris Convention 巴黎公约 1.26–1.27
partial validity 部分有效 1.17
patentability 可授予专利 1.11, 1.17, 1.50–1.51
pay for delay *see* **Delay, pay for** 为延期支付的费用
pharmaceutical products 制药产品 1.58, 3.25, 3.36, 5.103
plant variety rights 植物新品种权 1.50–1.51
pools *see* technology pools 池，见技术池
prior art 现有技术 1.13
protected products and processes 被保护产品和进程 1.50
quality of IP rights 知识产权的质量 1.36
relevant geographic market 相关地理市场 3.08
relevant product market 相关产品市场 5.41
research and development 研发 5.194
royalties 使用费 1.51, 3.32, 5.90, 5.182
settlements 和解 5.103
standard essential patents（SEPs）标准必要专利 5.89, 5.165
effect on trade 对贸易的影响 3.44
enforcement 执行 3.38, 3.46

FRAND commitments 公平合理无歧视承诺 1.47, 5.140, 5.183, 5.185
no-challenge clauses 不质疑条款 2.36
standard-setting bodies, conduct distorting decision-making process within a 在标准制定机构内扭曲决策过程的行为 3.40
standards 标准 3.03, 3.40
subject-matter 内容 1.50–1.51
supplementary protection certificates（SPCs）补充保护证书 1.11
Swiss form claims 瑞士型索赔要求 1.48 n.435, 1.50 n.463
technology rights 技术权利 5.26
technology transfer 技术转让 2.25, 2.45, 5.13–5.14, 5.26, 5.103
termination in event of challenges to validity 因质疑有效性而终止 5.140
TRIPs《与贸易有关知识产权协议》1.44
unified patent court 统一专利法庭 1.11
unitary patents 统一专利 1.11
validity 有效性 1.17

**pay for delay see delay, pay for** 为延期而支付的费用

**pay-TV** 付费电视 6.32, 6.35, 6.40, 6.73, 6.76, 6.79–6.80

**pharmaceutical products** 制药产品
abuse of a dominant position 滥用市场支配地位 3.39
exclusive rights 专有权 3.39
generics 通用 1.24–1.25, 1.58, 3.36, 5.103
legitimate interests 合法利益 7.24
marketing authorizations, deregistration of 注销上市许可 1.25, 3.39
parallel products 平行产品 3.25, 3.39, 7.23–7.24
patents 专利 1.58, 3.25, 3.36, 5.103
relevant geographic market 相关地理市场 3.08
relevant product market 相关产品市场 3.05
technology transfer 技术转让 5.103
trademarks 商标 7.24

**plant variety' rights** 植物新品种权
basic seeds 基础种子 1.70, 2.31, 2.39, 5.104, 5.146
characterization as IP rights 作为知识产权的特征 1.25
compulsory licensing 强制许可 1.51
conditions for protection 保护条件 1.20
confidentiality clauses 保密条款 5.146

**plant variety' rights**（*cont.*）：植物新品种权
cross-licensing 交叉许可 1.51
designations of origin/geographical indications 原产地标志 / 地理标志 7.26
duration of protection 保护期限 1.24
exclusive licences 独占许可 5.13
grant of rights 权利授予 1.16
harmonization 统一 1.10
intellectual property, definition of 知识产权定义 1.25
patents 专利 1.50–1.51
royalties 使用费 1.51
sub-licensing 转授许可 5.110
technology transfer block exemption 技术转让集体豁免 5.26

**pools see technology pools** 池，见技术池

**potential competitors** 潜在竞争者 2.50 n.320, 2.58, 5.41, 5.82

**preparatory acts to commercial exploitation outside scope** 为权利范围外商业开发进行的准备行为 1.58

**prevention, restriction, or distortion of competition** 禁止、限制或扭曲竞争
application of principles 原则适用 2.27
appreciable effects 显著的影响 1.61
assignments 转让 2.28–2.29
basic test 基本测试 2.16
Commission guidance 委员会指导 2.25–2.26
concerted practices 协同行为 2.37
confidential information, exchange of 交换机密信息 2.40
costs and risks of creation and exploitation 为创造和开发而承担的费用和风险 2.19
De Minimis Notice 微量允许通知 2.23
examples 示例 2.27–2.40
exclusive licences 独占许可 2.28–2.29
different forms of competition, need to consider 需要考虑竞争的不同形式 2.18
extent required 需要的范围 2.22
goodwill, restrictions protecting 保护商誉的限制 2.39
guidance 指导 2.21, 2.23, 2.25–2.26
knowhow 专有技术 1.74, 2.39
market power 市场支配力 2.29
no-challenge clauses 不质疑条款 2.36
partitioning the single market, assignments and exclusive licences 分割单一市场，转让和独占许可 2.28
principles 原则 2.16–2.26
refusal to license 拒绝许可 2.37
resale or use of products placed on the market, restrictions on 对于投放市场的产品转售或使用的限制 2.31
royalties 使用费 2.34
separating the EU from other markets 分割欧盟与其他市场 2.29
settlements 和解 2.24
technical information, refusal to provide 拒绝提供技术信息 2.38
technology transfer, guidance on 技术转让指导 2.25
tying and bundling 搭售和捆绑 2.35
unfair competition 不正当竞争 2.20
valid rights, restrictions on activities outside scope of 对有效权利范围外的行为的限制 2.32
within scope of rights, restrictions on activities 在权利范围内对行为的限制 2.33
without agreement or particular terms, need to consider position 需要考虑当合同或合同某一具体条款不存在的情形 2.17

**prices** 价格
abuse of dominant position 滥用市场支配地位 3.35
cartels 卡特尔 5.162, 5.181
concerted practices 协同行为 2.37
cross-licensing 交叉许可 5.58
discrimination 歧视 3.35, 3.46, 5.159
excessive pricing 超高定价 3.20, 3.35
fixing 固定 2.23, 5.93, 5.143, 5.162, 5.169, 5.181, 5.187, 5.192, 5.205
hardcore restrictions 核心限制 5.57–5.58, 5.143
maximum prices 最高价格 5.143
recommended prices 推荐价格 5.143
resale price maintenance 维持转售价格 2.21, 5.143, 7.75
research and development 研发 5.187, 5.192
royalties 使用费 5.58
subcontracting agreements 分包协议 5.143
third parties, restrictions on determining

prices to 针对决定向第三人定价的限制 5.57–5.58, 5.143
technology transfer 技术转让 5.143
**pro-competitive effects** 有利于竞争的结果 2.16, 5.152, 5.162
**product market** 产品市场
broadcasting 广播 6.33
relevant product market 相关产品市场 3.05–3.06, 5.37–5.41, 5.45–5.46
**production** 产品
computer programs, copyright in 计算机程序中的专利 1.54
contract 合同 1.36, 5.29
copyright 著作权 6.10–6.15
exclusive licences 独占许可 5.94, 5.105–5.107
field of use restrictions 使用领域限制 5.111
franchising 特许经营 5.126, 7.69, 7.82–7.87
joint ventures 合资企业 5.33
licensing 许可 5.105, 5.107, 5.109–5.111, 5.116, 6.30
reciprocal agreements 互惠协议 5.59
restrictions 限制 1.36, 5.94
sole production licences 排他生产许可 5.105–5.108
specialization agreements 专门化协议 5.204
supply to specified customers 专门化协议 5.117
targets 目标 5.192
technology transfer 技术转让 5.109–5.110, 5.116–5.117
temporary acts 暂时性行为 6.10–6.11, 6.16
territorial restrictions 区域限制 5.109–5.110
**programs see computer programs; computer programs, copyright in** 程序，见计算机程序，计算机程序中的著作权
**promotion obligations** 促销义务 5.115
**proportionality** 成比例
abuse of a dominant position 滥用市场支配地位 3.46
anti-competitive agreements 不利于竞争的协议 2.17, 2.31, 2.67
concentrations 经营者集中 4.07
copyright 著作权 6.15
designations of origin/geographical indications 原产地标志 / 地理标志 7.29
exclusive rights 专有权 5.180
implementation of EU legislation 欧盟立法的实施 1.40
legitimate expectations 合法例外 1.39
objectives and principles 目标和原则 1.46
parallel imports 平行进口 3.25
remedies 救济 2.67, 3.46, 3.48
respect for property rights 尊重产权 1.05
royalties 使用费 3.33, 5.93, 6.59–6.60
**public broadcasters** 公共广播 6.26
abuse of a dominant position 滥用市场支配地位 6.26
general economic interest, services of 为一般经济利益的服务 6.26
**public, communication to the** 向公众传播 6.12, 6.15, 6.20
**public domain** 公有领域 1.24, 2.48, 4.14, 5.58, 5.71, 5.91, 5.146, 7.71
**public lending see lending right** 公共借阅，见出借权
**public undertakings** 国营企业 6.44
**purchase and supply obligations** 购买和供应义务 4.15, 4.19

**quality** 质量 1.02, 1.25, 1.34–1.36
branding 品牌化 1.34, 7.04, 7.83
designations of origin/geographical indications 原产地标志 / 地理标志 7.33
franchising 特许经营 7.83
improvements 提高 1.03
knowhow 专有技术 1.35
licences 许可 1.36, 5.118
parallel imports 平行进口 5.118
patents 专利 1.36
production franchises 产品特许经营 7.83
technology transfer 技术转让 5.118
trademarks 商标 1.34, 7.08
**quantities** 数量 5.113–5.115

**reasonableness see FRAND (fair, reasonable and non-discriminatory) commitments** 合理性，见 FRAND 承诺
**rebates** 折扣 6.70
**rebranding** 再贴牌 1.73–1.74, 4.31, 7.18, 7.20
**reciprocal agreements** 互惠协议
allocation of markets or customers 分配市场和消费者 5.59, 5.117
captive use 自产自用 5.61
collusion 共谋 5.124
definition 定义 5.56
exclusivity 排他性 5.57, 5.105, 5.108, 6.64
fees, control over 控制费用 6.66
field of use restrictions 限制使用领域 5.111
forward feed obligations 前馈义务 5.128, 5.131
non-reciprocal licences distinguished 已区分的非互惠许可 5.95
relevant geographic market 相关地理市场 6.46
representation contracts 陈述性合同 6.64–6.67
sole production licences 排他生产许可 5.105
technology transfer 技术转让 5.54, 5.56, 5.105, 5.109–5.110
territorial restrictions 区域限制 5.109–5.110, 6.65
**reciprocal licences** 互惠许可 5.97
**reciprocal representation contracts** 互惠许可 6.23
**reciprocal royalties** 互惠使用费 2.34, 5.58, 5.86, 5.93
**recognition of rights** 对权利的承认 1.05
**record companies** 唱片公司 6.82
**recycling services** 回收服务 3.32, 7.88–7.97
**refusal to license or supply** 拒绝许可或供应 3.17–3.25
abuse of a dominant position 拒绝许可或供应 2.38, 3.17–3.25, 3.46
anti-competitive agreements 不利于竞争的协议 2.37
basic test 基本测试 3.17
component parts 组成部分 3.19
concerted practices 协同行为 2.37
culture, media, and sport 文化、传媒和体育 6.83
entry barriers 进入壁垒 3.24
essential facilities 必要设施 3.21
examples 示例 3.25
exclusive licences 独占许可 3.17
objective justification, lack of 缺少目的正当性 3.24
relevance of intellectual property 知识产权相关性 3.18
request and refusal 要求和拒绝 3.20
technical information, refusal to supply 拒

绝提供技术信息 2.38
**registration** 注册
defensive registrations 防御性注册 7.58
design rights 设计权 1.10, 1.19, 1.24, 1.52–1.53
designations of origin/geographical indications 原产地标志 / 地理标志 7.26, 7.32, 7.34
domain names 域名 7.35–7.36
duration of protection 保护期限 1.24
grant of rights 授予权利 1.16
names 名称 7.32
pharmaceutical products, deregistration of marketing authorizations for 注销只要产品上市许可 1.25, 3.39
sunrise periods 日出期 7.36
trademarks 商标 7.10, 7.88
unregistered rights 未注册权利 1.16, 1.19, 1.24, 1.53
**regulatory environment** 监管环境 5.158
**relabelling** 重新贴牌 1.73–1.74, 7.18, 7.20–7.23
**relevance of IP rights** 与知识产权相关性 1.02–1.04, 3.03, 3.18, 4.05, 4.26–4.27
**relevant market** 相关市场
definition 定义 3.04
dominant position 支配地位 3.04–3.06, 3.08
geographic market 地理市场 3.06, 3.08, 5.40, 5.46, 5.190, 6.46
market share 市场份额 2.12
product market 产品市场 3.05–3.06, 5.37–5.41, 5.45–5.46
technology 技术 3.06, 5.37–5.39, 5.42
**remedies** 救济
access to IP rights 允许使用知识产权 4.32
anti-competitive agreements 不利于竞争的协议 2.66–2.67
basis and principles 基础和原则 4.28
behavioural remedies 行为性救济 2.67
commitments 承诺 4.28
compensation 补偿或赔偿 5.103, 5.191, 6.05, 6.16
concentrations 经营者集中 4.28–4.32
damages 损害 1.06, 1.57, 2.66, 3.38, 3.47
divestiture 剥离 4.28–4.32
information society services 信息社会服务 1.57
injunctions 禁令 1.47, 3.38, 3.46–3.47, 5.183
modifcations 修改 4.28
proportionality 成比例 2.67, 3.46, 3.48
re-branding 再贴标 4.31
structural remedies 结构性救济 2.67
**renewal fees** 更新费用 1.24
**rental and lending rights** 出租和出借权利 2.31, 5.26, 6.17, 6.23
**repackaging** 重新包装 1.73–1.74, 7.18–7.21, 7.23–7.24
**repair and maintenance** 维修和维护 1.72, 2.38, 5.121 n.717
**replacement parts** 更换部件 1.72, 3.19, 7.65
**representation contracts** 陈述性合同 6.49, 6.51, 6.64–6.67
**reputation** 名誉
branding 品牌化 1.34, 1.56, 7.03, 7.05, 7.62, 7.71
designations of origin/geographical indications 原产地标志 / 地理标志 7.27, 7.29–7.30
domain names 域名 7.36
exhaustion of rights 权利用尽 1.68–1.69
franchising 特许经营 7.70–7.71, 7.74
keywords in Internet search engines 互联网搜索引擎中的关键词 7.11

quality 质量 1.36
trademarks 商标 7.14, 7.17–7.19, 7.22–7.26
exhaustion of rights 权利用尽 1.68–1.69
keywords in Internet search engines 互联网搜索引擎中的关键词 7.11
quality 质量 1.36
scope of rights 权利范围 7.10
unfair advantage 不正当优势 1.56
tying and bundling 搭售和捆绑 5.121
**resale right** 转售权 1.70, 6.21
**resales** 转售
advertising 广告 7.19
anti-competitive agreements 不利于竞争的协议 2.31
block exemptions on vertical agreements 纵向协议集体豁免 2.47–2.49, 7.77, 7.79, 7.87
branding 品牌化 7.72
consent 同意 1.67
copyright 著作权 6.21
database right 数据库权利 6.24–6.25
distribution and service franchises 分销和服务特许经营 7.72
entry barriers 进入壁垒 2.31
exhaustion of rights 权利用尽 1.60, 1.63, 1.66, 1.69–1.70, 6.21, 6.23
franchising 特许经营 7.72–7.73, 7.77, 7.79, 7.87
market power 市场支配力 5.83
originality 原创性 6.21
resale price maintenance 维持转售价格 2.21, 5.143, 7.75
research and development 研发 5.192
restrictions 限制 2.31, 7.72
royalties 使用费 6.21
television rights 电视转播权 6.40, 6.76
trademarks 商标 7.19, 7.25
**research and development agreements** 研发协议 5.127–5.132
active sales 活跃销售 5.192
anti-competitive agreements 不利于竞争的协议 5.186–5.194, 5.201
block exemptions 集体豁免 2.45, 5.33, 5.188–5.193
cartels, disguised 伪装的卡特尔 5.187
competing undertakings 竞争企业 5.190
definition 定义 5.189
disclosure 公开 5.57, 5.70, 5.127
distribution 分销 5.191–5.192
excluded restrictions 排除限制 5.193
field of use restrictions 使用领域限制 5.192
hardcore restrictions 核心限制 5.57, 5.192, 5.194
individual exemptions 个例豁免 5.194
joint R&D 联合研发 5.05, 5.186–5.194
knowhow 专有技术 5.189, 5.191
licensing 许可 5.33, 5.189, 5.193
market share 市场份额 5.187, 5.190
output limitation 产量限制 5.187
patents 专利 5.194
price-fixing 固定价格 5.187, 5.192
production and sales targets 产品和销售目标 5.192
relevant geographic market 相关地理市场 5.190
resales 转售 5.192
specialization agreements 专门化协议 5.191
subcontracting agreements 分包协议 5.201
technology transfer 技术转让 2.45, 5.17, 5.33, 5.127–5.132, 5.188
termination in event of challenge to validity

因被质疑有效性而终止 5.193
territorial restrictions 区域限制 5.192
third parties 第三方 5.33
**respect for rights** 尊重权利 1.03, 1.05, 1.08
**restrictions see also hardcore restrictions; prevention, restriction, or distortion of competition; territorial limitations** 限制，见核心限制，禁止、限制或扭曲竞争；区域限制
competing productions, participation in 加入竞争性产品 6.84
culture, media, and sport 文化、传媒和体育 6.38, 6.84
excluded restrictions 被排除的限制 5.50, 5.52, 5.69–5.70
field of use restrictions 使用领域限制 5.108, 5.111–5.112, 5.192
object, by 有……目的 2.21
production 生产 1.36, 5.94
research and development 研发 5.192–5.194
sale 销售 5.94
technology transfer 技术转让 5.95–5.117, 5.122–5.127, 5.148–5.149
block exemption 集体豁免 5.19, 5.35, 5.30, 5.50, 5.52, 5.69–5.70
competing undertakings 竞争企业 5.69
trademarks 商标 6.38
**restrictive agreements see anti-competitive agreements (Article 101)** 限制性协议，见不利于竞争的协议（第 101 条）
**retailer's marks, restrictions in licence of** 限制零售商商标许可 7.67
**reverse engineering** 逆向工程 1.58
**revocation of rights** 权利撤销 1.12, 1.24, 7.07
**rights-management information, protection of** 保护权利管理信息 6.20
**Rome Convention** 罗马公约 1.26, 1.43, 6.06
**royalties see also collecting societies** 使用费，见集体管理组织
abuse of a dominant position 滥用市场支配地位 3.32–3.35, 5.90
all products, on 所有产品 3.33
anti-competitive agreement 不利于竞争的协议 2.34, 5.90–5.93
average retail prices, based on 建立在平均零售价格基础上 6.68
copyright 著作权 6.22
cross-licensing 交叉许可 2.34, 5.58, 5.93
discrimination 歧视 6.60
escrow 第三方托管 5.185
exhaustion of rights 权利用尽 1.70
experts 专家 5.182
expiry of licensed rights 被许可权利过期 5.92
fairness and reasonableness 公平和合理 5.182
franchising 特许经营 7.73
FRAND commitments 公平合理无歧视承诺 5.182, 5.185
guidance 指导 5.91
hardcore restrictions 核心限制 5.58–5.59, 5.91, 5.93
high royalties 高额使用费 3.32
low royalties 低额使用费 3.34
market power 市场支配力 5.83
minimum royalties 最少使用费 5.58
music 音乐 6.59
patents 专利 1.31, 3.32, 5.90, 5.182
plant variety' rights 植物新品种权 1.51
prevention, restriction, or distortion of competition 禁止、限制或扭曲竞争 2.34

proportionality 成比例 3.33, 5.93, 6.59–6.60
reciprocal royalties 互惠使用费 2.34, 5.58, 5.86, 5.93
sensitive information, exchange of 敏感信息，交换 5.167
standards, incorporation of technology into 将技术纳入标准 3.32
technology 技术 5.90–5.93, 5.125, 5.161, 5.172
termination in event of challenges 因被质疑而终止 5.141
trademarks 商标 3.33, 7.92
unfair royalties 不公平的使用费 3.32–3.34

**safe harbour** 安全港 5.74, 5.79–5.80, 5.168, 5.171, 5.179–5.180
**sales see also resales** 销售，另参见再销售
absolute protection 绝对保护 5.96
active sales 活跃销售 5.62, 5.64–5.65, 5.98, 5.192
basic seeds 基础种子 2.39, 5.104
contract products 合同产品 5.35–5.36
first sale 首次销售 6.25
franchising 特许经营 5.126
Internet 互联网 2.51 n.338, 5.65
licences 许可 5.94, 5.97–5.101, 6.30
offers for sale 出价 7.08–7.09
passive sale 被动销售 5.17, 5.64–5.68, 5.98–5.102
restrictions 限制 5.94, 5.97–5.101, 5.104
technology transfer 技术转让 5.35–5.36, 5.96, 5.97–5.101, 5.104, 5.126
**satellite broadcasting** 卫星广播 3.37, 6.11, 6.38
**scope of IP rights** 知识产权范围 1.28–1.75
artifcial partitioning of the internal market 人为分割内部市场 1.74
assessment by competition authorities 竞争主管机构的评估 1.29
discrimination 歧视 1.75
established scope of specific subject-matter 具体内容已确立的范围 1.48–1.58
exhaustion of rights 权利用尽 1.59–1.73
justifed scope of IP rights 知识产权的正当范围 1.28–1.75
sources and concepts used 使用的来源和概念 1.28
subject-matter, specific considerations affecting 影响标的的具体考量 1.31–1.48
**search engines** 搜索引擎 1.57, 3.41, 5.65, 6.24, 7.09, 7.11, 7.14
**secrecy** 1.18 *see also* **confidential information** 机密
**seeds** 种子 1.70, 2.31, 2.39, 5.104, 5.146
**seizure** 查扣 1.10
**selective distribution systems** 选择性分销系统 2.51–2.52, 5.63, 5.67, 5.101, 7.12, 7.62
**semiconductor topographies** 半导体拓扑图
conditions for protection 保护条件 1.19
duration of protection 保护期限 1.24
enforcement 执行 1.25
exceptions to protection 保护例外 1.53
interoperable products 可互操作产品 1.53
justifed scope 正当范围 1.52
protected products 受保护产品 1.52
technology transfer block exemption 技术转让集体豁免 2.45, 5.26
**sensitive information, exchange of** 交换敏感信息 5.167
**SEPs see standard essential patents (SEPs)**

标准必要专利
**service franchises** 服务特许经营
anti-competitive agreements 不利于竞争的协议 7.70, 7.73–7.74
block exemption 集体豁免 7.75–7.79
branding 品牌化 7.69–7.81
distribution and service franchises 分销和服务特许经营 7.70–7.75
individual exemption 个例豁免 7.75
knowhow or identity and reputation of network, protecting 保护专有技术或网络的身份和名誉 7.71
restrictions on resale 限制转售 7.72
**services** 服务
freedom to provide services 个例豁免 1.07, 2.44, 6.19, 7.42
general economic interest, services of 为一般经济利益的服务 2.06, 2.54, 3.16, 6.26, 6.44, 7.90
markets in services 服务市场 3.06
service marks 服务商标 7.07
technology transfer 技术转让 5.35
trademarks 商标 7.07
**settlements** 和解 2.24, 5.86, 5.103, 5.136, 5.141
**severance** 遣散费 2.62, 2.63, 5.51
**shapes** 形状 1.13, 1.23, 7.07, 7.46
**shrink-wrap agreements** 拆封协议 5.32
**signs** 标记 1.23, 1.34 n.308, 1.56, 7.08–7.11, 7.14, 7.34, 7.36, 7.54
**single market see also partitioning the market** 单一市场，另参见分割市场
anti-competitive agreements 不利于竞争的协议 2.28
Digital Single Market Strategy 数字化单一市场策略 6.15, 6.36
entry barriers 进入壁垒 1.37, 2.28
European Economic Area（EEA）欧洲经济区 1.37
justifed scope 正当化范围 1.37
subject-matter 内容 1.37
**slavish imitation** 依样模仿 1.25 n.246, 1.13
**software see computer programs; computer programs, copyright in** 软件，见电脑程序，电脑程序中的著作权
**sole production licences** 排他生产许可
between non-competitors 在非竞争者中 5.107
non-reciprocal agreements between competitors 竞争者间的非互惠协议 5.106
reciprocal agreements between competitors 竞争者间的互惠协议 5.105
**solicitation** 招揽 4.14, 4.18
**sound-recordings** 录音
culture, media, and sport 文化、传媒和体育 1.25 n.244, 6.62
definition of IP rights 知识产权的定义 1.26
distribution 分销 6.13, 6.15
duration of protection 保护期限 6.04
existence of rights 权利的存在 6.03
exports, restrictions on 对出口的限制 6.62
making available right 向公众提供权 6.12
ownership 所有权 6.05
rental and lending 出租和出借 6.17
reproduction 再生产 6.10
**spare parts** 备件
ancillary markets 附属市场 3.07
captive use 自产自用 5.61, 5.116
definition 定义 2.51 n.343
distribution 发行 2.38
hardcore restrictions 核心限制 2.49, 2.51, 5.61, 5.67

motor vehicles 汽车 2.51, 7.65
repairs 维修 1.53, 3.25
trademarks 商标 7.13
**SPCs (supplementary protection certifcates)** 补充保护证书 1.11, 1.24, 3.36
**specialization agreements** 专门化协议
assignment 转让 5.203
block exemptions 集体豁免 5.07, 5.202–5.204
definition 定义 5.07, 5.195, 5.202, 5.204
distribution 分销 5.205
hardcore restrictions 核心限制 5.205
joint production agreements 联合生产协议 5.204
joint ventures 合资企业 5.07
licensing 许可 5.203
market share thresholds 市场份额门槛 5.205
research and development 研发 5.191
subcontracting agreements 分包协议 5.07, 5.34, 5.195
technology 技术 5.07, 5.17, 5.33, 5.202–5.205
**specific subject-matter** 具体内容 1.31–1.58
**sport see culture, media, and sport** 体育，见文化、传媒和体育
**SSNIP (small but signifcant non-transitory increase in price) test** 微小但重要的非临时性价格增长测试 3.05
**standard essential patents (SEPs)** 微小但重要的非临时性价格增长 5.89, 5.165
effect on trade 对贸易的影响 3.44
enforcement 执行 3.38, 3.46
FRAND commitments 公平合理无歧视承诺 1.47, 5.140, 5.183, 5.185
no-challenge clauses 不质疑条款 2.36
**standards see also FRAND (fair, reasonable and non-discriminatory) commitments;** 标准，见公平合理无歧视承诺
**standard essential patents (SEPs)** 标准必要专利
abuse of a dominant position 滥用支配地位 3.03, 5.177
anti-competitive agreements 不利于竞争的协议 5.177–5.180
applicability of EU competition law 欧盟竞争法的可适用性 5.177
assessment 评估 5.180
branding 品牌化 7.62 n.386
certifcation 证书 5.177, 5.180
cross-licensing *see* **Cross-licensing**: standards 交叉许可
disclosure of IP 知识产权的公开 5.179–5.181
discrimination 歧视 5.179–5.180
dominant position 支配地位 3.21, 5.177
effect on trade between member states 支配地位 2.15
elimination of competition 消除竞争 2.58
exclusions 排除 5.179
guidance 指导 5.178
industry associations 行业协会 5.177
licensing in advance 提前许可 5.181
nature of standards 标准性质 5.177
patents 专利 3.03, 3.40
pools 池 5.178
public powers 公共权力 2.06, 5.177
royalties 使用费 3.32
safe harbour 安全港 5.179
standard-setting bodies, conduct distorting decision-making processes within 在标准制定机构内扭曲决策过程的行为 3.40
technology 技术 3.32, 5.04, 5.177–5.182
testing 测试 5.177, 5.180

transparency 透明 5.179
TRIPs《与贸易有关知识产权协议》1.44
tying 搭售 5.121
voluntary standards 自愿标准 5.179
**static and dynamic competition** 静态和动态竞争 1.04
**subcontracting agreements** 分包协议 5.06, 5.29, 5.195–5.202
block exemptions 集体豁免 5.195, 5.202–5.204
exclusive rights 专有权 5.34, 5.199
guidance 指导 5.196–5.197
hardcore restrictions 核心限制 5.34
horizontal agreements 横向协议 5.195–5.196
improvements 提高 5.201
knowhow, obligation not to disclose or use 专有技术，不泄露或使用的义务 5.200
licensing 许可 5.34
Notice, applicability and scope of 公告的适用性和范围 5.196–5.198
research and development 研发 5.201
specialization agreements 专门化协议 5.07, 5.34, 5.195
technology 技术 5.06, 5.34, 5.195–5.202, 7.80
trademarks 商标 5.118
vertical agreements 纵向协议 5.195–5.197, 5.202
**subject-matter** 内容 1.31–1.58
basic scope 基本范围 1.48
branding 品牌化 1.34, 1.56, 7.37–7.38
Charter of Fundamental Rights of the EU《欧盟基本权利宪章》1.47
commercial exploitation outside scope, acts preparatory to 为权利范围外商业开发进行的准备行为 1.58
competition policy 竞争政策 1.45
computer programs 计算机程序 1.54
copyright 著作权 1.55, 6.07, 6.12, 6.16, 6.18, 6.22–6.23
creative subject-matter 创造性内容 1.32–1.33
database rights 数据库权利 1.55
designs 外观设计 1.52–1.53
functions 功能 1.32–1.34
implementation of EU legislation 欧盟立法的实施 1.40
information society exceptions 信息社会例外 1.57
interpretation of EU legislation 欧盟立法的解释 1.39, 1.42
objectives, principles, and fundamental rights 目的，原则和基本权利 1.46
oppose infringements, right to 反对侵害的权利 1.49
patents 专利 1.50–1.51
quality 质量 1.35–1.36
related rights 邻接权 1.55
semiconductor topographies 半导体拓扑图 1.52–1.53
single market 单一市场 1.37
specific considerations affecting 影响……的具体考虑 1.31–1.48
specific subject-matter 具体内容 1.31–1.58
summary of relevant considerations 相关考虑的总结 1.41
treaties and conventions 条约和公约 1.41–1.43
TRIPs《与贸易有关知识产权协议》1.42–1.44
**sub-licensing** 转授许可
2014, changes in 2014 改变 5.17

block exemptions 集体豁免 5.17, 5.23, 5.30
effect on trade 对贸易的影响 6.39
exclusivity 排他性 6.35
plant variety rights 植物新品种权 5.110
technology pools 技术池 5.31
technology transfer 技术转让 5.17, 5.23, 5.30, 5.147
trademarks 商标 7.88–7.89, 7.95–7.97
**substitute technologies** 替代技术 5.74, 5.163–5.164, 5.169
**superdominance and market share** 超级支配和市场份额 3.10
**surface graphics** 表面图形 7.37
**supplementary protection certifcates** 补充保护证书 (**SPCs**) 1.11, 1.24, 3.36
**supply see also refusal to license or supply** 供应，见拒绝许可或供应
confidential information, misuse of 滥用机密信息 3.41
marketing 市场推广 3.06
object or effect 目的或影响 2.2
opposition 反对 1.58
production only restrictions 只限制……的产品 5.116–5.117
purchase and supply obligations 购买和供应义务 4.15, 4.19
relevant geographic market 相关地理市场 5.40
resales 转售 7.72
subcontracting agreements 分包协议 5.34, 5.198
substitution 替代 3.05
technology transfer 技术转让 5.117
transport 交通 2.63

**tarnishing** 印花 7.15
**technical development** 技术发展 3.23
**technical integration** 技术统一 3.31
**technical standards see standards** 技术标准，见标准
**technology 5.01–5.10 see also research and development; technology pools; technology transfer** 技术，另参见研发，技术池，技术转让
abuse of dominant position 滥用市场地位 5.10
categories of transactions 交易类型 5.01
circumvention of technological measures 规避技术措施 6.18
competing technology 竞争技术 5.122–5.126
complementary technologies 补充技术 5.163–5.164, 5.170
concentrations 经营者集中 4.24, 5.09
conduct involving rights in technology 包含技术权利的行为 5.01
control over key technology 控制关键技术 4.24
copyright 著作权 6.18
database rights 数据库权利 6.18
dominant position 支配地位 3.06, 5.10
entry barriers 进入壁垒 5.81, 5.83–5.84, 5.96, 5.124, 5.153–5.154
essential technologies 必要技术 4.24, 5.77, 5.163, 5.165–5.166, 5.171
franchising 特许经营 5.03, 5.98
FRAND commitments 公平合理无歧视承诺 5.04, 5.182–5.185
improvements 提高 5.201
information, refusal to provide 拒绝提供信息 2.38
licensing 许可 5.02, 5.118–5.120
non-essential technologies 非必要技术

4.13, 5.165
obsolete or uncompetitive technology 过时或无竞争力的技术 5.44
own technology, restrictions on licensee exploiting 限制被许可方开发自身技术 5.57, 5.59
patents 专利 5.26
pharmaceutical products 制药产品 5.103
relevant market 相关市场 3.06, 5.37–5.39, 5.42
royalties 使用费 5.90
safe harbour 安全港 5.74, 5.79–5.80, 5.168, 5.171, 5.179–5.180
specialization agreements 专门化协议 5.07, 5.17, 5.33, 5.202–5.205
standards 标准 3.32, 5.04, 5.177–5.181
subcontracting agreements 分包协议 5.06, 5.195–5.201
substitute technologies 替代技术 5.163–5.164, 5.169
tying and bundling 捆绑和搭售 5.119–5.121
vertical agreements 纵向协议 5.08
**technology pools** 技术池 5.160–5.176
anti-competitive agreements 不利于竞争的协议 5.161–5.162, 5.167–5.176
assignment 转让 5.31
block exemption 集体豁免 5.31, 5.151
collusion 共谋 5.162
complementary technologies 补充技术 5.163–5.164, 5.170
definition 定义 5.04
discrimination 歧视 5.176
dominant position 支配地位 5.176
essential technologies 必要技术 5.163, 5.165
exemptions 例外 5.171
experts, independent 独立专家 5.166
foreclosure 排除 5.175
FRAND commitments 公平合理无歧视承诺 5.04, 5.175
grant-back obligations 回授义务 5.173
guidance 指导 5.168
hardcore restrictions 核心限制 5.31, 5.162, 5.173
interoperability and compatibility 交互操作性和兼容性 5.162
joint ventures 合资企业 5.33
key distinctions and other signifcant factors 主要区分和其他重要因素 5.163
licences granted by pools 被池授予的许可证 5.31, 5.87, 5.161–5.162, 5.166, 5.168, 5.173–5.176
nature of pools 池的性质 5.160
non-essential technologies 非必要技术 5.163, 5.165, 5.170
price-fixing cartels 价格固定卡特尔 5.162
pro-and anti-competitive effects 有利于或不利于竞争的后果 5.162
Regulation 316/2014, application of 316/2014 条例的适用 5.161
royalties, fixing 固定使用费 5.161, 5.172
safe harbour 安全港 5.168, 5.179
semiconductor topographies 半导体拓扑图 5.26
sensitive information, exchange of 交换敏感信息 5.167
standards 标准 5.04, 5.162, 5.168, 5.173, 5.178–5.179
sub-licensing 转授许可 5.31
substitute technologies 替代技术 5.163–5.164, 5.169
technology transfer block exemption 技术转让集体豁免 5.17, 5.26, 5.31, 5.76, 5.151, 5.161

termination of licences in the event of challenge to validity 因被质疑有效性而终止的许可 5.141
vertical agreements 纵向协议 5.08
**technology transfer 5.11–5.159 see also hardcore restrictions on technology transfer;** 技术转让，另参见对于技术转让的核心限制
**technology transfer block exemption** 技术转让集体豁免
2004, changes in 2004 年的变化 5.16
2014, changes in 2014 年的变化 5.17–5.18
absolute protection 绝对保护 5.13, 5.95–5.96
active sales, definition of 活跃销售概念 5.64
allocation of markets or customers 分配市场或消费者 5.59–5.60
anti-competitive agreements 不利于竞争的协议 2.25, 5.11–5.159
arbitration 仲裁 5.150
assignment 转让 5.88, 5.147
basic seeds, control over 控制基础种子 5.104, 5.146
**technology transfer block exemption (cont.):** 技术转让集体豁免
black list 黑名单 5.14
captive use 自产自用 5.116
challenges to validity 质疑有效性 5.133–5.134
Chicago School of antitrust analysis 芝加哥学派的反垄断分析 5.14
collusion 共谋 5.159, 5.167
combined assessments 综合评估 5.77
competing technology 竞争技术 5.80, 5.122–5.126
competing undertakings 竞争技术 5.19, 5.54–5.55, 5.57, 5.82
competition policy 竞争政策 2.43, 5.11–5.13, 5.75, 5.77, 5.79, 5.130, 5.151
confidentiality 机密性 5.146
development of EU policy 欧盟政策的发展 5.11–5.13
distribution 分销 5.08, 5.36, 5.101
duration 分销 5.148, 5.157
enforcement 执行 5.145, 5.152–5.153
entry barriers 进入壁垒 5.83–5.84, 5.124
exceptions 例外 5.62, 5.67
exclusivity 排他性 5.13, 5.14, 5.94–5.95, 5.105–5.107, 5.131–5.132, 5.148
exempted list 豁免清单 5.14
fields of use 使用领域 5.108, 5.111–5.112
foreclosure 排除 5.124–5.125
forward feed obligations 前馈义务 5.128
franchising 特许经营 5.126
free riders 搭便车的人 5.101
grant-backs 回授 5.130–5.132
guidance 指导 2.25, 2.95, 5.16–5.18, 5.21, 5.75–5.77, 5.79, 5.91, 5.136, 5.140, 5.147, 5.151
implicit restrictions 隐含限制 5.85
index of terms 术语索引 5.89
indirect restrictions 间接限制 5.66
individual assessments 个例评估 5.74–5.159
Internet 互联网 5.65
key concepts 关键概念 5.81–5.85
knowhow 专有技术 2.25, 5.26–5.27, 5.126, 5.137
licensing 许可
automatic extension 自动延期 5.129
customer groups, protecting 保护消费者群体 5.98–5.102

efficiencies 效率 5.78
exclusive 专有 5.105–5.108
expiry 过期 5.92
fields of use 使用领域 5.108
fines 罚款 5.103
hardcore restrictions 核心限制 5.97, 5.99, 5.102, 5.105, 5.109–5.111
market power 市场支配力 5.101
maximum quantities 最大数量 5.113
no-challenge clauses 不质疑条款 5.138
own technology, restrictions on licensee's use of 限制被许可人使用自身技术 5.122
ownership, obligations not to challenge 不质疑所有权义务 5.142
restrictions 限制 5.90–5.92, 5.97–5.102, 5.116
sub-licensing 转授许可 5.30, 5.147
manufacture and sale of competing 竞争产品的生产和销售
products 产品 5.126
market power 市场支配力 5.83, 5.101, 5.124
market share 市场份额 5.83, 5.86
maximum quantities 最大数量 5.113–5.115
minimum quantities 最小数量 5.115
modernization of EU competition law 欧盟竞争法的现代化 5.16, 5.77
national law, restrictions on challenging validity under 对根据成员国法律质疑有效性的限制 5.135
no-challenge clauses 不质疑条款 5.135–5.138
non-competing undertakings 非竞争企业 5.63
non-reciprocal licences 非互惠许可 5.62, 5.98–5.99, 5.106
object, reference to 参考目的 5.53
open exclusivity 开放排他性 5.13, 5.14
opposition procedure 异议程序 5.14
own technology, restrictions on use of licensee's 限制被许可人使用自身技术 5.122
ownership, obligations not to challenge 不质疑所有权义务 5.142
passive sales 被动销售 5.64, 5.67, 5.102
patents 专利 2.25, 2.45, 5.13, 5.103
post-termination restrictions 终止后限制 5.149
potential competitors 潜在竞争者 5.80, 5.126
prices 价格 5.58, 5.143
production 产品 5.109–5.110, 5.116–5.117
promote, obligations to 促销义务 5.115
quality control and marking 质量控制和标记 5.118
reciprocal agreements 互惠协议 5.54, 5.56, 5.97, 5.105, 5.109–5.110
regulatory environment 监管环境 5.158
research and development 研发 5.127–5.132
restrictions 限制 5.69, 5.95–5.117, 5.122–5.127, 5.148–5.149
royalties 使用费 5.83, 5.90–5.93, 5.125, 5.167
safe harbour 安全港 5.79–5.80
sales 销售 5.35–5.36, 5.96, 5.97–5.101, 5.104, 5.126
seeds 种子 5.104, 5.146
semiconductor topographies 半导体拓扑图 2.45
sensitive information, exchange of 交换敏感信息 5.167
separate lists 分别的清单 5.54

settlements 和解 5.86, 5.125, 5.136, 5.141
sole production licences 排他生产许可 5.105–5.107
specified customers, supply to 向特定消费者供应 5.117
standards 标准 5.177–5.181
subcontracting agreements 分包协议 5.202
sub-licensing 转授许可 5.30, 5.147
substitutable technologies 替代技术 5.74
supply to specified customers, restrictions to 限制向特定消费者共赢 5.116
tabulated summary of treatment of different types of term 不同类型期限的摘要 5.89
termination of licences in event of challenges to validity 因有效性受质疑而终止的许可 5.139–5.141
terms 期限 5.148
territorial restrictions 区域限制 5.109–5.110
third-party competing technologies, restrictions on 对于第三方竞争技术的限制 5.123–5.125
TRIPs 与贸易有关知识产权协议 1.44
types of agreement 协议类型 5.86–5.88
tying and bundling 搭售和捆绑 5.119–5.121
validity, challenges to 质疑有效性 5.133–5.141
white list 白名单 5.14
**technology transfer block exemption** 技术转让集体豁免 5.02, 5.19–5.73
agreements covered 覆盖的协议 5.22, 5.25, 5.29
analogy, extension of exemption by 通过类比确定例外的范围 2.45, 5.26, 5.30, 5.76
assignment 转让 5.24–5.25, 5.29, 5.35
blocking positions 阻碍地位 5.43
branding 品牌化 7.80
competing undertakings 竞争企业 5.19, 5.37, 5.44–5.45, 5.54–5.55, 5.57–5.58, 5.59
connected undertakings 关联企业 5.26
computer programs 计算机程序 5.26, 5.28, 5.32
connected undertakings 关联企业 5.20, 5.48
contract products 合同产品 5.29, 5.32, 5.36
copyright 著作权 5.26
decisions of associations and concerted practices 企业联合组织的决定和协同行为 5.23
design righs 设计权利 5.26
different language versions 不同语言版本 5.21
disapplication of exemption 例外不适用 5.73
distribution 分销 5.36, 7.80
duration of exemption 豁免期限 5.71
early development 早期发展 5.13
evidence of a blocking position 处于阻碍地位的证据 5.43
excluded restrictions 被排除的限制 5.19, 5.35, 5.30, 5.50, 5.52, 5.69–5.70
non-competing undertakings 非竞争企业 5.70
factors affecting assessment 影响评估的因素 5.154
first block exemption 最早的集体豁免规定 5.14
franchising 特许经营 7.80
further block exemptions 进一步的集体

豁免 5.15
general considerations, relevance of 一般考虑相关 5.151
goods or services, purchase of 购买商品或服务 5.35
grant-backs, exclusive and non-exclusive 排他或非排他的回授 5.130–5.132
guidance 指导 5.30, 5.42, 5.46, 5.53, 5.76
hardcore restrictions 核心限制 2.59, 5.17, 5.19, 5.34, 5.50–5.70, 5.76, 5.79
improvements, difference between severable and non-severable 可分割的和不可分割的改进之间的区别 5.130
individual assessment 个例评估 5.76, 5.114
interpretation 解释 5.19–5.21, 5.25, 5.53, 5.71
IP rights, definition of 知识产权定义 5.35
knowhow 专有技术 5.26–5.27, 5.137
licensing 许可 5.17, 5.22–5.36, 5.39–5.43, 5.56–5.63, 5.66–5.72
exclusive licences 独占许可 5.139
franchising 特许经营 7.80
improvements 提高 5.56
market share 市场份额 5.46–5.49, 5.76, 5.142
master licensing agreements 主许可协议 5.76
maximum quantities 最大数量 5.114
pools 池 5.161
reciprocal 互惠 5.54, 5.56
termination in event of challenges to validity 因有效性受质疑而终止的许可 5.139, 5.141
maturity of market 市场成熟性 5.155
maximum quantities 最大数量 5.114
negative effects 负面影响 5.153
no-challenge clauses 不质疑条款 5.137, 5.139
non-competing undertakings 非竞争企业 5.37, 5.44
obsolete or uncompetitive technology 过时或无竞争力的技术 5.44
ownership, obligations not to challenge 不质疑所有权义务 5.142
patents 专利 5.13–5.14, 5.26
pay for delay or restriction 为延期或限制而支付的费用 5.103
plant breeders' rights 植物育种者权利 5.26
policy, development of 政策发展 5.12
pools 池 5.17, 5.26, 5.31, 5.76, 5.151, 5.161
reciprocal agreements 互惠协议 5.54, 5.56
requirement that agreement permit production of contract products 要求合同允许生产合同产品 5.29
relevant geographic market 相关地理市场 5.40, 5.46
relevant product market 相关产品市场 5.38, 5.41, 5.45–5.46
relevant technology market 相关技术市场 5.39, 5.42
rental rights 出租权 5.26
research and development 研发 2.45, 5.17, 5.33, 5.188
sale of contract products 合同产品的销售 5.35–5.36
scope 范围 2.45, 5.22–5.36
semiconductor topographies 半导体拓扑图 5.26
specialization agreements 专门化协议 5.17, 5.33
sub-contracting agreements 分包协议 5.34,

5.202, 7.80
sub-licensing 转授许可 5.17, 5.23, 5.30
technology rights, definition of 技术权利定义 5.26
temporal application 临时适用 5.20
termination in event of challenges to validity 因有效性受质疑而终止的许可 5.139, 5.141
third party competing technologies, restrictions on 对第三方竞争性技术的限制 5.123–5.124
trademarks 商标 5.26
types of transaction covered 覆盖的交易类型 2.45, 5.22–5.36
utility models 实用新型 5.26
vertical agreements 纵向协议 5.36
withdrawal of exemption 撤销豁免 5.72
**television programme listings** 电视节目表 1.35, 3.23, 6.24, 6.40, 6.33
**television rights** 电视转播权
3G rights 3G 广播权 6.77
abuse of a dominant position 滥用市场支配地位 6.40
anti-competitive agreements 不利于竞争的协议 6.35–6.36, 6.38, 6.71–6.85
audio-visual sport 视听体育 6.75
barriers, removal of 移除壁垒 6.36
closed periods 封闭期 6.78
copyright 著作权 6.07, 6.10
Digital Single Market strategy 数字化单一市场策略 6.36
discrimination 歧视 6.74–6.75
distribution 分销 6.33, 6.38, 6.66, 6.71, 6.76, 6.79, 6.83
effect on trade between member states 对成员国间贸易的影响 6.39
European Broadcasting Union（EBU）欧洲广播协会 6.72
events of major importance for society 社会重大活动 6.27
exclusive rights 专有权 6.35, 6.38
films 电影 6.32, 6.33, 6.35, 6.79
football 足球 6.35, 6.40, 6.73–6.76, 6.83
Formula One F1 6.07
horse races 赛马 6.36, 6.83
joint exploitation of rights to major sporting events 联合开发针对主要体育赛事的权利 6.71–6.78
joint ventures for pay-TV 有线电视合资企业 6.80
licences 许可 6.36
major sporting events 重大体育赛事 6.27, 6.71–6.78
music 音乐 6.33–6.34
online content 线上内容 6.36
pay-TV 付费电视 6.32, 6.35, 6.40, 6.73, 6.76, 6.79–6.80
premium films 优质电影 6.79
product markets 产品市场 6.33
resales 转售 6.40, 6.76
satellite broadcasting 卫星广播 6.38
territorial limits 区域限制 6.36
transient fragments 短暂片段 6.10
vertical agreements, block exemption on 纵向协议集体豁免 6.31
**temporary acts of reproduction** 纵向协议集体豁免 6.10–6.11, 6.16
**term of protection see duration of protection** 保护期限，见保护期限
**territorial limitations** 区域限制
branding 品牌化 7.82
collecting societies 集体管理组织 6.65
franchising 特许经营 7.82
hardcore restrictions 核心限制 5.62

licences 许可 6.36
online content 线上内容 6.36
production 产品 5.109, 5.110
reciprocal agreements 互惠协议 5.109–5.110
research and development 研发 5.192
restrictions on on resale or use 对转售或使用的限制 2.31
technology transfer 技术转让 5.57c, 5.59, 5.62, 5.63c, 5.64–5.68, 5.96–5.102, 5.109–5.110
television rights 电视转播权 6.36
trademarks 商标 7.08, 7.54
**testing** 测试 5.177, 5.180
**tied products see tying and branding** 搭售产品，见搭售和捆绑
**Trade-Related Aspects of Intellectual Property Rights see TRIPs (Trade-Related Aspects of Intellectual Property Rights)** 与贸易有关的知识产权方面，见与贸易有关知识产权协议
**trade secrets** 商业秘密 1.18
**trademark delimitation agreements** 商标划界协定 1.36
**trademarks** 商标
abuse of a dominant position 滥用市场支配地位 3.03, 3.41, 7.58, 7.88–7.97
advertisements 广告 7.08–7.09, 7.11, 7.19
anti-competitive agreements 不利于竞争的协议 7.19, 7.55–7.57, 7.60–7.67, 7.94–7.96
artifcial partitioning 人为分割 7.21
branding 品牌化 1.34, 1.56, 7.07–7.08, 7.88–7.97
certifcation marks 认证标志 7.02, 7.26, 7.34, 7.67
characterization as IP right 作为知识产权的特征 1.25
co-branding 联合品牌 7.23
collective marks 集体商标 7.34, 7.90
comparative advertising 比较广告 7.16–7.17
computer programs 计算机程序 1.61 n.581
conditions for protection in the EU 在欧盟受保护的条件 7.07
confusion, risk of 混淆的风险 1.05 n.34, 1.56
culture, media, and sport 文化、传媒和体育 6.38
debranding 移除品牌标记 7.23
designations or origin/geographic indications 原产地标志 / 地理标志 7.25–7.26
detriment 损害 7.15
discrimination 歧视 6.38, 7.93
distinctiveness 区别 1.56
distribution 分销 2.48, 7.12, 7.88–7.90, 7.95
Eco-Emballages' agreements Eco-Emballages 协议 7.95
economic link 经济联系 1.68
ENVI-PAK's agreements ENVI-PAK 协议 7.97
European Economic Area (EEA) 欧洲经济区 1.68, 7.18, 7.20, 7.25, 7.93, 7.95
exceptions to protection 保护例外 7.13
exclusive rights 专有权 3.03, 7.90, 7.97
exhaustion of rights 权利用尽 1.61–1.62, 1.68, 1.69, 7.18
fees 费用 3.32, 7.89–7.97
general economic interests, services of 为一般经济利益的服务 7.90
generic terms and names 通用术语和名称 7.25
*Green Dot* cases Green Dot 案 3.32, 7.88–7.97
get-up 样式 7.56

guarantee marks 认证标志 7.34
harmonization 统一 1.10
identical signs 相同标志 1.34 n.308, 1.56, 7.08–7.11, 7.14, 7.36, 7.54
improvements in quality 提高质量 1.03
Internet search engines, use of keywords in 在互联网搜索引擎中使用关键词 7.09, 7.11
keywords 关键词 7.09, 7.11
labelling 贴标 7.25
licences 许可
abuse of a dominant position 滥用支配地位 7.89–7.94
economic link 经济联系 1.68
exclusive 排他的 3.03
fees 费用 3.32, 7.89–7.97
Green Dot cases Green Dot 案 3.32, 7.88–7.97
logos 图标 7.88
sub-licensing 转授许可 7.88, 7.95–7.97
use in breach of terms 违反条款的使用 7.12
logos 图标 7.88–7.97
misleading names 误导性名称 7.25
national laws 成员国法律 7.08, 7.88
national marks, independence of 成员国标志独立性 7.08
no-challenge clauses 不质疑条款 7.64, 7.86 n.517
offers for sale 出价 7.08–7.09
ownership 所有权 7.08
packaging 包装 7.09, 7.25, 7.88–7.97
parallel trademarks 平行商标 4.12
partitioning the market 分割市场 7.21, 7.51
pharmaceutical products, protection of legitimate interests in 保护制药产品合法利益 7.24
proprietor's legitimate interests 权利人合法利益 7.22–7.24
quality 质量 1.34, 7.08
rebranding, relabelling, and repackaging 再贴标、重新贴牌和重新包装 7.20–7.21
recycling 回收 3.32, 7.88–7.97
registration 注册 7.88
reputation 名誉 7.14, 7.17–7.19, 7.22–7.26
exhaustion of rights 权利用尽 1.68–1.69
keywords in Internet search engines 互联网搜索引擎中的关键词 7.11
quality 质量 1.36
scope of rights 权利范围 7.10
unfair advantage 不公平优势 1.56
resales 转售 7.19, 7.25
restrictions on use in competitive sport 在竞技体育中限制使用 6.38
revocation 撤销 7.07
royalties 使用费 3.33, 7.92
scope 范围 7.10
service marks 服务标志 7.07
signs 标记 1.34 n.308, 1.56, 7.08–7.11, 7.14, 7.36, 7.54
similarity 相似性 7.10 n.115, 7.15 n.141, 7.26
sports teams 运动队 6.07
subcontractors 分包 5.118
sub-licences 转授许可 7.88–7.89, 7.95–7.97
technology transfer block exemption 技术转让集体豁免 5.26
television rights 电视转播权 7.82
territoriality 领土 7.08, 7.54
treaties and conventions 条约和公约 7.08
unfair advantage 不正当优势 1.56, 7.14
unfair detriment 不正当损害 7.15
unitary character of Community marks 欧

盟商标共同特点 7.08
use in the course of trade 在贸易中使用 7.09
vertical agreements 纵向协议 7.81–7.82
websites, goods offered on 线上供应的商品 7.08–7.09
**traditional knowledge** 传统知识 1.25 n.248
**transparency** 透明度 5.153, 5.179, 6.48, 6.52, 6.56, 6.60, 6.74
**travaux préparatoires** 筹备工作 1.38–1.39
**treaties and conventions** 1.05–1.06 *see also* **TRIPs (Trade-Related Aspects of Intellectual Property Rights)** 条约和公约，另参见与贸易有关知识产权协议
acceptance in EU law of identifcation of IP in conventions 被欧盟法律认可为公约中包括的知识产权 1.27
Beijing Treaty on Audiovisual Performances 视听表演北京条约 1.42
Berne Convention 伯尔尼公约 1.26, 1.41–1.42, 6.06
Community Patent Convention 欧盟专利公约 1.27, 1.41
definitions of IP 知识产权的定义 1.26–1.27
direct effect 直接影响 1.43
European Patent Convention 欧盟专利公约 1.11, 3.40 n.283
interpretation 解释 1.42–1.43
national law 成员国法律
compatibility of 兼容性 1.13
effect on 影响 1.43
intellectual property, definitions of 知识产权定义 1.26
Paris Convention 巴黎公约 1.26–1.27, 1.42–1.43, 7.40
respect for property rights 尊重财产权利 1.05
Rome Convention 罗马公约 1.26, 1.43, 6.06
subject-matter 内容 1.41–1.43
unfair competition 不正当竞争 1.26–1.27
UPOV Convention 国际植物新品种保护公约 1.10, 1.20, 1.42
WIPO 建立世界知识产权组织公约 1.26–1.27, 1.42–1.43, 6.06
**TRIPs (Trade-Related Aspects of Intellectual Property Rights)**《与贸易有关知识产权协议》1.05, 1.41–1.44
conflicts with TRIPs 与《与贸易有关知识产权协议》相冲突 1.12
contracting party, EU as 欧盟作为缔约方 1.27, 1.42
copyright 著作权 6.06, 6.08
designations of origin/geographical indications 原产地标志 / 地理标志 7.28
direct effect 直接影响 1.43
dispute settlement 争议解决 1.44, 1.66 n.609
intellectual property, definition of 知识产权定义 1.26
knowhow 专有技术 1.27
patent protection of genetic materials 对通用材料的专利保护 1.44
sporting performances 体育表演 6.06
standards 标准 1.44
subject-matter 内容 1.42–1.44
technology transfer 技术转让 1.44
**tying and bundling** 搭售和捆绑
abuse of a dominant position 滥用支配地位 3.26–3.31, 5.119
anti-competitive agreements 不利于竞争的协议 2.35

anti-competitive effects 不利于竞争的影响 5.120
basic test 基本测试 3.27
coercion 强制 3.28
definition 定义 3.26
entry barriers 进入壁垒 3.30, 5.120
foreclosure 排除 3.30, 5.120
FRAND commitments 公平合理无歧视承诺 5.184
lack of objective justifcation 缺少目的正当性 3.31
licences 许可 5.119–5.120, 5.184
pro-competitive effects 有利于竞争的影响 5.121
separate tying and tied products 区分结卖品和搭售品 3.29
technology 技术 3.26, 5.119–5.121

**UEFA (Union of European Football Associations)** 欧洲足球协会联盟 6.73, 6.83
**uncompetitive or obsolete technology** 无竞争力或过时的技术 5.44
**undertakings see also competing undertakings** 企业，见竞争企业
anti-competitive agreements 不利于竞争的协议 1.06
definition 定义 2.06, 6.29
**unfair advantage see also unfair competition** 不公平优势，见不正当竞争
characterization 特性 7.40
EU and national laws 欧盟和成员国法律 7.39, 7.44–7.46
misleading and comparative advertising, directive on 误导性和比较广告 7.43
national laws 成员国法律 7.39
trademarks 商标 1.56, 7.14
**unfair business-to-consumer commercial practices, directive on** 关于企业对消费者不公平商业行为的指令 7.41–7.42
**unfair competition** 不正当竞争
branding 品牌化 7.02, 7.39–7.46, 7.60
characterization as IP 作为知识产权的特征 7.40
designations of origin/geographical indications 原产地标志 / 地理标志 1.34
designs 外观设计 1.52
discrimination 歧视 7.44
distribution agreements 分销协议 7.60
domain names 域名 7.35
duration of protection 保护期限 1.24
free movement of goods 商品自由流通 1.27
harmonization 统一 1.10
intellectual property, definition of 知识产权定义 1.26
justifcation, criteria for 正当化标准 7.45
mandatory requirements 强制性要求 1.25
Misleading and Comparative Advertising Directive 误导性和比较广告指令 7.43
national laws 成员国法律 7.39, 7.44–7.46
object or effect of preventing, restricting, or distorting competition 禁止、限制或扭曲竞争的目的或影响 2.20
parallel imports 平行进口 2.65
treaties and conventions 条约或公约 1.26–1.27
Unfair Business-to-Consumer Commercial Practices Directive 企业对消费者不公平商业行为指令 7.41–7.42
unregistered rights 未注册权利 1.16
**unfair detriment** 不正当损害 7.15
**Uniform Domain Name Dispute Resolution**

**Policy (UDRP)** 统一域名争议解决政策 7.36
**unregistered rights** 未注册权利 1.10, 1.16, 1.24, 1.52–1.53
**UPOV (International Union for the Protection of New Varieties of Plants) Convention**《国际植物新品种保护公约》1.10, 1.20, 1.42
**utility models** 实用新型 1.10, 1.16, 1.19, 1.25–1.26, 2.45, 5.26, 5.199

**vertical agreements see also vertical agreements, block exemption on** 纵向协议，见纵向协议集体豁免
2014, changes in 2014 年的变化 5.17
ancillary provisions 附属性条款 7.63
anti-competitive agreements 不利于竞争的协议 2.23
branding 品牌 7.62
computer programs 计算机程序 5.32
contract products, sale of 合同产品销售 5.36
De Minimis Notice 微量允许通知 2.23
guidance 指导 2.51 n.338, 2.59, 5.32, 5.197
Internet sales 线上销售 2.51 n.338
motor vehicles 机动车 2.21, 2.51, 5.121 n.717, 5.196, 7.65
object, restrictions by 具有限制的目的 2.21
small and medium-sized enterprises 中小企业 2.23
subcontracting agreements 分包协议 5.195–5.197, 5.202
technology 技术 5.08, 5.36
trademarks 商标 7.81
**vertical agreements, block exemption on** 纵向协议集体豁免 2.42, 2.46–2.53, 2.59, 5.32
branding 品牌化 7.62, 7.76–7.79
distribution 分销 2.48, 2.50, 2.76
exclusions 除外 2.49, 2.52
franchising 特许经营 7.76–7.79, 7.87
guidance 指导 7.78
hardcore restraints 核心限制 2.51, 2.54, 2.63
market share 市场份额 7.62, 7.79
motor vehicle sector 机动车行业 2.51, 7.65
passive sales 被动销售 5.67
resales 转售 2.47–2.49, 7.77, 7.79, 7.87
subcontracting agreements 分包协议 5.202
television rights 电视转播权 6.31
trademarks 商标 7.82
withdrawal of exemption 撤销豁免 2.46, 253

**white lists** 白名单 5.14
**wine, traditional terms for** 葡萄酒的传统术语 7.27 n.216, 7.31
**WIPO Copyright Treaty (WCT)** 世界知识产权组织著作权条约 1.26–1.27, 1.42–1.43
**WIPO Performances and Phonograms Treaty (WPPT)** 世界知识产权组织表演和录音制品条约 1.26–1.27, 1.42–1.43, 6.06
**WIPO Trademark Law Treaty (TLT)** 商标法条约 1.42
**wireless broadcasting** 无线广播 6.12
**World Intellectual Property Organization (WIPO)** 世界知识产权组织
Copyright Treaty 著作权条约 1.26–1.27, 1.42–1.43
Performances and Phonograms Treaty 表

演和录音制品条约 1.26–1.27, 1.42–1.43, 6.06
Trademark Law Treaty 商标法条约 1.42
treaties and conventions 条约与公约 1.26–1.27, 1.42–1.43
**World Trade Organization (WTO)** 1.12, 1.26 *see also* **TRIPs (Trade-Related Aspects of Intellectual Property Rights)** 世界贸易组织，另参见《与贸易有关知识产权协议》

著作权合同登记号　图字：01-2017-9304



**图书在版编目 (CIP) 数据**

知识产权与欧盟竞争法 / (英) 乔纳森·特纳著；李硕，李京泽译．—北京：中国法制出版社，2022.9
（欧洲法与比较法前沿译丛）
书名原文：Intellectual Property and EU Competition Law
ISBN 978-7-5216-2871-5

Ⅰ．①知…　Ⅱ．①乔…　②李…　③李…　Ⅲ．①知识产权法—研究—欧洲　②反不正当竞争—经济法—研究—欧洲
Ⅳ．① D950.34　② D950.229.4

中国版本图书馆 CIP 数据核字（2022）第 167613 号

项目策划：马颖　　策划 / 责任编辑：侯鹏　　封面设计：李　宁

**知识产权与欧盟竞争法**
ZHISHI CHANQUAN YU OUMENG JINGZHENGFA
著者 / ［英］乔纳森·特纳
译者 / 李硕，李京泽
经销 / 新华书店
印刷 / 三河市紫恒印装有限公司
开本 / 710 毫米 ×1000 毫米　16 开　　印张 / 34　字数 / 574 千
版次 / 2022 年 9 月第 1 版　　2022 年 9 月第 1 次印刷

中国法制出版社出版
书号 ISBN 978-7-5216-2871-5　　定价：119.00 元

北京市西城区西便门西里甲 16 号西便门办公区
邮政编码：100053　　传真：010-63141600
**网址：http://www.zgfzs.com**　　**编辑部电话：010-63141826**
**市场营销部电话：010-63141612**　　**印务部电话：010-63141606**
（如有印装质量问题，请与本社印务部联系。）